관세사 2차 시험 대비

관세평가
주제별 협정과 사례연습

박창환 편저

관세사 2차 관세평가 고득점을 위한 주제별 구성
협정 및 사례, 판례를 중심으로 한 사례판단 체계적 학습

epasskorea

머리말

2026 관세사 관세평가 주제별 협정과 사례연습

관세평가란 수입물품의 과세가격을 결정하는 일련의 절차를 의미하는 것으로 품목분류와 더불어 관세행정의 근간을 이루는 핵심적인 업무입니다. 관세사 시험에서도 이와 같은 중요성을 반영하여 2010년부터 2차 시험과목으로 편입하여 관세사가 되고자 하는 수험생들이 현업에 나서기 전 충분한 공부가 이루어지도록 하고 있다고 생각됩니다.

관세평가는 관세법, 품목분류, 무역실무 등 다른 2차 과목과는 그 성격과 구성이 많이 다릅니다. 일반적으로 암기가 강세를 이루는 관세사 2차 시험에서 관세평가는 암기뿐만 아니라 충분한 이해와 사례판단이 요구됩니다. 현재는 관세평가 협정 및 대법원 판례 등 다양한 평가사례를 풀어내는 능력을 종합적으로 요구하고 있습니다.

관세평가를 공부할 때에는 암기와 이해가 어느 한쪽에 치우쳐서는 안 되며, 적절한 수준의 암기와 사례연습이 병행되어야 하는 과목입니다. 일견 관세평가는 다른 과목에 비해 법조문이 많지 않아서 학습범위가 좁아 보일수도 있습니다. 이러한 특징으로 인해 수험목적에 맞지 않게 너무 깊이 파고들어 학자가 되는 수험생들이 많은 과목이기도 합니다. 따라서 수험목적에 맞는 적절한 범위를 설정하고 해당 범위 안에서 명확한 근거를 정확히 공부하여 답안지에 서술해내는 것이 중요합니다.

본 교재는 2차 관세평가 답안지를 효율적으로 작성하기 위해 주제별로 구성을 하였으며, 해당 주제별로 관세법, 시행령, 시행규칙, 관세평가 운영에 관한 고시, WTO 관세평가협정 등을 수록하였습니다. 주제별로 하나씩 정복해 가다 보면, 2차 관세평가 과목에서 충분히 좋은 점수를 확보할 수 있다고 생각합니다.

관세사 시험을 준비하는 모든 수험생들의 최종 목표는 합격일 것입니다. 한 해에 90명이라는 매우 좁은 관문을 통과해야하는 힘든 시험인 만큼 외롭고 힘든 수험생활에서 본 교재가 합격으로 가는 길에 조금이라도 도움이 되었으면 좋겠습니다.

2025년 7월
박창환 관세사

출제경향분석

관세평가는 2010년에 관세사 2차 시험에 도입되었습니다. 2010년부터 약 3~4년간 과목 도입초기에는 관세평가와 관련된 법규정을 명확히 암기하고 이해하고 있는지에 대해 평가하는 성격이 강했습니다.

다만, 2015년도 이후부터 WTO 관세평가협정의 사례가 전면에 등장하기 시작했고 사례판단형 문제가 다수 출현하게 되었습니다.

최근 3개년 기출문제를 분석해보면 전체 배점 중 약 70% 이상의 배점이 사례 판단형 문제라고 볼 수 있습니다. 약 30% 정도가 여전히 규정서술 문제가 출제되고 있기 때문에, 규정암기 및 사례판단 어느 하나도 소홀히 할 수 없는 형태의 구조입니다.

또한, 최근에는 지문 내에서 많은 전제사항을 제시하여 평가 답안의 방향을 명확히 알려주는 경향이 있습니다. 이는 관세평가의 과목 특성상 다양한 의견이 나올 수 있는 부분을 사전에 차단하여 공정성과 객관성을 높이려는 것으로 이해됩니다.

따라서 2차 수험 목적상 관세평가는 정확한 규정에 대한 암기와 이해 그리고 WTO관세평가협정 및 협의회결정사례, 판례 등 공개된 사례를 중심으로 사례판단 연습이 병행되어야 하겠습니다.

출제경향분석

2026 관세사 관세평가 주제별 협정과 사례연습

관세평가 2016년 ~ 2025년 기출문제 분석(배점기준)

구분 \ 출제연도	2016	2017	2018	2019	2020	2021	2022	2023	2024	2025	계 배점	계 비중
관세평가 총설	-	-	-	-	-	-	-	-	-	-	-	-
관세평가 기본원칙	-	-			-	-	-	20	6	-		
수출판매	10	5			10	10	-	-	-	-		
직접지급	20	-	90	90	25	20	20	-	40	-		
간접지급		-										
수수료 및 중개료		3			-	-	-	-	-	-	765	76.5%
용기·포장비용		3			-	-	-	-	-	-		
생산지원		-			20	10	30	-	-	17		
권리사용료		20				10	-	20	-	30		
사후귀속이익		-			-	-	-	-	-	-		
운송비 및 관련비용		10			5	-	-	30	24	4		
공제요소		4			-	10	-	-	-	12		
거래가격 배제사유	50	-			-	30	30	20	-	7		
2,3방법	10	10	-	-	10	-	-	-	-	-	30	3.0%
4방법	10	15	10	10	10	-	-	-	-	20	75	6.5%
5방법	-	5	-	-	10	-	-	-	-	-	15	1.5%
6방법	-	20	-	-	10	10	20	-	30	-	90	9.0%
평가절차	-	5	-	-	-	-	-	10	-	10	25	2.5%
합 계	100	100	100	100	100	100	100	100	100	100	1000	100%

좀 더 자세한 내용 및 수험정보 등은 당사 홈페이지(www.dngosi.com) 참조

학습전략

관세평가는 총 3가지의 STEP으로 진행하는 것이 효율적이라 생각됩니다.

먼저, 첫 번째 STEP에서는 관세평가의 전체적인 구조화 흐름을 파악하는 것입니다. 과세가격이 어떠한 항목으로 구성되고, 어떠한 비용들이 이슈가 되는지 전체적인 구조를 짜는 것이 중요합니다.

두 번째 STEP에서는 주제 선정 및 근거집 작성이 필요합니다. 관세평가는 실제 시험지에 자신의 논리에 대한 근거를 서술해야 합니다. 시험장에서 적절한 근거를 서술하기 위해서는 자신만의 "근거집"이 있어야 합니다. 첫 번째 STEP에서 전체적인 흐름과 구조가 짜여 있다면 다음으로 주제선정 및 근거집을 만드는 것이 필요하겠습니다.

세 번째 STEP에서는 근거집을 바탕으로 사례판단 및 근거 서술 연습이 필요합니다. 각 주제별 근거집이 모두 완성되면 실제 협정 및 판례 사례들을 바탕으로 사례판단 및 해당 판단의 근거를 서술하는 연습을 해야 합니다.

위와 같은 단계로 차근차근 학습하다보면, 충분히 실제 시험에서 좋은 점수를 확보할 수 있을 것이라 생각됩니다.

좀 더 자세한 내용 및 수험정보 등은 당사 홈페이지(www.dngosi.com) 참조

제1장 총칙

Topic 1	관세평가란	12
Topic 2	관세평가 협정의 개요	13
Topic 3	국제협정의 변천	15
Topic 4	일반적으로 인정되는 회계원칙의 사용	17
Topic 5	과세환율과 통화환산	19
Topic 6	평가방법의 적용순위	23
부 록	주제별 WTO 관세평가협정	28

제2장 과세가격 결정원칙(제1방법)

Topic 1	수출판매의 개요	36
Topic 2	수출판매의 의미와 개념	40
Topic 3	선의의 수출판매(Bona-Fide Sale)	42
Topic 4	수출판매와 관련된 기타 문제	43
Topic 5	2015년 제1회 관세평가협의회결정사항	45
Topic 6	위탁판매거래와 이익분배거래	49
Topic 7	대체물품의 평가처리	50
Topic 8	2018년 제1회 관세평가협의회결정사항	51
Topic 9	넓은 의미의 수출판매	56
Topic 10	보세장치 중에 전매된 거래	58
Topic 11	연속거래의 평가처리	62
Topic 12	주요 판례	66
부 록	주제별 WTO 관세평가협정	70

제3장 실제지급가격

Topic 1	실제지급가격 핵심규정	90
Topic 2	상계와 변제	93
Topic 3	하자보증비	94

Topic 4	교육훈련비	97
Topic 5	금융비용	98
Topic 6	기타 실제지급가격	100
Topic 7	구매자의 자기계산 비용	104
Topic 8	광고비 관련 참조	108
Topic 9	2005년 제4회 관세평가협의회결정사항	112
Topic 10	2005년 제5회 관세평가협의회결정사항	115
Topic 11	2006년 제1회 관세평가협의회결정사항	117
Topic 12	공제요소 핵심요약	119
Topic 13	2014년 제3회 관세평가협의회결정사항	124
Topic 14	주요 유권해석	126
Topic 15	공제요소 관련 일본평가사례	131
Topic 16	주요 판례	133
Topic 17	주요 판례	136
Topic 18	주요 판례	138
Topic 19	할인 관련 핵심요약	141
Topic 20	가격조정약관	143
Topic 21	2019년 제1회 관세평가협의회결정사항	144
Topic 22	2018년 제3회 관세평가협의회결정사항	149
Topic 23	2013년 제1회 관세평가협의회결정사항	152
Topic 24	2011년 제1회 관세평가협의회결정사항	154
Topic 25	할인 관련 일본평가사례	157
부 록	주제별 WTO 관세평가협정	164

제4장 거래가격 배제

Topic 1	거래가격 배제사유 핵심문구	198
Topic 2	처분 또는 사용상의 제한 핵심요약	199
Topic 3	조건 또는 사정의 영향 핵심요약	201
Topic 4	사후귀속이익 핵심요약	204
Topic 5	특수관계자간 영향 핵심요약	205

차례

2026 관세사 관세평가 주제별 협정과 사례연습

Topic 6	합리적의심 핵심요약	212
Topic 7	제1방법을 적용할 수 없는 수입물품	215
Topic 8	2017년 제1회 관세평가협의회결정사항	216
Topic 9	2004년 제2회 관세평가협의회결정사항	220
Topic 10	주요 판례	223
Topic 11	주요 판례	227
Topic 12	주요 판례	229
Topic 13	2008년 제1회 관세평가협의회결정사항	234
Topic 14	2007년 제3회 관세평가협의회결정사항	237
Topic 15	입증책임에 대한 대법원 판례	240
Topic 16	주요 유권해석	242
Topic 17	특수관계자간 영향 관련 일본 평가사례	244
Topic 18	특수관계자간 영향 심사사례	246
부 록	주제별 WTO 관세평가협정	248

제5장 가산요소

Topic 1	가산요소 핵심요약	312
Topic 2	수수료와 중개료 핵심요약	318
Topic 3	용기 및 포장비용 핵심요약	331
Topic 4	생산지원비용 핵심요약	334
Topic 5	권리사용료 핵심요약	341
Topic 6	사후귀속이익 핵심요약	353
Topic 7	운임 및 보험료 핵심요약	354
Topic 8	2007년 제4회 관세평가협의회결정사항	366
Topic 9	수수료 관련 주요 판례	369
Topic 10	수수료와 중개료 관련 주요 유권해석	374
Topic 11	용기 및 포장비 관련 주요 유권해석	382
Topic 12	수수료 및 중개료, 용기포장비 관련 일본 평가사례	385
Topic 13	2018년 제2회 관세평가협의회결정사항	389

Topic 14	2014년 제1회 관세평가협의회결정사항	395
Topic 15	2013년 제2회 관세평가협의회결정사항	399
Topic 16	2007년 제4회 관세평가협의회결정사항	402
Topic 17	생산지원 관련 일본평가사례	404
Topic 18	2020년 제1회 관세평가협의회결정사항	407
Topic 19	2018년 제3회 관세평가협의회결정사항	410
Topic 20	2009년 제4회 관세평가협의회결정사항	416
Topic 21	2009년 제3회 관세평가협의회결정사항	419
Topic 22	권리사용료 관련 주요판례	421
Topic 23	권리사용료 관련 주요판례	424
Topic 24	권리사용료 관련 협의회결정사항 주요내용 요약	426
Topic 25	권리사용료 관련 일본평가사례	430
Topic 26	2018년 제3회 관세평가협의회결정사항	432
Topic 27	운송관련 협의회결정사항 주요내용 요약	437
Topic 28	운송 관련 주요판례 내용 요약	438
Topic 29	운송관련 일본평가사례	439
Topic 30	과세운임 사례연습	442
부 록	주제별 WTO 관세평가협정	444

제6장 기타방법(제2방법 ~ 제6방법)

Topic 1	제2,3방법 핵심요약	502
Topic 2	제4방법 핵심요약	511
Topic 3	제5방법 핵심요약	526
Topic 4	제6방법 핵심요약	534
Topic 5	변질·손상물품 등 과세가격 결정	538
Topic 6	기타 협의회결정사항 주요내용 요약	542
Topic 7	주요판례 내용 요약	544
Topic 8	주요 기출문제	545
부 록	주제별 WTO 관세평가협정	554

제1장

총칙

Topic 1 관세평가란

> 일본정률법 사례

- **관세평가의 의의**

    수입물품에 관세가 부과되는 경우에 그 과세표준은 가격과 수량의 두 가지로 대별된다. 가격을 과세표준으로 하는 물품을 종가세품, 수량을 과세표준으로 하는 물품을 종량세품이라고 한다.

    관세평가란 종가세품에 대하여 관세의 과세표준이 되는 가격을 결정하는 것을 말한다. 관세는 조세이므로, 조세법률주의원칙에 따라 과세요건 및 기타 과세에 관련하여 필요한 사항은 모두 법률로 규정되어 있다. 따라서 과세가격에 대해서도 어떤 가격을 과세가격으로 할 것인가 또는 어떤 방법으로 과세가격을 결정하는가에 관하여 법률로 정하고 있다.

    결론적으로 관세평가란 "수입물품의 과세가격을 법률의 규정에 따라 결정하는 것"이라고 할 수 있다.

관세평가 협정의 개요

> 일본정률법 사례

- **관세평가협정에서 규정하는 관세평가의 방법은 무엇인가?**

  관세평가협정은 자의적 또는 가공의 가격에 기초한 관세평가를 배제하는 공정하고 일관되며 공평한 관세평가에 관한 국제적인 제도를 확립하는 것을 목적으로 하고 있으며 그 개요는 다음과 같다.

  ### 제1조(수입물품의 거래가격)

  요건을 충족한다면, 수입물품의 과세가격은 거래가격(transaction value), 즉 물품이 수입국으로 수출하기 위하여 판매된 때에 실제로 지급하였거나 지급하여야 할 가격을 제8조의 규정에 따라 조정한 것이어야 한다.

  ### 제2조(동종·동질물품의 거래가격을 기초로 한 과세가격 결정방법)

  만약 수입물품의 과세가격이 제1조의 규정에 따라 결정될 수 없는 경우, 과세가격은 동일한 수입국으로 수출하기 위하여 판매되고 평가대상 물품과 동시 또는 거의 동시에 수출된 동종·동질 물품의 거래가격이어야 한다.

  ### 제3조(유사물품의 거래가격을 기초로 한 과세가격 결정방법)

  만약 수입물품의 과세가격이 제1조 및 제2조의 규정에 따라 결정될 수 없는 경우, 과세가격은 동일한 수입국으로 수출하기 위하여 판매되고 평가대상 물품과 동시 또는 거의 동시에 수출된 유사 물품의 거래가격이어야 한다.

  ### 제4조(제5조 및 제6조의 적용 순서)

  수입자의 요청으로 제5조와 제6조의 적용순위가 바뀌는 경우를 제외하고 수입물품의 과세가격이 제1조, 제2조 및 제3조의 규정에 따라 결정될 수 없는 경우에는 제5조의 규정에 따라 과세가격을 결정하며, 과세가격이 제5조에 따라 결정될 수 없는 때에는 제6조의 규정에 따라 결정한다.

제5조(국내판매가격을 기초로 한 과세가격의 결정방법)

해당 수입물품 또는 동종·동질 또는 유사 수입물품이 수입국내에서 수입된 것과 동일한 상태로 판매된다면, 이 조의 규정에 따른 수입물품의 과세가격은 평가대상 물품의 수입시기와 동시 또는 거의 동시에 해당 수입물품 또는 동종·동질 또는 유사 수입물품이 그러한 물품의 수입자와 특수관계가 없는 자에게 가장 많은 수량으로 판매되는 단위가격에서 국내판매에 관한 통상의 수수료 또는 이윤 및 일반경비 등의 금액을 공제한 가격을 기초로 하여야 한다.

제6조(산정가격을 기초로한 과세가격 결정방법)

수입물품의 생산을 위해 필요로 하는 비용에 동종·동류물품의 수출판매가격에 통상 포함되는 이윤 및 일반경비를 더한 금액에 의하여 과세가격을 결정한다.

제7조(합리적 기준에 의한 과세가격 결정방법)

만약 수입물품의 과세가격이 제1조부터 제6조까지에 따라 결정될 수 없을 경우, 과세가격은 이 협정 및 1994년도 GATT 제7조의 원칙 및 일반규정에 부합하는 합리적인 방법과 수입국에서 입수할 수 있는 자료를 근거로 결정된다.

Topic 3 국제협정의 변천

1. 브뤼셀 평가협약

GATT 제7조의 기준에 부합하는 세계 최초의 관세평가에 관한 국제규범은 브뤼셀 평가협약이다. 이 협약은 1953년 7월 발효 이후 1981년 GATT관세평가협정이 등장하기까지 관세평가에 관한 최초이자 유일한 국제규정이었다.

브뤼셀 평가협약이 규정하는 관세평가 즉, BDV평가는 수입물품의 과세가격은 "정상가격(Nomal Price)"이어야 한다고 하고, 정상가격이란 관세가 부과되는 때에 공개시장(Open market)에서 상호 독립한 구매자와 판매자간에 판매의 대가로서 지불되는 가격이라고 정의하였다.

수입물품의 가격을 "판매의 대가로 지불된다고 가정되는 가격"이라고 정의함으로써 종가세제 하에서 수입물품의 과세표준이 되는 과세가격을 관념적 개념으로 파악하였다.

2. GATT관세평가협정

그동안 브뤼셀 평가협약의 수용을 거부해온 나라들은 이 협약을 대체할 새로운 평가협정 제정을 추진하였다. GATT관세평가협정이 브뤼셀 관세평가협약과 구별되는 가장 중요한 차이점은 가격(Value)의 개념이다. 브뤼셀 관세평가협약에서는 "정상가격"이라는 관념적 가격인데 비해 GATT관세평가협정에서는 "거래가격(Transaction Value)"을 채택하여 실증적 개념의 가격을 도입하였다.

3. WTO관세평가협정

GATT관세평가협정이 관세평가의 국제표준으로서의 실효성에 의문의 여지를 남긴 것은 주로 개도국이 이 협정을 외면한 것에 기인한다.

WTO관세평가협정은 협정의 실체인 평가규칙은 GATT관세평가협정과 동일하다. 다만, GATT관세평가협정이 독립된 개별협정인데 비해 이 WTO관세평가협정은 WTO 설립협정의 부속협정이라는 점에서 협정으로서의 지위가 다르다고 할 수 있다.

〈BDV VS WTO관세평가협정〉

	BDV	WTO관세평가협정
가격개념	관념적개념	실증적개념
채택가격	정상가격(Normal Price)	거래가격(Transaction Price)
가격형태	CIF주의	FOB,CIF 선택가능

Topic 4. 일반적으로 인정되는 회계원칙의 사용

> 일본정률법 사례

- 과세가격을 결정할 때에는 일반적으로 인정된 회계원칙을 이용하도록 되어 있는데 구체적으로 어떤 것을 의미하는가?

과세가격을 결정하면서 각각의 적용조항과 관련된 국가(또는 지역)에서 일반적으로 인정되는 회계원칙에 적합한 방법으로 작성된 자료를 사용하도록 되어 있다.

예를 들면, 수입물품의 국내판매가격에 근거한 과세가격 결정방법에서 사용하는 "통상의 이윤 및 일반경비"의 계산은 우리나라에서 일반적으로 인정되는 회계원칙에 적합한 방법으로 작성된 자료를 이용하여 계산한다.

또 수입물품의 제조원가에 기초한 과세가격 결정방법에서 사용하는 "통상의 이윤 및 일반경비"의 계산은 수입물품의 생산국에서 일반적으로 인정되는 회계원칙에 적합한 방법으로 작성된 자료를 사용한다.

"일반적으로 인정되는 회계원칙"이란 다음 사항에 대하여 특정국가에서 특정시기에 일반적으로 요구되거나 충분히 권위 있는 지지를 받고 있는 회계원칙을 말한다.

- 자산 또는 부채로서 기록해야 할 재산 또는 채무
- 기록해야 할 자산 및 부채의 변경
- 자산 및 부채와 이들의 변경에 대한 산정방법
- 정보의 공표범위 및 공표방법
- 작성하여야 할 재무서류

- 제1방법 내지 제4방법 : 수입국의 GAAP에 따라 작성된 정보 활용
  제5방법 : <u>생산국(수출국X)</u>의 GAAP에 따라 작성된 정보 활용*

  *산정가격을 위한 생산비 산정에 있어 평가대상 물품의 생산과 관련하여 사용하기 위해 구매자가 직접 또는 간접으로 공급한 금액 즉, 생산지원비는 생산자의 회계장부에 나타나지 아니할 수도 있으나, 산정가격에 포함되어야 함을 주의

- 대법원 '13. 2. 28일 선고, 2010두16998 판결(관세법 제33조 제1항 제1호에서 정한 '특수관계가 없는 자에게 가장 많은 수량으로 국내에서 판매되는 단위가격을 기초로 하여 산출한 금액'의 의미)

  … 우리나라가 가입한 세계무역기구(WTO) 관세평가협정의 부속서 Ⅰ주해 총설은 "일반적으로 인정되는 회계원칙(generally accepted accounting principles : GAAP)은 자세한 관행 및 절차가 될 수 있을 뿐만 아니라 일반적으로 적용되는 광범위한 지침(broad guidelines of general application)이 될 수 있고, 이 협약의 목적상 세계무역기구(WTO) 회원국의 세관 당국은 당해 조항에 적절한 것으로서 국내에서 일반적으로 인정되는 회계원칙과 일치되게 작성된 정보를 활용하여야 한다"고 규정하여, <u>관세법상 과세가격 산정에 있어서 별다른 기준이 없는 한 일반적으로 인정되는 회계원칙을 기준으로 삼아야 한다는 취지로 규정</u>하고 있는 점, 국내에서 일반적으로 인정되는 회계원칙으로 볼 수 있는 기업회계기준 제38조(매출액)는 "상품 또는 제품의 매출액은 총매출액에서 매출에누리와 환입 및 매출할인을 차감한 금액으로 한다. 이 경우에 일정 기간의 거래수량이나 거래금액에 따라 매출액을 감액하는 것은 매출에누리에 포함된다"고 규정하고 있는 점 등 …. 관세법 제33조 제1항 제1호가 정하고 있는 '특수관계가 없는 자에게 가장 많은 수량으로 국내에서 판매되는 단위가격을 기초로 하여 산출한 금액'은 <u>일반적으로 인정된 회계원칙인 기업회계기준이 정한 바에 따라</u> '특수관계가 없는 자에게 가장 많은 수량으로 국내에서 판매한 매출액에서 <u>판매장려금을 공제한 금액</u>'이라고 봄이 상당하다.

Topic 5. 과세환율과 통화환산

1. 관련규정

- 관세법 제18조(과세환율)
- 관세평가 운영에 관한 고시 제2조(통화)
- 관세평가 운영에 관한 고시 제3조(과세환율)
- WTO관세평가협정 제9조
- 권고의견 20.1

2. 핵심문구

관세법 제18조(과세환율)

과세가격을 결정하는 경우 외국통화로 표시된 가격을 내국통화로 환산할 때에는 제17조에 따른 날(보세건설장에 반입된 물품의 경우에는 수입신고를 한 날을 말한다)이 속하는 주의 전주(前週)의 기준환율 또는 재정환율을 평균하여 관세청장이 그 율을 정한다.

관세평가 운영에 관한 고시 제2조(통화)

과세가격은 송품장에 기재된 통화를 기초로 하여 결정한다. 다만, 송품장에 기재된 통화와 실제로 결제되는 통화가 상이한 것이 관계자료 등에 의하여 확인된 경우에는 실제로 결제되는 통화를 기초로 하여 결정한다.

관세평가 운영에 관한 고시 제3조(과세환율)

① 법 제18조 및 규칙 제1조의2에 따른 과세환율은 「외국환거래법」 제9조제2항에 따른 외국환중개회사가 고시하는 환율 자릿수와 동일하게 산정하되, 같은 자릿수 미만에서 반올림한다.
② 과세환율의 적용기간은 일요일 00시부터 토요일 24시까지로 하며, 관세청 전자통관시스템(UNI-PASS)을 통하여 알린다.
③ 관세평가분류원장은 제1항부터 제2항까지에 따른 과세환율의 결정 등을 위하여 필요

한 사항을 따로 정할 수 있다.

협정 제9조

1. 과세가격을 결정하기 위하여 통화환산이 필요한 경우, 사용될 환율은 관련 수입국의 권한 있는 당국에 의하여 정당한 절차에 따라 공표되어야 하며, 각 공표문서가 대상으로 하고 있는 기간과 관련하여, 상거래에 사용된 통화의 현재가치를 가능한 한 효과적으로 수입국의 통화로 반영하여야 한다.

권고의견 20.1

2. 관세평가기술위원회는 이 문제를 검토한 후 가격의 결제(settlement of price)가 <u>수입국 통화로 행해지는 경우에는 통화환산은 필요하지 않다</u>고 권고하였다.

일본정률법 사례

- **송품장이 외국통화로 표시되어 있는 경우에는 어떻게 국내통화로 환산하는가?**

  송품장에 표시된 외국통화로 수입물품의 대금을 지급하는 경우에는 과세가격을 결정하기 위하여 외국통화로 표시된 가격을 국내통화로 환산할 필요가 있다. 또한 통화 환산에 적용하는 외국환시세에 관하여는 관세법 제18조 과세환율 규정에 따른다.

고정환율 사례

고정환율 : 수출국통화 1$ = 수입국통화 1,000원 = 0.5 EURO
(과세환율 1$ = 1,182원, 1EURO = 1,328원)

구분	송장금액	고정환율*	결제금액	과세환율	PAPP (과세가격)
사례 1	1 $	→	1,000원	×	1,000원
사례 2	1,000원	→	1 $	→	1,182원
사례 3	1 $	→	0.5 EURO	→	664원
사례 4	1,000원	→	0.5 EURO	→	664원

* 고정환율에 대한 사전합의시 시세에 따른 별도 환율이나 과세환율을 적용하는 것이 아니다.

■ 고정환율의 적용을 항상 인정할 수 있다는 취지가 아님을 유의하여야 한다. 관계사간 특수하게 적용되는 환율문제는 환율 급등락 시 수입자의 재정부담 리스크 보전의 일환으로 사용되는데, 일반적으로 금융권의 환율과 차이, 내부 환율시스템의 객관성이 확보되어 있는지, 지속적으로 동일 기준이 계속 적용하고 있는지에 따라서 인정 여부가 달라질 수 있다. (관세평가실무해설 128page, 이해동)

※ 사례3과 4는 고정환율의 적용을 인정받지 못할 가능성이 높다. 0.5EURO 환산이 시세 환율을 적절히 반영한 것으로 인정곤란하다.

기출문제

['11년 관세평가 경진대회 각색]

우리나라 수입자 I는 미국 수출자 X와 CIF조건으로 물품매매 계약을 체결하면서 환차손을 회피하기 위해 1달러당 1,200원의 고정환율을 적용하기로 하였다. 수입신고일 당시 관세청장이 고시한 과세환율이 1달러당 1,250원 경우 다음 물음에 답하시오. (10점)

(1) 수입자와 수출자간 합의된 고정환율의 적용에도 불구하고 거래가격을 적용할지 있는지에 관하여 기술하시오.(4점)

(2) [상황 1] 상업송장에 물품가격은 미화 10,000$로 기재되어 있으나 쌍방은 원화로 결제하기로 합의하고, I는 12,000,000원을 X에게 송금하였다. 그러나 수입신고일의 과세환율이 1,250원이므로 I는 12,500,000원을 과세가격으로 신고한 경우 적절한 과세가격인지에 관하여 설명하시오.(3점)

(3) [상황 2] 상업송장에 물품가격은 제3국통화인 120,000¥으로 기재되어 있으나 X가 미화($)로 지급할 것을 요청하여 I는 X에게 계약서상의 고정환율에 의거 환산된 미화 9,800달러를 송금하고 과세가격은 12,250,000원으로 수입신고한 경우 적절한 과세가격인지에 관하여 설명하시오.(3점)

모범답안

1. 고정환율의 적용에도 불구하고 거래가격을 적용할 수 있는지 여부

- 고정환율의 적용을 구매자와 판매자간 의무사항으로 보아 거래의 성립 및 가격결정에 영향을 미친 조건 또는 사정으로 보거나, 특수관계자간 수입자의 환차손 보전을 목적으로 고정환율이 적용된다면 특수관계 영향을 받은 것으로 보아 거래가격의 적용을 배제할 수 있다.

- 그러나,
  - 환율변동으로 인한 대금지급의 불이익을 사전에 예방하고자 하는 것은 수입자의 입장에서 당연하며, 이를 위해 시세와 일치되는 고정환율의 적용에 합의하는 것은 상업적 관행에 부합하는 것으로 판단되며,
  - 수출자와 수입자간 조건 사정으로 볼 수 있거나 특수관계가 성립된다고 판단할 근거를 찾아볼 수 없고, 고정환율과 과세환율의 차이가 크지 않은 점 등을 고려할 때 거래가격 배제사유에 해당되지 않는 것으로 판단된다.

2. 상황 1에 대한 과세가격이 적절한지 여부

- 결제통화를 기초로 과세가격을 결정하는 바, 원화결제에 합의하였으므로 송품장금액 1만불에 고정환율을 적용하여 산출된 12,000,000원의 결제금액에 대하여 별도의 통화환산은 필요하지 않다. 따라서, 과세환율을 적용하여 산출된 12,500,000원은 과다하게 신고한 것이다.

3. 상황 2에 대한 과세가격이 적절한지 여부

- 수출자의 요청에 따라 미화로 결제하기로 합의한 경우이므로 결제통화를 기초로 과세가격을 결정하여야 할 것인 바, 송품장금액 12만엔에 고정환율을 적용하여 산출된 9,800달러의 결제금액에 과세환율 1,250원을 곱하여 산출된 과세가격으로 신고하였으므로 적정한 신고가격으로 판단된다.

Topic 6. 평가방법의 적용순위

관세평가 운영에 관한 고시 제13조(과세가격 결정방법의 적용순서)

수입물품의 과세가격은 법 제30조에 따른 과세가격 결정방법(이하 "제1방법"이라 한다)을 우선 적용하고 제1방법을 적용할 수 없는 경우에는 법 제31조부터 제35조까지에 따른 과세가격 결정방법(이하 각각 "제2방법", "제3방법", "제4방법", "제5방법", "제6방법"이라 한다)을 순차적으로 적용하여 결정한다. 다만, 법 제33조제1항 단서에 따라 납세의무자가 요청하면 제5방법을 우선 적용하되 제5방법을 적용할 수 없는 경우에는 제4방법, 제6방법의 순서에 따라 적용한다.

참조

조세일보

[인사이드 News]2000억원 세금전쟁, 그 이면의 이야기들
② 양주 때문에 촉발된 '10년 전쟁'…관세청-디아지오 '날선 대립'

[조세일보] 김진영, 장은석 기자
보도 : 2011.06.09 09:38

◆ …술 1병 가격의 대부분은 '세금'. 주류업체와 과세당국 사이의 숨바꼭질이 계속될 수밖에 없는 이유다. 국내 최대 위스키 수입판매업체 디아지오코리아와 관세청이 그 명성에 걸맞은 사상 최대규모의 과세불복을 놓고 치열한 사투를 벌이고 있다. 10년째 벌이고 있는 건곤일척(乾坤一擲)의 승부. 양측의 전의(戰意)는 시간이 갈수록 더욱 불타오르고 있다. 사진 오른쪽은 디아지오코리아의 주력 상품인 윈저(windsor).

조니워커·윈저 등 유명 위스키 수입판매업체인 디아지오코리아와 관세청이 벌이고 있는 '블록버스터급' 세금전쟁에 세간의 이목이 집중되고 있다.

추징 세액규모는 무려 1,941억여원으로 2,000억원에 육박한다. 문제는 이 세금이 전부가 아니라는 점이다.

현재 부과된 세금은 2004년 2월~2007년 6월 동안 디아지오코리아가 수입한 위스키에 대한 세금. 2007년 7월 이후 수입분에 대한 세금도 2,000억원에 육박하는 것으로 알려졌으며 현재 관세청이 홀딩을 하고 있는 상황이다.

조세심판원의 결정내용이 중요한 '분수령'이었던 이유는 이 때문이다.

만약 심판원이 관세청의 과세가 잘못이 없다는 결론을 내렸다면, 디아지오코리아가 부담할 세금은 4,000억원 규모로 불어날 수밖에 없는 상황. 지난달 18일 심판원이 내놓은 결론은 '재조사'. 승부를 '원점'으로 되돌려 놓은 셈이다.

시간을 거꾸로 돌려, 문제의 불씨가 태동했던 2001년으로 되돌아가 보자.

□ "저가거래 의혹은 처음부터 존재했다(?)" = 지난 2001년 영국에 본사를 두고 있는 세계적 주류업체 디아지오는 자사 제품을 우리나라에 수입·판매해오던 두산씨그램을 자회사로 편입, 다음해 디아지오코리아로 사명을 변경했다.

조세일보가 입수한 관세청 내부문건에 따르면 디아지오코리아는 설립 첫 해인 2002년부터 약 1년 4개월 동안은 위스키 등 제품 수입가격을 기존 두산씨그램이 관세청에 신고했던 금액과 동일하게 신고했다.

그러나 2003년 5월 돌연 제품 수입가격을 기존 수입가격보다 무려 55%나 낮게 신고하는 체제로 전환했다. 같은 해 8월부터는 영국 본사와의 특수관계자간 거래 의혹을 의식한 듯(?) 과세가격 산정방법까지 바꿔버렸다.

이 과정에 국내 유명 법무법인이 깊숙이 개입한 것으로 전해졌다. 수입주류업체 심사를 담당했던 관세청 직원이 퇴직 후 해당 법무법인에 취업, 회사의 세무자문에 개입했던 것으로 알려졌다.

디아지오코리아의 행보를 수상쩍게 여긴 관세청(서울본부세관)이 움직였다. 2004년 관세청은 영국 소재 디아지오 본사에 직접 현지심사까지 다녀오는 등 디아지오코리아 과세가격 적정성 심사를 진행했다.

심사결과 디아지오코리아가 제품의 생산원가 및 이윤 등을 기초로 수입가격을 산정·신고했지만, 원가 및 이익률을 제품가격에 실제보다 적게 반영하는 등 과세가격 산정방법상 문제점이 발견됐다.

서울세관은 디아지오코리아의 제조원가 및 매출총이익률을 상향조정해 2003년 5월 이후 저가로 신고했던 수입물품에 대해 139억원의 세금을 추징했다.

그러나 서울세관은 디아지오코리아가 두산씨그램의 수입가격대로 신고한 2003년 이전 물품에 대해서도 동일한 과세가격 산정방법을 소급 적용, 583억원의 세금을 디아지오코리아에 환급했다.

아이러니하게도 서울세관이 심사 이후 원가 및 이윤 등을 기초로 계산한 수입가격이 디아지오코리아가 두산씨그램 시절 수입가격을 기초로 신고했던 과세가격보다 훨씬 낮았던 것. 디아지오코리아는 세관심사를 받고도 가만히 앉아 444억원의 이익을 챙겼고 이후 수입가격 저가신고 문제는 수면 아래로 완전히 사라졌다.

□ '검은 거래' … 의혹의 불씨를 다시 당기다 = 2007년 8월 뜻밖의 사건이 터지면서 디아지오코리아 저가신고 의혹이 수면 위로 급부상했다. 지난 2004년 디아지오코리아 심사를 담당했던 관세청 직원 조 모씨가 회사로부터 1억원의 뇌물을 받은 사실이 적발된 것.

조 모씨는 지난 2008년 징역형을 선고받고 현재 복역 중이다. 디아지오코리아와 관세청 직원의 '검은 거래'는 과세가격 적정성 심사결과의 신뢰성에 대한 '의심'의 계기로 작용했고 서울세관은 전격적으로 재심사 착수를 결정했다.

서울세관은 디아지오코리아가 신고한 수입가격이 위스키 등 양주를 국내에 수입·판매하는 경쟁업체들의 과세가격에 비해 현저히 낮다는 사실에 주목, 고의적인 저가신고 혐의를 확신하고 심사범위를 확대했다.

재심사 결과 디아지오코리아가 지난 2004년 관세청 심사 당시 적용했던 원가·이윤 등을 기초로 한 과세가격 산정방법을 사용했지만, 제품원가에 포함되는 통상적인 이윤과 일반경비를 상당히 적게 반영한 사실을 확인했다.

특히 양주 가격의 상당부분을 구성하는 '숙성비용'이 제품원가에 포함되지 않는 등 디아지오 코리아와 영국 본사 사이의 특수관계 거래를 포착, 디아지오코리아가 내세운 과세가격을 인정하지 않았다.

서울세관은 디아지오코리아가 2004년 3월부터 2007년 6월까지 수입했던 제품들에 적용했던 13.4%의 영업이익률 대신, 디아지오 본사의 122% 매출총이익률로 수입가격을 다시 계산, 무려 2,064억원을 상회하는 어마어마한 세금을 추징했다.

□ 디아지오코리아, "관세청이 알려준 방법대로 했다" = '세금폭탄'을 맞은 디아지오코리아는 이에 반발, 서울세관에 과세전적부심사를 청구했다. 지난 2004년 진행됐던 심사 당시 세관에서 정해준 방법대로 성실히 세금을 납부해 왔는데, 이제 와서 거액의 세금을 내라는 것을 절대 받아들일 수 없다는 것이 회사측 입장이었다.

서울세관은 이 같은 디아지오코리아의 주장에 대해 좀 더 명확한 원가·이윤 자료를 토대로 세금을 정확하게 부과할 필요가 있다고 판단, 재조사를 결정했다.

그러나 재조사를 진행하던 서울세관은 제조원가에 포함되지 않은 '숙성비용'을 지적하며, 디아지오코리아에 정확한 원가자료를 요구했으나 만족할만한 자료를 받지 못했다.

특히 세관은 글로벌 기업인 디아지오의 특성을 고려해 정확하게 조정된 본사와의 연결재무제표를 요구했지만, 디아지오코리아는 이를 거부한 것으로 알려졌다.

디아지오코리아는 이미 세관측에 이윤 및 일반경비가 포함된 재무제표와 매출원가 정보는 물론, 영국기업회계기준에 따라 작성되고 외부감사까지 거친 원가자료를 세관에 모두 제출한 상태였다.

실제로 기획재정부가 내린 기존 유권해석상에도 일반회계원칙에 따라 이윤 및 일반경비를 산출할 수 있도록 작성된 회계자료로 과세가격을 결정할 수 있다고 명시돼 있어, 디아지오코리아 입장에서는 본사와의 연결재무제표까지 조정해 세관에 제출할 의무가 없었다.

□ 관세청, 과세가격 산정방법 전격 '변경' = 디아지오코리아가 원가자료 요청에 비협조적인 태도를 보이자 관세청은 원가·이윤을 기초로 과세가격을 산정하는 방법을 과감히 버리고 디아지오코리아가 제출한 원가자료가 아닌 경쟁업체 유사물품의 거래가격을 기초로 과세가격을 새롭게 계산했다.

이에 따라 경쟁업체들에 비해 절반 가까이 수입가격을 낮게 신고해 온 디아지오코리아에 추가로 부과될 세금은 크게 줄어들지 않았고, 이전 부과액보다 고작(?) 100억 가량 줄어든 1,941억원의 세금 추징이 결정됐다.

관세청 입장에서는 회사측에 더 이상 자료 요구를 하지 않고도 기존 부과세액과 큰 차이가 없는 액수를 과세할 수 있는 점도 매력적일 수밖에 없었다.

관세청의 세금추징이 결정된 이후 디아지오코리아는 곧바로 조세심판원에 심판청구를 제출했다. 심판청구 진행과는 별개로 디아지오코리아는 추징된 세액의 상당부분을 납부했거나, 납부할 예정인 것으로 전해졌다.

MEMO

CUSTOMS VALUATION

부록 주제별 WTO관세평가협정

총론 PART

General Agreement on Tariffs and Trade (GATT) (관세 및 무역에 관한 일반협정)

GATT 제7조

| Article VII Valuation for Customs Purposes | 제7조 관세상의 평가 |

1. The contracting parties recognize the validity of the general principles of valuation set forth in the following paragraphs of this Article, and they undertake to give effect to such principles, in respect of all products subject to duties or other charges* or restrictions on importation and exportation based upon or regulated in any manner by value. Moreover, they shall, upon a request by another contracting party review the operation of any of their laws or regulations relating to value for customs purposes in the light of these principles. The CONTRACTING PARTIES may request from contracting parties reports on steps taken by them in pursuance of the provisions of this Article.

2. (a) The value for customs purposes of imported merchandise should be based on the actual value of the imported merchandise on which duty is assessed, or of like merchandise, and should not be based on the value of merchandise of national origin or on arbitrary or fictitious values.*

    (b) "Actual value" should be the price at which, at a time and place determined by the legislation of the country of importation, such or like merchandise is sold or offered for sale in the ordinary course of trade under fully competitive conditions. To the extent to

1. 체약국은 본 조의 다음 각항에 규정된 평가의 일반원칙이 타당하다는 것을 인정하며 또한 수입 및 수출에 대한 관세, 기타의 과징금 또는 제한을 과함에 있어 가액에 의하거나 또한 어떠한 방법으로 가액에 의하여 규제되는 모든 산품에 관하여 이러한 원칙을 실시할 것을 약속한다. 또한 체약국은 다른 체약국의 요청이 있을 때에는 관세상 가액에 관한 법률과 규칙의 운영을 전기한 원칙에 비추어 검토하여야 한다. 체약국단은 본 조의 규정에 따라 체약국이 취한 조치에 관하여 보고를 제출하도록 해당 체약국에 요청할 수 있다.

2. (a) 수입상품의 관세상 가액은 관세가 부과되는 수입 상품 또는 동종 상품의 실제가액에 따라야 하며, 국내원산의 상품가액, 임의가액 또는 가공적 가액에 따라서는 아니된다.

    (b) "실질가액"이라 함은 수입국의 법령에서 정한 시간과 장소에서 동 상품 또는 동종의 상품이 통상적인 상거래에 있어서 완전한 경쟁적 조건하에서 판매되거나 판매를 위하여 제공된 가격을 말한다. 동 상품 또는

which the price of such or like merchandise is governed by the quantity in a particular transaction, the price to be considered should uniformly be related to either (i) comparable quantities, or (ii) quantities not less favourable to importers than those in which the greater volume of the merchandise is sold in the trade between the countries of exportation and importation.*

(c) When the actual value is not ascertainable in accordance with sub-paragraph (b) of this paragraph, the value for customs purposes should be based on the nearest ascertainable equivalent of such value.*

3. The value for customs purposes of any imported product should not include the amount of any internal tax, applicable within the country of origin or export, from which the imported product has been exempted or has been or will be relieved by means of refund.

4. (a) Except as otherwise provided for in this paragraph, where it is necessary for the purposes of paragraph 2 of this Article for a contracting party to convert into its own currency a price expressed in the currency of another country, the conversion rate of exchange to be used shall be based, for each currency involved, on the par value as established pursuant to the Articles of Agreement of the International Monetary Fund or on the rate of exchange recognized by the Fund, or on the par value established in accordance with a special exchange agreement entered into pursuant to Article XV of this Agreement.

(b) Where no such established par value and no such recognized rate of exchange exist, the conversion rate shall reflect effectively the

동종 상품의 가격이 특정한 거래에 있어서 수량에 의하여 규제되는 한 고려되어야 할 가격은 (1) 비교 가능한 수량, 또는 (2) 수출국과 수입국간의 상거래에 있어서 보다 다량의 상품이 판매되는 경우의 수량보다 수입업자에게 불리하지 아니한 수량과 일률적으로 관련시켜야 한다.

(c) 실제의 가액을 본항 (b)에 따라서 확정할 수 없을 때에는 관세상의 가액은 동 가액에 가장 가까운 상당액으로 확정할 수 있는 것에 의하여야 한다.

3. 수입산품의 관세상의 가액에는 원산국 또한 수출국에서 적용되는 내국세로서 해당 수입산품에 면제된 것 또는 상환에 의하여 경감되었거나 경감될 금액을 포함하여서는 아니된다.

4. (a) 본항에 별도로 규정되어 있는 경우를 제외하고는, 본 조 제2항의 적용상 체약국이 타국의 통화로 표시된 가격을 자국통화로 환산할 필요가 있을 때 사용할 환산율은 각 관계 통화에 대하여 국제통화기금 협정의 규정에 따라 설정된 평가 또는 동 기금에서 인정한 환율 또는 본 협정 제15조의 규정에 의하여 체결된 특별외환 협정에 따라 설정된 평가에 따라야 한다.

(b) 전기한 설정된 평가 또는 인정된 환산율이 존재하지 아니하는 경우에는, 환산율은 상거래에서 해당통화의 시세를 실질적으로

current value of such currency in commercial transactions. (c) The CONTRACTING PARTIES, in agreement with the International Monetary Fund, shall formulate rules governing the conversion by contracting parties of any foreign currency in respect of which multiple rates of exchange are maintained consistently with the Articles of Agreement of the International Monetary Fund. Any contracting party may apply such rules in respect of such foreign currencies for the purposes of paragraph 2 of this Article as an alternative to the use of par values. Until such rules are adopted by the Contracting Parties, any contracting party may employ, in respect of any such foreign currency, rules of conversion for the purposes of paragraph 2 of this Article which are designed to reflect effectively the value of such foreign currency in commercial transactions. (d) Nothing in this paragraph shall be construed to require any contracting party to alter the method of converting currencies for customs purposes which is applicable in its territory on the date of this Agreement, if such alteration would have the effect of increasing generally the amounts of duty payable. 5. The bases and methods for determining the value of products subject to duties or other charges or restrictions based upon or regulated in any manner by value should be stable and should be given sufficient publicity to enable traders to estimate, with a reasonable degree of certainty, the value for customs purposes.	반영하는 것이어야 한다. (c) 체약국단은, 국제통화기금과의 합의하에 국제통화기금 협정의 규정에 합치되는 복수환율이 유지되고 있는 외국통화에 관하여 체약국이 행하는 환산을 규제하는 규칙을 정하여야 한다. 체약국은 이러한 외국통화에 대하여 본조 제2항의 적용상 평가를 기초로 하는 대신에 이러한 규칙을 적용할 수 있다. 체약국, 단 이 이러한 규칙을 채택하기 까지는 체약국은 이러한 외국통화에 대하여 상거래에 있어서 이러한 외국통화의 가치를 실질적으로 반영하기 위하여 마련된 교환규칙을 적용할 수 있다. (d) 본항의 규정은 본 협정일자에 체약국의 영역에서 적용되고 있는 관세상의 통화 환산 방법의 변경이 관세지불액을 일반적으로 증가하는 효과를 초래할 경우에는, 체약국에 대하여 환산방법을 변경하도록 요구하는 것으로 해석되어서는 아니된다. 5. 가액을 기준으로 하여 또는 어떠한 방법으로든지 가액에 의하여 규제되는 관세, 기타 과징금 또는 제한의 대상이 되는 산품의 가액을 결정하는 기초와 방법은 안정되어야 하며 무역업자가 상당한 확정성을 가지고 관세상의 가액을 추정할 수 있도록 충분히 공표되어야 한다.

환율 PART

권고의견20.1 계약서가 고정환율로 약정하고 있는 경우의 통화 환산

1. 수입물품의 판매계약이 고정환율(Fixed rate)로 대하여 약정하고 있는 경우에 통화환산(conversion of currency)이 필요한지 여부에 대한 문제가 제기되어 왔다.

2. 관세평가기술위원회는 이 문제를 검토한 후 가격의 결제(settlement of price)가 수입국 통화로 행해지는 경우에는 통화환산은 필요하지 않다고 권고하였다.

그러므로 이 문제에서 중요한 점은 가격이 결제되는 통화와 지급 금액이다.

예시1

상업송장에는 수출국 통화(MX)로 금액이 기재되어 있다. 그러나 결제는 수입국 통화(MY)로 행해진다고 명시되어 있다. 지급하여야 할 금액은 고정환율로 송장에 기재된 금액을 환산하여 얻는다. 환율은 1 MX(수출국 통화) = 2 MY(수입국 통화)이다.

질문 | 송장에 기재된 금액은 수입국 통화로 환산 시 계약된 환율에 기초하여야 하는가, 물품의 수출 또는 수입 시점에 (수입국의) 유효한 환율에 기초하여야 하는가?(협정 제9조제2항 참조)

답변 | 제9조에서 규정하고 있는 바와 같은 통화환산은 필요하지 않다. 판매 계약은 수입국 통화로 정해진 금액을 지급하도록 약정하고 있다. 수입국 통화로 지급하여야 할 금액은 송장에 기재된 금액에 구매자와 판매자가 합의한 비율, 즉 2를 곱하여 결정된다.

예시2

상업 송장에는 수입국 통화(MY)로 금액이 기재되어 있지만 결제는 수출국 통화(MX)로 행해진다고 명시되어 있다. 지급하여야 할 금액은 1MX = 2MY의 고정환율로 송장에 기재된 금액을 환산하여 결정된다.

질문 | (수입국의 통화로) 송장에 기재된 금액은 추가적인 환산 없이 인정될 것인가?

답변 | 송장에 기재된 금액은 과세가격으로 수용될 수 없다. 판매 계약은 수출국의 통화로 정해진 금액을 지급하도록 약정하고 있다. 이 금액이 환산되어야 하는 금액이다. 먼저 MX로 지급할 계약된 금액은 송장에 기재된 금액을 2로 나누어 얻는다. 그 결과로 계산된 금액은 수입국의 권한 있는 당국이 공표한 적절한 환율을 사용하여 제9조에 따라 MY로 환산되어야 한다.

> 예시3

상업 송장에는 수출국 통화(MX)로 금액이 기재되어 있지만 결제는 제3국 통화(MZ)로 행해진다고 명시되어 있다. 지급하여야 할 금액은 1MX = 6MZ의 고정환율로 송장에 기재된 금액을 환산하여 얻는다.

질문 | 어떤 외화 표시금액(즉, MX 또는 MZ)이 수입국 통화로 환산될 것인가?

답변 | 제3국 통화가 환산될 것이다. 환산될 금액은 계약된 고정환율로 송장에 기재된 금액을 계산하여 결정된다. (즉, 송장에 기재된 금액×6 = 제3국 통화로 실제로 지급하여야 할 금액). 그 결과로 계산된 금액은 수입국의 권한 있는 당국이 공표한 적절한 환율을 사용하여 제9조에 따라 수입국의 통화로 환산되어야 한다.

> 예시4

상업 송장에는 수입국 통화(MY)로 금액이 기재되어 있지만, 결제는 제3국 통화(MZ)로 행해진다고 명시되어 있다. 지급하여야 할 금액은 1MY = 3MZ의 고정환율로 송장에 기재된 금액을 환산하여 얻는다.

질문 | 송장에 기재된 금액(수입국 통화)은 추가적인 환산 없이 인정될 것인가?

답변 | 송장에 기재된 금액은 환산 없이 수용될 수 없다. 송장에 기재된 금액은 고정환율로 제3국의 통화로 결정되어야 한다(즉, 송장에 기재된 금액×3 = 제3국 통화로 지급하여야 할 금액). 그 결과로 계산된 금액은 수입국의 권한 있는 당국이 공표한 적절한 환율을 사용하여 제9조에 따라 수입국의 통화로 환산되어야 한다.

MEMO

CUSTOMS VALUATION

제2장

과세가격 결정원칙(제1방법)

Topic 1. 수출판매의 개요

1. 관련규정

- 관세법 제30조(과세가격 결정의 원칙) 1항
- 관세법 시행령 제17조(우리나라에 수출하기 위하여 판매되는 물품의 범위)
- 관세평가 운영에 관한 고시 제15조(수출판매의 범위)
- 권고의견 1.1(협정에서의 "판매(Sale)"의 개념)
- 권고의견 14.1("수입국으로 수출하기 위하여 판매된"표현의 의미)
- 권고의견 22.1(산업플랜트 디자인 및 개발과 관련하여 수입된 기술 문서에 대한 평가)
- 예해 22.1(연속거래에서 "수입국으로 수출하기 위하여 판매된"이라는 표현에 대한 의미)
- 예해 5.1(제조, 가공 또는 수리용으로 일시 수출된 후 반송된 물품)
- 사례연구 4.1(임대차물품(rented or leased goods)의 평가처리방법)
- 사례연구 5.1(제8조 제1항 (b)호의 적용)

2. 핵심문구

관세법 제30조(과세가격 결정의 원칙)

① 수입물품의 과세가격은 <u>우리나라에 수출하기 위하여 판매되는 물품</u>에 대하여 구매자가 실제로 지급하였거나 지급하여야 할 가격에 다음 각 호의 금액을 더하여 조정한 거래가격으로 한다.

시행령 제17조(우리나라에 수출하기 위하여 판매되는 물품의 범위)

법 제30조제1항 본문에 따른 우리나라에 수출하기 위하여 판매되는 물품은 해당 물품을 우리나라에 도착하게 한 원인이 되는 거래를 통해 판매되는 물품으로 한다. 다만, 다음 각 호의 물품은 포함되지 않는다.

1. 무상으로 국내에 도착하는 물품
2. 국내 도착 후 경매 등을 통해 판매가격이 결정되는 위탁판매물품

3. 수출자의 책임으로 국내에서 판매하기 위해 국내에 도착하는 물품
4. 별개의 독립된 법적 사업체가 아닌 지점 등과의 거래에 따라 국내에 도착하는 물품
5. 임대차계약에 따라 국내에 도착하는 물품
6. 무상으로 임차하여 국내에 도착하는 물품
7. 산업쓰레기 등 수출자의 부담으로 국내에서 폐기하기 위해 국내에 도착하는 물품

관세평가 운영에 관한 고시 제15조(수출판매의 범위)

① 법 제30조제1항 각 호 외의 부분 본문에서 판매는 각각 자기 책임과 계산으로 해당 수입물품에 대한 대가를 지급하고 소유권 이전을 목적으로 하는 구매자와 판매자 간의 거래를 말한다.

② 법 제30조제1항 각 호 외의 부분 본문에서 우리나라에 수출하기 위하여 판매되는 물품에 대한 가격은 해당 물품의 실제적인 국제 간 이동을 수반하는 거래로서 우리나라에 도착하기 직전에 이루어진 판매에서의 가격을 말한다.

권고의견 1.1(협정에서의 "판매(Sale)"의 개념)

수입물품이 판매의 대상으로 간주되지 않는 사례의 목록

Ⅰ. 무상 수입물품
   가격의 지급을 수반하지 않는 거래는 협정에 따른 판매로 간주될 수 없다.

Ⅱ. 위탁판매 수입물품
   이러한 무역관행 하에서 물품은 판매의 결과로서가 아니라, 공급자의 계산(for the account of the supplier)으로 가능한 가장 유리한 가격에 판매될 의도로 수입국에 송부된다. 수입시점에는 판매가 발생하지 않았다.

Ⅲ. 물품을 구매하지 않고 수입 후 물품을 판매하는 중개인(intermediaries)이 수입한 물품
   이 표제에 따라 예상된 수입과 이전 표제에서 다룬 위탁판매 물품의 수입 간에는 구별이 이루어져야 한다. 후자는 별개의 특정한 무역관행이다. 현 범주는 물품이 판매의 대상이 되지 않고 중개인에게 인도되고 국제관례 상 일반적으로 위탁판매 수입물품으로 간주되지 않는 상관행에서 직면하는 모든 경우를 포함한다.

Ⅳ. 별개의 법적 사업체가 아닌 지점(branches)이 수입하는 물품

관련 법률에 따라 지점이 별개의 법적 사업체로 간주되지 않는 경우에는 판매가 있을 수 없으며, 판매는 반드시 별개의 두 당사자 간의 거래를 수반한다는 것을 유념해야 한다.

〈동일한 법적 사업체의 한 지점에서 다른지점으로 이동된 것에 불과하다.〉

Ⅴ. 임대차계약(hire or leasing contract)에 따라 수입되는 물품

임대차 거래는 계약이 구매하는 선택권을 포함한다 할지라도 그 본질상 판매를 구성하지 않는다.

Ⅵ. 송하인 소유(property of sender)로 남아 있는 대여 물품

물품(대개 기계류)은 때때로 소유자에 의해 고객에게 대여된다. 이러한 거래는 판매를 수반하지 않는다.

Ⅶ. 송하인이 수입자에게 용역의 대가를 지불하고, 수입국에서 폐기하기 위해 수입되는 물품(웨이스트 또는 스크랩)

이러한 경우는 폐기하기 위해 수입되는 웨이스트나 스크랩과 관련 있다. 비용은 이 폐기와 관련하여 발생하기 때문에 수출자는 수입자에게 용역에 대한 금액을 지급한다. 수입자는 수입물품에 대한 대가를 지급하는 것이 아니라, 반대로 수입물품을 인수하고 폐기하는 대가를 지급받기 때문에 협정의 조건에 따라 판매가 발생했다고 간주할 수 없다.

권고의견 14.1("수입국으로 수출하기 위하여 판매된" 표현의 의미)

2. 수입이라는 용어는 "어떤 물품을 관세영역으로 가져오는 행위"로, 수출이라는 용어는 "어떤 물품을 관세영역 밖으로 가져가는 행위"로 정의하고 있다.

이러한 관점에서 판매가 <u>특정 수출국에서 발생할 필요는 없다.</u> 수입자가 검토 중에 있는 직접적인 영향을 미치는 판매(the immediate sale under consideration)가 수입국으로 물품을 수출할 목적으로 발생하였다는 것을 입증할 수 있다면 제1조가 적용될 수 있다. 이것은 <u>물품의 실제적인 국제간 이동을 수반(involving an actual international transfer of goods)</u>하는 거래만이 거래가격 방법으로 물품을 평가하는데 사용될 수 있다는 것을 의미한다.

예해 5.1, 사례연구 5.1

11. 협정에서 "판매"의 개념에 대해 권고의견 1.1은 해석과 적용의 통일성은 "판매"라는 용어를 <u>가장 넓은 의미로</u> 받아들임으로써 달성될 수 있으며, 이는 함께 해석되는 협정 제1조 및 제8조의 규정에 의해서만 결정된다고 명시하고 있다.

예해 22.1(연속거래에서 "수입국으로 수출하기 위하여 판매된"이라는 표현에 대한 의미)

3. 일체의 연속판매는 상업적 사슬에서 수입국으로 물품을 수입하기 이전에서 발생하는 마지막 거래(최종 거래)와 상업적 사슬에서 첫 번째(또는 이전)거래를 포함하고 있다.

20. 요약하면, 첫 번째 판매를 기초로 한 거래가격은 일반서설과 제1조 및 제8조에서 예견하고 있는 전체 상업적 사슬의 일부를 형성하거나, 상업적 사슬로 인한 투입의 실체를 충분히 반영하지 않을 수 있다. 반대로, <u>마지막 판매를 기초로 한 거래가격은 예견한 바와 같이 전체 거래의 실체를 보다 더 충분히 반영한 것</u>이 될 것이다.

22. 마지막 판매는 일반적으로 수입국에 소재하고 있는 구매자가 관련되고, 이 판매에 대한 정보는 첫 번째 판매에 관한 정보보다는 일반적으로 수입국에서 보다 더 쉽게 입수할 수 있다.

23. 제7조는 이러한 신축성은 "수출국의 국내판매가격"(제7조 제2항 참조)을 포함한 특정 가격의 사용을 허용하는 것까지 확대되지는 않는다는 것을 보여주고 있다. 이것은 제1조가 의도하고 있는 범위에 대한 명백한 암시를 제공하고 있다. 즉, 제1조의 신축적인 적용에 있어 금지된 판매는 제1조를 정상적으로 적용할 때 유효한 것으로는 도저히 간주될 수 없다. 연속판매 상황에서, 첫 번째 판매는 흔히 동일국의 생산자와 국내 공급권자(유통업자)간의 판매에 대한 것이다. 명백히, 이러한 판매는 제7조에 따른 과세가격을 결정하는데 있어 사용될 수 없다. 이러한 판매는 또한 제1조에 따른 가격을 결정하는데 사용되지 않아야 한다는 결론이 나온다.

24. 단일의 판매상황에서, 실제로 지급하였거나 지급하여야 할 가격은 일반적으로 수입국의 구매자가 지급한 가격으로 표시된다.

Topic 2. 수출판매의 의미와 개념

1. 판매의 개념

거래가격을 과세가격으로 하는 1방법을 적용하기 위해서는 해당 수입물품이 국제무역시장에서 "거래된 물품"이어야 한다. "거래된 물품"이어야 거래가격이 있을 수 있기 때문이다. "판매"는 무역현장에서 일반적으로 통용되는 "물품의 소유권과 대가의 교환"이라는 의미로 이해하는 것으로 충분하다. 즉, 구매자가 대가를 지급하고 그 반대급부로 판매자는 해당물품의 소유권을 구매자에게 이전한다는 것이다. 판매라는 용어를 해석할 때에는 "최광의의 뜻"으로 접근하여야 한다.

2. 판매자와 구매자의 개념

판매자와 구매자란 실질적으로 자신의 계산과 위험으로 수입거래를 하는자를 말한다. 판매자와 구매자는 수입거래에 있어서 스스로 수입물품의 가격, 수량, 품질 등을 결정하고 하자, 수량부족, 사고, 불량채권 등의 위험을 부담하게 된다.

3. 수출의 개념

WCO국제관세용어집에 따르면 수출은 "어떤 물품을 관세영역 밖으로 가져가는 행위"이고 수입이란 "어떤 물품을 관세영역으로 가져오거나 가져오게 하는 행위"라고 정의하고 있다. 즉, 실제로 물품의 국제적 이동을 수반하는 거래를 의미하며, 복수의 거래가 이루어진 경우에는 실제로 물품을 외국으로부터 국내로 수출하게 된 거래를 의미한다.

> 일본정률법 사례

- **수입거래란 어떠한 의미인가?**

  "수입거래"란 원칙적으로 물품을 외국으로부터 국내로 수출 판매할 목적으로 이루어진 때의 매매를 말하며 해당 매매가 외국의 수출국(또는 제3국) 수출자와 국내에 거주하는 자와의 사이에 또는 국내에 거주하는 자간에 이루어진 것인지의 여부는 불문한다.

  따라서 국내로 수출되기 전에 국내로 수출판매할 목적으로 복수의 거래가 이루어진 경우에는 실제로 물품을 외국으로부터 국내로 수출한 매매가 수입거래가 된다.

> 일본정률법 사례

- **자기의 계산과 위험부담**

  매매계약에 있어서 위험이란 계약물품의 멸실(loss), 손상(damage) 등의 위험을 의미하며 판매자는 자신이 이행하여야 할 모든 의무를 끝마칠 때까지는 물품의 위험을 부담하고 구매자는 그 물품을 인도받을 때부터 위험을 부담한다.

  수입거래시의 "자신의 계산과 위험부담"이란 구체적으로는 세계시장의 동향, 국내시장의 수요, 환시세의 변동을 예측하는 등의 자주적 판단에 따라 수입물품의 품질, 수량, 가격, 선적시기 등을 결정하고 하자, 수량부족, 사고, 불량채권 등의 위험을 부담하는 것이다.

Topic 3. 선의의 수출판매(Bona-Fide Sale)

1. 선의의 수출판매 요건

① 재산권 이전 및 대가의 지급요건
- 물품에 대한 권리 및 손실위험이 판매자로부터 구매자에게 양도 되었는지?
- 물품에 대한 소유권과 위험이 이전되고 구매자가 자신의 재고로 인식하며, 물품의 수령에 따른 대금을 지급하고 있는지?
- 소유자는 손실의 위험을 감수하고 이익을 수혜하며 물품의 사용권이나 처분권을 가지고 있는지?

② 당사자 요건
- 구매자와 판매자가 독립성을 유지하고 있는지?
- 해당 거래의 당사자들이 구매자와 판매자로서 역할을 수행하는지?

③ 자료증빙요건
- 계약서, 판매증빙, 선적서류 등 선의의 판매 존부에 대한 충분한 자료가 제출되었는지?

2. 당사자 역할에 따른 판단

① 판매자의 독립적인 위치에서 역할을 수행하는지 여부
  예) 가격을 통제할 수 있고, 소유권을 유보할 수 있는 등

② 구매자의 독립적인 위치에서 역할을 수행하는지 여부
  예) 구매자가 판매자에게 지시가 가능하고, 구매자 판단으로 재판매가 가능하며, 자신이 고객을 선택할 수 있고, 재고자산으로 기록할 수 있는 등

Topic 4 수출판매와 관련된 기타 문제

1. 수출자와 판매자의 일치 여부

> 일본정률법 사례

- 구매자B는 X국의 판매자 S와 매매계약(단가 105)을 체결하고 전기기구를 수입한다. 판매자는 같은 X국의 제조자 M과 해당 전기기구의 제조와 관련한 계약을 체결하고, 제조자는 판매자를 대신하여 구매자에게 해당 물품을 수송한다. 판매자가 제조자로부터 구입하는 단가는 100이다.
- 이 경우 어떤 거래를 수입거래로 하여 수입물품의 과세가격을 결정하는가?

수입거래란 물품을 외국으로부터 국내로 수출할 목적으로 이루어진 매매 즉, 실제로 국제이동을 수반하는 매매를 말하며 해당 목적으로 복수의 매매가 이루어진 경우에는 실제로 물품을 외국으로부터 국내로 수출하게 된 매매가 수입거래가 된다.

본 사례의 경우 구매자 B와 판매자 S간의 거래가 물품의 실제적 국제이동을 수반하고 있으므로 수입거래를 구성한다. (105를 기초로 결정)

우리나라에 수출하기 위한 판매인지 여부는 수출자가 누구인지와는 무관하다.

2. 수입자와 구매자의 일치 여부

일본정률법 사례

- 수입자 I는 판매자 S로부터 측정기기를 수입한다. 해당 물품을 수입하는데 있어서 국내 수입위탁자 B와 판매자간에 매매계약이 체결되어 가격, 수량, 규격, 인도조건 등의 모든 계약조건이 결정되고 수입자는 수입위탁자로부터 수입업무를 위탁받고 있다.
- 이 경우 어떻게 구매자를 인정하여 수입물품의 과세가격을 결정하는가?

국내로 수입하기 위한 매매는 수입위탁자 B가 자신의 계산에 근거하여 판매자 S와 체결한 계약에 의한 것이며 수입자 I는 수입위탁자 B사로부터 수입업무를 위탁받아 매매관련 하자, 사고 등위 위험을 부담하지 않으므로 B사를 수입거래상 "구매자"로 인정한다.

3. 수출국이 어디인지 여부

일본정률법 사례

- 국내 구매자 B는 X국의 판매자 S로부터 물품을 수입한다. 해당 물품은 X국으로부터 Bulk상태로 선적되어, 환적항이 있는 T국에서 판매자에 의해 포장용기에 채워진 다음 국내로 수입된다.
- 이 경우 어떤 거래를 수입거래로 하여 수입물품의 과세가격을 결정하는가?

판매자 S는 국내로 물품을 판매하고 있으므로 구매자 B와 판매자 S간의 거래가 수입거래를 구성한다. 우리나라에 수출하기 위하여 국제간의 이전이 이루어지면 충분하다.

2015년 제1회 관세평가협의회결정사항

[결정 15-01-01]

1. 상정배경

- 자유무역지역에 외국물품 반입시 〈판매자와 구매자(자유무역지역 입주업체)가 확정된 상태에서 국제간의 이전거래가 이루어졌을 경우〉, 자유무역지역에 반입할 당시의 판매자와 구매자간의 수출판매가격을 기초로 과세가격을 결정하여야 한다는 결정(관세평가협의회 결정12-01-02)과

- 자유무역지역에 외국물품 반입시 〈판매자가 자유무역지역내에 위탁보관한 후 보관중에 구매자(자유무역지역 입주업체가 아닌 자유무역지역밖의 업체)가 확정된 경우〉, 자유무역지역 물품 소유자인 판매자와 국내 구매자간 국내판매가격을 기초로 과세가격을 결정하여야 한다는 결정(관세평가협의회 결정 11-03-03)이 있어

- 자유무역지역에 반입된 원상태 물품(자유무역지역법 제29조제4항제2호)에 대하여 관세법의 규정을 적용하여 과세가격을 결정할 때 어느 단계의 거래가격을 과세가격으로 하여야 하는지에 대하여 이론이 있고, 또한 관세평가협의회 11-03-03의 결정 내용을 재검토할 필요가 있어 협의회에 상정

2. 사실관계

- 캐나다 A사가 선적한 목재를 일본 기업(이하 "B사")이 한국 자유무역지역에 위탁 보관하다가 한국기업(일본 기업 B사의 외국인투자 한국법인, 이하 "C사")이 구매하여 수입신고를 한 후 이를 국내 판매

  ① A사와 B사 가격 : 사용소비신고 가격(제3자 가격, CIF 가격)
  ② B사와 C사 가격 : ① 가격 + 국내 보관 작업 등 제반비용 + B사 이익
  ③ C사와 D사 가격 : ② 가격 + 통관 등 제반비용 + C사 이익

- (위탁보관) 위탁보관의 경우는 국외반출을 하여야 업무가 종결되므로 국외반출시까지의 보관 및 작업 등 보관상 발생하는 업무 전반에 대하여 C사가 관리책임이 있음

- (국내판매) 국내판매의 경우는 한국기업과 일본기업의 판매계약 체결시점에서 소유권 이전에 따른 모든 권한과 책임이 한국기업에 있음. 이 경우에도 소유권 이전 전까지는 위탁보관의 책임은 그대로 유지됨
  ① 국내 D사로의 판매결정시 매매 당사자 : 한국 C사와 국내 D사
  ② 한국내 소비자(D사)와의 계약진행 형태 : 한국 C사가 컨택·진행

3. 쟁점 사항

- 자유무역지역에 위탁보관하기 위하여 반입된 외국물품을 제조·가공 등을 거치지 아니하고 외국으로부터 우리나라의 자유무역지역으로 반입할 당시의 원상태 그대로 우리나라 관세지역으로 반출·수입하고자 하는 경우, 어느 단계의 거래가격을 기초로 과세가격을 결정할 수 있는지 여부

4. 결정

> 요지
>
> 자유무역지역에 보관중인 물품의 소유자인 일본 B사가 자유무역입주기업인 한국 C사에게 판매하는 것은 국제간의 이전거래가 없어 수출판매가 존재하지 않으므로 관세법 제31에서 제35조의 방법으로 과세가격을 결정하여야 한다.

> 이유

- 수출판매에 해당하는 거래를 찾기 위해 판매자와 구매자를 확인해보면 WTO 협정 제1조는 "일반적으로 수입국에 소재한 구매자에 대한 판매를 근거로 하고 있음을 예견하고 있다" 예해 22.1 ······Article 1 would normally be based on sales to buyers in the country of importation. 고 규정하고 있음. 따라서 일본 B사는 수입국 내 존재하지 않기 때문에 구매자가 될 수 없고 결국 일본 B사가 판매자, 한국 C사가 구매자의 위치를 가지게 됨

- 또한 협정 제1조제1항(a)에서 수입국내의 법률 또는 행정당국에 의하여 부과되거나 요구되는 제한 이외에는 구매자가 상품을 처분 또는 사용함에 있어 제한이 없어야 한다고 하였으므로 거래가격이 수입국에 존재하는 구매자에 대한 판매를 기초로 하여야 한다는 것으로 해석 될 수 있고 구매자가 수입국내에 존재하는 것을 전제로 하고 있음을 알 수 있음(예

해 22.1, 13)
- 아울러 협정에서 구매자와 수입자를 혼용하여 사용하고 있는 것도 이를 반증(예해 22.1, 21)하는 것이므로 일본 B사가 판매자, 한국 C사가 구매자임

- WCO 권고의견 1.1을 보면 판매에 대한 정의는 없으나 판매로 볼 수 없는 여러 사례를 들고 있고 그 중 하나는 수출자의 책임으로 국내에서 판매하기 위하여 수입하는 물품이며 이는 쟁점거래와 유사함

- 즉, WCO 권고의견 14.1 및 관세법에서 규정하고 있는 '우리나라에 수출하기 위하여 판매된 경우'는 물품의 실제적인 국제간 이전에 해당하는 거래를 의미하는 것이라고 기술하고 있어
  - 외국에서 자유무역지역에 반입하기 위한 거래는 물품의 실제적인 국제간 이전에 해당하는 거래지만 소유권 이전 및 대금지급 없는 위탁보관거래로서 판매가 없고
  - 자유무역지역 내에서의 거래 또는 자유무역지역에서 국내로 반출하는 거래는 물품의 국제간 이전이 없어 수출거래가 아님

- 우리나라는 수출판매의 요건 중 하나로 "수입항 도착 전"까지 가격이 확정*되는 것을 요건으로 간주하여 왔으나 쟁점 거래에서는 이러한 요건을 충족한 거래가 없음

기 회신사례

회신 사례 / 회신 내용

수입신고수리 후 인하된 가격에 따른 관세환급 여부,
(평가분류47221-131, 2001.2.6)
우리나라에 수출판매된 물품에 대한 가격이라 함은 동 물품이 우리나라 수입항에 최초로 도착하는 시점까지의 가격을 말하므로 수입후에 변경된 가격은 이미 수출판매가 끝난 물품에 대한 우리나라의 국내가격에 해당함

보세구역 물품 반입 후 B/L 양도방식으로 판매하는 경우 과세가격 결정,
(관세평가과-508, 2008.3.6.)
"수입국에 수출판매되는 물품"에 대한 WCO 관세평가기술위원회 권고의견 14.1에서 「물품이 국가간에 실제로 이전되는 거래만이(only transactions involving an actual international

transfer of goods) 거래가격에 의한 평가방법이 사용될 수 있다」고 설명하고 있으며, 과세가격에 대한 관세평가의 목적은 수입물품의 가치(Value)가 전제가 되는 것이므로, 물품의 국가 간 이동이 있었다면 그 시점이 관세평가시점에 해당함(같은 뜻 : 국심2000관0026, 2000.8.7.)

보세공장 원자재의 국내반입시 과세가격,

(관세평가과-1251, 2011.6.21)
이 경우 외국물품을 보세공장에 반입하게 한 거래가 관세평가상 수출거래이며, 보세공장 반입 이후 보세공장에서 국내로의 반입을 초래한 거래는 수입이후의 국내거래에 불과하므로, 수입신고인이 보세공장 운영인이거나 국내구매자인 것이 과세가격 또는 과세가격의 결정방법에 영향을 미치지 아니합니다.

- 상기 기준에 따르면 자유무역지역을 물류기지로 삼아 수입항 도착 후 가격이 형성되는 거래는 한국으로 수출이 확정되지 아니하였고 수입항 도착 전까지 판매가격이 정해지지 않았을 뿐 아니라 한국 C사가 주도적으로 국내에서 재판매를 하고 있더라도 수출판매가 존재하지 않으므로 제2방법 이하로 과세가격을 결정하여야 함

> **참고 / 외국사례**
>
> - (EU)
>
>   일단 재고로 보유하기 위하여 수입한 후 사후에 EU역내에서 판매하기 위하여 수입하는 경우 수입 시에 판매가 존재하지 않아 제1방법을 적용할 수 없다고 하였음 Compendium of Customs Valuation texts commentary 7, EU 관세법위원회 관세평가부(2008)
>
> - (미국)
> - 판매자가 구매자와 협의 없이 물품을 선적하여 미국 도착 후 구매자가 결정된 경우 최종적인 구매의 시점에 있어서 당해 물품이 이미 미국 내 있으므로 진정한 수출판매로 볼 수 없어(Incomplete Sale) 제2방법 이하로 과세가격을 결정하라는 미국의 회신도 유사한 취지로 볼 수 있음 CBP Ruling 547850 2001.1.12
> - 미 관세청의 "선의의 판매(실질적 판매)와 수출판매"로 명명된 자율적 법규제도 공표자료에서 미 관세청은 ① 구매자가 판매자에게 지시를 하거나 지시할 수 있는지, ② 구매자가 희망하는 가격으로 이전된 물품을 판매하였는지, ③ (구매자가) 판매자와 상의 없이 고객을 선택했거나 선택할 수 있는지 ④ 그리고 (구매자가) 수입물품을 주문할 수 있고 자신의 재고로 이를 판매(운송)했는지 여부를 고려한다고 발표한 사실이 있음 Finally, pursuant to the CBP's Informed Compliance Publication, entitled "Bona Fide Sales and Sales for Exportation," CBP will consider whether the buyer provided or could provide instructions to the seller, was free to sell the transferred item at any price he or she desired, selected or could select its own downstream customers without consulting with the seller, and could order the imported merchandise and have it delivered for its own inventory.

Topic 6
위탁판매거래와 이익분배거래

1. 관련규정

권고의견 1.1

위탁판매 수입은 이익분배 거래(profit sharing transaction)와 혼동되어서는 안 된다. 후자의 경우에는 <u>판매에 따라 물품이 수입되고 수입국 시장에서 물품이 판매될 때 실현되는 이익의 일부가 가산되어야 하는 특정 가격으로 잠정적인 송장이 작성된다.</u> 이러한 종류의 거래는 <u>최종가격의 결정에 대한 유보조항이 있는 판매로 간주되어야 한다.</u> 이러한 거래의 본질이 제1조에 따른 평가를 배제하는 것은 아니나, 당연히 제1조 제1항(c)에서 정하는 조건에 특별한 주의를 기울여야 한다.

2. 비교

	위탁판매거래	이익분배거래
주체	공급자의 계산	구매자의 계산
수출판매여부	수입시점에 판매 없음	수입시점에 판매 성립
소유권이전	수입 후 경매 등이 이루어지면 판매자로부터 최종고객에게 소유권이전	수출시점에 소유권 이전 (지급만 유보된 형태)

Topic 7 대체물품의 평가처리

1. 관련규정

> 해설 3.1

(1) 이후에 선적되는 경우

대체물품이 송부될 수 있는 두 가지 가능성은 다음과 같다.
(a) 원래 물품에 대한 신용채권(credit)과 관련하여 별개의 계약이 체결되고 최초의 가격으로 송장이 발행된 경우
(b) 무상으로 송장이 발행된 경우
(a) 사례에서는 다른 조건이 충족되는 경우, 해당 가격은 제1조에 따른 과세가격의 결정에 대한 기초가 된다.
(b) 사례에서와 같이 대체품이 무상으로 송부된 경우에는 대체품은 당초의 거래를 이행하기 위한 수입물품으로 간주되어야 한다. 이러한 상황에서는 제1조에 따른 과세가격을 결정하기 위하여 당초의 거래에서의 가격을 수용하는 것은 적절하므로, 최초 선적물품의 처리는 별개로 고려할 문제이다.

(2) 함께 선적되는 경우

어떤 유형의 물품에서는 판매자가 경험상 운송과정에서 결함 또는 손상되리라 보여지는 물품에 대해 대체품으로 일정량의 물품을 "무상"으로 선적물품에 포함하는 것은 무역 관행이다. 예를 들면, 가장자리는 운송과정에서 손상되기 쉬운 것으로 알려졌기 때문에 주문량을 다소 상회하는 수량을 보낼 수도 있다. 이러한 경우 판매가격은 선적된 총 수량을 포함하는 것으로 간주되어야 하며, 평가목적상 추가 수량을 고려하거나 "무상 대체품"을 별도로 평가해서는 안 된다.

Topic 8. 2018년 제1회 관세평가협의회결정사항

[결정 18-01-02]

1. 사실 관계

거래내용

- K사는 스위스에 소재한 B사와 '05년 3월에 대한민국 영역 내에서 B사 제품(perfumery와 cosmetic products)의 독점적 분배권자로서 독점분배계약을 체결함

- 독점분배계약(Exclusive Distributionship Agreement) 주요 내용
  - K사는 자신의 이름으로 제품의 판촉, 분배 및 판매를 하고 비용은 자신의 비용으로 부담함(§3.2)
  - K사는 항상 매장 내에 동 계약에서 규정한 연간 최소 구매수량의 1/4에 상응하는 양의 제품별 재고를 보유하여야 하며, 최상의 상태로 제품재고를 관리하여야 하고 제품은 20도를 넘지 않는 온도에서 최적의 상태로 보관되어야 함(§4.3)
  - K사는 B사로부터 매년 최저금액이상을 구매함(§4.4)
  - B사는 계약서에 첨부된 가격(the price set forth in Attachment 1)으로 K사에게 제품을 판매함(§5.4)
  - K사는 송장발행일로부터 90일 이내에 스위스 프랑으로 B사에게 대금을 지급함(§5.5)

- K사는 매 반기별로 B사와 상호협의를 통하여 Price List를 작성하여 거래가격을 결정하고 있음

- K사는 2006.11.3. B사와의 서신에서 공장도 금액의 7.5%에 해당하는 물품을 무상으로 계속 제공 받는 제안을 받은 사실이 확인됨

  ☞ Support Budget Contribution in 2007 : B○○ contribution will continue offering FOC(Free of Charge) products at 7.5% of ex factory.

  ※ 2005년부터 적용된 것으로 확인되나 최초 제안자료는 제출되지 않음

주문, 송장 작성 및 대금 결제

- 물품 주문(Order)
  ① Price List 가격으로 주문(정품 및 테스트 물품)
  ② Price List 기준으로 상기 주문 금액의 7.5% 상당 금액에 해당하는 테스트 물품("쟁점 물품") 주문
  ⇒ 상기 ①과 ②에 대해 주문서는 별개로, 그러나 동시에 작성되어 한꺼번에 주문됨

  예〉 '09.7.24일 주문 현황

구분	총 주문수량	총 주문금액(CIF)	비고
유상	103,347	996,157	
무상	7,520	74,712	총 유상 오더금액 996,157의 7.5% 해당

- 송장 작성 및 대금 결제
  - 상기 주문 ①에 대해서는 Price List 기준금액(주문 금액)으로 송장 작성 및 대금결제가 이루어짐
  - 상기 주문 ②에 대해서는 일정하지는 않으나 Price List 기준금액(주문 금액)보다 낮은 가격으로 송장 작성
  - 주문 ②에 대한 별도의 대금 지급은 없음
  - K사는 B사가 작성한 송장가격으로 수입신고

2. 질의 내용

- 유상으로 구매하는 정품 및 테스트용 물품의 구매실적에 따라 동시에 주문되고 수입되는 무상으로 공급받는 테스트용 물품(주문금액의 7.5% 해당 물품)의 과세가격 결정방법 (2009년 관세평가협의회 결정 사항(결정 09-05-02) 재상정 건)

3. 쟁점

본 사안의 쟁점사항은 2004년 관세평가협의회 결정사항(결정 04-02-05)인 '테스트용 화장품을 정품과 동일한 물품으로 취급하여 정품의 가격으로 과세가격을 결정할 것인지, 아니면 정품과 별개의 물품으로 취급하여 테스트용 화장품의 거래가격을 인정할 것인지' 여부가 아니라,

- 유상으로 구매하는 물품과 동시에 무상으로 공급받는 테스트용 물품(주문금액의 7.5% 해당 물품)은 동일 주문에 의하여 거래된 하나의 거래로서 구매자가 판매자에게 지급한 금액을 실제지급가격으로 보아 관세법 제30조를 적용할 것인지,
- 아니면, 유상으로 구매하는 물품에 대해서는 관세법 제30조를 적용하고 무상으로 공급받는 테스트용 물품(주문금액의 7.5% 해당 물품)에 대해서는 테스트용 물품의 Price List 상 거래가격을 동종동질물품의 거래가격으로 보아 관세법 제31조를 적용하여야 하는지 여부임

4. 결정

요지

구매자가 판매자로부터 무상으로 공급받는 테스트용 물품(주문금액의 7.5% 해당 물품)은 판매계약의 일부로 보여지며, 유상으로 구매하는 물품과 동일 주문에 의하여 거래된 하나의 거래로서 관세법 제30조에 따라 구매자가 판매자에게 실제지급하는 가격으로 과세가격을 결정한다.

이유

- 수입물품의 과세가격은 관세법 제30조에 따라 우리나라에 수출하기 위하여 판매되는 물품에 대하여 구매자가 실제로 지급하였거나 지급하여야 할 가격에 일정한 법정요소를 가산하여 조정한 거래가격으로 하는 것을 원칙으로 함
- 구매자는 필요한 물품(정품 및 테스트용 물품) 구매 시 계약에서 정한 Price List 가격으로 주문을 하는 동시에 동 주문금액의 7.5%에 해당하는 물품(테스트용 물품)도 역시 Price List 가격으로 주문하며, 판매자는 주문 물품 전부를 동시 선적하고 있으므로 이는 구매자와 판매자 간의 거래관행상 하나의 동일 거래로서 수출판매에 해당함
  - 따라서 구매자가 동 거래와 관련하여 판매자에게 지급하는 금액이 동 거래의 거래가격으로 실제지급가격에 해당함

- 그리고, 구매자가 판매자로부터 유상으로 물품을 구매하는 경우, 판매자는 동 구매금액의 7.5%에 해당하는 물품(테스트용 물품)을 무상으로 공급하고 있으므로 이는 수량할인 대신에 7.5% 해당 물품을 공급하는 거래로 보아야 하며, 7.5%에 해당하는 물품의 가격은 매 건 주문하여 결정된 거래가격에 포함된 것으로 볼 수 있음
  - 구매자가 구매금액의 7.5%를 할인받고 7.5%에 해당하는 물품을 별도 구매하는 경우나 본 거래와 같이 수량할인 대신에 7.5%에 해당하는 물품을 공급받은 경우 실제지급가격이나 구매수량에 차이가 없음

- WCO 관세평가기술위원회 예해 11.1에서는 '판매자가 하나의 주문(single order) 수량이나 금전적인 가치에 따라 계산되는 수량할인을 인정하는 경우에, 수많은 다른 품목들로 이루어진 주문에 의하여 구매자에게 할인 자격이 부여되고, 이들 품목을 이루는 각각의 물품은 할인 자격이 없다는 사실이 제1조제1항(b)가 적용되는 상황에 해당하지 않는다'라고 견해를 밝히고 있으므로, 본 사안과 같이 수량할인 대신 일정 금액의 물품을 공급받는 경우 거래가격은 조건 또는 사정에 의하여 영향을 받은 경우에 해당하지 않는 것으로 보아야 할 것임

- 또한 WCO 관세평가 교육훈련모듈 연습문제 15.5에서, '수입자가 제조업자로부터 장갑 1,500쌍을 개당 20c.u.로 주문하였을 때, 계약 조건으로 제조업자는 추가로 1,500쌍의 장갑을 수입자에게 무상으로 제공하는 경우 무상으로 받는 장갑 1,500쌍의 관세평가 목적상 처리방법'에 대하여,
  - 개정판(2015)에서는 '수입자가 "하나의 가격으로 두 쌍을 제공"하는 형태로 3,000쌍을 30,000c.u.에 실제로 받을 것이라는 문서가 있는 경우, 이러한 물품에 대해 실제로 지급하였거나 지급할 가격은 30,000c.u.이다. 이러한 경우 수입자는 3,000쌍을 수령하고 세관신고시 신고되어야 하는 수량은 3,000임을 알고 있다'라고 하여 이 제안의 조건이 원래 판매계약의 일부라면 거래관행 상 하나의 동일거래에 해당되는 것으로 해석하고 있으므로,
  - 본 사안에서도 판매자와 구매자는 2005.3월 계약서 및 2006.11월 서신을 통해 유상으로 구매하는 물품의 7.5%에 해당하는 물품(테스트용 물품)을 무상으로 공급하겠다는 내용을 판매계약의 일부로 하려는 당사자간 의사합치가 있는 것으로 보여지며, 이후 유상물품과 동시에 무상물품이 한번에 주문되고 하나의 B/L로 작성되는 등 거래관행 상 하나의 동일거래로 취급하는 것이 타당함

- 따라서 구매자가 판매자로부터 무상으로 공급받는 테스트용 물품(주문금액의 7.5% 해당 물품)은 판매계약의 일부로 보여지며, 유상으로 구매한 물품과 동시 주문에 의하여 거래된 하나의 거래로서 동 거래에서의 과세가격은 관세법 제30조에 따라 구매자가 판매자에게 실제지급하는 가격으로 과세가격을 결정하여야 함
- 다만, 무상 공급되는 물품이 유상 거래의 일부 즉 동일한 하나의 거래인지 여부는 특수관계 등 거래관계 및 물품별 특성에 따라 사안별로 판단해야 함에 유의

넓은 의미의 수출판매

1. 기본사례

일본정률법 사례

- 국내 특수차량 판매회사 I(수입자 I)는 특수관계가 아닌 E국의 자동차 특수가공업자 X(수출자 X)와 체결한 가공계약(가공용역 제공계약)을 근거로 수출자 X로부터 방탄차 10대를 수입한다. 해당 수입물품은 수입자 I가 E국의 자동차 제조업자 M으로부터 구입하여 수출자 X에게 무상 제공한 베이스 차량에 수출자 X의 공장에서 해당 가공계약을 근거로 방탄가공된 물품이다. 수입자 I는 방탄가공의 대가로 수출자 X에게 총액 5천만엔을 지급하고, 베이스 차량대금(수출자 X의 공장까지의 운송비 포함)으로 제조업자 M에게 총액 2천만엔을 지급한다.

  또한 수입자 I는 상기 수입물품과 관련하여 E국으로부터 국내까지의 운송을 스스로 하고, 해당 운송과 관련한 해상운임 및 보험료 500만엔을 부담하고 있다.

- 상기 수입물품의 과세가격은 어떻게 계산되는가?

상기 수입물품은 수입자 I와 수출자 X간의 가공계약에 의하여 수입되는 것으로, 매매계약에 의하여 수입되는 것은 아니다. 그러나 위와 같이 가공계약에 의해 물품이 수입되는 경우에는 수입자 I(위탁자)와 수출자 X(수탁자)간의 가공임을 대가로 해당 수입물품의 매매가 이루어진 것으로 간주하여 상기 수입물품은 수입거래에 의해 수입되는 물품으로 취급된다.

따라서 상기 수입물품의 과세가격은 1방법에 의해 계산되어야 한다. 구체적으로는 수입자 I가 수출자 X에게 무상 제공한 베이스차량 소요비용(2천만엔)과 수입물품이 수입항 도착할 때까지 소요된 운송비용(5백만엔)을 더한 금액(7천 5백만엔)이 과세가격이 된다.

2. 유사학습사례

> **예해 5.1**
>
> ⇒ 제조, 가공 또는 수리용으로 일시 수출된 후 반송된 물품

> **사례연구 5.1**
>
> ⇒ 장갑차에 대한 생산지원 사례

Topic 10 보세장치 중에 전매된 거래

1. 기본사례

> 일본정률법 사례

- 국내 구매자 A는 판매자 S와 매매계약을 체결하고 냉동수산물을 수입하였다. 그 후 구매자 A는 보세장치중인 해당 물품을 판매하는 계약을 국내 구매자 B와 체결하였다.
- 구매자 B가 해당물품에 대한 수입신고를 하는 경우 어느 거래를 수입거래로써 과세가격을 결정하는가?

수입거래란 원칙적으로 해당 물품을 외국으로부터 국내로 수출하는 것을 목적으로 이루어진 때의 매매를 말하며, 국내의 보세구역 내에서 A와 B간의 매매는 국내에 도착 후의 "국내거래"이고, "수입거래"에는 해당하지 않는다.

단, 구매자 B가 수입신고를 하는 경우 "수입거래"에 관련된 가격 즉 구매자 A와 판매자와의 매매계약에 따라 1방법을 적용하여 수입물품의 과세가격을 결정한다. 구매자 A가 판매자 S로부터 구입한 가격이 판명되지 않으면 2방법 이하로 결정한다.

2. 유사 학습사례 1

2009년 제3회 관세평가협의회 결정사항 [결정 09-03-02]

쟁점 사항

우리나라에 수출판매되었던 자동차를 수입통관 전에 법원 경매절차를 통해 낙찰 받은 경우 과세가격 결정방법

결정

최초 수입 시 '거래가격'을 과세가격으로 결정한다

이유

- 수입물품의 과세가격은 관세법 제30조에 의거 우리나라에 수출하기 위하여 판매되는 물품에 대하여 구매자가 실제로 지급하였거나 지급하여야 할 가격(실제지급금액)에 일정한 법정요소를 가산하여 조정한 거래가격으로 하는 것을 원칙으로 함
- 법원 경매절차를 통해 낙찰 받은 물품의 '낙찰가격'은 '우리나라에 수출하기 위하여 판매되는 물품에 대한 실제지급금액'으로 볼 수 없으므로 '낙찰가격'은 수입물품의 과세가격으로 인정하기 곤란함
- 쟁점물품은 국내법원에서 경매를 통해 낙찰을 받은 자가 수입신고한 물품이기는 하나,
  - 정상적인 신용장 거래방식에 의한 수입물품으로서,
  - 장기간 보세구역에 장치되었다고 하더라도 운행 등 사용한 사실이 없고,
  - 단지 최초 수입자의 사정으로 인하여 보세구역에서 장기간 보관된 이후 제3자가 수입신고를 하였다는 사실만으로는 관세법과 WTO 관세평가협정이 정하고 있는 '거래가격을 배제하고 새로운 평가방법에 의하여 과세가격을 결정할 만한 사유'가 있다고 할 수 없음
- 따라서 관세법 제30조에서 정한 '우리나라에 수출하기 위하여 판매되는 물품에 대한 실제지급가격'에 해당하는 최초 수출입 거래 시 판매자와 구매자 간에 합의한 거래가격인 '송장가격'이 확인되며, 최초 수입자가 신용방 방식에 의거 외국의 판매자와 계약하고 우리나라 보세구역에 반입한 시점이 이미 "사실 상 국제간의 이전이 있는 거래"가 성립한 것이므로, 관세법 제30조 제3항 각호에서 정한 배제사유가 없는 한 '거래가격'을 과세가격으로 결정하는 것이 타당함(유사취지 : 평가일 22740-14, 1992.1.15)
- 한편 수입신고된 물품이 '수입신고 전에 변질 또는 손상'된 경우 '변질 또는 손상'으로 인하여 감소된 가격에 상당하는 금액을 뺀 가격을 과세가격으로 할 수 있으나, 보세구역에

장기간 장치되었다는 사실만으로 수입물품이 변질·손상되었다고 인정되는 것은 아니고 수입신고 당시 당해 물품의 변질·손상 여부에 대하여는 통관시점에서 세관장이 확인·판단할 사항임(유사취지 : 평가일 22740-222, 1991.4.19.)

3. 유사 학습사례 2

2004년 제2회 관세평가협의회 결정사항 [결정 04-02-06]

1) 질의내용

보세공장에서 무환수탁임가공 형태로 제품을 제조·가공하여 제품과세를 통하여 국내로 수입할 경우 과세가격 결정방법(동·물품의 수입통관 후 국내시장 거래가격을 과세가격으로 결정할 수 있는지 여부)

2) 거래내용

- 각종 반도체 Assembly를 전문적으로 생산하는 보세공장(질의업체)은 국내 업체로부터 무환수탁임가공 형태로 주요 원재료인 웨이퍼를 무상으로 공급받아 Epoxy Moulding Compound, PCB 등 보조원재료를 수입하여 반도체 칩을 생산

  - 생산된 제품은 보세공장 운영인이 수입 통관하여 가공임을 받고 위탁자에게 공급

- 보세공장에서 생산한 물품을 관세법 제188조 규정에 의하여 제품과세로 수입통관할 때 제품의 가격을 알 수 없기 때문에 동 물품의 국내시장 거래가격을 과세가격으로 신고

  ※ 위탁자는 영업상 비밀을 이유로 무상 공급한 웨이퍼의 가격을 공개하지 않기 때문에 관세법 제188조 단서규정에 의한 혼용승인을 받지 못하고 있음.

3) 쟁점

보세공장에서 무환수탁임가공 형태로 제조·가공한 물품을 관세법 제188조 규정에 따라 제품과세를 통하여 수입통관 할 때 동 물품의 국내시장에서 판매되는 가격을 과세가격으로 결정할 수 있는지 여부

4) 결정

관세법 제30조에서 규정한 거래가 사실상 없으므로 거래가격을 기초로(제1방법) 과세가격을 결정할 수 없고 관세법 제31조(제2방법) 내지 관세법 제35조(제6방법) 규정을 순차적으로 검토하여 과세가격을 결정함

> 이유

- 보세공장에서 제조·가공을 통하여 수입하는 물품은 무환위탁임가공 계약에 의하여 주요 원재료인 반도체 제조용 웨이퍼를 위탁자로부터 무상으로 제공받고 수입 또 국내에서 구입한 보조 원재료를 추가하여 제조·가공한 후 완제품을 납품하고 가공임을 받는 이건 거래는 "판매"가 아니기 때문에 관세법 제30조 규정에 의한 거래가격을 기초로(제1방법) 과세가격을 결정할 수 없음
- 따라서 관세법 제32조(동종·동질물품의 거래가격을 기초로 한 가세가격의 결정) 내지 제35조(합리적 기준에 의한 과세가격의 결정) 규정을 순차적으로 검토하여 과세가격을 결정함

Topic 11 연속거래의 평가처리

1. 관련규정
- 예해 22.1

2. 핵심문구

3. 일체의 연속판매는 상업적 사슬에서 수입국으로 물품을 수입하기 이전에서 발생하는 마지막 거래(최종 거래)와 상업적 사슬에서 첫 번째(또는 이전)거래를 포함하고 있다.

20. 요약하면, 첫 번째 판매를 기초로 한 거래가격은 일반서설과 제1조 및 제8조에서 예견하고 있는 전체 상업적 사슬의 일부를 형성하거나, 상업적 사슬로 인한 투입의 실체를 충분히 반영하지 않을 수 있다. 반대로, <u>마지막 판매를 기초로 한 거래가격은 예견한 바와 같이 전체 거래의 실체를 보다 더 충분히 반영한 것</u>이 될 것이다.

22. 마지막 판매는 일반적으로 수입국에 소재하고 있는 구매자가 관련되고, 이 판매에 대한 정보는 첫 번째 판매에 관한 정보보다는 일반적으로 수입국에서 보다 더 쉽게 입수할 수 있다.

23. 제7조는 이러한 신축성은 "수출국의 국내판매가격"(제7조 제2항 참조)을 포함한 특정 가격의 사용을 허용하는 것까지 확대되지는 않는다는 것을 보여주고 있다. 이것은 제1조가 의도하고 있는 범위에 대한 명백한 암시를 제공하고 있다. 즉, 제1조의 신축적인 적용에 있어 금지된 판매는 제1조를 정상적으로 적용할 때 유효한 것으로는 도저히 간주될 수 없다. 연속판매 상황에서, 첫 번째 판매는 흔히 동일국의 생산자와 국내 공급권자(유통업자)간의 판매에 대한 것이다. 명백히, 이러한 판매는 제7조에 따른 과세가격을 결정하는데 있어 사용될 수 없다. 이러한 판매는 또한 제1조에 따른 가격을 결정하는데 사용되지 않아야 한다는 결론이 나온다.

24. 단일의 판매상황에서, 실제로 지급하였거나 지급하여야 할 가격은 일반적으로 수입국의 구매자가 지급한 가격으로 표시된다.

3. 결정이유

연속거래상황에서 마지막 거래에서 지급한 가격을 채택하여야 하는 사유는 다음과 같다.

① 마지막 거래를 근거로 한 거래가격은 예견한 바와 같이 전체거래의 **실체**를 보다 더 충분히 반영한 것이다.
② 마지막 거래는 일반적으로 수입국에 소재하고 있는 구매자가 관련되고 이 거래에 대한 정보는 처음 거래에 대한 정보보다는 일반적으로 수입국에 보다 더 쉽게 입수 할 수 있다.
③ "수출국의 국내판매가격"은 금지된 가격이다.
④ 하나의 거래상황에서 실제로 지급하였거나 지급하여야 할 가격은 일반적으로 수입국에 소재한 구매자가 지급한 가격으로 표시된다.

4. 참고자료

조세일보

[美, 관세평가 기준가 '수입직전 최종 거래가'로 변경 추진]

2008-02-08 이정선 미국 워싱톤무역관

美 세관, 관세평가 기준가 '수입직전 최종 거래가'로 변경 추진
- 관세평가 기준가, 기존보다 높아져 수입업체를 비롯한 미국 업계 반발 -

▫ 미 관세 및 국경보호국(CBP; Customs and Border Protection), 관세 평가 기준가격을 "First Sale(외국 디스트리뷰터가 외국 생산업체가 제품을 생산해 주문한 미국 소매업체로 직접 선적하도록 지불한 금액)"에서 "Last Sale(수입 전 미국 소매업체가 외국 디스트리뷰터에게 지불한 금액)"으로 변경 추진
  ◦ CBP는 지난 1월 24일 관보(Federal Register)를 통해 1988년 이래로 사용돼 온 "First

Sale" 방법을 "last sale"방법으로 변경할 것을 제안한 후 이에 대한 업계의 의견 요청
- "First Sale" 방법은 비관계사간 거래(arm's length sales)일 경우에만 적용이 가능하고, 수입업체는 반드시 "First Sale" 시점 미국으로 수출이 명확히 예정돼 있었다는 점을 증명해야 함
- CBP 측은 "First Sale" 시점 미국으로 수출이 명확히 예정 여부를 판단하는 데 어려움이 있음을 지적함과 동시에 지난 해 7월 6일 세계관세기구(World Customs Organization) 내 관세 평가 기술 위원회(Technical Committee on Customs Valuation)가 Commentary 22.1을 통해 "Last Sale" 방식이 관세평가협정의 목적과 전체 텍스트에 부합한다고 발표한 내용을 근거로 기준가 변경 방식을 제안

□ 의류, 신발업계를 필두로 해 CBP 제안에 대해 미 업계 거센 반발
○ CBP가 제안한 "Last Sale" 방식이 도입될 경우, 관세 평가 기준액이 높아져 수입업체를 비롯한 미 업계에 큰 부담으로 작용할 것을 우려, 의류·신발 업계를 필두로 이에 대해 거센 반발
- 무역통상 정보지 Inside US Trade에 인용된 바에 따르면, 이번 제안이 채택될 경우 최고 8~15% 관세가 증가할 가능성이 있음

○ 미 업계는 "Last Sale" 방식 채택 시, 현재 서브프라임 모기지 사태로 인해 얼어붙은 미국 경기에 수입품 가격 상승으로 인한 소비 부담 가중은 또 다른 직격타가 될 것이라고 경고
- 이번 제안은 일종의 세금 인상으로, CBP 제안에 대한 업계 의견서 제출로 불충분할 경우 미 의회나 행정부 로비 활동을 개진할 가능성도 있음을 내비침

○ 아울러, 미국 법에서는 관세 평가 기준액 산정 방식이 명확히 규정돼 있지 않으나, 1988년 이래로 CBP는 "First Sale" 방식을 채택해 왔으며, 연방순회 고등법원도 몇 차례의 케이스를 통해 이 방식을 지지하는 판결을 내린 바 있어 미 업계가 소송을 통해 문제 해결을 추진할 가능성도 상존
- "E.C.McAfee Co. v. U.S" 케이스에서 홍콩 중간 거래상은 주문한 미국 고객에게 선적 이전 홍콩으로부터 맞춤복(McAfee)을 구입했는데, 법원은 이 케이스를 통해 "관세 평가에 필요한 기준을 제공하는데 판매가 반드시 미국 내 소재한 구매자에게 이뤄질 필요는 없다"고 판정
- 1992년 "Nissho Iwai American Corp. v. United States" 케이스에서도 연방순회고등법원은 여러 이해관계자(multiple parties)-다단계 판매(multiple sales)의 경우 관세평가 기

준액은 제품의 "First Sale"에서 바이어가 지불어 금액으로 정해지며, "First Sale"이 외국 제조업체와 외국 중간 거래상 간에 이루어졌어도 해당 판매가 비관계사 간 거래(arm's length sale)이고, 제품이 미국으로 수출될 것이 명백히 예정돼 있다면 이의 적용이 가능하다고 평결한 바 있음
- 이와 같은 선례를 볼 때, 연방순회 법원이 법원 내 모든 판사의 입회하에 개최된 공청회(en banc)를 통해 상기 해석을 뒤집지 않는 한 "First Sale"에 대한 법원의 우호적인 해석은 지속될 전망

□ 시사점
○ CBP의 "Last Sale" 제안이 채택될 경우, 한국산 제품의 수입 가격 상승도 불가피해 미국 국내산과 비교 시 가격 경쟁력이 저하될 것으로 전망돼 이번 CBP의 제안이 채택될지 여부를 F/U할 필요
- 아울러, 저가 중국산이나 동남아산에 비해서도 절대적인 기준에서 인상된 관세평가 기준 금액이 높을 것으로 분석

Topic 12 주요 판례

[대법원, 2018두47714, 2022.11.17.]

특약에 따라 공급받은 물품은 관세법 시행령 제17조 제1호에서 정한 '무상으로 수입하는 물품'에 해당한다고 보기 어려우므로, 이와 달리 본 원심판단에 법리오해의 잘못이 있다고 한 사례

[판시사항]

갑 주식회사가 을 일본국 법인과 의약품 원료 독점 수입 계약을 체결하고 연간 구매수량의 일정비율에 해당하는 물품을 '무료샘플' 명목으로 공급받기로 약정하여 위 특약에 따라 무상으로 물품을 공급받은 후 저가의 거래가격으로 수입신고를 하자, 관할 세관장이 특약에 따라 공급받은 물품은 무상으로 수입되었으므로 관세법 제30조 제1항이 정한 '우리나라에 수출하기 위하여 판매되는 물품'에 해당하지 않는다는 이유로 갑 회사가 신고한 과세가격을 부인하고, 관세법 제31조가 정한 방법에 따라 원료 독점 수입 계약에서 정한 단위당 구매가격을 기초로 과세가격을 결정하여 갑 회사에 관세 및 부가가치세를 경정·고지한 사안에서, 특약에 따라 공급받은 물품은 관세법 시행령 제17조 제1호에서 정한 '무상으로 수입하는 물품'에 해당한다고 보기 어려우므로, 이와 달리 본 원심판단에 법리오해의 잘못이 있다고 한 사례

[판결요지]

갑 주식회사가 을 일본국 법인과 의약품 원료 독점 수입 계약을 체결하고 연간 구매수량의 일정비율에 해당하는 물품을 '무료샘플' 명목으로 공급받기로 약정하여 위 특약에 따라 무상으로 물품을 공급받은 후 저가의 거래가격으로 수입신고를 하자, 관할 세관장이 특약에 따라 공급받은 물품은 무상으로 수입되었으므로 관세법 제30조 제1항이 정한 '우리나라에 수출하기 위하여 판매되는 물품'에 해당하지 않는다는 이유로 갑 회사가 신고한 과세가격을 부인하고, 관세법 제31조가 정한 방법에 따라 원료 독점 수입 계약에서 정한 단위당 구매가격을 기초로 과세가격을 결정하여 갑 회사에 관세 및 부가가치세를 경정·고지한 사안에서, 갑 회사와 을 일본국 법인 사이에는 연간 구매수량의 일정비율에

해당하는 물품이 반드시 추가로 공급된다는 것이 예정되어 있었고, 갑 회사가 특약에 따라 추가로 물품을 공급받으면 '연간 총지급액'은 변하지 않으나 '연간 총구매수량'이 증가하므로 실질적으로 단위당 거래가격이 인하되는 효과가 발생하는 점, 특약이 포함된 원료 독점 수입 계약은 연간 구매계약으로서 잠정적인 기본가격을 설정하고 연간 구매수량에 따라 추가 공급수량이 확정되면 연간 총지급액과 연간 총구매수량에 따라 1년 단위로 최종적인 거래가격이 결정되는 구조의 계약이라고 볼 수 있는 점, 특약에 따라 공급받은 물품이 '무료샘플'이라는 명목으로 공급되었고 갑 회사가 이를 수입할 당시 대가를 별도로 지급하지 않았더라도 아무런 대가 없이 공급된 것이라고 볼 수는 없는 점을 종합하면, 특약에 따라 공급받은 물품은 관세법 시행령 제17조 제1호에서 정한 '무상으로 수입하는 물품'에 해당한다고 보기 어려우므로, 이와 달리 본 원심판단에 법리오해의 잘못이 있다고 한 사례.

[참조조문]

관세법 제30조, 제31조, 관세법 시행령 제17조 제1호

[전 문]

[원고, 상고인] 한미약품 주식회사 (소송대리인 법무법인 가온 담당변호사 강남규 외 5인)

[피고, 피상고인] 서울세관장

[원심판결] 서울고법 2018. 5. 11. 선고 2017누82446 판결

[주 문]

원심판결을 파기하고, 사건을 서울고등법원에 환송한다.

이유

상고이유(상고이유서 제출기간이 지난 다음 제출된 각 보충상고이유서의 기재는 상고이유를 보충하는 범위에서)를 판단한다.

1. 사안의 개요

원심판결 이유에 의하면 다음과 같은 사실을 알 수 있다.

가. 원고는 일본국 법인인 AMANO ENZYME INC.(이하 '아마노'라 한다)와 의약품 원료인 스트렙토키네이스(Streptokinase) 및 스트렙토도르네이스(Streptodornase)(이하 'SKSD'라 한다)를 단위(BU)당 1,187,500원에 독점하여 수입하는 계약(이하 '이 사건 계약'이라 한다)을 체결하면서, 연간 구매수량의 일정비율에 해당하는 물품을 그다음 해 3월 안에 '무료샘플' 명목으로 공급받기로 약정하였다(이하 '이 사건 특약'이라 한다).

나. 원고는 2014. 1. 15.부터 2015. 4. 29.까지 3차례에 걸쳐 이 사건 특약에 따라 별도로 대가를 지급하지 않고 공급받은 SKSD(이하 '이 사건 물품'이라 한다)에 관하여 단위(BU)당 일본국 통화 5,000엔을 거래가격으로 하여 수입신고를 하였다.

다. 피고는 이 사건 물품이 무상으로 수입되었으므로 관세법 제30조 제1항이 정한 '우리나라에 수출하기 위하여 판매되는 물품'에 해당하지 않는다는 이유로 원고가 신고한 과세가격을 부인하고, 관세법 제31조가 정한 방법에 따라 이 사건 계약에서 정한 단위당 구매가격을 기초로 과세가격을 결정하여, 2015. 12. 16. 원고에게 관세 및 부가가치세(가산세 포함)를 경정·고지하였다(이하 '이 사건 처분'이라 한다).

2. 제1, 3 상고이유에 대한 판단

가. 관세법은 수입물품의 과세가격 결정에 관하여 제30조 내지 제35조에서 여섯 가지 결정방법을 규정하면서, 원칙적으로 제30조에 따라 과세가격을 결정하고, 제30조에 따른 방법으로 결정할 수 없는 경우에는 제31조 내지 제35조를 순차적으로 적용하여 결정하도록 규정하고 있다. 그런데 관세법 제30조 제1항 본문은 '수입물품의 과세가격은 우리나라에 수출하기 위하여 판매되는 물품에 대하여 구매자가 실제로 지급하였거나 지급하여야 할 가격에 일정한 금액을 더하여 조정한 거래가격으로 한다.'고 규정하고, 관세법 시행령 제17조 제1호는 관세법 제30조 제1항 본문의 규정에 의한 '우리나라에 수출하기 위하여 판매되는 물품'에는 '무상으로 수입하는 물품'이 포함되지 않는다고 규정하고 있다.

나. 원심은 원고가 아마노와 이 사건 물품을 무상으로 공급받기로 합의하고, 이에 따라 이 사건 물품을 수입할 당시 그 대가를 따로 지급하지 않았다는 등 그 판시와 같은 이유로, 이 사건 물품이 관세법 시행령 제17조 제1호에서 정한 '무상으로 수입하는 물품'에 해당한다고 판단하였다.

다. 그러나 원심의 판단은 다음과 같은 이유에서 수긍하기 어렵다.

1) 이 사건 특약은 구매수량이 연간 1,688BU 미만인 경우 연간 구매수량의 10% 또는 11%를 추가로 공급하고, 구매수량이 그 이상인 경우에는 구간별로 더 큰 비율에 따른 물품을 추가로 공급하는 것으로 규정하고 있다. 따라서 원고와 아마노 사이에는 연간 구매수량의 일정비율에 해당하는 물품이 반드시 추가로 공급된다는 것이 예정되어 있다. 그리고 원고가 이 사건 특약에 따라 추가로 물품을 공급받으면 '연간 총지급액'은 변하지 않으나 '연간 총구매수량'이 증가하므로, 실질적으로 단위당 거래가격이 인하되는 효과가 발생한다.

2) 이러한 사정을 고려하면, 이 사건 특약이 포함된 이 사건 계약은 연간 구매계약으로서 잠정적인 기본가격을 설정하고 연간 구매수량에 따라 추가 공급수량이 확정되면 연간 총지급액과 연간 총구매수량에 따라 1년 단위로 최종적인 거래가격이 결정되는 구조의 계약이라고 볼 수 있다.

3) 이 사건 특약에 따라 추가로 공급되는 물품의 수량은 연간 구매수량의 10% 이상으로 적지 않다. 이러한 점까지 고려하면, 이 사건 물품이 '무료샘플'이라는 명목으로 공급되었고, 원고가 이를 수입할 당시 그 대가를 별도로 지급하지 않았더라도, 아무런 대가 없이 공급된 것이라고 볼 수는 없다.

4) 따라서 이 사건 물품은 관세법 시행령 제17조 제1호에서 정한 '무상으로 수입하는 물품'에 해당한다고 보기 어렵다.

라. 그런데도 원심은 이와 다른 전제에서 이 사건 물품이 '무상으로 수입하는 물품'에 해당한다고 보아 관세법 제30조가 아니라 제31조에서 정한 방법에 따라 이 사건 물품의 과세가격을 결정하여 한 이 사건 처분이 적법하다고 판단하였다. 원심의 이러한 판단에는 무상성, 실질과세의 원칙 등에 관한 법리를 오해하여 판결에 영향을 미친 잘못이 있다. 이를 지적하는 이 부분 상고이유 주장은 이유 있다.

3. 결론

그러므로 나머지 상고이유에 대한 판단을 생략한 채 원심판결을 파기하고, 사건을 다시 심리·판단하도록 원심법원에 환송하기로 하여, 관여 대법관의 일치된 의견으로 주문과 같이 판결한다.

부록 주제별 WTO관세평가협정

수출판매 PART

WTO관세평가협정 제1조	
1. The customs value of imported goods shall be the transaction value, that is the price actually paid or payable for the goods when sold for export to the country of importation adjusted in accordance with the provisions of Article 8, provided :	1. 다음 요건을 충족한다면, 수입물품의 과세가격은 거래가격(transaction value), 즉 물품이 수입국으로 수출하기 위하여 판매된 때에 실제로 지급하였거나 지급하여야 할 가격을 제8조의 규정에 따라 조정한 것이어야 한다.

권고의견1.1 협정에서의 "판매(Sale)"의 개념

관세평가기술위원회는 다음과 같은 의견을 표명하였다.

(a) 「1994년도 관세와 무역에 관한 일반협정 제7조의 이행에 관한 협정 (이하 "협정"이라 한다)」에서는 "판매(sale)"에 대한 정의를 내리고 있지 않다. 제1조 제1항은 단지 특정한 요건 및 조건을 충족하는 특정한 상행위를 규정하고 있을 뿐이다.

(b) 그럼에도 불구하고 수입물품의 거래가격이 관세평가 목적상 최대한 사용(to the greatest extent possible)되어야 한다는 협정의 기본 취지에 따라, 해석과 적용의 통일성은 "판매(sale)"라는 용어를 가장 넓은 의미로 받아들임으로써 달성될 수 있으며, 이는 함께 해석되는 협정 제1조 및 제8조의 규정에 의해서만 결정된다.

(c) 그러나, 함께 해석되는 협정 제1조 및 제8조의 요건 및 조건을 충족하는 판매를 구성하지 않는 것으로 간주되는 사례의 목록을 준비하는 것이 유용할 것이다. 이러한 경우에는 사용되는 평가방법 역시 협정에서 정하고 있는 우선순위에 따라 결정되어야 한다.

이 권고의견에 따라 준비된 목록은 다음과 같다. 목록은 다음에 한정되지 않으며 경험을 고려하여 추가될 것이다.

■ 수입물품이 판매의 대상으로 간주되지 않는 사례의 목록

Ⅰ. 무상 수입물품

가격의 지급을 수반하지 않는 거래는 협정에 따른 판매로 간주될 수 없다.

> 예시1
>
> 선물, 견본, 홍보물

Ⅱ. 위탁판매 수입물품

이러한 무역관행 하에서 물품은 판매의 결과로서가 아니라, 공급자의 계산(for the account of the supplier)으로 가능한 가장 유리한 가격에 판매될 의도로 수입국에 송부된다. 수입시점에는 판매가 발생하지 않았다.

> 예시2
>
> 수출국 E의 제조자 P는 수입국 I의 대리인 X에게 경매로 판매하기 위해 카펫 50개의 위탁판매 물품을 송부한다. 카펫은 수입국에서 총 500,000 c.u.로 판매된다. X가 수입물품에 대한 지급으로 제조자 P에게 송금해야 하는 총금액은 500,000 c.u.에서 물품의 판매와 관련하여 X가 부담한 비용과 해당 거래에 대한 X의 보수를 공제한 금액이 된다.

위탁판매 수입은 이익분배 거래(profit sharing transaction)와 혼동되어서는 안 된다. 후자의 경우에는 판매에 따라 물품이 수입되고 수입국 시장에서 물품이 판매될 때 실현되는 이익의 일부가 가산되어야 하는 특정 가격으로 잠정적인 송장이 작성된다. 이러한 종류의 거래는 최종가격의 결정에 대한 유보조항이 있는 판매로 간주되어야 한다. 이러한 거래의 본질이 제1조에 따른 평가를 배제하는 것은 아니나, 당연히 제1조 제1항(c)에서 정하는 조건에 특별한 주의를 기울여야 한다.

Ⅲ. 물품을 구매하지 않고 수입 후 물품을 판매하는 중개인(intermediaries)이 수입한 물품이 표제에 따라 예상된 수입과 이전 표제에서 다룬 위탁판매 물품의 수입 간에는 구별이 이루어져야 한다. 후자는 별개의 특정한 무역관행이다. 현 범주는 물품이 판매의 대상이 되지 않고 중개인에게 인도되고 국제관례 상 일반적으로 위탁판매 수입물품으로 간주되지 않는 상관행에서 직면하는 모든 경우를 포함한다.

> 예시3

수입국 I의 수입자 X는 수출국 E의 외국 제조자 F의 대리인 역할을 하고 있다. 수입물품은 대리점 재고를 보충하기 위해 X에 의해 세관을 거쳐 통관되고, 이후 F의 계산과 위험으로 수입국에서 판매된다.

공급자와 고객 간에 (때로는 대리인과 고객 간에 명목상으로) 기 체결된 판매계약에 따른 공급을 위한 대행수입은 제1조에 따른 평가의 기초로 사용될 수 있는 거래를 구성한다는 점에 유의해야 한다.

Ⅳ. 별개의 법적 사업체가 아닌 지점(branches)이 수입하는 물품

관련 법률에 따라 지점이 별개의 법적 사업체로 간주되지 않는 경우에는 판매가 있을 수 없으며, 판매는 반드시 별개의 두 당사자 간의 거래를 수반한다는 것을 유념해야 한다.

Ⅴ. 임대차계약(hire or leasing contract)에 따라 수입되는 물품

임대차 거래는 계약이 구매하는 선택권을 포함한다 할지라도 그 본질상 판매를 구성하지 않는다.

Ⅵ. 송하인 소유(property of sender)로 남아 있는 대여 물품

물품(대개 기계류)은 때때로 소유자에 의해 고객에게 대여된다. 이러한 거래는 판매를 수반하지 않는다.

> 예시4

E국의 제조자 F가 수입국 I의 수입자 X에게 플라스틱이 코팅된 종이포장 제조용 특수기계를 대여해 준다.

Ⅶ. 송하인이 수입자에게 용역의 대가를 지불하고, 수입국에서 폐기하기 위해 수입되는 물품 (웨이스트 또는 스크랩)

이러한 경우는 폐기하기 위해 수입되는 웨이스트나 스크랩과 관련 있다. 비용은 이 폐기와 관련하여 발생하기 때문에 수출자는 수입자에게 용역에 대한 금액을 지급한다. 수입자는 수입물품에 대한 대가를 지급하는 것이 아니라, 반대로 수입물품을 인수하고 폐기하는 대가를 지급받기 때문에 협정의 조건에 따라 판매가 발생했다고 간주할 수 없다.

권고의견14.1 "수입국으로 수출하기 위하여 판매된" 표현의 의미

1. 협정 제1조의 "수입국으로 수출하기 위하여 판매된(sold for export to the country of importation)"이란 표현은 어떻게 해석되어야 하는가?

2. 관세평가기술위원회는 다음과 같은 의견을 표명하였다.

   관세협력이사회의 국제관세용어사전에서 수입이라는 용어는 "어떤 물품을 관세영역으로 가져오는 행위"로, 수출이라는 용어는 "어떤 물품을 관세영역 밖으로 가져가는 행위"로 정의하고 있다. 그러므로 평가를 위하여 물품이 제시되었다는 사실은 그 자체로 해당 물품의 수입이 있었다는 것을 입증하는 것이고 이것은 다시 해당 물품의 수출이 있었다는 것이다. 그러므로 단 하나 남은 요건은 그와 관련된 거래인지 확인하는 것이다.

   이러한 관점에서 판매가 특정 수출국에서 발생할 필요는 없다. 수입자가 검토 중에 있는 직접적인 영향을 미치는 판매(the immediate sale under consideration)가 수입국으로 물품을 수출할 목적으로 발생하였다는 것을 입증할 수 있다면 제1조가 적용될 수 있다. 이것은 물품의 실제적인 국제간 이동을 수반(involving an actual international transfer of goods)하는 거래만이 거래가격 방법으로 물품을 평가하는데 사용될 수 있다는 것을 의미한다.

   다음 사례는 상기 원칙을 설명한다.

   > **예시1**
   >
   > 수출국 X의 판매자 S는 수입국 I의 수입자 A에게 가전제품을 개당 5.75 c.u.에 판매하는 계약을 체결한다. S는 역시 X국에 위치한 제조자 M과 물품을 제조하는 계약을 체결한다. 제조자 M은 S를 대리하여 I국의 A에게 물품을 선적한다. S에 대한 M의 판매 가격은 개당 5 c.u.이다.

   이 사례에서 S와 A 간의 거래는 물품의 실제적인 국제간 이동을 수반하고 수입국으로 수출 하기 위한 판매를 구성한다. 그러므로 협정 제1조에 따른 평가의 기초가 된다.

   > **예시2**
   >
   > 수입국 I의 구매자 B는 동일한 I국의 판매자 S로부터 물품을 구매한다. S는 물품을 X국에 재고로 보유하고 있다. X국에서 물품의 선적 및 수출을 위해 필요한 준비는 S가 완료하고 물품은 B가 I국으로 수입한다.

판매가 특정 수출국에서 발생할 필요는 없다. 판매자 S가 X국, I국 또는 제3국에 소재하고 있는지 여부는 중요한 요인이 아니다. 구매자 B와 판매자 S사이의 거래는 수입국으로 수출하기 위한 판매이고 제1조에 따른 평가의 기초가 될 것이다.

> **예시3**
>
> X국의 판매자 S는 I국의 구매자 B에게 물품을 판매한다. 물품은 X국에서 산물로 선적된 후 I국으로 수입되기 전에 S에 의해 T국에 위치한 환적항에서 포장된다.

예시 2에 적용한 원칙은 이 사례에서도 적용된다. 수출국이 X인지 T인지 여부는 이 사례에서 중요한 쟁점이 아니다. 판매자 S와 구매자 B의 판매계약은 수입국으로 수출하기 위한 판매를 구성하며 제1조에 따른 물품의 평가의 기초가 된다.

> **예시4**
>
> X국의 판매자 S는 I국의 구매자 A에게 물품을 판매하고 선적한다. 물품이 공해에 있는 동안 구매자 A가 판매자 S에게 대금지급과 물품 인수를 할 수 없다고 통지한다. 판매자는 역시 I국에 위치한 또 다른 구매자를 물색할 수 있어 판매계약을 체결하고 구매자 B에게 물품을 인도한다. 따라서 B가 물품을 I국으로 수입한다.

위 사례에서 판매자 S와 구매자 B간의 판매는 물품의 수입으로 귀결되었고 결과적으로 수출하기 위한 판매가 된다. 해당 거래는 물품의 국제간 이동을 구성하므로 제1조에 따른 물품 평가의 기초가 된다.

> **예시5**
>
> X국에 위치한 다국적 체인호텔의 본사는 호텔운영을 위한 비품을 구매한다. 매년 초 I, I2 및 I3국의 체인호텔은 본사에 비품 구매주문서를 제출한다. 본사는 각 체인호텔의 모든 주문서를 합산한 다음 X국의 여러 공급자들에게 구매주문서를 발행한다. 해당 비품들은 공급자들이 직접 각 체인 호텔에 송부하거나, 본사로 선적되면 그 후에 체인호텔로 송부된다. 어느 경우에나 공급자가 X국의 본사에 대금을 청구하면 본사는 각 체인호텔에 개별적으로 청구한다.

위 사례의 경우에서 모두 X국에 소재한 본사와 공급자 간의 판매는 물품의 국제간 이동을 수반하지 않는 수출국내의 국내 판매에 해당한다. 왜냐하면 본사는 공급자로부터 비품을 구매하고 난 후에 각각 별개의 체인호텔이 위치한 국가로 수출하기 위하여 비품을 각각 별개의 체인호텔에 판매하기 때문이다. 이 사례의 경우, 본사와 각각 별개의 호텔 간의 거래는 수입국으로 수출하기 위한 판매를 구성한다. 특수관계가 가격에 미치지 않는 것을 조건으로 이들 판매는 제1조에 따른 물품 평가의 기초가 될 것이다.

> **예시6**
>
> I국의 구매자 A는 X국의 판매자 S에게 의자 500개를 개당 20 c.u.에 구매한다. 구매자 A는 판매자 S에게 의자 200개는 I국에서 자신이 사용하기 위하여 자기 앞으로, 의자 300개는 X국의 창고로 선적하도록 지시한다. 그 후에 구매자 A는 나머지 의자 300개를 I국의 구매자 B에게 개당 25 c.u.에 팔기로 합의한다. 구매자 A는 다음으로 X국에 있는 자신의 창고 운영인에게 물품을 I국의 구매자 B에게 직접 선적하도록 지시한다.

이 사례에서 물품이 평가되어야 하는 경우는 두 가지이다. 첫 번째 경우에는 개당 20 c.u.에 판매자 S와 구매자 A간에 이루어진 거래는 수입국으로 수출하기 위한 판매를 구성하며 제1조에 따른 의자 200개에 대한 평가의 기초가 된다. 두 번째 경우에는 창고에 장치된 물품의 20 c.u.의 판매가격은 해당 물품이 I국으로 수출하기 위하여 판매된 것이 아니기 때문에 평가 목적상 적절하지 않다. 물품의 실제적인 국제간 이동을 수반하는 25 c.u.에 이루어진 구매자 A와 구매자 B간의 판매가 수입국으로 수출하기 위한 판매를 구성하며 제1조에 따른 평가의 기초가 된다.

권고의견22.1 산업플랜트 디자인 및 개발과 관련하여 수입된 기술 문서에 대한 평가

1. P국의 수입자 I는 P국에서 산업 플랜트 건설을 위하여 X국의 엔지니어링 회사 E와 용역계약(service contract)을 체결한다. 산업 플랜트 건설에 필요한 용역(services)을 제공하는 수단으로써 엔지니어링 디자인(engineering designs)과 개발 계획(development plans)이 E에 의해 종이형태("문서, the documents")로 제작되어 I에게 송부된다. 이들 용역(services)에 대한 대가(consideration)로 I는 E에게 계약 금액을 지급한다.
   협정에 따른 해당 문서의 과세가격은 어떻게 결정되어야 하는가?

2. 관세평가기술위원회는 다음과 같은 견해를 표명하였다.
   유형(tangible)인 해당 문서는 과세가격의 결정이 요구되는 "물품"으로 간주되어야 한다. 문서를 이외에 다른 물품은 수입되지 않는다.

   이 경우에서 문서는 수입국으로 수출하기 위하여 판매되지 않았다. 따라서 협정 제1조는 적용될 수 없다.

   제시된 사실에 기초하면, 제2조, 제3조, 제5조 및 제6조 역시 적용될 수 없다. 결과적으로 수입물품의 과세가격은 협정 제7조의 규정에 따라 결정되어야 한다.

I가 E에게 지급하는 계약 금액은 용역계약(service contract)에 따라 산업 플랜트 건설을 위해 수행된 용역(services)에 대한 것이며, 수입된 문서에 대한 대가(consideration)는 아니다. 그러므로 해당 지급액은 문서의 과세가격을 결정할 때 고려되지 않아야 한다.

결과적으로 해당 문서의 과세가격은 협정 제7조의 신축적 적용을 통해 수입자와 협의하여 결정될 수 있다(권고의견 12.1 참조). 예를 들어 문서의 과세가격은 엔지니어링 디자인과 개발 계획을 종이에 전사하고 이들 문서를 인쇄하는데 직접적으로 발생되는 비용을 기초로 결정될 수 있다.

예해 22.1 연속거래에서 "수입국으로 수출하기 위하여 판매된"이라는 표현에 대한 의미

1. 서론

1. 연속판매는 둘 이상의 연속적인 물품 판매에 대한 계약으로 구성된다. 연속판매의 기본적인 쟁점은 협정 제1조 및 제8조에 따른 거래가격 결정에 어떤 거래가 사용되어야 하는가에 있다. 권고의견 14.1 –"수입국으로 수출하기 위하여 판매된"이라는 표현의 의미 – 은 연속판매 상황에 적용되는 이러한 문구에 대한 의미를 명확히 하지 못한다. 이 문서의 목적은 이러한 쟁점을 명확하게 하는데 있다.

2. 협정의 일반서설에서 규정된 바와 같이, 과세가격의 우선적인 기초는 거래가격이다. 거래가격은 제1조에서 "수입국으로 수출하기 위하여 판매된 때 물품에 대하여 실제로 지급하였거나 지급하여야 할 가격을 제8조의 규정에 따라 조정한 것"으로 정의하고 있다. 실제로 지급하였거나 지급하여야 할 가격은 "수입물품에 대하여 구매자가 판매자에게 또는 판매자의 이익을 위하여 지급하였거나 지급하여야 할 총 금액"이라고 제1조에 대한 주해에서 정의하고 있다.

3. 연속판매에 있어, 수입국으로 수출하기 위하여 판매된 때 물품에 대해 실제로 지급하였거나 지급하여야 할 가격을 확인하기 위하여 어떤 거래가 검토되어야 하는지 결정하는 것이 필요하다. 일체의 연속판매는 상업적 사슬에서 수입국으로 물품을 수입하기 이전에서 발생하는 마지막 거래(최종 거래)와 상업적 사슬에서 첫 번째(또는 이전)거래를 포함하고 있다.* 아래 예시에는 두 개의 연속적인 수입물품의 판매계약이 있다. 하나는 수입자 A와 공급권자(유통업자) B간의 계약(마지막 판매)이고 또 하나는 공급권자(유통업자) B와 생산자 C간의 계약이다(첫 번째 판매).

2. 연속판매 상황을 설명하는 예시

4. A는 I 수입국 내 소재한 소매점이다. B는 Z국 내 소재한 펜 공급업자(유통업자)이고 C는 X국 내 소재한 펜 제조자로 A, B 또는 C는 제15조제4항에서 정하는 특수관계가 아니다.

5. 2004년 7월 10일에 소매상 A는 공급권자(유통업자) B와 특정 펜에 대한 구매/판매 계약을 체결한다. A와 B와의 판매계약에 따라,

- A는 10,000 화폐단위(c.u.)로 B로부터 1,000개의 펜을 구매하기로 합의한다.
- B는 A에게 펜 400개는 xx 스타일로 펜 600개는 yy스타일로 공급한다.
- 각 펜에는 A의 상호와 주소가 표시된다.
- B는 X국의 어떠한 펜 제조자로부터 펜을 구입할 수 있다.
- 제조자가 A에게 직접 펜을 선적하여 송부한다.
- X국의 본선에 펜이 적재될 때 소유권은 B로부터 A에게 이전한다.
- 대금지급은 선적 후 30일내에 지급되어야 한다.
- A는 2004년 10월 1일 이전에 A가 판매한 각 펜에 대한 전매(轉賣)가격의 20%를 B에게 지급하기로 합의한다.

6. 2004년 7월 12일에 B는 제조자 C와 특정 펜의 구매/판매 계약을 체결한다. B – C 판매계약에 따라,
   - B는 C로부터 1,000개의 펜을 8,000 c.u.로 구매하기로 합의한다.
   - C는 B에게 400개는 xx 스타일로 600개는 yy스타일로 공급한다.
   - 각 펜에는 A의 상호와 주소를 표시한다.
   - C는 A에게 직접 펜을 선적하여 송부한다.
   - 펜이 C의 공장을 떠날 때 소유권은 C로 부터 B에게 이전한다.
   - 대금지급은 선적 후 30일내에 지급되어야 한다.

7. 2004년 8월 10일에 C는 A에게 펜을 선적하여 송부한다. 8월 20일에 펜은 I국에 도착하고 A는 세관에 수입신고한다. 9월 1일에 A는 B에게 10,000 c.u.를 지급한다. 9월 5일에 B는 C에게 8,000 c.u.를 지급한다. 10월 1일 이전에 A는 단위가격 15 c.u.로 400개의 펜을 판매한다. 10월 5일에 A는 B에게 1,200 c.u.를 지급한다.(10월 1일 이전에 판매된 펜에 대한 A의 전매(轉賣)가격의 20%)

8. 이 예시에 있어, 마지막 판매는 A와 B간의 판매이며 첫 번째 판매는 B와 C간의 판매이다.

3. 쟁점

9. 거래가격이 수입 펜의 과세가격 결정을 위한 적절한 기초이고 A가 A와 B 및 B와 C 판매 모두에 관련된 모든 문서를 제시할 수 있다고 가정할 때(계약서, 구매주문서, 송장, 대금지급 기록)

   (1) I국으로 수출하기 위하여 판매된 때 수입물품에 대하여 실제로 지급하였거나 지급하여야 할 가격은 10,000 c.u.(마지막 판매에서 A가 B에게 지급한 가격) 인가 8,000 c.u.(첫 번째 판매에서 B가 C에게 지급한 가격)인가?
   (2) A가 B에게 지급한 1,200 c.u.는 "해당 수입물품을 추후에 전매하여 생긴 수익금 중 판매자에게 직접 또는 간접으로 귀속되는 수익금"으로 협정 제8조 제1항(d)에 따라 실제로 지급하였거나 지급하여야 할 가격에 가산되어야 하는가?

4. 분석

[협정의 규정들로부터 도출된 지침]

10. 협정은 "수입국으로 수출하기 위하여 판매된"이란 표현의 의미를 정의하거나 직접 언급하고 있지 않다. 하지만, 수입거래가 오직 하나의 판매만을 포함하고 있는 경우에는 제1조에 따른 거래가격 결정에 사용되는 수입국으로 수출하기 위한 판매를 확인하는 것은 용이하다. 이런 상황에서는 일반적으로 수입국에는 오직 한 명의 구매자만 소재하고 있고, 일반적으로 또 다른 나라에는 한 명의 판매자가 소재하고 있다.

11. 제1조는 연속판매를 수반하는 수입 거래에 대해 언급하고 있지 않으며 결론적으로 이러한 측면에 대해 기준을 규정하고 있지 않다. 그러므로 지침은 협정 규정에 대한 검토를 포함한 이 협정의 목적과 전체적인 문맥에서 도출되어져야 한다. 추가로 특정한 실무적 고려(certain practical considerations)도 관련 있다.

12. 아래에 설명된 바와 같이 협정의 일반서설, 제1조 및 기타 규정에는, 제1조가 일반적으로 수입국의 구매자에 대한 판매를 기초로 하고 있음을 예견하고 있는 여러 가지 암시가 있다.

13. 제1조에는 제1조가 의도하는 범위를 반영하는 명백한 표현이 있다. 제1조 제1항(a)(i)에 따라, 수입물품의 과세가격은 수입국의 법률 또는 행정당국에 의하여 부과되거나 요구되는 제한을 제외하고는 구매자가 물품을 처분 또는 사용함에 있어서 어떠한 제한도 없다면 거래가격이 되어야 한다. 강조 문구는 제1조 제1항(a)(i)의 저변에 깔려있는 전제는 일반적으로 수입국으로 수출하기 위하여 판매된 물품의 구매자는 수입국 내 소재하고 있을 것이라는 좋은 암시이다.*

* 이 가정은 수입국에 구매자가 없다면 적용되지 않는다.

14. 제1조가 의도하고 있는 범위는 실제로 지급하였거나 지급하여야 할 가격에 대한 조정과 관련한 규정에서도 반영되어 있다. 일반서설은 거래가격의 적정한 결정은 제8조와 제1조를 함께 적용하여 결정한다는 것을 명확히 하고 있다. 일반서설 제1항에서는 "이 협정에서 과세가격의 우선적인 기초는 제1조에 정의된 '거래가격'이다"라고 규정한다. 이는 또한 "제1조는, 특히 관세목적의 가격의 일부를 구성하는 것으로 간주되는 어떤 특정 요소가 구매자가 부담함에도 수입물품에 대하여 실제로 지급하였거나 지급하여야 할 가격에 포함되어 있지 않은 경우에는 실제로 지급하였거나 지급하여야 할 가격을 조정하도록 규정하고 있는 제8조와 함께 해석되어야 한다"고 명시한다.

15. 아울러 제8조는 화폐 형태가 아닌 특정의 물품 또는 용역의 형태로 구매자로부터 판매자에게 이전되는 일부 대가(consideration)를 거래가격에 포함하도록 규정하고 있다.* 특정 금액이 실제로 지급하였거나 지급하여야 할 가격에 이미 포함되어 있지 않다면, 제8조는 그들을 가산하도록 규정하고 있다. 다시 말하면, 거래가격 방법은 경제적인 투입과 그로부터 발생하는 관련된 거래를 포함하여, 물품의 수입을 진행하면서 전체 상업적 수입거래의 실체를 고려할 것을 의도하고 있다.

   * 이러한 재화나 용역은 흔히 생산지원이라고 불린다.

16. 그러므로 일반서설에서 위임한 바와 같이, 연속판매 상황에서 전체 상업적 수입 거래의 실체를 고려하고 제8조의 적절한 적용을 허용하는 방식으로 거래가격을 적용하는 것이 필수적이다.

17. 대부분의 경우, 거래가격이 첫 번째 판매를 기초로 결정된다면, 제8조의 조정을 하는 것은 불가능할

것이다. 예를 들면, 제8조 제1항 (a)와 (c)에 따라 판매수수료 또는 로열티 또는 라이센스료는 구매자가 부담하거나 지급하는 경우에만 과세가격에 포함되어야 한다. 제8조 제1항(b)에 따라 구매자가 생산지원을 공급해야 하는 경우에도 마찬가지이다. 연속판매에 있어, 수입국에 소재하는 구매자는 첫 번째 판매에 있어서 거의 구매자가 아니다.

18. 더욱이, 연속판매에서 첫 번째 판매에서 구매자는 반드시 로열티를 지급하거나 생산지원을 제공하는 당사자는 아니다. 그러므로 첫 번째 판매를 적용하면 특정 판매수수료, 로열티 및 생산지원 비용이 거래가격에 달리 포함되어 있지 않는 한 가산에서 배제 될 수도 있다. 마찬가지로 제8조 제1항(d)에 따른 판매자에게 직접 또는 간접으로 귀속되는 수익금만이 실제로 지급하였거나 지급하여야 할 가격에 가산될 수 있다. 수입국의 구매자가 지급한 수익금은 첫 번째 판매에서 반드시 판매자에게 귀속하지 않는다.

19. 이 사례는 예시적인 것이다. 거래가격이 B와 C와의 첫 번째 판매를 기초로 결정된다면, C는 수입물품의 판매자로 간주되고 A가 B에게 지급한 추후에 전매하여 생긴 수익금은 판매자에게 직접 귀속하는 수익금이 아닌 것이다. 판매자에게 간접적으로 귀속되는 수익금에 대한 입증이 없는 경우, 이러한 수익금은 제8조 제1항(d)에 따라 가산될 수 없다. 하지만, 거래가격이 A와 B와의 마지막 판매를 기초로 결정되는 경우에는 B는 판매자로 간주되므로 B에게 지급한 수익금은 제8조 제1항(d)의 규정에 정확하게 일치한다. 후자의 해석에 따른 거래가격은 전체 상업적 거래의 실체를 고려한 것이다. 반대로 첫 번째 판매에 대한 적용은 전체 거래의 실체를 충분히 반영하지 못한 거래가격으로 귀착된다.

20. 요약하면, 첫 번째 판매를 기초로 한 거래가격은 일반서설과 제1조 및 제8조에서 예견하고 있는 전체 상업적 사슬의 일부를 형성하거나, 상업적 사슬로 인한 투입의 실체를 충분히 반영하지 않을 수 있다. 반대로, 마지막 판매를 기초로 한 거래가격은 예견한 바와 같이 전체 거래의 실체를 보다 더 충분히 반영한 것이 될 것이다.

21. 협정의 어떤 규정은 "구매자"와 "수입자"라는 용어를 호환성있게(interchangeably) 사용하고 있다. 예를 들면, 제8조 제1항(a)(i)은 구매자가 부담하는 구매수수료는 실제로 지급하였거나 지급하여야 할 가격에 가산되지 않는다고 명시하고 있는 반면에, 제8조에 대한 주해에서는 "구매수수료"라는 용어를 "평가대상 물품을 구매함에 있어서 수입자가 그의 대리인에게 해외에서 수입자를 대리하는 용역에 대하여 지급하는 보수"로 정의하고 있다. 또한, 제8조 제1항(b)는 구매자에 의해 공급된 특정 요소의 가격은 실제로 지급하였거나 지급하여야 할 가격에 가산하는 것으로 명시하고 있는 반면에, 제8조 제1항(b)(ii)에 대한 주해 제2항에서는 수입자와 관련한 요소의 가격으로 설명하고 있다. 더욱이, 해당 주해 제4항에서는 수입자가 수입물품의 생산에 사용되는 주형을 생산자에게 공급하는 구매자인 경우를 예시 사례로 제공하고 있다.

22. 제6조에 대한 주해는 "일반적으로 과세가격은 수입국에서 쉽게 입수할 수 있는 정보를 근거로 이 협정에 따라 결정된다."고 규정하고 있다. 이러한 개념은 제7조에서도 반영하고 있다. "수입물품의 과세가격이 제1조부터 제6조까지의 규정에 따라 결정될 수 없을 경우, 과세가격은 이 협정의.....원칙 및 일반규정에 부합하는 합리적인 방법과 수입국에서 입수할 수 있는 자료를 근거로 결정된다." 제1조에 따른 거래가격 결정과 관련하여, 첫 번째 판매보다는 마지막 판매가 이러한 일반규정을 일반적으로 충족시킨다. 언급한 바와 같이, 마지막 판매는 일반적으로 수입국에 소재하고 있는 구매자가 관련되고, 이 판매에 대한

정보는 첫 번째 판매에 관한 정보보다는 일반적으로 수입국에서 보다 더 쉽게 입수할 수 있다.

23. 제7조에 대한 주해 제2항에 규정된 바와 같이, 제7조에 따라 사용되는 평가방법은 제1조부터 제6조까지에서 규정하고 있는 규정을 합리적인 신축성을 가지고 적용되어야 한다. 하지만, 제7조는 이러한 신축성은 "수출국의 국내판매가격"(제7조 제2항 참조)을 포함한 특정 가격의 사용을 허용하는 것까지 확대되지는 않는다는 것을 보여주고 있다. 이것은 제1조가 의도하고 있는 범위에 대한 명백한 암시를 제공하고 있다. 즉, 제1조의 신축적인 적용에 있어 금지된 판매는 제1조를 정상적으로 적용할 때 유효한 것으로는 도저히 간주될 수 없다. 연속판매 상황에서, 첫 번째 판매는 흔히 동일국의 생산자와 국내 공급권자(유통업자)간의 판매에 대한 것이다. 명백히, 이러한 판매는 제7조에 따른 과세가격을 결정하는데 있어 사용될 수 없다. 이러한 판매는 또한 제1조에 따른 가격을 결정하는데 사용되지 않아야 한다는 결론이 나온다.

24. 또한 협정에는 수입거래가 단일의 판매 또는 연속판매를 수반하는 지 여부에 따라 거래가격의 결정이 달라질 것이라 예견하지 않는 다른 암시가 있다. 예를 들면, 일반서설에서는 회원국들은 일관된 평가체제의 필요성을 인정한다. 연속판매에서 마지막 판매에 기초한 거래가격 결정은 이러한 일관성의 필요성을 강조한다. 단일의 판매상황에서, 실제로 지급하였거나 지급하여야 할 가격은 일반적으로 수입국의 구매자가 지급한 가격으로 표시된다. 연속판매 상황에서, 거래가격이 마지막 판매에 기초하고 있다면, 그 결과는 일반적으로 동일할 것이다. 다시 말하면 거래가격은 수입국의 구매자가 지급한 가격에 기초한다. 반대로, 만약 거래가격이 첫 번째 판매에 기초하고 있다면, 실제로 지급하였거나 지급하여야 할 가격은 일반적으로 수입국 밖에 있는 구매자가 지급한 가격으로 표시될 것이고 그 결과는 다른 거래가격이다.

25. 또한 협정에서는 특정한 경우에 회원국들이 다른 처리를 적용하는 것을 허용한다는 점에 유의해야 한다. 이러한 점에서 제8조제2항은 회원국의 입법 테두리 내에서 각 회원국은 특정 운송비용을 과세가격에 포함할 것인지 제외할 것인지를 규정해야 한다고 명시하고 있다. 제9조는 사용될 환율은 각 회원국에서 규정하는 바에 따라, 수출 또는 수입시점에 유효한 환율이 되어야 한다고 규정하고 있다.

제1조는 이러한 선택권을 규정하고 있지 않기 때문에 입안자가 거래가격은 수입이 단일판매인지 연속판매인지 여부와 상관없이 결과적으로 동일할 것이라고 예견하고 있다는 논리적 결론을 내릴 수 있다(즉, 거래가격은 일반적으로 수입국의 구매자가 실제로 지급하였거나 지급하여야 할 가격에 기초하여 결정된다). 그렇지 않다면, 입안자는 연속판매 상황에서 어떻게 거래가격이 결정되어야 하는지에 대해 구체화하거나 회원국들에게 명시적 선택을 제공할 것이다.

[실무적 고려]

26. 실제로, 세관 당국은 외국의 중개인 또는 판매자가 회계 자료를 포함하여 첫 번째 판매에 관련된 정보를 보유하고 있을 경우에는 이러한 정보를 검증하는데 있어 어려움에 직면할 수 있다. 예를 들면 이 정보는 외국의 중개인이 판매자에게 지급한 총 금액에 관련된 정보와 회계기록 그리고 제8조의 조정이 포함될 수 있다. 이러한 어려움은 마지막 판매가 적용되는 경우 완화된다.

5. 결론

27. 기술위원회는, 제1조의 근저(根底)에 깔려있는 전제는 일반적으로 구매자는 수입국에 소재하고 있고 실제로 지급하였거나 지급하여야 할 가격은 이 구매자가 지급한 가격에 기초한다는 견해를 갖고 있다.

    기술위원회는 연속판매 상황에서 수입국으로 수출하기 위하여 판매된 때에 수입물품에 대하여 실제로 지급하였거나 지급하여야 할 가격은 첫 번째(또는 이전)판매 대신에 수입국으로 물품이 수입되기 이전에 발생한 마지막 판매에서 지급된 가격이라고 결론짓는다. 이러한 결론은 협정의 목적과 전체적인 문맥에 부합한다.

28. 사례에서는 그 결론과 부합하게 A와 B와의 판매가 이러한 판매에 해당한다. 그러므로 I국으로 수출하기 위하여 판매된 때 수입물품에 대하여 실제로 지급하였거나 지급하여야 할 가격은 10,000 c.u.이다(A가 B에게 마지막 판매에서 지급한 가격).

29. 따라서 A가 B에게 지급한 1,200 c.u.는 제8조 제1항(d)에 따른 해당 수입물품을 추후에 전매하여 생긴 수익금 중 판매자에게 직접 또는 간접으로 귀속되는 수익금에 해당하므로 거래가격을 결정함에 있어서 실제로 지급하였거나 지급하여야 할 가격에 가산되어야 한다.

예해 5.1 제조, 가공 또는 수리용으로 일시 수출된 후 반송된 물품

1. 물품이 해외에서 제조, 가공 또는 수리 후 내수용으로 재수입될 때, 국내 법률이 수입관세 및 제세의 면세 또는 감세를 제공하는 경우도 있고 그렇지 않은 경우도 있다. 하지만 어떤 경우라도, 재수입되는 물품의 가격은 당연히 적용 가능한 협정의 규정에 따라 결정되어야 한다.

2. 면세 또는 감세가 인정되는 상황은 교토협약 부속서 E.8에서 정의하고 있는 "역외가공을 위한 일시수출"이라는 용어에 포함되어 있다.

   "관세영역 내에서 자유롭게 유통되는 물품을 일시 수출하여 해외에서 제조, 가공 또는 수리 과정을 거친 후 수입관세 및 제세의 전부 또는 일부를 면제받고 재수입하는 세관절차를 말한다."

3. 이러한 면제가 적용되는 경우, 제기되는 문제는 수입시점에서, 상품이 평가 문제를 수반하지 않는 관세 기술의 문제로 처리하는 수입의 개별적인 범주로 간주할 수 있는지 또는 일체의 기타 물품들처럼 수입시점에 과세가격을 결정할 수 있고 결정해야 하는지에 있다.

4. 이러한 관점에서, 면제규정에 따라 수입 관세 및 제세의 평가(사정)액은 때때로 재수입물품의 전체 가격에 적용되어야 할 수입 관세 및 제세 금액에서 일시적으로 수출된 물품의 수입시 부과될 수입 관세 및 제세 금액을 공제해서 계산될 수 있다. 아니면 평가(사정)액은 물품에 대하여 해외에서 수행된 가공으로 부가된 가격(value)에 기초할 수 있으며, 이는 재수입된 물품의 전체 가격(value)을 일시적으로 수출된 물품과 해외에서 수행된 가공으로 배분을 수반할 수 있다. 더욱이 어떤 경우에 관세율은 재수입된 물품의 가격에 따라 좌우될 수 있으며, 재수입된 물품의 가격은 이러한 목적을 위해 결정되어야 한다.

5. 이러한 모든 경우에는, 적용 가능한 협정 규정(상기 1번 단락에서 언급한 수입과 같이)에 따라 재수입

물품의 총 가격(value)을 결정할 필요가 있다. 그 결과뿐만 아니라 이 목적을 위하여 사용되는 방법 역시 모든 행정당국에 대하여 정형화되어야 한다. 감면(relief)에 대한 일체의 규정에 따른 처리는 평가와는 별개의 문제이다.

6. 다음 예시는 발생할 수 있는 상황에 대한 범위를 설명하고 있다.

> **예시**
> (ⅰ) I국의 공작기계 수입자 X는 해외에서 제조된 특수기계를 수입한다. 수입될 때 이 기계는 X가 수출자 E에게 제공한 전기모터가 장착되어 있다.
> (ⅱ) I국의 수입자 X는 남성용 셔츠를 수입한다. 셔츠에 사용되는 직물은 X가 수출자 E에게 제공한 것이다. 수출자 E는 단지 재봉과 액세서리(단추, 실 및 라벨) 제공에 대한 책임만 있다.
> (ⅲ) 무역업자 X는 I국으로 플라스틱제 톱니바퀴를 수입한다. 이들 상품은 X가 제공한 폴리아미드 주형 재료를 사용하여 수출자 E가 해외에서 제조하였다.
> (ⅳ) I국의 X사는 공작기계를 수리를 위해 외국에 보낸 후 수입한다. 재수입시 X사는 수출자 E에게 수리비용만 지불한다.

7. 분명히, 예시된 경우에는 쟁점 물품의 수입을 초래한 거래와 지급된 가격 모두는 수입된 그 상태의 물품이 아니라 외국의 제조자가 사용한 재료와 제공한 용역, 어떤 경우에 있어서는 용역에만 관련이 있다.

8. 하지만, 다음과 같은 점을 유념해야 한다.

9. 협정 제8조 제1항(b)은 수입물품의 거래가격을 결정함에 있어 수입물품의 생산 및 수출하기 위한 판매와 관련하여 사용할 목적으로 무료 또는 인하된 가격으로 구매자에 의하여 직접 또는 간접으로 공급된 특정 물품 및 용역의 적절하게 배분된 금액은 가격에 포함되어야 한다고 명시하고 있다.

10. 그러므로 판매가 발생했다고 말할 수 있는 예시 (ⅰ)부터 (ⅲ)까지에서 설명하고 있는 종류의 경우에는, 함께 해석되는 제1조 및 제8조에 따라 거래가격을 결정할 수 있다. 제1조의 조건을 충족하는 경우에는 그렇게 결정된 거래가격이 수입된 그 상태의 물품의 과세가격을 구성할 것이다.

11. 용역의 제공이 더 중요한 문제인 예시(ⅳ)에서 설명하고 있는 종류의 상황은, 얼핏 보기에는 다른 사안을 구성하는 것으로 보인다. 하지만 다음과 같은 고려사항을 유념해야 한다.

- 가능한 한, 특히 전문(Preamble)에 규정된 "과세가격은 상업적 관행과 일치하는 단순하고 공평한 기준을 기초로 하여야 하며 평가절차는 공급원간의 차별 없이 일반적으로 적용되어야 한다"는 견지에서 모든 재수입물품은 평가목적상 동일한 방식으로 처리되어야 한다.
- 협정의 기본취지는 제1조 및 제8조에 따라 결정된 거래가격이 관세평가 목적상 최대한 사용되어야 한다는 것이다.
- 협정에서 "판매"의 개념에 대해 권고의견 1.1은 해석과 적용의 통일성은 "판매"라는 용어를 가장 넓은 의미로 받아들임으로써 달성될 수 있으며, 이는 함께 해석되는 협정 제1조 및 제8조의 규정에 의해서만 결정된다고 명시하고 있다.

12. 상기의 논쟁에 기초하여, 해외에서 수리 후 수입된 물품은 평가 목적상 제조 또는 가공의 결과로 얻어진 물품과 같은 방식으로 처리되어야 한다고 결론지을 수 있다. 그렇지 않다면, 협정의 적용순서(hierarchical sequence)에 따라야 한다. 수리의 특정한 경우에는 협정에서 정하는 기타 방법 중 하나가 적용되지 않을 수 있기 때문에 예를 들면 함께 해석되는 제1조 및 제8조의 규정의 신축적인 적용을 통해 제7조가 적용된다.

13. 이런 맥락에서 볼 때, 관세평가의 규칙을 적용하는 행정당국이 국내 법률에 따라 자유로이 관세 면제를 부여할 수 있다.

사례연구 4.1 임대차물품(rented or leased goods)의 평가처리방법

거래사실

1. 기내식 공급업에 종사하는 X국의 I사는 국영 항공사와 승객들에게 제공하기 위한 특별한 낱개 포장의 조리된 식품을 제공하는 중기(mid-term) 기내식 공급 계약을 체결한다.

2. 이러한 목적을 위한 이전(以前)의 포장기계들은 다른 회사에 의하여 수입되어 왔으나, 계약기간을 고려하고 사전 비용 효과 분석에 근거하여 I사는 필요한 포장기계를 임차하기로 결정한다. 그래서 Y국의 임대회사 A사와 계약을 체결한다. I사가 제공한 사양서에 기초하여 임대회사 A는 자신의 계산으로 Y국의 국내 제조업체 B로부터 기계장치를 구매하고 I사는 공장인도 조건으로 인수한다. A가 제조업체 B에게 지급한 가격은 Y국의 국내시장에서의 물품가격이다.

3. 통관시 I사는 임차계약서 사본을 세관에 제출한다.

4. 임차계약 조건은 다음과 같다.
   (a) 기계장치의 인도, 현장에서의 조립 뿐 아니라 그것의 분해 그리고 임대인이 지정한 주소로의 반환에 대한 모든 비용은 임차인이 부담하여야 한다.
   (b) 기계장치를 조립하고 가동하기 위한 기술 인력은 B사가 제공하여야 한다. 이러한 활동에 대한 비용은 임차인이 부담하여야 한다.
   (c) 임차인은 총 임차기간(공장인도부터 임대인에게 반환될 때까지) 동안 해당 기계장치에 보험을 들어야 한다.
   (d) 임차 및 수입과 관련하여 지급하여야 할 일체의 수수료, 관세 및 제세는 임차인이 지급하여야 한다.

(e) 임차기간은 36개월이며, 갱신할 수 있다.
(f) 매월 임차료는 5,300 c.u.이다. 연장하는 경우 임차료는 월 15% 인하한다.

5. 임차계약서 외에 임차인은 세관에 다음과 같은 정보와 문서를 제공한다.
   - 임대인은 은행의 자회사이다.
   - 임대인은 이러한 유형의 계약에 대한 임차료에 9%의 이자(Y국에서 중기 대출에 적용하는 이자율)를 포함한다는 것을 나타내는 증거서류
   - 매월 임차료에는 또한 기본 계약기간 동안 지급하여야 할 총 금액에 대해 1.5%로 계산된 임대인의 수수료가 포함되어 있음을 보여주는 서류
   - 임대인이 제조자 B에게 지급한 기계장치의 가격을 표시하는 송장 사본

과세가격 결정

6. 수입국 X에 이러한 기계장치가 수입된 것은 처음이므로 제2조 및 제3조의 적용은 배제되고, 거래의 특성 때문에 제5조는 적용될 수 없다. 산정가격 결정에 필요한 자료는 입수할 수 없다. 세관은 제7조에 따라 가격을 결정해야 한다.

7. 제7조에 따른 과세가격 결정을 위하여 협정 및 「1994년 GATT 제7조」의 원칙과 일반 규정에 부합하는 합리적인 방법을 사용하는 다양한 접근방법이 있지만, 이 경우에 해당 기계장치의 총 경제적 내구 연한 동안 지급하여야 할 임차료에 기초하여 과세가격을 결정하기로 정했다. 세관과 임차인 간의 협의를 통하여 경제적 내구 연한은 60개월로 추정되었다.

8. 36개월 동안은 매월 임차료는 5,300 c.u.이고 나머지 24개월 동안은(15% 인하하여) 4,505 c.u.이다. 이들 금액에 포함된 9%의 이자요소는 이자에 대한 제네바 결정(Geneva Decision)에서 규정하고 있는 조건을 충족하는 한 공제되어야 한다.

9. 기본 계약기간에 대해 지급하여야 할 총 금액에 대한 1.5%의 수수료는 제8조 제1항(a)(i)의 조건에 따른 구매수수료로 간주될 수 없다는 사실이 확인되었다. 이 수수료는 실제로 임대인의 이윤이므로 공제되지 않아야 한다.

10. 각 당사자의 국내 법률에 따라, 제8조제2항에 열거된 요소들은 과세가격에 포함되거나 제외된다. 임차 및 수입과 관련하여 지급하여야 할 기계장치 조립을 위한 기술 인력에 대한 비용, 수수료, 관세 및 제세는 과세가격의 일부가 아니다.

11. 과세가격을 결정하기 위하여 이자를 제외한 임차료는 특정한 부호를 채택한 다음의 공식에 기초하여 결정될 수 있다.

R1 = 기본 계약기간동안 지급할 월 임차료 (36개월)
R2 = 기계에 대한 잔존 경제적 내구 연한 동안 지급할 월 임차료 (24개월)
Q = 1 + i, i는 매월 이자율을 나타낸다.(0.0075)
N = 지급회수

기본계약 기간 동안 이자를 제외한 임차료 계산
(a) 임차료가 후불로 지급되는 경우

$$\frac{R1\,(QN-1)}{QN\,(Q-1)}$$

다음 계산식은 상기 공식을 대입한 실례이다.

$$\frac{5,300\,(1.007536-1)}{1.007536\,(1.0075-1)} = \frac{5,300\,(1.3086-1)}{1.3086\,(1.0075-1)} =$$

$$\frac{5,300 \times 0.3086}{1.3086 \times 0.0075} = \frac{1,635.58}{0.0098} = 166,896$$

(b) 임차료가 선불로 지급되는 경우

$$\frac{R1\,(QN-1)}{QN\,(Q-1)}$$

다음 계산식은 상기 공식을 대입한 실례이다.

$$\frac{5,300\,(1.007536-1)}{(1.007536-1)(1.0075-1)} = \frac{5,300\,(1.3086-1)}{1.2989 \times 0.0075} =$$

$$\frac{5,300 \times 0.3086}{1.2989 \times 0.0075} = \frac{1,635.58}{0.00974} = 167,924$$

기계장치의 나머지 경제적 내구 연한 동안 이자를 제외한 임차료의 계산
(a) 임차료가 후불로 지급되는 경우

$$\frac{R2\,(QN-1)}{QN\,(Q-1)}$$

다음 계산식은 상기 공식을 대입한 실례이다.

$$\frac{4,505(1.007524-1)}{1.007524\,(1.0075-1)} = \frac{4,505(1.1964-1)}{1.1964(1.0075-1)} =$$

$$\frac{4,505 \times 0.1964}{1.1964 \times 0.0075} = \frac{884.782}{0.00897} = 98,638$$

(b) 임차료가 선불로 지급되는 경우

$$\frac{R2\ (QN-1)}{QN\ (Q-1)}$$

다음 계산식은 상기 공식을 대입한 실례이다.

$$\frac{4,505(1.007524-1)}{(1.007524-1)(1.0075-1)} = \frac{4,505(1.1964-1)}{1.1875 \times 0.0075} =$$

$$\frac{4,505 \times 0.1964}{1.1875 \times 0.0075} = \frac{884.782}{0.0089} = 99,414$$

12. 이 경우, 제8조 제2항에 열거된 요소와 관련한 국내 법률 규정을 조건으로, 위에서 표시된 대로 계산된 기계장치의 총 경제적 내구 연한 동안 지급하여야 할 총 임차료는 과세가격을 구성한다.

사례연구 5.1 제8조 제1항 (b)호의 적용

장갑차에 대한 생산지원 : 기본차량

■ 거래사실

1. 수입국 Y의 수입자 I는 세관통관을 위해 장갑차 10대를 제시한다. 동 차량의 장갑 작업은 수출국 X의 A사가 수행하였다. 기본 차량은 수입자 I가 수출국 X의 제조자 M으로부터 총 가격 17,400,000 c.u.에 구매하여, 구입 후 사용되지 않은 상태로 A에게 무상으로 제공되었다.

2. 수입시점에, I는 장갑 작업에 대한 43,142,000 c.u.의 A의 송장과 기본 차량에 대해 I에게 17,400,000 c.u.를 청구하는 제조자 M의 송장을 보여 준다.

■ 과세가격 결정

3. 이 사례에서 장갑차는 함께 해석되는 제1조 및 제8조의 규정에 따라 평가되어야 한다. 기본 차량의 비용은 제8조 제1항(b)(i)에 따른 조정으로서 장갑 작업에 대하여 실제로 지급하였거나 지급하여야 가격에 가산되어야 한다. A는 장갑차를 판매한 것이 아니라 장갑 용역을 제공한 것이기 때문에 I와 A간의 거래에 적용되는 바와 같이 "판매"라는 용어는 권고의견 1.1의 (b) 단락에 따라 가장 넓은 의미에서 물품의 판매로 간주될 것이다. 그러므로 이 사례의 목적상 운송비용 및 관련 비용을 고려하지 않은 장갑차의 거래가격은 60,542,000 c.u.이다.

제3장

실제지급가격

실제지급가격 핵심규정

1. 관련규정

- 관세법 제30조(과세가격 결정의 원칙) 제2항
- 관세법 시행령 제20조의2(간접지급금액 등)
- 관세평가 운영에 관한 고시 제16조(실제지급가격)
- WTO관세평가협정 부속서 I 주해 – 제1조에 대한 주해
- WTO관세평가협정 부속서 Ⅲ 7항

2. 핵심문구

관세법 제30조 제2항

② 제1항 각 호 외의 부분 본문에서 "구매자가 실제로 지급하였거나 지급하여야 할 가격"이란 해당 수입물품의 대가로서 구매자가 지급하였거나 지급하여야 할 **총금액**을 말하며, 구매자가 해당 수입물품의 대가와 판매자의 채무를 **상계**(相計)하는 금액, 구매자가 판매자의 채무를 **변**제하는 금액, 그 밖의 간접적인 지급액을 포함한다. 다만, 구매자가 지급하였거나 지급하여야 할 총금액에서 다음 각 호의 어느 하나에 해당하는 금액을 명백히 구분할 수 있을 때에는 그 금액을 뺀 금액을 말한다.

관세법 시행령 제20조2

① 법 제30조제2항 각 호 외의 부분 본문의 "그 밖의 간접적인 지급액"에는 다음 각 호의 금액이 포함되는 것으로 한다.

1. 수입물품의 대가 중 전부 또는 일부를 판매자의 요청으로 제3자에게 지급하는 경우 그 금액
2. 수입물품의 거래조건으로 판매자 또는 제3자가 수행해야 하는 하자보증을 구매자가 대신하고 그에 해당하는 금액을 할인받았거나 하자보증비 중 전부 또는 일부를 별도로 지급하는 경우 그 금액

3. 수입물품의 거래조건으로 구매자가 외국훈련비, 외국교육비 또는 연구개발비 등을 지급하는 경우 그 금액

4. 그 밖에 일반적으로 판매자가 부담하는 금융비용 등을 구매자가 지급하는 경우 그 금액

② 법 제30조제1항 각 호의 가산금액 외에 구매자가 자기의 계산으로 행한 활동의 비용은 같은 조 제2항 각 호 외의 부분 본문의 "그 밖의 간접적인 지급액"으로 보지 않는다.

관세평가 운영에 관한 고시 제16조(실제지급가격)

① 법 제30조제1항 각 호 외의 부분 본문에서 "구매자가 실제로 지급하였거나 지급하여야 할 가격"(이하 "실제지급가격"이라 한다)은 다음 각 호의 금액을 포함한다.

1. 해당 수입물품에 대하여 구매자가 판매자에게 또는 판매자의 이익을 위하여 제3자에게 실제 지급하였거나 지급하여야 할 모든 금액

2. 해당 수입물품의 판매조건으로 구매자가 판매자에게 또는 판매자의 의무를 이행하기 위하여 제3자에게 실제 지급하였거나 지급하여야 할 모든 금액

② 해당 수입물품이 우리나라에 도착한 이후에 구매자와 판매자 간에 이루어지는 가격에 대한 환불, 감액 등은 실제지급가격을 결정할 때 고려되지 않는다. 다만, 해당 수입물품이 우리나라에 도착하기 이전에 규칙 제3조제3항제3호 각 목의 요건을 모두 충족하는 가격조정약관이 유효하게 존재하고 해당 수입물품의 가격이 해당 가격조정약관에 따른 경우에는 그렇지 않다.

WTO관세평가협정 부속서 Ⅰ 주해 - 제1조에 대한 주해

1. 실제로 지급하였거나 지급하여야 할 가격이란 수입물품에 대하여 구매자가 판매자에게 또는 판매자의 이익을 위하여 지급하였거나 지급하여야 할 총금액이다. 지급이 반드시 화폐 이전의 형태를 취할 필요는 없다. 지급은 신용장 또는 유통증권에 의해 이루어질 수 있다. 지급은 직접 또는 간접으로 이루어질 수 있다. 간접 지급의 일례는 판매자가 지고있는 채무의 전부 또는 일부를 구매자가 청산하는 경우이다.

2. 제8조에서 조정하도록 규정된 사항 외에, 구매자가 자신의 계산으로 수행한 활동은 비록 판매자에게 이익이 되는 것으로 간주된다 할지라도 판매자에 대한 간접 지급으로 인정될 수 없다. 따라서 이러한 활동의 비용은 과세가격을 결정함에 있어서 실

제로 지급하였거나 지급하여야 할 가격에 가산되지 아니한다.

3. 실제로 지급하였거나 지급하여야 할 가격은 <u>수입물품에 대한 가격</u>을 말한다. 따라서 수입물품과 관련되지 않는 배당금 또는 기타 지급의 구매자로부터 판매자에게로의 이전은 과세가격의 일부가 아니다.

WTO관세평가협정 부속서 Ⅲ

7. 실제로 지급하였거나 지급하여야 할 가격은 수입물품의 <u>판매조건</u>으로, 구매자가 판매자에게, 또는 구매자가 판매자의 의무를 이행하기 위하여 제3자에게 실제로 행하였거나 행할 모든 지급을 포함한다.

Topic 2 상계와 변제

1. 관련규정

- 관세법 제30조(과세가격 결정의 원칙) 제2항
- 권고의견 8.1(종전 거래와 관련된 신용채권(Credit)의 협정에 따른 처리)

2. 핵심문구

권고의견 8.1(종전 거래와 관련된 신용채권(Credit)의 협정에 따른 처리)

신용채권(credit)의 금액은 <u>이미 판매자에게 지급한 금액</u>에 해당하며, 이에 실제로 지급하였거나 지급하여야 할 가격이란 수입물품에 대하여 판매자에게 지급하였거나 지급하여야 할 총 금액임을 명시한 제1조에 대한 주해 "실제로 지급하였거나 지급하여야 할 가격"에 포함된다. 그러므로 <u>신용채권(credit)은 지급한 가격의 일부이며, 평가목적상 거래가격에 포함되어야 한다.</u>

3. 상계와 변제 비교

	공통점	차이점
상계	판매자의 채무에 대하여 구매자가 지급하는 비용	구매자에게 지급
변제		제3자에게 지급

Topic 3. 하자보증비

1. 관련규정

- 관세법 제30조(과세가격 결정의 원칙) 제2항
- 관세법 시행령 제20조의2(간접지급금액 등)
- 해설 6.1(협정 제1조에 대한 주해에 규정된 "유지"와 "하자보증"의 차이)
- 예해 20.1(하자보증비)
- 사례연구 6.1(하자보증 보험료)

2. 핵심문구

해설 6.1(협정 제1조에 대한 주해에 규정된 "유지"와 "하자보증"의 차이)

5. "하자보증"과 "유지"의 차이점은 다음과 같다.
   - "유지"는 산업설비 및 장비가 취득 목적의 기능을 수행할 수 있도록 이들 산업설비 및 장비에 대해 일정 기준을 유지하도록 보증하기 위한 물품에 대한 <u>예방적 조치의 형태</u>이다.
   - 하자보증은 자동차와 전기기기와 같은 물품에 대한 <u>품질보증의 한 형태</u>로서, 보증서 지참자가 일정한 조건을 충족하는 것을 조건으로 하자 교정(부품 및 인건비) 또는 대체에 소요되는 비용을 부담하는 것이다. 만약 그러한 조건이 충족되지 않는 경우, 하자보증은 무효가 될 수 있다. 하자 보증은 물품에 <u>내재된 숨겨진 하자</u>, 즉 있어서는 안 되며 물품의 사용을 방해하거나 유용성을 감소시키는 하자를 대상으로 한다.
   - <u>유지는 항상 수행되어야 하는 반면에, 하자보증은 단지 물품의 고장 또는 성능저하와 같은 경우에 실시되는 우발적인 조치</u>이다.

6. 그러므로 두 가지 개념 사이에는 근본적인 차이가 있으며 제1조에 대한 주해의 "유지"라는 용어는 하자보증에는 적용될 수 없다.

예해 20.1(하자보증비)

〈판매자가 수행하는 하자보증〉

6. 하자보증이 물품의 단위가격에 포함되어 있는 경우라면 협정에 따른 하자보증비의 처리에 있어 어려움은 발생하지 않는다. 판매자가 고객에게 하자보증을 제공하는 경우, 판매자는 물품의 가격을 책정할 때 이 점을 고려할 것이다. 하자보증에 기인한 어떤 추가 비용도 가격의 일부가 되고, 판매조건으로서 지급된다. 이 경우에는, 협정은 어떤 공제도 허용하지 않으며, 하자보증의 비용은 비록 물품에 대하여 실제로 지급하였거나 지급하여야 할 가격과 구분된다 하더라도 거래가격의 일부이다

7. 판매자가 구매자에게 하자보증(의 구매)을 부과하는 경우, 판매자는 물품과 별도로 하자보증비를 청구하는 방안을 선택할 수 있다. 이러한 사례에서, 하자보증비는 말할 것도 없이 여전히 수출하기 위한 판매조건이고, 실제로 지급하였거나 지급하여야 할 가격 즉, 총 지급의 일부로 고려된다.

8. 만약 판매자가 하자보증 위험을 제3자에게 양도하는 계약을 하는 경우, 이는 거래가 분할되는 것으로 보일 수도 있다. 판매자가 제3자와 계약을 체결한다는 것은 제3자가 수행한 어떠한 하자보증 위험도 판매자의 요청에 의한 것이며, 그래서 판매자의 이익을 위한 것이라는 것을 의미한다. 실제로 지급하였거나 지급하여야 할 가격은 수입물품에 대하여 판매자에게 또는 판매자의 이익을 위하여 구매자가 지급하였거나 지급하여야 할 총 금액으로 제1조에 대한 주해에서 정의하고 있다.

이러한 정의는 실제로 지급하였거나 지급하여야 할 가격은 수입물품의 판매조건으로, 구매자가 판매자에게, 또는 구매자가 판매자의 의무를 이행하기 위하여 제3자에게 실제로 행하였거나 행할 모든 지급을 포함한다고 규정한 부속서 Ⅲ의 제7항에 더 상세히 설명되어 있다. 결과적으로 판매자가 구매자에게 판매자와 하자보증 이행을 약정한 제3자에게 지급하도록 요구한 경우, 해당 지급은 수입물품의 거래가격에 포함되어야 한다. 판매자와 특수관계인 다른 당사자가 하자보증을 이행하는 경우에도 역시 동일하다.

〈구매자가 수행한 하자보증〉

9. 제5항(b)에서 명시된 바와 같이, 구매자가 자신의 계산으로 하자보증 비용을 부담하기로 결정하는 경우가 있을 수 있다. 이러한 상황에서는 하자보증에 대하여 구매자가 부담하는 일체의 지급액 또는 기타 비용은 하자보증이 구매자가 자기의 계산으로 수

행하는 활동이기 때문에 제1조에 대한 주해에 따라 실제로 지급하였거나 지급하여야 할 가격의 일부가 아니다.

▌사례연구 6.1(하자보증 보험료)
⇒ 사례연습

3. 평가처리

① 판매자의 의무인 경우
⇒ 판매자가 직접 수행 : 수입물품의 가격에 전가
⇒ 구매자가 대신 수행 : 간접지급액 검토

② 구매자의 의무인 경우
⇒ 구매자의 자기계산 비용으로 검토

교육훈련비

1. 관련규정

- 관세법 제30조(과세가격 결정의 원칙) 제2항
- 관세법 시행령 제20조의2(간접지급금액 등)
- 사례연구 7.1(실제로 지급하였거나 지급하여야 할 가격의 적용)

2. 핵심문구

사례연구 7.1(실제로 지급하였거나 지급하여야 할 가격의 적용)

7. 훈련과정에 대한 지급 없이도 기계를 구매할 수 있다면 훈련과정에 대한 지급은 판매조건이 아니다.
8. 따라서 훈련과정에 대한 지급은 판매조건이 아니기 때문에 과세가격의 일부가 아니다.

3. 평가처리

① 거래조건인 경우
   ⇒ 교육훈련비가 거래조건으로 지급되는 경우 간접지급액으로 검토
② 거래조건이 아닌 경우
   ⇒ 교육훈련비가 거래조건이 아닌 경우에는 간접지급액으로 볼 수 없음

Topic 5 금융비용

1. 관련규정

- 관세법 제30조(과세가격 결정의 원칙) 제2항
- 관세법 시행령 제20조의2(간접지급금액 등)
- 해설 5.1(확인 수수료)
- 결정 3.1(수입물품의 과세가격에 포함된 이자비용의 처리)

2. 핵심문구

해설 5.1(확인 수수료)

6. 이러한 비용을 부담하는 판매자가 그의 확인수수료 비용을 구매자로부터 보상 받고자 하는 것은 정상적인 관행이다. 대부분의 경우에 판매자는 자신의 물품 가격에 수수료 비용을 직접적으로 포함하려 할 것이다. 이러한 경우에는 확인수수료는 물품에 대하여 실제로 지급하였거나 지급하여야 할 가격에 포함되며, 거래가격을 결정함에 있어 이것을 공제하도록 허용하는 협정 규정도 없다.

8. 확인수수료는 용어의 엄밀한 의미에서 수수료라기보다는 오히려 물품에 대한 미지급 위험에 대비한 보험료 성격이 강하다.

9. 제1조에 대한 주해와 부속서 Ⅲ의 제7항에서는 실제로 지급하였거나 지급하여야 할 가격이란 수입물품에 대하여 구매자가 판매자에게 또는 판매자의 이익을 위하여 직접 또는 간접으로 지급하였거나 지급하여야 할 총 금액이라고 명백히 하고 있다. 이러한 가격은 수입물품의 판매조건으로, 구매자가 판매자에게, 또는 구매자가 판매자의 의무를 이행하기 위하여 제3자에게 실제로 행하였거나 행할 모든 지급을 포함한다. 이 해설의 10번 단락에 따르면, 수입물품에 대한 지급수단의 확인이 구매자 거래 은행의 미지급 위험으로부터 판매자를 보장하기 때문에 판매자의 이익을 위한 것으로 고려되는 경우로 수입물품의 판매조건으로 구매자가 판매자 또는 제3자에게 확인수수료를 지급하는 경우에는 실제로 지급하였거나 지급하여야 할 가격은 일체의 확

인수수료를 포함한다.

10. <u>구매자가 자신의 주도로 취소불능 및 확인 신용장을 판매자에게 제공하는 경우가 있을 수 있는데, 이의 주된 목적은 판매계약 체결을 보증하기 위한 것이다.</u> 이러한 경우에 발생하는 일체의 확인수수료는 구매자가 확인기관에 직접 지급할 수 있다. 이러한 상황에서는 <u>판매계약에서 부과되는 조건이 없고 판매자보다는 구매자의 이익을 실현하는 것이기 때문에</u> 확인수수료에 대하여 지급한 금액은 실제로 지급하였거나 지급하여야 할 가격의 일부를 구성하지 아니한다.

▌결정 3.1(수입물품의 과세가격에 포함된 이자비용의 처리)
⇒ 연불이자의 처리

3. 대표적인 비용

(1) 확인수수료

① 거래조건으로 판매자 또는 제3자에게 지급하는 경우
⇒ 간접지급액 검토
② 구매자 스스로 계약체결을 위해 지급하는 경우
⇒ 구매자의 자기계산 비용 검토

(2) 연불이자

공제요소 검토

Topic 6. 기타 실제지급가격

경영지원비(서비스수수료)의 과세 여부

(1) 논의 배경

- 최근 다국적기업이 국내에 설치한 판매지사에 경영을 지원하고 그에 따른 대가로 용역수수료 형태로 회수하는 경우가 종종 행해지고 있으며, 해외 판매지사에 다액의 이익을 유보하는 것을 원하는 기업은 없으므로 판매수익을 다양한 형태로 본사에 이전하고자 하는데, 그러한 방법으로서 경영지원을 비롯한 각종 서비스 대가를 수수하는 방식이 활용되고 있음

- 구매자가 판매자에게 수입물품에 대한 대가를 지급하는 경우 물대명목으로 신용장 또는 송금하는 형태로 직접 지급하는 방식도 있지만 여러 가지 거래방식에 따라 판매자에게 귀속되도록 간접적으로 지급하는 방식의 금액도 수입물품 과세가격의 일부를 구성하는 경우가 있음

  - 만약 이러한 대가가 특정 수입물품의 가격과 연관되는 것이 확인될 때에는 실제 지급금액의 일부를 구성하는 **간접지급금액**으로 보아 1방법으로 과세가격에 포함
  - 수출자의 수출판매거래에서 발생한 비용을 수입국 내에서 발생된 매출이익에서 일정 부분을 환수하는 방식으로 물대와 별도로 지급하는 경우 **사후귀속이익**으로 보아 가산조정
  - 특정 수입물품과 연관되지 아니하고 그러한 사유로 인한 조건으로 가격에 영향을 미쳤다면 **2방법 이하**의 과세가격 산정방법 적용

(2) 판단방법

① **실제 용역대가로 볼 수 있는지?**(용역의 실제 존재 여부, 수행주체가 판매자 또는 제3자인지, 서비스계약이 존재하며 다른 수입국가 계열사에도 동일한 방식이 적용되는지?)
② 해당 용역의 범주가 판매자(수출자)로서 당연히 수행되어야 할 범주인지?
③ 수입물품과 관련되거나 거래조건으로 지급되는지?

④ <u>대가 산정기준</u>(용역대가는 발생비용을 기초로 산정되는지?)

(3) 결정사례(조세심판원 '01. 10. 24일 결정, 2000관96호)

수입자는 미국소재 수출자부터 냉각제 등을 수입·판매하면서, 수출자 및 관련회사로부터 수입물품 판매에 따른 기술 및 경영지원서비스를 지원받고, 이에 대한 대가를 경영지원비란 명목으로 수출자 등에게 지급하였는 바,

① 이 건 경영관리비의 성격은 송금시의 계정과목에 의할 것이 아니고 <u>실제 경영지원내용에 따라 지급성격을 파악하여야</u> 할 것인 바,
② 쟁점물품 수입후의 판매와 관련한 경영기술에 대한 상업적인 권고와 판매물품의 침전물분석 등 연구와 실험 등의 기술적 지원, 재무기획에 대한 서비스로 뱅킹, 투자 및 환율포지션에 대한 권고 등 <u>실질적으로 경영전반에 걸친 지원서비스를 제공한 것</u>으로 확인되며,
③ 수출자 등에서 제공한 경영지원대가를 건별로 지급하지 아니하고 일정기간 모아서 매출액에 대한 비율로 안분하였으나 이는 직접(개별) 계산방식이 아닌 일정기간 제공된 서비스대가를 계산하여 경영 지원받은 자회사들에게 매출액을 기준으로 배분한 것으로 <u>달리 수입물품의 수입 후에 추가로 발생되는 이익에 대한 일정분을 지급한 것으로 보기는 어려운 측면이 있으므로</u> 처분청에서 경영지원비 전액을 사후귀속이익으로 보아 과세한 것은 정당한 처분이 아님

(4) 사례연습

수입자 JK는 본사 J와 서비스지원계약(Service & Assistance Agreement)을 맺고 총 33,467 단위를 본사에 경영지원비 명목으로 일괄(분할) 지급하고 있는데, 서비스지원은 본사가 글로벌차원의 경영지원(인사, 회계, 교육, 마케팅 등) 활동을 위해 지역별 본부를 운영하면서 경영지원 활동에 지출된 비용(인적, 용역비용)을 집계하여 경영지원 수혜를 받는 관계사에 대해 매출액 규모에 따라 일정 비율에 해당하는 금액을 안분하여 분담시키고 있으며, 글로벌 경영지원비 산정 및 배분은 본사 전문회계법인에서 study과정을 거쳐 정상가격(Arms Length Price) 방법을 산정하여 적용하였으며 당해 연도 실제지출비용의 5%에 해당하는 Mark Up이 적용된 금액을 본사가 수입자에게 청구함

경영지원비는 4가지 항목[Administration(재무 및 인사 등), IVP(국제회의장 운영관리비용), RIT(지역정보기술 IT관련 유지보수 등), Marketing(프랜차이즈별 및 공통비용)]으로 구성되어 있으며, 항목별 실제로 용역지원이 있는 것으로 확인되고 있음. 다만 마케팅항목 중 R&D 비용에 대한 증빙자료는 없으나 R&D 비용 중 관련 수출자가 국내 현지 적합 여부 테스트를 위한 임상실험 및 고장에 대하여 확인테스트 등과 관련된 비용으로서 동 결과물은 Sourcing Company에 제공된 것이라는 사실이 확인되었음

모범답안

R&D 비용은 성격상 수출자의 연구개발에 해당하는 비용으로서 수출자가 최종 부담해야 할 비용임에도 수입자가 대신 부담한 것이 되므로 이는 간접지급금액에 해당

따라서, 과세관청은 수입물품에 대한 거래조건이나 사후귀속이익과 관련이 없는 인사, 회계 등과 같은 경영지원비는 수입물품과 직접적인 관련이 없으므로 과세가격에 포함되지 아니하나, 경영지원비 중 국내시장 적응을 위한 임상실험 등의 비용으로 수출자가 수출판매를 위해 연구개발비 성격을 지닌 R&D 부서비용은 간접지급금액에 해당되는 것으로 보아 과세가격에 포함되어야 한다고 최종 결정

연습문제

수입자는 미국 본사 또는 호주 관계사로부터 다양한 컨설팅 서비스를 제공받으며 컨설팅 수수료를 지급하며, 모든 컨설팅 수수료는 호주에 소재한 아시아태평양지역 담당법인 또는 본사 명의 청구하고 있으며 세부 컨설팅 내용은 다음과 같음

> ① 예산 업무(Budgeting)
>   - 기획 및 예산책정과 관련한 재무적 이슈에 대한 컨설팅
>   - 연도별 기획안 작성지원, 자본적 지출의 검토 및 승인
> ② 회의 관련 업무(Conferences - Internal)
>   - 회의 의사일정, 프리젠테이션, 기획과 세부계획 등 컨설팅 제공
>   - 마케팅회의 준비 및 아시아태평양지역 개발을 위한 회의 지원
> ③ 판매 및 마케팅(Sales & Marketing)
>   - 마케팅 및 판촉에 관한 검토 및 자문
>   - 판촉활동 및 자료준비지원, 판매프로그램에 대한 검토, 분석 및 자문
>   - 신제품 출시에 대한 커뮤니케이션 기획지원, 시장조사에 근거한 시장동향 평가
>   - 분기별 매출 및 마케팅 보고서의 검토, 고급판매개발주제에 대한 협의
> ④ 판매부서 이벤트(Sales Force Events) 및 관련업무(Sales Force Related)
>   지도부 회의, 새로운 임원을 위한 교육, 최고임원여행(Top Director Trip) 등 판매부서 이벤트를 위한 기획, 의사일정, 준비 등 컨설팅서비스 제공 등

모범답안

예산 및 재무분석 업무와 관련된 비용은 연결 재무제표 작성 및 거래가격 결정 등을 위한 **수출자 자신의 판매관리비로서, 수입물품 가격에 반영했어야 할 비용성격임.** 따라서 이러한 성격의 지급액은 수입자가 실제로 지급하였거나 지급할 가격의 일부임

Topic 7. 구매자의 자기계산 비용

1. 관련규정

- 관세법 시행령 제20조의2(간접지급금액 등) 제2항
- WTO관세평가협정 부속서 I 주해 – 제1조에 대한 주해
- 예해 16.1(물품구매후 수입하기 전에 구매자가 자기의 계산으로 수행한 활동)

2. 핵심문구

▎**관세법 시행령 제20조의2 제2항**

② 법 제30조제1항 각 호의 가산금액 외에 구매자가 자기의 계산으로 행한 활동의 비용은 같은 조 제2항 각 호 외의 부분 본문의 "그 밖의 간접적인 지급액"으로 보지 않는다.

▎**WTO관세평가협정 부속서 I 주해 – 제1조에 대한 주해**

2. 제8조에서 조정하도록 규정된 사항 외에, 구매자가 자신의 계산으로 수행한 활동은 비록 판매자에게 이익이 되는 것으로 간주된다 할지라도 판매자에 대한 간접 지급으로 인정될 수 없다. 따라서 이러한 활동의 비용은 과세가격을 결정함에 있어서 실제로 지급하였거나 지급하여야 할 가격에 가산되지 아니한다.

▎**예해 16.1(물품구매후 수입하기 전에 구매자가 자기의 계산으로 수행한 활동)**

2. 제1조에 대한 주해 "실제로 지급하였거나 지급하여야 할 가격"의 제2항은 구매자가 자신의 계산으로 수행한 활동에 대한 협정의 원칙을 확립한다. <u>이러한 활동에 대한 비용은 제8조에 따른 조정으로 규정되어 있지 않는 한, 실제로 지급하였거나 지급하여야 할 가격에 가산되지 않는다.</u>

4. 상업적 관행에서 물품 구매 후 수입 전에 구매자가 수행할 수 있는 활동은 다양할 수 있다. 제1조 및 제8조와 이들 주해의 맥락에서 볼 때, 상기 활동은 수입국 내에서

물품판매 및 공급(유통)을 촉진하기 위한 목표로 수행되는 활동을 포함할 수 있다. 이러한 활동에 대한 비용이 <u>구매자 자신의 계산으로 활동을 수행한 경우에는 판매자의 이익을 위한 것이라 할지라도 판매자에 대한 간접지급으로 간주되지 않아야 한다.</u>

3. 대표적인 비용

(1) 검사비용

① 제조과정의 필수적인 검사인 경우
   ⇒ 제조과정의 필수적인 검사인 경우 해당 검사를 구매자가 대신 수행하고 비용을 지급하는 경우 해당 비용은 간접지급액을 검토

② 제조과정의 일부가 아닌 추가적인 검사인 경우 〈예해16.1 참조〉
   ⇒ 출국에서 수행되는 제조과정 이외의 추가검사는 해당 수입물품의 제조과정의 일부로서 간주되지 않는 검사로서 실제로 지급하였거나 지급하여야 할 가격의 일부가 아니다. 구매자가 수행한 이러한 활동은 법정 가산요소로 규정된 조정 중의 하나가 아니다. 또한, 이러한 비용은 판매조건으로 지급된 것이 아니며 판매자의 이익을 위한 지급으로 볼 수 없다.

과세되는 경우	비과세 되는 경우
오렌지 수입 시 생산지의 심각한 냉해피해로 수입 시 철저한 사전품질검사가 불가피하여 업무에 익숙한 캐나다 검사요원을 투입시켜 검사를 실시하고 제반비용(출장비, 인건비, 검사기 대여료 등)을 해외로 지급한 경우 예 동 건에 있어서 물품검사는 수출자의 일괄구매 물품 중 한국에 판매할 물품을 검사를 통하여 선별하는 작업을 위한 것으로, 이러한 경우 물품검사는 <u>수입물품 생산행위의 일종</u>으로서 이에 대한 비용의 지불은 수입물품가격에 대한 간접적인 지불로 과세가격에 포함됨 (평가일47221-279, '99. 8. 2일)	석유제품 수입 시 선적항에서 발생하는 검정수수료를 판매자와 구매자간 50:50으로 부담하고 있음 예 석유류 거래의 특성 상 선적항 검정결과에 따라 무역대금이 결정되어 구매자와 판매자간 검정수수료를 동등하게 부담하는 것은 <u>석유업계의 관행</u>이며, 양 당사자간에 상호 합의 하에 검정기관 선정 및 결과에 동시 구속되는 점 등을 고려할 때 어느 일방의 이익을 위한 것으로는 볼 수 없음 (평가협의회 결정 06-01-001호).

(2) 광고비용

〈판매자의 의무인 경우〉

① 판매자가 광고를 수행하고 비용을 직접 부담하는 경우
   ⇒ 물품가격에 전가
② 판매자가 광고를 수행하고 구매자에게 비용을 청구하는 경우
   ⇒ 간접지급액 검토
③ 구매자에게 의무를 전가하고 구매자가 광고활동을 수행하는 경우
   ⇒ 구매자가 대신 수행한 광고의무는 수입국내 판매 및 마케팅 활동으로서 조건 또는 사정의 비용이라고 볼 수 없음

〈구매자의 의무인 경우〉

⇒ 구매자의 자기계산 비용으로 검토

[제1조에 대한 주해 참조]

만약 구매자가 수입물품의 마케팅에 관한 활동을 비록 판매자와의 약정에 따라 수행하는 경우라도, 구매자가 자기의 계산으로 수행한다면 이러한 활동의 가치(value)는 과세가격의 일부도 아니고 그러한 활동이 거래가격을 부인하는 결과가 되게 하지도 않는다.

〈Global 광고비용〉

① 해당 수입물품과 관련성이 없는 경우
   ⇒ 해당 수입물품과 관련성이 없는 Global 광고비용의 경우 해당 수입물품의 "대가"를 구성한다고 보기 어려움
② 해당 수입물품과 관련성이 있는 경우
   ⇒ 판매자가 해당 수입물품과 직접적인 관련성이 있는 Global 광고를 수행하고 구매자에게 해당 비용을 청구하는 경우 해당 비용은 간접지급액으로 검토
   (예 수량단위로 할당해서 청구 등)

> **공동광고계획에 의한 광고비용(Sherman & Glashoff의 GATT 관세평가규정 해설)**
> - 공동광고계획에 의해 수출자가 광고비용의 일부를 수입자에게 상환했다면 수입자는 물품에 대해 지급하는 순가격(net price)을 감소시킨 리베이트를 받았다고 주장할지 모른다. 그러나 이러한 상환은 일차적으로 과세의 대상이 아닌 수입자의 순광고비 지출만을 감소시킨 것이다.
> - 수출자가 국경을 넘어 여러 국가로 전달되는 매체에 대해 광고지급을 하고 각 국가의 판매자에게 그 비용을 적당히 할당(예를 들어 각국마다 판매된 잡지의 부수 또는 각국의 시장잠재력이나 판매량에 따라)하는 경우, 해당 비용분담이 수입된 물품의 단위를 근거로 하지 않았다면 이는 간접적인 지급으로 간주되지 않는다.

(3) 장치비용

〈예해 7.1 참조〉

① 수입국으로 수출하기 위하여 판매하는 시점에 해외에 물품이 보관되어 있는 경우
   ⇒ 창고보관 비용은 구매자가 실제로 지급하였거나 지급하여야 할 가격의 일부로서 판매자가 회수할 것으로 추정할 수 있다. 그렇지 않다면, 이들 비용이 판매자에게 또는 판매자의 이익을 위하여 직접 또는 간접으로 지급한 금액을 구성한다면 해당 가격에 포함되어야 한다.

② 물품을 구매한 후 수입국으로 수출하기 이전에 해외에 물품을 보관하는 경우
   ⇒ 구매 이후 구매자에게 발생하는 비용은 판매자에게 또는 판매자의 이익을 위하여 직접 또는 간접으로 지급한 금액으로 간주될 수 없다. 그러므로 실제로 지급하였거나 지급하여야 할 가격의 일부가 아니다.
   (구매자 자신의 계산으로 구매자가 수행한 활동에 해당)

③ 내수용으로 통관하기 전에 수입국에서 물품을 보관하는 경우
   ⇒ 구매 이후 구매자에게 발생하는 비용은 판매자에게 또는 판매자의 이익을 위하여 직접 또는 간접으로 지급한 금액으로 간주될 수 없다. 그러므로 실제로 지급하였거나 지급하여야 할 가격의 일부가 아니다.
   (구매자 자신의 계산으로 구매자가 수행한 활동에 해당)

④ 물품 운송과정에 부수적으로 물품이 일시적으로 보관되는 경우
   ⇒ 운송과정에서 물품의 부수적인 보관으로부터 발생하는 이러한 종류의 비용은 물품의 운송과 관련되는 비용으로 간주되어야 한다.
   (가산요소 또는 공제요소 추가 검토)

광고비 관련 참조

"나이키 광고비는 운동화 가격에서 빼라"
(출처 : 비지니스 와치)

방글아 기자 gb14@bizwatch.co.kr
입력시간|2016-07-15 15:19

법원, 나이키 130억대 소송 승소 판결
관세청은 올해 기업 상대 재판 첫 패소

나이키가 관세청의 130억원대 과세 처분을 뒤집었다. 관세청이 나이키 운동화의 수입 가격에 국제 광고비를 포함시켜 세금을 매겼는데, 법원이 '위법' 판결을 내린 것이다.

올해 기업을 상대로 한 관세 소송에서 전승 행진을 달리던 관세청은 처음으로 패소의 쓴 맛을 보게 됐다.

15일 서울행정법원 행정6부(재판장 김정숙)는 나이키코리아가 서울세관장을 상대로 제기한 관세 및 부가가치세 부과처분 취소 소송에서 나이키의 손을 들어줬다.

▲ 그래픽/유상연 기자 prtsy201@

나이키코리아가 미국 본사에 낸 국제 광고비를 수입물품 가격에 포함시킬지 여부를 놓고 관세청과 나이키가 팽팽하게 맞섰다. 관세청은 국제광고비를 수입가격에 포함시켜야 한다고 주장한 반면 한국지사는 이를 빼야한다고 반박한 것이다.

법원은 관세청의 세금 계산 방식에 문제가 있다고 판단, 나이키에 추징한 세금 130억원을 돌려주고 대리인에게 지급한 소송비용도 관세청이 부담하라고 판결했다. 나이키는 이번 소송에서 김앤장 법률사무소 변호사 5명을 대리인으로 선임했고, 관세청은 법무법인 대륙아주를 선임해 대응했다.

한편 관세청은 이 사건 선고 전까지 상반기 서울행정법원에서 선고된 관세소송 9건 모두 승소했다. 소송이 몰렸던 지난해 11월에도 17건 중 16건을 이기며 승소율 94%를 기록한 바 있다.

"메시에게 준 광고비도 아디다스 신발값에 포함"
(출처 : 비지니스 와치)

이상원 기자 | lsw@bizwatch.co.kr
입력시간 : 2016-09-02 16:16

아디다스코리아 관세불복 대법원서 최종 패소 결론
"본사에 지급한 국제마케팅비도 로열티처럼 과세대상"
유사소송인 나이키 관세불복에도 영향 줄 듯

아디다스코리아와 관세청이 벌이던 소송이 치열한 공방 끝에 관세청의 승소로 결론났다. 아디다스코리아는 독일 본사에 지불한 국제 광고비는 과세대상이 아니라고 버텼고, 관세청은 수입가격에 포함된 당연한 과세대상이라는 주장을 굽히지 않았다. 1심 서울행정법원에서 관세청이 이겼지만, 2심 서울고등법원은 아디다스코리아의 손을 들어줬다. 하지만 대법원은 관세청의 과세에 문제가 없다며 결과를 다시 뒤집었다.

대법원은 2일 아디다스코리아가 국제마케팅비에 부과된 관세를 돌려달라며 제기한 소송에서 관세를 돌려주라는 원심(서울고등법원)판결이 위법하다며 원심을 파기하고 사건을 돌려보냈다고 밝혔다.

아디다스 본사에 준 국제마케팅비 관세부과가 쟁점

아디다스코리아는 아디다스 상표가 부착된 스포츠용 의류, 신발 등을 수입판매하고 있는데, 이에 따른 상표권 사용료로 매년 순매출액의 10% 상당액을 독일 아디다스 본사에 지급하고 있다. 또 이와 별도로 국제마케팅 비용으로 순매출액의 4%를 본사에 지급했다. 아디다스 코리아가 같은 형식으로 수입판매하는 계열브랜드 리복과 락포트에 대해서도 마찬가지다. 문제가 된 것은 수입하면서 내는 관세였다.

관세법상 수입자가 수입할 때 지급한 상표권이나 그와 유사한 권리사용에 대한 대가는 수입물품가격에 더해서 관세를 내도록 하고 있는데, 아디다스코리아는 본사에 주는 상표권 사용료는 수입가격에 포함해서 관세를 냈지만, 국제 마케팅비는 수입가격에 포함할 수 없다며 해당 관세를 납부하지 않았다.

아디다스의 국제 마케팅비는 광고 캠페인, FIFA 이벤트 후원, 선수 또는 팀 후원, TV광고, 라디오 광고 등의 다양한 마케팅활동을 포함하고 있다. 아디다스코리아는 이것이 다국적 기업인 아디다스 그룹차원의 마케팅 비용으로 전세계 각 관계사 당연히 분담하는 상행위일뿐 아디다스라는 상표 사용료와는 명백히 구분되는 별개의 비용이라고 주장했다.

하지만 관세청의 생각은 달랐다. 아디다스의 국제광고는 아디다스라는 상표의 이미지 제고를 위한 마케팅 활동이고, 상표권자인 아디다스 본사의 책임인데, 수입자인 아디다스코리아가 분담의 책임도 없는 비용을 상표권자의 요청에 따라 지급하고 있으니 이는 상표사용료와 다를 바가 없다며 관세와 부가가치세 등 60억원의 세금을 부과했다.

고법 "관세청이 잘못 했네"…대법 "고법이 잘못 봤네"

1심 법원은 관세청의 손을 들어줬지만 아디다스코리아는 항소했고, 고등법원은 1심 판결을 뒤집고 아디다스코리아의 승소로 판결했다.

서울고등법원은 "글로벌 스포츠브랜드 그룹인 아디다스의 본사 국제마케팅비는 실제로 본사가 세계적인 스포츠스타(리오넬 메시 등)에 대한 광고비 등 국제마케팅을 위해 지출한 비용이고, 본사와 국내 현지법인 사이에 체결된 계약서에도 국제마케팅비가 상표권 사용료(로열티)와 구별되는 것으로 분명히 기재돼 있다"며 "관세청의 과세는 국제마케팅비의 본질을 오해한 것이고, 본사와 국내 현지법인 사이에 체결된 계약 내용을 왜곡하는 것"이라고 밝혔다. 그런데 대법원은 이를 다시 뒤집었다. 대법원은 "독일 아디다스가 상표의 명칭과 로고를 널리 알리는 활동은 아디다스코리아 상품의 국내 판매에도 도움되지만, 독일 아디다스가 보유하는 상표권의 가치를 상승시키는 데 직접 기여할 것임이 분명하다"며 국제마케팅비용이 상표권료와 다를 바 없음을 확인했다.

대법원은 또한 전세계 아디다스 현지법인들이 본사 상표권가치를 상승시키는 국제마케팅비용을 분담했다면, 오히려 독일 아디다스로부터 상표권 가치 증대에 기여한 부분에 대한 대가를 받아야 정상이지만 그렇지 않았다는 점을 지적했다.

대법원은 "아디다스코리아가 독일 아디다스 본사에 지불한 국제마케팅비는 본사에 지급한 권리사용료라고 보는 것이 거래의 실질에 부합한다"면서 "권리사용료가 아니라고 보고 과세처분을 위법하다고 판단한 원심은 관세법상 권리사용료 및 실질과세의 원칙에 관한 법리를 오해하거나 그 적용을 그르친 잘못이 있다"고 사건의 파기환송 이유를 설명했다.

거의 흡사한 나이키코리아 소송..영향 불가피
대법원의 판단은 아디다스코리아의 경쟁사인 나이키코리아가 최근 진행하고 있는 관세불복 사건에 영향을 끼칠 가능성이 크다. 과세 내용은 물론 두 기업간의 경영 형태도 흡사하기 때문이다.

나이키코리아는 미국 나이키 본사에 지불한 국제마케팅비용을 수입가격에 포함시킬 수 없다며, 130억원 규모의 관세불복 소송을 제기했고, 지난 7월에 1심(서울행정법원)에서 승소했다. 하지만 같은 사안에 대해 대법원이 기업이 아닌 관세청의 손을 들어준 점은 재판에 불리하게 작용할 수밖에 없다. 나이키코리아에 패소한 관세청은 항소해서 현재 사건이 서울고등법원에 올라가 있다.

2005년 제4회 관세평가협의회결정사항

[결정 05-04-01]

1. 질의 내용

- 질의사는 스테인레스 냉간압연강판을 전문적으로 생산하여 국내판매 및 해외 수출업체로서, 동사의 제조공정 중 스테인레스 냉연강판의 소둔·산세처리 공정인 AP(Annealing & Pickling) Line의 설비노후화와 열처리 능력 부족에 대처하기 위하여 '96.7. 새로운 AP Line을 해외에 계약·발주

- '97.3.19 동사의 갑작스런 부도발생(IMF 영향)으로 진행중이던 국내제작 공사는 전면 중단되고, 해외 발주된 설비는 신용장개설은행이 대지급하여 '97.10월 제작이 완료되어 제3자 매각시까지 제작국 현지창고에 보관키로 함

- 쟁점물품(AP Line 설비)의 과세가격을 당초 계약에 의하여 질의사가 설비공급자에게 실제 지급한 가격을 기초로 결정하여야 하는지 아니면 장기간 보관된 물품으로 당초 발주 당시의 정상물품으로 볼 수 없어 새로운 평가방법에 의해 과세가격을 결정 하여야 하는 지 여부

2. 거래 내용

거래도

① 독일 S사등 4개사로 구성된 수출자(S)와 외자도입계약 체결('96.7.26)
② 외자설비(AP) 취소불능 수입신용장 개설('96.8.13, 개설금액 : US$41,330,265)
③ 수출자 S에게 외자설비(AP)에 대한 선급금(L/C금액의 20%, US$8,266,053) 지급('96.9.12)
④ 외자설비(AP) 제작을 완료하였으나 수입자(I) 부도로 인하여 제작사 현지창고에 보관하기로 계약 수정('97.10.29)
　　※ 수정내용 : FOB(본선인도조건) ⇒ CIP(운송비·보험료지급조건)
⑤ 외자설비(AP)를 제작사 현지 창고에 입고('97.12.16)

⑥ 중도금 및 잔액을 신용장 개설은행이 대지급 완료('99.12.21)
⑦ 창고 보관료 및 보험료(매년 약 5억원)를 수입자 I가 매년 지급
(~'04.12.16 : 수입자(I) 부담, '04.12.17~ 매각대금에서 차감)

보관상태 : 외관상 양호

연간 5억원 정도의 관리비를 지불하며 해외 현지창고에서 비교적 양호하게 관리하고 있어 외관상 특별히 변질·손상되지 않음

3. 쟁점 사항

수출자와 수입자간 구매계약을 체결하여 물품대금을 당초 계약대로 납부한 후 수입자의 부도로 인해 수출자 소재 해외 현지 창고에 장기간 보관되어 있는 물품을 수입하는 경우 당초 계약금액을 기초로 과세가격을 결정하여야 하는 지 아니면 장기간 보관 및 미사용 등으로 정상물품으로 볼 수 없어 수입신고 당시의 물품의 성질에 따라 과세가격을 결정하여야 하는 지 여부

4. 결정

쟁점물품(AP Line)은 정상적인 신용장 거래방식에 의한 수입물품으로 단지 수입자의 자금사정으로 인해 해외 창고에서 장기간 보관되었을 뿐 양 당사자간 거래가격을 배제하고 새로운 평가방법에 의해 과세가격을 결정할 만한 사유가 발생하지 않았으며, 수입자는 쟁점물품의 대금을 당초 계약 금액대로 지급 완료하고 소유권도 보유하고 있으므로 수입물품의 과세가격은 실제지급한 당초 계약금액을 기초로 결정해야 한다.

다만, 수입신고 당시 당해 물품의 변질·손상 여부에 대하여는 통관시점에서 세관장이 확인·판단할 사항이며, 당해 물품이 실제로 변질·손상된 경우에는 수입물품과세가격결정에관한고시 제5-2조에 따라 과세가격을 결정할 수 있음

> **이유**

- 수입물품의 과세가격은 우리나라에 수출하기 위하여 판매되는 물품에 대하여 구매자가 실제로 지급한 금액을 기초로 결정하는 것이 원칙이며, 법령에서 정한 거래가격 배제요건에 해당되지 않는 한 실제지급금액을 기초로 과세가격을 결정해야 함

- 수입자와 수출자간 체결한 쟁점물품의 구매계약서(5차 개정)에 의해, 수출자는 쟁점물품을 제작·인도하였고, 수입자는 취소불능 신용장 개설은행을 통해 쟁점물품의 계약대금(U$41,330,265)을 정상적으로 지급 완료하였음. 따라서, 당초 계약은 유효하고 구매자인 삼미특수강(현 비앤지스틸)의 동 물품 소유권도 변동이 없음

    ※ 신용장 개설은행인 산업은행은 양도담보권만 있고 쟁점물품의 창고 보관증을 수입자에게 반환('05.6.20)한 결과 현재 쟁점물품의 소유권은 당초 계약자인 수입자에게 있음

- 동 물품은 현재까지 매년 5억원 상당의 보관료를 지불하여 관리해 오고 있고 특성상 장기간 보관으로 인하여 손상 또는 변질되는 물품으로 보기 어렵고, 수입물품의 변질·손상으로 인한 가치 감소분에 대한 판단여부는 통관시점에서 세관장이 확인하여야 할 사항임

    ※ 고내 창고에서 매년 5억원 상당의 보관료를 지불하면서 비교적 양호하게 관리를 해 오고 있고, 만약 창고보관 중 변질·손상이 된 경우에는 수입물품에 대한 배상 등의 별도 계약이 있었을 것임

- 따라서 양 당사자간 계약내용 대로 당해물품 수입을 위하여 정상품 가격대로 실제 지급한 당초 계약금액을 기초로 과세가격을 결정하여야 함

Topic 10 — 2005년 제5회 관세평가협의회결정사항

[결정 05-05-03]

1. 질의내용

- 구매자가 판매자와 매매계약을 체결하면서 물품대금은 T/T송금방식으로 결제하기로 하고 판매자의 요청에 의해 국내의 OO은행에 보증신용장(STAND BY L/C)을 개설하고 OO은행에 개설수수료를 지급하였음

- 구매자가 일반 L/C 없이 판매자의 요청에 의해 보증신용장만을 개설하고 그 신용장 개설수수료를 부담한 경우 동 수수료가 과세가격에 포함되는지 여부에 대하여 질의

2. 쟁점

구매자가 판매자의 요청으로 수입국내의 은행에 대금결제를 보증하기 위한 보증신용장(STAND BY L/C)을 개설하고 개설수수료를 지급한 경우 동 개설수수료를 관세평가협약 5.1 확인수수료와 같은 성격으로 보아 동 협약 부속서 3. 제7항의 규정에 의거 구매자가 실제로 지급했거나 지급하여야 할 금액에 포함시켜야 할지 여부

3. 결정

판매자가 구매자의 물품대금지급 의무를 보증받기 위해 구매자에게 요청하여 개설하였다면 동 보증신용장(STAND BY L/C)의 개설수수료는 수출물품의 판매조건으로 구매자가 지급한 금액이므로 실제지급금액으로 보아 과세가격에 포함되어야 함

> **이유**

- 관세법 제30조 제1항 및 제2항의 규정에 의하면, 수입물품의 과세가격은 우리나라에 수출하기 위하여 판매되는 물품에 대하여 구매자가 실제로 지급하였거나 지급하여야 할 가격으로서 구매자가 당해 수입물품의 대가와 판매자의 채무를 상계하는 금액, 구매자가 판매자의 채무를 변제하는 금액 및 기타의 간접적인 지급액을 포함하되 제2항 단서의 각호에 규정된 금액을 명백히 구분할 수 있는 때에는 그 금액은 제외된다고 하고 있으며,

- WTO 관세평가협약 부속서 3. 제7항에 구매자가 실제로 지급하였거나 지급할 가격은 수입물품의 판매조건으로 구매자가 판매자에게, 또는 구매자가 판매자의 의무를 충족할 수 있도록 제3자에게 실제로 지급하였거나 지급할 모든 금액을 포함한다고 규정하고 있다.

- WTO 관세평가협약 해설 5.1 확인수수료(평가상의 취급에 대한 결정)에서는 「확인수수료는 본질상 대금이 지급되지 아니할 위험에 대한 보험료 성격이 더 강하다. (....중략...) 따라서 검토되어야 할 사항은 확인수수료에 대한 비용이 수입물품에 실제로 지급하였거나 지급하여야 할 가격의 일부에 해당되는지 여부이다. 만약 수입물품의 지급에 대한 확인이 구매자의 거래은행으로부터 지급이 이루어지지 않는 위험으로부터 판매자를 보호하기 위한 것이기 때문에 이것이 판매자를 위한 것이라면 확인수수료가 수입물품의 판매조건으로 판매자에게 그리고 또는 제3자에게 지급하는 경우라면, 실제로 지급했거나 지급하여야 할 가격은 모든 확인수수료를 포함한다.」고 설명하고 있음

- 동 건은 판매자가 구매자로부터 물품대금의 지급을 보증받기 위하여 구매자에게 보증신용장 개설을 요청하였고, 구매자는 동 신용장의 개설에 따른 수수료를 지급하였는바, 동 수수료는 물품거래에 따른 수입물품의 판매조건으로 구매자가 지급한 비용으로 볼 수 있음

- 따라서 위와 같은 관련규정 및 내용을 종합해 볼 때 동 보증수수료는 판매자의 요청에 의해 지급되는 판매자의 채무이행 보증을 위해 지급되는 것으로 WTO협약 제5.1에 설명된 확인수수료와 같은 성격으로서 관세법 제30조 제2항 및 GATT신평가협약 부속서 3. 제7항 규정에 의거 실제로 지급하였거나 지급하여야 할 간접적인 지급금액에 포함되어 과세가격에 포함되어야 함

Topic 11. 2006년 제1회 관세평가협의회결정사항

[결정 06-01-01]

1. 질의내용

- 국내 구매자인 E사가 석유제품을 수입하면서 선적항에서 발생하는 검정수수료를 판매자와 구매자간 50:50으로 부담하고 있는 것이 확인되었음

- 판매자가 석유 중개상(Trader)인 경우 원공급자와 중개상간의 계약에서 검정수수료를 원공급자와 중개상이 50:50 비율로 부담하기로 하고, 중개상이 다시 구매자와 별도의 계약을 체결하면서 전체 선적항 검정수수료를 중개상과 구매자가 50:50비율로 부담하기로 함에 따라 실제로는 중개상은 전혀 검정수수료를 부담하지 않게 된 경우 구매자가 부담한 50%의 검정수수료가 관세법 제30조제2항상의 판매자를 위하여 구매자가 지급한 『간접지급금액』에 해당되는지 여부

2. 쟁점

구매자가 부담한 50%의 선적항 검정수수료가 판매자가 지불할 비용을 대신 지불한 『간접지급금액』에 해당되는지 여부

3. 결정

구매자가 지불한 선적항 검정수수료는 구매자의 이익을 위하여 구매자의 부담으로 행한 활동에 대한 비용이므로 과세가격에 포함되지 아니함

이유

- 관세평가협약 부속서 1【제1조에 대한 주해】에서 『2. 제8조(가산요소)에 조정하도록 규정된 사항 이외에 구매자가 자신의 부담으로 행한 활동은, 비록 판매자에게 이익이 되는 것으로 보여진다 할지라도 판매자에 대한 간접적인 지급으로 간주될 수 없다. 따라서 이러한 활동의 비용은 관세가격을 결정함에 있어 실제로 지급했거나 지급할 가격에 추가되지 아니한다.』라고 규정하고 있음

- 석유류 거래의 특성상 선적항에서의 검정결과에 따라 무역대금이 결정되는 등의 이유로 검정수수료를 구매자와 판매자가 동등하게 부담하는 것은 석유업계의 관행이며, 거래 당사자간의 계약서상에서도 양 당사자간 상호 합의하에 검정기관을 선정하고, 검정결과에 대하여 양 당사자를 구속한다고 명시하고 있는 사실로 보아 검정수수료가 거래당사자의 어느 일방의 이익만을 위한 비용으로 볼 수 없음

- 동 거래와 같이 원공급자와 최종 구매자사이에 중개상(다수의 중개상 개입도 가능)이 개입되는 경우에도 실제 거래는 최종 구매자가 선적항에서의 검정결과를 근거로 물품의 품질과 수량을 확인하고 거래대금이 결정되므로 선적항에서의 검정수수료가 전적으로 판매자만을 위한 비용으로 보기 어려움

- 따라서 동 거래에서 구매자가 부담한 검정수수료는 거래의 성립을 위하여 물품의 질과 양을 상호 합의에 의하여 독립된 검정기관에서 확인함으로써 거래대금 등을 결정하기 위한 것으로 구매자가 구매자의 이익을위해 자신의 부담으로 지급한 비용으로 볼 수 있으므로 과세대상에 포함되지 아니함

- 또한 구매자가 검정수수료를 해외공급자(판매자)에게 지급한 경우에도 구매자가 검정기관 섭외 등의 어려움으로 인하여 예외적으로 발생하는 것으로서 단순히 업무상의 편의를 위한 것이므로 검정수수료가 구매자의 이익을 위한 것이라면 과세대상에 포함되지 아니함

Topic 12 공제요소 핵심요약

1. 관련규정

- 관세법 제30조(과세가격 결정의 원칙) 제2항
- 관세법 시행령 제20조의2(간접지급금액 등) 제3항
- 예해 9.1(수입국내에서 발생한 활동에 대한 비용의 처리)
- 권고의견 3.1(협정 제1조에 대한 주해에서 "구분되는"의 의미 : 수입국의 관세 및 제세)
- 결정 3.1(수입물품의 과세가격에 포함된 이자비용의 처리)

2. 핵심문구

관세법 제30조 제2항

② 제1항 각 호 외의 부분 본문에서 "구매자가 실제로 지급하였거나 지급하여야 할 가격"이란 해당 수입물품의 대가로서 구매자가 지급하였거나 지급하여야 할 총금액을 말하며, 구매자가 해당 수입물품의 대가와 판매자의 채무를 상계(相計)하는 금액, 구매자가 판매자의 채무를 변제하는 금액, 그 밖의 간접적인 지급액을 포함한다. 다만, 구매자가 지급하였거나 지급하여야 할 총금액에서 다음 각 호의 어느 하나에 해당하는 금액을 명백히 구분할 수 있을 때에는 그 금액을 뺀 금액을 말한다.

1. <u>수입 후</u>에 하는 해당 수입물품의 **건**설, **설**치, **조**립, **정**비, 유지 또는 해당 수입물품에 관한 **기**술지원에 필요한 비용
2. <u>수입항에</u> 도착한 후 해당 수입물품을 운송하는 데에 필요한 **운**임·**보**험료와 그 밖에 운송과 관련되는 비용
3. 우리나라에서 해당 수입물품에 부과된 관세 등의 **세**금과 그 밖의 공과금
4. **연**불조건(延拂條件)의 수입인 경우에는 해당 수입물품에 대한 연불이자

관세법 시행령 제20조의2(간접지급금액 등)

③ 법 제30조제2항제4호에 따라 구매자가 지급하였거나 지급하여야 할 총금액에서 수입물품에 대한 연불이자를 빼는 경우는 해당 연불이자가 다음 각 호의 요건을 모두 갖춘 경우로 한다.

1. 연불이자가 수입물품의 대가로 실제로 지급하였거나 지급하여야 할 금액과 **구분**될 것
2. 금융계약이 **서면**으로 체결되었을 것
3. 해당 물품이 수입신고된 가격으로 판매되고, 그 이자율은 금융이 제공된 국가에서 당시 금융거래에 **통용**되는 수준의 이자율을 초과하지 않을 것

예해 9.1(수입국내에서 발생한 활동에 대한 비용의 처리)

3. 이러한 점에서 협정 제1조에 따른 과세가격을 결정함에 있어서, 수입 이후에 발생하는 활동의 비용이 실제로 지급하였거나 지급하여야 할 가격에 포함되어 있지 않은 경우, <u>제8조에서 특별히 규정하고 있지 않는 한 과세가격에 포함되지 않아야 한다.</u> 이는 판매자의 이익으로 간주될지 모르나 구매자가 구매자의 자신의 계산으로 수행한 활동의 비용을 포함한다.

4. 반대로, 이러한 비용이 수입물품에 대하여 실제로 지급하였거나 지급하여야 할 가격에 포함되어 있는 경우, <u>다음과 같이 규정하는 협정 제1조에 대한 주해의 관련 규정에 부합하지 않는 한, 이들 비용은 가격에서 공제되지 않아야 한다.</u>

6. "수입 후에 수행된"이란 문구는 수입국에서 수행된 활동을 포함하도록 신축적으로 해석되어야 한다. 이러한 관점에서, (a)호에서 포함하고 있는 활동에 대한 비용은 수입물품의 설치를 위한 부분으로서 수행되고 있는 한, <u>수입 이전에 발생하였다 할지라도 과세가격에서 마찬가지로 제외되어야 한다.</u> 이러한 사례로 콘크리트 기초에 설치될 기계류의 수입 이전에 수행되는 콘크리트 기초공사 부담금이 있다.

7. 운송과 관련한 구체적인 쟁점으로는, 제1조에 대한 주해 (b)호는 수입 후의 운송비용에 대해 언급하고 있지만, 이 표현은 수입 후 발생하는 부담금 및 비용이라는 표현에 수입 후 발생하는 적하비, 양하비 및 처리 비용을 포함하는 것과 관련되므로 주해의 전반적 취지에 부합한다. 수입 후 발생하는 보험료에도 동일한 근거가 적용된다.

❚ 권고의견 3.1(협정 제1조에 대한 주해에서 "구분되는"의 의미 : 수입국의 관세 및 제세)

2. 수입국의 관세 및 제세는 그 본질상 실제로 지급하였거나 지급하여야 할 가격에서 구분할 수(distinguishable) 있기 때문에 과세가격의 일부를 구성하지 않는다.

❚ 결정 3.1(수입물품의 과세가격에 포함된 이자비용의 처리)

수입물품의 구매와 관련하여 구매자에 의해 체결된 금융약정 하에서의 이자비용은, 다음과 같은 경우에는 과세가격의 일부로 간주되지 않는다.

(a) 이자비용이 물품에 대하여 실제로 지급하였거나 지급하여야 할 가격으로부터 구분되고

(b) 금융약정이 서면으로 체결되었으며,

(c) 필요한 경우, 구매자가 다음 사항을 입증할 수 있는 경우
 - 동 물품이 실제로 지급하였거나 지급하여야 할 가격으로서 신고된 가격으로 실제로 판매된다는 것과
 - 제시된 이자율이 금융이 제공된 국가 및 그 시점에 그러한 거래에서 통용되는 수준을 초과하지 않는다는 것

3. 공제요소의 요건

① 공제요소의 금액이 명백히 구분가능할 것

수입후에 행하여지는 설치용역비는 수입물품에 대한 실제지급금액에서 공제할 수는 있으나, 이 경우에는 왕복서신, 신용장, 계약서, Invoice, B/L 등 관련서류 모두에 동 비용이 명백히 구분되어야 한다(관세청 유권해석 평일22740-345, 1992.7.24.).

② 법정금액 이외의 공제 금지

수입후 국내발생된 비용이 실제지급금액에 포함되어 있고 명백히 구분가능하더라도 공제대상금액은 법정된 공제요소에 해당하는 비용에 한정됨

4. 수입 후 행하여지는 건설, 정비 등

- "수입 후 행하여진다(undertaken after importation)"
 - "수입"의 개념은 평가협약에 규정되어 있지 않아 각국 관세법에서 정하는 바에 따르며, 관세법상 수입의 개념으로 인해 보세구역 반입 후 수입신고수리가 이뤄질 때까지 발생하는 비용이 과세가격에 포함되는 모순이 발생.

- 따라서, WTO평가협약에서는 『수입후』의 개념을 『장소적인 개념』으로 보아 『수입후 행하여지는 행위(undertaken after importation)』의 의미를 『수입국에서 수행된 활동(activity carried out in the country of importation)』을 의미하도록 신축적으로 해석하도록 하고 있으며, 따라서 이러한 활동에 대한 비용은 비록 수입이전에 행하여졌어도 수입물품을 설치하기 위한 일부로 수행된 이상 과세대상에서 제외하여야 한다고 규정하고 있음.(WTO평가협약 예해 9.1 제5항 및 제6항)

- 공제 유형(해당 수입물품의 건설, 설치, 조립, 정비, 유지 또는 해당 수입물품에 관한 기술지원에 필요한 비용)
  - **수입후 국내 조립설치를 위한 감독원 파견비용**
    감독원의 파견 비용이 당해 물품의 수입 후에 수입자가 조립, 설치, 시운전, 성능 시험을 수행함에 있어 그 지도를 위하여 파견되는 비용이라면 관세법 제30조 제2항 제1호의 당해 물품의 수입 후의 기술 지원에 필요한 비용에 해당하여 과세가격에서 공제될 수 있는 것으로 판단되며, 다만, 이 경우 동 감독원이 실제로 국내에 입국하여 계약 내용에 따라 국내에서 지도 활동을 수행하는지 등에 관하여는 객관적인 입증 자료에 의하여 사실 판단할 사항임(관세평가분류원 유권해석 관세평가과-287, 2004.2.25.).

  - **수입후 기계설치비용 및 교육비** [1]
    머시닝 센터를 수입하면서 수입허가서에는 항목별로 구분표기 되지 않았으나 송품장 및 계약서에는 기계장비 값과 설치비, 교육비가 명백하게 구분되어 있는 경우, 당해 수입물품에 대한 교육비, 설치비가 비록 수입허가서에 구분되어 표시되지 않았더라도 동 항목이 송품장 등 계약서에 의하여 명백하게 구분되는 경우에는 동 금액은 당해 물품의 과세가격에서 공제됨(관세청 유권해석 평일47221-517, 1994.12.20).

  - **설치 후 테스트비용**
    ○○청 수요 외자품인 해상교통관제시스템(VTS)에 대하여 수입신고업무에 참고하고자 설치후 테스트비용의 과세여부 및 관련규정을 질의하였는 바, 수입 후 설치 등에 따른 부대비용이 실제로 지불했거나 지불하여야 할 가격으로부터 명확히 구분할 수 있는 경우, 과세가격에 포함되지 않음(관세청 유권해석 평환47221-424, 1997. 10.28).

---

[1] 교육비의 경우, 판매자가 당해 물품의 거래조건으로 기계, 장비 등에 대한 교육을 실시하는 경우에는 간접지급금액으로 과세가격에 포함될 수 있다.

5. 수입항 도착 후 운송관련비용

- **수입항 도착** : 수입물품이 수입항에 도착하여 본선하역준비가 완료된 시점과 장소를 의미
- **공제 유형** : 수입항 도착 후(본선하역준비 완료 후)에 발생하는 적하비, 양하비, 하역비, 창고료 및 내륙운송료, 통관절차비용 등
- **예시** : 문전배달형태(Door to door)의 운송과 C&F 지급조건으로 수입신고된 냉동쇠고기의 과세가격 결정에 따른 공제요소 해당여부 관련, 거래조건은 CFR 서울 창고도 조건으로 수입항도착이후의 운임이 포함된 거래조건이므로 동 운임에 대한 금액이 운송회사에서 발행한 운임명세서(예 선하증권 등)에 의하여 입증되는 경우, 동운임은 실제지급금액에서 구분되는 것으로 과세가격에 포함되지 아니함(평환47221-180호, 1997.6.4.)

6. 관세 등의 세금 기타 공과금

- **공제대상** : 우리나라(수입국)에서 당해 수입물품에 대하여 부과된 관세 등의 세금 기타 공과금
- **공제범위** : WCO는 수입제세가 그 특성상 실제 지급하였거나 지급할 금액으로 구분이 가능한 것이므로 송품장에 달리 구분되어 있지 않고, 수입자가 이를 공제해 줄 것으로 요구하지 않는 경우에도 세관당국이 과세가격의 일부를 구성하지 아니하는 것으로 조치할 것을 권고하고 있다.(WCO권고의견 3.1)

7. 연불이자 등

[관세청 유권해석]

Shippers' Usance 조건 수입 시 별도 지급하는 이자의 과세 여부(평가 47221-17, '98.3.20일)

- 질의
  - 당사는 최근 들어 신용장 개설시 수출상 유전스 조건으로 수입하면서 물품대금과는 별도로 일정액의 이자를 지급하고 있음
  - 이 경우 이자분이 과세대상이 되는지 여부

- 회신

  수출상 유전스 이자비용이 수입물품의 대가로 실제 지불되었거나 지불할 가격으로부터 구분되고, 이자지불협정이 서면으로 체결되고, 동 이자율이 해당국의 통상적인 이자율을 초과하지 않음을 구매자가 입증할 수 있다면 과세가격에 포함되지 않음

Topic 13. 2014년 제3회 관세평가협의회결정사항

[결정 14-03-01]

1. 거래 내용

(1) CIS 개요

(선사) 인천向 수입화물 CIS 시행 → (화주) 선사에게 지불
- 적용대상 화물 : 홍콩, PRD, 대만, 베트남, 태국, 말레이시아, 인도네시아, 싱가폴, 필리핀, 미얀마, 캄보디아, 라오스 → 인천
- 적용요율 : USD 50/TEU, USD 100/FEU, 도착지 징수

(2) CIS 발생원인

- "인천항"은 과거부터 수출 < 수입이 많았던 항구로 최근 환율 하락등의 이유로 콘테이너 불균형이 과거보다 더욱 심각
  ⇒ ① + ② + ③의 비용발생으로 선사는 화주에게 CIS 청구
  ① 터미널 보관료(Storage) 상승 : 터미널은 보통 선사와 계약 시 공 콘테이너 기본 수량에 대하여 기간을 정하여 프리(free) 데이를 주고 있음. 따라서 공 콘테이너가 기본 수량을 초과하는 경우 일단위로 보관료를 부과하기 때문에 원가상승의 원인으로 작용
  ② 공 콘테이너 이송량 증가 : 터미널에서 보관할 수 있는 콘테이너 수량은 한계가 있고 국내외의 다른 항구내 터미널, CY, DEPOT*에서 수출자에게 내어 줄 선사 보유 공 콘테이너 부족 등이 발생하면 이적 물량의 증가로 비용이 상승하게 됨
     * DEPOT : 내륙컨테이너기지(Inland Container Depot)
  ③ 임대 콘테이너 임대료 상승 : 선사들은 변동하는 해운시장 상황에 신속하게 대처하기 위해 자사 콘테이너(약 60%)와 임대사 콘테이너(약 40%)를 일정 비율로 보유·운영하고 있음. 인천항 임대사 콘테이너는 인천항 임대사 계약 CY에 한달에 반납할 수 있는 수량이 정해져 있으므로 수급불균형이 심각한 경우 추가 반납할 수 있는 방법이 없음. 반대로 다른 항구에서는 콘테이너를 임대해야하는 상황이 발생하여 임대사 콘테이너 수량이 증가하게 되고 특히 인천항의 경우에는 사용하지도 않는 공 콘테이너에 대해 임대료가 발생 증가

2. 쟁점 사항

CIS가 수입항(輸入港) 도착 이후의 운임으로서 과세되지 않는지 또는 수입항까지의 운임으로 과세되어야 하는지 여부

3. 결정 의견

> 요지
>
> CIS는 수입항(輸入港) 도착 이후의 운임으로서 과세되지 않는다.

> 이유

- 관세법 제30조에 따르면 구매자가 실제로 지급하였거나 지급하여야 할 가격에 "수입항(輸入港)까지"의 운임·보험료와 그 밖에 운송과 관련되는 비용을 가산하도록 되어있음
- 동법 시행령 제20조 제5항에서는 수입항까지의 비용이란 당해 수입물품이 수입항에 도착하여 본선하역준비가 완료될 때까지 수입자가 부담하는 비용을 말한다고 규정
- 인천向 화물에 대한 CIS(Container Imbalance Surcharge)부과 사유는 인천항의 물동량이 수출화물보다 수입화물의 물동량이 많아 콘테이너 불균형을 초래하여 국내 터미널 보관료(Storage) 상승, 공 콘테이너 이송량 증가, 임대 콘테이너 임대료 상승 등 국내 발생비용을 주 원인으로 하여 선사의 운영비용이 상승하였기 때문에 수입항 도착이후의 발생비용으로서 과세가격에 가산되지 않는 것임
- 유가할증료 등 운임 전체에 영향을 주는 비용과 쟁점비용은 동일하게 취급될 수 없고, 인천항에서만 과세된다는 사실은 하역 이후에 발생하는 비용을 증빙하는 것으로 "하역 이후 선사운영자금"으로 보아야 함

Topic 14 주요 유권해석

[조심 2015관0142]

- 수입물품의 과세가격 결정시 공제되는 "수입항 도착 후 국내운송 관련 비용"을 운임증명서에 기재된 금액이 아닌 실제 발생비용을 기초로 공제하여 과세한 이 건 처분의 당부 등

[결정요지]

수입물품의 대가인 실제 지급금액에서 공제하는 국내운송 관련 비용을 명백히 구분할 수 있는 경우에만 공제하고자 하는 취지는 허위의 비용을 신고함으로써 과세가격을 부당하게 감소시키는 행위를 방지하는데 있는 점, 운임증명서의 기재내용과 국내 운송회사가 실제로 지급받은 운임 등이 다르다면 실제 발생한 운임 등을 공제하는 것이 타당한 점, 운임증명서 기재금액은 통상적인 국내운송 비용과 차이가 있어 청구법인으로서도 과다계상의 가능성을 인지할 수 있었을 것으로 보이는 점 등에 비추어 실제 발생한 국내운송 비용을 기초로 공제금액을 산정하여 관련 가산세를 가산하고 관세를 과세한 처분은 잘못이 없음

이유

1. 처분개요

가. 청구법인은 축산물을 수입하여 유통하는 사업자로, ○○까지 축산물(이하 "쟁점물품"이라 한다)을 수입신고번호 ○○으로 수입신고하면서 국내운임 등 과세가격에서 공제되는 금액을 총 ○○원으로 신고하고, 이를 수리받았다.

나. 처분청(○○세관장, ○○「관세청과 그 소속기관 직제」개정 전 ○○세관장)은 ○○까지 청구법인에 대하여 관세조사(범칙조사)를 실시하고, 실제 발생한 국내운송 관련 비용이 ○○원임에도 청구법인이 공제금액을 과다하게 신고한 것으로 보아, ○○원 및 가산세 ○○원 합계 ○○원을 경정·고지하였다.

다. 청구법인은 이에 불복하여 ○○ 심판청구를 제기하였다.

2. 청구법인 주장 및 처분청 의견

(1) 청구법인 주장

가. 과세가격에서 공제되는 금액은 수입물품의 대가와 명백히 구분할 수 있는 때에 공제할 수 있는 것으로, 청구법인은 운송계약의 주체인 수출국 운송회사가 발행한 운임증명서(Shipping Company Certificate)에 기재된 국내운임(Inland Haulage Charge) 및 터미널사용료(Terminal Handling Charge)에 해당하는 금액을 관세의 과세가격에서 공제·신고하였으므로 이는 정당하고, 처분청은 국내 운송회사에서 확인한 금액을 기초로 공제금액을 재산정하였다고 하나, 이 금액에는 과세가격 공제요소인 도착지 부두사용료(Wharfage), 서류작성료(Documentation Charge), 컨테이너 청소비용 등이 포함되어 있지 않으므로 이에 대하여 추가로 조사하여 공제받을 수 있도록 하여야 한다.

처분청은 경정·고지에 관한 산출근거를 제시하지 아니하고 경정·고지금액 내역만을 통지한 잘못이 있으며, 국내 수입 축산물 유통회사는 대부분 청구법인과 같은 방법으로 수입계약을 체결하여 국내운송 비용을 공제하고 있으므로 청구법인에게만 과세처분한 것은「국세기본법」제18조 제1항 및「관세법」제5조 제1항에서 규정하고 있는 과세 형평의 원리에 반하여 부당하다.

나. 청구법인은 수출국 운송회사가 발행한 운임증명서에 근거해서 공제금액을 신고하였고, 운송계약 및 그 비용의 지급 주체가 아니어서, 국내 운송회사가 수출국 운송회사로부터 실제 지급받은 금액을 확인해서 신고하는 것까지 기대하는 것은 무리이므로 이 건 가산세 부과처분은 부당하다.

(2) 처분청 의견

가. 수입항 도착 후 국내 운송 관련 비용은 수입물품의 대가인 실제지급금액에서 명백히 구분할 수 있는 경우에 한하여 공제할 수 있고, 이 경우 공제비용은 실질과세원칙에 따라 실제로 발생된 비용을 공제하여야 하는바, 국내 운송회사가 수출국 운송회사로부터 실제로 지급받은 금액을 공제금액으로 산정하여 과세한 이 건 처분은 정당하고, 국내 운송회사의 확인금액에는 서류작성료, 컨테이너 청소비용 등이 누락되었다는 청구주장은 구체적인 입증이 없으므로 받아들일 수 없다.

처분청은 청구법인에게 경정·고지하면서 경정사유, 경정 전·후의 과세가격, 세목별 경정세액 등이 기재된 경정통지서와 세목, 세액, 납부장소 등이 기재된 납세고지서를 교부하였으므로 이 건 처분은 잘못이 없고, 처분청은 관련 법령에 따라 청구법인의 관세포탈 혐의를 조사하는 과정에서 신고납부한 세액에 부족이 있다는 사실을 확인하여 과세한 것이므로 과세 형평의 원리에 반한다는 주장도 받아들이기 어렵다.

나. 신고납부제도하에서 납세의무자는 세법에 따라 성실히 신고하여야 할 의무를 부담하는바, 청구법인이 직접 국내운송하는 경우를 감안하면 운임증명서에 기재된 금액이 과다하게 계상된 것임을 충분히 알 수 있었음에도 불구하고 그에 관하여 확인하지 않고 운임증명서 기재금액을 그대로 공제금액으로 신고한 데에는 청구법인에게 잘못이 있다고 할 것이므로 이 건 가산세 부과처분은 정당하다.

3. 심리 및 판단

(1) 쟁점

① 수입물품의 과세가격결정시 공제되는 "수입항 도착 후 국내운송 관련 비용"을 운임증명서에 기재된 금액이 아닌 실제 발생비용을 기초로 공제하여 과세한 이 건 처분의 당부

② 청구법인은 실제 발생비용을 확인할 수 없으므로 이 건 가산세부과처분은 부당하다는 청구주장의 당부

(2) 사실관계 및 판단

가. 경정통지서, 범칙조사 수사보고서, 심판청구 이유서 및 처분청의 답변서 등의 이 건 심리자료를 종합하면 다음의 사실이 나타난다.

① 청구법인은 수출자의 공개경쟁입찰에서 쟁점물품을 낙찰받아 청구법인의 보세창고에서 인도받는 조건으로 계약하여 이를 수입하고, 물품대가, 수입항까지의 운송비용 및 수입항 도착 후 국내 운송비용 등이 포함된 금액을 수출자에게 지급한다.

② 수출자는 쟁점물품을 계약상 인도장소까지 운송하기 위하여 수출국에 소재하는 운송회사와 운송계약을 체결하고, 수출국 운송회사는 수입항 도착 후 운송용역을 국내 운송회사에게 위탁하며, 국내 운송회사는 운송을 이행한 후 수출국 운송회사로부터 국내 운송 비용을 지급받는다.

③ 수출국 운송회사는 쟁점물품에 대한 선하증권을 발행한 후, 수출운임, 국내운임, 유류할증료 등을 구분·기재한 운임증명서를 발행하는데, 청구법인은 ○○까지 수입신고하

면서 운임증명서에 기재되어 있는 국내운임 및 수입항 터미널수수료에 해당하는 OO원을 과세가격에서 공제하여 신고하였다.

④ 처분청은 청구법인에 대한 범칙조사 과정에서 쟁점물품을 실제로 국내 운송한 회사를 조사하여 국내 운송회사가 수출국 운송회사로부터 실제로 지급받은 국내 운송 관련 비용은 총 OO원임을 확인한 후, OO 청구법인에게 국내 운송관련 비용이 과다하게 공제되어 부족세액을 경정한다는 내용을 통지하였는데, 수입신고번호별로 경정통지서 및 납부고지서에는 경정 전·후의 과세표준, 세목별 부족세액 등이 기재되어 있다.

나. 이상의 사실관계 및 관련 법령 등을 종합하여 살피건대, 먼저 쟁점 ①의 경우,「관세법」제30조 제1항 및 제2항에서 수입물품의 대가인 실제지급금액에서 공제하는 국내운송 관련 비용은 명백히 구분할 수 있을 때에 한하여 그 금액을 뺄 수 있도록 규정하고 있고, 이와 같이 명백히 구분할 수 있는 경우에만 공제하고자 하는 취지는 허위의 비용을 신고함으로써 과세가격을 부당하게 감소시키는 행위를 방지하는데 있는 점, 운임증명서의 기재내용과 국내 운송회사가 실제로 지급받은 운임 등이 다르다면 실제 발생한 운임 등을 공제하는 것이 타당한 점, 경정통지서 및 납부고지서에는 국내 운송 관련 비용이 과다하게 공제되어 부족세액을 경정한다는 처분내용이 기재되어 있고, 국내의 다른 업체에 대한 과세처분이 없다는 사실만으로 과세형평에 반하는 것으로 보기 어려운 점 등에 비추어 실제 발생한 국내운송 비용을 기초로 공제금액을 산정하여 과세한 이 건 처분은 잘못이 없는 것으로 판단된다.

다음으로 쟁점 ②의 경우, 세법상 가산세는 과세권의 행사 및 조세채권의 실현을 용이하게 하기 위한 행정상의 제재로서 그 의무의 이행을 납세의무자에게 기대하는 것이 무리인 경우 등 그 의무해태를 탓할 수 없는 정당한 사유가 있는 경우에는 이를 부과할 수 없으나, 납세의무자의 과실은 고려되지 아니하고 법령의 부지나 오인은 그 정당한 사유에 해당한다고 볼 수 없는 것인바, 운임증명서 기재금액은 통상적인 국내운송 비용과 차이가 있어 청구법인으로서도 과다계상의 가능성을 인지할 수 있었을 것으로 보이는 점, 청구법인이 운송계약의 직접적 당사자는 아닌 측면이 있기는 하나 국내 운송회사 또는 수출국 운송회사를 통하여 실제 발생비용을 확인할 수 있었을 것으로 보이는 점 등에 비추어 청구법인에게 납세의무의 해태를 탓할 수 없는 정당한 사유가 있다고 보기 어려우므로 처분청이 가산세를 부과한 처분 또한 잘못이 없는 것으로 판단된다.

4. 결론

이 건 심판청구는 심리결과 청구주장이 이유 없으므로「관세법」제131조,「국세기본법」제81조 및 제65조 제1항 제2호에 의하여 주문과 같이 결정한다.

Topic 15 공제요소 관련 일본평가사례

1. 관세가 포함된 송품장가격

일본정률법 사례

- 수입자 I는 판매자 S의 국내지사이며 판매자 대리인으로서 판매자 제품의 국내판매를 담당하고 있다.
- 이번 국내의 구매자 B와 판매자 S사이에 구매자의 공장인도가격 200만엔에 판매자의 제품 1만톤을 거래하는 수입계약이 성립되고, 수입물품은 판매자로부터 수입자(판매자의 대리인)앞으로 선적되고 수입자가 수입신고하여 통관 후에 구매자의 공장에서 인도하도록 되어있다. 판매자로부터 수입자로의 송품장가격은 구매자와의 계약가격(구매자의 공장인도가격 200만엔)이므로 이 송품장가격에는 수입물품의 수입국에서의 관세, 수입항 도착 이후의 운송비용 및 수입자의 판매수수료가 포함되어 있고 각각의 금액은 명백히 구분되어 있지 않다.
- 이 경우 수입물품의 과세가격은 어떻게 계산하는가?

수입물품의 송품장가격은 구매자 B가 판매자 S의 대리인인 수입자 I에게 지급하는 총액(구매자의 공장인도가격 200만엔)으로 해당 송품장가격에 포함되어 있는 관세 및 수입항 도착 후의 운송비용금액 등은 명백히 구분되어 있지 않지만, 해당 수입물품에 부과되는 관세는 해당물품의 관세율에 기초하여 그 금액을 명백히 구분 할 수가 있다.

예를들면, 해당 물품의 관세율이 25%이라면 구입가격 200만엔을 (1+0.25)로 나눈 후의 160만엔이 수입물품의 과세가격이 된다.

2. Terminal Handling Charge가 포함된 송품장가격

> 일본정률법 사례

- 구매자 B는 판매자 S로부터 목재를 수입하고 있다.
- 이번 판매자로부터 송부된 송품장에는 "Terminal Handling Charge"가 기재되어 있다. 구매자가 제출한 자료에 의하면 "Terminal Handling Charge"는 컨테이너 수송 시 양륙항에서 외국무역선으로부터 컨테이너 야드까지의 컨테이너 이동에 관련된 비용이다.
- 이 경우 "Terminal Handling Charge"는 수입물품의 과세가격에 산입되는가?

송품장에 기재된 "Terminal Handling Charge"는 수입항 도착 이후에 발생한 운임 등이 구매자 B로부터 제출된 자료에 의해 명백히 구분되므로, 실제지급가격에 포함되지 않는다.

따라서 송품장가격에서 "Terminal Handling Charge"를 공제하고 수입물품의 과세가격을 계산한다.

"Terminal Handling Charge"는 THC로 약칭하여 기재되기도 한다.

Topic 16 주요 판례

[대법원, 2004두11305, 2006. 1. 27.]

하자보증 및 유지 관련 판례 [대법원, 2004두11305, 2006. 1. 27.]

판시사항

[1] 수입물품의 과세가격 결정에 있어 관세법 제30조 제2항 단서 제1호, 관세법 시행령 제20조 제6항 제2호에서 정한 '하자보증' 및 '유지'의 의미

[2] 수입물품에 대한 기술지원 서비스의 대가로 지급한 금액이 수입물품의 관세 과세가격에서 제외되어야 한다고 한 사례

판결요지

[1] 관세법 제30조 제1항, 제2항 단서 제1호, 관세법 시행령 제20조 제6항 제2호의 각 규정을 종합하여 보면, 수입물품의 과세가격은 우리나라에 수출하기 위하여 판매되는 물품에 대하여 '구매자가 실제로 지급하였거나 지급하여야 할 가격'으로 하되, 여기에는 구매자가 당해 수입물품의 거래조건으로 별도로 지급한 하자보증비가 포함되는 반면, '수입 후에 행하여지는 당해 수입물품의 건설·설치·조립·정비·유지 또는 당해 수입물품에 관한 기술지원에 필요한 비용'은 이를 명백히 구분할 수 있는 때에는 거래가격에서 공제하도록 규정되어 있는바, 여기에서 말하는 '하자보증'이란 수입물품에 대한 하자 등에 대하여 그 물품의 종류나 성질에 따라 상거래관행상 통상적으로 요구되는 '일정기간' 동안 수출자의 책임으로 보상하는 것을 의미하고, 하자보증비는 그것이 당해 수입물품의 거래조건으로 지급된 경우에만 과세가격에 포함되며, '유지'의 개념에는 하자보증기간이 경과한 이후 그 내구연한 동안 당해 수입물품이 구매목적에 부합하는 기능을 수행할 수 있도록 보장하기 위하여 수시로 이루어지는 수리가 포함된다.

[2] 수입물품에 대한 기술지원 서비스의 대가로 지급한 금액이 관세법 제30조 제2항 단서 제1호 등에 정한 '수입 후에 행하여지는 당해 수입물품의 정비·유지 또는 당해 수입물품에 관한 기술지원에 필요한 비용'에 해당하므로 당해 수입물품의 관세 과세가격에서 제외되어야 한다고 한 사례

이유

상고이유를 본다.

1. 상고이유 제1점, 제3점, 제4점에 대하여

관세법 제30조 제1항, 제2항 단서 제1호, 관세법 시행령 제20조 제6항 제2호의 각 규정을 종합하여 보면, 수입물품의 과세가격은 우리나라에 수출하기 위하여 판매되는 물품에 대하여 '구매자가 실제로 지급하였거나 지급하여야 할 가격'으로 하되, 여기에는 구매자가 당해 수입물품의 거래조건으로 별도로 지급한 하자보증비가 포함되는 반면, '수입 후에 행하여지는 당해 수입물품의 건설·설치·조립·정비·유지 또는 당해 수입물품에 관한 기술지원에 필요한 비용'은 이를 명백히 구분할 수 있는 때에는 거래가격에서 공제하도록 규정되어 있는바, 여기에서 말하는 '하자보증'이란 수입물품에 대한 하자 등에 대하여 그 물품의 종류나 성질에 따라 상거래관행상 통상적으로 요구되는 '일정기간' 동안 수출자의 책임으로 보상하는 것을 의미하고, 하자보증비는 그것이 당해 수입물품의 거래조건으로 지급된 경우에만 과세가격에 포함되며, '유지'의 개념에는 하자보증기간이 경과한 이후 그 내구연한 동안 당해 수입물품이 구매목적에 부합하는 기능을 수행할 수 있도록 보장하기 위하여 수시로 이루어지는 수리가 포함된다고 할 것이다.

원심판결 이유와 기록에 의하면, 이 사건 수입물품의 판매자인 미국의 시스코 시스템즈(CISCO SYSTEMS INC., 이하 '시스코'라 한다)가 이 사건 수입물품에 대하여 무상으로 제공하는 하자보증 서비스의 기간은 통상 90일인 데 비해, 이 사건 기술지원 서비스는 시스코가 제공하는 유지정비보수 서비스의 일종인 시스템 통합 기술지원(SIS 98)의 일부분으로서 이 사건 수입물품의 존속기간 동안 유상으로 제공되는 것이고, 원고 회사가 시스코로부터 구입하는 모든 제품에 대하여 당연히 제공되는 것이 아니라 원고 회사가 이 사건 기술지원 서비스를 제공받을 것인지 여부를 선택할 수 있으며, 이 사건 수입물품의 수리나 교체에 그치지 않고 소프트웨어의 업그레이드, 이 사건 수입물품의 정비, 유지 및 기술지원 등을 그 내용으로 하고 있고, 또한 원고 회사가 최종사용자에게 제품을 판매하면서 시스코가 직접 최종 사용자에게 유지정비 기술지원을 하여 주는 SMARTnet 기술지원방식을 최종 사용자가 이용하는 것으로 하여 제품을 판매하는 경우 원고 회사의 최종사용자에 대한 유지정비보수의 책임은 면책되나 하자보증은 그 책임을 지도록 되어 있음을 알 수 있는바, 그렇다면 비록 이 사건 기술지원 서비스에서 제공되는 하드웨어 지원인 이른바 '선교체 후수리 서비스(Advanced Replacement)'가 하자보증기간 범위 내에서는 하자보증적인 성질을 갖는다고 하더라도, 단순한 수리, 교체 외에 소프트웨어 지원, 기술 지원이나 하자보증기간이 경과한 후에 행하여지는 하드웨어 지원 등을 내용으로 하는 이 사건 기술지원 서비스를 '하자보증'에 해당한다고 볼 수는 없고, 이는 관세법 제30조 제2항 단서 제1호 또는 구 관세법(2000. 12. 29. 법률 제6305호로 전문 개정되기 전의 것) 제9조의3 제2항 단서 제1호에 정하여진 '수입 후에 행하여지는 당해 수입물품의 정비·유지 또는 당해 수입물품에 관한 기술지원'에 해당하며, 그 대가로 이 사건 기술지원 서비스계약에 따라 제품수입가격에 대하여 일정 비율로 계산하여 원고 회사가 시스코에게 지급한 돈은 '수입 후에 행하여지는 당해 수입물품의 정비·유지 또는 당해 수입물품에 관한 기술지원에 필요한 비용'에 해당하는 금액으로서 이를 제품가격에서 명백히 구분할 수 있으므로, 이 부분 금액은 수입물품의 관세 과세가격에서 제외되어야 한다고 할 것이다.

원심이 그 판결에서 이 사건 기술지원 서비스의 하드웨어 지원은 이른바 선교체 후수리 서비스로서 하자보증이라기보다는 '고객의 사용편의를 위한 한 단계 진전된 지원서비스'라고 판단한 것은 다소 적절치 않다고 할 것이나, 이 사건 기술지원 서비스가 '수입 후에 행하여지는 당해 수입물품의 정비·유지 또는 당해 수입물품에 관한 기술지원'에 해당한다고 판단한 원심의 조치는 결과적으로 정당한 것으로 수긍이 가고, 거기에 상고이유로 주장하는 바와 같은 심리미진, 채증법칙 위배로 인한 사실오인이나 관세법 소정의 과세가격에 관한 법리오해, 엄격해석의 원칙을 위반하여 판결 결과에 영향을 미친 위법이 없다.

2. 상고이유 제2점에 대하여

원심판결 이유에 의하면, 원심은 이 사건 기술지원 서비스가 관세법 제30조 제2항 단서 제1호 소정의 '수입 후에 행하여지는 당해 수입물품의 정비, 유지 또는 당해 수입물품에 관한 기술지원'에 해당한다고 판단하였는바, 위와 같은 원심의 판단에는 이 사건 기술지원 서비스가 '수입 후에 행하여지는' 것이 아니므로 관세법 제30조 제2항 단서 제1호에 의하여 공제될 수 있는 비용이 아니라는 피고의 주장을 배척하는 취지의 판단이 포함되어 있다고 할 것이고, 그 부분에 대한 판단누락이 있다고 할 수 없다. 이 부분 상고이유의 주장은 이유가 없다.

3. 결론

그러므로 상고를 기각하고, 상고비용은 패소자가 부담하도록 하여 관여 법관의 일치된 의견으로 주문과 같이 판결한다.

대법관 김영란(재판장) 이규홍(주심) 김황식

Topic 17 주요 판례

[대법원, 93누17881, 1993. 12. 7.]

하자보증비, 간접지급 관련 판례 [대법원, 93누17881, 1993. 12. 7.]

판시사항

구매자가 디스트리뷰터(Distributor) 방식에 따라 판매자가 수행할 용역을 자신이 하는 대신 통상의 판매가격보다 할인된 가격으로 수입한 경우 할인금액이 관세의 과세가격에 포함된다고 본 사례

판결요지

구매자가 디스트리뷰터(Distributor) 방식에 따라 판매자가 수행할 용역을 자신이 하는 대신 통상의 판매가격보다 할인된 가격으로 수입한 경우 할인금액이 관세의 과세가격에 포함된다고 본 사례

이유

상고이유 제1점 및 제2점을 함께 판단한다.

원심판결 이유에 의하면 원심은, 원고가 미합중국 소재 소외 제네럴모터스오버시즈디스트리뷰션코포레이션사(이하 소외 회사라 한다)로부터 자동차를 수입하여 이를 우리나라에서 독점판매하되, 국내에서의 판매효율성을 높이기 위한 모든 용역 즉 (1) 판매할 자동차의 전시 및 그 전시장 건물의 설치, 판매망의 구축, 광고 및 판촉계획의 수립등에 관한 사항 (2) 고객에 판매한 자동차에 대한 보증, 유지, 수리 등 판매 후의 유지관리 및 이를 위하여 필요한 시설의 설치 등에 관한 사항 등을 원고가 수행하고, 그에 필요한 비용 역시 원고가 이를 부담하기로 하는 이른 바 디스트리뷰터(Distributor)방식에 의하는 대신에 소외 회사가 판매대리상을 두고 위 (1), (2)와 같은 용역을 부담하고 판매대리상에 대하여는 판매에 따른 일정비율의 이익만을 보장하여 주는 통상의 판매방식인 딜러(Dealer)방식보다 원고에게 불리하였던 관계로

이를 감안하여 통상의 판매가격 보다 5% 할인된 금액으로 자동차를 판매하기로 약정하고 이 사건 자동차를 위 할인된 가격에 수입한 사실을 인정한 다음, 원고는 소외 회사가 부담하여야 할 위 의무 등을 자신의 비용으로 대신 부담하여 이 사건 자동차에 대한 가격의 일부를 간접적으로 지급한 것으로서 그 가치가 수입물품의 정상적인 거래가격의 5%인 것으로 평가한 셈이 되어 위 할인된 금액상당은 원고가 소외 회사에게 이 사건 자동차의 대가로 간접적으로 지급한 금액이라는 이유로 위 할인된 금액이 과세가격에 포함됨을 전제로 한 이 사건 과세처분이 적법하다고 판단하였는바, 기록과 관세법 제9조의3 제1항,구 같은법시행령 제3조 (1988.12.31. 개정전의 것), 관세와무역에 관한 일반협정(GATT, 조약 제243호) 제7조, GATT제7조의 시행에 관한협약(조약 제729호) 등 관계법령 및 조약의 규정들에 비추어 검토하여 볼 때 원심의 위와 같은 사실인정과 이에 따른 판단은 수긍이 되고 거기에 지적하는 바와 같은 위 GATT 및 그 제7조의시행에관한협약 등에 관한 법리오해의 위법이나 심리미진으로 인한 사실오인의 위법이 있다고 할 수 없다.

논지는 모두 이유 없다.

그러므로 상고를 기각하고 상고비용은 패소자의 부담으로 하기로 하여 관여 법관의 일치된 의견으로 주문과 같이 판결한다.

대법관 정귀호(재판장) 배만운 김주한(주심) 김석수

Topic 18 주요 판례

[대법원, 2007두6267, 2007. 6. 14.]

포페이팅비용 관련 판례 [대법원, 2007두6267, 2007. 6. 14.]

판시사항

[1] 수입물품에 대한 관세의 과세가격의 산정 기준이 되는 수입물품의 실제지급가격에 포함되는 지급액의 범위
[2] 관세법 시행령 제20조 제6항 제4호의 규정 취지 및 구매자의 요청에 따라 판매자가 대금지급기한을 연장해 주는 과정에서 발생한 추가적인 금융비용이 위 조항에서 말하는 '금융비용'에 해당하여 관세의 과세가격에 포함되는지 여부(소극)
[3] 이른바 포페이팅(forfeiting) 비용이 관세의 과세가격에 포함되지 않는다고 한 사례

판결요지

[1] 관세법 제30조 제1항, 제2항을 종합하여 보면, 일반적으로 수입물품에 대한 관세의 과세가격은 우리나라에 수출하기 위하여 판매되는 물품에 대하여 당해 수입물품의 대가로서 구매자가 실제로 지급하였거나 지급하여야 할 가격이고, 당해 수입물품의 대가로 볼 수 있는 간접적인 지급액 등은 위와 같은 실제지급가격에 포함되지만, 이러한 대가관계 등을 인정할 수 없는 각종 비용 중 명백히 구분할 수 있는 금액은 애당초 실제지급가격에 포함될 수 없다.
[2] '기타 일반적으로 판매자가 부담하는 금융비용 등을 구매자가 지급하는 경우 그 지급금액'을 관세법 제30조 제2항에 정한 실제지급가격에 포함되는 '간접적인 지급액'에 해당하는 것으로 규정한 관세법 시행령 제20조 제6항 제4호는 판매자의 이익을 위하여 금융서비스가 이루어졌기 때문에 일반적으로 판매자가 부담해야 하는 금융비용을 구매자와의 특약에 의하여 구매자에게 전가한 경우 간접적인 지급액에 해당한다는 취지일 뿐이고, 이와는 달리 해당 물품을 수입하는 구매자의 요청에 따라서 판매자가 그 대금지급기한 등을 연장해 주는 과정에서 추가적인 금융비용이 발생한 경우 이러한 비용은 성질상 해당 수입물품

의 대가나 거래의 조건에 해당한다고 보기 어렵기 때문에, 수입 관련 서류 등에 의하여 위와 같은 추가적인 금융비용을 해당 수입물품의 대가 등과 명백하게 구분할 수 있는 경우 이를 실제지급가격에 포함시킬 수는 없다.

[3] 원유 판매업자가 수입자인 구매자의 요청에 따라 대금지급기한을 연장해 주기 위하여 수출환어음을 해외 금융기관으로부터 무소구 조건으로 할인받는 포페이팅(forfeiting) 거래를 하게 된 경우, 판매자가 해외 금융기관에게 지급한 추가적 금융비용인 포페이팅비용이 관세의 과세가격에 포함되지 않는다고 한 사례

이유

상고이유를 본다.

1. 관세법 제30조 제1항, 제2항(2000. 12. 29. 법률 제6305호로 개정되기 전의 구 관세법 제9조의3 제1항, 제2항)을 종합하여 보면, 일반적으로 수입물품에 대한 관세의 과세가격은 우리나라에 수출하기 위하여 판매되는 물품에 대하여 당해 수입물품의 대가로서 구매자가 실제로 지급하였거나 지급하여야 할 가격(이하 '실제지급가격')이고, 당해 수입물품의 대가로 볼 수 있는 간접적인 지급액 등은 실제지급가격에 포함되지만, 이러한 대가관계 등을 인정할 수 없는 각종 비용 중 명백히 구분할 수 있는 금액은 애당초 실제지급가격에 포함될 수 없는 것이다. 한편, '기타 일반적으로 판매자가 부담하는 금융비용 등을 구매자가 지급하는 경우 그 지급금액'을 위와 같은 실제지급가격에 포함되는 '간접적인 지급액'에 해당하는 것으로 규정한 관세법 시행령 제20조 제6항 제4호는 판매자의 이익을 위하여 금융서비스가 이루어졌기 때문에 일반적으로 판매자가 부담해야 하는 금융비용을 구매자와 사이의 특약에 의하여 구매자에게 전가한 경우 간접적인 지급액에 해당한다는 취지일 뿐이고, 이와는 달리 해당 물품을 수입하는 구매자의 요청에 따라서 판매자가 그 대금지급기한 등을 연장해 주는 과정에서 추가적인 금융비용이 발생한 경우 이러한 비용은 성질상 해당 수입물품의 대가나 거래의 조건에 해당한다고 보기 어렵기 때문에, 수입 관련서류 등에 의하여 위와 같은 추가적인 금융비용을 해당 수입물품의 대가 등과 명백하게 구분할 수 있는 경우 이를 실제지급가격에 포함시킬 수는 없다고 하겠다.

2. 원심판결 이유에 의하면 원심은, 이 사건 판매자는 이 사건 원유를 구매자에게 수출하기 위하여 원공급자로부터 이를 매수하는 과정에서 수입자인 구매자의 요청에 따라서 그 대금지급기한을 연장해 주기 위하여 수출환어음을 해외 금융기관으로부터 무소구 조건(상환청구불능 조건)으로 할인받는 포페이팅(forfeiting) 거래를 하게 되었고, 이러한 경위로

판매자가 해외 금융기관에게 지급하게 된 추가적인 금융비용인 포페이팅 비용을 구매자가 부담하게 된 것이며, 이 포페이팅 비용은 판매자가 구매자에게 교부한 거래제안서 등 관련 수입서류에 의하여 해당 수입물품인 원유의 거래가격과 명백하게 구분되며, 따라서 포페이팅 비용은 과세가격에서 제외되어야 한다고 판단하였다.

위 법리와 기록에 비추어 살펴보면, 원심의 위와 같은 판단은 정당한 것으로 수긍할 수 있고, 위 포페이팅 비용은 관세법 제30조 제2항(위의 구 관세법 제9조의3 제2항) 본문 소정의 실제지급가격에 포함된다고 볼 수 없으므로, 원심판결에는 상고이유에서 주장하는 바와 같은 채증법칙 위배로 인한 사실오인이나 관세법 소정의 과세가격 결정에 관한 법리오해 등 판결 결과에 영향을 미친 위법이 있다고 할 수 없다.

3. 그러므로 상고를 기각하고, 상고비용은 패소자가 부담하기로 하여 관여 대법관의 일치된 의견으로 주문과 같이 판결한다.

대법관 전수안(재판장) 고현철 양승태(주심) 김지형

Topic 19 할인 관련 핵심요약

1. 관련규정

- 권고의견 5.1~5.3(협정에 따른 현금할인의 처리)
- 권고의견 15.1(수량할인의 처리)
- 권고의견 2.1(동종·동질 물품에 대한 일반적인 시장가격보다 낮은 가격의 인정 여부)
- 예해 3.1(덤핑 가격으로 판매된 물품)
- 사례연구 12.1(제조원가 이하로 수출 판매된 물품에 대한 평가협정 제1조의 적용)

2. 핵심문구

권고의견 5.1~5.3(협정에 따른 현금할인의 처리)

평가협정 제1조에 따른 거래가격은 수입물품에 대하여 실제로 지급한 가격이기 때문에 <u>현금할인(cash discount)은 거래가격 결정시 허용된다.</u>

현금할인(cash discount)을 이용할 수 있음에도 불구하고 평가시점에 지급이 아직 이루어지지 않았기 때문에 이용되지 않았다는 사실이 협정 제1조 제1항(b)의 규정이 적용된다는 것을 의미하는 것은 아니다. 그러므로 협정에 따라 거래가격을 결정할 때 판매가격을 사용하는 것을 배제할 이유가 전혀 없다.

권고의견 15.1(수량할인의 처리)

소급적으로 인정된 추가적인 할인은 평가대상인 단위가격 결정의 원인이 된 것이 아니라 종전 수입한 단위와 관련된 것이므로 두 번째 수입분에 대하여는 허용되지 않아야 한다.

권고의견 2.1(동종·동질 물품에 대한 일반적인 시장가격보다 낮은 가격의 인정 여부)

가격이 동종·동질 물품의 <u>일반적인 시장가격보다 낮다는 단순한 사실이 해당 가격을 제1조의 목적상 부인하는 이유가 되지 않아야 한다고 결론</u>

예해 3.1(덤핑 가격으로 판매된 물품)

2. 평가협정에 대한 일반서설에 따르면, 회원국들은 "평가 절차가 덤핑방지를 위해 사용되어서는 아니됨"을 인정하고 있다. 따라서 어떠한 종류의 덤핑이 의심되거나 입증되는 경우, 이를 저지하기 위한 적절한 절차는 적용 가능하다면 수입국에서 유효한 덤핑방지규정에 의한다. 따라서 다음과 같은 사항은 쟁점이 될 수 없다.
   (a) 제1조 제1항에서 정하고 있는 조건 중 하나가 충족되지 않는 경우를 제외하고는, 덤핑물품을 평가하기 위한 기초로서 거래가격을 부인하는 경우
   (b) 거래가격에 덤핑 마진을 고려한 금액을 가산하는 경우

사례연구 12.1(제조원가 이하로 수출 판매된 물품에 대한 평가협정 제1조의 적용)

8. 권고의견 2.1은 가격이 동종·동질물품의 일반적인 시장가격보다 낮다는 단순한 사실이 제1조에 따른 거래가격을 부인하는 충분한 근거가 되지 않는다고 결론 내린다. 마찬가지로 이 사례에서 가격이 판매자의 생산비용보다 낮고 판매자에게 이익이 남지 않는다는 단순한 사실이 거래가격을 부인할 충분한 근거는 되지 않는다.

권고의견 23.1("반짝 세일"에서 구매한 수입물품의 평가)

2. 협정에 따라 수입물품의 과세가격은 "상업적 관행과 일치하는 단순하고 공평한 기준을 기초로 하여야 한다." 반짝 세일은 잠재적인 구매자를 끌어들이기 위해 단기간 동안 매우 할인된 가격으로 제공되는 판촉판매이다. 반짝 세일은 전통적인 시장 또는 전자상거래(e-commerce)를 통해 이루어 질 수 있다.

협정은 관세평가를 위한 유일한 국제적인 법체계이다. 그 규정들은 전통적인 시장과 전자상거래를 통해 구매된 수입물품 모두에 대하여 적용되어야 한다. 협정 제1조에 따라 거래가격의 기초는 수입물품에 대하여 실제로 지급하였거나 지급하여야 할 가격이라는 점을 감안할 때, 반짝 세일 중에 구입한 수입물품에 대한 할인된 가격은 과세가격의 기초로 수용될 수 있다.

Topic 20 가격조정약관

1. 관련규정

- 관세법 시행규칙 제3조(잠정가격신고 대상물품 등) 제3항
- 예해 4.1(가격 조정 약관)

2. 핵심문구

관세법 시행규칙 제3조(잠정가격신고 대상물품 등) 제3항

③ 영 제16조제1항제3호에서 "기획재정부령으로 정하는 경우"란 다음 각 호의 어느 하나에 해당하는 경우를 말한다.

1. 법 제33조에 따라 과세가격을 결정하기 위한 이윤 및 일반경비 산출 등에 오랜 시간이 소요되는 경우
2. 설계·시공 일괄입찰 방식으로 계약된 플랜트 등 물품의 최초 발주시기보다 상당 기간이 지나 인도가 완료되는 경우
3. 수입 후에 수입물품의 가격이 확정되는 경우로서 다음 각 목의 요건을 모두 충족하는 경우
   가. 수입 이전에 거래 당사자간의 계약에 따라 최종 거래가격 산출**공**식이 확정되어 있을 것
   나. 최종 거래가격은 수입 후 발생하는 **사실**에 따라 확정될 것
   다. 수입 후 발생하는 사실은 거래 당사자가 통제할 수 없는 **변수**에 기초할 것

예해 4.1(가격 조정 약관)

비록 항상 수입시점에 지급하여야 할 가격을 결정할 수 없을지라도, 가격조정약관 그 자체로 이 협정 제1조에 따른 평가를 배제해서는 아니 된다.

Topic 21 2019년 제1회 관세평가협의회결정사항

[결정 19-01-01]

1. 사실 관계

관계사

- A사 : 일본 소재의 K사와 1회용 의료용품인 a, b, c 등에 대한 DISTRIBUTION AGREEMENT 계약을 체결한 구매자(이하 '신청인' 또는 '구매자'라 함)
- K사 : 1회용 의료용품인 a, b, c 등을 제조·수출판매하는 자(이하 'K사' 또는 '판매자'라 함)

거래 개요

- 신청인은 의료용품 제조·판매업체인 K사와 계약을 체결(2010.4.1)한 후 a, b*, c 등 1회용 의료용품을 구매하면서, 유상물품 구매에 따라 무상물품을 추가로 제공 받으며 유상물품의 금액만을 실제 지급함

  * 수입 의료용품 중 b1, b2, b3, b4를 의미

상세 계약 내용

- 양 당사자는 2010년 4월 1일자로 1회용 의료용품의 공급에 대한 DISTRIBUTION AGREEMENT를 체결한 후 매년 개정하여 현재에 이르고 있음

2. 질의내용

- 구매자가 판매자와의 계약에 따라 연간 구매목표를 달성하는 경우에 추가로 제공받기로 한 계약 FOC 물품(이하 '쟁점물품'이라 함)의 과세가격 결정방법

3. 쟁점

- 본 건의 쟁점사항은 계약서에 해당 COM(Commercial, 유상) 물품 구매시 일반 FOC(무상) 물품을 추가로 제공하고 다시 연간 구매목표를 달성하면 계약 FOC(무상) 물품을 추가

로 제공하기로 함. 즉 일정 수량의 유상물품 주문 및 구매에 대해 무상물품을 추가로 제공하는 것이며, 해당 무상물품의 수량은 계약서에서 미리 정하고 있음
- 그러나 실제 개별거래(주문)에서는 해당 COM(유상) 물품 주문시 동시에 쟁점물품을 주문하면, 판매자는 해당 COM(유상) 물품과 FOC 물품을 구분하여 1. Commercial Products에 해당 COM 물품의 수량과 개별가격을 기재하고, 2. Sample Products에 FOC 물품의 수량과 개별가격을 기재한 금액의 송품장을 보내면서 해당 COM(유상) 물품에 대한 금액만을 청구하면, 신청인은 판매자에게 해당 COM(유상) 물품(수량)에 해당하는 가격만을 실제지급하는 등 해당 COM(유상) 물품과 FOC 물품이 단일거래라는 외관을 보이고 있음
- 수입신고시에 구매자는 판매자에게 송금한 해당 COM(유상) 물품(수량)에 해당하는 실제지급가격만을 신고하지 아니하고 해당 COM(유상) 물품과 FOC 물품을 수입신고서 1란과 2란에 각 분리기재하고 총 수량에 개별가격을 적용한 금액을 과세가격으로 신고함
- 따라서, 본 건은 '쟁점물품을 해당 COM(유상) 물품과 별도로 거래되는 무상물품의 제공으로 보아 제2방법 이하로 평가할 것인지 또는 해당 COM(유상) 물품과 단일한 거래로 공급된 물품으로서 해당 COM(유상) 물품 판매계약의 일부로 보아 실제지급금액을 인정할 것인지' 여부임

4. 결정

> **요지**
>
> 구매자가 판매자와 계약에 따라 연간 구매목표 달성을 조건으로 제공받기로 한 계약 FOC 물품(쟁점물품)은 연간 구매목표 달성이라는 조건이 성취되면 무상으로 제공되는 것으로서 해당 유상물품과 단일한 거래로 수출판매되는 물품으로 볼 수 없으므로 관세법 제31조 이하의 방법으로 과세가격을 결정한다.

> **이유**
>
> - 관세법 제30조 제1항에 따라 우리나라에 수출하기 위하여 판매된 물품의 과세가격은 해당 물품에 대하여 구매자가 실제로 지급하였거나 지급하여야 할 가격(이하 '실제지급가격')을 기초로 결정되지만,

- 무상으로 수입하는 물품 등 우리나라에 수출하기 위하여 판매되는 물품에 해당하지 않는 경우에는 관세법 제30조 제1항에 따라 실제지급가격으로 과세가격을 결정할 수 없고, 같은 법 제31조 이하에 규정된 방법을 순차적으로 적용하여 과세가격을 결정하여야 함

- 우리나라에 수출하기 위하여 판매된 물품(유상물품)과 무상물품이 함께 제시되는 경우에 동 무상물품의 평가에 대한 구체적인 규정은 없으나,
  - 협정 일반 서설의 '상업적 관행과 일치하는 단순하고 공평한 기준을 기초로 하여야 한다'는 점을 고려하면 해당 무상물품이 함께 제시되는 유상물품과 단일한 수출판매 거래를 구성하는 것으로 볼 수 있는지 여부에 따라 판단할 사안임
  - WCO 관세평가 교육훈련모듈에서도 '수입자가 "하나의 가격으로 두쌍을 제공"하는 형태로 3,000쌍을 30,000c.u에 실제 받을 것이라는 문서가 있는 경우, … 이 제안의 조건이 소급적용이 아닌 원래 판매계약의 일부라면 거래 관행상 단일한 거래에 해당'되는 것으로 해석하고 있음(연습문제 15.5)
  - 즉, 해당 무상물품이 유상물품과 단일한 수출판매 거래를 구성한다면 동 수출판매 거래에 대해 실제지급가격을 기초로 과세가격을 결정할 수 있을 것이나, 그렇지 않다면 무상물품을 별도로 평가하여야 함

- 본 건의 당사자간 공급계약서에는 ①제품별 개별가격과 ②해당 COM(유상) 물품 구매시 유상물품에 따라 일반 FOC 물품의 추가 제공, 그리고 ③연간 구매목표 달성시 쟁점물품의 추가 제공을 명시하고 있음
  - 그러나 동 계약서에는 구체적인 구매의사 및 확정가격과 확정수량이 존재하지 않아 이 계약만으로는 수입물품의 개별 주문에 대한 확정적 의사표시로 볼 수 없으며, 신청인의 개별 주문(PO 발행)에 따라 비로소 각각의 거래가 독립적으로 확정되는 것이라 할 수 있으므로 각 주문별로 단일한 수출판매 거래를 구성하는지 판단하여야 함

- 본 건의 쟁점물품은 실무적으로 해당 COM(유상) 물품과 함께 한 번에 주문되고 하나의 송품장에 작성되는 등 하나의 거래로 운영되어 해당 COM(유상) 물품과 단일한 거래로 주문 및 구매한 것처럼 외관상 보이지만,
  - 개별 주문별로 해당 COM(유상) 물품 구매시 일정 비율로 반드시 제공하기로 한 일반 FOC 물품과 달리, 쟁점물품에 대해서는 판매자가 구매자에게 연간 구매목표 달성 이전에 미리 제공하여야 할 의무가 없음
  - 구매자가 연간 구매목표를 달성하지 못한 경우, 회기 중 당사자간 계약 변경을 통하여

반드시 제공하기로 한 일반 FOC 물품의 수량을 제공하지 않음으로써 회수하여야 할 쟁점물품의 수량과 일반 FOC 물품의 수량을 상쇄하고 있는 점으로 미루어 볼 때, 쟁점물품의 회수와 일반 FOC 물품의 상쇄는 선택적 사항으로서 계약 변경의 효과는 과거 수입된 물품의 가격에도 반영되어 쟁점물품의 거래에 소급적으로 영향을 미치고 있는 것으로 보임
  - 오히려 당사자간 다음과 같은 사정들, 즉 ①쟁점물품을 실제 구매수량과도 상관없이 연간 구매목표 달성에 따라 추가 제공할 것으로 예상되는 수량을 안분하여 매 주문별로 제공한 점, ②판매자가 발행한 송품장에 유상물품(Commercial Products)과 FOC 물품(Sample Products)을 구분하여 가격을 별도로 기재한 점, ③판매자에게 유상물품의 구매대가만을 지급한 점, ④신고인이 쟁점물품을 무상물품으로 별도로 평가하여 수입신고 하고 있는 점 등을 볼 때, 본 건 쟁점물품은 연간 구매목표 달성에 따라 제공되는 무상물품을 업무상 효율성을 위해 미리 제공하는 호의적 거래행위라고 보아야 함

- 또한, 구매자가 제출한 수량별 가격산출방법에 따르면 제품의 개별가격은 1개 구매할 경우, 일반 FOC 물품이 포함될 경우, 계약 FOC 물품이 포함될 경우 그리고 연간 실제지급금액의 개별가격 등 경우에 따라 모두 상이하게 산출되는데,
  - 이는 당초의 계약서에 일반 FOC 물품과 쟁점물품의 제공에 따른 할인된 개별가격이 확정되어 있지 않음을 반증하는 것으로, 해당 COM(유상) 물품의 구매, 일반 FOC 물품과 쟁점물품의 추가 제공 이후 결과론적으로 가격할인의 효과가 있음을 보여주기 위해 산출한 것에 불과함

- 본 건 쟁점물품의 제공이 수량할인에 해당하는지 여부에 대하여 살펴보면, 수량할인은 정해진 기준연도 동안 구매된 수량에 따라 판매자가 고객에게 물품가격에서 공제하기로 허용한 금액으로 판매자가 판매된 물품의 수량에 기초한 고정 가격표에 따라 자신의 물품가격을 책정한다는 사실이 입증되는 경우에만 인정되는 것으로, (WCO 권고의견 15.1)
  - 본 건 쟁점물품에 대한 계약방식인 연간 구매목표를 달성할 경우 추가로 물품을 제공하는 방식(수량의 증가에 따른 수량의 추가 제공)은 일반적 수량할인 조건 즉, 수량의 증가에 따른 가격할인과 상이하고, (WCO 권고의견 15.1)
  - 연간 구매목표 달성을 전제로 초과 제공한 쟁점물품을 회수하기 위해서 계약서에 명시된 일반 FOC 물품을 제공하지 않는 것은 이미 지급된 쟁점물품에 대하여 소급하여 감액하는 것과 같은 효과가 있는 것으로, '가격할인 또는 가격조정은 물품 수입 전에 합의되어야 하고, 모든 조건은 수입 전에 충족되어야 한다'는 기준에도 부합하지 않음

- 결론적으로, 본건 쟁점물품은 수량할인에 해당하지 않고 연간 구매목표 달성이라는 조건이 성취되면 무상으로 제공되는 것으로서 해당 유상물품과 단일한 거래로 수출판매되는 물품으로 볼 수 없으므로 관세법 제31조 이하의 방법으로 과세가격을 결정함이 타당

Topic 22 2018년 제3회 관세평가협의회결정사항

[결정 18-03-03]

1. 사실 관계

○○○회원 구매가격

- ○○○은 유료회원제를 운영하면서 수출국 내 무료배송 외에 각종 컨텐츠를 이용할 수 있는 등의 혜택을 기본으로 제공하고 있으며, 연중 특정일에 유료회원만을 대상으로 특별할인행사를 진행하고 있음

- 유료회원제에 가입 후 일정기간 무료체험기간 이후에는 회원비를 지불해야 하며, 무료체험기간 내에 해지 시 회원비 지불없이 해지가 가능함

- (질의내용) ○○○회원에게만 제공되는 특별할인행사의 구매가격을 기초로 과세가격을 결정할 수 있는지 여부

외국 □□□□ 온라인 회원 구매가격

- □□□□은 연회비를 지불한 회원만 입장 및 구입이 가능하도록 하는 회원제로 운영하면서 고품질의 제품을 일반 도소매점보다 저렴한 최저가격으로 제공하는 것을 목표로 하고 있음

- □□□□회원가입은 회원비를 납부하면 공통적으로 전세계 오프라인 매장 이용 및 가입국의 온라인몰 쇼핑이 가능함

- (질의내용) 유료회원제 가입자만 구입이 가능한 외국 □□□□온라인쇼핑몰 구매가격 인정여부

온라인 쇼핑몰과 신용카드사 제휴이벤트 할인가격

- 온라인 쇼핑몰과 신용카드사는 제휴 계약서에 의해 대상품목, 할인율, 할인 정산 분담률 등의 사항을 정하고 구매자에게 추가 적립금 제공, 할인 혜택(즉시할인, Cashback 등) 등의 제휴마케팅을 제공하여 고객을 유치하고 있으며, 제휴업체 간의 마케팅 필요도에 따

른 협상에 의해 계약상의 할인 정산 분담률이 달라짐

- (질의내용) 온라인 쇼핑몰이 신용카드사와 공동으로 이벤트를 하여 $219.99의 물품을 해당카드로 구매 시 10%의 할인 혜택을 제공하고 실제 온라인 쇼핑몰의 인보이스도 $199.99로 발행되었을 때 과세가격은 어느 금액으로 하여야 하는지

2. 쟁점사항

- 해외직접구매 시 ○○○회원에게만 제공되는 특별할인행사의 구매가격과 유료회원제 가입자만 구입이 가능한 외국 □□□□온라인쇼핑몰 구매가격 인정여부
- 온라인쇼핑몰과 신용카드사가 공동으로 이벤트를 하여 각자 분담금을 부담하고 구매자에게 할인 혜택을 제공한 경우 과세가격 결정방법

3. 결정

○○○회원과 외국 □□□□온라인 회원 구매가격의 인정여부

요지

유료회원제는 전자상거래업체 및 소매판매점이 일반적으로 사용하는 '통상적인 상업관행'에 해당하므로 구매자가 지급하는 가격을 기초로 과세가격을 결정할 수 있다.

이유

- 회원제는 ○○○등 전자상거래 업체가 일반적으로 사용하는 마케팅 정책의 하나로 '통상적인 사업 관행(usual business practices)'에 해당함
- ○○○회원제는 누구나 가입하여 할인된 물품을 구입할 수 있도록 구매기회를 제공하고 있으며, 무료체험 기간 중에는 회원비를 지불하지 않고도 할인된 금액으로 구입할 수 있으므로, 이 회원제 가입은 '금액으로 계산할 수 없는 조건이나 사정'에 해당하지 않으며,
- 월 회원비 납부로 1개월간 수출국에서 2일 내 내륙운송 무료의 혜택이 있다하더라도 회원비는 구매자가 명백히 '운송비'로 지급한 것이 아니라 '○○○회원 가입' 명목으로 지급하였고 동 가입비를 납부하면 가입기간 동안 횟수제한 없이 수출국에서 2일내 무료운송의 혜택이 주어지는 점을 고려할 때 과세가격 가산요소인 '운임 등'으로 보기 어려우며, 동

혜택은 ○○○회원에게 주어지는 포괄적인 혜택의 하나로 판단됨

- 또한 □□□□회원에 가입하는 주요이유는 전세계 오프라인 매장을 이용하기 위한 것이며, 온라인몰의 상품구입은 부수적으로 주어지는 혜택이므로 유료회원가입을 온라인몰의 상품구입을 위한 것으로 보고 그 금액을 전액 가산하는 것은 타당하지 않음

- 따라서 유료회원제는 해당업계에서 일반화된 상관행으로 볼 수 있으므로, 그 혜택의 하나로 제공된 할인가격에 대해서도 거래가격을 인정하여 구매자가 실제로 지불한 금액을 기초로 과세가격을 결정할 수 있음

온라인 쇼핑몰과 신용카드사 제휴이벤트 할인가격 인정여부

요지

판매자가 신용카드사의 공동이벤트를 하여 할인된 가격을 제시하였다면 그 거래가격을 실제 지급가격으로 하여 과세가격을 결정할 수 있음

이유

- 제휴 이벤트 할인은 구매자와 관계없는 판매자와 신용카드사 간의 마케팅 정책에 의한 것으로, 해당 할인 금액은 판매자와 신용카드사 간에 지급·영수되는 카드수수료와 마케팅 비용 등이 서로 상계되어 주어진 것으로 볼 수 있음

- 수입물품의 판매자가 할인 후 가격으로 영수증을 발행하였다면, 해당 할인을 판매자가 제공하지 않았다는 사실이 명백하게 확인되거나, 수입물품의 대가로서 직접 또는 간접으로 지급되었다는 사실 등이 객관적인 자료에 의해 밝혀지는 경우 등을 제외하고, 상업서류(영수증)의 금액을 인정하여 영수증 가격을 기초로 과세가격을 결정하는 것이 타당함

Topic 23

2013년 제1회 관세평가협의회결정사항

[결정 13-01-01]

1. 사실관계

거래개요

① 수입자는 전자상거래업체(www.bluefly.com, 이하 "블루플라이")가 발행한 바우처(액면가 $150)를 소셜커머스업체를 통하여 $75에 구매

② 수입자는 동 바우처를 이용*하여 블루플라이에서 물품을 구매
   * 바우처를 $75에 구매했으나 블루플라이에서는 $150로 사용할 수 있고 $150을 초과하는 $64.25만 카드로 결제

③ 물품발송 및 수입신고*
   * 실제 송품장은 할인여부에 대한 언급이 없이 정가(定價)($214.25)가 기재

④ 소셜커머스업체는 바우처 판매금액 중 수수료를 제외한 나머지 금액을 블루플라이에게 지급

바우처 성격

- 이벤트 기간에만 한정적으로 판매
- 블루플라이에서만 사용이 가능하고 유효기간이 경과되는 경우는 사용이 불가능
- 1회만 사용할 수 있고 잔액을 남길 수 없으므로 구매자 입장에서는 $150 이상의 물품을 구매해야 이익 극대화 가능

2. 쟁점

당해 바우처를 사용하는 구매자에게 사실상 50% 할인을 제공하는 경우, 이러한 할인을 관세평가상 인정할 수 있는지 여부

3. 결정내용

소셜커머스업체를 통한 거래는 이미 전 세계에서 행해지고 있는 새로운 거래형태이고 당해 바우처를 통한 거래가 관세법 제30조제3항에서 규정한 배제요건에 해당하지 않는다면 관세법

제1항에 따라 거래가격을 기초로 과세가격 결정

> 이유

- 당해 바우처는 비록 일부 사용상 제한이 있지만 공개적으로 판매함에 따라 일반 구매자에게 구매기회를 제공하였고,
    - '쿠팡'과 같은 소셜커머스업체를 통한 거래가 비록 판매자의 시장진입을 위한 특별할인에 해당하더라도, 이러한 거래형태는 국제적으로 이미 일반화된 상거래로 볼 수 있는바,
- 관세법 제30조제3항 각 호에서 규정하는 배제요건에 해당하지 않는다면 관세법 제30조제1항에 따라 구매자가 실제로 지급한 금액을 기초하여 과세가격을 산정하는 것이 타당함

2011년 제1회 관세평가협의회결정사항

[결정 11-01-02]

1. 거래내용

- 국내○○사는 2009.1.1. 발효된 가격조정약관에 따라 해외 본사로부터 이전가격 조정금액으로 ○천만유로를 2010.○월에 수령하고, 동 금액을 2009년도 수입신고분 과세가격에서 안분 공제하여 관세 등 70억원 상당의 환급경정청구
  - 가격조정약관의 내용 : 예상하지 못한 환율의 변동 또는 판매 예측수량과 실제 판매수량의 차이로 인하여 적정이윤을 확보하지 못한 경우 수입된 각각의 물품별 단위가격과 판매량을 사후에 조정할 수 있다.

- 동사는 2008년도 수입신고분에 대해서도 2009.1월 서명된 가격조정약관에 따른 보상금 ○ 천만유로를 과세가격에서 안분 공제하여 약 210억원 상당을 환급경정청구하였으나 세관이 기각하자 이에 불복하여 심판청구하였으나 조세심판원에서도 기각 결정
  - 청구법인의 가격조정약관은 2009.1.1. 수입신고수리 이후에 작성되었고, 그 내용도 최종적인 과세가격을 정할 수 있는 최소한의 기준도 정한 바 없이 예상하지 못한 환율의 변동 등으로 적정이윤을 확보하지 못한 경우 사후에 조정할 수 있다는 막연한 문구로 되어 있으며, 청구법인의 경우는 관세법시행령 제16조의 잠정가격신고를 할 수 있는 4가지 경우에도 해당하지 않으므로 청구법인의 조정금액은 관세법 제30조 과세가격결정의 원칙인 실제로 지급하였거나 지급할 금액과는 관련이 없다고 판단된다.(조심 2010관0100 ; 2010.11.23.)

- 동 청구내용에 대하여 2011.3월 ○○본부세관 평가협의회에서는 결정결과가 관련기업 및 세관에 파급효과가 큰 민감한 사안이라, 본청에 질의하기로 결정하였고, 본청에서는 우리 원에 의견 조회

2. 쟁점사항

동 가격조정약관을 WCO 예해 4.1에서 규정한 유효한 가격조정약관으로 인정할 수 있는지 여부

- 갑론 : 유효한 가격조정약관으로 인정할 수 없다.
- 을론 : 국제조세조정에관한법률상의 이전가격방법에 의한 조정가격을 관세의 과세가격으로 인정할 수 있다.

3. 결정 내용

갑론 : 유효한 가격조정약관으로 인정할 수 없다.

이유

- WCO예해 4.1(가격조정약관이 있는 경우의 평가) 제5호에서 언급하는 "수입물품의 대가로 실제로 지급할 가격은 계약상 구체화된 데이터에 기초하여 결정되어져야 하기 때문에 본 예해에서 언급하고 있는 형태의 가격조정약관은 가격을 결정할 수 없는 조건 또는 사정에 해당된다고 간주되어서는 아니된다."는 내용은
  - 가격조정약관은 최소 계약상 구체화된 데이터에 기초하여 결정되어야 하며
  - 이러한 가격조정약관은 예시한 특정한 형태의 거래에서 나타난다는 것을 설명하는 것임

- 본건의 "예상하지 못한 환율의 변동 또는 판매 예측수량과 실제 판매수량의 차이로 인하여 적정이윤을 확보하지 못한 경우 수입된 각각의 물품별 단위가격과 판매량을 사후에 조정할 수 있다"는 계약내용은
  - 환율이 얼마만큼 변동할 때 개별 수입물품의 가격은 얼마나 변동되는지, 또는 판매수량이 얼마만큼 차이가 날 때 가격은 얼마만큼 조정되는지에 대한 구체적인 내용이 전혀 없으므로, 가격조정약관은 최소 계약상 구체화된 데이터에 기초하여 결정되어야 한다는 예해 4.1의 내용에 부합되지 아니할 뿐만 아니라, 조세심판원에서도 이미 동 계약내용에 대하여 "최종 과세가격을 결정할 수 있는 최소한의 기준도 정하지 않은 막연한 문구의 가격조정약관은 인정할 수 없다"는 취지의 결정을 하였고(조심2010관0100, 2010.11.23)
  - 동 계약내용의 '환율의 변동 또는 판매 예측수량과 실제 판매수량의 차이로 인하여 적정이윤을 확보하지 못한 경우'는 WCO 예해 4.1에서 언급하고 있는 가격조정이 나타

날 수 있는 어떠한 경우에도 해당하지 아니하고
- 가격조정약관은 잠정적으로 결정된 개별 수입물품의 가격을 미리 정해진 가격결정변수에 따라 최종적으로 결정하기 위한 규정이므로, 본건과 같이 일정기간 여러건의 수입물품의 판매결과인 이익을 조정하기 위한 본건 계약내용은 관세평가상 가격조정약관이라고 볼 수 없음

- 또한 관세청 및 재정부(관세청 평가분류 47221-7345호, '01.12.14 및 기획재정부 관협 7040-310, 2001.12.29)는 동사가 가격조정의 근거로 삼고 있는 "국제조세조정에관한법률"은 내국세의 부과를 목적으로 하고 있어, 관세의 부과를 목적으로 하는 관세평가규정에 의한 과세가격과 목적 및 산출방법이 상이하므로 국조법에 의하여 관세의 부과는 영향을 받지 아니한다고 회신하였는데
  - 국조법에 의한 이전가격의 조정은 법인세를 조정하는 차원에서 이루어지는 자본거래에 해당하는 반면, WTO협정 및 관세법은 물품가격에 대한 규정이므로 자본의 조정과는 사실상 관계가 없다는 취지이고, 이러한 부분에 대하여 WTO 등 국제회의에서 합의된 사실도 없음

- 따라서 구체적인 데이터에 근거하여 최종 과세가격 결정을 연결시킬 수 없는 동사의 가격조정약관은 인정할 수 없으며, 동 가격조정약관에 의하여 판매자로부터 수령한 조정금액을 과세가격에서 공제할 수 없음

Topic 25 할인 관련 일본평가사례

1. 선적지연에 의한 배상금을 상계한 송품장가격

일본정률법 사례

- 구매자 B는 화학품 제조자로서 지난 번 공장시설의 증설에 따라 판매자 S로부터 화학품 제조기계를 $10,000에 수입하기로 하고, 증설공장의 조업개시 시기관계로 선적기한을 금년 3월말로 하는 계약을 체결하였다. 선적이 기한보다 지연되었을 때에는 구매자 공장에서의 조업이익 손실분에 대응하는 배상금을 지급하도록 되어있다.
- 그런데 수입기계의 제조 형편상 판매자로부터 선적이 2개월 지연되어 5월말에 이루어졌다 수입물품이 도착되고 송품장이 송부되었지만 선적지연에 따른 배상금 $2,000이 물품대금에서 공제되어 공제된 후의 가격이 $8,000이 송품장가격으로 되어있다.
- 이 경우 공제 후의 송품장가격에 따라 수입물품의과세가격을 결정할 수 있는가?

수입물품의 선적지연에 의한 구매자 공장의 조업이익 상실분에 대응하는 배상금은 수입물품의 대금의 지급과는 별도로 판매자 S가 구매자 B에게 지급하여야 할 채무이고, 그 채무를 수입물품 가격의 일부와 상계하여 송품장가격으로 한것이므로 실제지급가격은 송품장가격에 배상금과 상계된 금액을 포함한 금액이 된다.

따라서 송품장가격에 배상금 상당액을 포함한 금액에 따라 수입물품의 과세가격을 계산한다.

2. 이미 수입된 물품에 적용된 수량할인 금액이 공제된 송품장가격

일본정률법 사례

- 구매자 B는 판매자 S와 전기부품을 수입하기로 계약을 체결하였다. 이 계약에는 거래수량이 1만개를 초과할 때부터 수량할인이 있다. 즉 거래수량이 1만개까지는 단가 $10이지만, 1만개를 초과하면 단가는 $9이다.
- 얼마 전 1차 전기부품 6천개를 수입하였다. 단가는 $10에 총 $60,000을 지급하였다. 이번에 2차로 6천개를 수입하기로 하였고 판매자로부터 송부된 송품장 가격은 "전기부품 6천개, 단가 $8, 가격 $48,000"로 기재되어 있다. 이것은 이번 수입에서 거래수량이 1만개를 초과하였기 때문에 단가는 $9가 되었지만, 1차 수입분 6천개에 대해서도 수량할인이 적용되어 해당 할인액 $6,000(1개당 $1)이 2차 수입가격에서 공제되었기 때문이다.
- 이러한 경우 수입물품(2차 수입분 6천개)의 과세가격을 송품장가격($48,000)에 근거하여 계산하여도 되는가?

하나의 수입계약에서 일정 기간내에 일정 수량이상의 물품을 구입하기로 하고, 해당 수입거래에 해당하는 물품이 수입된 경우에 해당 물품에 대한 수입신고시 확정된 수량할인이 있고 해당 할인 후의 가격이 실제 지급되었을 경우에는 해당 가격에 근거하여 과세가격을 결정하도록 되어 있다.

본 사례의 경우 수입신고시 단가 $8로 할인된 송품장을 제출하였지만 해당 할인은 이전거래(1차 수입된 전기부품 6천개)와 관련된 할인을 소급 계산하여 $8이 된 것이다.

따라서 이번에 수입신고된 2차분의 전기부품 6천개에 대한 실제지급가격은 거래수량이 1만개를 초과한 경우에 주어지는 할인 후 가격인 $9이며, 송품장에 기재된 $8로 과세가격을 결정 할 수 없다.

실제지급가격 PART 연습문제

01 수입자가 원유정제 플랜트를 수입하고 제출한 가격신고서에 따르면 수입자가 수출자에게 지급한 총금액에는 과세가격 결정시에 공제될 수 있는 이자비용이 포함되어 있다고 한다. 동 이자비용은 수출자가 당해 플랜트 구성 설비를 제작하기 위하여 우리나라 은행에서 빌린 융자금의 이자 상당액인 바, 송품장에는 당해 물품의 대가 외에 각 비용의 금액과 내용이 상세히 구분되어 있고 계약서 등 입증자료가 첨부되어 있다. 이 경우 이른 바 제1방법으로 이 수입물품의 과세가격을 결정에 관하여 설명하시오.

> **모범답안**
>
> 이자비용은 수출자가 당해 수입물품을 제작하는데 소요된 비용, 즉 수입물품 생산원가의 일부이므로, 과세가격 결정 시 공제대상인 연불지급에 따라 구매자가 부담하는 이자비용과는 구별된다.

02 국내의 S 인쇄문화사는 J국의 K 인쇄기 제작회사와 옵세트 제작기 1기를 ￥750만에 16년 1월까지 공급할 것을 계약하고 작업장소 및 기술자 확보 등 영업채비를 완료하였으나 동기일 까지 선적이 이루어지지 않으므로 손해배상을 청구 하였으나 수출자는 선적지연에 따른 손해배상 대신 물품가격과 상계할 것을 제의하여 ￥750만을 ￥500만으로 인하하여 16년 4월 B/L을 정정 후 수입신고를 하였다. 본 건 수입에 대한 과세가격을 산출하시오.

> **모범답안**
>
> 수입물품의 과세가격은 수입물품의 대가로 실제 지급한 금액을 기초로 하여야 하며 실제지급가격에는 구매자가 판매자에게 직접 지급한 금액뿐만 아니라 판매자가 구매자 또는 제3자에게 진 채무 등을 차감하거나 변제하는 등의 간접지급비도 포함되어야 한다. 따라서 구매자가 판매자의 채무를 상계한 ￥250만을 간접지급액으로 보아 과세해야 한다.

03 수입자 A는 디지털카메라 및 휴대폰 관련 반도체설계와 시스템 개발 사업을 목적으로 설립한 국내 팹리스(Fabless ; 설계전문) 기업으로, 휴대폰과 PDA 등에 사용하는 카메라 영상처리용 주문형 반도체를 구매하기 위해 해외 주변기기용 반도체를 전문적으로 위탁받아 생산 판매하는 파운드리(Foundry) 업체와 계약을 체결하고 위탁생산한 반도체, 부품을 수입한다.

(1) 수입자 A는 실수요자가 요청한 Needs에 맞도록 Platform을 개발하고, 개발한 Platform을 바탕으로 제품을 직접 설계해 저전력 반도체 설계와 작은 Chip Size 등의 반도체를 설계에서부터 납품에 이르기까지 전반적으로 담당하며 해외의 파운드리 업체에 자사가 개발한 설계를 지원하고 생산한 Wafer, IC를 수입하고 있음

(2) 수출자(파운드리) B는 수입자 A로부터 생산 의뢰 시 제공한 특수 반도체 설계를 바탕으로 중국에 있는 마스크 제작 전문 업체에 의뢰해 마스크를 생산하게 하고 이를 이용해 주문받은 반도체, 부품을 생산해 수입자 A에게 공급함

(3) 수입자 A는 해외 수출자 B사로부터 반도체 Wafer 등을 수입하면서 신고한 Wafer 물품대금 외에 수출자로부터 별도의 송품장을 청구받아, 마스크(Photo Mask) 제작에 들어간 비용, Design Service Charge(Back/End) 등을 물품대금과 별도로 지급하고 '경상연구개발비' 항목으로 처리함

이 경우 수입자 A가 수입하는 반도체의 과세가격에 대하여 설명하시오.

모범답안

1. 별도 지급한 마스크제작비용의 과세 여부 : 수입자 A가 당해 수입물품 구매를 위해 수출자 B에게 결제한 물품대금 외에 별도로 송금한 '경상연구개발비'는 반도체 생산을 위한 핵심공정 중 필요한 마스크(Photo Mask) 제작비, Design Service Charge(Back/End)로서 사실상 수입물품 제조원가를 구성하는 항목이며, 관세평가상 구매자가 판매자에게 실제로 지급했거나 지급해야 할 가격에 포함하는 간접지급금액에 해당하는 것으로 판단함

2. 특수반도체 설계비용의 과세 여부 : 한편 수입물품 생산을 위해 지원한 설계도는 관세법시행령 제18조(무료 또는 인하된 가격으로 공급하는 물품 및 용역의 범위)에 규정하고 있는 바와 같이 '수입물품 생산에 필요한 기술·설계·고안·공예 및 디자인'에 해당하지만 동 규정 단서에서 '우리나라에서 개발된 것을 제외'하도록 명시하고 있어 생산지원에 해당하지 않는 것으로 결정함

04 원유 수입과 관련하여 사우디아라비아 A사로부터 원유를 수입하면서 현지법인이 A사로부터 원유를 구입하여 B사(국내본사)에 판매하는 중개무역 거래로 진행하고, 판매자인 현지법인에게 Stand-by L/C 개설 등과 관련한 금융비용으로 배럴당 미화 0.015불씩 총 미화 1,641천불 상당을 지급하여 수입신고 시 동 금액을 과세가격에 포함시키지 않은 경우 관세의 과세가격 산정에 대하여 설명하시오.

> **모범답안**
>
> 평가협정 해설 5.1에 의하면 수입물품의 지급이 이루어지지 않을 위험으로부터 수출자를 보호하기 위하여 수입자가 지급하는 금융비용(확인수수료)은 과세가격에 포함함

05 현재 우리나라의 많은 제조업체들이 입지조건과 인건비 등을 고려하여 중국의 청도 등지에 많이 진출하고 있는 바, 주로 의류업을 비롯하여 노동집약적 산업이 대다수를 차지하고 있다.

- ○○사는 축구공 등 스포츠용구를 제조 및 판매하는 회사로서, 해외에 설립한 생산 공장으로부터 물품을 수입해 오고 있음
- 동사가 생산하는 물품은 축구공, 농구공, 배구공 등이 주를 이루고 있는 바, 제품 생산 공정별로 불량 예방을 위한 품질관리가 엄격히 이루어져야 하고 선진 기술 이전을 위해 국내의 생산기술 인원을 다수 파견하여 상주 근무토록 하고 있음

위와 같이 수입물품의 생산에 관여하는 해외파견 직원에 대한 급여를 관세의 과세가격에 포함하여야 하는지 여부에 대하여 설명하시오.

> **모범답안**
>
> 동사가 파견한 직원들 중 관리직을 제외하고 물품 생산에 직접적으로 관여하는 생산기술직에 대하여 국내에서 지급한 급여 부분은 당해 물품에 대한 거래의 조건으로 **판매자의 이익을 위하여 또는 판매자가 당해 직원에 대하여 지급하여야 하는 급여를 대신 지급**하는 금액임. 이는 실제지급가격의 일부를 구성하므로 과세가격에 포함하여야 함

06

거래가격은 실제지급했거나 지급할 금액과 가산요소에 해당하는 금액을 합산해 산출한다고 할 때 다음 각호의 가격이 실제지급가격에 포함되는지 여부에 대하여 설명하시오.

가) 수입자가 중국의 판매자로부터 의류를 수입하면서 약정서를 통해 물대 이외에 구매자가 수입국 내에서 판매한 이익 중 목표이익을 초과하면 별도로 송품장에 표시된 금액의 5%에 해당하는 금액을 유통 과정에서 발생한 이익금으로 봐 추가 송금하기로 한 금액

나) 수입자가 프랑스의 특정 공급자와 장기계약을 통해 포도주를 수입하면서 수출자의 금융 융통을 위해 수출자의 매출채권을 인도받아 보유하고 있는 팩토링사에게 구매자가 약정 금융거래에 대해 지급한 팩토링수수료

다) 수입자가 독일로부터 의료기기를 구매하고자 독일 판매자와 독점대리점 약정을 체결하고 물품대가와 별도로 의료기의 하자보수 용역 수행과 관련된 서비스를 제공받는 대가로 송품장 금액의 3% 상당의 지급수수료

라) 수입자가 종전에 수입한 석탄에 수분함량이 정해진 비율보다 높게 발생돼 국내에서 최종 구매자로부터 클레임을 당해 물품가의 10%를 손해보게 돼 다음 항차에 수입한 석탄가격에서 해당 금액만큼 차감시킨 금액

마) 수입자가 이태리 유명 브랜드 의류 공급업체로부터 지속적인 의류를 수입 판매하고자 약정하고, 물품대가와 별도로 판매금액의 10% 상당을 이태리 물품공급자가 Global 광고대행사를 통해 수입국에서 광고한 비용을 대납하고자 국내 광고에이전시에게 지급하는 광고비용

모범답안

나) 팩토링수수료, 다) 하자보증비, 라) 채권채무상계금액, 마) 광고비용과 같이 구매자가 판매자와 거래조건에 따라 지급하는 것은 간접지급액에 해당하며, 가) 사후귀속이익은 구매자가 판매자에게 지급하는 금액이 계량화가 가능하면 가산요소에 해당함

- **팩토링방식**: 판매자가 구매자에게 물품이나 서비스를 제공함에 따라 발행하는 외상매출채권과 관련하여 팩토링 회사가 판매자를 대신하여 구매자에 대한 신용조사, 지급보증, 매출채권 기일관리, 대금회수, 금융제공 등의 업무를 대행하는 방식
- **포피팅방식**: 수출업자가 발행한 기한부 어음을 포피터가 할인, 매입해 주는 것

MEMO

CUSTOMS VALUATION

부록 주제별 WTO관세평가협정

실제지급가격 PART

WTO관세평가협정 제1조 주해

Price Actually Paid or Payable

1. The price actually paid or payable is the total payment made or to be made by the buyer to or for the benefit of the seller for the imported goods. The payment need not necessarily take the form of a transfer of money. Payment may be made by way of letters of credit or negotiable instruments. Payment may be made directly or indirectly. An example of an indirect payment would be the settlement by the buyer, whether in whole or in part, of a debt owed by the seller.

2. Activities undertaken by the buyer on the buyer's own account, other than those for which an adjustment is provided in Article 8, are not considered to be an indirect payment to the seller, even though they might be regarded as of benefit to the seller. The costs of such activities shall not, therefore, be added to the price actually paid or payable in determining the customs value.

3. The customs value shall not include the following charges or costs, provided that they are distinguished from the price actually paid or payable for the imported goods : (a) charges for construction, erection, assembly, maintenance or technical assistance, undertaken after importation on imported goods such as industrial plant,

실제로 지급하였거나 지급하여야 할 가격

1. 실제로 지급하였거나 지급하여야 할 가격이란 수입물품에 대하여 구매자가 판매자에게 또는 판매자의 이익을 위하여 지급하였거나 지급하여야 할 총금액이다. 지급이 반드시 화폐 이전의 형태를 취할 필요는 없다. 지급은 신용장 또는 유통증권에 의해 이루어질 수 있다. 지급은 직접 또는 간접으로 이루어질 수 있다. 간접 지급의 일례는 판매자가 지고있는 채무의 전부 또는 일부를 구매자가 청산하는 경우이다.

2. 제8조에서 조정하도록 규정된 사항 외에, 구매자가 자신의 계산으로 수행한 활동은 비록 판매자에게 이익이 되는 것으로 간주된다 할지라도 판매자에 대한 간접 지급으로 인정될 수 없다. 따라서 이러한 활동의 비용은 과세가격을 결정함에 있어서 실제로 지급하였거나 지급하여야 할 가격에 가산되지 아니한다.

3. 아래의 부담금 또는 비용은, 수입물품에 대하여 실제로 지급하였거나 지급하여야 할 가격과 구별되는 경우에는 과세가격에 포함되지 않는다. (a) 산업설비, 기계류 또는 장비와 같은 수입물품에 대하여 수입 후에 수행된 건설, 설치, 조립, 유지 및 기술지원에 대한 부담금 (b) 수입 후의 운송비용 (c) 수입국의 관세 및 제세

machinery or equipment; (b) the cost of transport after importation; (c) duties and taxes of the country of importation.

4. The price actually paid or payable refers to the price for the imported goods. Thus the flow of dividends or other payments from the buyer to the seller that do not relate to the imported goods are not part of the customs value.

Paragraph 1(a)(iii)

Among restrictions which would not render a price actually paid or payable unacceptable are restrictions which do not substantially affect the value of the goods. An example of such restrictions would be the case where a seller requires a buyer of automobiles not to sell or exhibit them prior to a fixed date which represents the beginning of a model year.

Paragraph 1(b)

1. If the sale or price is subject to some condition or consideration for which a value cannot be determined with respect to the goods being valued, the transaction value shall not be acceptable for customs purposes. Some examples of this include; (a) the seller establishes the price of the imported goods on condition that the buyer will also buy other goods in specified quantities; (b) the price of the imported goods is dependent upon the price or prices at which the buyer of the imported goods sells other goods to the seller of the imported goods; (c) the price is established on the basis of a form of payment extraneous to the imported goods, such as where the imported goods are semi-finished goods which have been

4. 실제로 지급하였거나 지급하여야 할 가격은 수입물품에 대한 가격을 말한다. 따라서 수입물품과 관련되지 않는 배당금 또는 기타 지급의 구매자로부터 판매자에게로의 이전은 과세가격의 일부가 아니다.

제1항 제(a)호 (iii)

실제로 지급하였거나 지급하여야 할 가격을 수용할 수 없게 만들지 않는 제한은 물품의 가치(value)에 실질적으로 영향을 미치지 않는 제한이다. 그러한 제한의 예는 판매자가 자동차 구매자에게 모델연도의 시작을 나타내는 특정일 이전에는 자동차를 판매하거나 전시하지 않도록 요구하는 경우이다.

제1항 b호

1. 판매 또는 가격이 평가대상 물품과 관련하여 가치를 결정할 수 없게 하는 어떠한 조건이나 사정(consideration)에 좌우된다면, 거래가격은 관세목적 상 수용되지 않는다. 여기에 해당하는 사례는 다음과 같다. (a) 구매자가 특정 수량의 다른 물품을 함께 구매하는 조건으로 판매자가 수입물품의 가격을 결정하는 경우, (b) 수입물품 가격이 수입물품 구매자가 수입물품 판매자에게 다른 물품을 판매하는 가격 또는 가격들에 따라 결정되는 경우, (c) 수입물품이 판매자가 완제품의 일정 수량을 받는 것을 조건으로 공급하는 반제품인 경우와 같이, 수입물품과 관계없는 지급형태를 근거로 가격이 결정되는 경우,

provided by the seller on condition that the seller will receive a specified quantity of the finished goods.	
2. However, conditions or considerations relating to the production or marketing of the imported goods shall not result in rejection of the transaction value. For example, the fact that the buyer furnishes the seller with engineering and plans undertaken in the country of importation shall not result in rejection of the transaction value for the purposes of Article 1. Likewise, if the buyer undertakes on the buyer's own account, even though by agreement with the seller, activities relating to the marketing of the imported goods, the value of these activities is not part of the customs value nor shall such activities result in rejection of the transaction value.	2. 그러나 수입물품의 생산 또는 마케팅과 관련한 조건이나 사정(consideration)이 거래가격을 부인하는 결과가 되게 해서는 안 된다. 예를 들면, 구매자가 판매자에게 수입국 내에서 수행된 기술 및 설계를 제공한다는 사실이 제1조 목적의 거래가격을 부인하는 결과가 되게 해서는 안 된다. 마찬가지로, 만약 구매자가 수입물품의 마케팅에 관한 활동을 비록 판매자와의 약정에 따라 수행하는 경우라도, 구매자가 자기의 계산으로 수행한다면 이러한 활동의 가치(value)는 과세가격의 일부도 아니고 그러한 활동이 거래가격을 부인하는 결과가 되게 하지도 않는다.

부속서 III 제7항	
7. The price actually paid or payable includes all payments actually made or to be made as a condition of sale of the imported goods, by the buyer to the seller, or by the buyer to a third party to satisfy an obligation of the seller.	7. 실제로 지급하였거나 지급하여야 할 가격은 수입물품의 판매조건으로, 구매자가 판매자에게, 또는 구매자가 판매자의 의무를 이행하기 위하여 제3자에게 실제로 행하였거나 행할 모든 지급을 포함한다.

권고의견 8.1 종전 거래와 관련된 신용채권(Credit)의 협정에 따른 처리

1. 종전 거래와 관련하여 발생한 신용채권(credit)은 동 신용채권(credit)의 이익을 받은 물품을 평가할 때에 평가협정에 따라 어떻게 처리되어야 하는가?

2. 관세평가기술위원회는 다음과 같은 견해를 표명하였다.

    신용채권(credit)의 금액은 이미 판매자에게 지급한 금액에 해당하며, 이에 실제로 지급하였거나 지급하여야 할 가격이란 수입물품에 대하여 판매자에게 지급하였거나 지급하여야 할 총 금액임을 명시한 제1조에 대한 주해 "실제로 지급하였거나 지급하여야 할 가격"에 포함된다. 그러므로 신용채권(credit)은 지급한 가격의 일부이며, 평가목적상 거래가격에 포함되어야 한다.

    신용채권(credit)을 발생시킨 종전 거래에 대하여 세관이 용인하는 평가처리는 현 선적분에 대한 적절한 과세가격에 대한 어떠한 결정과도 별개로 결정되어야 한다. 종전 선적의 가격에 대하여 조정이 이루어져야 하는지 여부에 대한 결정은 국내법령에서 정하는 바에 따른다.

예해 20.1 하자보증비

1. 상업적 거래에 대한 "하자보증"의 적용과 그 관련 비용의 다양한 특성은 세관 당국에 많은 문제를 제기한다. 이 예해는 하자보증비의 처리에 관한 이들 문제에 대한 해답을 제시하고자 한다.

2. 수입물품과 관련된 하자보증의 문제는 주로 두 가지 다른 기술위원회의 문서에서 제기되어 왔다. 즉;
    (a) 사례 연구 6.1 "하자보증 보험료" 그리고
    (b) 제1조에 대한 주해에 규정된 "유지"와 "하자보증"의 차이에 대한 해설

3. 특정 사례에 대한 검토를 통해 사례연구 6.1은 (하자보증)금액이 어떻게 청구되었는지와 상관없이 지급은 실제로 지급하였거나 지급하여야 할 가격의 정의에 포함되며 거래가격에 대한 한 요소라는 일반적인 원칙을 전달하고 있다. 더욱이 비록 사례 연구에서 "하자보증"이란 용어가 보인다 할지라도, 이 사례연구는 무엇보다도 보험(insurance), 하자보증과 보험이 실제로 지급하였거나 지급하여야 할 가격에 미치는 영향과 더불어 두 개념 사이의 관계를 다룬다.

4. 상기 2번째 단락의 (b)에서 언급한 해설에서는 "하자보증"을 다음과 같이 정의하고 있다.
    "하자보증은 자동차와 전기기기와 같은 물품에 대한 품질보증의 한 형태로서, 보증서 지참자가 일정한 조건을 충족하는 것을 조건으로 하자 교정(부품 및 인건비) 또는 대체에 소요되는 비용을 부담하는 것이다. 만약 그러한 조건이 충족되지 않는 경우, 하자보증은 무효가 될 수 있다. 하자보증은 물품에

내재된 숨겨진 하자, 즉 있어서는 안 되며 물품의 사용을 방해하거나 유용성을 감소시키는 하자를 대상으로 한다."

5. 기본적으로 두 가지 상황이 제기된다.
   (a) 판매자가 직접 또는 간접으로 비용을 부담하고 하자보증 위험을 떠안는 경우로, 하자보증 제공은 물품의 가격에 반영된다.
   (b) 구매자가 직접 또는 간접으로 비용을 부담하고 하자보증 위험을 떠안으며, 물품가격에 이 점이 고려(감안)된다.

판매자가 수행하는 하자보증

6. 하자보증이 물품의 단위가격에 포함되어 있는 경우라면 협정에 따른 하자보증비의 처리에 있어 어려움은 발생하지 않는다. 판매자가 고객에게 하자보증을 제공하는 경우, 판매자는 물품의 가격을 책정할 때 이 점을 고려할 것이다. 하자보증에 기인한 어떤 추가 비용도 가격의 일부가 되고, 판매조건으로서 지급된다. 이 경우에는, 협정은 어떤 공제도 허용하지 않으며, 하자보증의 비용은 비록 물품에 대하여 실제로 지급하였거나 지급하여야 할 가격과 구분된다 하더라도 거래가격의 일부이다

7. 판매자가 구매자에게 하자보증(의 구매)을 부과하는 경우, 판매자는 물품과 별도로 하자보증비를 청구하는 방안을 선택할 수 있다. 이러한 사례에서, 하자보증비는 말할 것도 없이 여전히 수출하기 위한 판매조건이고, 실제로 지급하였거나 지급하여야 할 가격 즉, 총 지급의 일부로 고려된다.

8. 만약 판매자가 하자보증 위험을 제3자에게 양도하는 계약을 하는 경우, 이는 거래가 분할되는 것으로 보일 수도 있다. 판매자가 제3자와 계약을 체결한다는 것은 제3자가 수행한 어떠한 하자보증 위험도 판매자의 요청에 의한 것이며, 그래서 판매자의 이익을 위한 것이라는 것을 의미한다. 실제로 지급하였거나 지급하여야 할 가격은 수입물품에 대하여 판매자에게 또는 판매자의 이익을 위하여 구매자가 지급하였거나 지급하여야 할 총 금액으로 제1조에 대한 주해에서 정의하고 있다.

이러한 정의는 실제로 지급하였거나 지급하여야 할 가격은 수입물품의 판매조건으로, 구매자가 판매자에게, 또는 구매자가 판매자의 의무를 이행하기 위하여 제3자에게 실제로 행하였거나 행할 모든 지급을 포함한다고 규정한 부속서 Ⅲ의 제7항에 더 상세히 설명되어 있다. 결과적으로 판매자가 구매자에게 판매자와 하자보증 이행을 약정한 제3자에게 지급하도록 요구한 경우, 해당 지급은 수입물품의 거래가격에 포함되어야 한다. 판매자와 특수관계인 다른 당사자가 하자보증을 이행하는 경우에도 역시 동일하다.

구매자가 수행한 하자보증

9. 제5항(b)에서 명시된 바와 같이, 구매자가 자신의 계산으로 하자보증 비용을 부담하기로 결정하는 경우가 있을 수 있다. 이러한 상황에서는 하자보증에 대하여 구매자가 부담하는 일체의 지급액 또는 기타 비용은 하자보증이 구매자가 자기의 계산으로 수행하는 활동이기 때문에 제1조에 대한 주해에 따라 실제로 지급하였거나 지급하여야 할 가격의 일부가 아니다.

하자보증 계약

10. 거래가 하나는 물품에 대한 것이고, 다른 하나는 하자보증에 대한 것인 두 개의 별개의 계약의 대상인 상황 또한 발생할 수 있다. 판매자/구매자는 때때로 "별개의" 법적인 계약서를 작성함으로써 하자보증 지급을 분리한다. 이러한 경우, 물품의 "판매"와 "하자보증"의 주변 상황이 면밀하게 검토되어야 한다. 하자보증 계약은 하자보증이 물품에 대한 보증(guarantee)이라는 사실에 의하여 물품 판매계약과 연계되어 있다. 비록 별개의 하자보증 계약이 존재한다 할지라도 판매자가 물품에 대한 판매조건으로 구매자에게 의무를 부담시킨 이상, 이것은 단지 위에서 개설한 상황의 또 다른 변형일 뿐이다.

하자보증에 관련된 기타 쟁점

11. 하자보증 계약의 이행에 있어, 물품이 수입된 이후 일정기간 후에 최초 계약에 따라 부분품들이 구매자에게 무료로 송부된 경우, 그 부분품들은 협정 제2조부터 제7조까지에 규정된 방법을 사용하여 평가되어야 한다.

12. 구매자는 수입물품 가격에 어떠한 잠재적인 하자보증비가 포함되었기 때문에, 수입 시점에 이미 관세가 납부되었으므로 "무상" 대체 물품에 대해 다시 관세가 부과되지 않아야 한다고 주장할 수도 있다. 이에 대한 문제는 적절한 국내 통관절차 및 기술 적용을 통해 적절하게 다루어져야 한다.

해설 6.1 협정 제1조에 대한 주해에 규정된 "유지"와 "하자보증"의 차이

1. 제1조에 대한 주해는 "실제로 지급하였거나 지급하여야 할 가격"에 관련된 조항에서 특히 산업설비, 기계류 또는 장비와 같은 수입물품에 대하여 수입 후에 수행된 유지비용은 수입물품에 대하여 실제로 지급하였거나 지급하여야 할 가격과 구분되는 경우에는 과세가격에 포함되지 않아야 한다고 규정하고 있다.

2. "유지"의 개념은 이 협정에서 특별히 정의하고 있지 않고 있으므로 이 용어는 일반적인 의미로 해석되어야 한다.

3. 참고문헌들은 "유지"를 다음과 같은 일반적인 용어로 정의한다. 예를 들면:

- "자산의 상태를 유지 또는 보존하기 위하여 때때로 필요하고 적절한 통상의 수리비용을 포함한 자산 상태의 유지 또는 보존"(Black's Law Dictionary, Sixth Edition, 1990, page 953)
- 자산과 관련하여, 유지라는 용어는 "원래 의도된 내구 연한 동안 자산의 용역 잠재력을 보존하기 위한 지출. 이러한 지출은 기간비용 또는 생산비용으로 처리된다"라고 정의하고 있다(Black's, page 954) 또는
- "양호한 상태로 유지하는 행위, 그러한 목적을 위하여 필요한 것을 제공하는 행위", "장비 및 기자재에 대한 성능을 유지할 책임이 있는 회사에서 수행하는 용역"(French dictionary Petit Larousse Illustre, 1987-translation)

4. 제1조에 대한 주해에서 언급하고 있는 "유지"라는 용어의 범위에 하자보증이 포함되는지 여부에 대하여 쟁점이 제기되었다. 이 쟁점은 다음과 같이 검토된다.

5. "하자보증"과 "유지"의 차이점은 다음과 같다.
   - "유지"는 산업설비 및 장비가 취득 목적의 기능을 수행할 수 있도록 이들 산업설비 및 장비에 대해 일정 기준을 유지하도록 보증하기 위한 물품에 대한 예방적 조치의 형태이다.
   - 하자보증은 자동차와 전기기기와 같은 물품에 대한 품질보증의 한 형태로서, 보증서 지참자가 일정한 조건을 충족하는 것을 조건으로 하자 교정(부품 및 인건비) 또는 대체에 소요되는 비용을 부담하는 것이다. 만약 그러한 조건이 충족되지 않는 경우, 하자보증은 무효가 될 수 있다. 하자보증은 물품에 내재된 숨겨진 하자, 즉 있어서는 안 되며 물품의 사용을 방해하거나 유용성을 감소시키는 하자를 대상으로 한다.
   - 유지는 항상 수행되어야 하는 반면에, 하자보증은 단지 물품의 고장 또는 성능저하와 같은 경우에 실시되는 우발적인 조치이다.

6. 그러므로 두 가지 개념 사이에는 근본적인 차이가 있으며 제조에 대한 주해의 "유지"라는 용어는 하자보증에는 적용될 수 없다.

사례연구 6.1   하자보증 보험료

거래사실

1. 수출국 X에 위치한 판매자 S는 같은 X국의 M이 생산한 자동차의 수출자이다. 판매자 S는 수입국 Y의 구매자 B와 판매계약을 체결하였다. 판매계약의 조건 중 하나에 따라 2년의 하자보증(예비부품과 수리작업)이 B가 구매한 자동차에 제공된다. 1차 년도의 하자보증에 대한 비용은 B가 지급하여야 할 자동차 가격에 포함된다.

2. 판매계약은 구매자 B가 2차 년도의 하자보증 비용을 대당 일정 금액으로 계산된 별도의 지급금액의 형태로 판매자 S에게 지급하도록 규정하고 있다. 각 선적분의 자동차에 적용되는 지급금액은 선적 후에 청구된다. 지급하여야 할 금액은 2차 년도의 하자보증기간 동안 클레임이나 보상이 있었는지 여부에 상관없이 확정된다.

3. 판매자 S는 T국에 위치한 보험회사 N과 2차 년도의 하자보증에 대해 보험계약을 협상한다. 계약에 따르면 보험회사는 자동차에 제공되는 2차 년도의 하자보증과 관련한 모든 클레임에 대하여 구매자 B에게 직접 전액 보상한다. 보험회사는 판매자로부터 보험료를 받는다.

4. 하자보증 1차 년도 동안의 클레임 및 보상은 제조자와 구매자 사이에 직접 정산되며, 2차 년도 동안의 보험회사와 구매자 사이에 정산된다.

평가 처리

5. 실제로 지급하였거나 지급하여야 할 가격은 제1조에 대한 주해에서 수입물품에 대하여 구매자가 판매자에게 또는 판매자의 이익을 위하여 지급하였거나 지급하여야 할 총 금액으로 정의된다는 점을 유의해야 한다. 이러한 정의는 부속서 Ⅲ의 제7항에서 실제로 지급하였거나 지급하여야 할 가격은 수입물품의 판매조건으로, 구매자가 판매자에게, 또는 구매자가 판매자의 의무를 이행하기 위하여 제3자에게 실제로 행하였거나 행할 모든 지급을 포함한다고 더 자세히 설명하고 있다.

6. 이 사례의 경우, 1차 년도의 하자보증비용은 실제로 지급하였거나 지급하여야 할 가격의 일부이다. 2차 년도의 하자보증비용 역시 비록 별도로 지급되었다 할지라도 수입 자동차에 대하여 구매자가 판매자에게 실제로 지급하였거나 지급하여야 할 금액의 일부이다.

사례연구 7.1 실제로 지급하였거나 지급하여야 할 가격의 적용

거래사실

1. 수입업체는 10,000 c.u.의 가격으로 기계를 구매한다.
2. 쟁점 기계는 고도로 전문화되고 첨단기술이 체화되어 있어 정교한 작동 방법의 사용이 요구된다. 따라서 판매자는 구매자에게 기계의 조작을 가르치기 위한 훈련과정을 준비했다. 훈련과정은 수입이전에 수출국내 판매자의 공장에서 개최된다. 훈련비는 500 c.u.이다.
3. 기계의 세관통관 이전에 수입자 / 구매자는 기계가격에 대한 송장을 제출한다.
4. 훈련과정과 관련한 금액을 세관 신고서에 포함해야 할 것인지 여부를 확신할 수 없는 수입자는 세관에 훈련과정의 비용에 대한 별도의 계산서를 제출한다.

■ 상황 1

5. 판매계약에 따르면, 훈련과정이 필요한지 여부 또는 훈련과정에 참가하지 않고도 기계를 조작할 수 있는지 여부를 결정하는 것은 구매자에게 달려 있다. 훈련비는 구매자가 실제로 참가한 경우에만 지급된다. 정보에 따르면, 세관통관 시점에 구매자는 훈련과정에 참석했다. 또한 기계가격이 10,000 c.u.임을 확인할 수 있다.

과세가격 결정

6. 제1조에 대한 주해 및 부속서 Ⅲ의 제7조는 실제로 지급하였거나 지급하여야 할 가격은 수입물품에 대하여 직접 또는 간접으로 구매자가 판매자에게 또는 판매자의 이익을 위하여 실제로 지급하였거나 지급하여야 할 총금액이라는 점을 명확하게 하고 있다. 이 가격은 수입물품의 판매조건으로 구매자가 판매자에게 실제로 행하였거나 행할 모든 지급을 포함한다.
7. 훈련과정에 대한 지급 없이도 기계를 구매할 수 있다면 훈련과정에 대한 지급은 판매조건이 아니다. 훈련비가 별도로 청구되었다는 사실은 구매자가 훈련과정에 참가하였다는 것을 암시한다. 이 사례에서, 훈련과정에 대한 지급은 기계에 대한 판매조건이 아니기 때문에 수입물품에 대하여 지급된 것이 아니다. 실제로 판매계약은 두 가지 요소, 즉 물품의 공급과 훈련과정 제공으로 이루어져 있다. 훈련과정에 대한 지급 없이 기계를 구매할 수 있는 한 이들 두 가지 요소는 별개이다.
8. 따라서 훈련과정에 대한 지급은 판매조건이 아니기 때문에 상기 6번 단락에서 언급한 규정에 따라 과세가격의 일부가 아니다.

■ 상황 2

9. 훈련과정에 대한 지급은 판매계약에 명시된 요구사항이며 구매자가 훈련과정에 참석하지 않더라도 지급되어야 한다.

과세가격 결정

10. 훈련과정에 대한 지급액은 판매조건이다. 구매자가 실제로 훈련과정에 참가하지 않았더라도 훈련과정에 대한 지급 없이는 기계를 구매할 수 없기 때문이다. 이 사례에서, 훈련과정에 대한 가격을 포함한 총 지급은 판매조건으로 지급되기 때문에 상기 6번 단락에서 언급한 규정에 따라 수입물품에 대하여 지급된다. 이것은 훈련비가 별도의 계산서에 표시된다 하더라도 동일하다.

■ 상황 3

11. 판매계약은 구매자에게 훈련과정 참석과 훈련비 지급 두 가지 모두를 의무화한다.

과세가격 결정

12. 훈련비 지급은 상기 상황 2와 같은 이유로 물품의 과세가격의 일부를 구성한다.

해설 5.1 확인 수수료

총설

1. 수출자는 국제무역에서 제공된 물품 및 용역에 대한 미지급의 금융 위험에 대하여 지급보증에 대한 확약을 포함한 금융서비스의 사용을 통하여 스스로를 보호한다. 구매자에 의한 미지급 또는 지급불능의 위험에 대한 보증을 위하여 수출자는 다양한 형태의 금융 서비스를 이용할 수 있다. 이러한 서비스는 국가별로 다양할 수 있는 반면에, 이들 서비스는 수수료로 수출자를 대신하여 위험을 인수하는 중개인(흔히 은행)에 대한 지급액을 일반적으로 발생시킨다. 이러한 서비스에 대하여 행해지는 지급액은 흔히 "확인수수료"로 알려져 있다. 하지만 여러 국가에서 다른 명칭으로 표시될 수 있다.

확인 수수료

2. 구매자에 의한 물품에 대한 지급의 확약이나 보증은 보통의 은행계통, 정부기관, 보험회사 또는 이러한 사안을 취급하는 전문영리기업을 통하여 수행될 수 있다.

3. 자주 발생하는 상황은 다음과 같다. 구매자가 자신의 거래은행에서 신용장을 개설한다. 하지만 판매자는 구매자의 거래은행에서 개설한 신용장의 상태와 신뢰성에 믿음이 가지 않을 수 있다. 판매자는 구매자의 거래은행에 의한 미지급의 상업적인 위험에 대하여 판매자에게 보증하는 다른 은행(일반적으로 수출국에

소재)을 통하여 신용장 확인을 요청한다. 이러한 서비스에 대해 은행이 청구하는 보수가 확인수수료이다.

4. 구매자 또는 판매자 어느 하나를 위하여 활동하는 확인회사(confirming houses)라고 불리는 전문영리기업이 있다. 이들 기업이 수행하는 다양한 서비스 중에 지급보증이 있다. 이러한 서비스에 대하여 청구되는 수수료를 흔히 확인수수료라 부른다.

평가 처리의 결정

5. 확인수수료를 다루는 평가처리에 대한 결정은 모든 국가에 일률적으로 정의될 수 없는 다양한 금융관행과 관련되어 있기 때문에 복잡한 문제다.

6. 이러한 비용을 부담하는 판매자가 그의 확인수수료 비용을 구매자로부터 보상 받고자 하는 것은 정상적인 관행이다. 대부분의 경우에 판매자는 자신의 물품 가격에 수수료 비용을 직접적으로 포함하려 할 것이다. 이러한 경우에는 확인수수료는 물품에 대하여 실제로 지급하였거나 지급하여야 할 가격에 포함되며, 거래가격을 결정함에 있어 이것을 공제하도록 허용하는 협정 규정도 없다.

7. 확인수수료의 부담금이 판매자에 의해 물품 판매에 대한 송장에, 또는 판매자나 확인기관(confirming institution)이 구매자에게 송부한 별도의 송장에서 개별적으로 확인되는 상황이 발생할 수 있다.

8. 상기 상황을 검토함에 있어, 확인수수료 지급을 발생시키는 활동의 유형은 제8조 제1항(a)의 "수수료"또는 제8조 제2항(c)의 "보험료"와 같이 협정 제8조의 규정에서 예정하지 않는 것으로 보인다. 확인수수료는 용어의 엄밀한 의미에서 수수료라기보다는 오히려 물품에 대한 미지급 위험에 대비한 보험료 성격이 강하다. 마찬가지로 제8조 제2항(c)에서 규정하고 있는 보험료는 권고의견 13.1에서 언급한 바와 같이 오직 수입물품의 운송에 대하여 발생하는 것이다. 그러므로 검토가 필요한 쟁점은 확인수수료의 지급이 수입물품에 대하여 실제로 지급하였거나 지급하여야 할 가격의 일부인지 여부이다.

9. 제1조에 대한 주해와 부속서 Ⅲ의 제7항에서는 실제로 지급하였거나 지급하여야 할 가격이란 수입물품에 대하여 구매자가 판매자에게 또는 판매자의 이익을 위하여 직접 또는 간접으로 지급하였거나 지급하여야 할 총 금액이라고 명백히 하고 있다. 이러한 가격은 수입물품의 판매조건으로, 구매자가 판매자에게, 또는 구매자가 판매자의 의무를 이행하기 위하여 제3자에게 실제로 행하였거나 행할 모든 지급을 포함한다. 이 해설의 10번 단락에 따르면, 수입물품에 대한 지급수단의 확인이 구매자 거래은행의 미지급 위험으로부터 판매자를 보장하기 때문에 판매자의 이익을 위한 것으로 고려되는 경우로 수입물품의 판매조건으로 구매자가 판매자 또는 제3자에게 확인 수수료를 지급하는 경우에는 실제로 지급하였거나 지급하여야 할 가격은 일체의 확인수수료를 포함한다.

10. 구매자가 자신의 주도로 취소불능 및 확인 신용장을 판매자에게 제공하는 경우가 있을 수 있는데, 이의 주된 목적은 판매계약 체결을 보증하기 위한 것이다. 이러한 경우에 발생하는 일체의 확인수수료는 구매자가 확인기관에 직접 지급할 수 있다. 이러한 상황에서는 판매계약에서 부과되는 조건이 없고 판매자보다는 구매자의 이익을 실현하는 것이기 때문에 확인수수료에 대하여 지급한 금액은 실제로 지급하였거나 지급하여야 할 가격의 일부를 구성하지 아니한다.

구매자의 자기계산 비용 PART

예해 16.1   물품구매 후 수입하기 전에 구매자가 자기의 계산으로 수행한 활동

1. 이 예해는 물품 구매 후 수입하기 전에 구매자가 자신의 계산으로 수행한 활동에 대한 비용이 제1조 규정에 따라 결정되는 과세가격의 일부로 간주될 수 있는지 여부에 대한 상황을 검토한다.

2. 제1조에 대한 주해 "실제로 지급하였거나 지급하여야 할 가격"의 제2항은 구매자가 자신의 계산으로 수행한 활동에 대한 협정의 원칙을 확립한다. 이러한 활동에 대한 비용은 제8조에 따른 조정으로 규정되어 있지 않는 한, 실제로 지급하였거나 지급하여야 할 가격에 가산되지 않는다.

3. 이러한 상황에 대한 예시는 다음과 같다.

    수입국 Y의 수입자 I는 수출국 X의 판매자 S로부터 30,000 c.u.로 기계를 구매한다. 기계가 판매계약의 사양을 충족하는지 확인하기 위하여 수입자 I는 기계를 구매한 후, 같은 X국의 전문가 T에게 기계의 추가적인 검사를 맡기고 이 검사에 대하여 T에게 500 c.u.를 지급한다. 이 상황에서 추가적인 검사는 해당 물품의 제조공정의 일부로 간주되지 않는 검사를 의미한다. 추가적인 검사는 I와 S간의 판매조건이 아니다.

    I가 S와 특수관계가 없는 T에게 기계검사에 대하여 지급한 금액은 판매자에게 또는 판매자의 이익을 위하여 직접 또는 간접으로 지급한 금액이 아니다. 그러므로 이는 실제로 지급하였거나 지급하여야 할 가격의 일부가 아니다. 더욱이 구매자가 수행한 이러한 활동은 제8조에 규정된 조정 중의 하나가 아니다. 만약 제1조의 다른 조건들이 충족된다면, 기계는 개조, 정비, 성능 개선 또는 어떠한 방식으로든 본질적으로 변경되지 않는 한 제1조에 기초하여 평가된다.

4. 상업적 관행에서 물품 구매 후 수입 전에 구매자가 수행할 수 있는 활동은 다양할 수 있다. 제1조 및 제8조와 이들 주해의 맥락에서 볼 때, 상기 활동은 수입국 내에서 물품판매 및 공급(유통)을 촉진하기 위한 목표로 수행되는 활동을 포함할 수 있다. 이러한 활동에 대한 비용이 구매자 자신의 계산으로 활동을 수행한 경우에는 판매자의 이익을 위한 것이라 할지라도 판매자에 대한 간접지급으로 간주되지 않아야 한다. 다음 예시는 이러한 원칙을 보여준다.

    A사는 I국의 전기제품 판매인이다. A사는 A사와 가맹점 계약(franchise agreements)에 따라 운영하고 있는 판매망(소매점 및 서비스센터)을 통하여 이들 물품을 판매한다. A사는 새로운 형태의 전기 기기의 공급을 위하여 외국 제조사 S와 장기 계약을 체결한다. 계약 조건에 따라, 기기는 S의 상표로 판매되어야 하고, A는 수입국 내의 모든 마케팅 비용을 자신의 계산으로 부담한다. A사는 해당 기기의 최초 구매분(initial stock)에 대하여 주문을 하고 수입하기 전에 광고활동을 수행한다.

5. 위 예시에서, 광고 활동에 대한 비용은 과세가격의 일부가 아니며 제1조에 대한 주해 제1항(b)의 마지막 문장에서 설명하고 있는 바와 같이 수입물품의 마케팅과 관련된 활동이므로 거래가격을 부인하는 결과가 되게 해서는 안 된다.

예해 7.1 제1조 규정에 따른 창고보관료와 관련비용의 처리

I. 일반

1. 관세평가 목적상 보관비용의 처리는 어디서 누구에 의해 발생되느냐 하는 문제뿐만 아니라 비용의 정확한 성격을 결정하도록 요구한다.

2. 이 예해는 쟁점 거래가 협정 제1조의 요건을 충족한다는 가정에 기초한다. 이러한 경우가 아니라면 제1조는 적용할 수 없고 협정에서 순차적으로 규정하고 있는 기타 방법 중 하나를 사용하여야 한다.

3. 이 예해는 창고에 물품을 적출입하는 이동과 관련된 보관과 그 관련 비용에 대한 측면만 다루고 있다. 창고 내에서 발생할 수 있는 세척, 선별 또는 재포장과 같은 기타 활동은 포함하고 있지 않다.

4. 일반적인 보관창고와 수입관세 및 제세의 납부 없이 지정된 장소 내에서 세관의 통제 하에 물품이 보관되는 보세창고를 구별할 필요는 없다. 보관비용의 평가처리는 각각의 경우에 동일하다.

5. 평가문제가 제기될 수 있는 보관과 관련된 상황은 다음을 포함한다.
   - 수입국으로 수출하기 위하여 판매하는 시점에 해외에 물품이 보관되어 있는 경우
   - 물품을 구매한 후 수입국으로 수출하기 이전에 해외에 물품을 보관하는 경우
   - 내수용으로 통관하기 전에 수입국에서 물품을 보관하는 경우
   - 물품 운송과정에 부수적으로 물품이 일시적으로 보관되는 경우

6. 이러한 상황에서 발생되는 비용의 처리는 아래의 II부터 V까지의 부분에서 검토되고 있다.

7. 상황에 관한 목록은 다음에 한정되지 않으며, 예시는 보관과 그 관련비용의 처리와 관련된 일반 원칙을 설명하기 위한 것들이다. 명백하게 각 사안은 관련 상황에 따라 개별적으로 고려되어야 한다.

II. 수입국으로 수출하기 위하여 판매하는 시점에 해외에 물품이 보관되어 있는 경우

8. 예시
   (a) 수입국 I의 구매자 A는 수출국 X의 판매자 B가 X국 내 창고에 보관 중인 물품을 구매한다. A가 B에게 지급한 창고인도가격에는 창고보관 비용이 포함되어 있다.
   (b) 수입국 I의 구매자 A는 수출국 X의 판매자 B로부터 거래 시점에 X국 내 B의 창고에 보관된 물품을 공장도가격으로 구매한다. 물품가격에 더하여 구매자 A는 판매자 B에게 별개의 송장을 기초로 창고보관 비용을 지급한다.
   (c) 수입국 I의 구매자 A는 수출국 X의 판매자 B로부터 공장도가격으로 거래시점에 B가 X국내 창고에 보관하고 있는 물품을 구매한다. 물품가격에 더하여 구매자 A는 창고업자에게 판매자 B에게 발생된 보관비용을 지급하여야 한다.

9. 제1조에 대한 주해에서는 실제로 지급하였거나 지급하여야 할 가격이란 수입물품에 대하여 구매자가 판매자에게 또는 판매자의 이익을 위하여 지급하였거나 지급하여야 할 총 금액이라고 명시한다.

10. 창고보관 비용은 구매자가 실제로 지급하였거나 지급하여야 할 가격의 일부로서 판매자가 회수할 것으로

추정할 수 있다. 그렇지 않다면, 이들 비용이 판매자에게 또는 판매자의 이익을 위하여 직접 또는 간접으로 지급한 금액을 구성한다면 해당 가격에 포함되어야 한다.

11. 그러므로 상기 사례의 경우에는, 창고보관 비용은 물품에 대하여 실제로 지급하였거나 지급하여야 할 가격의 일부이다.

III. 물품을 구매한 후 수입국으로 수출하기 이전에 해외에 물품을 보관하는 경우

12. 예시

   수입국 I의 구매자 A는 수출국 X의 판매자 B로부터 물품을 구매한 후, 물품을 I국으로 수입하기 이전에 자신의 계산으로 X국의 창고에 보관한다.

13. 구매 이후 구매자에게 발생하는 비용은 판매자에게 또는 판매자의 이익을 위하여 직접 또는 간접으로 지급한 금액으로 간주될 수 없다. 그러므로 실제로 지급하였거나 지급하여야 할 가격의 일부가 아니다.

   다른 한편으로 이러한 비용은 구매자 자신의 계산으로 구매자가 수행한 활동에 해당한다. 이러한 활동의 비용은 제8조가 이에 대한 조정을 규정하는 경우에만 수입물품에 대하여 실제로 지급하였거나 지급하여야 할 가격에 가산되어야 한다. 이 예시에서는 그러한 규정이 없으므로 해당 창고보관료는 과세가격의 일부가 되지 않는다.

IV. 내수용으로 통관하기 전에 수입국에서 물품을 보관하는 경우

14. 예시

   수입국 I의 구매자 A는 판매자 B로부터 물품을 구매한다. 수입항에 물품이 도착하면 구매자 A는 수입물품을 다른 상품으로 제조하는 생산 일정의 시작을 기다리는 동안 구매자는 자신의 계산으로 물품을 보세창고에 보관한다. 3개월 후 구매자 A는 내수용 신고서를 제출하고 보관료를 지급한다.

15. 제1조에 대한 주해에서는 실제로 지급하였거나 지급하여야 할 가격이란 수입물품에 대하여 구매자가 판매자에게 또는 판매자의 이익을 위하여 지급하였거나 지급하여야 할 총 금액이라고 명시한다. 또한 이러한 맥락으로 구매자가 구매자의 자신의 계산으로 수행한 활동의 비용은 제8조에서 규정하는 조정을 제외하고는 실제로 지급하였거나 지급하여야 할 가격에 가산되지 않아야 한다고 명시하고 있다.

16. 구매 이후 구매자에게 발생하는 비용은 판매자에게 또는 판매자의 이익을 위하여 직접 또는 간접으로 지급한 금액으로 간주될 수 없다. 그러므로 실제로 지급하였거나 지급하여야 할 가격의 일부가 아니다. 다른 한편으로 이들 비용은 구매자가 구매자의 자신의 계산으로 수행한 활동에 해당한다. 이들 활동의 비용은 제8조가 이에 대한 조정을 규정하는 경우에만 수입물품에 대하여 실제로 지급하였거나 지급하여야 할 가격에 가산되어야 한다. 이 예시에서는 그러한 규정이 없으므로 해당 보관비용은 과세가격의 일부가 되지 않는다.

V. 물품 운송과정에 부수적으로 물품이 일시적으로 보관되는 경우

17. 예시

   (a) 수입자 I는 수출국에서 공장인도가격으로 물품을 구매한다. 수출 선박의 도착을 기다리는 동안

수출항에서 보관비용이 발생한다.
(b) 수입시점에, 물품 양하와 세관 신고시점 사이에 시간차가 있다. 이 기간 동안 물품은 세관의 통제 하에 보관되므로 보관비용이 발생한다.
18. 운송과정에서 물품의 부수적인 보관으로부터 발생하는 이러한 종류의 비용은 물품의 운송과 관련되는 비용으로 간주되어야 한다. 그러므로 협정 제8조 제2항(b)의 규정에 따라 처리되거나, 만약 수입 후 비용이 발생된 경우라면 수입물품에 대하여 실제로 지급하였거나 지급하여야 할 가격과 구별되는 경우에 수입 후의 운송비용은 과세가격에 포함되지 않는다고 규정하는 제1조에 대한 주해에 따라 처리되어야 한다.

공제요소 PART

결정 3.1 수입물품의 과세가격에 포함된 이자비용의 처리

관세평가위원회는 1984년 4월 26일 개최된 제9차 회의에서 다음 결정을 채택하였다.
「GATT 제7조 이행을 위한 협정」 체약국은 다음과 같이 합의한다.
수입물품의 구매와 관련하여 구매자에 의해 체결된 금융약정 하에서의 이자비용은, 다음과 같은 경우에는 과세가격의 일부로 간주되지 않는다.
(a) 이자비용이 물품에 대하여 실제로 지급하였거나 지급하여야 할 가격으로부터 구분되고
(b) 금융약정이 서면으로 체결되었으며,
(c) 필요한 경우, 구매자가 다음 사항을 입증할 수 있는 경우
 - 동 물품이 실제로 지급하였거나 지급하여야 할 가격으로서 신고된 가격으로 실제로 판매된다는 것과
 - 제시된 이자율이 금융이 제공된 국가 및 그 시점에 그러한 거래에서 통용되는 수준을 초과하지 않는다는 것

이 결정은 해당 금융을 판매자, 은행 또는 기타 자연인이나 법인이 제공하였는지 여부와 상관없이 적용되어야 한다. 또한 적절한 경우, 물품이 거래가격 이외의 방법으로 평가되는 경우에도 적용되어야 한다.
각 체약국은 이 결정에 대한 적용 일자를 위원회에 통지하여야 한다.

권고의견 3.1 협정 제1조에 대한 주해에서 "구분되는"의 의미 : 수입국의 관세 및 제세

1. 지급하였거나 지급하여야 할 가격이 수입국의 관세 및 제세(duties and taxes)에 대한 금액을 포함하고 있을 때에 이러한 사항이 송장에 구분되어 표기되어 있지 않고(not shown separately) 이러한 사항에 대하여 수입자가 달리 공제를 요청하지 않은 경우에 이들 관세 및 제세가 공제되어야 하는가?

2. 관세평가기술위원회는 다음과 같은 견해를 표명하였다.
   수입국의 관세 및 제세는 그 본질상 실제로 지급하였거나 지급하여야 할 가격에서 구분할 수(distinguishable) 있기 때문에 과세가격의 일부를 구성하지 않는다.

예해 9.1 수입국내에서 발생한 활동에 대한 비용의 처리

1. 이 예해는 제1조 및 제1조에 대한 주해의 맥락에서 수입국내에서 수행된 활동의 비용에 대한 처리를 검토한다.

2. 이 쟁점을 처리함에 있어, 수입국내의 활동과 이에 대한 평가목적상의 처리에 대한 목록을 작성하는 것은 유용한 접근방법이 아니다. 그러한 목록은 하나도 빠뜨리지 않고 만들 수 없으며, 게다가 많은 경우에 있어서 어떤 특정한 활동에 대한 평가 처리는 거래상황에 따라 달라진다. 다른 한편으로 원칙에 대한 간략한 언급은 광범위한 가능성을 포함하게 될 것이다.

3. 이러한 점에서 협정 제1조에 따른 과세가격을 결정함에 있어서, 수입 이후에 발생하는 활동의 비용이 실제로 지급하였거나 지급하여야 할 가격에 포함되어 있지 않은 경우, 제8조에서 특별히 규정하고 있지 않는 한 과세가격에 포함되지 않아야 한다. 이는 판매자의 이익으로 간주될지 모르나 구매자가 구매자의 자신의 계산으로 수행한 활동의 비용을 포함한다.

4. 반대로, 이러한 비용이 수입물품에 대하여 실제로 지급하였거나 지급하여야 할 가격에 포함되어 있는 경우, 다음과 같이 규정하는 협정 제1조에 대한 주해의 관련 규정에 부합하지 않는 한, 이들 비용은 가격에서 공제되지 않아야 한다.

   "아래의 부담금 또는 비용은, 수입물품에 대하여 실제로 지급하였거나 지급하여야 할 가격과 구별되는 경우에는 과세가격에 포함되지 않는다.

   (a) 산업설비, 기계류 또는 장비와 같은 수입물품에 대하여 수입 후에 수행된 건설, 설치, 조립, 유지 또는 기술지원에 대한 부담금
   (b) 수입 후의 운송비용
   (c) 수입국의 관세 및 제세(본질적으로 구별되는 것으로 간주. 권고의견 3.1 참조)

5. "수입"이라는 용어의 의미는 명백하게 결정될 필요가 있다. 관세협력이사회의 국제관세용어사전에서는 수입이라는 용어는 "어떤 물품을 관세영역내로 가져오거나 가져오게 하는 행위"로 정의하고 있다. 하지만 그럼에도 불구하고 다양한 국내 법률은 상기 정의보다 더 구체적인 정의를 규정하고 있다는 점에 유의해야 한다. 그러므로 해당 용어에 대한 참조는 해당 국가의 국내 법률의 의미 내에서 이루어져야 한다.

6. 제1조에 대한 주해 (a)호와 관련하여, "수입 후에 수행된"이란 문구는 수입국에서 수행된 활동을 포함하도록 신축적으로 해석되어야 한다. 이러한 관점에서, (a)호에서 포함하고 있는 활동에 대한 비용은 수입물품의 설치를 위한 부분으로서 수행되고 있는 한, 수입 이전에 발생하였다 할지라도 과세가격에서 마찬가지로 제외되어야 한다. 이러한 사례로 콘크리트 기초에 설치될 기계류의 수입 이전에 수행되는 콘크리트 기초공사 부담금이 있다.

7. 운송과 관련한 구체적인 쟁점으로는, 제1조에 대한 주해 (b)호는 수입 후의 운송비용에 대해 언급하고 있지만, 이 표현은 수입 후 발생하는 부담금 및 비용이라는 표현에 수입 후 발생하는 적하비, 양하비 및 처리 비용을 포함하는 것과 관련되므로 주해의 전반적 취지에 부합한다. 수입 후 발생하는 보험료에도 동일한 근거가 적용된다.

할인 PART

권고의견5.1 협정에 따른 현금할인의 처리

(물품에 대한 지급이 평가시점 전에 이루어진 경우)

1. 수입물품의 평가에 앞서 구매자가 판매자가 제공한 현금할인(cash discount)을 이용한 경우에는 그 현금할인(cash discount)은 물품의 거래가격을 결정함에 있어 허용되어야 하는가?

2. 관세평가기술위원회는 다음과 같은 견해를 표명하였다.
평가협정 제1조에 따른 거래가격은 수입물품에 대하여 실제로 지급한 가격이기 때문에 현금할인(cash discount)은 거래가격 결정시 허용된다.

권고의견5.2 협정에 따른 현금할인의 처리

(물품에 대한 지급이 평가시점에 아직 이루어지지 않은 경우 : 협정 제1조 제1항(b)의 요건)

1. 판매자가 제안한 현금할인(cash discount)을 이용할 수 있으나 물품에 대한 지급이 평가시점에 이루어지지 않은 경우에는 협정 제1조 제1항(b)의 요건이 거래가격의 기초로 판매가격을 사용하는 것을 배제하는가?

2. 관세평가기술위원회는 다음과 같은 견해를 표명하였다.
   현금할인(cash discount)을 이용할 수 있음에도 불구하고 평가시점에 지급이 아직 이루어지지 않았기 때문에 이용되지 않았다는 사실이 협정 제1조 제1항(b)의 규정이 적용된다는 것을 의미하는 것은 아니다. 그러므로 협정에 따라 거래가격을 결정할 때 판매가격을 사용하는 것을 배제할 이유가 전혀 없다.

권고의견5.3 협정에 따른 현금할인의 처리

(물품에 대한 지급이 평가시점에 아직 이루어지지 않은 경우 : 협정 제1조에 따른 거래가격)

1. 구매자가 현금할인(cash discount)을 이용할 수 있지만 평가시점에 지급이 되지 않은 경우에는 어떤 금액이 협정 제1조에 따른 거래가격에 대한 기초로 수용되어야 하는가?

2. 관세평가기술위원회는 다음과 같은 견해를 표명하였다.
   현금할인(cash discount)을 이용할 수 있으나 평가시점에 지급이 아직 되지 않은 경우에는 수입자가 물품에 대하여 지급할 금액이 제1조에 따른 거래가격에 대한 기초로 채택되어야 한다. 지급할 금액을 결정하는 절차는 다양할 수 있다. 예를 들면, 송장 기재내역이 충분한 증거로 수용되거나 수입자가 지급할 금액에 대한 수입자의 신고내용이 처리의 기초가 될 수도 있다. 다만, 협정 제13조 및 제17조의 검증과 적용이 가능하다는 것이 전제되어야 한다.

권고의견 15.1   수량할인의 처리

1. 협정 제1조와 관련하여 수량 할인(quantity discounts)은 어떻게 처리되는가?

2. 관세평가기술위원회는 다음과 같은 의견을 표명하였다.

   수량할인은 정해진 기준연도(given basic period) 동안 구매된 수량에 따라 판매자가 고객에게 물품가격에서 공제하기로 허용한 금액이다.

   WTO 평가협정는 수입물품에 대하여 실제로 지급하였거나 지급하여야 할 가격이 제1조에 따른 과세가격을 결정하기 위해 유효한 기준인지 여부를 결정할 때 기준수량을 고려할 필요가 있는지에 대하여 규정하고 있지 않다.

   결과적으로 관세평가 목적상, 수입국으로 수출하기 위하여 판매되었을 때 평가되는 물품의 단위가격을 결정한 수량이 관련 있다는 것이다. 그러므로 수량할인은 판매자가 판매된 물품의 수량에 기초한 고정 가격표(fixed scheme)에 따라 자신의 물품가격을 책정한다는 사실이 입증되는 경우에만 발생한다. 이러한 할인은 두 가지 큰 범주로 나누어진다.

   ⅰ) 물품 수입 이전에 할인이 결정되는 경우
   ⅱ) 물품 수입 이후에 할인이 결정되는 경우

   이들 고려사항은 다음 예시에서 설명하고 있다.

일반 사실

판매자가 미리 정해진 특정 기간 내, 예를 들면 1역년 이내에 구매된 물품에 대하여 다음과 같은 수량할인을 제의한 입증된 증거가 있다.

- 1개 ~ 9개 : 할인 없음
- 10개 ~ 49개 : 5% 할인
- 50개 이상 : 8% 할인

위 할인에 추가하여 3%의 추가할인이 특정 기간 말에 동 기간 내에 구매된 총 수량을 참고하여 소급적으로 계산하여 인정된다.

> 예시1

첫 번째 상황
X국의 수입자 B는 27단위를 구매하고 단일 선적으로 수입한다. 송장 가격은 5% 할인을 반영한다.

두 번째 상황
X국의 수입자 C는 단일 거래에서 5% 할인이 반영된 가격으로 27단위를 구매하지만 각 9단위씩 3번에 나누어 선적하여 수입한다.

평가 처리
두 상황 모두에서 과세가격은 수입물품에 대하여 실제로 지급하였거나 지급하여야 할 가격, 즉 그 가격을 결정하는데 기여한 5%의 할인을 반영한 가격을 기초로 결정되어야 한다.

> 예시2

27단위를 구매하여 수입한 후 수입자 B와 C는 동일 역년 이내에 42단위 (즉, 각자 총 69단위)를 추가적으로 구매 및 수입한다. 두 번째 42단위의 구매에 대하여 B와 C 양 당사자에게 청구된 금액은 8% 할인된 금액을 반영한 가격이다.

첫 번째 상황
수입자 B의 첫 번째 27단위 구매와 두 번째 42단위 구매는 구매자와 판매자간의 누적할인(cumulative progressive discounts)을 약정한 최초의 일반계약(initial generation agreement)의 내용으로 체결한 두 개의 별개 계약의 대상이다.

두 번째 상황
수입자 C의 구매가 최초의 일반계약 대상이 아니라는 점을 제외하고는 위의 첫 번째 상황과 같다. 하지만 판매자의 판매의 일반적인 조건에 대한 특징으로 판매자는 누적할인(cumulative progressive discounts)을 제의하였다.

평가 처리
두 가지 상황 모두에 대하여 42단위에 대한 8%의 할인은 판매자의 가격의 특징이다. 이러한 특징은 수입국으로 수출하기 위하여 판매된 때의 물품의 단위가격 결정의 원인이 되었다. 그러므로 해당물품의 과세가격 결정에 있어 할인은 허용되어야 함을 나타낸다.
이러한 점에서 구매자가 이전에 구매한 수량을 고려하여 판매자가 수량 할인을 허용한다는 사실이 제1조 제1항 (b)의 규정의 적용을 의미하는 것은 아니다.

> 예시3

이 예시는 할인이 또한 소급적(retrospectively)으로 인정되는 점을 제외하면 위 두 예시와 동일하다. 각각의 경우에 수입자는 27단위를 구매하여 수입하고 동일 역년 이내에 추가로 42단위를 구매하여 수입한다.

27단위의 첫 번째 선적분에 대하여 5% 할인이 반영된 가격이 B에게 청구되고, 42단위의 두 번째 선적분에 대하여는 27단위의 첫 번째 선적분에 대하여 3%의 추가 할인으로 제시된 추가적인 공제와 함께 8%의 할인이 반영된 가격이 청구되었다.

평가 처리
42단위에 대한 8% 할인은 수입물품의 과세가격 결정시에 허용되어야 한다. 그러나 소급적으로 인정된 추가적인 3% 할인은 평가대상인 42단위의 단위가격 결정의 원인이 된 것이 아니라 종전 수입한 27단위와 관련된 것이므로 두 번째 수입분에 대하여는 허용되지 않아야 한다. 27단위에 대한 세관의 처리방법과 관련하여 종전 거래와 관련한 신용채권(credit)에 대하여는 권고의견 8.1로, 가격조정약관에 대하여는 예해 4.1로 이미 지침을 제공한 바 있다.

> 예시4

특정 기간 동안 모든 수입이 완료된 후 결산이 이루어진다. 동 기간 동안 수입된 총 수량을 기초로 수입자는 추가 3% 할인에 대한 자격을 얻는다.

평가 처리
소급적으로 인정된 3%의 할인은 16번 단락*에서 정한 이유로 고려될 수 없다. 하지만 위원회가 종전 거래와 관련한 신용채권(credit)에 대한 처리는 권고의견 8.1 및 가격조정약관의 처리에 대하여는 예해 4.1로 이미 지침을 제공하였던 점에 유의하여야 한다.

* 예시 3의 평가처리(Valuation treatment) 단락을 말한다.

권고의견2.1 동종·동질 물품에 대한 일반적인 시장가격보다 낮은 가격의 인정 여부

1. 동종·동질 물품의 일반적인(prevailing) 시장가격보다 낮은 가격이 「1994년도 관세와 무역에 관한 일반협정 제7조의 이행에 관한 협정」 제1조의 목적상 수용될 수 있는지에 대한 문제가 제기되었다.

2. 위원회는 이 문제를 검토하였으며, 가격이 동종·동질 물품의 일반적인 시장가격보다 낮다는 단순한 사실이 해당 가격을 제1조의 목적상 부인하는 이유가 되지 않아야 한다고 결론지었으며, 당연히 협정 제17조의 규정을 조건으로 한다.

예해 3.1 덤핑 가격으로 판매된 물품

1. 「1994년도 관세와 무역에 관한 일반협정」 제6조에서는 덤핑(dumping)을 한 국가의 상품이 그 상품의 정상가격(normal price)보다 낮은 가격으로 다른 국가의 시장에 진입하는 것으로서 정의한다. 또한 덤핑은 회원국 역내의 기존 국내 산업이 실질적인 피해를 받거나 받을 우려가 있는 경우 또는 국내산업의 발전이 실질적으로 지연된 경우에는 비난받아야 하며 덤핑방지 관세로 상쇄하거나 예방할 수 있다고 규정하고 있다.

2. 평가협정에 대한 일반서설에 따르면, 회원국들은 "평가 절차가 덤핑방지를 위해 사용되어서는 아니됨"을 인정하고 있다. 따라서 어떠한 종류의 덤핑이 의심되거나 입증되는 경우, 이를 저지하기 위한 적절한 절차는 적용 가능하다면 수입국에서 유효한 덤핑방지규정에 의한다. 따라서 다음과 같은 사항은 쟁점이 될 수 없다.
   (a) 제1조 제1항에서 정하고 있는 조건 중 하나가 충족되지 않는 경우를 제외하고는, 덤핑물품을 평가하기 위한 기초로서 거래가격을 부인하는 경우
   (b) 거래가격에 덤핑 마진을 고려한 금액을 가산하는 경우

3. 상기와 같은 이유로 덤핑물품의 평가에 적용되어야 하는 처리는 동종·동질 물품의 일반적인 시장가격보다 낮은 가격으로 수입된 물품에 적용되는 것과 동일하게 된다.

사례연구 12.1 제조원가 이하로 수출 판매된 물품에 대한 평가협정 제1조의 적용

거래사실

1. B국의 수입자 A는 T국의 수출자 S로부터 제조 공정에서 소비되는 고품질의 부품을 구매한다. 수출자 S는 특정 산업 분야에 판매하는 다국적 대기업의 자회사이다. 구매자와 판매자간에는 특수관계가 없다. 모든 협상은 현재 재고가 유지되는 동안에만 합의된 가격 수준이 유지될 수 있다는 것을 수입자 A에게 통지한 수출자 S에 의해 결정되었다. 수출자 S는 B국에 소재지가 없어 이 판매를 해당 시장 진출을 위한 기회로 본다. 성공적인 시장 진출은 회사에 상당한 장기적인 이익을 가져다 줄 것이고 이들 그룹의 보다 수익성 있는 특수관계 회사들을 소개할 수 있는 기반이 될 것이다. 이러한 기회는 가격 수준에 영향을 주었다.

2. 세계 경제 상황으로 인해 수출자 S는 현금 흐름을 창출하기 위해 생산비용보다 평균 30% 낮은 가격에 재고 물품을 팔아야 했다. 수입자 A가 주문한 부품은 이 범주에 해당한다. 하지만 마케팅 기회를 이유로 수출자 S는 생산비용보다 40% 낮은 가격으로 판매하는데 동의했다.

■ 질문

3. 평가협정에 따라 과세가격은 어떻게 계산되어야 하는가?

■ 과세가격 결정

4. 수입물품에 대한 과세가격의 우선적인 기초는 거래가격이며, 즉 거래가격은 특정 요건(제1조)을 전제로 하여 제8조에 따라 조정된 물품에 대하여 실제로 지급하였거나 지급하여야 할 가격이다. 실제로 지급하였거나 지급하여야 할 가격은 구매자가 판매자에게 또는 판매자의 이익을 위하여 실제로 지급하였거나 지급하여야 할 총 금액이다(제1조에 대한 주해).

5. 제시된 사실은 수출을 위한 판매가 수출자 S와 수입자 A간에 합의되었다는 것을 나타낸다.

6. 검토 중인 사례에서 당연히 협정 제17조의 규정을 조건으로 제1조에 따른 거래가격을 부인할 근거를 제공하는 징표는 없다. 알려진 제한은 없다. 평가대상 물품과 관련하여 가격(value)을 결정할 수 없는 조건이나 사정(consideration)은 없다. 수출자 S와 수입자 A는 판매 가격에 합의했다. 그 가격은 재고를 구매할 수 있을 때에만 조건부이다. 마찬가지로 판매자에게 귀속되는 후속 판매에 따른 사후귀속이익도 없다. 제시된 사실에 기초하면 제15조제4항에서 규정하고 있는 어떠한 특수관계도 없다.

7. 그러므로 거래가격을 부인하고 과세가격을 결정하기 위하여 다른 조항으로 넘어가기 위한 평가협정 제1조에 규정된 조항에 따른 근거는 없다.

8. 권고의견 2.1은 가격이 동종·동질물품의 일반적인 시장가격보다 낮다는 단순한 사실이 제1조에 따른 거래가격을 부인하는 충분한 근거가 되지 않는다고 결론 내린다. 마찬가지로 이 사례에서 가격이 판매자의 생산비용보다 낮고 판매자에게 이익이 남지 않는다는 단순한 사실이 거래가격을 부인할 충분한 근거는 되지 않는다.

■ 결론

9. 제시된 정보에 기초하여, 과세가격은 수입자 A가 수출자 S에게 지급한 제8조에 따라 조정된 가격을 사용한 거래가격을 기초로 계산되어야 한다.

권고의견23.1 "반짝 세일"에서 구매한 수입물품의 평가

1. 제기된 쟁점은 세관이 협정 제1조에 따른 과세가격의 기초로서, '반짝 세일' 중에 구매한 수입물품에 대한 매우 할인된 가격을 고려하여야 하는지 여부였다. 만약 그렇다면, 두 번째 쟁점은 세관이 거래가격이 없는 동종·동질 물품 또는 유사물품의 거래가격을 결정하는데 이 매우 할인된 가격이 사용되는 것에 동의하여야 하는지 여부였다.

2. 관세평가기술위원회는 다음과 같은 견해를 제시하였다.

    협정에 따라 수입물품의 과세가격은 "상업적 관행과 일치하는 단순하고 공평한 기준을 기초로 하여야 한다." 반짝 세일은 잠재적인 구매자를 끌어들이기 위해 단기간 동안 매우 할인된 가격으로 제공되는 판촉판매이다. 반짝 세일은 전통적인 시장 또는 전자상거래(e-commerce)를 통해 이루어 질 수 있다. 협정은 관세평가를 위한 유일한 국제적인 법체계이다. 그 규정들은 전통적인 시장과 전자상거래를 통해 구매된 수입물품 모두에 대하여 적용되어야 한다.

    협정 제1조에 따라 거래가격의 기초는 수입물품에 대하여 실제로 지급하였거나 지급하여야 할 가격이라는 점을 감안할 때, 반짝 세일 중에 구입한 수입물품에 대한 할인된 가격은 과세가격의 기초로 수용될 수 있다.

    권고의견 2.1에 따르면 단지 가격이 동종·동질 물품의 일반적인 시장가격 보다 낮다는 사실만으로 해당 가격을 제1조의 목적상 부인하는 이유가 되지 않아야 한다. 물론 협정 제17조의 규정을 조건으로 하여야 한다. 따라서 협정 제1조에 규정된 적용 조건들을 충족한다면 반짝 세일 중에 구매한 물품의 과세가격은 해당 물품의 거래가격이다.

    반짝 세일 중에 구매한 수입물품이 협정 제15조 제2항에 규정된 정의에 부합하고 제2조 또는 제3조 따른 모든 요건들을 충족한다면, 반짝 세일 중에 구매한 수입물품의 할인된 가격은 각각 협정 제2조 및 제3조에 규정된 동종·동질물품의 거래가격 또는 유사물품의 거래가격의 적용 목적으로 사용될 수 있다.

    제2조 및 제3조에서는 과세가격은 동일한 수입국으로 수출하기 위해 판매되고 평가대상 물품과 동시 또는 거의 동시에 수출되는 동종·동질물품 또는 유사물품의 거래가격(각각의 경우에 맞게)이 되어야 한다고 규정하고 있다. 시간 기준을 충족하는 것 외에도, 예해 1.1의 6단락과 해설 1.1의 12단락에서 설명한 것처럼 동일한 상업적 관행과 시장 조건이 적용됨을 확실하게 할 필요가 있다.

반짝 세일에 통용되는 상업적 관행과 시장 조건이 반짝 세일 이외의 상황에서 존재할 것 같아 보이지는 않는다.

각 사례는 사안별로 검토되어야 한다.

가격조정약관 PART

예해 4.1   가격 조정 약관

1. 상업적 관행상, 어떠한 계약은 가격이 잠정적으로만 결정되는 가격조정약관을 포함하고 있어서, 지급하여야 할 가격의 최종적인 결정은 해당 계약 자체의 규정에서 정하는 특정한 요소들에 따르는 경우가 있다.

2. 이런 상황은 다양한 방식으로 발생할 수 있다. 첫 번째는 물품이 최초의 발주 이후 상당한 기간이 지나 인도된 경우(예를 들면, 특별히 주문 제작되는 플랜트 및 자본설비 등)이다. 계약은 최종적인 가격은 노무비, 재료비, 간접비용 및 물품의 생산에서 발생하는 기타 투입비용과 같은 요소의 증가 또는 감소를 인정하는 합의된 계산식을 기초로 결정된다고 명시하고 있다.

3. 두 번째 상황은 주문된 물품의 수량이 일정기간에 걸쳐 제조되고 인도된다. 상기 2번 단락에서 설명하고 있는 계약 명세와 동일한 형태임을 가정하면, 각 가격이 원 계약에 명시된 동일한 계산식에 따라 산출되었음에도 불구하고, 첫 번째 단위의 최종 가격은 마지막 단위 및 다른 모든 단위의 최종 가격과 다르다.

4. 또 다른 상황은 물품 가격은 잠정적으로 결정되지만, 판매계약의 규정에 따라 최종적인 정산은 인도시점의 검사 또는 분석에 따르는 경우이다(예를 들면, 식물성 기름의 산성도, 광속의 금속함유량 또는 양모의 청결 정도 등).

5. 협정 제1조에서 정의하고 있는 수입물품의 거래가격은 물품에 대하여 실제로 지급하였거나 지급하여야 할 가격에 기초한다. 제조에 대한 주해에서, 실제로 지급하였거나 지급하여야 할 가격은 구매자가 판매자에게 수입물품에 대하여 지급하였거나 지급하여야 할 총 금액이다. 그러므로 가격조정약관이 있는 계약에서, 수입물품의 거래가격은 계약 조항에 따라 지급하였거나 지급하여야 할 최종적인 총 가격에 기초하여야 한다. 수입물품에 대하여 실제로 지급하였거나 지급하여야 할 가격은 계약에 명시된 자료를 기초로 결정될 수 있기 때문에, 이 예해에서 설명하고 있는 종류의 가격조정약관은 가치(value)를 결정할 수 없는 조건 또는 사정(consideration)에 해당하는 것으로 간주되지 않아야 한다(협정 제1조 제1항(b) 참조).

6. 이에 대한 실무적인 측면과 관련하여, 가격조정약관이 평가시점에 완전한 효력을 발휘한 경우에는 실제로 지급하였거나 지급하여야 할 가격이 결정되었기 때문에 문제가 발생하지 않는다. 가격조정약관이 물품이 수입된 후 미래의 어느 시점에서 효력이 발생하는 변수들과 연계된다면 상황이 달라진다.

7. 그러나 협정은 평가대상 물품의 거래가격이 가능한 관세평가의 기초가 되어야 한다고 권고하고 있으며 제13조가 과세가격의 최종적인 결정의 지연 가능성을 규정하고 있는 점을 고려하면, 비록 항상 수입시점에 지급하여야 할 가격을 결정할 수 없을지라도, 가격조정약관 그 자체로 이 협정 제1조에 따른 평가를 배제해서는 아니 된다.

기타 실제지급가격 PART

예해 8.1 일괄거래의 처리

1. 이 예해의 목적상, 일괄거래(Package deal)라 함은 서로 관련이 있는 물품군 또는 함께 판매된 물품군 일체에 대하여, 단 하나의 대가(consideration)를 구성하는 판매된 물품의 가격을 총액(lump sum)으로 지급하기로 약정된 계약을 말한다.

2. 평가 문제가 수반될 수 있는 일괄거래의 예시는 다음과 같다.

    (A) 다른 물품이 판매되고 하나의 전체 가격으로 송장이 발행되는 경우
    (B) 하나의 전체 가격으로 판매되고 송장이 발행된 다른 품질의 물품의 물품이 단지 일부만 수입국에서 내수용으로 신고되는 경우
    (C) 동일한 거래에 포함되는 다른 물품이 오로지 세율 및 기타 사유를 위하여 개별 가격으로 송장이 발행되는 경우

평가처리

(A) 다른 물품이 판매되고 하나의 전체 가격으로 송장이 발행되는 경우

3. 제1조의 다른 조건들이 충족된다고 가정한다면, 다른 물품들에 대하여 하나의 전체 가격으로 기재되었다는 사실은 거래가격을 결정하는데 있어 장애가 되지 않는다. 해당 물품들이 다른 관세율로 별개의 관세율표 호에 분류할 수 있는 경우에, 협정 제1조의 요건을 충족하는 일괄거래의 일부로서 합의된 전체가격은 제1조를 적용할 때 품목분류 목적만을 이유로 배제되지 않아야 한다.

4. 추가로 다른 호에 분류할 수 있는 물품들에 대한 전체가격의 적절한 배분에 대한 실무적인 문제가 있다. 이들 방법이 일괄거래에 포함된 다양한 물품의 가격에 대한 유효한 지표를 제공할 수 있다면, 예를 들면, 과거 수입의 동종·동질 또는 유사 물품의 가격이나 가치(value)의 사용을 포함한 몇 가지 방법이 사용될 수 있다. 수입자가 일반적으로 인정된 회계원칙에 기초한 적절한 가격 배분(price breakdown)을 제시할 수도 있다.

(B) 하나의 전체 가격으로 판매되고 송장이 발행된 다른 품질의 물품이 단지 일부만 수입국에서 내수용으로 신고되는 경우

5. 이 경우 문제에 대한 본질이 각각 다르며, 다음 예시로 설명될 수 있다.

　　세 가지 다른 품질(최상급 A, 보통 B, 저급 C)로 구성된 탁송물품을 kg당 100 c.u.의 전체 단위가격으로 구매한다. 수입국에서 구매자는 A급 물품만 내수용으로 kg당 100 c.u.로 수입신고하고 나머지 등급 물품은 다소 다른 절차에 사용되도록 한다.

6. 실제로 지급하였거나 지급하여야 할 전체 가격은 다양한 품질을 가진 물품의 세트에 대하여 합의되었기 때문에 내수용으로 신고된 물품에 대한 판매가격은 없으므로 협정 제1조는 이러한 경우에는 적용되지 않는다.

7. 하지만, 상기 예시에서 여러 가지 품질의 물품 중에서 하나의 등급만 내수용으로 신고되는 대신에, 탁송물품을 구성하는 전체의 패키지에 포함된 각각의 상품이 특정되고 동등한 비율(예를 들어, 3분의 1 또는 2분의 1)로 내수용으로 신고되는 경우에는 협정 제1조 적용이 가능하다. 구매한 전체 수량에 대해 내수용으로 신고된 물품 수량을 전체 가격에 대한 비율로 나타낸 가격은 협정 제1조의 조건에 따라 거래가격의 기초로서 될 수 있다.

(C) 동일한 거래에 포함되는 다른 물품이 다음 예시에서 설명한 바와 같이 오로지 세율 및 기타 사유를 위하여 개별 가격으로 송장이 발행되는 경우

　　100 c.u.에 일괄거래로 구매한 상품 A와 B는 판매자에게 지급하여야 할 거래의 전체 가격의 변동 없이 관세에 대한 수입자의 총 부담을 경감하기 위하여 각각 35 및 65로(상품 A의 세율은 15%이고 상품 B의 세율은 6%이다) 송장이 발행되었다.

8. 상기 예시에서, 가격은 관세에 대한 부담을 경감하기 위하여 부적절하게 책정되거나 수정되었다(일부 상향 및 일부 하향). 이러한 종류의 행위는 덤핑방지 조치 또는 쿼터(quotas)에 대한 법망을 피하기 위하여 사용되기도 된다.

9. 상기에서 설명한 종류의 가격조작 사례는 관세 집행 당국에서 처리해야 할 문제지만, 그럼에도 불구하고 수입물품은 관세목적상 평가될 필요가 있다.

10. 이러한 맥락에서, 해당 사례에서의 상향-하향(off-setting, 상쇄) 조정은 평가대상 물품과 관련하여 가치(value)를 결정할 수 없는 조건 또는 사정(consideration)에 해당하는 것에 유의해야 한다. 그러므로 제1조 제1항(b)의 규정이 적용되므로 평가는 수입물품의 거래가격에 기초할 수 없다.

예해 11.1 끼워팔기의 처리

1. 끼워팔기(tie-in sales)의 두 가지 큰 범주가 있다. 하나는 조건 또는 사정(consideration)이 물품 가격에 관련된 것이고 다른 하나는 물품 판매에 관련된 것이다. 조건 또는 사정(consideration)가 가격뿐만 아니라 판매와 관련된 상황은 첫 번째 범주의 끼워팔기로 취급되어야 한다.

2. 첫 번째 범주의 끼워팔기에서 한 거래의 가격은 판매자와 구매자간의 다른 거래의 조건에 영향을 받는다. 이러한 판매에서 가격은 유일한 대가(consideration)가 아니다. 이러한 끼워팔기는 가격이 평가대상 물품과 관련하여 가치(value)를 결정할 수 없는 조건 또는 사정(consideration)에 좌우되는 상황에 해당하고, 따라서 해당 가격은 제1조 제1항(b)의 규정에 따라 거래가격을 결정할 목적상 부인되어야 하다.

   제1조에 대한 주해에서는 다음과 같은 세 가지 사례를 열거하고 있다. (1) 구매자가 특정 수량의 다른 물품을 함께 구매하는 조건으로 판매자가 수입물품의 가격을 결정하는 경우, (2) 수입물품 가격이 수입물품 구매자가 수입물품 판매자에게 다른 물품을 판매하는 가격에 따라 결정되는 경우, (3) 수입물품의 판매자가 반제품을 공급하고, 완제품의 일정 수량을 받는 조건과 같이, 수입물품과 관계없는 지급형태를 근거로 가격이 결정되는 경우

3. 하지만 이점에 대하여, 제1조 제1항(b)의 적용이 의도된 목적 이상으로 확대되지 않도록 주의해야 한다.

4. 예를 들면, 만약 판매자가 하나의 주문(single order)의 수량이나 금전적인 가치(value)에 따라 계산되는 수량할인을 인정하는 경우에, 수많은 다른 품목들로 이루어진 주문에 의하여 구매자에게 할인 자격이 부여되고, 이들 품목을 이루는 각각의 물품은 할인 자격이 없다는 사실이 제1조 제1항(b)이 적용되는 상황에 해당하지 않는다.

5. 조건 또는 사정(consideration)이 물품의 판매에 관련되는 끼워팔기의 두 번째 범주는 통상 "대응무역"으로 불리는 형태를 포함한다. 대응무역은 경우에 따라서는 추가적으로 다른 나라로부터의 판매가 연계되었다 하더라도, 어떤 국가에 대한 판매가 그 국가로부터 판매와 밀접하게 연계된 거래를 의미한다. 대응무역은 본질적으로 물물교환을 통한 국제무역에서의 물품에 대한 대금지급 체계이다. 어떤 경우에는 대응무역이 상품 대 용역의 교환과 그 반대를 수반할 수 있다.

6. 대응무역은 국가가 해외로부터 필요한 물품을 취득할 수 있고 동시에 자국물품(대응물품)의 수출판매를 보장함으로써 균형 잡힌 무역흐름을 유지할 수 있는 수단을 제공한다. 대응무역은 화폐지급 보다는, 수입국에서 생산되어 수출되는 상품 형태로 수입에 대한 전체 지급 또는 일부 지급을 수반한다. 하지만 주로 두 거래에 대한 지급은 화폐형태가 될 것이다.

7. 보다 일반적인 대응무역 관행에 대한 목록은 다음과 같다.

   (a) 물물교환 : 화폐 지급이 없이 물품의 대가로 물품을 단일하게 교환하는 경우(권고의견 6.1 참조)
   (b) 대응구매 : 물품과 화폐의 대가로 물품을 교환하거나, 용역과 화폐의 대가로 물품을 교환하는 경우
   (c) 증거계정 : 대응구매는 흔히 증거계정의 형태로 표현된다. 지급의 목적으로, 외환취급 은행이나 중앙은행에 증거계정이 설치되고 수출자의 대응구매가 현재 또는 미래의 대응구매 의무에 대해

보증된다. 이러한 거래는 즉각적인 요구에 대면하는 대신에 증거계정은 대응구매를 이행하는데 있어 수출자에게 "최선의 구매"를 할 시간적 여유를 허용하기 때문에 수출자에게 어느 정도 유연성을 제공한다.

(d) 구상무역 또는 제품환매 : 기계류, 장비, 기술 또는 제조 또는 가공 설비에 대한 지급액의 전부 또는 일부를 최종 제품의 일정 수량으로 교환하는 경우

(e) 청산협정 : 특정 기간 동안 서로간의 물품의 지정된 금액을 구매하는 양국 간의 양자협정을 체결하고 자유롭게 교환가능한 제3국 청산통화, 즉 "경화"를 사용하는 경우

(f) 스위치 또는 삼각무역 : 양자 무역협정(상기 (e)호의 청산협정과 같은)의 당사자 중 한 쪽이 자신의 신용잔고를 제3자에게 이전하는 경우. 예를 들면, A국과 B국이 청산협정을 체결하고 A국은 C국으로부터 상품을 구매한다. 청산협정에 따라 A국을 대신하여 B국이 그 지급액을 이전받아 C국에 대가를 지급한다.

(g) 스왑거래(Swap) : 운송비용을 절감하기 위하여 다른 지역에 있는 동종·동질 또는 유사 물품을 교환하는 경우. 이러한 종류의 거래는 일본의 구매자가 다량의 베네주엘라산 원유를 구매하고 미국 동부해안의 구매자가 구매한 동일한 양의 알라스카산 원유와 교환하는 경우와 같이 보다 근접한 공급처의 이점을 얻으려는 목적만으로 동종·동질 또는 유사 물품이 교환된다는 점에서 상기 (a)의 물물교환과는 다르다.

(h) 상계협정 : 일반적으로 첨단기술의 특징을 갖고 있는 상품의 판매는 수출자가 자신의 최종 생산물에 수입국에서 수출자가 획득한 특정 재료, 부품 또는 구성요소를 결합하는 것을 조건으로 일어날 수 있다.

8. 얼마나 많은 국제무역이 대응무역을 수반하는 지에 대한 신뢰할 만한 단일한 측정치는 없는 것으로 보인다. 추정치는 세계무역의 1%에서부터 전 세계 국제무역의 4분의 1까지 매우 다양하게 존재하고 있다. 이렇게 견해가 다양한 것은 주로 국제교역을 측정하는 통상적인 방법과는 대조적으로 국제무역과 같이 대응무역 거래를 보고하고 분석하는 수단이 없다는 사실에 기인한다. 실제로 대응무역을 확인하는 것은 쉬운 일이 아니다. 특히 거래가 통화형태로 표시되어 별개로 지급되는 경우에는 더욱 어렵다. 그럼에도 불구하고 대응무역량에 관한 일치된 의견은 없지만, 대응무역이 점점 더 세계무역에 있어서 큰 요인이 되고 있다는 것에 대하여는 일반적으로 의견이 일치되고 있다.

9. 대응무역이 물품 가격이나 비용에 미치는 영향에 대하여도 일치된 견해는 없는 것으로 보인다. 하지만, 대응무역을 고려하는 수출자는 자신의 물품을 판매하는 것뿐만 아니라 거래처의 물품판매도 인지하면서 자신의 물품 가격을 책정한다고 말할 수 있다. 수출자는 이러한 요인 때문에 자신의 가격을 높게 책정할 수 있다. 그러므로 대응무역을 필요로 하거나 관습에 따라 수행하는 국가로 수출되는 물품 가격은 대응무역이 없는 물품 가격과 같거나 그보다는 높다고 기대할 수 있다.

10. 동일한 이유로, 앞에서 말한 것을 대신하여 또는 이에 부가하여 수출자는 자신이 구매해야 하는 물품 가격을 보다 낮게 책정하도록 요구할 수 있다. 따라서 대응구매 물품가격은 대응구매가 없는 가격보다 같거나 그보다 낮을 수 있다고 기대할 수 있다. 당연히 이들 물품들은 수출자의 국가로 수입되거나 어떤 다른 나라로 보내질 수도 있다.

11. 관세평가와 관련하여, 첫 번째로 반드시 고려할 사항은 제1조의 조건이 대응무역을 수반하는 어떠한

거래에 대하여 동 조항의 적용을 배제하는 것인지 배제하지 않는 것인지 여부 중의 하나가 될 것이다. 대응무역이 취할 수 있는 여러 가지 형태의 수에 비추어, 이러한 관점에서 어떤 일치된 결론이 이루어질 것으로 보이지 않으므로 관련된 대응무역 형태를 포함한 각 거래 사실에 기초하여 결정될 필요가 있다.

예해 6.1 협정 제1조에 의한 분할선적물품의 처리

총설

1. 이 예해의 목적상, "분할선적(split shipment)"이란 구매자와 판매자간의 단일 거래의 대상임에도 불구하고 인도, 운송, 지급 또는 이와 유사한 행위와 관련된 이유로 단일 선적의 형태로 통관하지 않고, 따라서 동일한 세관이나 다른 세관들을 통하여 분할 또는 연속 선적의 형태로 수입되는 탁송물품을 의미한다.

구체적인 상황

2. 분할선적의 상태로 수입되는 물품의 사례 대부분은 다음 세 가지 범주 중 하나에 해당된다.

    (a) 완전한 산업설비 또는 플랜트를 구성하는 물품이 다른 공급원으로부터 공급되거나, 단일선적 형태의 수입이 물리적으로 불가능하거나, 플랜트 조립 계획에 맞추어 시차를 두어 선적하는 것이 편리하다는 필요성 때문에 분할 선적되는 경우
    (b) 수량으로 인해 당사자가 단일선적으로 물품 전부를 수입하는 것이 불가능하거나 불편하여 분할 선적되는 경우
    (c) 지리적 분포(geographical distribution)의 이유로 분할 선적되는 경우

A. 산업설비 또는 플랜트의 분할선적

3. 이러한 형태의 사례는 규모 때문에 여러 번 선적되어 수입되어야 하는 특정 물품군 및 전체 설비의 수입과 관련되는 것이다. 관세율 및 관세기술 목적상 이러한 분할선적 물품의 처리는 당연히 수입국의 국내 법률에 따른다.

4. 각 선적분의 과세가격은 실제로 지급하였거나 지급하여야 할 가격에 기초한다. 이는 거래당사자가 체결한 거래에 반영되어 있는 금액으로서 구매자가 수입물품에 대하여 판매자에게 또는 판매자의 이익을 위하여 실제로 행하였거나 행하여야 할 총 지급금액을 적절하게 배분한 금액이다.

5. 분할선적이 별개의 송장의 대상인 경우에는 제8조(전체 거래에 대해 배분하는 것이 적절한 경우)에 따라 결정된 조정을 송장 금액에 가산할 필요가 있으며 공제 금액 역시 이와 유사하게 처리할 필요가 있다.

6. 분할선적이 별개의 송장의 대상이 되지 않는 경우에는 과세가격을 결정함에 있어서 거래에 대한 총 가격은 상황에 적절한 합리적인 방법과 일반적으로 인정된 회계원칙에 따라 배분될 수 있다.

7. 일반적으로 이러한 사례의 경우에는, 그러한 수입이 때때로 기술비용 또는 가격조정약관(예해 4.1 참조)과 같은 요소를 수반하기 때문에 각 탁송물품의 과세가격은 수입시점에 최종적으로 결정될 수 없다. 과세가격

의 최종 결정을 지연할 필요가 있다면, 수입자는 협정 제13조에 의하여 세관으로부터 물품을 반출할 수 있다. 물품이 분할 선적되어 수입되는 경우 세관이 부과하는 잠정적인 관세는 과세가격이 최종적으로 결정될 때 당연히 수정할 수 있다.

B. 수량으로 인한 분할선적의 경우

8. 이러한 경우에는, 거래가 합의된 단가로 판매되는 동일한 단위 또는 세트로 구성된 다량의 물품을 수반한다고 가정한다. 인도일자는 당사자의 편의에 따라 사전에 확정되거나 나중에 확정될 수 있다.

9. 제1조의 목적상 판매계약이 체결된 시점이나 판매계약이 체결된 시점 이후의 시세변동은 고려되지 않아야 하기 때문에(해설 1.1 참조), 물품의 과세가격의 결정은 실제로 지급하였거나 지급하여야 할 가격에 기초하여야 한다.

10. 하지만, 분할선적 형태의 수입이 쟁점 거래의 일반적인 상업적 관행을 반영하는 합리적인 기간 이내에 이행되지 않은 경우에, 세관당국은 특별히 최초의 가격을 수정한 추가적인 계약이 있었는지 여부를 검증하기 위하여 실제로 지급하였거나 지급하여야 할 가격에 대하여 조사할 필요가 있는지를 고려할 것이다. 이러한 조치는 협정 제13조 및 제17조의 규정에 따라 이루어질 수 있다.

11. 단위가격은 해당 거래에 수반된 총 단위 수량에 따라 당연히 좌우될 수 있으나, 그럼에도 불구하고 제1조 제1항(b)는 적용 가능하지 않다. 제1조 제1항(b)에 대한 주해는 이러한 조건의 예시로서 구매자가 특정 수량의 다른 물품을 함께 구매하는 조건으로 판매자가 수입물품의 가격을 결정하는 경우를 인용할 때, 단일의 거래에 수반되는 동일한 물품이 아닌 그 밖의 다른 물품과 결부된 원칙을 정하고 있는 것이다.

C. 지리적 분포(geographical distribution)에 따른 분할선적의 경우

12. 이러한 상황은 일반적인 국제무역의 관행이다. 구매자는 단일의 거래에서 판매자로부터 하나의 수입국 또는 둘 이상의 항구나 세관에 별개의 선적으로 보내질 일정량의 물품을 구매하기로 합의한다. 각 세관 또는 관세영역을 통해 수입된 물품분의 과세가격은 협정 제1조에 따라 해당분에 대하여 실제로 지급하였거나 지급하여야 할 가격에 기초하여 결정되어야 한다.

결론

13. 다양한 형태의 분할선적의 처리에 대한 상기의 사항을 고려하여 볼 때, 제1조의 요건이 충족될 수 있다면 분할선적에 제1조에서 예정된 평가방법이 적용될 수 있다는 것을 알 수 있다.

MEMO

CUSTOMS VALUATION

제4장

거래가격 배제

거래가격 배제사유 핵심문구

1. 관련규정

   - 관세법 제30조(과세가격 결정의 원칙) 제3항

2. 핵심문구

   관세법 제30조 제3항

   ③ 다음 각 호의 어느 하나에 해당하는 경우에는 제1항에 따른 거래가격을 해당 물품의 과세가격으로 하지 아니하고 제31조부터 제35조까지에 규정된 방법으로 과세가격을 결정한다. 이 경우 세관장은 다음 각 호의 어느 하나에 해당하는 것으로 판단하는 근거를 납세의무자에게 미리 서면으로 통보하여 의견을 제시할 기회를 주어야 한다.

   1. 해당 물품의 처분 또는 사용에 **제**한이 있는 경우. 다만, 세관장이 제1항에 따른 거래가격에 실질적으로 영향을 미치지 아니한다고 인정하는 제한이 있는 경우 등 대통령령으로 정하는 경우는 제외한다.
   2. 해당 물품에 대한 거래의 성립 또는 가격의 결정이 금액으로 계산할 수 없는 **조**건 또는 사정에 따라 영향을 받은 경우
   3. 해당 물품을 수입한 후에 전매·처분 또는 사용하여 생긴 수익의 일부가 판매자에게 직접 또는 간접으로 귀속되는 경우. 다만, 제1항에 따라 적절히 조정할 수 있는 경우는 제외한다.**(사)**
   4. 구매자와 판매자 간에 대통령령으로 정하는 **특수관계**(이하 "특수관계"라 한다)가 있어 그 특수관계가 해당 물품의 가격에 영향을 미친 경우. 다만, 해당 산업부문의 정상적인 가격결정 관행에 부합하는 방법으로 결정된 경우 등 대통령령으로 정하는 경우는 제외한다.

Topic 2 처분 또는 사용상의 제한 핵심요약

1. 관련규정

- 관세법 제30조(과세가격 결정의 원칙) 제3항 제1호
- 관세법 시행령 제21조(처분 또는 사용에 대한 제한의 범위)
- 관세법 시행령 제22조(거래가격에 영향을 미치지 아니하는 제한 등) 제1항
- 예해 12.1(협정 제1조 1(a)(iii)의 "제한"의 의미)

2. 핵심문구

▌**관세법 시행령 제21조(처분 또는 사용에 대한 제한의 범위)**

법 제30조 제3항 제1호의 규정에 의한 물품의 처분 또는 사용에 제한이 있는 경우에는 다음 각호의 경우가 포함되는 것으로 한다.

1. **전**시용·**자**선용·**교**육용 등 당해 물품을 특정**용**도로 사용하도록 하는 제한
2. 당해 물품을 특정**인**에게만 판매 또는 임대하도록 하는 제한
3. **기**타 당해 물품의 가격에 실질적으로 영향을 미치는 제한

▌**관세법 시행령 제22조(거래가격에 영향을 미치지 아니하는 제한 등)**

① 법 제30조 제3항 제1호 단서에서 "거래가격에 실질적으로 영향을 미치지 아니한다고 인정하는 제한이 있는 경우 등 대통령령으로 정하는 경우"란 다음 각 호의 어느 하나에 해당하는 제한이 있는 경우를 말한다.

1. 우리나라의 **법**령이나 법령에 의한 처분에 의하여 부과되거나 요구되는 제한
2. 수입물품이 판매될 수 있는 **지**역의 제한
3. 그 밖에 해당 수입물품의 특성, 해당 산업부문의 관행 등을 고려하여 통상적으로 허용되는 제한으로서 수입가격에 실질적으로 영향을 미치지 않는다고 **세**관장이 인정하는 제한

예해 12.1(협정 제1조 1(a)(iii)의 "제한"의 의미)

2. 제한이 가치(value)에 실질적으로 영향을 미쳤는지 여부를 결정하기 위하여 많은 요인들이 고려되어야 할 수 있다. 이들 요인은 제한의 특성, 수입물품의 특성, 산업분야 및 상업적 관행의 특성, 가격에 대한 영향이 상업적으로 중요한 것인지를 포함한다.

4. 반면에, 수입물품의 가치(value)에 실질적인 영향을 미치는 제한이 관련 거래에서 통상적이지 않는 경우이다.

3. 처분 또는 사용 제한 검토사항

1) 동일물품이 용도상의 제한으로 인하여 가격차이가 발생했는지 여부
   - 동일물품 하 주문수집, 전시용 견본, 테스트용품을 할인받아 수입 시 : 제한에 해당
   - A/S용 부품 vs 양산용 부품 : 상이한 물품(소량, 다품종, 보관관리 등 부대비용 소요 여부)
   - 일반용 S/W와 교육용(딜러용) S/W : 저작권자가 지정한 사용권한의 범위가 달라 가치가 상이한 별개의 물품으로 판단(대법원)
   - Tester용 화장품 vs 화장품(정품) : TESTER NOT FOR SALE 표시로 인해 상업적으로 서로 교환가능하다고 보기 어려움(관세평가분류원)

2) 수입가격에 실질적으로 영향을 미치는 제한인지 여부
   수입물품의 특성, 산업분야 등을 고려하여 해당 제한이 관련거래에서 **통상적으로 허용되는 제한에 해당하는지 여부**를 기초로 판단

Topic 3

조건 또는 사정의 영향 핵심요약

1. 관련규정

- 관세법 제30조(과세가격 결정의 원칙) 제3항 제2호
- 관세법 시행령 제22조(거래가격에 영향을 미치지 아니하는 제한 등) 제2항
- 관세평가 운영에 관한 고시 제27조(조건 또는 사정)
- WTO관세평가협정 1조에 대한 주해 1항
- 권고의견 16.1(판매 또는 가격이 평가대상 물품과 관련하여 가치(value)를 결정할 수 있는 조건 또는 사정(consideration)에 의하여 영향을 받은 경우의 처리)
- 예해 2.1(수출보조금 또는 수출장려금 적용을 받는 물품의 평가)

〈관련 비교문제〉

- 예해 8.1(일괄거래의 처리)
- 예해 11.1(끼워팔기의 처리)

〈사례형태로 준비〉

- 권고의견 6.1(협정에 따른 물물교환(Barter) 또는 구상무역(Compensation)의 처리)
- 사례연구 3.1(협정 제1조의 조건과 제한)

2. 핵심문구

관세법 시행령 제22조(거래가격에 영향을 미치지 아니하는 제한 등)

② 법 제30조제3항제2호의 규정에 의하여 금액으로 계산할 수 없는 조건 또는 사정에 의하여 영향을 받은 경우에는 다음 각호의 경우가 포함되는 것으로 한다.

1. 구매자가 판매자로부터 특정수량의 <u>다른 물품을 구매하는 조건으로</u> 당해 물품의 가격이 결정되는 경우
2. 구매자가 <u>판매자에게 판매하는 다른 물품의 가격에 따라</u> 당해 물품의 가격이 결정되는 경우

3. 판매자가 <u>반제품을 구매자에게</u> 공급하고 그 대가로 그 완제품의 일정수량을 받는 조건으로 당해 물품의 가격이 결정되는 경우

관세평가 운영에 관한 고시 제27조(조건 또는 사정)

수입물품의 생산 또는 마케팅과 관련한 조건 또는 사정은 법 제30조제3항제2호의 거래가격을 과세가격으로 하지 아니하게 하는 조건 또는 사정으로 보지 않는다.

WTO관세평가협정 1조에 대한 주해

2. 그러나 수입물품의 <u>생산 또는 마케팅과 관련한 조건이나 사정(consideration)이 거래가격을 부인하는 결과가 되게 해서는 안 된다.</u> 예를 들면, 구매자가 판매자에게 수입국 내에서 수행된 기술 및 설계를 제공한다는 사실이 제1조 목적의 거래가격을 부인하는 결과가 되게 해서는 안 된다. 마찬가지로, 만약 구매자가 수입물품의 마케팅에 관한 활동을 비록 판매자와의 약정에 따라 수행하는 경우라도, 구매자가 자기의 계산으로 수행한다면 이러한 활동의 가치(value)는 과세가격의 일부도 아니고 그러한 활동이 거래가격을 부인하는 결과가 되게 하지도 않는다.

권고의견 16.1(판매 또는 가격이 평가대상 물품과 관련하여 가치(value)를 결정할 수 있는 조건 또는 사정(consideration)에 의하여 영향을 받은 경우의 처리)

평가대상 물품과 관련하여 조건 또는 사정(condition or consideration)의 가치(value)가 결정될 수 있다면 수입물품의 과세가격은 제1조의 다른 규정이나 요건이 충족하는 경우에 제1조에 따라 결정되는 거래가격을 의미하는 것으로 해석되어야 한다.

제1조에 대한 주해와 부속서 Ⅲ에서는 실제로 지급하였거나 지급하여야 할 가격은 구매자가 판매자에게 지급하였거나 판매자의 이익을 위하여 지급한 총 금액이며, 지급은 직접 또는 간접으로 할 수 있고, 그 가격은 구매자가 판매자에게, 또는 구매자가 제3자에게 실제로 지급하였거나 지급하여야 할 모든 금액을 포함한다는 것을 명확히 하고 있다.

<u>그러므로 조건의 가치(value)가 알려지고 수입물품과 관련되어 있을 때 실제로 지급하였거나 지급하여야 할 가격의 일부인 것이다.</u>

예해 2.1(수출보조금 또는 수출장려금 적용을 받는 물품의 평가)

3. 첫째로 결정할 점은 보조금을 받은 가격이 제1조에 따라 거래가격을 결정하기 위한 목적으로 실제로 수용될 수 있는지 여부이다. 보조금을 받은 물품의 경우에는, 다른 경우와 마찬가지로, 거래가격을 부인하기 위해서는 제1조 제1항에서 정하는 조건 중 어느 하나를 충족하지 않아야 한다. 여기에서 쟁점은 보조금을 판매 또는 가격에 영향을 주고 가치(value)를 결정할 수 없는 조건 또는 사정(consideration)으로 간주할 수 있는지 여부이다. 하지만 협정의 기본적인 개념이 구매자와 판매자간의 거래와 그들 사이에 직접 또는 간접으로 발생하는 것과 관련이 있으므로, 이러한 맥락에서 조건 또는 사정(consideration)은 구매자와 판매자간의 의무(obligation)로 해석되어야 한다. 따라서 제1조 제1항(b)는 단지 판매가 보조금을 받았다는 이유만으로는 적용될 수 없다.

4. 또 다른 쟁점은 보조금을 총 금액(total payment)의 일부를 구성하는 것으로 볼 수 있는지 여부이다. 협정 제1조에 대한 주해는 실제로 지급하였거나 지급하여야 할 가격은 수입물품에 대하여 구매자가 판매자에게 또는 판매자의 이익을 위하여 지급하였거나 지급하여야 할 총금액이라고 명시하고 있다. 자국 정부로부터 판매자가 수령한 보조금은 명백히 구매자로부터 수령한 지급 금액이 아니므로 지급하였거나 지급하여야 할 가격의 일부를 구성하지 않는다.

5. 보조금 처리를 고려함에 있어 해결되어야 할 또 다른 쟁점은 거래가격을 결정하기 위하여 구매자가 지급하였거나 지급하여야 할 가격에 보조금을 가산할 수 있는지 여부이다. 협정 제8조 제4항은 과세가격을 결정함에 있어 실제로 지급하였거나 지급하여야 할 가격에는 이 조에서 규정한 것 외에 어떠한 것도 가산되어서는 아니 된다고 명시하고 있다. 즉, 보조금은 제8조에서 언급하고 있는 어떠한 요소에도 해당하는 것으로 간주될 수 없으므로, 이 항목에서는 조정의 가능성이 없다.

Topic 4 사후귀속이익 핵심요약

1. 관련규정

- 관세법 제30조(과세가격 결정의 원칙) 제3항 제3호
- 관세법 시행령 제19조의2(수입물품을 전매·처분 또는 사용하여 생긴 수익금액의 범위)
- 관세평가 운영에 관한 고시 제23조(사후귀속이익)
- 사례연구 2.1(협정 제8조 제1항 (d)호의 적용)
- 사례연구 2.2(제8조 제1항 (d)호에 따른 사후귀속이익의 처리)

2. 핵심문구

관세법 시행령 제19조의2(수입물품을 전매·처분 또는 사용하여 생긴 수익금액의 범위)

법 제30조제1항제5호에서 "해당 수입물품을 수입한 후 전매·처분 또는 사용하여 생긴 수익금액"이란 해당 수입물품의 전매·처분대금, 임대료 등을 말한다. 다만, 주식배당금 및 금융서비스의 대가 등 수입물품과 관련이 없는 금액은 제외한다.

관세평가 운영에 관한 고시 제23조(사후귀속이익)

법 제30조제1항제5호에 따른 해당 수입물품을 수입한 후 전매·처분 또는 사용하여 생긴 수익금액은 해당 수입물품과의 거래조건 해당 여부와 관계없이 과세가격에 가산한다.

사례연구 2.2(제8조 제1항 (d)호에 따른 사후귀속이익의 처리)

3. 제8조 제1항(d)는 일체의 이러한 지급금액의 가산에 대한 원칙을 규정하고 있고, 협정은 그 범위와 적용을 명확하게 하는 주해는 포함하고 있지 않다. 아울러 협정에는 이러한 지급금액이 판매조건이어야 한다고 명시한 언급은 없다는 점에 유념해야 한다. 따라서 단지 이러한 수익의 존재만으로 제8조에 따른 조정이 요구된다.

5. 제8조 제1항(d)를 적용함에 있어 해당 수입물품을 추후에 전매, 처분 또는 사용하여 생긴 수익(proceeds)은 수입물품과 관련되지 않는 배당금 또는 기타 지급의 구매자로부터 판매자에게로의 이전과 혼동되지 않아야 한다.

Topic 5 특수관계자간 영향 핵심요약

1. 관련규정

- 관세법 제30조(과세가격 결정의 원칙) 제3항 제4호
- 관세법 시행령 제23조(특수관계의 범위 등)
- 관세법 시행규칙 제5조(특수관계의 영향을 받지 않은 물품가격)
- 관세평가 운영에 관한 고시 제28조(판매 주변상황 검토에 의한 특수관계 영향 판단)
- 관세평가 운영에 관한 고시 제29조(비교가격에 의한 특수관계 영향 판단)
- 권고의견 7.1(협정 제1조 제2항 (b) (i)에서의 비교가격 수용여부)
- 권고의견 21.1(협정 제15조 제4항(b)의 "사업상 동업자"에 대한 해석)
- 예해 23.1(이전가격 연구와 관련하여 제1조 제2항 (a)호에서 정하고 있는 "판매를 둘러싼 상황"이라는 표현에 대한 검토)
- 예해 14.1(제1조 제2항의 적용)

〈사례형태로 준비〉

- 예해 10.1(협정 제1조 제2항 (b)호와 제2조 및 제3조에 따른 상업적 단계 및 수량 차이에 대한 조정)
- 해설 4.1(제15조 제4항과 함께 연결하여 해석되는 제15조 제5항에서 정하는 특수관계에 대한 고려)
- 사례연구 9.1(독점대리인, 독점판매자 및 독점영업권자)
- 사례연구 10.1(제1조 제2항의 적용)
- 사례연구 11.1(특수관계자 거래에 대한 제15조 제4항의 적용)
- 사례연구 14.1~14.2 (협정 제1조제2항(a)에 따른 특수관계자 간 거래 검토시 이전가격 문서의 사용)

2. 핵심문구

관세법 시행령 제23조(특수관계의 범위 등)

① 법 제30조제3항제4호에서 "대통령령으로 정하는 특수관계"란 다음 각 호의 어느 하나에 해당하는 경우를 말한다.
1. 구매자와 판매자가 상호 사업상의 임원 또는 관리자인 경우
2. 구매자와 판매자가 상호 법률상의 동업자인 경우
3. 구매자와 판매자가 고용관계에 있는 경우
4. 특정인이 구매자 및 판매자의 의결권 있는 주식을 직접 또는 간접으로 5퍼센트 이상 소유하거나 관리하는 경우
5. 구매자 및 판매자중 일방이 상대방에 대하여 법적으로 또는 사실상으로 지시나 통제를 할 수 있는 위치에 있는 등 일방이 상대방을 직접 또는 간접으로 지배하는 경우
6. 구매자 및 판매자가 동일한 제3자에 의하여 직접 또는 간접으로 지배를 받는 경우
7. 구매자 및 판매자가 동일한 제3자를 직접 또는 간접으로 공동지배하는 경우
8. 구매자와 판매자가 「국세기본법 시행령」 제1조의2제1항 각 호의 어느 하나에 해당하는 친족관계에 있는 경우

② 법 제30조제3항제4호 단서에서 "해당 산업부문의 정상적인 가격결정 관행에 부합하는 방법으로 결정된 경우 등 대통령령으로 정하는 경우"란 다음 각 호의 어느 하나에 해당하는 경우를 말한다.

1. 특수관계가 없는 구매자와 판매자간에 통상적으로 이루어지는 가격결정방법으로 결정된 경우
2. 당해 산업부문의 정상적인 가격결정 관행에 부합하는 방법으로 결정된 경우
3. 해당 물품의 가격이 다음 각 목의 어느 하나의 가격(이하 이 조에서 "비교가격"이라 한다)에 근접하는 가격으로서 기획재정부령으로 정하는 가격에 해당함을 구매자가 입증한 경우. 이 경우 비교가격 산출의 기준시점은 기획재정부령으로 정한다.
   가. 특수관계가 없는 우리나라의 구매자에게 수출되는 동종·동질물품 또는 유사물품의 거래가격
   나. 법 제33조 및 법 제34조의 규정에 의하여 결정되는 동종·동질물품 또는 유사물품의 과세가격

③ 해당 물품의 가격과 비교가격을 비교할 때에는 거래단계, 거래수량 및 법 제30조제1항 각 호의 금액의 차이 등을 고려해야 한다.
④ 제2항의 규정을 적용받고자 하는 자는 관세청장이 정하는 바에 따라 가격신고를 하는 때에 그 증명에 필요한 자료를 제출하여야 한다.

관세법 시행규칙 제5조(특수관계의 영향을 받지 않은 물품가격)

① 영 제23조제2항제3호 각 목 외의 부분에서 "기획재정부령이 정하는 가격"이란 수입가격과 영 제23조제2항제3호 각 목의 가격(이하 "비교가격"이라 한다)과의 차이가 비교가격을 기준으로 하여 비교할 때 100분의 10 이하인 경우를 말한다. 다만, 세관장은 해당 물품의 특성·거래내용·거래관행 등으로 보아 그 수입가격이 합리적이라고 인정되는 때에는 비교가격의 100분의 110을 초과하더라도 비교가격에 근접한 것으로 볼 수 있으며, 수입가격이 불합리한 가격이라고 인정되는 때에는 비교가격의 100분의 110 이하인 경우라도 비교가격에 근접한 것으로 보지 아니할 수 있다.
② 비교가격은 비교의 목적으로만 사용되어야 하며, 비교가격을 과세가격으로 결정하여서는 아니된다.
③ 영 제23조제2항제3호 후단에 따른 비교가격 산출의 기준시점은 다음 각 호와 같다.
  1. 특수관계가 없는 우리나라의 구매자에게 수출되는 동종·동질물품 또는 유사물품의 거래가격 : 선적 시점
  2. 법 제33조에 따라 결정되는 동종·동질물품 또는 유사물품의 과세가격 : 국내판매 시점
  3. 법 제34조에 따라 결정되는 동종·동질물품 또는 유사물품의 과세가격 : 수입신고 시점

관세평가 운영에 관한 고시 제28조(판매 주변상황 검토에 의한 특수관계 영향 판단)

① 세관장은 특수관계가 해당 물품의 가격에 영향을 미쳤는지 여부를 판단하기 위해 구매자와 판매자가 그들의 상업적 관계를 조직하는 방법과 해당 가격이 결정된 방법 등 거래와 관련된 여러 사실관계를 종합적으로 검토하여야 한다.
② 다음 각 호의 어느 하나에 해당하는 경우에는 영 제23조제2항제1호의 "통상적으로 이루어지는 가격결정방법" 또는 제2호의 "당해 산업부문의 정상적인 가격결정 관행에 부합하는 방법"으로 볼 수 있다. 다만, 제1호부터 제3호까지 및 제7호를 적용하는

경우로서 가격차이가 있을 때에는 해당 호 단서의 "조정"이 가능한 경우에 한정한다.

1. 판매자가 국내의 특수관계가 없는 구매자에게 동등한 가격 수준으로 판매하는 경우. 다만, 거래수량, 거래단계 등이 상이한 경우에는 이를 조정하여야 한다.
2. 판매자가 수출국 또는 제3국의 특수관계가 없는 구매자에게 동등한 가격 수준으로 판매하는 경우. 다만, 거래수량, 거래단계, 국가별 시장의 발전수준 및 판매자의 글로벌 마케팅 전략 등이 상이한 경우에는 이를 조정하여야 한다.
3. 구매자가 동종동질 또는 유사물품을 특수관계가 없는 다른 판매자로부터 동등한 가격 수준으로 구매하는 경우. 다만, 거래수량, 거래단계 등이 상이한 경우에는 이를 조정하여야 한다.
4. 판매된 물품의 가격이 신문, 잡지 등에 공표된 가격으로서 다른 특수관계가 없는 구매자도 동등한 가격 수준으로 구입할 수 있음이 증명되는 경우
5. 해당물품의 가격이 그 물품의 생산 및 판매에 관한 모든 비용과 대표적인 기간동안에 동종 또는 동류의 물품 판매에서 실현된 기업의 전반적인 이윤을 충분하게 포함하고 있는 경우
6. 판매자가 특수관계가 없는 제조자 등으로부터 구입한 물품을 구매자에게 판매하는 경우에 해당물품의 가격이 제조자 등으로부터의 구입가격에 더하여 판매자의 판매와 관련된 통상의 이윤 및 일반경비를 충분하게 포함하고 있는 경우
7. 판매자가 구매자에 대한 판매에서 실현한 매출총이익률과 특수관계가 없는 구매자에 대한 판매에서 실현한 매출총이익률이 동등한 수준인 경우. 다만, 거래수량, 거래단계, 국가별 시장의 발전수준 및 판매자의 글로벌 마케팅 전략 등이 상이한 경우에는 이를 조정하여야 한다.
8. 구매자가 특수관계자로부터 구매한 물품과 특수관계가 없는 자로부터 구매한 동종동질 또는 유사물품을 국내 판매할 때 실현한 매출총이익률이 동등한 수준인 경우. 다만, 동등한 수준의 거래조건과 시장조건에서 실현된 것을 전제로 하며, 구매자의 총이익률은 해당 산업의 총이익률과 동등한 수준이어야 한다.
9. 구매자가 해당 수입물품 또는 이를 대체할 수 있는 물품을 특수관계가 없는 자로부터 자유롭게 구매하며, 구매자가 판매자를 선택하는 주요 요인이 가격에 의한 것임이 제출 자료 및 실제 거래내역에 의해 확인되는 경우
10. 판매자가 가격을 결정하기 위한 특정한 공식을 사용하며, 특수관계가 있는 구매자와 특수관계가 없는 구매자에게 물품을 판매할 때 해당 공식을 동일하게 적용하는 경우

관세평가 운영에 관한 고시 제29조(비교가격에 의한 특수관계 영향 판단)

① 수입자가 수입물품의 거래가격이 영 제23조제2항제3호 각 목의 가격(이하 "비교가격"이라 한다.)에 근접함을 증명하는 경우에는 제28조에 따른 검토 없이 거래가격을 수용한다.

② 비교가격은 법 제38조제2항의 심사, 법 제110조제2항제2호의 관세조사 등을 통하여 세관장이 과세가격으로 인정한 사실이 있는 가격이어야 하며, 영 제23조제2항제3호 나목의 가격을 적용할 때에 해당 수입물품에 기초한 과세가격은 비교가격으로 사용할 수 없다.

③ 제1항에 따라 수입물품의 거래가격이 비교가격에 근접한지 여부를 결정하는 경우에는 물품의 특성, 산업의 특징, 물품이 수입되는 계절 및 가격차이의 상업적 중요성 등을 고려하여야 한다.

권고의견 7.1(협정 제1조 제2항 (b) (i)에서의 비교가격 수용여부)

동종동질 또는 유사물품의 일반적인(prevailing) 시장가격보다 낮은 가격을 협정 제1조 제2항 (b) (i)의 목적상 비교가격(test value)으로 사용할 수 있는가?

특수관계가 없는 당사자 간의 가격이 제1조에서 규정하고 있는 조건을 충족하면서, 제8조 규정에 따라 필요한 조정이 이루어지고, 거래가격으로 세관에 의하여 수용된 바 있다면, 해당 가격은 비교가격(test value)으로 사용될 수 있다.

권고의견 21.1(협정 제15조 제4항(b)의 "사업상 동업자"에 대한 해석)

독점대리인, 독점공급(유통)권자 및 독점영업권자에 대한 기술적인 견해는 협정 제15조 제5항에서 규정하고 있다. 동 조항에서는 독점대리인, 독점공급(유통)권자 및 독점영업권자로서 사업상 제휴관계에 있는 자들은 제15조 제4항의 기준에 해당되는 경우에만 협정에 따른 특수관계자로 간주된다고 규정한다.

단순히 한 당사자가 다른 당사자의 독점대리인, 독점공급(유통)권자 또는 독점영업권자이기 때문에 협정에 따른 특수관계가 있는 것은 아니다.

> **예해 10.1(협정 제1조 제2항 (b)호와 제2조 및 제3조에 따른 상업적 단계 및 수량 차이에 대한 조정)**
>
> 3. 거래 단계 및 수량에 차이가 있다면 가격 또는 가치가 그러한 차이에 의하여 영향을 받았는지 여부를 결정할 필요가 있을 것이다. 거래 단계 또는 수량에 차이의 단순한 존재는 그 자체로 조정을 하도록 요구하지 않는다는 것에 유념해야 한다. 가격 또는 가치의 차이가 거래 단계 또는 수량에 기인하는 경우에만 조정이 필요할 것이며 조정은 합리성과 정확성을 명확하게 확립할 수 있는 입증된 증거를 기초로 이루어져야 한다. 이러한 조건이 충족될 수 없다면 조정은 이루어질 수 없다.

3. 특수관계의 영향여부 판단

- **거래가격 의심 제기** : 세관장은 판매자와 구매자가 특수관계에 해당하고 거래가격을 수용할 수 없는 의심의 근거가 있는 경우 이를 수입자(납세의무자 포함)에게 통보하여야 한다.
- **판매주변상황 조사에 의한 특수관계 영향 판단** : 세관장은 해당물품의 거래가격이 특수관계가 없는 구매자와 판매자간에 통상적으로 이루어지는 가격결정방법으로 결정되었다고 인정하는 경우에는 특수관계가 해당물품의 거래가격에 영향을 미치지 아니한 것으로 본다.
- **비교가격에 의한 특수관계 영향 판단** : 해당 물품의 가격이 다음 각 호의 어느 하나의 가격에 근접하는 가격으로서 기획재정부령으로 정하는 가격에 해당함을 구매자가 입증한 경우
  - 가. 특수관계가 없는 우리나라의 구매자에게 수출되는 동종·동질물품 또는 유사물품의 거래가격
  - 나. 법 제33조 및 법 제34조의 규정에 의하여 결정되는 동종·동질물품 또는 유사물품의 과세가격
- **거래가격 수용** : 수입자(납세의무자 포함)가 자료 제출 등을 통하여 특수관계가 수입물품의 거래가격에 영향을 미치지 않았음을 증명하는 경우*에는 거래가격을 수용한다.

  1. 거래 상황 등을 조사한 결과 특수관계가 거래가격에 영향을 미치지 않은 것으로 인정되는 경우
  2. 거래가격이 비교가격에 근접하는 경우

- **거래가격 부인** : 제2방법부터 제6방법까지에 따라 과세가격을 결정한다.

4. 비교가격 요건

① 동종·동질물품 또는 유사물품일 것(비교대상물품의 동일성)

② 비교되는 거래들은 동시 또는 거의 동시에 형성되어야 할 것(시간요소의 동일성)

③ 과거에 세관당국에 의해 채택된 가격일 것
  - 우리나라의 구매자가 아닌 제3국의 구매자에게 수출하는 가격 : 당해 평가대상물품이 당해 산업에서 통상적인 국제관례에 따라 결정되는 것인지 여부 등을 확인할 때에 참고할 수는 있으나, 비교가격으로는 채택될 수 없음(관세청 유권해석 평가일22740-158, 1992.4.6.).

④ 평가물품의 거래가격은 비교가격에 근접할 것 : 구매자와 판매자가 특수관계에 있는 경우 당해 수입물품의 가격이 비교가격에 근접하는 가격으로서 수입가격과 비교가격과의 차이가 <u>비교가격을 기준으로 하여 비교할 때 100분의 10 이하인 경우</u>에는 그 특수관계가 당해물품의 가격에 영향을 미치지 아니한 것으로 본다.
  - 다만, 세관장은 해당 물품의 특성·거래내용·거래관행 등으로 보아 그 수입가격이 합리적이라고 인정되는 때에는 비교가격의 100분의 110을 초과하더라도 비교가격에 근접한 것으로 볼 수 있으며, 수입가격이 불합리한 가격이라고 인정되는 때에는 비교가격의 100분의 110 이하인 경우라도 비교가격에 근접한 것으로 보지 아니할 수 있다.
  - 당해 수입물품의 가격과 비교가격을 비교함에 있어서는 ① 당해 물품의 거래단계 및 ② 거래수량, ③ 법 제30조 제1항에 규정된 가산요소의 차이 등을 참작하여야 한다(관세법시행령 제23조 제3항). WTO평가협약에서는 위의 3가지 뿐만 아니라 ④ 판매자와 구매자가 특수관계가 없는 경우에는 판매자가 부담하지만 특수관계가 있는 경우에는 부담하지 않는 비용으로 인하여 발생하는 가격차이도 참작하도록 규정하고 있다.(WTO평가협약 제1조 제2항(b)호)

⑤ 수입자의 주도하에 비교의 목적으로만 사용될 것

Topic 6 합리적의심 핵심요약

1. 관련규정

- 관세법 제30조(과세가격 결정의 원칙) 제4항, 제5항
- 관세법 시행령 제24조(과세가격 불인정의 범위 등)
- 결정 6.1(세관당국이 신고가격의 정확성이나 진실성을 의심할 만한 사유가 있는 경우)
- 사례연구 13.1~13.2(관세평가위원회의 결정 6.1의 적용)

2. 핵심문구

관세법 제30조(과세가격 결정의 원칙) 제4항, 제5항

④ 세관장은 납세의무자가 제1항에 따른 거래가격으로 가격신고를 한 경우 해당 신고가격이 동종·동질물품 또는 유사물품의 거래가격과 현저한 차이가 있는 등 이를 과세가격으로 인정하기 곤란한 경우로서 대통령령으로 정하는 경우에는 대통령령으로 정하는 바에 따라 납세의무자에게 신고가격이 사실과 같음을 증명할 수 있는 자료를 제출할 것을 요구할 수 있다.

⑤ 세관장은 납세의무자가 다음 각 호의 어느 하나에 해당하면 제1항과 제2항에 규정된 방법으로 과세가격을 결정하지 아니하고 제31조부터 제35조까지에 규정된 방법으로 과세가격을 결정한다. 이 경우 세관장은 빠른 시일 내에 과세가격 결정을 하기 위하여 납세의무자와 정보교환 등 적절한 협조가 이루어지도록 노력하여야 하고, 신고가격을 과세가격으로 인정하기 곤란한 사유와 과세가격 결정 내용을 해당 납세의무자에게 통보하여야 한다.

1. 제4항에 따라 요구받은 자료를 제출하지 아니한 경우
2. 제4항의 요구에 따라 제출한 자료가 일반적으로 인정된 회계원칙에 부합하지 아니하게 작성된 경우
3. 그 밖에 대통령령으로 정하는 사유에 해당하여 신고가격을 과세가격으로 인정하기 곤란한 경우

◨ **관세법 시행령 제24조(거래가격에 영향을 미치지 아니하는 제한 등)**

① 법 제30조제4항에서 "대통령령으로 정하는 경우"란 다음 각 호의 어느 하나에 해당하는 경우를 말한다.

1. 납세의무자가 신고한 가격이 동종·동질물품 또는 유사물품의 가격과 현저한 차이가 있는 경우
2. 납세의무자가 동일한 공급자로부터 계속하여 수입하고 있음에도 불구하고 신고한 가격에 현저한 변동이 있는 경우
3. 신고한 물품이 원유·광석·곡물 등 국제거래시세가 공표되는 물품인 경우 신고한 가격이 그 국제거래시세와 현저한 차이가 있는 경우
3의2. 신고한 물품이 원유·광석·곡물 등으로서 국제거래시세가 공표되지 않는 물품인 경우 관세청장 또는 관세청장이 지정하는 자가 조사한 수입물품의 산지 조사가격이 있는 때에는 신고한 가격이 그 조사가격과 현저한 차이가 있는 경우
4. 납세의무자가 거래처를 변경한 경우로서 신고한 가격이 종전의 가격과 현저한 차이가 있는 경우
5. 제1호부터 제4호까지의 사유에 준하는 사유로서 기획재정부령으로 정하는 경우

② 세관장은 법 제30조제4항에 따라 자료제출을 요구하는 경우 그 사유와 자료제출에 필요한 기획재정부령으로 정하는 기간을 적은 서면으로 해야 한다.

③ 법 제30조제5항제3호에서 "대통령령으로 정하는 사유에 해당하여 신고가격을 과세가격으로 인정하기 곤란한 경우"란 다음 각 호의 어느 하나에 해당하는 경우를 말한다.

1. 납세의무자가 제출한 자료가 수입물품의 거래관계를 구체적으로 나타내지 못하는 경우
2. 그 밖에 납세의무자가 제출한 자료에 대한 사실관계를 확인할 수 없는 등 신고가격의 정확성이나 진실성을 의심할만한 합리적인 사유가 있는 경우

◨ **결정 6.1(세관당국이 신고가격의 정확성이나 진실성을 의심할 만한 사유가 있는 경우)**

1. 가격신고서가 제출된 이후 세관당국이 이 신고서를 뒷받침하기 위하여 제출된 문서나 서류의 진실성이나 정확성을 의심할 만한 사유가 있는 경우, <u>세관당국은 신고가격이 제8조 규정에 따라 조정된 수입물품에 대하여 실제로 지급하였거나 지급하여야 할 총 금액임을 의미하는 서류 또는 기타 증빙 자료를 포함한 추가적인 설명을 수입자에게 요청할 수 있다.</u> 추가적인 정보를 받은 후, 또는 응답이 없는 경우, 세관당국

이 여전히 신고가격의 진실성 또는 정확성에 대하여 합리적 의심이 있는 경우에는 제11조의 규정을 유념하면서, 수입물품의 과세가격은 제1조 규정에 따라 결정될 수 없다고 간주할 수 있다. 최종적인 판단을 하기 전에, 수입자의 요청이 있을 경우 세관당국은 제출된 문서 또는 서류의 정확성 또는 진실성을 의심하는 근거를 해당 수입자에게 서면으로 통지해야 하고 수입자에게 응답할 수 있는 합당한 기회를 제공해야 한다. 최종적인 결정이 내려지면 세관당국은 서면으로 결정과 해당 근거를 수입자에게 통보해야 한다.

Topic 7
제1방법을 적용할 수 없는 수입물품

▌ 관세평가운영에관한고시 제14조(제1방법을 적용할 수 없는 수입물품)

제13조 본문에 따라 제1방법을 적용할 수 없는 경우는 다음 각 호의 어느 하나를 포함한다.

1. 영 제17조 각 호의 어느 하나에 해당하는 경우를 포함하여 제15조제1항에 따른 판매의 결과로 우리나라에 도착한 물품이 아닌 경우
2. 제15조제2항 및 법 제30조제1항 각 호 외의 부분 본문에 따른 우리나라에 수출하기 위한 판매(이하 "수출판매"라 한다)를 확인할 수 없는 경우
3. 제16조제1항 각 호 및 법 제30조제1항 각 호 외의 부분 본문의 수입물품에 대하여 구매자가 실제로 지급하였거나 지급하여야 할 가격을 확인할 수 없는 경우
4. 법 제30조제1항 각 호 외의 부분 단서에 해당하는 경우
5. 법 제30조제3항 각 호의 어느 하나에 해당하는 경우
6. 법 제30조제5항 각 호의 어느 하나에 해당하는 경우

> 📝 **관세평가운영에관한고시 개정사항**
>
> (신설) 제1방법 배제 사유 총괄 규정
> ① 판매의 결과로 수입되지 않은 경우
> ② 수출하기 위한 판매를 확인할 수 없는 경우
> ③ 실제지급가격을 확인할 수 없는 경우
> ④ 가산요소의 금액을 객관적이고 수량화할 수 있는 자료가 없는 경우
> ⑤ 거래가격의 요건을 충족하지 못하는 경우
> ⑥ 합리적 의심이 해소되지 않는 경우

2017년 제1회 관세평가협의회결정사항

[결정 17-01-02]

1. 사실 관계

거래 당사자

- 수출자 : 미국의 Major 반도체 공급사
- 수입자 : 국내 반도체 대리점 (비특수관계자)

거래 내용

- (Ship & Debit 거래) 수입자는 해외 수출자의 요구에 따라 '13.2.18.부터 기준가격(Distribution Book Price)으로 물품을 수입한 후, 국내 판매실적에 따라 일정액을 수출자로부터 보상(Rebate)받는 Ship & Debit (선공급 후정산) 형태로 거래방법을 변경하였음

 * '13.2월 이전에는 수출자와 개별적인 가격협상을 통해 수입가격 결정

> 〈 Ship & Debit(선공급 후정산) 거래 〉
> - 대표적인 Seller Market인 반도체 시장에서 공급자가 각국의 대리점(Distributor)들에게 동일한 가격정책을 시행하기 위한 것으로,
> - 국내 대리점은 수출자의 기준가격으로 물품을 구매하여 국내 판매한 후, 사전 합의(승인)된 견적가격 또는 국내 재판매가격에 따라 일정액(Rebate)을 수출자로부터 환급(정산, Credit)받는 거래방법

 ※ 이와 같은 Ship & Debit 거래에 대해 수입물품의 과세가격은 송품장 가격인 기준가격이며, 수출자로부터 지급받는 Rebate는 수입 후 국내판매 결과에 따라 확정되는 금액으로 가격조정약관에 해당하지 않으므로 과세가격에서 차감할 수 없다고 결정(우리원 관세평가과-1935('11.9.9) 외, 조심 2012관61('12.5.25.))

- (Ship & Debit 제외 요청) 수입자는 Ship & Debit 거래로 인해 수입가격이 상승(DBP 적용)하여 관세부담 및 판매손실이 발생하자, 관세가 있는 일부 품목에 대해 Ship & Debit Program 제외를 요청하였고,

- (특정 품목 매입처에 대한 Ship & Debit 제외 승인) 수출자는 '14.4월부터 수입자의 요청을 수용하여 특정 4개 품목을 국내 특정매입사에게 판매하는 경우에만 Ship & Debit Program을 배제한 특별가격(Rebate 없는 할인가격)으로 공급하기로 함

- (특별가격 공급물품에 대한 조건 부가) 수출자는 동 Ship & Debit 적용 배제를 허용하면서 해당 물품에 대해서는 별도의 재고관리와 보고 의무와 함께, 이러한 재고관리에 관한 사항을 검사(audit)할 권리를 갖는다는 조건을 부가하였음
    - ⇒ 즉, 제시된 사실관계에 따르면 수입자는 국내 매입처를 특정하지 않고 관세가 있는 1개 품목('갑' model)에 대해 Ship & Debit 적용 배제를 요청하였으나, 수출자가 4개 품목에 대해 특정 매입처를 지정하여 Ship & Debit 적용 배제를 승인하였음
- 특정 국내 매입처(H○○○, L○○○) 向 물품으로 Ship & Debit 적용이 배제되어 특별가격으로 수입된 물품이라 하더라도, 실제 다른 국내 매입처에 판매된 경우에는 DBP 가격으로 수정된 Invoice가 발행되고 동금액(DBP가격)을 지급한 후 다시 Ship & Debit Program에 따른 Rebate를 수령하게 됨
- 다만, 특정 국내 매입처(H○○○, L○○○)向 물품은 Ship & Debit 적용된 DBP 가격에서 Rebate를 차감한 실제 매입가격과 Ship & Debit이 배제된 특별가격은 동일함

2. 질의 내용

- 수입자는 일반적으로 해외 수출자로부터 반도체를 수입하면서 기준가격(DBP)으로 수입한 후, 국내 판매가격에 따라 일정액을 수출자로부터 보상(Rebate)받는 Ship & Debit(선공급 후정산) 거래방식으로 수입하지만,
- 특정 4개 품목에 한해 국내 특정 매입사에게만 판매할 조건으로 Ship & Debit 거래를 배제하고 할인된 가격(특별가격)으로 수입한 물품이 거래가격 배제사유인 처분 또는 사용의 제한에 해당하는지 여부

3. 쟁점

본 사안의 쟁점은 수출자가 특정 품목에 한해 특정 매입사에 판매할 것을 조건으로 Ship & Debit 거래를 배제하고 특별가격으로 판매한 것이 관세법 제30조제3항 제1호의 "처분 또는 사용의 제한"에 해당하는지 여부로서,

- 관세법 시행령 제21조제2호의 "특정인에게만 판매 또는 임대하도록 하는 제한", 제3호의 "당해 물품의 가격에 실질적으로 영향을 미치는 제한"인지
- 아니면, 관세법 시행령 제22조제1항 제3호의 "수입가격에 실질적으로 영향을 미치지 아니하는 제한"에 해당하는지 여부임

4. 결정

> **요지**
>
> 수출자가 국내 특정 매입사에게만 판매하도록 조건(제한)을 부가하여 특별가격으로 공급한 물품은 해당 제한이 가격에 실질적으로 영향을 미치는 것으로 관세법 제30조제3항제1호의 처분 또는 사용의 제한에 해당한다.

> **이유**

- 관세법 시행령 제21조제2호의 '특정인에게만 판매하도록 하는 제한'이란 단순히 어떤 물품이 수입후 특정인에게 판매된다는 사실만으로 이에 해당된다고 볼 수 없으며,
  - 판매자와의 계약 등에 따라 구매자에게 수입물품에 대한 처분 또는사용의 제한이 의무적으로 부과되고, 이러한 제한이 거래의 성립또는 가격에 영향을 미치는 경우로 한정하여 판단하여야 함
  - 또한, WTO 관세평가협정 제1조제1항(a)(ⅲ)와 관세법 제30조제3항제1호 단서 규정의 취지를 고려할 때 '특정인에게만 판매하도록한다' 하더라도 '가격(Value)에 실질적으로 영향을 미치지 아니하는제한'은 거래가격 배제사유에 해당되지 않는다고 보아야 할 것임
- 본건 거래에서 수입자는 Ship & Debit 거래로 인해 관세가 있는 일부품목에 대해 손실이 발생하자, 수출자에게 특정 품목에 대해 국내매입처를 지정하지 않은 채 Ship & Debit 거래 제외를 요청하였으나,
  - 수출자는 4개 품목에 대해 수출자가 지정한 2개 업체에게만 판매하도록 하는 조건, 즉 '수입자가 특정인에게만 판매하여야 하는 의무'를 부과하여 특별가격(Ship & Debit이 적용되지 않는 할인가격)으로 공급을 승인한 것이며,
  - 수입자는 해당 품목에 대해 별도로 재고를 관리하고 이를 수출자에게 보고하여야 하며, 수출자는 이러한 재고관리와 관련된 사항을검사(audit)할 권리를 갖는다는 조건을 부가하고 있으며,
  - 특별가격으로 공급된 물품이 수출자가 지정한 국내 매입처가 아닌제3자에게 판매된 경우 특별가격은 취소되고 DBP(기준가격)으로 송품장이 재발행되며, 사후 Ship & Debit이 적용되어 Rebate(제3자 판매에 대한 보상)가 주어진다 할지라도 실제 매입가격(DBP - Rebate)은 당초 특별가격과 달라진다는 점을 고려할 때,

- 해당 제한은 관세법 시행령 제21조제2호의 '특정인에게만 판매또는 임대하도록 하는 제한'에 해당함

• 다음으로 '가격에 실질적으로 영향을 미치는 제한'에 해당하는지 여부는 수입물품의 특성, 산업분야 및 상관행의 특성, 가격에 대한 영향의 중요도 등을 고려하여 판단하여야 하는 바,(WCO 예해 12.1)
  - Ship & Debit 거래방식은 수출자(Major 반도체 공급사)가 각국의 대리점들에게 일정한 공급가격을 유지하고, 국내 재판매가격 및 End User들을 관리하기 위해 시행하는 반도체 시장의 일반적인 가격정책으로,
  - 쟁점 거래에서는 수출자가 자신의 Ship & Debit 가격정책을 양보하는 조건으로 수입자에게 특정 매입처에게만 판매하도록 제한을가하고, 그 대신 특별가격으로 할인을 제공하는 것으로 볼 수 있음

• 또한, 특정 매입처(H○○○, L○○○)에 판매되는 물품은 Ship & Debit방식으로 구매할 때의 실제 매입가격(DBP - Rebate)과 특별가격이 동일하므로 동 제한은 '가격에 영향을 미치지 않는 제한'이라는 의견이 있으나,
  - Ship & Debit 거래에 따른 Rebate는 수입 당시 확정되어 있는 것이아니라, 최종적으로 수입 후 국내 판매결과에 따라서 결정되며 상황에 따라 달라질 수 있는 것*이며,

    * H○○○이나 L○○○ 外 제3자에게 판매되거나, 미리 승인된 Quote의 재판매가격(Adj Resale)과 다른 가격으로 판매되는 경우 Rebate가 달라져 최종 실제 매입가격이 달라질 수 있음

  - 수입자가 실제 부담하는 금액도 Ship & Debit 거래에서 부과되는관세 등에 따라 실질적으로는 달라진다는 점을 고려할 때,
  - 해당 제한은 관세법 제30조제3항제1호 단서의 '거래가격에 실질적으로 영향을 미치지 아니하는 제한'에 해당하지 않음

2004년 제2회 관세평가협의회결정사항

[결정 04-02-05]

1. 질의내용

Tester용 화장품을 정품과 동일한 물품으로 취급하여 정품의 가격으로 과세가격을 결정해야 하는지 또는 Tester용 화장품은 정품과 별개의 물품이므로 거래가격을 인정하여 과세가격으로 결정해야 하는지 여부

2. 거래형태

- 물품(Tester용 화장품)의 형상
  - Tester용 화장품은 일반 판매용 물품(정품)과 같은 시설에서 생산되고 품질 및 성상(용기), 제품번호 등이 모두 동일
  - 다만, 용기 및 외포장에 28㎜×5㎜크기의「TESTER NOT FOR SALE」스티카(흰바탕에 붉은 인쇄글씨) 부착

- 거래형태
  - 수출자는 한국에서의 매출확대를 위하여 Tester용 화장품을 제조원가와 거의 대등한 수준인 수출국 소매가격의 10%수준(정품 수입가격의 50% 수준)으로 수입자에게 제공
  - 수입자는 Tester용 화장품을 수입하여 매장에서 고객이 시험 사용할 수 있도록 무상 제공, 경품으로 고객에게 무상 제공, 신제품 출하 시 직원 교육용 등 판매촉진을 목적으로 사용

3. 쟁점

Tester용 화장품을 정품과 별개의 물품으로 취급해야 하는지 또는 처분·사용에 제한이 있는 경우에 해당하여 제2방법 내지 제6방법을 순차적으로 검토하여 과세가격을 결정해야 하는지 여부

4. 결정

테스터용 화장품은 정품과는 다른 별개의 물품이므로 기타 거래가격을 배제해야할 특별한 사정이 없는 한 당해물품의 거래가격을 기초로 과세가격을 결정하여야 한다.

> 이유

- Tester용 화장품이 정품과 품질 및 성상(용기)이 동일하다 하다라도 할지라도 포장 및 용기에 「TESTER NOT FOR SALE」이라고 견고하게 표기가 되어있다면, 제품의 용기나 포장의 외관의 미적 감각이 중요시되고 그에 따라 소비자의 제품선택이나 인식이 크게 영향을 받는 화장품의 특성상 정품과 Tester용 물품의 상업적인 가치가 서로 동일한 것으로 보기 어렵고 상업적으로 서로 교환 가능하다고 보기 어려운 것으로 판단됨
- 이는 화장품 업계가 내용물의 성분 향상 못지 않게 제품의 용기나 포장의 디자인에 큰 비중을 투자하는 업계의 현실을 감안한다면 Tester용 물품의 가치는 「TESTER NOT FOR SALE」이라는 표시로 인하여 정품과 대비할 수 없기 때문에 정품과 동일한 물품으로 취급할 수 없다고 판단됨
- 따라서 「TESTER NOT FOR SALE」이라는 표시가 부착된 Tester용 물품을 정품과 동일한 물품으로 보아 조건 또는 사정에 의하여 영향을 받았다고 판단할 수 없고, 수입 후 실제 비매품으로 공급되었고 거래의 목적이 테스트용이고 동 목적으로 수입가격이 결정되었으며 기타 거래가격을 배제할 특별한 사정이 없다면, Tester용 화장품은 정품과 다른 별개의 물품으로 취급하여 당해물품의 거래가격을 과세가격으로 결정해야 할 것임

2008년 제3회 관세평가협의회 결정사항 [결정 08-03-01] 비교

> 쟁점1

판매자가 디자인 참조를 위한 견본(Sample)으로만 사용하는 조건으로 정상 판매의류의 50% 가격으로 공급한 가격은 과세가격으로 인정될 수 없고, 관세법 제31조 이하의 규정에 의한 방법으로 과세가격을 결정한다.

> 이유

- 수입물품의 과세가격은 우리나라에 수출하기 위하여 판매되는 물품에 대하여 구매자가 실제로 지급하였거나 지급하여야 할 가격'이나
    - 당해 물품의 처분 또는 사용에 제한이 있는 경우 관세법 제30조의 규정에 의한 거래가격을 당해물품의 과세가격으로 하지 아니하고 제31조 내지 제35조의 규정에 의한 방법으로 과세가격을 결정함
- 동 건의 경우, 수입되는 의류는 패션쇼에서 발표되는 의류와 품질 및 성상상 차이가 없는 의류로 판매자가 디자인 참조를 위한 견본(Sample)으로만 사용하는 조건으로 정상 판매 의류의 50% 가격으로 공급한 가격은 과세가격으로 인정될 수 없으며
- 관세법 제31조(동종·동질물품의 거래가격을 기초로 한 과세가격의 결정) 내지 제35조(합리적 기준에 의한 과세가격의 결정)의 규정에 의한 방법으로 과세가격을 결정하여야 함

Topic 10

주요 판례

[서울행정법원, 2016구합68892, 2017. 1. 13]

1. 처분의 경위

가. 원고는 의약용 화합물 및 항생물질 제조업체로서 일본 소재 에자이사(이하 '일본 에자이'라 한다)로부터 아리셉트 23mg 및 아리셉트에비스정 5mg, 10mg의 반제품(이하 '수입 반제품'이라 한다)을 수입한 후 국내에서 의약품 제조 과정을 거쳐 아리셉트 23mg 및 아리셉트에비스정 5mg, 10mg(이하 '완제의약품'이라 한다)을 생산하여 한국 에자이 주식회사(이하 '한국 에자이'라 한다)에 전량 납품하기로 하는 내용으로 일본 에자이와 라이센스 및 공급계약을, 한국 에자이와 매매계약을 각 체결하였다.

나. 피고는 원고가 위 계약에 따라 수입한 수입 반제품을 이용하여 완제의약품을 제조해 이를 한국 에자이에만 전량 공급하는 것(이하 '이 사건 거래'라 한다)이 관세법 제30조 제3항 제1호의 '해당 물품의 처분 또는 사용에 제한이 있는 경우'에 해당하여 거래가격 부인사유로 볼 수 있다고 판단하고, 2015. 7. 23. 원고가 2010. 9. 14.부터 2014. 2. 6.까지 사이에 수입신고한 수입 반제품에 대하여 [별지 1] 표 기재와 같이 관세 등 합계 1,782,636,130원의 세액경정통지(이하 '이 사건 처분'이라 한다)를 하였다.

2. 이 사건 처분의 적법 여부

가. 원고의 주장

1) 원고는 관세법 제30조 제3항 제1호는 수입물품 자체에 대한 제한이 있는 경우를 규정한 것이고 완제의약품은 수입 반제품과는 완전히 다른 물품이므로 해당 완제의약품에 대한 처분의 제한을 들어 수입 반제품의 처분 또는 사용의 제한이 있다고 볼 수 없다.

2) 수입 반제품에 대한 제한 역시 우리나라의 법령인 약사법에 의하여 부과되거나 요구되는 제한에 불과하여 거래가격에 영향을 미치지 아니하는 제한을 규정하고 있는 관세법 시행령 제22조 제1항 제1호에 해당하므로 거래가격 부인사유의 예외에 해당한다.

3) 이 사건 거래가 비록 '해당 물품의 처분 또는 사용에 제한이 있는 경우'에 해당한다 하더라

도 이러한 제한은 통상적으로 발생하는 제한이므로 관세법 시행령 제22조 제1항 제3호의 '수입가격에 실질적으로 영향을 미치지 아니하는 제한'에 해당한다.

나. 판단

1) 해당 물품의 처분 또는 사용에 제한이 있는 경우인지 여부

구 관세법(2014. 12. 23. 법률 제12847호로 개정되기 전의 것, 이하 '구 관세법'이라 한다) 제30조 제3항 제1호에 의하면 해당 물품의 처분 또는 사용에 제한이 있는 경우 거래가격을 해당 물품의 과세가격으로 하지 아니하고 제31조부터 제35조까지에 규정된 방법으로 과세가격을 결정하도록 되어 있고, 구 관세법 시행령(2015. 2. 6. 대통령령 제26089호로 개정되기 전의 것) 제21조는 법 제30조 제3항 제1호의 규정에 의한 물품의 처분 또는 사용에 제한이 있는 경우에 대하여 제2호에서 '당해 물품을 특정인에게만 판매 또는 임대하도록 하는 제한'을 규정하고 있다.

갑 제1호증의 1 내지 3, 갑 제2호증의 1 내지 3, 갑 제9호증의 1 내지 3의 각 기재 및 변론 전체의 취지를 종합하면, ① 원고와 일본 에자이 사이에 체결된 라이센스 및 공급계약 1차 수정계약서(갑 제1호증의 2) 8.1.조에는 '원고는 원료의약품, 반제품, 기타 부자재를 일본 에자이로부터 구매하는 것에 동의한다. 원고는 아리셉트의 제조 이외의 목적으로 원료 의약품, 반제품 및 기타 부자재를 이용할 수 없다. 일본 에자이는 직접적으로 또는 피지명인을 통하여 원고에게 원료의약품, 반제품 및 아리셉트 완제품을 만들기 위하여 필요한 부자재를 공급한다.'라고 기재하고 있는 사실, ② 원고와 일본 에자이 사이의 라이센스 및 공급계약 최초계약서(갑 제1호증의 2) 15.1조에는 '원고는 일본 에자이 또는 한국 에자이에 일본 에자이의 지시에 따라 제조된 아리셉트 완제품 전부를 공급하거나 운반하여야 한다.'라고 기재되어 있는 사실, ③ 원고는 실제로 일본 에자이로부터 반제품을 공급받아 국내에서 추가로 정제하는 등의 작업은 거치지 않고 벌크포장에서 국내공급용 소분재포장(30정씩 플라스틱 용기에 포장 또는 10정씩 PTP 포장하여 10정 또는 30정 단위 종이팩에 포장)으로 바꾸는 포장공정을 한 후 한국 에자이에게 이를 전량 공급한 사실 등을 인정할 수 있다. 위 인정사실에 의하면 원고는 위 계약에 의하여 <u>수입 반제품을 일본 에자이의 지시에 따라 완제의약품으로 소분재포장하는 용도로만 사용하여야 하고 그 외의 용도로는 사용할 수 없고 생산된 완제품을 전량 한국 에자이에 공급하여야 하므로 이는 수입한 물품의 처분 또는 사용에 제한이 있는 경우에 해당한다.</u>

2) 우리나라의 법령이나 법령에 의한 처분에 의하여 부과되거나 요구되는 제한이 있는지 여부

구 관세법 제30조 제3항 제1호 단서는 해당 물품의 처분 또는 사용에 제한이 있는 경우의 예외로 대통령령이 정하는 경우는 제외하도록 규정하고 있는데, 그 위임을 받은 구 관세법 시행령 제22조 제1항 제1호는 '우리나라의 법령이나 법령에 의한 처분에 의하여 부과되거나 요구되는 제한'을 규정하고 있다.

약사법 제42조, 제56조 내지 제60조 등에 의하면 수입한 벌크포장 상태의 반제품을 국내에서 판매하기 위하여는 수입허가요건, 포장 및 표시요건 등의 준수사항을 이행하여야 한다. 그러나 위와 같은 준수사항을 지킨 경우 소분재포장한 완제품을 의약품도매상, 약국개설자 등 누구에게라도 판매할 수 있는 것이고 특정인에게만 판매할 수 있도록 법령에서 규정하고 있지 않음에도 라이센스 및 공급계약과 매매계약에 의하여 완제의약품 전량을 한국 에자이에게만 판매할 수 있도록 한 것은 법령에 의하여 부과되거나 요구되는 제한이라고 보기 어렵다. 그리고 앞서 본 바와 같이 반제품에 대하여도 위 계약에 의하면 아리셉트의 제조 이외의 목적으로는 사용할 수 없도록 되어 있으므로 이는 반제품의 사용상의 제한에 해당한다.

이러한 점들을 종합하면, 구 관세법 제30조 제3항 제1호 단서, 구 관세법 시행령 제22조 제1항 제1호에 의한 '우리나라의 법령이나 법령에 의한 처분에 의하여 부과되거나 요구되는 제한'이 있는 경우에 해당한다고 볼 수 없고 원고의 위 주장은 이유 없다.

3) 수입가격에 실질적으로 영향을 미치지 아니한다고 세관장이 인정하는 제한이 있는지 여부

구 관세법 제30조 제3항 제1호 단서의 위임을 받은 구 관세법 시행령 제22조 제1항 제3호는 '그 밖에 수입가격에 실질적으로 영향을 미치지 아니한다고 세관장이 인정하는 제한'을 규정하고 있고, 위와 같은 사정은 원고가 입증하여야 할 것이다.

원고는 이 사건 수입 반제품의 거래가격이 보험약가와 비례하여 인하되고 있으므로 가격에 실질적으로 영향을 미치지 아니한다는 취지로 주장하나, 이러한 상황만으로는 수입가격에 영향을 미치지 아니한다고 인정하기에 부족하다. 원고는 수입가격이 적정하게 책정되었는지 여부나 수입 반제품이 특수관계나 처분 사용의 제한이 없는 기업 간에 거래될 경우 책정될 통상적인 이윤이 포함된 거래가격인지 여부 등에 대해서는 아무런 입증이 없으므로 원고의 위 주장은 이유 없다.

3. 결론

그렇다면, 원고의 이 사건 청구는 이유 없으므로 이를 기각하기로 하여 주문과 같이 판결한다.

[서울고등법원 2017. 11. 15. 선고 2017누34935 판결]

『(한편, 어떤 원료의약품 또는 반제품을 가지고 여러 종류의 완제의약품을 제조하는 것이 가능하다고 하더라도 <u>그 가능한 범위의 완제의약품 중 어떠한 제품을 만들 것인지는 당해 제약회사의 사업 목적, 생산설비, 시장전망 등에 따라 자율적으로 결정이 가능한 것이고 반드시 그 원료의약품 또는 반제품으로 생산 가능한 여러 종류의 완제의약품에 대하여 모두 제조판매품목허가를 받아야 하는 것은 아닌 점</u>을 고려할 때, 원고가 이 사건 완제의약품에 대한 제조판매품목허가를 받은 후 이 사건 수입 반제품을 수입함으로써 이 사건 수입 반제품을 이 사건 완제의약품을 제조하기 위한 용도로만 사용해야 하는 것은 약사법 제31조 제2항에 의한 법령상 제한에 해당된다고 볼 수 있을 것이나, 앞서 본 바와 같이 이 사건 <u>수입 반제품을 이용하여 제조한 이 사건 완제의약품을 한국 에자이에만 전량 판매하여야 하는 제한이 이 사건 수입 반제품에 대한 처분상 제한에 해당</u>되고 그 처분상의 제한은 법령상 요구되는 제한이라고 볼 수 없는 이상, 이러한 사정은 이 사건 처분의 적법 여부에 대한 판단에 영향을 미치지 아니한다)』

Topic 11

주요 판례

[대법원, 97누12495, 1998. 12. 8]

판시사항

수입한 애프터 서비스(A/S)용 부품의 할인금 상당액이 과세가액에 포함되지 않는다고 본 사례

판결요지

수입한 애프터 서비스(A/S)용 부품이 관세법 제9조의3 제3항 제1호, 제2호 소정의 그 처분 또는 사용에 제한이 있다거나 그 거래의 성립 또는 가격결정이 금액으로 환산할 수 없는 조건이나 사정에 의하여 영향을 받은 경우에 해당하지 않는다는 이유로, 그 할인금 상당액이 과세가액에 포함되지 않는다고 본 사례.

이유

원심은, 원고가 1990. 1. 12.부터 1994. 10. 28.까지의 사이에 건설중장비 제조에 필요한 디젤엔진 등 조립된 상태의 부품인 양산용(量産用) 부품과 그 부품을 구성하는 너트 등 낱개의 부품으로 주로 수리·보수에 사용되는 A/S(애프터 서비스)용 부품을 소외 회사들로부터 수입하면서 그 수입물품의 과세가격을 소외 회사들에게 실제 지급한 가격으로 신고하고 그에 따른 관세 등을 납부한 사실, 이에 대하여 피고는 원고가 수입한 A/S용 부품에 대하여 신고된 과세가격은 통상의 판매가격보다 할인된 가격으로 그 할인금은 구매자가 판매자에게 실제로 지급하여야 할 수입물품의 대가로서 과세가격에 포함되어야 한다고 하여 당초 신고가격에 할인금 상당액을 가산하여 과세가격을 결정한 사실, 원고는 위 각 부품을 수입함에 있어 별도의 부품 발주서를 작성하고 수량과 구입가격을 개별적으로 결정하였기 때문에 A/S용 부품의 거래가격은 양산용 부품의 거래가격과는 독자적·개별적으로 결정되고, 양산용 부품의 계속적인 구입이 A/S용 부품의 거래조건으로 전제되는 것이 아닌 사실, 원고는 소외 회사들과의 사이에 보증수리의무를 이행하는 대가로 A/S용 부품을 통상의 판매가격보다 할인하여 구입하기로 약정한 바가 없고, 무상보증수리기간 동안 양산용 부품의 하자로 인하여 발생한 수리비용은 소외 회사들이 부담하였으며, 원고가 소외 회사들로부터 수입하는 A/S용 부품의 가격도 무상

보증수리용인지 유상수리용인지에 상관없이 동일한 사실, 소외 회사들은 양산용 부품에 대하여는 예상수요를 감안하여 생산하기 때문에 그 판매가격을 실제 거래가격에 맞게 결정하는 반면, A/S용 부품은 소량·다품종인데다 보관·관리 등의 부대비용이 소요되어 그 판매가격을 상향조정하여 결정하되, 양산용 부품을 구성하고 있는 개별적인 A/S용 부품의 총가격이 양산용 부품의 가격에 비하여 3~4배 가량 높은 점을 감안하여, 장부상의 거래가격을 정하여 놓고 구매물량이나 거래상대방의 중요도 등을 고려하여 내부적으로 구체적인 할인율을 정한 후 그 기준에 따라 10% 내지 50%를 차등 할인하여 주거나 모든 구매자에게 동일한 할인율을 적용하여 판매하여 왔고, 원고도 위와 같은 할인율을 적용받은 사실 등을 인정한 다음, 이와 같이 A/S용 부품의 수입가격은 양산용 부품의 구입과 관련성이나 조건성이 없고 A/S용 부품의 구입 여부나 수량 등의 결정권이 전적으로 원고에게 있는 점, A/S용 부품에 대한 할인금은 양산용 부품의 거래와는 상관없이 A/S용 부품의 구입수량 등에 따라 소외 회사들이 정한 할인율에 따라 결정되고, 그 할인의 대가로 소외 회사들이 부담하여야 할 무상보증수리의무를 원고가 대신 부담하기로 한 것도 아닌 점, A/S용 부품은 건설중장비의 유지관리 및 수리보수 전반에 사용되는 것으로 전시용, 광고용 등으로만 사용하거나 특정인에게만 판매하도록 하는 등의 처분 또는 사용상 제한이 없고 할인가격이 통상의 거래가격인 점 등을 종합하여 보면, 원고가 소외 회사들로부터 수입한 A/S용 부품의 처분 또는 사용에 제한이 있다거나 그 거래의 성립 또는 가격결정이 금액으로 환산할 수 없는 조건이나 사정에 의하여 영향을 받은 경우에 해당하지 아니한다고 하여, 위 할인금 상당액은 원고가 수입한 A/S용 부품의 과세가액에 포함될 수 없다고 판단하였다.

살펴보니, 원심의 위와 같은 판단은 정당하고, 거기에 상고이유의 주장과 같이 수입물품의 과세가격 결정에 관한 법리를 오해하거나 심리를 다하지 아니한 위법이 없다. 따라서 상고이유는 받아들일 수 없다.

그러므로 상고를 기각하고, 상고비용은 패소자의 부담으로 하여 주문과 같이 판결한다.

대법관 이돈희(재판장) 박준서 이임수 서성(주심)

Topic 12 주요 판례

[대법원, 2010두14565, 2012. 11. 29]

판시사항

수입물품 자체의 판매에 따른 수익금액 중 판매자에게 귀속되는 금액뿐만 아니라 수입물품을 가공하거나 원료로 사용하여 만든 제품의 판매에 따른 수익금액 중 판매자에게 귀속되는 금액도 수입물품에 대한 대가의 성질을 갖는 경우 구 관세법 제30조 제1항 제5호 등이 정한 사후귀속이익에 포함되는지 여부(적극)

판결요지

구 관세법(2006. 12. 30. 법률 제8136호로 개정되기 전의 것) 제30조 제1항 제5호, 1994년도 관세 및 무역에 관한 일반협정 제7조의 이행에 관한 협정 제1조 제1항, 제8조 제1항 (라)목 규정의 문언 내용과 아울러 당해 물품의 수입 후의 전매·처분 또는 사용에 따른 수익금액 중 판매자에게 직접 또는 간접으로 귀속되는 금액(이하 '사후귀속이익'이라 한다)은 확정시기나 지급방법 등의 특수성에도 불구하고 그 실질은 어디까지나 수입물품의 대가이기 때문에 이를 가산하여 수입물품의 과세가격을 산정하려는 것이 이들 규정의 취지인 점 등을 고려하면, 수입물품 그 자체의 판매에 따른 수익금액 중 판매자에게 귀속되는 금액뿐만 아니라 수입물품을 가공하거나 이를 원료로 사용하여 만든 제품의 판매에 따른 수익금액 중 판매자에게 귀속되는 금액도 그것이 수입물품에 대한 대가로서의 성질을 갖는 경우에는 사후귀속이익에 포함된다고 봄이 타당하다.

이유

상고이유를 판단한다.

1. **상고이유 제5, 7점에 관하여**

가. 구 관세법(2006. 12. 30. 법률 제8136호로 개정되기 전의 것, 이하 같다) 제30조 제1항 본문은 "수입물품의 과세가격은 우리나라에 수출하기 위하여 판매되는 물품에 대하여

구매자가 실제로 지급하였거나 지급하여야 할 가격에 다음 각 호의 금액을 가산하여 조정한 거래가격으로 한다."고 규정하면서 제5호에서 "당해 물품의 수입 후의 전매·처분 또는 사용에 따른 수익금액 중 판매자에게 직접 또는 간접으로 귀속되는 금액(이하 '사후귀속이익'이라 한다)"을 들고 있다. 그리고 1994. 12. 16. 국회의 비준동의를 얻어 1995. 1. 1. 발효된 「세계무역기구 설립을 위한 마라케쉬 협정」의 부속서 1가 중 「1994년도 관세 및 무역에 관한 일반협정 제7조의 이행에 관한 협정」(이하 'WTO 이행협정'이라 한다)도 마찬가지로 제1조 제1항에서 "수입물품의 과세가격은 거래가격, 즉 수입국에 수출·판매되는 물품에 대하여 실제로 지불했거나 지불할 가격을 제8조의 규정에 따라 조정한 가격이며 다음 조건을 충족하여야 한다."고 규정하고, 제8조 제1항에서 "제1조의 규정에 따라 과세가격을 결정함에 있어서 수입물품에 대하여 실제 지불했거나 지불할 가격에 아래의 금액이 부가된다."고 규정하면서 (라)목에서 사후귀속이익을 들고 있다.

이들 규정의 문언 내용과 아울러 사후귀속이익은 확정시기나 지급방법 등의 특수성에도 불구하고 그 실질은 어디까지나 수입물품의 대가이기 때문에 이를 가산하여 수입물품의 과세가격을 산정하려는 것이 이들 규정의 취지인 점 등을 고려하면, 수입물품 그 자체의 판매에 따른 수익금액 중 판매자에게 귀속되는 금액뿐만 아니라 수입물품을 가공하거나 이를 원료로 사용하여 만든 제품의 판매에 따른 수익금액 중 판매자에게 귀속되는 금액도 그것이 수입물품에 대한 대가로서의 성질을 갖는 경우에는 사후귀속이익에 포함된다고 봄이 타당하다.

나. 원심판결 이유에 의하면, ① 원고는 각종 의약품과 의약부외품 등의 제조 및 판매업을 목적으로 하는 회사로서, 1993. 5. 18. 스위스 회사인 프로디스파마와 아세클로페낙(Aceclofenac)에 대한 준독점 라이센스 계약을 체결하고 2004. 7. 2.까지 아세클로페낙을 kg당 미화 935달러에 수입한 다음 이를 원료로 관절염 치료제인 에어탈(Airtal)을 제조하여 국내에 판매한 사실, ② 원고는 프로디스파마와 2004. 5. 11.과 2005. 8. 24. 및 2006. 6. 19. 준독점 라이센스 계약을 갱신하면서(이하 '갱신계약'이라 한다) 아세클로페낙의 공급대금으로 우선 수입 시에 kg당 미화 500달러나 510달러 또는 425유로를 지급하고, 나중에 원고가 아세클로페낙을 원료로 사용하여 제조한 에어탈의 판매금액에 따라 그 순매출액에 대한 일정 비율(6~12% 또는 3~7%)의 금액을 추가로 지급하기로 약정한 사실, ③ 원고는 2004. 8. 16.부터 2006. 12. 4.까지 프로디스파마로부터 아세클로페낙을 27차례에 걸쳐 수입하면서 그 가격을 kg당 미화 500달러나 510달러 또는 425유로로 하여 수입신고를 하고 이를 기초로 관세 및 부가가치세를 신고·납부한 사실(이하 이때

원고가 수입한 아세클로페낙을 '이 사건 각 수입물품'이라 하고, 원고가 신고한 가격을 '이 사건 각 신고가격'이라 한다), ④ 원고는 이 사건 각 수입물품을 원료로 에어탈을 제조하여 판매한 다음 갱신계약의 추가 지급 약정에 따라 2004. 12. 20.과 2006. 3. 7. 및 2007. 3. 9. 프로디스파마에 합계 3,507,194,694원(이하 '이 사건 추가 지급 금액'이라 한다)을 지급한 사실, ⑤ 피고는 2007. 12. 26. 이 사건 각 신고가격은 동종·동질물품 등의 거래가격과 현저한 차이가 있어 이를 과세가격으로 인정하기 곤란하다는 이유로, 동종·동질물품의 거래가격을 기초로 과세가격을 결정할 수 있도록 규정한 구 관세법 제31조에 따라 원고가 2004. 7. 2. 이전에 아세클로페낙을 수입하면서 신고한 가격인 kg당 미화 935달러를 기초로 이 사건 각 수입물품의 과세가격을 결정한 다음 그에 따라 이 사건 각 수입물품에 대한 관세 및 부가가치세를 증액경정하였다가, 2009. 2. 20. 이 사건 추가 지급 금액을 사후귀속이익으로 보아 구 관세법 제30조 제1항에 따라 이를 이 사건 각 신고가격에 가산하여 조정한 거래가격을 이 사건 각 수입물품의 과세가격으로 결정한 다음 그 가격을 기초로 이 사건 각 수입물품에 대한 관세 및 부가가치세를 증액 또는 감액경정한 사실(원고는 증액경정된 경우에는 위 2009. 2. 20.자 증액경정결정의, 감액경정된 경우에는 위 2007. 12. 26.자 증액경정결정 중 감액되고 남은 부분의 각 취소를 구하고 있다. 이하 이를 통칭하여 '이 사건 각 처분'이라 한다) 등을 알 수 있다.

<u>이와 같은 사실관계를 앞서 본 규정과 법리에 비추어 살펴보면, 이 사건 추가 지급 금액은 원고가 이 사건 각 수입물품을 원료로 사용하여 제조한 에어탈의 판매에 따른 수익금액 중 판매자인 프로디스파마에 귀속된 금액으로서, 이 사건 각 수입물품에 대한 대가의 일부로 지급된 것이므로, 이 사건 각 수입물품의 과세가격에 가산되는 사후귀속이익에 해당한다고 할 것이다.</u>

다. 원심판결은 그 이유 설시에 다소 미흡한 점이 있으나, 이 사건 추가 지급 금액이 사후귀속이익에 해당한다고 본 결론은 정당하고, 거기에 수입물품의 과세가격에 가산되는 사후귀속이익에 관한 법리 등을 오해하여 판결에 영향을 미친 잘못이 없다.

2. 상고이유 제1 내지 4점에 관하여

가. 구 관세법 제30조 제1항, 제3항 제3호, WTO 이행협정 제1조 제1항 (다)목, 제8조 제3항 등의 규정에 의하면, 사후귀속이익은 객관적이고 수량화할 수 있는 자료에 근거하여서만 수입물품의 과세가격에 가산될 수 있으므로, 그 금액에 대한 객관적이고 수량화할 수 있는 자료가 없는 경우에는 수입물품의 과세가격에 가산될 수 없다. 그런데 WTO 이행협정

제14조에 따라 WTO 이행협정의 구성 부분이 되어 그 해석·적용의 기준이 되는 부속서 1 주해 중 제8조 제3항 부분은 "제8조의 규정에 따라 추가하는 것이 요구되는 금액에 대하여 객관적이고 수량화할 수 있는 자료가 없을 경우 거래가격은 제1조의 규정에 따라 결정될 수 없다. 이것의 일 예로서 킬로그램 단위로 수입하여 수입 후 용액으로 제조되는 특정상품의 1리터를 수입국에서 판매하는 가격을 기초로 사용료가 지불된다. 만일 사용료가 일부는 수입품을 기초로 하고 나머지는 수입품과 관계가 없는 기타요인(예: 수입품이 국산원료와 혼합되어 별도로 구분 인식할 수 없을 경우, 또는 사용료를 구매자와 판매자 간의 특별한 재정적 계약과 구별할 수 없을 경우)을 기초로 하고 있을 경우에는 사용료에 해당하는 금액을 추가하고자 하는 시도는 부적절한 것이다. 그러나 이 사용료의 금액이 수입품만을 기초로 하고 쉽게 수량화될 수 있는 경우에는 실제로 지불했거나 지불할 가격에 당해 금액을 추가하는 것이 가능할 것이다."고 규정하고 있다.

나. 원심판결 이유 및 적법하게 채택된 증거에 의하면, 이 사건 추가 지급 금액은 원고가 갱신계약의 추가 지급 약정에 의하여 이 사건 각 수입물품을 원료로 사용하여 제조한 에어탈의 판매금액에 따라 그 순매출액에 일정 비율을 곱하여 산정한 다음 프로디스파마에 지급한 것으로서 그 전부가 에어탈의 제조에 사용된 이 사건 각 수입물품에 대한 대가로서 산정되었고, 그 밖의 다른 명목의 금원은 이 사건 추가 지급 금액에 포함되지 않은 사실, 한편 이 사건 각 수입물품은 그 수량이 확인되고, 에어탈 1정씩에는 아세클로페낙 $100.00mg$이 원료로 사용된 사실 등을 알 수 있다.

<u>이러한 사실관계를 앞서 본 법리와 규정에 비추어 살펴보면, 이 사건 추가 지급 금액은 이 사건 각 수입물품만을 기초로 하여 산정된 것으로서 이 사건 각 수입물품의 과세가격에 가산되어야 할 금액도 객관적이고 수량화할 수 있는 자료에 근거하여 계산할 수 있으므로, 피고가 이 사건 추가 지급 금액을 이 사건 각 신고가격에 가산하여 조정한 거래가격을 이 사건 각 수입물품의 과세가격으로 결정하여 한 이 사건 각 처분이 위법하다고 할 수 없다.</u>

다. 원심판결은 그 이유 설시에 다소 부적절하거나 미흡한 점이 있으나, 이 사건 각 처분이 위법하지 않다고 본 결론은 정당하고, 거기에 사후귀속이익의 과세가격 가산요건 등에 관한 법리를 오해하여 판결에 영향을 미친 잘못이 없다.

3. 상고이유 제6점에 관하여

이 부분 상고이유의 주장은, 피고가 동종·동질물품의 거래가격을 기초로 과세가격을 결정할 수 있도록 규정한 구 관세법 제31조에 따라 과세가격을 결정하여 이 사건 각 처분을 하였음을 전제로, 이 사건 각 신고가격은 시장 상황을 고려하여 결정한 정당한 가격으로서, 동종·동질물품 등의 거래가격과 현저한 차이가 있어 이를 과세가격으로 인정하기 곤란한 경우에 해당하지 아니하므로, 피고가 구 관세법 제30조 제1항이 아닌 제31조에 따라 이 사건 처분을 한 것은 잘못이라는 취지이다.

그러나 앞의 제1항에서 본 바와 같이, 피고는 당초 이 사건 각 신고가격은 이를 과세가격으로 인정하기 곤란한 경우에 해당한다는 이유로 구 관세법 제31조에 따라 과세가격을 결정하여 이 사건 각 수입물품에 대한 관세 및 부가가치세를 증액경정하였다가 다시 구 관세법 제30조 제1항에 따라 이 사건 각 신고가격에 이 사건 추가 지급 금액을 가산하여 조정한 거래가격을 이 사건 각 수입물품의 과세가격으로 결정하여 이 사건 각 처분을 하였다. 따라서 이 부분 상고이유의 주장은 잘못된 전제에 기초한 것으로서 주장 자체로 이유 없다.

4. 결론

그러므로 상고를 기각하고, 상고비용은 패소자가 부담하기로 하여, 관여 대법관의 일치된 의견으로 주문과 같이 판결한다.

대법관 박보영(재판장) 민일영(주심) 이인복 김신

Topic 13

2008년 제1회 관세평가협의회결정사항

[결정 08-01-01]

1. 질의내용

- 반도체, 반도체 제조 자동화시스템 수입업체인 신청인(외국의 B사의 국내 현지법인으로 특수관계에 있음)가 기존에 모기업인 B사의국내 판매대리인으로 Offer commision을 받고 활동하다, 모기업인 B사로부터 직접 물품을 수입하여 국내 실수요자(End User)에 재판매하는 방식으로 거래형태 변경
  - 즉, 신청인은 실수요자와 납품가격을 협상하여 공급가격(Customer selling price)을 정한 다음 공급가격의 85% 가격으로) 제조사인 모기업에 주문하여 수입통관하여 판매하고 실수요자에 대한 판매금액과의 차이 15%를 수익으로 인식
- 이 경우 국내 실수요자(End User)에 대한 판매가격의 85%로 거래한 가격이 정당한 과세가격으로 인정될 수 있는지 여부를 질의

2. 거래내용

기존 거래형태

① 신청인은 End User에 대해 영업·마케팅활동 수행
② End User는 신청인의 모기업인 B사에 수입물품 구매주문(P/O)
③ End User는 신청인의 모기업인 B사가 제조한 수입물품 구매
④ 신청인은 영업 및 A/S(Warranty)비용을 모기업인 B사에게서 수수료(Commission)로 지급 받음

변경 거래형태

① 신청인은 End User에 대해 영업·마케팅활동 수행
② End User는 신청인에 수입물품을 발주하고, 이에 신청인은 모기업인 B사에 수입물품에 대한 구매주문(P/O)
③ 모기업인 B사는 이전가격정책에 따라 신청인의 국내판매가격(End User 판매가격)의 85%

가격으로 A사에 판매
④ 신청인은 외국 모기업인 B사가 제조한 수입물품을 직접 수입통관
⑤ 신청인은 수입통관한 수입물품을 End User에 판매(공급)

3. 쟁점사항

1. 신청인이 수입물품의 선의의 구매자인지 여부
2. 거래형태 변경에 따른 과세가격 결정방법

4. 결정

본 건 수입물품의 가격은 그 결정방식과 내용을 살피건대 신청인과 판매자간의 특수관계가 수입물품의 가격에 영향을 미친 것으로 판단되므로 관세법 제31조 이하에서 정한 방법으로 과세가격을 결정한다.

> 이유

- 수입물품의 과세가격은 당해 수입물품의 수입거래가 이루어진때에 「구매자」가 (「판매자」에게 또는 「판매자」를 위하여)실제로 지급하였거나 지급하여야 할 가격의 총액(실제지급금액)에 기초하여 결정함(관세법 제30조 제1항)
- 신청인과 판매자간의 특수관계가 가격에 영향을 미치지 아니하였다고 하기 위해서는 당해 수입물품의 가격이
  - 특수관계가 없는 구매자와 판매자간에 통상적으로 이루어지는 가격결정방법으로 결정된 경우(관세법시행령 제23조제2항제1호)
  - 당해 산업부문의 정상적인 가격결정 관행에 부합하는 방법으로 결정된 경우(동 제2호)이거나
  - 모든 비용에 더하여 대표적인 기간 중 동종·동류의 물품 판매에서 실현된 기업의 전반적인 이윤을 대표하는 이윤을 회수할 수 있을 정도 (WTO관세평가협정 제1조 제2항 주해 3)이어야 함
- 본 건의 경우, 신청인과 모기업이 모든 수입물품의 가격을 신청인이 수입 후 국내에서 (재)판매하는 가격의 일정 비율(85%)로 정하고 있는 바

- 이 같은 가격구조로는 <u>구매자는 당해 물품의 수입 후 국내 판매가격을 판매자에게 공개하지 않고는 가격의 구체적인 금액을 특정할수 없는 한편, 모기업은 판매자로서 만에 하나 있을지도 모를 신청인의 재판매가격 책정상의 오류로 인한 불의의 손해를 미연에 방지하기 위하여 어떤 형태로든 모기업의 지위에서 수입 후 국내 재판매가격을 사실상 통제하지 않을 수 없는 점</u> 등을 고려할 때 이 건 수입물품의 가격이 특수관계가 없는 구매자와 판매자간에 통상적으로 이루어지는 가격결정방법으로 결정된 경우(관세법시행령 제23조제2항제1호) 또는 당해 산업부문의 정상적인 가격결정 관행에 부합하는 방법으로 결정된 경우(동 제2호)에 해당한다고 보기 어렵고
- 아울러, 이 같은 방식으로는 물품가격에 판매자가 소요비용과 적정한 이윤을 반영하는 것이 허용되지 않는 다는 점에서 WTO관세평가협정 제1조제2항 주해 3의 규정에 해당하는 것으로 볼 수도 없음

• 위와 같은 이유로 이 건 수입물품에 대하여는 관세법 제30조제3항제2호 규정에 의거 관세법 제31조 내지 제35조에서 정한 방법으로 과세가격을 결정하여야 함

Topic 14

2007년 제3회 관세평가협의회결정사항

[결정 07-03-02]

1. 질의내용

- 수입자인 L사는 1998년 독일의 B사와 아크릴산 등 화학제품의 독점판매권계약을 맺고 동 물품을 수입하여 판매하는 회사로서 송품장(Invoice) 금액을 기초로 잠정 가격신고하고 계약서 상 가격공식에 따른 정산 후 가격으로 확정 가격신고함

- 한편 N사, D사, T사로부터 수입하는 물품에 대해서는 송장가격을 기초로 잠정가격신고를 한 후, 제4방법으로 산출한 가격으로 확정 가격신고함

- 이에 따라 쟁점물품의 과세가격을 결정함에 있어서 ① 관세법제30조 제3항에서 정하는 거래가격 배제사유에 해당하는지 여부 및 ② 거래가격 배제사유에 해당하지 않는 경우 과세가격을 국내판매가격에서 수수료와 비용을 공제한 정산 가격을 기초로 결정할 것인지, 양 당사자가 최초 합의한 L/C 개설금액 및 송품장(Invoice) 금액을 기초로 결정할 것인지 여부에 대하여 서울세관이 우리원에 질의함

2. 쟁점내용

- 거래가격 배제사유에 해당하는지 여부 및 거래가격 배제사유에 해당하지 않는 경우 과세가격 결정방법

3. 결정

관세법 제30조에 의한 제1방법으로 과세가격을 결정하고, 가격공식에 의한 '정산 후 금액'을 실제지급금액으로 보아 과세가격을 결정하여야 한다.

> **이유**

- 수출자가 수입자에게 독점판매권 및 독점유통권을 부여한다거나, 수출자와 수입자가 매년 물품의 판매예상 및 시장동향을 근거로 수입국내의 소매가격을 권고하여 정한다고 하더라도 '일방이 타방을 직접적 또는 간접적으로 통제'하는 특수관계에 해당하는 것은 아님(WTO 관세평가 협정 사례연구 9.1)

- 계약서에 따르면, 수입자는 국내 시장 동향 등에 대한 정보를 수출자에게 제공하여야 한다고 하나 이는 일반적인 무역거래의협조사항에 불과하고, 수입자는 합의된 가격공식에 따라 산출되는 가격과 조건으로 물품을 구매한다고 정하고 있으므로 수출자가 일방적으로 거래가격을 결정한다고 할 수 없으며, 국내영업행위와 관련하여 수입자는 자신의 명의와 계산으로 독립적으로 업무를 수행한다고 정하고 있음

- 따라서 수출자와 수입자는 일방이 타방을 지배하거나 통제한다고 할 수 없고 기타 사업상 동업자, 임원 등의 관계를 맺고 있지 아니하므로 관세법 상 특수관계에 해당하지 아니하고 관세법 제30조 제3항에서 정한 기타 거래가격 배제요건에도 해당하지 않으므로 제1방법을 적용하여야 함

- 본건의 거래가격은 가격 공식에 따라 국내판매가격과 연동하여결정되며 물품의 대가로 구매자가 판매자에게 지급하는 금액도 계약서에 명시된 공식에 따라 지급하고 있는바, WTO 관세평가협정 예해 4.1에 의하면 "가격조정약관은 가격을 결정할 수 없는 조건이나 사정에 해당된다고 간주되어서는 아니되며 가격조정약관이 있는 계약 하에서 수입물품의 거래가격은 계약상의 규정에 일치하게 지급하였거나 지급할 최종 총금액에 기초하여 결정하여야 하며 가격조정약관 자체로서 협정 제1조에 근거하는평가를 배제할 수 있는 사유가 되지 아니한다"라고 해설하고 있고,

- 또한 WCO 관세평가핸드북에서는 가격이 단지 잠정적으로 정해지고 물품의 재판매로 실현되는 이윤에 따라 상향 또는 하향으로 조정되는 경우 예해 4.1에 의거하여 수입물품의 거래가격은 실제로 지급했거나 지급할 최종 전체가격(total final price)이 되어야 한다고 설명하고 있으므로 본건과 같이 계약조항에 합의되어 있는 요인에 따라 실제로 지급하는 최종가격이 결정되는 거래는 WTO 관세평가협정 예해 4.1의 가격조정약관이 있는 거래에 해당한다고 볼 수 있음

- 협정 제1조에 정의되어 있는 수입물품의 거래가격은 당해물품의 대가로 실제 지급하였거나 지급할 가격에 기초하고 있으며 동 협정 제1조 주해에서 실제 지급하였거나 지급할

가격은 물품 대가로 구매자가 판매자에게 지급하였거나 지급할 총금액이라 정의되어 있으므로 조정약관이 있는 계약 하에서는 수입물품의 거래가격은 계약상의 규정에 일치하게 지급하였거나 지급할 최종 총금액으로 결정하여야 함

- 따라서 국내판매가 완료된 후 계약서에서 정한 공식에 따라 최종가격이 확정되고 확정된 금액을 기초로 정산하여 동 정산금액을 실제로 판매자에게 지급하거나 영수하고 있으므로 본건의거래가격은 구매자가 판매자에게 실제로 지급하였거나 지급할 총금액, 즉 정산 후 가격을 기초로 과세가격을 결정하여야 함

Topic 15. 입증책임에 대한 대법원 판례

1. 대법원 92누17112 [1993. 7. 13]

판결요지

관세법 제9조의3 제2항 제4호, 구 관세법시행령(1992.12.31. 대통령령 제13806호로 개정되기 전의 것) 제3조의3 제5호에 의하여 과세가격을 관세법 제9조의3 제1항 소정의 거래가격에 의하지 아니하기 위하여는 먼저 구매자와 판매자 중 일방이 타방을 직접 또는 간접으로 관리하는 특수관계에 있어야 할 것인데, 여기서 말하는 일방이 타방을 직접 또는 간접으로 관리하는 관계라 함은 일방이 타방에 대하여 법적 또는 사실상으로 통제권 또는 지휘권을 행사할 수 있는 위치에 있을 경우를 말한다고 풀이되고 그에 관한 입증책임은 과세관청에게 있다.

2. 대법원 2007두9303 [2009. 5. 28]

판결요지

[1] 관세법 제30조 제1항, 제3항 제4호 규정의 취지 및 내용, 과세요건 사실에 관한 증명책임은 원칙적으로 과세관청에게 있는 점, '관세 및 무역에 관한 일반협정 제7조의 시행에 관한 협약' 제1조 제2항 (a)는 "구매자와 판매자 간에 특수관계가 있다는 사실 자체만으로 그 실제 거래가격을 과세가격으로 수락할 수 없는 것으로 간주하는 근거가 되지 아니한다"고 정하고 있는 점 등을 종합하여 보면, 관세법 제30조 제3항 제4호를 적용하기 위하여는 구매자와 판매자 간에 특수관계가 있다는 사실 외에도 그 특수관계에 의하여 거래가격이 영향을 받았다는 점까지 과세관청이 증명하여야 한다.

[2] 수입의약품의 매출원가율이 구매회사가 수입한 다른 의약품에 비하여 낮고 다른 업체들의 평균치에 미치지 못한다거나 그 재판매가격이 수출자인 판매회사의 가격정책에 부합하지 않는다는 사정만으로는 수입의약품의 거래가격이 구매회사와 판매회사의 특수관계에 영향을 받아 부당하게 낮은 가격으로 책정된 것이라고 단정할 수 없다고 한 사례

※ 위 대법원판결에 의하면, 특수관계 해당여부 및 당해 특수관계가 수입물품의 거래가격에 영향을 미쳤는지 여부에 대하여 과세관청에게 입증책임을 부담하게 하도록 판시하였던 바 있으나, 특수관계가 거래가격에 영향을 미쳤는지 여부에 대한 입증책임이 전적으로 세관당국에게 귀속되는 것으로 볼 수는 없을 것이다. WTO평가협약 결정6.1에서는 "세관당국은 가격신고시 제출서류의 진실성 혹은 정확성을 의심할 만한 이유가 있는 경우 수입자에게 신고가격의 정당성을 증명하는 관련자료 제출 및 보완설명을 요구할 수 있고, 만일 수입자가 이에 불응하거나 또는 세관당국이 추가정보를 받고도 신고가격에 대한 합리적의심(reasonable doubt)을 가지는 경우 수입물품의 과세가격은 협정 제1조의 적용을 배제할 수 있도록 규정하고 있기 때문이다.(WTO평가협약 결정 6.1)

비교 [예해 14.1 질의응답]

질문 수입자는 제1조의 규정에 따라 평가되는 물품을 신고하기 전에 특수관계가 가격에 영향을 미치지 않았다는 것을 입증해야 할 책임이 있는가?

답변 그렇다. 거래가격 방법에 따른 과세가격을 신고하는 경우에는, 수입자는 특수관계가 가격에 영향을 미치지 않았다는 것을 최대한 입증할 의무가 있다. 이는 구매자와 판매자 간에 특수관계가 없거나, 구매자와 판매자가 특수관계가 있더라도 특수관계가 가격에 영향을 미치지 않았음을 입증할 수 있다면 거래가격이 사용되어야 한다고 규정하고 있는 제1조에 따라 수입자에게 그 의무가 있다.

Topic 16 주요 유권해석

[조심 2019관0131]

[결정요지] 결정일자 : 2020/04/28

청구법인은 재판매가격법에 따라 수입가격을 결정하고 있다고 주장하나, 국내 보험수가의 변동과 달리 수입가격은 변동하지 아니한 점, 개별품목의 매출총이익률의 차이가 상당함에도 청구법인이 속한 그룹 전체의 매출총이익률을 적용한 것은 일정한 기간 청구법인의 이익을 보장하기 위한 것으로 보이는 점, 제3국 구매자의 거래가격을 비교가격으로 하여 쟁점물품의 수입가격이 적정하다고 단정하기 어려운 점 등에 비추어 쟁점물품의 수입가격이 특수관계에 의해 영향을 받지 않았음을 충분히 입증하지 못하였다고 보아 처분청이 경정청구를 거부한 처분에 잘못이 없는 것으로 판단됨

이유

1. 처분개요

가. 청구법인은 2014.6.21.부터 2017.12.13.까지 특수관계자인 OO(이하 OO라 한다)로부터 수입신고번호 OO외 104건으로 OO등 심혈관계 전문의약품(이하 "쟁점물품"이라 한다)을 수입하면서, 쟁점물품의 과세가격을 「관세법」 제30조 제1항에 따른 거래가격으로 수입신고하였고, 처분청은 이를 그대로 수리하였다.

나. OO세관장은 2014.6.16.부터 2014.8.14.까지 청구법인이 2009년부터 2014년 6월까지 수입한 물품에 대한 과세가격의 적정여부를 심사한 결과, 특수관계가 거래가격에 영향을 미친 것으로 보아 「관세법」 제33조에 따라 과세가격을 재산정한 후 관세 등을 경정하였고, 청구법인이 이에 불복하여 제기한 심판청구를 조세심판원이 재조사 결정을 하자, 재조사 후 2017.11.16. 원처분을 유지(이하 "선행처분"이라 한다)하였다.

다. 청구법인은 2018.2.13. 부산지방법원에 선행처분의 취소를 구하는 소를 제기(현재 OO세관장이 상고하여 상고심 진행중)하는 한편, 2018.2.7. 쟁점물품의 과세가격을 「관세법」 제33조에 따라 재산정한 가격으로 수정신고하면서 〈별지1〉 기재와 같이 관세 합계 OO 및 부가가치세 합계 OO총 합계 OO을 납부하였다.

라. 청구법인은 2019.6.12. 선행처분에 대한 소송 과정에서 확인된 제반사정을 종합할 때 특수관계가 쟁점물품의 거래가격에 영향을 미치지 않았다고 보아 위 수정신고시 납부한 세액을 환급하여 달라는 취지의 경정청구를 하였으나, 처분청은 2019.6.12. 등에 이를 모두 거부(이하 "쟁점처분"이라 한다)하였다.

2. 심리 및 판단

이상의 사실관계 및 관련 법령 등을 종합하여 살피건대, 청구법인은 쟁점물품의 수입신고가격은 특수관계에 의하여 영향을 받은 것이 아니므로 이 건 경정청구 거부처분은 위법하다고 주장하나, 판매자와 구매자 간에 특수관계가 있는 경우 해당 수입물품의 거래가격을 과세가격으로 하기 위해서는 그 거래가격이 특수관계에 의하여 영향 받지 않았음을 입증하거나 그 거래가격을 수용함에 있어 과세관청의 합리적 의심이 없어야 하는데, 재판매가격법에 의하여 결정되는 쟁점물품의 수입가격이 국내판매가격인 보험수가에 따라 연동되는 이상 보험수가의 변동추이에 따라 수입가격도 변동하여야 하나 그러하지 아니한 점, 재판매가격법을 적용함에 있어 쟁점물품의 주요 개별 품목의 매출총이익률의 차이가 상당함에도 청구법인이 속한 그룹 전체의 매출총이익률을 적용한 것은 청구법인으로 하여금 일정한 기간 이익을 보장하기 위한 것으로 보이는 점, 의약품의 가격구조 특성상 해당 수입국별로 상이한 의료보험시스템이나 그 발전정도 등이 조정되지 아니한 상태에서 제3국의 특수관계가 없는 구매자의 거래가격을 비교가격으로 하여 쟁점물품의 수입가격이 적정하다고 단정하기 어려워 보이는 점, 청구법인이 제시하는 법원의 판단은 심리일 현재까지 아직 확정되지 않은 점 등에 비추어 쟁점물품의 수입가격이 특수관계에 의해 영향을 받지 않았음을 충분히 입증하지 못하였다고 보아 처분청이 경정청구를 거부한 처분에 잘못이 없는 것으로 판단된다.

Topic 17. 특수관계자간 영향 관련 일본 평가사례

1. 대리점가격을 밑도는 가격으로 거래되는 특수관계자간의 거래가격

일본정률법 사례

- 구매자 B 및 판매자 S는 H국에 있는 C사의 그룹회사(특수관계자간 거래)이다. 구매자는 판매자로부터 "INTERNATIONAL SPARE PARTS BOOK"(가격표)을 송부받고 있다.
- 해당 가격표는 PRICE LIST 및 대리점가격이 기재되어 있다. 의료기기부품의 수입거래에 관하여 판매자로부터 송부된 송품장가격은 대리점가격(PRICE LIST X 0.76)을 밑도는 가격(PRICE LIST X 0.65)이다
- 이 경우 대리점가격을 밑도는 가격은 특수관계에 의해 영향을 받은 가격에 해당하는가?

수입물품의 거래가격과 대리점가격과 차이가 있는 것만으로 "특수관계에 의한 영향이 있다"고는 할 수 없다. 특수관계가 거래가격에 영향을 미치지 않았다고 하는 이유 및 그것을 거증하는 자료의 제출이 가능하면 특별한 사정에 해당하지 않는 것으로 인정된다.

2. 송품장에 기재된 대리점수수료의 할인

> 일본정률법 사례

- 구매자 B는 판매자 S와 대리점계약을 체결하고 전기제품을 수입하고 있다. 판매자와 구매자간에 특수관계는 없다.
- 대리점계약에 따라 구매자에게는 15%의 대리점할인이 주어지게 되어 있지만, 판매자가 보내온 송품장에는 "15% 대리점수수료 할인"으로 기재되어 있다.
- 이 경우 할인 후의 송품장가격에 따라 수입물품의 과세가격으로 인정될 수 있는가?

본 사례의 경우 구매자 B와 판매자 S와의 사이에 대리점계약을 체결하고 있는 것만으로 특수관계에 해당하지 않는다.

송품장에 "15% 대리점수수료 할인"이라고 기재되었더라도 해당 할인은 실제 대리점계약에 따라 구매자에게 주어져 있는 15%의 대리점할인이라고 인정되며, 구매자가 판매자에게 지급하는 대리점 할인 후의 가격이 실제지급가격이 된다.

따라서 할인 후의 송품장가격에 따라 수입물품의 과세가격을 계산한다.

Topic 18 특수관계자간 영향 심사사례

(1) 관세율 상승에 따른 이전가격 저가 조정

수입담배에 대한 관세율이 연차별로 점차 올라감(0% → 40%)에 따라 다국적기업 본사가 국내 마케팅에 대한 추가 지원 필요성이 대두되었으며, 이에 따른 다국적 본사는 담배 수입가격을 인하함으로써 관세율 인상에 대처하고 수입가격 인하에 따라 발생한 잉여자원을 광고 및 판촉비용으로 사용하도록 하고 향후 한국 내에서 OEM 방식으로 생산할 수 있는 방안을 모색하였음

관세율 인상과 수입단가 인하 금액간 상관관계를 분석하여 본사가 소재한 국가 내에서 판매가격의 변동 사항을 조사하여 원가로 인한 변화요인이 없음을 확인하고, 국내 마케팅 사용액(Budget)에 대한 사전 본사 개입 및 지시 관련자료를 수집하여 수입담배 관세율 인상에 대처하고자 본사가 주도적으로 수입가격을 낮추고 마케팅비 지원거래 입증하여 4방법에 의한 과세가격을 재산정하였음

(2) 농산물을 현지생산공장에서 수입한 경우

중국 현지공장은 수입자가 투자한 업체로 특수관계에 있고. 신선당근을 수입통관하면서 현지공장의 이윤을 가산하지 않고 수입가격을 신고하고, 거래가격도 수입자가 일방적으로 결정하는 등 특수관계가 거래가격에 영향을 미친 것으로 판단되어 2방법 이하로 과세가격 결정하였음

(3) 국내 제약사를 거쳐 완제 의약품을 지사에 판매하도록 한 경우

일본 제약회사(A사)의 국내 자회사(B사)가 제조업영위가 가능하게 될 때까지 수입자가 대신 제조하여 자회사에 판매하기로 계약하면서 원재료는 A사에서만 수입해야 하고 완제 의약품을 B사 이외의 제3자에게 판매할 수 없고 수입가격은 A사와 B사간에 협상에 의해 결정되고 수입자는 통보받은 사항대로 수입하여 제조에 공하였음. 즉 수입원재료의 수입가격은 사용처분에 제한을 두었으며 특수관계에 의한 영향을 받아 통상적이지 않은 방법으로 결정된 가격으로 신고하였음이 확인되어 6방법에 의하여 과세가격을 재산정하였음

(4) APA(이전가격 사전협의) 관련 이익조정을 위한 이전가격 왜곡

동 업체는 '05년 APA 승인받은 3월말 결산법인으로 '06년 4월, 통상적인 방법으로 조정된 수입가격으로는 '06~'07회계년도의 영업이익률를 맞추기 힘들다하여, '06년 8월에 일부 품목군들에 대한 가격인하를 수출자에게 요청하여 승인받아 적용. 또한 '07년 2월에 통상적인 방법으로 조정된 수입가격으로는 '07~'08회계년도의 영업이익률를 맞추기 힘들다하여 '07년 8월에도 일부품목들에 대한 가격인하를 요청하여 승인받아 적용

이에 따라 과세관청은 '06~'08년도 APA 영업이익률 6.8%적용을 위해 수입상품(본사에 요청해 허여받은 상품) 중 일부 가격인하품목에 대해 통상적인 가격할인(인하)이 아닌 할인분은 특수관계에 의하여 영향을 받아 낮게 책정된 것으로 보아 2방법 이하로 과세가격을 재산정하도록 함

부록 주제별 WTO관세평가협정

거래가격 배제 PART

제1부 관세평가 규칙 제1조

1. The customs value of imported goods shall be the transaction value, that is the price actually paid or payable for the goods when sold for export to the country of importation adjusted in accordance with the provisions of Article 8, provided: (a) that there are no restrictions as to the disposition or use of the goods by the buyer other than restrictions which: (i) are imposed or required by law or by the public authorities in the country of importation; (ii) limit the geographical area in which the goods may be resold; or (iii) do not substantially affect the value of the goods; (b) that the sale or price is not subject to some condition or consideration for which a value cannot be determined with respect to the goods being valued; (c) that no part of the proceeds of any subsequent resale, disposal or use of the goods by the buyer will accrue directly or indirectly to the seller, unless an appropriate adjustment can be made in accordance with the provisions of Article 8; and	1. 다음 요건을 충족한다면, 수입물품의 과세가격은 거래가격(transaction value), 즉 물품이 수입국으로 수출하기 위하여 판매된 때에 실제로 지급하였거나 지급하여야 할 가격을 제8조의 규정에 따라 조정한 것이어야 한다. (a) 구매자가 물품을 처분 또는 사용함에 있어서, 아래에서 정하는 제한(restrictions)을 제외하고는, 어떠한 제한도 없어야 한다. (i) 수입국의 법률 또는 행정당국에 의하여 부과되거나 요구되는 제한 (ii) 해당 물품이 전매(轉賣)될 수 있는 지리적인 영역을 한정하는 제한 (iii) 물품의 가치(value)에 실질적으로 영향을 미치지 아니하는 제한 (b) 판매 또는 가격이 평가대상 물품과 관련하여 가치(value)를 결정할 수 없는 조건 또는 사정(condition or consideration)에 좌우되지 않아야 한다. (c) 제8조의 규정에 따라 적절히 조정될 수 있는 경우를 제외하고는, 구매자가 추후에 물품을 전매, 처분 또는 사용하여 생긴 수익(proceeds)의 일부가 직접 또는 간접으로 판매자에게 귀속되지 않아야 한다.

(d) that the buyer and seller are not related, or where the buyer and seller are related, that the transaction value is acceptable for customs purposes under the provisions of paragraph 2.	(d) 구매자와 판매자 간에 특수관계가 없거나, 구매자와 판매자가 특수관계(related)가 있는 경우에는 그 거래가격은 제2항의 규정에 의하여 관세 목적 상 수용할 수 있다.
2 (a) In determining whether the transaction value is acceptable for the purposes of paragraph 1, the fact that the buyer and the seller are related within the meaning of Article 15 shall not in itself be grounds for regarding the transaction value as unacceptable. In such case the circumstances surrounding the sale shall be examined and the transaction value shall be accepted provided that the relationship did not influence the price. If, in the light of information provided by the importer or otherwise, the customs administration has grounds for considering that the relationship influenced the price, it shall communicate its grounds to the importer and the importer shall be given a reasonable opportunity to respond. If the importer so requests, the communication of the grounds shall be in writing.	2 (a) 제1항의 목적 상 거래가격이 수용될 수 있는지 여부를 결정함에 있어서 구매자와 판매자가 제15조에서 의미하는 특수관계에 있다는 사실 그 자체가 거래가격을 수용할 수 없는 근거가 되지 않아야 한다. 그러한 경우에는 판매의 주변상황(circumstances surrounding the sale)이 검토되어야 하고 특수관계가 가격에 영향을 미치지 않았다면 거래가격은 수용되어야 한다. 만약 수입자에 의해 혹은 다른 방법으로 제공된 정보에 비추어 세관당국이 특수관계가 가격에 영향을 미쳤다고 판단할 근거를 가지고 있다면, 수입자에게 그 근거를 통지해야 하고 수입자에게는 답변할 수 있는 합리적인 기회가 제공되어야 한다. 만약 수입자가 요청하는 경우, 그 근거는 서면으로 통지되어야 한다.
(b) In a sale between related persons, the transaction value shall be accepted and the goods valued in accordance with the provisions of paragraph 1 whenever the importer demonstrates that such value closely approximates to one of the following occurring at or about the same time :	(b) 특수관계자 간 판매에 있어, 거래가격이 동시 또는 거의 동시에 발생하는(occuring) 다음의 가격 중 어느 하나에 거의 근접함을 수입자가 입증하는 경우에는 언제든지 거래가격은 수용되어야 하고 물품은 제1항의 규정에 따라 평가되어야 한다.
(ⅰ) the transaction value in sales to unrelated buyers of identical or similar goods for export to the same country of importation ;	(ⅰ) 동종·동질 또는 유사 물품을 동일한 수입국으로 수출하기 위하여 특수관계가 없는 구매자에게 판매한 경우의 거래가격
(ⅱ) the customs value of identical or similar goods as determined under the provisions of	(ⅱ) 제5조의 규정에 따라 결정된 바 있는 동종·동질 또는 유사물품의 과세가격

Article 5; (iii) the customs value of identical or similar goods as determined under the provisions of Article 6;	(ⅲ) 제6조의 규정에 따라 결정된 바 있는 동종·동질 또는 유사물품의 과세가격
In applying the foregoing tests, due account shall be taken of demonstrated differences in commercial levels, quantity levels, the elements enumerated in Article 8 and costs incurred by the seller in sales in which the seller and the buyer are not related that are not incurred by the seller in sales in which the seller and the buyer are related.	상기 검증을 적용함에 있어서 거래단계, 거래수량, 제8조에 열거된 요소 및 특수관계가 있는 판매자와 구매자 간 판매에 있어서는 판매자가 부담하지 않지만 특수관계가 없는 판매자와 구매자간 판매에 있어서는 판매자가 부담하는 비용의 입증된 차이에 대한 타당한 고려가 이루어져야 한다.
(c) The tests set forth in paragraph 2(b) are to be used at the initiative of the importer and only for comparison purposes. Substitute values may not be established under the provisions of paragraph 2(b).	(c) 제2항 (b)에 규정된 검증은 수입자의 주도로 사용되어야 하고 비교의 목적으로만 사용되어야 한다. 대체 가격을 제2항 (b)의 규정에 따라 결정할 수는 없다.

부속서 I 주해 제1조에 대한 주해

Price Actually Paid or Payable

1. The price actually paid or payable is the total payment made or to be made by the buyer to or for the benefit of the seller for the imported goods. The payment need not necessarily take the form of a transfer of money. Payment may be made by way of letters of credit or negotiable instruments. Payment may be made directly or indirectly. An example of an indirect payment would be the settlement by the buyer, whether in whole or in part, of a debt owed by the seller.

2. Activities undertaken by the buyer on the buyer's own account, other than those for which an adjustment is provided in Article 8, are not considered to be an indirect payment to the seller, even though they might be regarded as of benefit to the seller. The costs of such activities shall not, therefore, be added to the price actually paid or payable in determining the customs value.

3. The customs value shall not include the following charges or costs, provided that they are distinguished from the price actually paid or payable for the imported goods : (a) charges for construction, erection, assembly, maintenance or technical assistance, undertaken after importation on imported goods such as industrial plant, machinery or equipment; (b) the cost of transport after importation; (c) duties and taxes of the country of importation.

4. The price actually paid or payable refers to the price for the imported goods. Thus the flow of dividends or other payments from the buyer to the seller that do not relate to the imported goods are not part of the customs value.

실제로 지급하였거나 지급하여야 할 가격

1. 실제로 지급하였거나 지급하여야 할 가격이란 수입물품에 대하여 구매자가 판매자에게 또는 판매자의 이익을 위하여 지급하였거나 지급하여야 할 총금액이다. 지급이 반드시 화폐 이전의 형태를 취할 필요는 없다. 지급은 신용장 또는 유통증권에 의해 이루어질 수 있다. 지급은 직접 또는 간접으로 이루어질 수 있다. 간접 지급의 일례는 판매자가 지고있는 채무의 전부 또는 일부를 구매자가 청산하는 경우이다.

2. 제8조에서 조정하도록 규정된 사항 외에, 구매자가 자신의 계산으로 수행한 활동은 비록 판매자에게 이익이 되는 것으로 간주된다 할지라도 판매자에 대한 간접 지급으로 인정될 수 없다. 따라서 이러한 활동의 비용은 과세가격을 결정함에 있어서 실제로 지급하였거나 지급하여야 할 가격에 가산되지 아니한다.

3. 아래의 부담금 또는 비용은, 수입물품에 대하여 실제로 지급하였거나 지급하여야 할 가격과 구별되는 경우에는 과세가격에 포함되지 않는다. (a) 산업설비, 기계류 또는 장비와 같은 수입물품에 대하여 수입 후에 수행된 건설, 설치, 조립, 유지 및 기술지원에 대한 부담금 (b) 수입 후의 운송비용 (c) 수입국의 관세 및 제세

4. 실제로 지급하였거나 지급하여야 할 가격은 수입물품에 대한 가격을 말한다. 따라서 수입물품과 관련되지 않는 배당금 또는 기타 지급의 구매자로부터 판매자에게로의 이전은 과세가격의 일부가 아니다.

Paragraph 1(a)(iii)

Among restrictions which would not render a price actually paid or payable unacceptable are restrictions which do not substantially affect the value of the goods. An example of such restrictions would be the case where a seller requires a buyer of automobiles not to sell or exhibit them prior to a fixed date which represents the beginning of a model year.

Paragraph 1(b)

1. If the sale or price is subject to some condition or consideration for which a value cannot be determined with respect to the goods being valued, the transaction value shall not be acceptable for customs purposes. Some examples of this include; (a) the seller establishes the price of the imported goods on condition that the buyer will also buy other goods in specified quantities; (b) the price of the imported goods is dependent upon the price or prices at which the buyer of the imported goods sells other goods to the seller of the imported goods; (c) the price is established on the basis of a form of payment extraneous to the imported goods, such as where the imported goods are semi-finished goods which have been provided by the seller on condition that the seller will receive a specified quantity of the finished goods.

2. However, conditions or considerations relating to the production or marketing of the imported goods shall not result in rejection of the transaction value. For example, the fact that the buyer furnishes the seller with engineering and plans undertaken in the country of importation shall not result in rejection of the transaction value for the purposes of Article 1. Likewise,

제1항 제(a)호 (iii)

실제로 지급하였거나 지급하여야 할 가격을 수용할 수 없게 만들지 않는 제한은 물품의 가치(value)에 실질적으로 영향을 미치지 않는 제한이다. 그러한 제한의 예는 판매자가 자동차 구매자에게 모델연도의 시작을 나타내는 특정일 이전에는 자동차를 판매하거나 전시하지 않도록 요구하는 경우이다.

제1항 b호

1. 판매 또는 가격이 평가대상 물품과 관련하여 가치를 결정할 수 없게 하는 어떠한 조건이나 사정(consideration)에 좌우된다면, 거래가격은 관세목적 상 수용되지 않는다. 여기에 해당하는 사례는 다음과 같다. (a) 구매자가 특정 수량의 다른 물품을 함께 구매하는 조건으로 판매자가 수입물품의 가격을 결정하는 경우, (b) 수입물품 가격이 수입물품 구매자가 수입물품 판매자에게 다른 물품을 판매하는 가격 또는 가격들에 따라 결정되는 경우, (c) 수입물품이 판매자가 완제품의 일정 수량을 받는 것을 조건으로 공급하는 반제품인 경우와 같이, 수입물품과 관계없는 지급형태를 근거로 가격이 결정되는 경우,

2. 그러나 수입물품의 생산 또는 마케팅과 관련한 조건이나 사정(consideration)이 거래가격을 부인하는 결과가 되게 해서는 안 된다. 예를 들면, 구매자가 판매자에게 수입국 내에서 수행된 기술 및 설계를 제공한다는 사실이 제1조 목적의 거래가격을 부인하는 결과가 되게 해서는 안 된다. 마찬가지로, 만약 구매자가 수입물품의 마케팅에 관한 활동을 비록 판매자와의 약정에

if the buyer undertakes on the buyer's own account, even though by agreement with the seller, activities relating to the marketing of the imported goods, the value of these activities is not part of the customs value nor shall such activities result in rejection of the transaction value.

Paragraph 2

1. Paragraphs 2(a) and 2(b) provide different means of establishing the acceptability of a transaction value.

2. Paragraph 2(a) provides that where the buyer and the seller are related, the circumstances surrounding the sale shall be examined and the transaction value shall be accepted as the customs value provided that the relationship did not influence the price.It is not intended that there should be an examination of the circumstances in all cases where the buyer and the seller are related. Such examination will only be required where there are doubts about the acceptability of the price. Where the customs administration have no doubts about the acceptability of the price, it should be accepted without requesting further information from the importer. For example, the customs administration may have previously examined the relationship, or it may already have detailed information concerning the buyer and the seller, and may already be satisfied from such examination or information that the relationship did not influence the price.

3. Where the customs administration is unable to accept the transaction value without further inquiry, it should give the importer an opportunity to supply such further detailed information as may be necessary to enable it to

따라 수행하는 경우라도, 구매자가 자기의 계산으로 수행한다면 이러한 활동의 가치(value)는 과세가격의 일부도 아니고 그러한 활동이 거래가격을 부인하는 결과가 되게 하지도 않는다.

제2항

1. 제2항 (a)와 (b)는 거래가격의 수용 여부를 입증하는 다른 수단을 규정하고 있다.

2. 제2항 (a)는 구매자와 판매자가 특수관계에 있는 경우, 판매 주변 상황이 검토되어야 하고, 특수관계가 가격에 영향을 미치지 않았다면 거래가격은 과세가격으로 수용되어야 한다고 규정하고 있다. 이것은 구매자와 판매자가 특수관계에 있는 모든 상황을 검토해야 한다는 것을 의도하는 것은 아니다. 그러한 검토는 해당 가격의 수용에 대하여 의심이 있는 경우에만 요구되는 것이다. 세관당국이 해당 가격의 수용에 대해 전혀 의심이 없는 경우에는 수입자에게 더 이상의 정보를 요구하지 않고 수용되어야 한다. 예를 들면, 세관당국이 특수관계를 미리 검토하였거나 또는 구매자와 판매자에 관련한 상세한 정보를 이미 가지고 있어서, 그러한 검토 또는 정보에 의하여 특수관계가 가격에 영향을 미치지 않았다는 것을 이미 납득하고 있을 수 있다.

3. 세관당국이 추가적인 조사 없이 거래가격을 수용할 수 없을 경우에는 수입자에게 자신이 판매 주변상황을 검토하는 데 필요한 보다 상세한 정보를 제공할 수 있는 기회를 부여하여야 한다. 이와 관련하여 세관당국은 특수관계가 가격에

examine the circumstances surrounding the sale. In this context, the customs administration should be prepared to examine relevant aspects of the transaction, including the way in which the buyer and seller organize their commercial relations and the way in which the price in question was arrived at, in order to determine whether the relationship influenced the price. Where it can be shown that the buyer and seller, although related under the provisions of Article 15, buy from and sell to each other as if they were not related, this would demonstrate that the price had not been influenced by the relationship. As an example of this, if the price had been settled in a manner consistent with the normal pricing practices of the industry in question or with the way the seller settles prices for sales to buyers who are not related to the seller, this would demonstrate that the price had not been influenced by the relationship. As a further example, where it is shown that the price is adequate to ensure recovery of all costs plus a profit which is representative of the firm's overall profit realized over a representative period of time(e.g. on an annual basis) in sales of goods of the same class or kind, this would demonstrate that the price had not been influenced.

4. Paragraph 2(b) provides an opportunity for the importer to demonstrate that the transaction value closely approximates to a "test" value previously accepted by the customs administration and is therefore acceptable under the provisions of Article 1. Where a test under paragraph 2(b) is met, it is not necessary to examine the question of influence under paragraph 2(a). If the customs administration has already sufficient information to be satisfied, without further detailed inquiries, that

영향을 미쳤는지 여부를 결정하기 위하여 구매자와 판매자가 그들의 상업적 관계를 조직하는 방법과 해당 가격이 결정된 방법을 포함한 거래의 관련 측면을 검토할 준비가 되어 있어야 한다. 구매자와 판매자가 제15조의 규정에 따른 특수관계라 하더라도 특수관계가 없는 것처럼 상호간에 판매하고 구매하는 것을 입증할 수 있는 경우에는, 가격이 특수관계에 영향을 받지 않았다는 것을 증명하는 것이다. 이러한 예로서, 해당 가격이 해당 산업의 정상적인 가격결정 관행에 부합하는 방법으로 결정되었거나 판매자가 자기와 특수관계에 있지 않는 구매자에게 판매가격을 결정하는 방법으로 해당 가격이 결정된 경우, 가격이 특수관계에 영향을 받지 않았다는 것을 증명하는 것이다. 또 하나의 예로서 당해 가격이 모든 비용에 대표적인 기간(예 : 1년 기준)동안에 동종 또는 동류 물품의 판매에서 실현된 기업의 전반적 이윤을 나타내는 이윤을 합한 금액을 회수할 수 있을 만큼 적절하다는 것이 입증되는 경우에는, 가격이 특수관계에 영향을 받지 않았다는 것을 증명하는 것이다.

4. 제2항 (b)는 해당 거래가격이 세관당국이 종전에 수용한 바 있는 "비교"가격에 거의 근접하고, 따라서 제1조의 규정에 따라 수용될 수 있음을 수입자가 입증할 수 있는 기회를 제공하고 있다. 제2항 (b)에서 정한 비교기준이 충족되는 경우에는 제2항 (a)에 따른 영향 문제는 검토할 필요가 없다. 만약 세관당국이 더 이상의 구체적인 조사 없이 제2항 (b)에서 규정된 비교 기준 중의 하나가 충족되었음을 납득할만한 충분한 정보를 이미 가지고 있다면 수입자에게

one of the tests provided in paragraph 2(b) has been met, there is no reason for it to require the importer to demonstrate that the test can be met. In paragraph 2(b) the term "unrelated buyers" means buyers who are not related to the seller in any particular case.

Paragraph 2(b)

A number of factors must be taken into consideration in determining whether one value "closely approximates" to another value. These factors include the nature of the imported goods, the nature of the industry itself, the season in which the goods are imported, and, whether the difference in values is commercially significant. Since these factors may vary from case to case, it would be impossible to apply a uniform standard such as a fixed percentage, in each case. For example, a small difference in value in a case involving one type of goods could be unacceptable while a large difference in a case involving another type of goods might be acceptable in determining whether the transaction value closely approximates to the "test" values set forth in paragraph 2(b) of Article 1.

비교 기준이 충족될 수 있음을 입증하도록 요구할 이유가 없다. 제2항 (b)에서 "특수관계가 없는 구매자"라는 용어는 어떠한 특별한 경우에도 구매자가 판매자와 특수관계가 없는 구매자를 의미한다.

제2항(b)호

하나의 가격이 다른 가격에 "거의 근접"한지 여부를 결정함에 있어 많은 요소들이 검토되어야 한다. 이러한 요소들은 수입물품의 특성, 산업 자체의 특성, 물품이 수입되는 계절 및 가격의 차이가 상업적으로 중요한지 여부를 포함한다. 이러한 요소는 사안별로 변동될 수 있으므로 각각의 경우에 고정 백분율과 같은 통일적인 기준을 적용하는 것은 불가능하다. 예를 들면, 거래가격이 제1조 제2항 (b)에 규정된 "비교"가격에 거의 근접한지 여부를 결정함에 있어 한 유형의 물품이 관련된 사안에는 작은 가격(value) 차이가 인정될 수 없는 반면에 다른 유형의 물품과 관련된 사안에서는 큰 차이가 인정될 수도 있다.

처분 또는 사용 제한 PART

예해 12.1 협정 제1조 1(a)(iii)의 "제한"의 의미

1. 협정 제1조의 규정에 따라 수입물품의 과세가격은 무엇보다도 구매자가 물품을 처분 또는 사용함에 있어서, 아래에서 정하는 제한을 제외하고는, 어떠한 제한도 없는 것을 조건으로 한 거래가격이어야 한다.

    (i) 수입국의 법률 또는 행정당국에 의하여 부과되거나 요구되는 제한

    (ii) 해당 물품이 전매될 수 있는 지리적인 영역을 한정하는 제한, 또는

    (iii) 물품의 가치(value)에 실질적으로 영향을 미치지 아니하는 제한

2. 제한의 본질상, 위에서 기술된 첫 번째와 두 번째 예외 규정의 확인은 일반적으로 문제를 야기하지 않는다. 하지만, 세 번째 예외 규정의 경우에는 제한이 가치(value)에 실질적으로 영향을 미쳤는지 여부를 결정하기 위하여 많은 요인들이 고려되어야 할 수 있다. 이들 요인은 제한의 특성, 수입물품의 특성, 산업분야 및 상업적 관행의 특성, 가격에 대한 영향이 상업적으로 중요한 것인지를 포함한다. 이들 요인은 사안별로 다를 수 있으므로, 이러한 점에서 일률적인 기준을 적용하는 것은 적합하지 않다. 예를 들면, 어떤 유형의 물품의 경우에는 가치(value)에 대한 작은 영향이 중대한 것으로 취급될 수 있는 반면에 다른 유형의 물품 가치(value)에 대한 보다 더 큰 변화는 중대한 것으로 취급되지 않을 수 있다.

3. 물품의 처분 또는 사용에 대한 제한이 물품의 가치(value)에 실질적인 영향을 미치지 않는 사례는 제1조에 대한 주해에서 설명한다. 즉, 판매자가 자동차 구매자에게 모델연도의 시작을 나타내는 특정일 이전에는 자동차를 판매하거나 전시하지 않도록 요구하는 경우이다. 다른 사례는 화장품 제조업체가 계약 규정을 통해 모든 수입자에게 자신의 상품을 방문판매(house-to-house)를 수행하는 개별 판매대리인을 통해서만 소비자에게 판매할 것을 요구하는 경우인데, 이는 그 업체의 전체적인 공급(유통)방식과 홍보방법이 이러한 종류의 판매 활동에 기초하기 때문이다.

4. 반면에, 수입물품의 가치(value)에 실질적 영향을 미치는 제한이 관련 거래에서 통상적이지 않는 경우이다. 이러한 제한의 사례로는 구매자가 자선 목적에만 사용하는 조건으로 명목상 가격으로 판매하는 기계의 경우를 들 수 있다.

조건 또는 사정 PART

예해 2.1 수출보조금 또는 수출장려금 적용을 받는 물품의 평가

1. 대체로, 수출보조금 및 수출장려금은 상품의 생산, 제조 또는 수출을 진흥하기 위하여 정부가 자연인, 법인 또는 행정기관에 직접 또는 간접으로 공여하는 경제지원의 형태를 띠고 있는 무역정책의 수단이다. 이러한 점에서, WTO 설립협정 부속서1A의 「보조금 및 상계조치에 관한 협정」을 참조한다.

2. 상기에 언급된 협정 제32조에서는 "이 협정에서 해석된 바와 같이 「1994년도 GATT」의 규정에 따르는 경우를 제외하고 다른 회원국의 보조금에 대항하는 특정한 조치를 취할 수 없다."라고 명시하고 있다. 하지만 주석에서 이 조항은 「1994년도 GATT」의 기타 관련 규정에 따른 조치를 배제하는 것을 의도하지 않는다고 한정하고 있으므로, 「제7조 이행에 관한 협정」에 따른 보조금의 처리에 대한 쟁점이 제기될 수 있다.

3. 첫째로 결정할 점은 보조금을 받은 가격이 제1조에 따라 거래가격을 결정하기 위한 목적으로 실제로 수용될 수 있는지 여부이다. 보조금을 받은 물품의 경우에는, 다른 경우와 마찬가지로, 거래가격을 부인하기 위해서는 제1조 제1항에서 정하는 조건 중 어느 하나를 충족하지 않아야 한다. 여기에서 쟁점은 보조금을 판매 또는 가격에 영향을 주고 가치(value)를 결정할 수 없는 조건 또는 사정(consideration)으로 간주할 수 있는지 여부이다. 하지만 협정의 기본적인 개념이 구매자와 판매자간의 거래와 그들 사이에 직접 또는 간접으로 발생하는 것과 관련이 있으므로, 이러한 맥락에서 조건 또는 사정(consideration)은 구매자와 판매자간의 의무(obligation)로 해석되어야 한다. 따라서 제1조 제1항(b)는 단지 판매가 보조금을 받았다는 이유만으로는 적용될 수 없다.

4. 또 다른 쟁점은 보조금을 총 금액(total payment)의 일부를 구성하는 것으로 볼 수 있는지 여부이다. 협정 제1조에 대한 주해는 실제로 지급하였거나 지급하여야 할 가격은 수입물품에 대하여 구매자가 판매자에게 또는 판매자의 이익을 위하여 지급하였거나 지급하여야 할 총금액이라고 명시하고 있다. 자국 정부로부터 판매자가 수령한 보조금은 명백히 구매자로부터 수령한 지급 금액이 아니므로 지급하였거나 지급하여야 할 가격의 일부를 구성하지 않는다.

5. 보조금 처리를 고려함에 있어 해결되어야 할 또 다른 쟁점은 거래가격을 결정하기 위하여 구매자가 지급하였거나 지급하여야 할 가격에 보조금을 가산할 수 있는지 여부이다. 협정 제8조 제4항은 과세가격을 결정함에 있어 실제로 지급하였거나 지급하여야 할 가격에는 이 조에서 규정한 것 외에 어떠한 것도 가산되어서는 아니 된다고 명시하고 있다. 즉, 보조금은 제8조에서 언급하고 있는 어떠한 요소에도 해당하는 것으로 간주될 수 없으므로, 이 항목에서는 조정의 가능성이 없다.

6. 상기와 같은 이유로 보조금을 받은 물품의 평가에 적용되는 처리는 다른 물품에 대하여 적용되는 것과 동일하게 된다.

권고의견16.1   판매 또는 가격이 평가대상 물품과 관련하여 가치(value)를 결정할 수 있는 조건 또는 사정(consideration)에 의하여 영향을 받은 경우의 처리

1. 판매(sale) 또는 가격(price)이 평가대상 물품과 관련하여 가치(value)를 결정할 수 있는 조건 또는 사정(condition or consideration)의 대상인 상황은 어떻게 처리되어야 하는가?

2. 관세평가기술위원회는 다음과 같은 견해를 표명하였다.
제1조 제1항 (b)호에 따르면 판매 또는 가격이 평가대상 물품과 관련하여 가치(value)를 결정할 수 없는 조건 또는 사정(condition or consideration)의 대상이라면 해당 수입물품의 과세가격은 거래가격에 기초하여 결정될 수 없다.

제1조 제1항(b)의 규정은 평가대상 물품과 관련하여 조건 또는 사정(condition or consideration)의 가치(value)가 결정될 수 있다면 수입물품의 과세가격은 제1조의 다른 규정이나 요건이 충족하는 경우에 제1조에 따라 결정되는 거래가격을 의미하는 것으로 해석되어야 한다. 제1조에 대한 주해와 부속서 Ⅲ에서는 실제로 지급하였거나 지급하여야 할 가격은 구매자가 판매자에게 지급하였거나 판매자의 이익을 위하여 지급한 총 금액이며, 지급은 직접 또는 간접으로 할 수 있고, 그 가격은 구매자가 판매자에게, 또는 구매자가 제3자에게 실제로 지급하였거나 지급하여야 할 모든 금액을 포함한다는 것을 명확히 하고 있다. 그러므로 조건의 가치(value)가 알려지고 수입물품과 관련되어 있을 때 실제로 지급하였거나 지급하여야 할 가격의 일부인 것이다.

조건 또는 사정(condition or consideration)의 가치(value)를 구체적으로 결정하기 위해 개별 당국이 무엇을 충분한 정보로서 고려할 것인지 여부는 개별 당국에 맡겨 두어야 한다.

사례연구 3.1 협정 제1조의 조건과 제한

거래사실

1. 외국의 자동차 제조업체 M은 수입국 I의 도매상 D와 계약을 체결하였고 D는 수입국에서 자동차 제조업체 M의 독점공급권자(독점유통업자) 역할을 할 것이다.

2. 제조자 M과 공급권자(유통업자) D간의 독점공급(독점유통)계약의 구체적인 규정은 다음과 같다.
   (a) D의 판매권은 공급권자(유통업자)의 영역(즉, 수입국 I) 외의 국가로 확장되지 않는다.
   (b) D는 그의 영역 내에서 소매가격과 딜러에 대한 할인율을 정해야 한다.
   (c) D는 2~3개월의 자동차 재고분과 이에 상응하는 예비부품의 재고를 유지하여야 한다.
   (d) D는 M으로부터 최대 수량의 자동차를 수입하여 판매하는 노력을 아끼지 말아야 한다. 최소 판매량에 미달하였을 경우에는 M은 계약을 종료할 수 있는 권리를 가진다. 각각 다른 자동차 브랜드와 모델 별 최소 판매량은 M이 정한다. 그러나 각 브랜드와 모델에 대해 정해진 수량에 미달한다 할지라도 정해진 수량은 융통성 있게 절충이 가능하다. 또한 D는 M에게 적절한 통지를 함으로써 계약을 종료할 수 있는 권리를 보유한다.
   (e) D는 전시장을 유지하고 적합한 직원을 훈련된 판매원으로 고용하거나 작업장을 갖춘 딜러 체인을 설립해야 한다.
   (f) D는 영역 내에서 자동차에 대한 광고활동을 수행하여야 한다.
   (g) D는 영역 내에서 사용되는 M사의 모든 자동차에 대하여 A/S를 제공하여야 한다.
   (h) M은 D의 영역 내의 어느 회사에게도 자동차를 판매해서는 안 된다.
   (i) D는 자신이 수입한 자동차에 대해 어떠한 수량할인도 받지 않아야 한다.

구체적 사실

3. 가장 인기있는 모델에 대해 M이 D에게 판매하는 가격은 수량에 상관없이 대당 12,000 c.u.이며 M은 일반적으로 자기 자동차를 제3자에게 판매하지 않기 때문에 M이 I국으로의 판매와 관련하여 거래 단계에 따라 자신의 판매가격을 변경한다는 증거는 없다.

4. I국의 렌트카 대리점 R은 M으로부터 동일 차종의 자동차 10대를 구매하고자 한다. R은 D의 세전 최저가격인 21,000 c.u.를 지급할 준비가 되어 있지 않기 때문에 10대를 직접

구매하기 위하여 M과 협상을 시작한다. M은 기꺼이 R에게 대당 12,600 c.u.로 동일한 모델의 자동차 10대를 판매할 의사를 표명하였으나, M은 D와의 독점공급권자(독점유통업자)계약에 따라 그렇게 할 수 없게 되어 있다. D는 자신이 수행하는 의무에 구속되지 않은 R이 I국에서 D의 판매가격 이하로 해당 자동차를 전매(轉賣)하여 실질적으로 자기(D)의 사업에 영향을 줄 수 있다는 것을 우려한다. D는 M과 R의 판매는 다음 조건에 따라 이루어져야 한다고 주장한다.

   (a) R은 해당 자동차를 렌트카용으로 등록하여야 한다.
   (b) R은 등록일로부터 1년 이내에는 자동차들을 전매(轉賣)하지 않아야 한다.

5. M의 국가를 방문한 몇몇 방문객들은 대당 면세 수출가격 13,900 c.u.로 동일한 자동차를 I국으로 수출하기 위하여 M으로부터 구매한다. 이러한 여행객에 대한 판매는 독점공급권(독점유통업) 계약에 의해 금지되지 않는다.

과세가격 결정

독점공급권자(유통업자)에 의한 수입

6. 독점공급(독점유통)계약에 대한 검토 결과는 다음과 같다.

   (a) D의 판매권은 공급권자(유통업자)의 영역(즉, 수입국 I) 외의 국가로 확장되지 않는다. 이 규정은 해당 물품이 전매(轉賣)될 수 있는 지리적인 영역을 한정하는 것으로, 협정 제1조 제1항(a)호 (ⅱ)에서 허용하는 제한이다.
   (b) D는 그의 영역 내에서 딜러에 대한 소매가격과 할인율을 정해야 한다.
      이 규정은 협정 제1조에서 규정하고 있는 제한이나 조건이 아니다.
   (c) D는 2~3개월의 자동차 재고분과 이에 상응하는 예비부품의 재고를 유지해야 한다. 이 규정은 예상되는 판매와 수리를 위하여 적절한 재고를 유지하도록 요구하는 통상적인 사업 관행에 일치된다. 다른 물품을 구매해야 한다는 것을 의미하는 판매조건이라기 보다는 오히려 제1조 제1항(b)호에 대한 주해 제2항의 규정에서 정하고 있는 수입물품의 마케팅과 관련한 조건이나 사정(consideration)이다.
   (d) D는 M으로부터 최대 수량의 자동차를 수입하여 판매하는 노력을 아끼지 말아야 한다. 최소 판매량에 미달하였을 경우에는 M은 계약을 종료할 수 있는 권리를 가진다. 각각 다른 자동차 브랜드와 모델 별 최소 판매량은 M이 정한다. 그러나 각 브랜드와 모델에 대해 정해진 수량에 미달한다 할지라도 정해진 수량은 융통성 있게 절충이 가

능하다. 또한 D는 M에게 적절한 통지를 함으로써 계약을 종료할 수 있는 권리를 보유한다. 이 규정은 협정 제1조에서 규정하고 있는 제한이나 조건이 아니다.

(e) D는 전시장을 유지하고 적합한 직원을 훈련된 판매원으로 고용하거나 작업장을 갖춘 딜러 체인을 설립해야 한다. 이 규정은 통상적인 사업 관행에 일치하는 것으로 해당 수입물품의 마케팅과 관련한 조건이나 사정(consideration)으로 취급된다.

(f) D는 영역 내에서 자동차에 대한 광고활동을 수행하여야 한다. 이 규정은 통상적인 사업 관행에 일치하는 것으로 해당 수입물품의 마케팅과 관련한 조건이나 사정(consideration)으로 취급된다.

(g) D는 영역 내에서 사용되는 M사의 모든 자동차에 대하여 A/S를 제공하여야 한다. 이 규정은 통상적인 사업 관행에 일치하는 것으로 해당 수입물품의 마케팅과 관련한 조건이나 사정(consideration)으로 취급된다.

(h) M은 D의 영역 내의 어떠한 회사에게도 자동차를 판매해서는 안 된다. 이 규정은 제1조에서 규정하고 있는 제한이나 조건이 아니다.

(i) D는 자신이 수입한 자동차에 대해 어떠한 수량할인도 받지 않아야 한다. 이 규정은 제1조에서 규정하고 있는 제한이나 조건이 아니다.

렌트카 대리점에 의한 수입

7. 수입자동차의 과세가격 결정을 위하여 어떤 조(article)가 사용되어야 하는지에 대한 결론에 도달하기 이전에 R에 대한 M의 판매절차를 검토하는 것이 필요하다.

8. M과 R사이의 계약을 검토하면, 구매자가 물품을 처분하고 사용하는 데 두 가지 제한이 있는 것으로 보인다.

(ⅰ) R은 해당 자동차를 렌트카용으로 등록하여야 한다.
(ⅱ) R은 등록일로부터 1년 이내에는 자동차들을 전매(轉賣)하지 않아야 한다.

9. M은 R에게 12,600 c.u.에 자동차를 판매하려고 하였기 때문에 만약 D가 M에게 그렇게 하도록 허락한다면 D의 사업을 보호하기 위하여 R에게만 부과된 제한은 해당 자동차 가격에는 영향을 미치지 않는다. 결론적으로 가격은 제1조의 규정에 따라 결정될 수 있다.

여행자에 의한 수입

10. 여행자가 I국으로 동일한 자동차를 수입하는 것과 관련하여, 비록 거래가 수출국 시장에서 이행되었다 할지라도 그 거래의 사실이 수입국으로 "수출하기 위한 판매"로서의 가격

의 특징을 나타내고 있다는 사실을 고려해야 한다. 그러므로 이 범주에 대한 과세가격은 거래가격, 즉 13,900 c.u.에 필요한 경우 조정된 거래가격에 기초하여야 한다(연구 1.1 - 중고자동차의 처리 참조).

* 이 사례연구는 단지 제1조의 제한과 조건만을 다루며 제15조의 당사자 간 특수관계와 같은 쟁점에 대해서는 다루지 않는다.

사후귀속이익 PART

사례연구 2.1 제8조 제1항 (d)호에 따른 사후귀속이익의 처리

거래사실

1. 수입자 M은 특수관계가 없는 수출자 X로부터 양고기의 선적분을 구매하고 수입한다. 선적분은 f.o.b. 수출항 가격으로 청구된다. 계약조건에 따라 M은 송장 가격에 더하여 수입항까지의 운송과 보험에 대한 모든 비용과 부담금 그리고 관세와 제세를 지급하고, 아울러 수입국에서 해당 고기의 전매(轉賣)에 따라 실현된 순이익의 40%를 X에게 송금한다. 계약서에는 전매(轉賣)가격이 명시되지 않았으나 순이익은 전매가격에서 간접 관리비를 제외한 모든 직접 비용을 공제해서 결정된다고 규정한다.

2. 수입시점에 M은 도매상 R1에게 하나의 가격으로 일정량의 양고기를 판매하기로 하였다. 아울러 M은 남은 양고기를 더 작은 관절 단위로 잘라서 포장한 후 냉동식품 체인점인 R2에게 좀 더 비싼 가격으로 판매하기로 하였다.

3. 수입국은 c.i.f.를 기초로 평가협정을 적용한다.

과세가격 결정

4. 위에서 설명한 상황에는 수출하기 위한 판매가 있다. 그리고 제1조의 다른 요건들이 충족된다면 제1조는 수입물품의 과세가격 결정을 위하여 적용될 수 있다. 가산은 제8조 제1항 (d)에 따라 송장가격에 수출자에게 귀속되는 순이익의 해당 부분을 고려하여 이루어져야 한다. 거래가격의 실제적인 결정은 다음 예시로 설명된다(주의 : 수입시점에 필요한 문서가 입수될 수 없는 경우에는, 협정 제13조에 따라 과세가격의 최종 결정을 합리적인 기간 동안 지연할 필요가 있다.).

예시

1. 거래가격의 계산에 다음과 같은 부호와 숫자를 차용한다.
   P = 송품장 가격 :
      2,000,000

T = 수출국으로부터 항구까지 또는 수입장소까지의 운임 및 보험료 :
    200,000
D = 관세 및 수입 부담금(과세가격의 총 20%에 해당)
Ti = 국내운송비 :
    100,000
C = 마케팅 비용 :
    150,000
G = R2에게 재판매하는 수량의 절단 및 포장비 :
    300,000
Pr1 = R1에게 재판매하는 가격 :
    2,700,000
Pr2 = R2에게 재판매하는 가격 :
    1,250,000
B = 재판매에 대한 순이익 :
V = 거래가격

2. 명백하게, 순이익 B는 관세 및 수입 부담금인 D를 기초로 결정되어야 하며, 물품의 과세가격에 좌우되는 이 금액은 순이익을 고려하여 결정되어야 한다. 그러므로 B와 V 요소 간에는 상호의존성이 있다.

3. 거래가격의 계산은 다음과 같이 결정된다.

    V = P + T + 40B/100
    V = 2,000,000 + 200,000 + 40B/100 ; 즉

    (1) V = 2,200,000 + 0.4B
        전매(轉賣)에 따른 순이익의 금액은
        B = (Pr1 + Pr2) − (P + T + Ti + C + G + D) : 즉
        B = (2,700,000 + 1,250,000) − (2,000,000 + 200,000 + 100,000 + 150,000 +
            300,000 + 20V/100)

    (2) B = 1,200,000 − 0.2V
        (1)에 B의 가격을 대입하면,
        V = 2,200,000 + 0.4 (1,200,000 − 0.2V) = 2,200,000 + 480,000 − 0.08V ;
        즉 1.08 V = 2,680,000 이므로 V = 2,680,000/1.08
        V = 2,481,481 c.u.
        B = 703,704 c.u.

    그러므로 c.i.f.를 기초로 한 거래가격은 2,481,481 화폐단위이다.

사례연구 2.2　제8조 제1항 (d)호에 따른 사후귀속이익의 처리

1. 제8조 제1항(d)는 제1조의 규정에 따라 과세가격을 결정함에 있어 해당 수입물품을 추후에 전매, 처분 또는 사용하여 생긴 수익금 중 판매자에게 직접 또는 간접으로 귀속되는 부분의 가치(value)는 수입물품에 대하여 실제로 지급하였거나 지급하여야 할 가격에 가산되어야 한다고 규정하고 있다.

2. 이 호는 제8조 규정에 따라 적절히 조정될 수 있는 경우를 제외하고는, 구매자가 추후에 물품을 전매, 처분 또는 사용하여 생긴 수익의 일부가 직접 또는 간접으로 판매자에게 귀속되지 않는다면 수입물품의 평가에 있어 거래가격의 사용을 허용하는 제1조 제1항(c) 규정과 직접 관련되어 있다. 따라서 제1조제1항(c)의 조건은 제8조에 따라 이루어진 조정을 통해서는 적용될 수 없을 것이다.

3. 제8조 제1항(d)는 일체의 이러한 지급금액의 가산에 대한 원칙을 규정하고 있고, 협정은 그 범위와 적용을 명확하게 하는 주해는 포함하고 있지 않다. 아울러 협정에는 이러한 지급금액이 판매조건이어야 한다고 명시한 언급은 없다는 점에 유념해야 한다. 따라서 단지 이러한 수익의 존재만으로 제8조에 따른 조정이 요구된다.

4. 고려되어야 할 또 하나의 중요한 요소는 지급하였거나 지급하여야 할 가격에 대한 가산은 오직 객관적이고 수량화 할 수 있는 자료에 근거하여 이루어져야 한다고 명시하고 있는 제8조제3항이다. 그렇지 않을 경우에는 거래가격은 결정될 수 없다.

5. 제8조 제1항(d)를 적용함에 있어 해당 수입물품을 추후에 전매, 처분 또는 사용하여 생긴 수익(proceeds)은 수입물품과 관련되지 않는 배당금 또는 기타 지급의 구매자로부터 판매자에게로의 이전과 혼동되지 않아야 한다(제1조 및 제8조, 그리고 그와 관련된 주해 참조).

6. 사후귀속이익(proceeds)에 대한 조정이 요구되고 관련 정보가 수입 시점에 입수될 수 없는 경우에는 협정 제13조에 따라 과세가격의 최종 결정을 합리적인 기간 동안 지연할 필요가 있다.

7. 상기 원칙들을 고려하여 다음은 제1조의 다른 조건이 충족된다는 가정 하에 제8조 제1항 (d)의 적용을 설명한다.

거래에 대한 일반사실

8. X국의 C사는 다른 나라들에 여러 자회사를 소유하고 있다. 모든 자회사들은 C사에서 결정한 회사정책에 따라 운영된다. 이들 자회사 중 일부는 제조회사이며, 일부는 도매상이고 일부는 용역 위주의 회사이다.

9. C사의 자회사인 수입국 Y의 수입자 I 는 남성복, 여성복 및 아동복 도매상이다. I 는 X국에 소재한 C사의 또 다른 자회사인 제조자 M으로 부터 남성복을 구매하고, 국내 제조업체들뿐만 아니라 제3국의 특수관계가 없는 제조업체들로부터 여성복 및 아동복을 구매한다.

■ 상황 1

10. 자회사들 간의 판매와 관련한 C사의 회사정책에 따라 물품은 자회사들 간에 협상된 가격으로 판매되고 있다. 하지만 연말에 수입자 I 는 물품에 대한 추가 지급으로써 그 해 동안 제조자 M에게 구매한 남성복의 연간 전매(轉賣) 총액의 5%를 제조자 M에게 지급한다.

11. 이러한 경우, 해당 지급금액은 판매자에게 직접 귀속되는 수입물품의 추후 전매에 대한 수익이며, 그 금액은 제8조 제1항(d)의 규정에 따른 조정으로서 지급하였거나 지급하여야 할 가격에 가산되어야 한다.

■ 상황 2

12. 수입자 I는 모든 공급처로부터 구매한 남성복, 여성복 및 아동복의 연간 총 매출액에 대하여 실현된 총이익의 1%를 C사의 다른 자회사인 용역회사 A에게 지급한다는 사실이 확인되었다. 수입자 I 는 이 지급금액은 해당 수입물품의 전매, 사용 또는 처분과 관련된 금액이 아니라 A사가 C사의 모든 자회사에 제공하는 저금리 대출과 기타 금융서비스에 대하여 A사에게 상환하는 회사 정책에 따라 지급하는 것이라는 증거를 제출하였다.

13. 용역회사 A는 해당 수입물품의 판매자와 특수 관계에 있으므로 해당 지급 금액은 판매자에 대한 간접지급으로 간주될 수 있다. 하지만 그것은 수입물품과 관련 없는 금융서비스에 대한 지급금액이다. 그러므로 해당 지급금액은 제8조 제1항(d)에서 의미하는 사후귀속이익(proceeds)으로 간주되지 않는다.

■ 상황 3

14. 수입자 I는 회계 연도 말에 그 해에 걸쳐 실현된 순이익의 75%를 C사에 송금한다는 사실이 확인되었다.

15. 이러한 경우, I가 C사에 송금한 금액은 수입물품과 관련되지 않는 배당금 또는 기타 지급의 구매자로부터 판매자에게의 이전을 나타내기 때문에 사후귀속이익(proceeds)으로서 간주될 수 없다. 그러므로 제1조(지급하였거나 지급하여야 할 가격)에 대한 주해에 따라, 송금액은 과세가격의 일부가 아니다.

특수관계자간 영향 PART

권고의견21.1 협정 제15조 제4항(b)의 "사업상 동업자"에 대한 해석

1. 독점대리인(sole agents), 독점공급(유통)권자(sole distributors) 및 독점영업권자(sole concessionaires)가 협정 제15조 제4항(b)의 "법률상 인정되는 사업상의 동업자(legally recognized partners in business)"인가?

2. 관세평가기술위원회는 다음과 같은 견해를 표명하였다.

    독점대리인, 독점공급(유통)권자 및 독점영업권자에 대한 기술적인 견해는 협정 제15조 제5항에서 규정하고 있다. 동 조항에서는 독점대리인, 독점공급(유통)권자 및 독점영업권자로서 사업상 제휴관계에 있는 자들은 제15조 제4항의 기준에 해당되는 경우에만 협정에 따른 특수관계자로 간주된다고 규정한다.

    제15조 제4항(b)는 "법률상 인정되는 사업상의 동업자"인 경우 당사자가 특수관계에 있는 것으로 간주한다. 웹스터 사전은 "동업자(partner)"를 다음과 같이 정의한다.

    "동일한 사업 분야에서 한 사람 또는 그 이상의 사람들과 제휴(associated)하는 자로서 이익과 위험을 분담(shares)하는 자. 즉, 동업자 관계의 일원"

    다음으로 "동업자 관계(partnership)"는 다음과 같이 정의하고 있다.

    "합작 사업을 수행하기 위해 자금 또는 자산을 출자하고 일정한 비율로 이익과 손실을 분담(share)하는 둘 또는 그 이상의 당사자로 구성된 결합체(association)"

    상법에서는 위에서 설명한 단순한 정의들은 "동업자"라는 용어에 내포된 법률관계를 계약, 조세 및 기타 법률을 통하여 정의, 해석, 성문화하도록 의도된 일단의 복합적인 법규와 원칙에 의하여 뒷받침된다.

결합체(association)는 동업자 관계 형성에 대한 국내의 법적 요건이 충족되는 경우에만 동업자 관계가 된다. 따라서 단순히 한 당사자가 다른 당사자의 독점대리인, 독점공급(유통)권자 또는 독점영업권자이기 때문에 협정에 따른 특수관계가 있는 것은 아니다.

독점대리인, 독점공급(유통)권자 등이 공급자와 밀접한 제휴관계를 가진다 할지라도, 이러한 사실 하나가 그들을 일체의 다른 비특수관계자와 달리 취급할 하등의 이유를 제공하는 것은 아니다.

분명히 하기 위하여, 회원국은 자국의 관세법 평가규정에 동업자 관계를 국내법에서 구체화하거나 규정할 수 있다. 하지만 회원국이 자국의 관세법 평가규정의 해석을 위하여 특별히 동업자 관계에 대한 다른 정의를 고안하는 것은 적절하지 않다.

해설 4.1 제15조 제4항과 함께 연결하여 해석되는 제15조 제5항에서 정하는 특수관계에 대한 고려

1. 협정 제15조 제4항은 협정의 목적상 당사자가 특수관계에 있다고 간주되어야 하는 8가지 상황만을 규정한다.

2. 협정 제15조 제5항은 표현 여부에 관계없이 한쪽이 다른 쪽의 독점대리인, 독점공급권자(독점유통업자) 또는 독점영업권자(이하 간략히 독점대리인)로 서로 사업상 제휴관계에 있는 자들은 제4항의 기준에 해당되면, 협정목적상 특수관계가 있는 것으로 간주된다고 구체적으로 규정한다.

3. 협정 제15조 제5항의 문구는 두 가지 목적을 가지고 있다. 첫 번째는 독점대리인은 본질적으로 그의 공급자와 특수관계에 있다는 특정 평가제도에 내재된 개념에서 명백하게 벗어나기 위한 것이다.

4. 반면에 독점대리인으로 확인된 당사자가 사실상 제15조 제4항의 기준 중 하나에 해당한다면 그에만 기초하여 특수관계가 없는 것으로 간주되어서는 안 된다는 것이 인정된다. 그러므로 제15조 제5항의 두 번째 목적은 제15조 제4항의 규정 내에서만 당사자의 특수관계에 대한 고려사항을 알려주는 것이다.

5. 한 쪽 당사자가 다른 쪽 당사자의 독점대리인으로 사업상 제휴를 하고자 하는 자들은 무역업계에서 입수 가능한 업계 및 무역 간행물의 공고와 기타 수단과 같은 다양한 수단을 통하여 서로 접촉하게 될 것이다. 협상이 진행되면 대부분의 경우 독점대리점 계약에 대한 거래조건을 명시한 서면계약을 체결하게 될 것이다.

6. 세 가지 상황이 발생할 수 있을 것이다. 첫 번째 상황은 그의 상품이 수입국 시장에서 상당히 인기 있는 정평 있고 평판이 좋은 제조자 / 판매자를 수반한다. 이러한 상황에서는 분명히 제조자/판매자가 더 강한 협상 위치에 있게 될 것이므로 독점대리인에게 부과되는 조건 및 요건에 있어, 계약조건은

제조자 / 판매자에게 훨씬 더 유리할 것이다. 덧붙여 말하면, 그러나 이는 불가피하게 더 높은 물품가격을 동반한다.

7. 두 번째 상황은 정반대로 수입자가 수익성이 좋은 시장에 대형 유통, 판매 및 서비스 거점을 갖춘 대기업인 경우이다. 이러한 경우에는 수입자가 협상 과정에서 공급자에게 부과되는 조건과 요건에 대하여 더 많은 영향력을 행사할 것이다. 더욱이 공급자는 수입자의 대형 유통 및 판매 구조의 이점을 얻기 위해 다소 낮은 가격도 감수하려 할 것이다. 세 번째 상황은 이들 두 가지 극단적인 상황의 중간에 있는 경우로 양 당사자가 보다 대등한 입장에서 협상을 하여 결정하는 경우이다.

8. 이러한 경우에는 이러한 계약은 자유롭게 체결되고, 통상 해지 또는 갱신 조항을 가지며, 당사자 중 한 쪽이 조건을 위반하는 경우에는 관련 국가의 민법에 따라 강제된다는 것을 인식함으로써 최종 계약은 중요해진다.

9. 고려되어야 할 쟁점은 계약조건이 제15조 제4항의 규정 중 하나를 충족하는지 여부에 있다. 독점대리점을 설정하는 계약이 제15조 제4항(a)에 따른 상호 사업상의 임원 또는 관리자로 임명되는 당사자와 관련한 조항을 포함하고 있거나, 또는 제15조 제4항(d)에 따른 5% 이상의 주식 교환이 있는 경우와 같이 특수관계를 형성하는 경우가 있다. 어떤 계약은 제15조 제4항(f) 및 (g) 규정의 제3자를 형성할 수 있음을 예상할 수 있고, 반면에 다른 계약은 제15조 제4항(b)에 따른 동업자 관계를 형성할 수 있다. 다른 한편으로는 이러한 계약들은 일반적으로 제15조 제4항(c)에 따른 고용주/피고용인 관계나 제15조 제4항(h)에 따른 친족 관계를 형성하지 않는다고 간주하는 것이 타당하다.

10. 그러므로 계약의 특정 조항이 쟁점 협정 조항의 적용여부에 대한 명백한 지표를 제공할 것으로 기대될 수 있다고 분명하게 결론지을 수 있다.

11. 특수관계를 정의하고 있는 제15조제4항의 나머지 조항은 제15조 제4항(e) 규정의 한쪽 당사자가 다른 쪽 당사자를 직접 또는 간접으로 지배하는 경우이다. 제15조 제4항(e)에 대한 주해는 "이 협정의 목적상, 한쪽 당사자가 다른 쪽 당사자에 대해 구속 또는 지시를 법적으로 또는 실질적으로 행사하는 위치에 있는 경우, 다른 쪽 당사자를 지배하는 것으로 간주된다"고 규정한다.

12. 분명히, 달리 특수관계가 없는 당사자 간에 자유롭게 체결되었을 계약의 조건을 고려할 때, 이 조항에 대한 부적절한 해석으로 의도하지 않은 결과가 발생하지 않도록 주의하여야 한다. 위 6번 및 7번 단락에서 제시된 사례는 계약조건이 한 쪽 당사자가 다른 쪽 당사자에 대해 유리한 위치에 있는 경우로 전자는 후자에 대해 법적으로 계약상의 권리를 이행을 강요할 수 있는 위치에 있다. 하지만 구두 또는 서면 계약, 심지어 가장 단순한 형태의 계약에서도 한 쪽 당사자는 언제나 다른 쪽 당사자에 대하여 법적으로 강제할 수 있는 특정한 권리, 의무 및 기타 기대사항을 명시하는 위치에 있다.

13. 예를 들면, 주어진 가격으로 인도하는 기본 계약에서 양 당사자는 한 쪽은 인도하여야 하고, 한 쪽은 일정한 가격을 지급하여야 하는 그들의 법적 권리와 의무가 이행될 것이라는 기대를 가진다. 하지만 이는 제15조 제4항(e)에 따른 특수관계를 형성하지 않는다. 수입물품에 대한 로열티 지급 때문에 판매자가 수입자가 로열티의 회계처리를 위하여 사용해야 하는 회계시스템을 확인하고 감사할 권리를 보유하는 더 복잡한 계약상 합의를 한 경우에도 이러한 권리의 실행 그 자체로 제15조 제4항(e)에 따른 특수관계를 형성하지 않는다.

14. 그 본질상 국내법에 따라 집행 가능한 법적 권리 또는 의무를 확정하는 모든 계약 또는 합의에서 특수관계를 형성하는 것이 협정의 의도는 아니라고 결론지을 수 있다. 그러므로 제15조 제4항(e)의 주해의 표현은 통상적인 구매자/판매자 또는 공급(유통) 계약의 범위를 벗어나고 다른 당사자의 활동에 대한 관리와 관련한 본질적인 측면에 대한 구속 또는 지시를 행사할 수 있는 지위를 수반하는 상황에 통상적으로 적용되어야 한다.

15. 통제 및 구속 또는 지시를 행사할 지위의 존재에 대한 고려는 각 개별 상황의 구체적인 사항에 기초하여야 하는 사실 및 정도의 문제들을 결정하도록 요구한다.

사례연구 9.1 독점대리인, 독점판매자 및 독점영업권자

거래사실

1. 수출국 X에 위치한 회사인 Autoex는 "Auto" 브랜드의 고성능 자동차를 제조하고 있다. Autoex는 수입국 I에 새로 설립된 회사인 Auto Inc.(이하 Inc)를 I국의 독점공급권자(독점유통업자)로 지정한다. Autoex와 Inc간의 서명된 계약서는 다음과 같이 규정하였다.
   (i) Autoex는 Inc.에게 I국에서 "Auto" 자동차를 판매하고 공급(유통)하는 독점적인 권리를 부여한다.
   (ii) Autoex와 Inc.는 매년 자동차의 시장동향 및 예상수요에 기초하여 I국에서의 자동차에 대한 권장 소매 판매가격을 책정하여야 한다.
   (iii) Autoex와 Inc.는 합의한 권장 소매 판매가격에 기초하여 Inc.의 자동차 구매가격을 협상한다. 추가로 Inc.는 자동차 1대 이상 주문시 합의된 가격의 10%로, 송장에 영향을 주는 수량 할인의 자격이 주어진다.
   (iv) Inc.는 전적으로 자신의 계산으로 사업을 수행한다. Autoex는 고객의 채무불이행을 포함한 "Auto" 자동차의 판매와 관련하여 입은 어떠한 손실에 대해서도 Inc.에 보상하거나 배상하지 않는다.

2. 1번 단락은 당사자 간 전체의 합의사항을 규정한 것이고 그 합의사항은 상업적 관행에 부합된다.

3. Inc.는 이후 수입국 I에 위치한 자동차 딜러인 PCO에 2대의 "Auto" 자동차를 판매한다. 2대의 자동차는 Autoex가 제조하였고 사전 인도 준비를 위해 Inc.에게 선적된다.

4. Inc.는 수입되기 전에 세관 통관절차 주선에 책임을 지며, 법령에서 요구하는 거래와 관련된 모든 문서를 I국 세관에 제출한다.

5. 판매의 주변 상황에 대한 검토는 다음의 사실을 확인한다.
   (a) Autoex와 Inc. 모두 자동차와 관련한 송장을 발행한다.
   (ⅰ) Autoex가 Inc.에게 발행한 첫 번째 송장은 200,000 c.u.에서 20,000 c.u.를 "할인"한 총 180,000 c.u.의 지급을 요구한다. 판매조건은 선하증권을 제시할 때 일람불 신용장으로 지급하는 f.o.b.(수출항)이다.
   (ⅱ) Inc.사가 PCO사에 발행한 두 번째 송장은 300,000 c.u. (관세 및 제세 포함)의 지급을 요구한다. 판매조건은 I국의 Inc. 건물에서 야적장 인도 조건이다. 지급은 인도 후 30일 이내에 이루어져야 한다.
   (b) Inc.가 지급한 해상 운송 및 보험료는 5,000 c.u.이다.

과세가격 결정

6. 이러한 경우, 과세가격의 결정은 거래에 대한 각 당사자의 역할과 법적 지위에 대한 적절한 특징짓기에 따라 좌우된다.

7. Autoex와 Inc.간 계약서의 검토와 당사자들의 행위는 다음과 같은 사실을 보여준다.
   (a) Inc.는 독립 법인이다.
   (b) Inc.는 f.o.b. 단계에서 물품에 대한 소유권을 갖고 위험을 부담한다.
   (c) Inc.는 PCO의 지급 불이행에 대한 위험을 부담한다.

8. 이러한 사실들은 I국으로의 수출하기 위한 판매가 있고 Autoex사는 판매자이며 Inc.사는 수입물품의 구매자라는 사실을 나타낸다.

9. Autoex와 Inc.간의 계약서에는 제15조 제4항, 특히 제15조 제4항(e)의 관점에서 특수관계를 시사하는 내용은 없다. 마찬가지로 계약서의 여러 요소들은 제1조제1항의 관점에서 조건이나 제한이 아니다.

10. Autoex와 Inc.간의 판매는 제1조에 따른 과세가격을 결정하는 데 있어 기초를 구성한다.

예해 14.1 제1조 제2항의 적용

1. 이 예해는 제1조제2항의 적용에서 특수관계자간 거래에 대한 처리와 관련한 협정에 따른 세관당국과 수입자의 권리와 의무에 대하여 검토한다.

2. 협정의 일반서설은 관세목적상 물품 평가의 기초는 최대한 그들 물품의 거래가격이어야 한다는 것을 인정하고 있다. 하지만 제1조에 따라 거래가격은 제1조의 제1항(a)호부터 제1항(d)호까지에서 규정하고 있는 네 가지의 제한요건이 모두 충족되는 경우만 과세가격으로 수용될 수 있다. 비록 특수관계가 있는 경우에도 제1조제2항의 규정이 충족되는 것을 조건으로 거래가격이 수용될 수 있다고 규정하고 있기는 하나, 4번째 제한인 제1항(d)는 판매자와 구매자가 특수관계가 아니어야 할 것을 요구하고 있다. 이 원문의 구조는 구매자와 판매자간 특수관계의 존재가 거래가격의 기초로서 가격의 수용여부에 대한 수입자와 세관의 주의를 환기하는 문제를 제기한다는 것을 의미한다.

3. 하지만, 제1조 제2항(b)의 규정이 충족될 수 있음을 입증할 수 있는 경우에는(즉, 거래가격이 동 호에서 규정하는 세 가지 "비교가격" 중 하나에 거의 근접하는 경우), 거래가격의 기초로 해당 가격이 수용될 수 있음을 입증하는 것이며, 제1조 제2항(a)에 따라 수입되는 물품의 판매의 주변상황에 대하여 조사할 필요성을 배제하는 것이다.

4. 이러한 비교가격이 없는 경우에는 다음의 질문과 답변이 제1조 제2항(a)호의 적용과 관련하여 세관당국과 수입자에게 지침을 제공한다.

■ 질문 1

5. 제15조 제4항에서 정의된 바와 같이, 구매자와 판매자간 특수관계의 존재가 세관에 거래가격을 부인할 권한을 부여하는가?

답변

6. 아니다. 특수관계 그 자체만으로는 거래가격을 부인할 근거가 되지 않는다. 제1조 제2항(a)호는 이러한 점을 명백히 하고 있다. 하지만 특수관계의 존재는 판매의 주변상황에 대하여 조사할 필요성이 있을 수 있다는 사실에 대하여 세관의 주의를 환기한다.

■ 질문 2

7. 세관은 판매의 주변상황을 조사하기 위한 근거(grounds)를 가지고 있어야 하는가?

답변

8. 아니다. 제1조 제2항(a)호는 특수관계자간 판매의 주변상황이 검토되어야 한다고 규정하고 있다. 하지만, 제1조 제2항에 대한 주해 제2항에서 상황의 검토는 모든 경우에 요구되는 것이 아니라 세관이 가격의 수용여부에 대한 의심이 있는 경우에만 요구된다고 규정하고 있다.

■ 질문 3

9. 협정은 세관이 판매의 주변상황에 대한 조사를 초래하는 가격의 수용여부에 대한 의심과 관련하여 세부지침을 제공하고 있는가?

답변

10. 아니다. 하지만 협정의 그 구조상 특수관계가 가격에 영향을 미치지 않은 상황에서만 가격이 거래가격의 기초로 사용될 수 있으므로 특수관계의 존재 자체가 판매자와 구매자간의 가격이 특수관계에 의해 영향을 받았는지 받지 않았는지에 대한 문제를 야기하는 것이다. 아울러, 제17조는 협정의 어떠한 규정도 진술, 문서 또는 신고의 진실성 또는 정확성에 관하여 세관이 확인하는 것을 제한하지 못한다고 규정하고 있다. 특수관계에 있는 구매자가 수입국의 서류제출 및 신고 요건에 따라 명시적 또는 묵시적으로 행하는 그러한 신고에는 거래가격 방법이 사용되는 경우, 즉 "해당 가격이 본인과 판매자와의 특수관계로 인해 영향을 받지 않은 경우"를 포함할 것이다.

■ 질문 4

11. 세관은 판매의 주변상황에 대한 정보 또는 가격이 구매자와 판매자간의 특수관계에 의하여 영향을 받았는지 여부에 대한 정보를 수집하는 경우 수입자에게 세관의 "의심(doubts)"을 알려야 하는가?

답변

12. 아니다. 협정의 어떠한 규정도 세관이 수입거래와 관련하여 수입자에게 정보를 요청하는 사유를 정당화하도록 요구하지 않는다. 사실, 부속서 Ⅲ의 제6항 및 제17조는 세관이 관세평가 목적을 위하여 세관에 제출된 진술, 문서 또는 신고의 정확성 또는 진실성에 관하여 조사할 필요가 있을 수 있으며 그러한 조사에 있어서 수입자의 전적인 협조를 기대할 권리가 있음을 인정하고 있다. 세관이 거래에 대하여 조사하는 사유를 정당화하여야 한다는 취지의 세관에 부과된 전제조건은 없다. 하지만 세관이 의심에 대한 사유를 수입자에게 통지하는 것을 금지하고 있지 않다. 만약에 세관이 그렇게 할 수 있다면 이는 바람직할 것이다.

■ 질문 5

13. 만약 세관이 거래에서 물품의 가격이 특수관계에 의하여 영향을 받았다는 것을 믿을 만한 근거를 가지고 있다면, 그렇게 믿는 사유를 수입자에게 통보해야 하는가?

답변

14. 그렇다. 제1조 제2항(a)호는 세관당국이 특수관계가 가격에 영향을 미쳤기 때문에 거래가격을 수용할 수 없고 해당 거래에 제1조를 적용하지 않는 근거를 갖고 있는 경우에 수입자에게 그 근거를 통지해야 한다고 규정하고 있다. 게다가, 수입자에게는 답변할 수 있는 합리적인 기회가 제공되어야 하며 세관의 믿음에 대한 근거를 서면으로 통지받을 권리가 있다.

■ 질문 6

15. 수입자는 제1조의 규정에 따라 평가되는 물품을 신고하기 전에 특수관계가 가격에 영향을 미치지 않았다는 것을 입증해야 할 책임이 있는가?

답변

16. 그렇다. 거래가격 방법에 따른 과세가격을 신고하는 경우에는, 수입자는 특수관계가 가격에 영향을 미치지 않았다는 것을 최대한 입증할 의무가 있다. 이는 구매자와 판매자 간에 특수관계가 없거나, 구매자와 판매자가 특수관계가 있더라도 특수관계가 가격에 영향을 미치지 않았음을 입증할 수 있다면 거래가격이 사용되어야 한다고 규정하고 있는 제1조에 따라 수입자에게 그 의무가 있다.

■ 질문 7

17. 세관이 과거에 판매의 주변상황과 구매자와 판매자간의 특수관계를 검토하였고 특수관계가 가격에 영향을 미치지 않았다는 것을 확인하였다면 추후에 세관은 동일한 또는 추가적인 정보를 요청할 수 없는가?

답변

18. 아니다. 세관이 각각의 모든 판매의 주변상황을 검토할 의도가 없다할지라도, 세관이 가격의 수용여부에 대한 의심이 있을 때면 언제든지 수입자에 대한 새로운 조사를 지시할 수 있다.

사례연구 10.1 제1조 제2항의 적용

거래사실

1. I국의 ICO는 X국의 XCO로부터 식품 첨가물 생산에 사용되는 두 가지 종류의 재료를 구매하고 수입하였다.

2. 물품을 통관하는 시점에, ICO는 I국의 세관에 다음과 같이 XCO와 특수관계가 있음을 신고하였다.
   (a) XCO는 ICO의 주식 22%를 보유하고 있으며, 또한
   (b) XCO의 임원과 관리자들은 ICO의 이사회를 대표한다.

3. 수입 후, I국의 세관은 가격의 수용여부에 대한 의문이 있었기 때문에 협정 제1조제2항에 따라 XCO와 ICO간의 물품 판매의 주변상황에 대한 검토를 실시하기로 결정하였다. 이를 위해 세관은 ICO에게 XCO의 I국내 다른 구매자에 대한 상품의 판매와 관련한 정보와 필요하다면 XCO의 생산비용 및 이윤과 관련한 정보뿐 만 아니라 일체의 가격 차이에 대한 타당한 이유를 요청하는 질의서를 송부하였다. ICO의 요청으로 세관은 XCO에도 질의서를 송부하였다. 수취된 답변으로부터, 아래와 같은 사실들이 확인되었다.

4. ICO는 XCO로부터 식품 첨가물의 생산에 필요한 여러 재료들을 구매하였다. XCO가 ICO에 판매한 재료는 다음 두 가지 종류에 해당된다.

(a) XCO가 제조한 재료 ; 그리고

(b) XCO가 다른 제조자 및 공급자로부터 취득하여 보관하고 있는 재료. 이 종류의 재료는 XCO가 제조하거나 가공한 것이 아니다. 그렇지만 이들 재료의 일부는 XCO가 전매(轉賣)를 위해 포장한 것이다.

5. 협정 제15조제2항의 관점에서 (a)종류의 재료와 (b)종류의 재료는 동종·동질 또는 유사 물품이 아니다.

6. 아울러 (a)종류의 재료는 I국내에 특수관계가 없는 다른 구매자에게 판매된다. (a)종류의 재료와 관련하여 XCO가 청구하는 가격은 다음과 같다.
   (ⅰ) ICO에 대한 판매　　　　　　　　92 c.u f.o.b.
   (ⅱ) 특수관계가 없는 구매자에 대한 판매　100 c.u f.o.b.

7. (a) 종류의 재료와 관련하여 세관은 다음의 사실을 발견하였다.
   (ⅰ) 특수관계가 없는 구매자가 ICO와 동일한 거래 단계 및 유사한 수량으로 재료를 구입하였고 같은 목적으로 재료를 사용하였다. 특수관계가 없는 구매자의 이들 재료에 대한 수입은 100 c.u.의 거래가격으로 평가되었다. ; 또한
   (ⅱ) XCO가 부담한 비용은 ICO 및 I국 내 특수관계가 없는 구매자에 대한 판매와 관련하여 동일하다.

8. 아울러, 세관은 6번 단락에 명시된 8%의 가격 차이를 설명할 수 있는 재료의 가격에 대한 계절적 영향은 없다는 사실을 확인하였다. 더욱이 세관에서 가격 차이에 대한 설명을 요청받은 후에도 ICO와 XCO는 가격 차이를 설명할 추가적인 정보를 제공하지 않았다.

9. (b) 종류의 재료는 I국에서 ICO에게만 판매되며, I국으로 동종·동질 또는 유사 물품의 수입은 없다.

10. (b)종류의 재료와 관련하여, 세관은 ICO에 청구된 가격은 대표적인 기간 동안 해당 기업의 전반적인 이윤을 나타내는 이윤의 회수 뿐 만 아니라, 취득비용에 더하여 재포장비, 취급 및 운송 비용을 포함한 XCO의 모든 비용을 회수할 수 있을 만큼 적절하다는 사실을 확인하였다.

과세가격 결정

11. ICO 및 XCO는 제15조 제4항의 (a) 및 (d)호에 따른 특수관계자이다. 제1조제2항과 함께 해석되는 제1조 제1항(d)에 규정된 바와 같이, XCO와 ICO간의 판매에 대한 거래가격은 가격이 특수관계로 인하여 영향을 받지 않았음이 입증된 경우에만 과세가격을 결정하기 위한 기초를 구성한다.

12. 협정 제1조제2항에 따라 특수관계가 가격에 영향을 미치지 않았음을 입증하는 책임은 수입자에게 있다. 협정은 세관이 수입자에게 가격이 특수관계에 의하여 영향을 받지 않았음을 보여주는 정보를 제출할 수 있는 합리적인 기회를 부여할 것을 요구하고 있는 데 반하여, 세관당국에게 가격 차이가 타당함을 입증할 목적으로 철저한 조사를 수행할 것을 요구하지 않는다. 그러므로 이와 관련하여 어떠한 결정은 수입자가 제공하는 정보를 상당한 정도로 근거 하여야 한다.

(a) 종류의 재료

13. 이 사례에서 입수 가능한 정보는 ICO와 XCO간의 거래는 특수관계가 없는 구매자에게 판매한 가격보다 낮은 가격이라는 것을 보여준다. 이러한 이유에 대해 설명을 요청하였을 때, XCO와 ICO는 가격 차이를 설명하지 못했다.

14. 세관이 입수한 정보는 ICO와 특수관계가 없는 구매자는 동일한 거래 단계에서 동일한 목적으로 유사한 수량의 재료를 구매하고 XCO의 판매 비용은 ICO와 특수관계가 없는 구매자에 대한 판매에서 동일하다는 것을 보여준다. 앞에 전술한 내용과 산업 및 물품의 특성에 기초하여, 가격 차이가 중요하지 않다는 견해를 갖기에는 근거가 불충분하다.

15. 그러므로 (a)종류의 재료와 관련하여 거래가격 방법은 적용할 수 없다. (a)종류의 재료에 대한 과세가격의 결정은 대체적인 방법을 사용하는 것이 필요하다. 이와 관련하여 특수관계가 없는 구매자가 수입한 동종·동질 또는 유사물품의 거래가격이 과세가격 결정의 기초가 될 수 있다.

16. 하지만 해당 특정 가격차의 영향은 이 사례에서 제시된 사실에만 적용된다는 점에 유념하여야 한다. 이 가격차는 다른 사례에서 가격 차이가 상업적으로 중요한지 여부를 결정하는 데 있어 기준이나 척도로 받아들여져서는 안 된다. 협정은 가격 차이의 중요성은 쟁점 사례에서 물품과 산업의 특성을 기초로 고려되어야 한다는 것을 명확히 하고 있다.

(b) 종류의 재료

17. ICO에게만 판매되는 (b)종류의 재료와 관련하여, 판매의 주변상황을 검토한 결과, 해당 가격은 모든 비용에 대표적인 기간 동안에 동종 또는 동류 물품에서 XCO의 전반적 이윤을 나타내는 이윤을 합한 금액을 회수할 수 있을 만큼 적절하다는 것을 보여준다. 제1조제2항에 대한 주해 제3항에 따라 이 종류의 재료와 관련한 거래가격은 관세목적상 수용할 수 있다.

사례연구 11.1 특수관계자 거래에 대한 제15조 제4항의 적용

거래사실

1. 수입국 I의 B사는 수출국 X의 C사와 판매, 서비스 그리고 공급(유통) 계약(이하 계약)을 체결한다. C사는 소비자들에게 잘 알려진 중장비와 예비 부품을 제조하는 대규모 다국적 기업의 자회사이다.

2. 계약은 다음을 규정한다.

   (a) B사와 C사 두 회사 모두의 주된 계약 체결 목적은 상품 판매를 촉진하고 발전시키는 것과 상품 사용자의 만족을 보장하기 위하여 높은 수준의 부품 가용성과 기계에 대한 서비스를 제공하는 것이다.

   (b) B사는 합의된 영역에 소재하고 있는 고객 및 잠재적 고객에 대해 상품 판매를 촉진하고 발전시키는 것과 상품에 합의된 범위의 서비스를 제공할 책임이 있다.

   (c) 계약은 고객에게 판매와 서비스를 제공하는 B사의 능력을 신뢰하여 C사가 체결한 사적 계약이다. C사의 서면 동의 없이, B사는 이러한 판매와 서비스 책임을 수행하도록 다른 회사를 지명하지 않을 것에 동의한다.

   (d) C사와 B사는 계약의 주된 목적을 달성함에 있어 B사의 효율성과 능력은 상품의 실질적 이용자(최종 소비자)인 다른 조직과 B사간의 제휴로 인해 악영향을 받을 수 있다는 것에 동의한다. B사는 계약 기간 동안, C사가 달리 서면으로 동의하는 경우를 제외하고는 자본 투자 및 자본 공급, 공동 경영, 공동 소유, 또는 기타 방식에 의한 어떠한 제휴도 무효라는 것에 동의한다.

   (e) C사는 I국에서 판매 촉진, 판매 및 유지보수의 제공을 위해 B사가 고용한 특정 개인들의 자질과 능력을 필요로 한다. B사는 해당 개인들이 계속하여 B사를 적극적으로

관리하거나 B사에 상당한 재정적 이해관계를 계속하여 가질 거라는 것에 동의한다. C사에 대한 사전통지 및 C사의 사전승인 없이는 해당 개인들에 대한 관리 직위 및 소유권 또는 의결권 통제에 실질적인 변화가 이루어져서는 안 된다.

(f) B사는 만약 C사가 달리 서면으로 합의하지 않는 한, 계약에 따라 C사로부터 구매한 상품의 재고가 일체의 다른 채권자를 위해 어떠한 형태로든 담보권에 의해 저당 잡혀 있지 않도록 한다는 것에 동의한다.

(g) B사는 C사가 만족하도록 고객들의 이익을 위해 적절한 상품의 공급 및 기계에 대한 서비스를 제공할 적당한 장소 또는 영업소를 유지한다. B사는 고객에게 적절한 서비스를 제공하기 위하여 추가적으로 영업소를 설치하거나 기존의 영업소의 위치를 변경하는 것에 동의한다. 추가적인 영업소의 위치와 기존 영업소의 위치 변경은 C사의 서면 동의가 있어야만 할 수 있다. 모든 영업소는 B사에 의해 깔끔하고 매력적인 방식으로 유지되어야 하고 C사가 만족하도록 적절한 양의 상품을 보유해야 한다.

(h) B사는 C사가 만족하도록 상품을 판매하고 서비스를 제공하기 위해 적절한 인원의 가격 있는 직원을 고용한다.

(i) B사는 C사가 명시한 방법으로 재고 및 판매기록을 유지하고 C사가 명시한 주기에 따라 C사에게 재고, 판매 및 서비스에 관한 보고서를 제출한다.

(j) C사의 회계연도의 말일 이후 30일 이내 및 C사의 요구가 있을 때는 언제든지, B사는 B사, 일체의 자회사 및 일체의 특수관계 회사의 소유권, 재정상태 및 운영에 관하여 C사가 합리적으로 요구하는 경우 그러한 정보를 C사에게 제출한다.

(k) C사가 달리 동의하지 않는다면, B사의 회계연도 종료 후 90일 이내에 B사는 회계감사 보고서 및 해당 회계연도에 대한 경영결과 보고서를 C사에 제출한다.

(l) 그들 관계가 독립된 계약자 및 매도인과 매수인 관계가 되는지는 당사자들의 의도에 달려있다. 계약서에 포함되어 있거나 또는 계약에 따라 행해진 어떤 것도 그 어떤 목적으로도 B사를 C사의 대리인으로 간주하지 않으며 또한 계약에 따라 B사가 수행하였거나 수행하여야 하는 모든 행위들은 명시적으로 다르게 규정되지 않다면, B사 자신의 비용과 경비로 수행되어야 한다.

(m) 어느 당사자도 이유 여부와 관계없이 다른 당사자에게 통지함으로써 계약을 종결할 수 있다.

3. 계약서의 다른 조항들은 딜러 가격, 최종 소비자 가격, 소유권 이전, 지급 및 보증의 방법을 포함하여 계약에 따라 수행된 각 판매에서의 판매 조건뿐 아니라 C사가 B사에 물품을

판매하는 방식을 규정한다.

4. 계약에 따라 C사에 의해 공급된 물품의 I국으로의 수입은 다음의 4가지 종류에 해당한다.

   (ⅰ) C사가 B사에 판매하는 물품
   (ⅱ) B사가 요청한 주문에 따라 C사가 직접 고객(최종 소비자)에게 판매하는 물품
   (ⅲ) B사 또는 일체의 다른 딜러들의 관여 없이 C사가 최종 소비자에게 판매하는 물품
   (ⅳ) (ⅰ)종류에서 정하는 B사에 대한 판매와 유사하게 C사가 두 명의 다른 딜러에게 판매하는 물품

5. 두 명의 다른 딜러와 관련된 상황을 검토하면 B사는 C사와 유일한 유대관계가 있다는 것을 알 수 있다. 다른 딜러들은 :

   (a) 자기의 계산으로만 물품 구매가 허용된다.
   (b) (ⅱ)범주(즉, 위탁판매)에서 정하는 B사가 요청하는 형태의 최종 소비자로부터의 주문을 요청하는 것이 허용되지 않는다.
   (c) 진단 활동을 수행할 권한은 없다. 또는
   (d) C사가 I국의 다른 구매자에게 판매하는 것에 대하여는 수수료를 받지 않는다.

6. 이들 두 명의 딜러와 C사간의 계약 조건은 상기 2번 단락에서 약술한 조항을 포함하고 있지 않다.

7. 세관은 또한 B사와 C사가 협정 제15조제4항 (a), (b), (c), (d), (f), (g) 및 (h)호에 따른 특수관계자가 아님을 확인했다.

결정을 위한 쟁점

8. C사와 B사간의 판매와 관련하여, 결정을 위한 쟁점은 양 당사자중 한 쪽이 다른 당사자를 직접 또는 간접으로 지배하기 때문에 제15조제4항(e)에 따른 특수관계자에 해당되는지 여부에 있다.

분석

9. 제15조 제4항(e)에 대한 주해에서는 "한쪽 당사자가 다른 쪽 당사자에 대해 구속 또는 지시를 법적으로 또는 실질적으로 행사하는 위치에 있는 경우, 다른 쪽 당사자를 지배하는 것으로 간주된다"고 규정하고 있다. 기술위원회의 해설 4.1에서는 독점대리인, 독점영업권자, 독점공급권자(독점유통권자) 계약과 관련하여 협정 제15조 제4항(e) 및 관련 주해

의 적용에 대한 추가적인 지침을 제공하고자 노력한다. 지배를 결정하기 위한 고려 사항이 이 사례에서도 동일하게 제기되고 있다.

10. 해설 4.1에서는 모든 구매자/판매자 및 공급(유통)계약은 당사자 간에 법적으로 강제할 수 있는 권리와 의무를 규정한다고 말하고 있다. 아울러, 일반적인 국제적 판매 및 물품의 공급(유통)과 관련된 권리와 의무를 제15조 제4항(e)에 의해 예견된 당사자들 간의 특수관계를 설정하는 계약상의 권리와 의무로부터 구별하는 것의 중요성을 강조하고 있다. 해설 4.1에서는 "제15조 제4항(e)에 대한 주해의 표현은 다른 당사자의 활동에 대한 관리와 관련한 본질적인 측면에 대한 구속이나 지시를 행사할 수 있는 지위를 수반하는 상황에 통상적으로 적용되어야 한다"고 명시한다. B사와 C사가 공급(유통)계약에 기초하여 특수관계가 있는지 여부를 결정하기 위해서는 이 원칙 및 제15조 제4항(e)과 관련 주해와 대비하여 공급(유통)계약 규정의 영향을 면밀히 검토할 필요가 있다.

11. C사와 B사간의 공급(유통)계약에 포함된 많은 조항들은 공급(유통) 계약에서 통상적으로 볼 수 있는 일반적인 것이며 한쪽 당사자가 다른 쪽 당사자에 대해 지시하거나 구속하는 내용을 포함하고 있지 않다. 예를 들면, 공급(유통)계약은 일반적으로 계약종료 조항(2 (m)), 책임할당 조항(2 (b)), 최선의 노력 조항 2((h)), 그리고 책임 한계에 대한 독립 규정(2 (l))을 포함하고 있다. 하지만 공급(유통)계약에 있는 많은 기타 조항들은 보다 자세한 분석을 요구한다.

   (a) 조항 2 (d) - 공급(유통)계약은 일반적으로 이해관계의 상충을 야기하는 한 쪽 당사자의 제휴관계 설정을 금지하는 것을 의도하는 조항을 포함한다. 이 경우, 당사자들은 B사의 최종 사용자와의 일체의 제휴가 계약의 주된 목적을 달성하는 능력에 악영향을 미칠 수 있음을 확인하였다. B사는 "C사가 달리 동의하지 않는 한 자본 투자 및 자본 공급, 공동 관리, 공동 소유 또는 기타 방식에 의한" 어떠한 제휴도 무효라는 것에 동의한다. 투자, 자본 공급, 관리 및 소유권과 관련한 결정은 기업의 목적에 있어 핵심적인 측면일 수 있다. 하지만 이러한 제한의 실질적 범위는 계약의 주된 목적과 이해관계 상충을 방지한다는 맥락에서 평가되어야 한다. 이 조항은 "최종 소비자"로부터 자본을 획득하거나 이들과 제휴하는 B사의 권리를 제한한다. B사는 C사의 사전 동의 없이 자유롭게 다른 공급처로부터 자본을 획득하고 다른 당사자와 제휴할 수 있다. 이런 상황에서, B사의 우선권 및/또는 충성에 대해 잠재적으로 악영향을 미치기 때문에 C사가 B사가 제시하는 "최종 소비자"와의 제휴를 수용하거나 거절할 권리를 갖는 것은 합리적이다.

   (b) 조항 2 (e) - 공급(유통)계약은 일반적으로 한 쪽 당사자가 소유권 또는 경영의 어떤

중대한 변화를 다른 쪽 당사자에게 통지할 것을 요구하는 조항을 갖고 있다. 대부분의 경우에, 그러한 변화는 계약 종결에 대한 근거를 제공한다. 하지만 조항 2 (e)는 관리직위, 소유권 및 의결권 통제의 변화가 발생하기 전에 C사의 사전 승인을 요구하고 있기 때문에 단순 통지규정보다 상당히 더 나아간 조항이다. 관리자의 임명과 소유권 및 의결권 통제의 양도와 관련한 결정은 B사를 경영하는데 있어 핵심적인 측면이다.

(c) 조항 2 (g) - 적절한 영업소 뿐 만 아니라 적절한 수준의 재고와 예비부품을 유지하도록 하는 요구사항은 흔히 공급(유통)계약에 포함되어 있다. 대부분의 경우, 영업소의 위치는 공급자와 공급권(유통업)자간에 의논될 수 있다. 하지만, 이 조항은 C사가 궁극적으로 새로운 영업소의 설립과 기존 영업소의 위치 재조정에 대해 결정할 권리를 가진다는 것을 명백히 하고 있다. 영업 활동의 위치와 관련한 결정은 B사를 경영하는 데 있어 핵심적인 측면이다.

(d) 조항 2 (j) & (k) - 이들 조항들은 C사에게 어떤 특정한 의사결정을 할 권리를 부여하지 않지만, C사가 B사, B사의 자회사 및 특수관계에 있는 회사의 재정 상태를 감시하는 것을 보여준다. 재무 자료에 대한 접근은 전형적으로 한 쪽 당사자로 하여금 다른 쪽 당사자가 지급하는 금액(예 : 로열티, 수수료 및 수익금)의 정확성을 감사하고 확인할 수 있도록 하기 위해 제공된다. B사의 재무 자료에 대해 C사가 접근하는 것의 정확한 특성은 제공된 정보로는 명확하지 않으며, 이 조항의 실제적인 범위와 영향을 결정하기 위해 보다 구체적인 검토가 필요할 수 있다.

결정 및 이유

12. B사와 C사간 계약의 모든 측면은 상업적 관행과 일치하는 반면, 통상의 구매자/판매자 및 공급(유통)계약의 범위를 벗어나고 있다. 전체 계약내용을 검토하여 볼 때, C사는 B사의 경영에 있어 핵심적인 측면(예, 관리 직위, 소유권 또는 의결권 통제, 영업소의 위치)에 대하여 B사에 지시 또는 통제를 수행하는 위치에 있다. 그러므로 B사와 C사는 「WTO 관세평가협정」의 목적상 특수관계자이다. 왜냐하면 C사는 협정 제15조제4항 (e)의 조건 내에서 B사를 직접 또는 간접으로 지배하는 능력을 갖고 있기 때문이다.

13. 이러한 결론에 비추어, 만약 가격의 수용여부에 의심이 있다면 세관 당국은 제1조 제2항 및 관련 주해에 따라 특수관계가 가격에 영향을 미쳤는지 여부에 대한 검토를 수행하여야 한다.

해설 1.1 협정 제1조, 제2조 및 제3조와 관련한 시간적 요소

제1조

1. 관세평가 협정 제1조는 수입물품의 과세가격은 거래가격, 즉 필요한 모든 조정이 이루어지고 특정 조건이 충족된다면 수입국으로 수출하기 위하여 판매된 때에(when sold) 물품에 대하여 실제로 지급하였거나 지급하여야 할 가격이어야 한다고 명시하고 있다.

2. 제1조나 해당 주해에는 실제로 지급하였거나 지급하여야 할 가격이 과세가격을 산출하기 위한 타당한 기초가 되는지 여부를 결정할 때 고려하여야 할 실제 거래에 대한 외부적 시간 기준(a time standard external)에 대한 어떠한 언급도 없다.

3. 협정 제1조의 평가 방법에 따라, 과세가격을 결정하는 기초는 수입을 야기하는 판매에서 결정된 실제 가격이며, 거래가 발생한 시간은 중요하지 않다.

   이와 관련하여, 제1조제1항의 "판매된 때(when sold)"라는 표현은 가격이 제1조 목적상 타당한지 여부를 결정할 때 고려되어야 하는 시간에 대한 어떠한 암시를 제공하는 것으로 간주되어서는 안 된다. 이것은 단지 관련된 거래의 유형, 즉, 수입국으로 수출하기 위하여 판매된 해당 물품과 관련된 거래의 유형을 나타내는 것이다.

4. 결론적으로, 제1조에서 규정하고 있는 조건이 충족된다면, 수입물품의 거래가격은 판매 계약이 체결된 시점과 계약 체결일 이후의 어떠한 시가 변동과도 상관없이 수용되어야 한다.

5. 제1조는 제2항(b)에서는 시간 기준에 대한 보충적인 언급을 하고 있으나 이것은 단지 "비교" 가격과 관련된 것이므로 제1조에 따라 거래가격을 결정하는데 있어 관련된 시간 요소가 없다는 상황에 영향을 주지 않는다.

6. 제2항(b)는 특수관계자간 판매에 있어, 거래가격이 동시 또는 거의 동시에 발생하는 세 가지의 선택 가능한 가격 중 어느 하나에 거의 근접함을 수입자가 입증하는 경우에는 언제든지 거래가격은 수용되어야 하고 물품은 제1항의 규정에 따라 평가되어야 한다고 규정하고 있다. 그러나 "동시 또는 거의 동시에 발생하는"이라는 조건이 고려할 유일한 참고사항이라고 한다면, 어떤 경우에는 평가대상 물품에 영향을 미치는 조건과 비교가격을 제공하는 물품에 영향을 미치는 조건 사이에 실질적인 차이가 있을 수 있고 부적절한 비교를 야기할 수 있다.

7. 제2항(b)의 적용은 이 협정의 원칙에 일치하는 방식으로 적용되어야 한다. 제2조 및 제3조의 목적상 비교의 기준이 되는 수출시점은 하나의 접근 방식이 될 것이다.

8. 협정의 기본 틀 내에서 다른 방안들, 해당 비교가격의 기저를 이루고 있는 원칙에 적용된 특정한 시간 기준들이 또한 가능할 것이다. 즉, 제1조 제2항(b)호 (ⅰ)에 있어서는 평가대상 물품을 수입국으로 수출하는 시점, 제1조 제2항(b)호 (ⅱ)에 있어서는 평가대상 물품을 수입국에서 판매하는 시점, 제1조 제2항(b)호 (ⅲ)에 있어서는 평가대상 물품을 수입하는 시점이 가능하다.

제2조 및 제3조

9. 협정 제2조 및 제3조에서는 시간 요소를 다르게 취급하고 있다. 수입물품의 평가에 있어서 독자적인 요소 즉, 물품에 대하여 실제로 지급하였거나 지급하여야 할 가격에 기초하고 있는 제1조와는 달리, 제2조 및 제3조는 제1조에 따라 이전에 결정된 바 있는 가격 즉, 동종·동질 또는 유사 수입물품의 거래가격을 규정하고 있다.

10. 적용의 일관성을 위해 제2조 및 제3조는 이들 조항의 규정에 따라 결정되는 과세가격은 평가대상 물품과 동시 또는 거의 동시에 수출된 동종·동질 또는 유사 물품의 거래가격이라고 규정하고 있다. 그러므로 이들 조항은 그 적용에 대하여 고려되어야 할 외부적 시간 기준(external time standard)을 설정하고 있다.

11. 제2조 및 제3조에 따라 적용 가능한 외부적 시간 기준은 평가대상 물품이 수출된 때의 시간이지 판매된 때의 시간이 아니라는 점에 유념해야 한다.

12. 이러한 외부적 시간 기준은 해당 조항의 실무적인 적용을 감안하여야 한다. 그러므로 "또는 거의"라는 단어는 단순히 "동시에"라는 용어를 다소 융통성 있게 만들려는 의도로 간주되어야 한다. 아울러, 일반서설에 따라 협정은 과세가격을 상업적 관행에 일치하는 단순하고 공평한 기준에 기초하는 것을 추구한다는 것에 유념하여야 한다. 이러한 원리로부터 출발하여 "동시 또는 거의 동시에"는 가능한 수출일에 근접하면서 가격에 영향을 미치는 상업적 관행 및 시장조건이 동일하게 유지되는 범위 내에 있는 기간을 포함하는 것으로 보아야 한다. 결국, 쟁점은 제2조 및 제3조의 적용에 대한 전체적인 맥락 안에서 사안별로 결정되어야 한다.

13. 물론 시간에 대한 요건은 제3조가 적용되기 전에 제2조가 철저히 검토될 것을 요구하는 협정의 엄격한 적용순서를 변경할 수 없다. 그러므로 유사 물품(동종·동질 물품이 아니라)의 수출시점이 평가대상 물품의 시점과 더 근접하다고 하여 제2조와 제3조의 적용순서를 결코 바꿀 수는 없다.

관세평가에 있어 중요한 시간

14. 협정 제1조, 제2조 및 제3조 적용에 있어 시간 요소의 역할에 대한 상기 논의는 당연히 관세평가상 중요한 시간과 아무런 관련이 없다. 제9조는 통화 환산에 대해서만 시간이 고려되어야 한다고 규정하고 있다.

권고의견 7.1 협정 제1조 제2항 (b) (i)에서의 비교가격 수용여부

1. 동종동질 또는 유사물품의 일반적인(prevailing) 시장가격보다 낮은 가격을 협정 제1조 제2항 (b) (i)의 목적상 비교가격(test value)으로 사용할 수 있는가?

2. 관세평가기술위원회는 다음과 같은 의견을 표명하였다.
   특수관계가 없는 당사자 간의 가격이 제1조에서 규정하고 있는 조건을 충족하면서, 제8조 규정에 따라 필요한 조정이 이루어지고, 거래가격으로 세관에 의하여 수용된 바 있다면, 해당 가격은 비교가격(test value)으로 사용될 수 있다. 당연히 가격이 여전히 심사대상이거나 관세의 과세가격에 대한 최종 결정이 그와는 다르게 잠정적인 상태에 있는 경우에는 그렇지 않다(협정 제13조 참조).

예해 10.1 협정 제1조 제2항 (b)호와 제2조 및 제3조에 따른 상업적 단계 및 수량 차이에 대한 조정

일반

1. 협정을 적용할 때, 제1조 제2항(b)(비교가격), 제2조 제1항(b)(동종·동질 물품) 및 제3조 제1항(b)(유사물품)에 대하여 거래 단계 및 수량의 입증된 차이를 고려하여 조정하는 것이 필요할 것이다. 비록 제1조 제2항(b)의 용어가 제2조 제1항(b) 및 제3조 제1항(b)와 다소 다르지만, 관련된 원칙은 동일하다는 것은 명백하다. 즉, 거래 단계 또는 수량에 기인하는 차이는 고려되어야 하고, 조정의 합리성과 정확성을 명확하게 확립할 수 있는 입증된 증거에 기초하여 필요한 조정을 하는 것이 가능하여야 한다.

2. 세관이 제1조 제2항(b)에 따른 비교가격 또는 제2조 및 제3조에 따른 동종·동질 물품 또는 유사 물품의 거래가격을 결정하는데 사용될 수 있는 거래를 인지하게 된 경우에는, 그 거래가 평가대상 물품과 동일한 거래 단계 및 실질적으로 동일한 수량으로 이루어졌는지 입증하여야 한다. 만일 거래 단계와 수량이 해당 거래에 관하여 비교할 만하다면 이들 요소에 대한 별도의 조정은 필요하지 않다.

3. 그러나 거래 단계 및 수량에 차이가 있다면 가격 또는 가치가 그러한 차이에 의하여 영향을 받았는지 여부를 결정할 필요가 있을 것이다. 거래 단계 또는 수량에 차이의 단순한 존재는 그 자체로 조정을 하도록 요구하지 않는다는 것에 유념해야 한다. 가격 또는 가치의 차이가 거래 단계 또는 수량에 기인하는 경우에만 조정이 필요할 것이며 조정은 합리성과 정확성을 명확하게 확립할 수 있는 입증된 증거를 기초로 이루어져야 한다. 이러한 조건이 충족될 수 없다면 조정은 이루어질 수 없다.

4. 다음 예시는 단지 다른 거래 단계와 수량에 대한 조정의 문제를 수반하는 상황을 설명하며, 운송거리 및 운송수단의 차이와 같은 기타 조정요소는 포함하지 않는다. 제2조 및 제3조에 대한 예시의 목적상, 수입물품의 과세가격은 제1조의 규정에 따라 결정될 수 없고 동종·동질 또는 유사 물품의 과거에 수용된

거래가격을 기초로 결정되어야 함을 전제한다.

5. 동종·동질 물품에 대한 다음의 예시는 유사 물품에 동일하게 적용된다.
   1) 제2조 및 제3조의 적용
   ○ 동일한 거래 단계 및 수량 – 조정 없음

■ 예시 1

(수입물품의 거래가격)

판매자	수량	단가	수입자	거래단계
E	1,700	5 c.u.(C.I.F.)	I	도 매

(동종·동질 물품의 판매와 관련한 거래가격)

판매자	수량	단가	수입자	거래단계
R	1,700	6 c.u.(C.I.F.)	I	도 매

이 사례에서는 조정이 필요하지 않으며 c.i.f. 조건의 6 c.u.의 거래가격은 제2조에 따른 과세가격이다.

○ 동일한 거래 단계, 다른 수량 – 조정 없음
   단계 또는 수량에 차이가 있으나 판매자가 물품을 판매할 때 단계 또는 수량을 고려하지 않으므로 그러한 차이가 상업적 관련성을 가지지 않는 상황이 발생할 수 있다. 이러한 경우에는 조정이 요구되지 않는다.

■ 예시 2

(수입물품의 거래가격)

판매자	수량	단가	수입자	거래단계
E	2,000	5 c.u.(C.I.F.)	I	도 매

(동종·동질 물품의 판매와 관련한 거래가격)

판매자	수량	단가	수입자	거래단계
R	1,700	6 c.u.(C.I.F.)	P	도 매

세관은 R이 최소한 물품 1,000 단위를 구매하는 모든 구매자에게 6 c.u.의 가격으로 물품을 판매하지만 그 외에는 구매수량에 따라 가격을 변경하지 않는다고 확정하였다. 이러한 경우에는, 수량에 차이가 있더라도 동종·동질 물품의 판매자가 두 거래 모두가 이루어진 수량 범위 이내에서는 가격을 변경하지 않기 때문에 그 차이는 가격에 영향을 미치지 않았다. 그러므로 수량에 대한 조정은 필요하지 않다. c.i.f. 조건의 6 c.u.의 거래가격은 제2조에 따른 과세가격이 된다.

○ 다른 거래 단계, 다른 수량 – 조정 없음

■ 예시 3
(수입물품의 거래가격)

판매자	수량	단가	수입자	거래단계
E	1,500	5 c.u.(C.I.F.)	I	도 매

(동종·동질 물품의 판매와 관련한 거래가격)

판매자	수량	단가	수입자	거래단계
R	1,200	6 c.u.(C.I.F.)	P	소 매

R은 구매 단계에 따라 가격을 변경하지 않고 최소한 1,000 단위를 구매하는 누구에게나 단위당 6 c.u.에 판매한다. 이 예시에서는 비록 거래 단계에 차이는 있지만, 동종·동질 물품의 판매자는 거래 단계와 상관없이 모든 구매자에게 판매하기 때문에 단계에서 기인하는 가격 차이는 없다. 또한, 두 거래가 모두 1,000 단위를 초과하는 점에서 수량에 대해 비교할 만하므로 수량에 대한 조정은 필요하지 않다. 이 경우에는 c.i.f. 조건의 6 c.u.의 거래가격이 제2조에 따른 과세가격이 된다.

○ 다른 거래 단계, 다른 수량 – 조정

가격 차이가 거래 단계 또는 수량에 기인하는 경우에는, 평가대상 물품과 동일한 거래단계 및 실질적으로 동일한 수량의 가격을 결정하기 위해 조정이 이루어져야 한다. 이러한 조정이 이루어지는 경우, 동종·동질 또는 유사 물품 판매자의 판매관행이 결정 요소가 된다.

수량의 차이 때문에 조정이 필요한 경우에는 해당 조정 금액이 쉽게 결정될 수 있어야 한다. 그러나 거래 단계와 관련하여 사용되는 기준이 그렇게 명확하지 않을 수 있다. 세관은 동종·동질 또는 유사 물품 판매자의 판매관행을 검토해야 할 것이다. 판매자의 관행이 명확하다면, 평가대상 물품 수입자의 활동에 대한 검토는 동종·동질 또는 유사물품의 판매자가 어떤 거래 단계를 수입자에게 부여하는지를 결정하는 기초를 제공할 것이다. 이러한 정보의 진전은 일반서설에서 언급한 바와 같이, 관련 당사자 간의 협의를 요구할 것이다.

■ 예시 4
(수입물품의 거래가격)

판매자	수량	단가	수입자	거래단계
E	1,700	4 c.u.(C.I.F.)	I	도 매

(동종·동질 물품의 판매와 관련한 거래가격)

판매자	수량	단가	수입자	거래단계
F	2,300	4.75 c.u.(C.I.F.)	R	도 매

세관은 F가 판매하는 가격표는 진실된 것이며 판매자는 모든 구매자에게 구매수량에 따라 달라지는 가격으로 물품을 판매한다는 것을 밝혀냈다. 즉, 2,000개 미만의 수량으로 구매하는 구매자에 대한 가격은 c.i.f. 조건의 5 c.u.인 반면에, 2,000개 이상의 수량으로 구매하는 구매자에 대한 가격은 c.i.f. 조건의 4.75 c.u.이다.

구매수량의 차이는 물품이 판매되는 가격에 영향을 미치는 상업적인 관련 요소이며 수량에 기인한 차이에 대한 조정이 이루어져야 한다. 이 사례에서 수량에 대한 조정 금액은 0.25 c.u.이다. 즉, c.i.f. 조건의 5 c.u.는 제2조에 따른 과세가격이 된다.

앞에서 언급한 것처럼, 제2조 및 제3조는 조정의 합리성과 정확성을 명확하게 확립할 수 있는 입증된 증거를 기초로 조정이 이루어져야 한다는 것을 요구한다.

제2조 및 제3조에 대한 주해에서는 다른 단계 또는 다른 수량에 따른 가격을 포함하고 있는 가격표를 이러한 증거의 예시로 규정하고 있다. 가격표가 진실된 것인지에 대한 결정은 사안별로 이루어져야 할 것이다. 이러한 객관적인 수단이 없는 경우에는, 제2조 및 제3조의 규정에 따른 과세가격 결정은 경우에 따라 적절하지 않을 수 있다.

■ 예시 5

(수입물품의 거래가격)

판매자	수량	단가	수입자	거래단계
D	2,800	1.5 c.u.(C.I.F.)	K	도 매

(동종·동질 물품의 판매와 관련한 거래가격)

판매자	수량	단가	수입자	거래단계
E	2,800	2.5 c.u.(C.I.F.)- 할인율 15%	R	소 매

세관은 E가 도매상에게는 20%, 소매상에게는 15%의 할인율을 적용하고 있는 공표된 가격표를 고수하고 있는 것을 확인하였다. 상기 거래에서 R에 대한 판매는 이 가격표에 따른다. 따라서 이 증거는 가격표의 c.i.f. 조건의 2.50 c.u.의 단위가격과 도매 단계에 대한 20%의 할인율을 사용하여 동종·동질 물품의 거래가격을 조정하는 것을 허용한다. 그러므로 2.50 c.u.에 20%의 할인율을 적용한 가격이 제2조에 따른 과세가격이 된다.

2) 제1조 제2항(b)의 적용

O 다른 거래 단계, 동일한 수량 – 비교할 만한 비교가격

특수관계자간의 판매에 있어, 제1조 제2항(b)는 수입자에게 가격이 해당 규정의 목(subparagraph)에서 규정된 비교가격 중에 하나와 거의 근접함을 입증할 기회를 제공한다. 결과적으로 비교가격은 적절한 경우 단계 및 수량을 포함한 모든 면에서 입증되어야 한다. 이러한 요소의 조정을 위한 제1조 제2항(b)의 원칙은 제1조 제2항(b)에 따른 조정이 비교 목적으로만 비교가격에 대하여 이루어지는 반면에 동종·동질 또는 유사 물품의 거래가격에 대한 조정은 수입물품의 과세가격을 결정하기 위한 목적이라는 것을 제외하고는 제2조 및 제3조의 원칙과 동일하다.

■ 예시 6

(수입물품의 거래가격)

판매자	수량	단가	수입자	거래단계
E	1,700	5 c.u.(C.I.F.)	I	도 매

(특수관계가 없는 구매자의 동종·동질 물품의 판매와 관련한 거래가격)

판매자	수량	단가	수입자	거래단계
F	1,700	6 c.u.(C.I.F.)-	M	소 매

세관은 F가 도매상에게 c.i.f. 조건의 5 c.u.에 물품을 판매하는 것과 I가 도매상인 것을 확인한다. 이 사례의 조정 금액은 1 c.u.이다. 단계에서 기인한 차이를 감안한 비교가격은 5 c.u.이다. 특수관계자간 가격이 위에서 결정된 비교가격과 같으므로, 해당 가격은 제1조에 따른 거래가격으로 수용될 수 있다.

입증된 증거가 결여된 경우 – 비교가격 배제

■ 예시 7

(수입물품의 거래가격)

판매자	수량	단가	수입자	거래단계
E	20,050	1.5 c.u.(C.I.F.)	I	도 매

(특수관계가 없는 구매자의 동종·동질 물품의 판매와 관련한 거래가격)

판매자	수량	단가	수입자	거래단계
E	1,020	2.1 c.u.(C.I.F.)-	F	소 매

I는 가끔 독립적인 소매상에게만 판매한다고 진술한다. E는 독립적인 도매상에 대한 판매는 없었지만 판매한다면 가격은 c.i.f. 조건의 1.50 c.u.일 것이라고 추가로 진술한다. E는 특수관계가 없는 도매상에게 판매하지 않았고 진술한 가격으로 판매할 의사만 표시하고 있어, 조정의 합리성을 결정할 입증된 증거가 부족하다. 단계의 차이에 대한 조정이 이루어질 수 없기 때문에 I가 제출한 비교가격은 비교 목적으로 수용될 수 없다. 특수관계에 대한 문제가 있을 때 제1조에 따라, 또는 제2조 또는 제3조에 따라 물품을 평가하기 위해서는 일반적으로 수입자와 세관간의 협의(consultations)가 있어야 한다. 이러한 협의와 다른 출처로부터의 정보는 세관으로 하여금 조정이 이루어질 필요가 있는 지 여부와 입증된 증거를 기초로 조정이 이루어질 수 있는지 여부를 결정할 수 있도록 할 것이다.

예해 23.1 이전가격 연구와 관련하여 제1조 제2항 (a)호에서 정하고 있는 "판매를 둘러싼 상황"이라는 표현에 대한 검토

1. 본 예해는 OECD 이전가격 지침에 따라 준비되고, 본 협정 제1조 제2항 (a)호에서 정하는 "판매를 둘러싼 상황"을 검토하기 위한 근거로 수입자가 제시한 "이전가격결정 연구"의 사용에 대한 지침을 제공하고자 하는 것이다.

2. 협정 제1조에 따라, 거래가격은 구매자와 판매자가 상호 특수관계가 없는 경우이거나 특수관계가 있는 경우에는 그 특수관계가 해당 가격에 영향을 미치지 않았다면 관세의 과세가격으로 수용될 수 있다.

3. 구매자와 판매자가 상호 특수관계가 있는 경우, 본 협정 제1조 제2항은 거래가격에 대한 수용을 입증하는 여러 가지 방법들을 규정하고 있다.

   • 특수관계가 가격에 영향을 미치는지 여부를 결정하기 위해서는 판매를 둘러싼 상황이 검토되어야 한다.(제1조 제2항 (a)호)
   • 수입자는 3가지 비교가격중 하나에 해당 가격이 매우 근접하다는 것을 입증할 기회를 갖는다.(제1조 제2항 (b)호)

4. 본 협정 제1조 제2항에 대한 주해에서는 다음과 같이 규정하고 있다. "이것은 구매자와 판매자가 특수관계에 있는 모든 상황을 검토해야 한다는 것을 의도하는 것이 아니다. 이러한 검토는 해당 가격의 수용에 대하여 의심이 있는 경우에만 요구되는 것이다. 관세당국이 해당가격의 수용에 대해 전혀 의심이 없는 경우에는 수입자에게 더 이상의 정보를 요구하지 않고 수용되어야 한다"

5. 이러한 견지에서, 관세당국은 해당 가격의 수용에 대하여 의심이 있는 경우에는 관세당국은 수입자가 제출한 정보에 기초하여 판매를 둘러싼 상황을 검토해야 한다.

6. 제1조 제2항에 대한 주해는 관세당국이 추가적인 조사없이 해당 거래가격을 수용할 수 없을 때, 필요하다면 수입자에게 그러한 추가적인 상세한 정보를 제공하는 기회를 주어야 한다고 기술하고 있다. 해당 주해는 또한 구매자와 판매자 간의 특수관계가 가격에 영향을 미치지 않는지의 여부를 판단하는 방법에 대한 예시를 규정하고 있다.

7. 다음으로 제기되는 쟁점은 조세목적으로 준비되고 수입자에 의해 제출된 이전가격결정 연구를 관세당국이 판매를 둘러싼 상황을 검토하기 위한 근거로 활용할 수 있는지 여부이다.

8. 한편으로, 이전가격결정 연구가 판매를 둘러싼 상황에 대한 관련 정보를 포함하고 있다면, 수입자가 제출한 이전가격결정 연구는 훌륭한 정보의 출처가 될 수 있다.

   반대로, 수입물품의 과세가격을 결정하기 위해 본 협정에 있는 방법과 OECD 이전가격결정 지침에 있는 방법 사이에 존재하는 본질적이고 중요한 차이 때문에 이전가격결정 연구가 판매를 둘러싼 상황을 검토하는데 있어 타당하거나 적절하지 않을 수도 있다.

9. 따라서, 판매상황을 검토하기 위한 가능한 근거로서 이전가격결정 연구의 사용은 사안별로 고려되어야 한다. 결론적으로, 수입자가 제출하는 일체의 관련 정보와 문서들은 판매를 둘러싼 상황을 검토하기 위하여 활용될 수 있다. 이전가격결정 연구는 이러한 정보에 대한 하나의 공급원이 될 수 있다.

사례연구 14.1 협정 제 1.2조 (a)에 따라 관련 당사자 거래를 생각할 때 이전 가격 책정 문서 사용

도입

1. 이 문서는 세관이 제1조 제2항(a)에 따라 수입물품의 가격이 구매자와 판매자 간의 특수관계에 영향을 받았는지 여부를 검토할 때 거래순이익률법(TNMM)에 기초한 회사의 이전가격 연구에서 제공된 정보를 고려한 사례를 설명한다.

   이 사례연구는 WTO 평가협정을 해석하고 적용하는데 있어 세관당국이 OECD 지침과 OECD 지침을 적용하여 산출한 문서를 활용해야 할 그 어떠한 의무를 명시하거나 시사하거나 규정하지 않는다.

거래 사실

2. X국의 제조자 XCO는 그의 완전히 소유한 자회사인 I국의 공급(유통)업자 ICO에게 계전기를 판매한다. ICO는 계전기를 수입하며 특수관계가 없는 판매자로부터는 어떠한 상품도 구매하지 않는다. XCO는 특수관계가 없는 구매자에게는 계전기나 동종 또는 동류의 물품을 판매하지 않는다.

3. 2012년에 ICO는 I국 세관에 제출한 상업송장에 기재된 가격에 기초한 거래가격을 사용하여 해당 물품을 수입하였다. 거래가격 사용을 금지하는 협정 제1조 (a)호부터 (c)호에 규정된 특별한 상황이 존재한다는 증거는 없다.

4. 수입 후에 I국의 세관은 거래가격의 수용여부에 대해 의심을 가졌기 때문에 협정 제1조 제2항(a)에 따라 ICO와 XCO간 물품의 판매 주변상황을 검토하기로 결정하였다.

5. 수입자는 특수관계가 가격에 영향을 미치지 않았음을 입증하는 수단으로서, 제1조 제2항 (b)와 (c)에 따른 비교가격을 제공하지 않았다.

6. 세관의 추가 정보 요청에 대하여, ICO는 ICO를 대신하여 독립 기업이 작성한 2011년도에 대한 이전가격 연구를 제출하였다.

7. 이전가격 연구는 거래순이익률법("TNMM")을 사용하였으며, 이 사례에서 거래순이익률법은 같은 기간에 독립적인 당사자 간의 비교 가능한 거래를 수행하였고 역시 I국에 위치한 기능적으로 비교 가능한 동종 또는 동류의 물품 공급(유통)업자들의 영업이익률과 ICO의 영업이익률을 비교하였다.

   이전가격 연구는 I국의 조세 규정의 요건을 준수하기 위해 작성되었으며, '다국적 기업과 OECD 조세 당국을 위한 OECD 이전가격 지침("OECD 이전가격 지침")에 포함된 원칙이 적용되었다. 이전가격 연구는 ICO가 XCO로부터 구매하는 모든 계전기를 다루었다.

8. ICO사의 재무 기록에서 얻어진 관련 자료

   - 매출액 100.0
   - 매출원가(COGS) 82.0
   - 매출총이익 18.0
   - 영업비용 15.5
   - 영업이익 2.5
   - 영업이익률(기준이 되는) 매출액의 2.5%

9. ICO의 기업 기록에서 얻어진 자료를 이용한 이전가격 연구는 XCO로부터 구매한 계전기의 판매에 대한 ICO의 영업이익률이 2011년에 2.5%였음을 보여준다.

10. 해당 연구는 ICO에 대한 신뢰할만한 비교가능 기업을 찾는 것이 가능하며, 이에 따라 ICO가 이전가격 연구에서 분석대상 당사자로 선정되었다고 결정한다.

11. I국과 X국의 내국세 당국은 쌍방 APA 협상의 맥락에서 ICO의 이전가격 연구를 검토했다. 그 뒤에 ICO와 XCO 간의 모든 거래에 대하여 ICO, XCO와 I국 및 X국 내국세 당국 간 APA가 합의되었다. I국과 X국 내국세 당국이 검토하는 동안 ICO는 해당 계전기 판매에서 얻은 이익률이 전기기기와 전자부품 산업에서 독립된 공급(유통)업자들이 실현한

이익률과 일반적으로 동일함을 보여주는 정보를 제출하였다.

12. 이전가격 연구에서는, ICO와 비교하여 기능, 자산 및 위험의 실질적인 유사성을 기준으로 공급자와 특수관계가 없는 8개 공급(유통)업자들이 선정되었다.

13. 2011년 회계연도에 대한 비교의 목적으로 이들 8개 공급(유통)업자들과 관련한 정보 수집이 이루어졌다. 이들 특수관계가 없는 (공급)유통업자들이 실현한 영업이익률의 범위는 0.64%에서 2.79%였으며 중위값은 1.93%였다. APA 협상의 맥락에서 이 범위는 XCO와 ICO의 거래와 비교가능한 거래의 정상 영업이익률 범위로서 내국세 당국이 수용하였다. 이 정상 영업이익률 범위는 공개 데이터베이스에서 입수 가능한 재무 기록을 활용하여 8개 비교가능 회사들의 영업이익률을 사용하여 설정되었다. ICO의 영업이익률은 2.5%였으므로 해당 범위 내에 들었다. 수입국에서 수입자가 실현한 2.5%의 이익률은 (a) ICO가 XCO에 실제로 지급하였거나 지급하여야 할 가격, (b) ICO 자신의 매출액, 그리고 (c) ICO 자신의 비용과 함수 관계에 있었다.

14. 협정 제8조에 규정된 어떠한 조정도 실제로 지급하였거나 지급하여야 할 가격에 대해 이루어질 필요가 없다고 결정되었다. 추가로 ICO는 2011년도에 내국세 목적으로 보상 조정도 하지 않았다.

15. ICO는 이전가격 연구에 제시한 대로 목표 정상(4분위) 범위를 충족하는 영업이익을 얻을 수 있도록 판매가격을 책정한다. XCO에 지급하였거나 지급하여야 할 가격은 해당 년도 동안 큰 변동이 없었다.

■ 결정을 위한 쟁점

16. 이 사례에서 제시된 이전가격 연구는 OECD 이전가격 지침을 기초로 작성되고 쌍방 APA의 근거로 사용되었다. 이 연구는 세관이 수입물품에 대하여 실제로 지급하였거나 지급하여야 할 가격이 협정 제1조에 따라 당사자 간 특수관계에 영향을 받았는지 여부를 결정할 수 있게 하는 정보를 제공하는가?

■ 분석

17. 협정 제1조에 따라 구매자와 판매자가 특수관계에 있지 않거나, 특수관계에 있더라도 그 특수관계가 가격에 영향을 미치지 않았다면 거래가격은 과세가격으로 수용 가능하다. 구매자와 판매자가 특수관계에 있는 경우, 세관이 가격과 관련한 의심이 있을 때 협정

제1조제2항은 거래가격의 수용 가능성을 확인하는 두 가지 방법을 제시한다 : (1) 특수관계가 가격에 영향을 미쳤는지를 결정하기 위해 판매 주변상황을 검증하여야 하거나(협정 제1조 제2항(a)), (2) 수입자가 해당 가격이 3개의 비교가격 중 하나에 매우 근접하다는 것을 입증하는 방법(협정 제1조 제2항(b)). 이 사례에서는 5번 단락에서 보여주는 바와 같이 수입자가 비교가격을 제공하지 않았으므로 세관은 판매 주변상황을 검토하였다.

18. 협정 제1조제2항에 대한 주해는 판매 주변상황을 검토하는데 있어 "세관당국은 특수관계가 가격에 영향을 미쳤는지 여부를 결정하기 위하여 구매자와 판매자가 그들의 상업적 관계를 조직하는 방법과 해당 가격이 결정된 방법을 포함한 거래의 관련 측면을 검토할 준비가 되어 있어야 한다."라고 규정하고 있다.

19. ICO로부터 얻은 정보에 기초하면, XCO는 특수관계가 없는 구매자에게는 해당 물품을 판매하지 않는다. 따라서 ICO는 협정 제1조 제2항(a)에 대한 주해에 규정된 해당 가격이 특수관계가 없는 자에 대한 판매에서와 같은 방법으로 결정되었다는 것을 입증할 수 없다.

20. 판매 주변 상황을 검토하는 동안, 세관은 제1조 제2항(a)에 대한 주해에 따라 해당 산업의 정상적인 가격결정 관행에 부합하는 방법으로 가격이 결정되었는지를 결정함에 있어, 이전가격 연구에서 논의된 정보의 검토내용을 고려하였다. 이와 관련하여 "산업"이란 용어는 수입물품과 동종 또는 동류(동종·동질 또는 유사 물품을 포함하는)의 물품을 포함하는 산업 또는 산업부문을 포괄한다.

21. 8번 단락에서 제시된 정보에 기초하면 :

- 매출액 수치는 ICO가 단지 특수관계가 없는 자들에게만 판매하고 있기 때문에 수용될 수 있다. (그리고 ICO가 특수관계가 없는 자들과의 거래에서 자신의 이익을 합리적으로 극대화 할 것이라고 가정한다.)

- 영업비용은 ICO가 자기 비용을 최소화하고자 하면서 특수관계가 없는 자들에게 지급하며 판매자의 이익을 위해 지급되지 않았다고 밝혀졌기 때문에, 영업비용의 금액은 신뢰할 만한 것으로 검토되고 수용되었다.

- 이전가격 연구는 ICO의 영업이익률이 정상범위(즉, 독립적인(특수관계가 없는) 공급(유통)업자이면서 비교가능 기업에 대한 조사에 기초한) 내에 있다는 사실을 보여준다.

- ICO의 매출원가(COGS)는 XCO에게 지급하였거나 지급하여야 할 가격을 반영하며,

ICO와 특수관계자인 XCO 간의 거래를 나타낸다. 이것이 쟁점 이전가격이다.

위에 제시된 영업이익률의 정상범위와 수용된 다른 정보를 되짚어보면, 이전가격이 정상가격(arm's length amount)이라는 것을 추론할 수 있다. 이것은 XCO와 ICO 간의 판매 주변상황을 검토할 때, ICO와 특수관계가 없는 공급(유통)업자간의 거래와 관련된 정보가 세관에 유용하고 적절할 수 있다는 것을 보여준다.

22. 기능 분석은 ICO와 8개의 특수관계가 없는 공급(유통)업자들 간에 기능, 위험, 자산 면에서 큰 차이가 없다는 사실을 보여준다. 또한, 상품의 비교가능성은 적절한 수준으로 보였다. 비교가능 회사들은 전기기기와 전자부품 산업(수입물품과 동종 또는 동류의 물품을 판매하는 회사들)에서 선정되었다. 따라서 수입물품의 전매에 대한 영업이익률은 전기기기나 전자부품 산업에서와 전반적으로 동일한 것으로 나타났다.*

* 이 사례에서 영업이익률은 모든 관련 비용을 지급한 후 해당 판매에서 ICO가 얻는 실제 금액을 보여주기 때문에 세관은 ICO의 실제 이윤율의 보다 정확한 값으로서 해당 영업이익률을 수용하였다. 그럼에도 불구하고 특정 상황에서는 적절하게 공제되는 관련 비용과 정확한 이전가격 설정을 설명하기 위해 세관은 매출총이익을 고려할 수도 있다.

특히, 이전가격 연구에 따르면 비교가능 회사들의 영업이익률의 정상범위는 0.64%에서 2.79%였다. 앞에서 언급한 바와 같이, ICO의 영업이익률은 2.5%였다. 따라서 모든 비교가능 회사들이 동종 또는 동류의 물품을 판매하기 때문에 이전가격 연구는 ICO와 XCO간의 가격이 해당 산업의 정상적인 가격결정 관행에 부합하는 방법으로 결정되었음을 뒷받침한다.

결론

23. ICO와 XCO간 특수관계자 거래와 관련하여 판매 주변상황을 검토한 후, 거래순이익률법(TNMM)에 근거한 이전가격 연구와 필요하다고 여겨지는 영업비용과 관련한 추가 정보에 대한 분석을 통해 세관은 협정 제1조 제2항(a)의 규정에 따라 당사자들간의 특수관계가 거래가격에 영향을 미치지 않았다고 결정하였다.

24. 예해 23.1에 명시한 바와 같이 판매 주변상황을 검토하기 위한 이전가격 연구의 사용은 사안별로 고려되어야 한다.

사례연구 14.2 협정 제1조제2항(a)에 따른 특수관계자 간 거래 검토시 이전가격 문서의 사용

도입

1. 이 문서는 세관이 제1조제2항(a)에 따라 수입물품에 대하여 실제 지급하였거나 지급하여야 할 가격이 구매자와 판매자 간의 특수관계에 의해 영향을 받았는지 여부를 결정할 때 기업의 이전가격보고서에 제공된 정보와 추가 정보를 고려한 사례를 설명한다.

   이 사례연구는 WTO 평가협정을 해석하고 적용하는데 있어서 세관당국이 OECD 가이드라인과 OECD 가이드라인을 적용하여 산출된 문서를 활용해야 할 그 어떠한 의무를 명시하거나 시사하거나 규정하지 않는다.

거래사실

2. X국의 XCO는 I국의 공급(유통)업자 ICO에게 명품 가방을 판매한다. XCO와 ICO는 모두 다국적 기업의 본사이자 명품 가방의 브랜드 소유자인 ACO의 완전자회사이다. XCO와 ACO의 다른 특수관계사들은 동종·동질 또는 유사한 명품 가방을 I국의 특수관계가 없는 구매자에게는 판매하지 않는다. ICO는 I국으로 XCO가 판매한 명품 가방의 유일한 수입자이다. 따라서 ICO가 I국으로 수입한 모든 명품 가방은 XCO로부터 구매한 것이다.

3. 2012년도에 ICO는 XCO가 발행한 송품장 가격에 기초하여 수입 명품 가방의 가격을 신고하였다. I국 세관에 제출된 상업서류는 협정 제1조 (a)호부터 (c)호에 규정된 바와 같이 거래가격의 사용을 배제하거나 수입가격에 대해 제8조에 규정된 추가 조정을 요구하는 특별한 상황이나 추가 지급이 없음을 나타냈다.

4. 2013년도에 I국 세관은 ICO가 신고한 수입가격을 검증하기 위하여 사후 심사를 실시하였는데, 그 이유는 해당 가격의 수용에 대해 의심이 있었기 때문이었다. ICO의 이전가격 정책은 모든 명품가방의 수입가격이 (다국적 기업과 OECD 조세 당국을 위한 이전가격 가이드라인에 따라) 재판매가격법을 사용하여 결정되었음을 보여준다. 매해 연말에 ICO는 XCO가 권장하는 대로 재판매 가격과 내년도 목표 매출총이익률에 기초하여 명품 가방의 수입가격을 산정하였다. 2012년도 목표 매출총이익률이 40%로 결정된 후, ICO는 재판매가격법을 사용하여 2012년도에 수입될 명품 가방의 수입가격을 다음 공식에 따라 산정하였다 : 수입 가격 = 권장 재판매가격 × (1 − 목표매출총이익률) / (1 + 관세율)

5. ICO는 단순 또는 보통의 유통업자이다. I국에서 가방의 판매에 대한 마케팅 전략은 사실상

XCO가 수립한다. XCO는 또한 유지해야 하는 재고 수준에 대해 조언을 해주고, ICO가 사용하는 할인 정책을 포함하여 ICO가 판매하는 가방의 권장 판매가격을 결정한다. XCO는 또한 해당 가방과 관련된 가치 있는 무형 자산 개발에 많은 투자를 해 왔다. 결과적으로 XCO는 I국에서 가방의 판매와 관련한 시장 위험과 가격 위험을 부담하고 있다.

6. 해당 수입물품이 재판매되는 I국의 명품 가방 시장은 매우 경쟁적이다. 그러나 2012년도에 ICO의 실제 판매 소득(income)은 예상 소득을 훨씬 상회하였는데, 이는 예상했던 것보다 더 많은 가방이 책정된 가격(full price)에 판매되고 할인된 가격에는 더 적게 팔렸기 때문이다. 결과적으로 2012년도 ICO의 매출총이익률은 ICO의 이전가격 정책에 명시된 목표 매출총이익률보다 높은 64%였다. 심사기간 동안 세관은 신고된 수입가격의 수용여부를 검토하기 위하여 ICO에게 추가 정보를 제출하도록 요청하였다.

7. ICO는 특수관계가 해당 가격에 영향을 주지 않았다는 것을 증명하는 수단으로서, 협정 제1조제2항의 (b)호와 (c)호의 적용에 필요한 비교가격을 제시하지 않았다. 하지만 ICO는 이전가격 보고서를 제출했는데, 그 보고서는 ICO의 매출총이익률과 비교가능 업체들이 그들의 비특수관계자들과의 거래(즉, 비교가능한 독립된 거래)에서 실현한 매출총이익률을 비교하는 재판매가격법을 사용한 것이었다. 이전가격 보고서는 OECD 이전가격 가이드라인에 의거하여 규정된 절차에 따라 독립된 기업에 의해 작성되었다.

8. 이전가격 보고서에 따르면 ICO는 어떤 가치 있고 특별한 무형자산을 사용하거나 어떤 중대한 위험을 부담하지 않는다. ICO가 제출한 이전가격 보고서에는 I국에 위치한 8개의 비교가능 업체가 선정되었다. 기능분석은 8개의 선택된 비교가능 업체가 ICO와 마찬가지로 X국으로부터 비교가능 물품을 수입하고 있으며, 유사한 기능을 수행하고, 유사한 위험을 부담하며, 어떠한 가치 있는 무형자산을 사용하지 않았다는 것을 보여준다.

9. 이전가격 보고서는 선택된 비교가능 업체들이 2012년도에 실현한 매출총이익률의 정상(4분위) 범위가 35~46%이고 중위값이 43%임을 나타냈다. 따라서 ICO가 실현한 64%의 매출총이익률은 정상 4분위 범위에 해당하지 않았다. 세관이 평가 심사를 수행할 때에, 이 특정 사례에서 ICO는 이와 관련하여 어떠한 이전가격 조정도 하지 않았다고 확인되었다.

■ 결정을 위한 쟁점

10. 이 사례에서 제공된 이전가격 보고서는 세관이 수입물품에 대하여 실제 지급하였거나 지급하여야할 가격이 협정 제1조에 따라 당사자간의 특수관계에 의해 영향을 받았는지

여부를 결정할 수 있게 하는 정보를 제공하고 있는가?

■ 분석

11. 협정 제1조에 따라 구매자와 판매자가 특수관계에 있지 않거나, 특수관계가 있더라도 그 관계가 해당 가격에 영향을 미치지 않은 경우에 거래가격은 과세가격으로 수용될 수 있다. 구매자와 판매자가 특수관계에 있는 경우, 협정 제1조제2항은 세관이 해당 가격과 관련하여 의심이 있을 때에 거래가격을 수용할 수 있는 2가지 방법을 제시한다. (1) 특수관계가 가격에 영향을 주었는지 여부를 결정하기 위해 판매 주변상황을 검토하거나(제1조제2항(a)호), 또는 (2) 수입자가 해당 가격이 3개의 비교가격 중 하나에 매우 근접함을 입증한다.(제1조제2항(b)호).

12. 이 사례에서는 7번 단락에서 명시된 것과 같이 수입자가 비교가격을 제시하지 않았으므로 세관은 판매 주변상황을 검토하였다.

13. 협정 제1조제2항에 대한 주해는 판매 주변상황을 검토함에 있어 "세관당국은 특수관계가 가격에 영향을 미쳤는지 여부를 결정하기 위하여 구매자와 판매자가 그들의 상업적 관계를 조직하는 방법과 해당 가격이 결정된 방법을 포함한 거래의 관련된 측면을 검토할 준비가 되어 있어야 한다."라고 규정하고 있다.

14. 재판매가격법을 사용하는 업체들에 대하여 판매 주변상황을 검토할 때에 해당 업체의 매출총이익률과 비교가능 업체들의 매출총이익률의 비교는 신고가격이 해당 산업에서 정상적인 가격결정 관행에 부합하는 방법으로 결정되었는지 여부를 보여줄 수 있다.

15. 기능분석에 의하면, ICO와 8개의 비교가능 업체들 간에는 중요한 차이가 없었다. 왜냐하면 이 비교가능 업체들은
    - 모두 I국에 위치하고 있으며,
    - 유사한 유통기능을 수행하고, 유사한 위험을 부담하며, ICO와 유사하게 어떠한 가치 있는 무형자산도 사용하지 않으며,
    - X국에서 유사하게 제조된 비교가능한 물품을 수입한다.
    추가적으로 제품의 비교가능성은 적절한 수준으로 보여 졌고, 이러한 비교가능 업체들은 관세평가 목적으로도 적합하다고 간주되었다.

16. 이전가격 보고서에 따르면, 비교가능 업체들이 실현한 매출총이익률의 정상 4분위 범위는 35%~46%이고, 중위값은 43%이었다. 그러나 2012년에 ICO는 해당 산업의 비교가능

업체들의 정상 매출총이익률보다 훨씬 높은 64%의 매출총이익률을 실현하였다. 수입국 I의 명품가방 시장이 경쟁적이므로 ICO와 8개의 비교가능 업체들간에 실질적인 차이가 없다 것을 고려하면 ICO의 영업이익 및 경비는 비교가능 업체들의 영업이익 및 경비와 유사해야 한다. 따라서 2012년도 ICO의 높은 매출총이익률은 그의 기능, 자산, 위험과 비례 하지 않은 것이다.

17. 따라서 ICO가 높은 이익율을 실현하였고, ICO가 어떠한 보상조정도 하지 않았다는 점을 고려하여 세관은 수입가격이 해당 산업의 정상적인 가격결정 관행과 부합하는 방식으로 결정되지 않았다는 결론을 내렸다. 2012년에 수입된 물품의 과세가격은 낮은 가격으로 신고 되었으며, 대체 평가방법을 순차적으로 적용하여 다시 결정되어야 한다.

■ 결론

18. 이전가격 보고서의 검토를 통한 협정 제1조제2항(a)의 규정에 따른 ICO와 XCO 간의 판매 주변상황 조사에서 세관은 신고된 수입가격이 해당 산업의 정상적인 가격결정 관행과 부합하는 방법으로 결정되지 않았고 따라서 구매자와 판매자간의 특수관계에 영향을 받았다고 결론을 내렸다. 그러므로 과세가격은 대체 평가방법을 순차적으로 적용함으로써 결정되어야 한다.

19. 판매 주변상황을 조사하기 위한 가능한 기초로서 이전가격 보고서의 사용은 예해 23.1에서 명시되어 있듯이 사안별로 고려되어야 함에 유의하여야 한다.

합리적 의심 PART

결정 6.1 세관당국이 신고가격의 정확성이나 진실성을 의심할 만한 사유가 있는 경우

관세평가위원회는,
거래가격이 「1994년도 GATT 제7조의 이행에 관한 협정(이하 "협정"이라 한다)」에 따른 평가의 가장 우선적인 기초임을 재확인하면서,
세관당국이 신고가격을 뒷받침하기 위하여 무역업자가 제출한 문서나 서류의 정확성이나 진실성을 의심할 만한 사유가 있는 사례를 검토해야 한다는 점을 인정하며 :
이 과정에서 세관당국은 무역업자의 정당한 상업상의 이익을 침해하지 않아야 한다는 것을 강조하고 :
협정 제17조, 협정 부속서 Ⅲ의 제6항 및 관세평가 기술위원회의 관련 결정을 고려하면서 :
다음과 같이 결정한다.

1. 가격신고서가 제출된 이후 세관당국이 이 신고서를 뒷받침하기 위하여 제출된 문서나 서류의 진실성이나 정확성을 의심할 만한 사유가 있는 경우, 세관당국은 신고가격이 제8조 규정에 따라 조정된 수입물품에 대하여 실제로 지급하였거나 지급하여야 할 총 금액임을 의미하는 서류 또는 기타 증빙자료를 포함한 추가적인 설명을 수입자에게 요청할 수 있다. 추가적인 정보를 받은 후, 또는 응답이 없는 경우, 세관당국이 여전히 신고가격의 진실성 또는 정확성에 대하여 합리적 의심이 있는 경우에는 제11조의 규정을 유념하면서, 수입물품의 과세가격은 제1조 규정에 따라 결정될 수 없다고 간주할 수 있다. 최종적인 판단을 하기 전에, 수입자의 요청이 있을 경우 세관당국은 제출된 문서 또는 서류의 정확성 또는 진실성을 의심하는 근거를 해당 수입자에게 서면으로 통지해야 하고 수입자에게 응답할 수 있는 합당한 기회를 제공해야 한다. 최종적인 결정이 내려지면 세관당국은 서면으로 결정과 해당 근거를 수입자에게 통보해야 한다.
2. 한 회원국이 상호 합의된 조건으로 다른 회원국을 지원하는 것은 전적으로 이협정 적용에 적절하다.

권고의견 10.1　허위문서의 처리

1. 협정은 세관당국이 허위 서류(fraudulent documentation)를 신뢰하도록 요구하고 있는가?

2. 관세평가기술위원회는 다음과 같은 견해를 표명하였다.
   수입물품은 실제 사실을 기초로 협정에 따라 평가되어야 한다. 그러므로 사실에 대하여 허위 정보(false information)를 포함하는 일체의 서류는 협정의 의도에 위배된다. 이러한 점에서 협정 제17조 및 부속서 Ⅲ 제6항은 관세평가 목적상 세관에 제출된 진술, 문서 또는 신고사항의 진실성(truth)과 정확성(accuracy)에 대하여 세관당국이 스스로 납득할 수 있는 권리를 규정하고 있다는 점에 주목해야 한다. 이러한 이유로 어떠한 행정당국도 허위 서류를 신뢰하도록 요구받을 수 없다. 아울러 과세가격을 결정한 후에 문서가 허위라고 입증되는 경우에 해당 과세가격을 무효(invalidation)로 할 것인지 여부는 국내법령으로 다루어야 할 문제이다.

권고의견 11.1　부주의로 인한 오류와 불완전한 문서에 대한 처리

1. 불완전(incomplete)하거나 부주의한 오류(inadvertent errors)를 포함한 것으로 발견된 문서는 협정에 따라 어떻게 처리되어야 하는가?

2. 관세평가기술위원회는 다음과 같은 견해를 표명하였다.
   협정에 따라 가격을 결정함에 있어서 세관당국은 관련 정보에 대하여 불완전하거나 관련 정보를 왜곡하는데 영향을 주는 부주의한 오류를 포함하는 문서를 신뢰하도록 요구받을 수 없다.

   하지만, 불완전한 문서에 포함된 정보를 활용하고 그러한 문서에서 누락된 정보나 사실을 취득하기 위해 추가로 조사하는 것이 필요한 상황이 생기게 된다. 마찬가지로 문서의 일부에만 부주의한 오류가 있고 문서의 다른 부분에는 일체의 그러한 오류도 없어 신뢰가 가는 경우도 있다. 그러한 경우 수입자 또는 그의 대리인이 완전한 정보를 제공하거나 문서의 오류를 수정한다는 것을 조건으로 협정 제13조에서 규정하고 있는 잠정 통관(provisional clearance)에 대한 청구가 받아들여질 수 있다.

   그러므로 불완전하거나 부주의한 오류를 포함한 문서의 처리는 사안별로 다양할 수 있다.

이러한 점에서 세관당국이 준수해 온 관행과 세관당국에 주어진 재량권(discretion)의 정도에 따라 차이가 있다는 점 또한 인식되어야 한다.

권고의견19.1 협정 제17조 및 부속서 Ⅲ 제6항의 적용

1. 부속서 Ⅲ 제6항과 함께 해석되는 제17조가 사기(fraud)를 포함한 평가 위법행위(valuation offences)를 발견하여 입증할 수 있도록 충분한 권한(sufficient power)을 세관당국에 부여하고 있는지 여부와 과세가격을 결정하는 과정에 입증책임(burden of proof)이 수입자에게 있는지 여부에 대한 문제가 제기되어 왔다.

2. 관세평가기술위원회는 이 문제를 검토함에 있어 제17조는 협정이 세관당국의 권리를 제한하거나 의문을 제기하는 것이 아니라고 규정하고 있다는데 유의해야 한다고 결론지었다. 부속서 Ⅲ 제6항은 일체의 진술, 문서 또는 신고의 진실성 또는 정확성과 관련한 조사를 함에 있어 수입자의 충분한 협조(full cooperation)를 기대할 정부 당국의 권리에 대해 구체적으로 언급하면서 이들 권리에 대해 상세히 설명하고 있다. 이 견해는 권고의견 10.1에서 반복하고 있다.

제17조와 부속서 Ⅲ 제6항에서 언급하고 있지 않는 세관당국의 일체의 기타 권리들이 의미상 배제되어야 한다고 제의하는 것은 옳지 않을 것이다.

협정에서 구체적으로 언급하고 있는 것들 외에 과세가격을 결정하는 과정에 수입자와 세관의 권리와 의무는 국내 법령 및 규정에 따른다.

사례연구 13.1 　관세평가위원회의 결정 6.1의 적용

(동종·동질물품보다 낮은 가격으로 신고된 수입물품)

거래 사실

1. I국의 ICO사는 수출국 X로부터 소비재 2,000(이천)개를 수입했다. ICO는 수입신고서에 다음과 같은 정보를 제출했다.
   (i) 물품의 판매자는 X국에 소재한 XCO이다.
   (ii) 수입물품의 제조자는 M국에 소재한 MCO사이다.
   (iii) 신고가격은 협정 제1조에 규정된 거래가격을 사용하여 계산되었다.
   (iv) 협정 제8조제1항에 따른 가격에 대한 조정은 이루어지지 않았다.
   (v) 제15조제4항의 규정에 따라 ICO, XCO 또는 MCO간에는 특수관계가 없다.
   (vi) 상업 송장에 따르면 수입물품의 단위가격은 9.30 c.u. (FOB 가격)이다.
   (vii) 지급은 현금으로 이루어졌다.

2. 물품 반출 후, 세관 위험분석시스템은 수입심사 대상으로 ICO를 선정했다.

3. 심사에 앞서 수입자의 프로파일(profile)을 작성하는 과정의 일부로서, 세관당국은 동종·동질물품의 모든 수입을 분석하여 다음과 같은 정보를 얻었다.
   (i) 평가대상 물품과 동시 또는 거의 동시에 9명의 다른 구매자가 동종·동질물품을 수입하였다.
   (ii) 동종·동질물품의 과세가격은 거래가격방법으로 결정되었다.
   (iii) 동종·동질물품의 단위가격은 69.09 c.u.에서 85.00 c.u.(FOB)까지로 다양했다.
   (iv) 각 거래에서 수입된 물품의 수량은 ICO와 XCO간 거래(2,000개)에서와 같이 거의 동일(1,800개 ~ 2,300개)했다
   (v) 동종·동질물품의 수입에 대한 지급은 물품 비용이 85.00 c.u. (FOB)인 경우를 제외하고는 현금으로 이루어졌다.

4. 세관당국은 다른 수입자에 대한 조사를 실시했고 수출국 X의 몇몇 공급자의 가격표를 입수했다. 이 가격표들에서 동종·동질물품의 단위가격은 판매된 수량에 따라 80.00 c.u.부터 140.00 c.u.(FOB)까지 다양했다. 수입국 I에 이러한 물품을 공급하는 주요 공급자들은 수출국 X에 거주하고 있음에도 불구하고 모든 수입물품의 원산지는 M국이었다.

5. I국의 세관당국은 X 또는 M국의 세관당국과 상호 지원 협정을 체결하지 않았다. 세관당

국은 공급자 XCO와 제조자 MCO에게 물품 가격에 대한 정보를 요청했다. 답변은 받지 못했다.

6. 세관당국은 인터넷에서 공급자들을 검색하여 동종·동질물품의 많은 매물들을 발견했으며, 그들의 수출을 위한 소매판매가격은 123.99 c.u.에서 148.00 c.u. 사이였다.

7. 세관당국은 ICO에게 상기에 명시된 사실들, 그러나 주로 가격이 낮다는 사실을 기초로 신고된 거래가격의 진실성을 의심할 만한 이유가 있음을 서면으로 통지하였다. 당국은 수입자에게 송장가격이 수입물품에 대하여 실제로 지급했거나 지급하여야 할 총금액임을 확인하는 추가적인 증빙 자료 즉, 상업 서신 및/또는 그 밖의 다른 서류를 제시하도록 요청하였다.

8. ICO은 다음과 같이 회신했다.
   (ⅰ) 모든 거래의 세부사항은 제공된 상업송장에 상세히 기재되어 있다.
   (ⅱ) 거래에 적용되는 협정 제1조에서의 규정하고 있는 것과 같은 특별한 무역조건은 없다.
   (ⅲ) 거래는 XCO의 통상적인 판매제의에 기초했다.
   (ⅳ) 서면으로 작성된 판매계약서나 상업서신은 없다.
   (ⅴ) 판매는 전화로 합의되었다.

9. 세관당국은 ICO사에 대한 심사를 수행하기로 결정하였다. 첫 번째 방문에서 세관당국은 다음과 같은 정보를 얻었다.
   (ⅰ) XCO와 상업 서신은 없었다.
   (ⅱ) ICO는 I국의 BCO사에게 281.00 c.u.의 단위가격으로 모든 물품을 판매하였다.
   (ⅲ) 회계 기록은 순서대로 되어 있지도 않고 최근 자료도 아니었으며 쟁점 수입 물품에 대하여 지급한 금액을 입증할 수 없었다.

10. 세관당국은 ICO사가 회계 기록을 최신자료로 갱신하고 정리할 수 있도록 합당한 기간을 주었다. 회계 기록이 제공되었을 때 제8조의 규정에 따라 조정된 물품에 대하여 실제 지급하였거나 지급하여야 할 가격과 관련한 추가적인 증빙 자료가 발견되지 않았다. 제시된 유일한 정보는 이전에 세관에 제공되었던 것이었다.

11. 심사는 ICO사의 직원 중 한 명이 X국 출장 동안 신용카드로 제3자에게 지급한 사실을 밝혀냈는데, 해당 지급은 회계 기록에 관리비로 기록되었다. 수입자는 이 지급의 성격에 대해 납득할 만한 설명을 제공하지 못했다. 따라서 해당 물품의 전매(resale) 가격이 수입 시 신고된 가격보다 훨씬 높았다는 점을 고려할 때, 벌어들인 낮은 이익과 기록된 관리비의 금액에 대한 의심이 제기되었다.

12. 심사보고서는 다음과 같은 결론을 내렸다.

 (ⅰ) 수입자는 신고가격이 제8조에 따라 필요한 조정이 이루어진 수입물품에 대하여 실제로 지급하였거나 지급하여야 할 총금액에 해당한다는 점을 입증할 추가적인 증빙 자료를 제공하지 못했다.

 (ⅱ) 심사에서 어떤 새로운 정보가 나오지 않았으며 신고된 거래가격의 진실성과 정확성에 대한 세관의 의심을 해소하지 못했다.

과세가격 결정

13. 과세가격의 우선적인 기초는 거래가격이다. 즉, 물품이 수입국으로 수출하기 위하여 판매된 때에 실제로 지급하였거나 지급하여야 할 가격을 제8조의 규정에 따라 조정한 것이다.

14. 실제로 지급하였거나 지급하여야할 가격은 제1조의 규정을 기초로 과세가격을 결정할 수 없게 하는 조건이나 사정(consideration)에 의해 좌우되지 않아야 한다.

15. 이 가격은 송장가격에 해당하며 평가협정의 규정에 따라 조정될 수 있다. 이러한 점에서 상업송장은 당연히 협정 제17조에 따라 신고가격의 진실성과 정확성에 대한 충분한 증거가 될 수 있다.

16. 관세평가위원회 결정 6.1에 따라 세관당국이 신고된 가격의 진실성이나 정확성을 의심할 만한 이유가 있는 경우, 세관당국은 신고가격이 제8조 규정에 따라 조정된 수입물품에 대하여 실제로 지급하였거나 지급할 총 금액임을 의미하는 서류 또는 기타 증빙 자료를 포함한 추가적인 설명을 수입자에게 요청할 수 있다.

17. 이 사례에서, 신고가격이 9명의 다른 구매자가 동시 또는 거의 동시에 수입한 동종·동질물품의 신고가격보다 현저히 낮았다는 사실 때문에 세관당국은 상업송장에 반영된 신고가격의 진실성과 정확성에 대하여 의심할 만한 이유를 가졌다. 그러므로 결정 6.1에 따라 세관당국은 신고가격이 제8조의 규정에 따라 조정된 수입물품에 대한 실제로 지급하였거나 지급하여야 할 총 금액임을 확인할 수 있는 추가적인 증빙 자료를 제출하도록 수입자에게 정당하게 요청하였다.

18. 이러한 경우에는, 양 당사자는 수입자나 세관당국 그 누구의 정당한 이해도 손상하지 않는 해결방안을 찾기 위해 협정에서 장려하고 있는 협력과 대화의 정신을 강화시키도록 애써야 한다.

19. 협정에 따른 과세가격을 결정함에 있어, 특히 거래가격의 일부를 구성할 수 있는 기타

부담액과 지급에 대한 의심이 있다면 세관당국은 관련 있는 정보에 대하여 불완전한 문서들에 의존할 필요가 없어야 한다.

20. 특히, 결정 6.1은 추가적인 정보를 받은 후, 또는 응답이 없는 경우, 세관당국이 여전히 신고가격의 진실성 또는 정확성에 대하여 합리적 의심이 있는 경우에는 제11조의 불복청구 규정을 고려하여, 수입물품의 과세가격은 제1조 규정에 따라 결정될 수 없다고 간주할 수 있다고 규정하고 있다. 그러나 최종적인 판단을 하기 전에, 수입자의 요청이 있을 경우 세관당국은 제출된 문서 또는 서류의 정확성 또는 진실성을 의심하는 근거를 해당 수입자에게 서면으로 통지해야 하고 수입자에게 응답할 수 있는 합당한 기회를 제공해야 한다.

21. 이 사례에서는, (ⅰ) 수입자는 신고가격이 제8조에 따라 조정된 수입물품에 대하여 실제로 지급하였거나 지급하여야 할 가격에 해당한다는 점을 입증하기 위해서 상업 송장 외의 어떠한 증빙 자료도 제출하지 않았고, (ⅱ) 심사기간 동안 검토된 회계 기록에서 의심스러운 비용을 발견되었고, 그런 이유로 세관당국은 여전히 신고가격의 진실성과 정확성에 대해 합리적 의심이 있다고 결정하였으며 이러한 결론에 대한 근거를 수입자에게 통지하였다.

■ 결론

22. 따라서 결정 6.1에 따라 세관당국은 수입물품의 과세가격은 제1조 규정에 따라 결정될 수 없다고 정당하게 결론내릴 수 있다. 세관당국은 서면으로 그 결정과 해당 근거를 수입자에게 통보해야 한다.

23. 이 사례에서, 과세가격은 협정 제2조의 규정에 따라 결정되었다.

사례연구 13.2 관세평가위원회의 결정 6.1의 적용

(원재료보다 낮은 가격으로 신고된 수입물품)

거래사실

1. Y국 세관당국은 나사못 제조에 사용되는 원재료, 즉 강선재의 국제시장 가격은 MT당 600 c.u.에서 675 c.u.까지의 범위이고 국내 시장에서 가격은 MT당 약 670 c.u.인 반면에, X국을 원산지로 하는 수입 나사못은 MT당 340 c.u.에서 440 c.u.까지의 지나치게 낮은 가격으로 수입되어 통관되고 있다고 주장하는 민원을 접수하였다.

2. 민원인은 추가적으로 나사못의 실제 수입가격은 MT당 1,250 c.u.라고 진술하였다. 민원인은 또한 나사못이 MT당 350 c.u.의 신고가격 대신에 MT당 750 c.u.로 과세된 것을 보여주는 물품신고서 사본을 제출하였다.

3. Y국의 세관당국은 이 사안에 대해 조사에 착수하고 입수 가능한 자료를 검토하였다. 원재료(강선재)의 국제시장가격은 동일한 기간 동안 런던에서 발행된 전문 간행물에서 발표된 자료의 검토와 MT당 675 c.u.로 강선재를 Y국으로 실제 수입한 기록을 통해 검증되었다. 나사못과 강선재의 수출국 / 생산국은 동일한 반면, 나사못과 강선재의 생산자 / 수출자는 상이하였다.

4. 세관당국은 세관이 수입나사못의 과세가격을 MT당 750 c.u.로 과세한 사례가 있음을 발견하였다. 이는 입수 가능한 자료에 기초한 산정가격에 해당했다(MT당 350c.u.의 신고가격은 거래가격에 해당하지 않는 것으로 결정되었고, 세관당국에 의하여 부인되었다).

5. 나사못 수입의 추가 사례 5건이 확인되었다. 제13조의 목적상 결정된 잠정적인 가격은 MT당 551 c.u., 551 c.u., 539 c.u., 541.3 c.u. 및 565.7 c.u.였다. 이 사례들은 관세평가 및 통관 후 심사부서로 이첩되었다. 해당 부서는 일선부서에서 해결할 수 없는 평가분쟁과 관련한 사례들을 결정하는 전문 기능을 수행한다.

6. 세관당국은 수입자들에게 신고가격이 거래가격을 의미함을 입증할 기회를 제공하기 위해 이 사례들에 대하여 몇 차례 회의를 열었다.

7. 수입자들은 신고가격이 정말 실제로 지급하였거나 지급하여야 할 가격임을 확인할 수 있는 견적송장, 상업송장, 계약서 사본, 지급 증빙 자료, 거래와 관련된 기타 모든 서류를 제출하도록 요청받았다. 하지만, 수입자들은 수출자들이 발행한 견적송장과 상업송장 만

을 제출하였다. 수입자들은 지급수단으로 신용장을 사용하지 않았다고 진술하였으나, 물품에 대한 어떠한 지급 증빙 자료도 제출하지 못했다. 수입자들은 또한 물품의 서면 계약서는 없고 해당 물품은 수출자들과의 구두계약에 기초하여 수입되었다고 진술하였다.

8. 세관당국은 협의 과정에서 수입자들의 회계 자료를 검토하였지만, 수입자들은 구체적인 회계 기록과 회계 장부를 보존하고 있지 않아 실제로 지급하였거나 지급하여야 할 가격을 뒷받침할 수 없음을 발견하였다. 세관당국은 물품에 대한 어떠한 지급 증빙자료나 생산지원과 같이 가격에 반영될 수 있는 가산에 대한 어떠한 정보나 증빙 자료도 찾을 수 없었다.

과세가격 결정

거래가격 방법

9. 과세가격의 우선적인 기초는 거래가격이다. 즉, 물품이 수입국으로 수출하기 위하여 판매된 때에 실제로 지급하였거나 지급하여야 할 가격을 제8조의 규정에 따라 조정한 것이다.

10. 실제로 지급하였거나 지급하여야할 가격은 제1조의 규정을 기초로 과세가격을 결정할 수 없게 하는 조건이나 사정(consideration)에 의해 좌우되지 않아야 한다.

11. 이 가격은 송장가격에 해당하며 평가협정의 규정에 따라 조정될 수 있다. 이러한 점에서 상업송장은 제17조에 따라 신고가격의 진실성과 정확성에 대한 충분한 증거가 될 수 있다. 이 조항은 협정의 어떠한 규정도 평가 목적으로 세관에 제출된 진술, 문서 또는 신고의 진실성이나 정확성에 관하여 스스로를 납득시키고자 하는 세관당국의 권리를 제한하거나 이의를 제기하는 것으로 해석되지 않아야 한다고 규정한다.

12. 관세평가위원회 결정 6.1에 따라 세관당국이 신고된 가격의 진실성이나 정확성을 의심할 만한 이유가 있는 경우, 세관당국은 신고가격이 제8조 규정에 따라 조정된 수입물품에 대하여 실제로 지급하였거나 지급할 총 금액임을 의미하는 서류 또는 기타 증빙 자료를 포함한 추가적인 설명을 수입자에게 요청할 수 있다.

13. 이 사례에서, 나사못의 신고가격이 나사못 제조에 사용되는 원재료의 국제시장 가격보다 현저히 낮았다는 사실 때문에 세관당국은 상업송장에 반영된 신고가격의 진실성이나 정확성을 의심할 만한 이유를 가졌다. 그러므로 결정 6.1에 따라 세관당국은 신고가격이 제8조 규정에 따라 조정된 수입물품에 대한 실제로 지급하였거나 지급하여야 할 가격임을 확인할 수 있는 추가적인 증빙 자료를 수입자에게 요청하였다. 수입자는 추가적인 정보를 제출할 몇 차례의 기회가 있었지만 계약서 또는 어떠한 지급 증빙자료를 제출하지 못했다.

더욱이, 협의 중 검토된 회계 자료도 실제로 지급하였거나 지급하여야 할 가격을 뒷받침하지 못했다. 세관당국은 여전히 신고가격의 진실성이나 정확성에 대한 합리적 의심을 갖고 있었다.

14. 기술위원회는 사례연구 13.1 "관세평가위원회 결정 6.1의 적용"에서 따라야 하는 적절한 절차를 포함하여 관세평가위원회 결정6.1이 어떻게 적용되어야 하는지를 앞서 검토한 바 있다. 결정 6.1은 추가적인 정보를 받은 후, 또는 응답이 없는 경우, 세관당국이 여전히 신고가격의 진실성 또는 정확성에 대하여 합리적 의심이 있는 경우에는 제11조의 규정을 유념하면서, 수입물품의 과세가격은 제1조 규정에 따라 결정될 수 없다고 간주할 수 있다고 규정한다. 최종적인 판단을 하기 전에, 수입자의 요청이 있을 경우 세관당국은 제출된 문서 또는 서류의 정확성 또는 진실성을 의심하는 근거를 해당 수입자에게 서면으로 통지해야 하고 수입자에게 응답할 수 있는 합당한 기회를 제공해야 한다.

15. 이 사례에서는, (ⅰ) 나사못의 신고가격이 나사못의 제조에 사용되는 원재료의 국제시장가격보다 현저히 낮다는 점, (ⅱ) 수입자들은 신고가격이 협정 제8조에 따라 조정된 수입물품에 대하여 실제로 지급하였거나 지급하여야 할 가격에 해당한다는 점을 입증하기 위해서 상업송장이나 견적송장 외에 지급 증빙자료를 포함한 어떠한 증빙 자료도 제출하지 않은 점, 그리고 (ⅲ) 수입자들은 구체적인 회계 기록과 회계장부를 유지하거나 제출하지 않았다는 점을 고려하여, 세관당국은 여전히 합리적 의심을 가지고 수입물품의 과세가격은 제1조의 규정에 따라 결정될 수 없다고 결론 내렸다. 최종적인 판단을 하기 전에 세관당국은 수차례의 협의 과정에서 서면 및 구두로 제출된 자료의 진실성이나 정확성을 의심하는 근거를 통보하였다. 세관당국은 또한 수입자들에게 응답할 수 있는 기회도 제공하였다.

16. 상기에 비추어, 신고가격은 제17조, 결정 6.1 및 사례연구 13.1을 고려하여 부인되었다. 최종적인 결정을 내릴 때, 세관당국은 그 결정과 그것의 근거를 수입자에게 서면으로 통보하였다. 제1조에 따른 거래가격 부인 후, 협정 제2조 이하를 순차적으로 적용하여 과세가격을 결정하려는 시도가 이루어졌다.

■ 동종 · 동질 / 유사 물품 방법

17. 다음으로 세관당국은 협정 제2조 및 제3조 적용을 검토하였다. 세관당국이 동종·동질 혹은 유사한 나사못의 가격을 MT당 750 c.u.로 결정한 사례 하나가 있었으나, 이 가격은 동종·동질 또는 유사 물품의 거래가격이 아닌 산정가격이었기 때문에 제2조 및 제3조의

적용 목적으로는 사용될 수 없었다. 제2조 및 제3조에 대한 주해는 신고가격이 협정 제1조에 따라 이미 결정된 경우 그러한 사례만이 동종·동질 또는 유사 물품의 목적을 위해 선택되어야 한다는 것을 명확히 하고 있다.

18. 수입 나사못의 5건의 다른 사례가 있었고, 세관당국은 제13조에 따라 이에 대한 가격을 잠정적으로 평가하였다. 제13조는 단지 과세가격의 최종 결정을 지연할 필요가 있는 경우 충분한 보증금을 예치하고 수입물품을 반출하는 것에 관련된 것이므로, 이들 잠정가격은 동종·동질/유사물품 방법에 따른 평가의 근거로 사용될 수 없다.

19. 이 사례에서 입수할 수 있는 동종·동질 또는 유사 물품의 거래가격이 없기 때문에, 수입물품의 과세가격은 제2조 및 제3조 규정에 따라 결정될 수 없고, 협정에 따라 다음 평가방법이 검토되어야 했다.

■ 공제가격 방법

20. 협정 제1조, 제2조 및 제3조의 규정을 철저히 검토한 후, 제5조에 따른 공제가격 방법이 적용되었다.

■ 결론

21. 결정 6.1에 따라 과세가격은 제1조에 따라 결정될 수 없었다.

제5장

가산요소

Topic 1. 가산요소 핵심요약

1. 관련규정

- 관세법 제30조(과세가격 결정의 원칙) 제1항

2. 핵심문구

> **관세법 제30조(과세가격 결정의 원칙) 1항**
>
> 다만, 다음 각 호의 금액을 더할 때에는 객관적이고 수량화할 수 있는 자료에 근거하여야 하며, 이러한 자료가 없는 경우에는 이 조에 규정된 방법으로 과세가격을 결정하지 아니하고 제31조부터 제35조까지에 규정된 방법으로 과세가격을 결정한다.
>
> 1. 구매자가 부담하는 수수료와 중개료. 다만, 구매수수료는 제외한다.
>
> 2. 해당 수입물품과 동일체로 취급되는 용기의 비용과 해당 수입물품의 포장에 드는 노무비와 자재비로서 구매자가 부담하는 비용
>
> 3. 구매자가 해당 수입물품의 생산 및 수출거래를 위하여 대통령령으로 정하는 물품 및 용역을 무료 또는 인하된 가격으로 직접 또는 간접으로 공급한 경우에는 그 물품 및 용역의 가격 또는 인하차액을 해당 수입물품의 총생산량 등 대통령령으로 정하는 요소를 고려하여 적절히 배분한 금액
>
> 4. 특허권, 실용신안권, 디자인권, 상표권 및 이와 유사한 권리를 사용하는 대가로 지급하는 것으로서 대통령령으로 정하는 바에 따라 산출된 금액
>
> 5. 해당 수입물품을 수입한 후 전매·처분 또는 사용하여 생긴 수익금액 중 판매자에게 직접 또는 간접으로 귀속되는 금액
>
> 6. 수입항(輸入港)까지의 운임·보험료와 그 밖에 운송과 관련되는 비용으로서 대통령령으로 정하는 바에 따라 결정된 금액. 다만, 기획재정부령으로 정하는 수입물품의 경우에는 이의 전부 또는 일부를 제외할 수 있다.

3. 가산조정의 원칙

(1) 객관적이고 수량화할 수 있는 자료

연습문제

01 수입물품을 선박이나 항공기 운송사업자가 아닌 ○○무역이라는 물품운반회사의 지시를 받은 여행자가 수출국내에서 수입항까지 물품을 운반해주고 구매자로부터 수출국내의 포장비, 일용노임, 운반대가, 여행경비를 받는 경우 과세대상인지 여부

모범답안

가산요소를 가산함에 있어 객관적이고 수량화할 수 있는 자료에 근거하여야 하며 동건 구매자가 ○○무역(운송업자)에게 지급한 금액중 운반인의 여행경비 등 가산요소에 해당되지 않는 금액이 포함되어 있는 경우 동 금액을 제외하고 거래가격에 가산하여야 하나 객관적이고 수량화할 수 없어 제6방법을 적용하는 경우 구매자가 운송업자에게 지급한 총금액에서 통상의 여행경비를 제외하고 거래가격에 가산할 수 있음(관세청 '99.10.12일 유권해석, 평가 47221-349)

02 수입업체 D는 관절염 치료제의 핵심원료(주성분)인 아세클로페낙(Aceclofenac)에 대한 준독점 라이센스 계약을 스위스 회사인 A와 체결 후 kg당 미화 935달러에 수입한 다음 이를 원료로 치료제를 제조 후 국내에 판매하였다. D는 준독점 라이센스 계약을 갱신하면서 아세클로페낙의 공급대금으로 우선 수입 시에 kg당 미화 500달러나 510달러 또는 425유로를 지급하고, 나중에 원고가 아세클로페낙을 원료로 사용하여 제조한 **에어탈의 판매금액에 따라 그 순매출액에 대한 일정 비율(6~12% 또는 3~7%)의 금액을 추가로 지급하기로 약정** 후 각 수입물품을 원료로 관절염 치료제를 제조하여 판매한 다음 추가지급 약정에 따라 추가금액을 지급하였다. 광주세관은 수입업체 D의 신고가격은 동종·동질물품 등의 거래가격과 현저한 차이가 있어 이를 과세가격으로 인정하기 곤란하다는 이유로, 동종·동질물품의 거래가격을 기초로 과세가격을 결정할 수 있도록 규정한 관세법 제31조에 따라 원고가 2004. 7. 2. 이전에 아세클로페낙을 수입하면서 신고한 가격인 kg당 미화 935달러를 기초로 이 사건 각 수입물품의 과세가격을 결정한 다음 그에 따라 이 사건 각 수입물품에 대한 관세 및 부가가치세를 증액경정하였다가, 2009. 2. 20. 이 사건 추가 지급 금액을 사후귀속이익으로 보아 구 관세법 제30조 제1항에 따라 이를 이 사건 각 신고가격에 가산하여 조정한 거래가격을 이 사건 각 수입물품의 과세가격으로 결정하였다.

(질문 1) 수입물품을 가공하거나 원료로 사용하여 만든 제품의 판매에 따른 수익금액 중 판매자에게 귀속되는 금액도 사후귀속이익에 포함되는지 여부

(질문 2) 객관적이고 수량화할 수 있는 자료에 기초하여 조정할 수 있는지 여부

모범답안

대법원 2012.11.29.일 선고, 2010두14565

1. **사후귀속이익 여부**

    사후귀속이익은 확정시기나 지급방법 등의 특수성에도 불구하고 그 실질은 어디까지나 수입물품의 대가이기 때문에 이를 가산하여 수입물품의 과세가격을 산정하려는 것이 이들 규정의 취지인 점 등을 고려하면, 수입물품 그 자체의 판매에 따른 수익금액 중 판매자에게 귀속되는 금액뿐만 아니라 수입물품을 가공하거나 이를 원료로 사용하여 만든 제품의 판매에 따른 수익금액 중 판매자에게 귀속되는 금액도 그것이 수입물품에 대한 대가로서의 성질을 갖는 경우에는 사후귀속이익에 포함된다고 봄이 타당하다.

2. **객관적이고 수량화할 수 있는지 여부**

    (1) 사후귀속이익은 객관적이고 수량화할 수 있는 자료에 근거하여서만 수입물품의 과세가격에

가산될 수 있으므로, 그 금액에 대한 객관적이고 수량화할 수 있는 자료가 없는 경우에는 수입물품의 과세가격에 가산될 수 없다. 그런데 WTO 이행협정 제14조에 따라 WTO 이행협정의 구성 부분이 되어 그 해석·적용의 기준이 되는 부속서 1 주해 중 제8조 제3항 부분은 "제8조의 규정에 따라 추가하는 것이 요구되는 금액에 대하여 객관적이고 수량화할 수 있는 자료가 없을 경우 거래가격은 제1조의 규정에 따라 결정될 수 없다. 이것의 일 예로서 킬로그램 단위로 수입하여 수입 후 용액으로 제조되는 특정상품의 1리터를 수입국에서 판매하는 가격을 기초로 사용료가 지불된다. 만일 사용료가 일부는 수입품을 기초로 하고 나머지는 수입품과 관계가 없는 기타요인(예 수입품이 국산원료와 혼합되어 별도로 구분 인식할 수 없을 경우, 또는 사용료를 구매자와 판매자 간의 특별한 재정적 계약과 구별할 수 없을 경우)을 기초로 하고 있을 경우에는 사용료에 해당하는 금액을 추가하고자 하는 시도는 부적절한 것이다. 그러나 이 사용료의 금액이 수입품만을 기초로 하고 쉽게 수량화될 수 있는 경우에는 실제로 지불했거나 지불할 가격에 당해 금액을 추가하는 것이 가능할 것이다."고 규정하고 있다.

(2) 이 사건 추가 지급 금액은 원고가 갱신계약의 추가 지급 약정에 의하여 이 사건 각 수입물품을 원료로 사용하여 제조한 에어탈의 판매금액에 따라 그 순매출액에 일정 비율을 곱하여 산정한 다음 OOOO에 지급한 것으로서 그 전부가 에어탈의 제조에 사용된 이 사건 각 수입물품에 대한 대가로서 산정되었고, 그 밖의 다른 명목의 금원은 이 사건 추가 지급 금액에 포함되지 않은 사실, 한편 이 사건 각 수입물품은 그 수량이 확인되고, 에어탈 1정씩에는 아세클로페낙 100,00mg이 원료로 사용된 사실 등을 알 수 있다.

(3) 이러한 사실관계를 앞서 본 법리와 규정에 비추어 살펴보면, 이 사건 추가 지급 금액은 이 사건 각 수입물품만을 기초로 하여 산정된 것으로서 이 사건 각 수입물품의 과세가격에 가산되어야 할 금액도 객관적이고 수량화할 수 있는 자료에 근거하여 계산할 수 있으므로, 피고가 이 사건 추가 지급 금액을 이 사건 각 신고가격에 가산하여 조정한 거래가격을 이 사건 각 수입물품의 과세가격으로 결정하여 한 이 사건 각 처분이 위법하다고 할 수 없다.

(2) 법정 가산요소 이외의 가산 금지

연습문제

01 국내 수입자(상표사용자) A는 미국 상표권자의 캐릭터를 동 사의 제품에 사용하기 위하여 상표권자의 국내지사인 B와 사용계약체결 후 상표사용권을 허여 받아 해외제조자(판매자) C에게 캐릭터를 사용하게 하고 OEM방식으로 주문생산제품을 구매하고 있음.

수입자 A는 상표사용에 따른 사용료를 로열티와 CMF로 구분 표기하였는데, 매출액의 10%에 상당하는 로열티와는 별도로 매출액의 2%에 상당하는 **CMF는 상표의 이미지 제고 등을 위한 판촉, 광고 등의 선전홍보비용**을 계약서상에 명기하였는 바, 수입자가 지불하는 CMF가 가산되는지?

모범답안

- CMF는 상표의 이미지 제고 등을 위한 판촉, 광고 등의 선전 홍보비용으로서 과세가격에 포함 또는 가산되기 위하여는
  - 협약 제조 및 관세법 제9조의 3 제2항에 의한 실제로 지급하였거나 지급하여야 할 가격(직접지급금액 혹은 간접지급금액)이거나
  - 협약 제8조 및 관세법 제9조의 3 제1항의 실제로 지급했거나 지급할 가격에 대한 조정요소(가산요소)이어야 함
- 수입자 A가 판매자 C가 아닌 제3자인 상표권자 B에게 지불한 CMF는 판매자를 위한 것이거나 수입품의 판매조건도 아니며 판매자에 대한 간접적인 지불도 아니므로 실제 지급금액이나 간접지급금액이 아님
- 실제로 지급하였거나 지급하여야 할 가격에 조정하여야 할 요소(가산요소)는 협약 제8조의 규정에 의한 요소만 가산할 수 있음(관세평가협약 제8조 제4항)
  - 규정에 의한 가산요소는 수수료 및 중개료, 용기 및 포장비용, 생산지원비용, 권리사용료, 사후귀속이익 및 운송비용의 6가지임
  - CMF는 로열티의 일부가 아님이 계약서상 명백히 구분되어 있으므로 위의 가산요소도 아님
- 따라서 CMF는 구매자가 판매자에게 실제로 지급하였거나 지급하여야 할 간접 지불 금액도 아니며, 법정 가산요소도 아니므로 과세가격에 포함하거나 가산할 수 없음(관세청 '00. 8. 31일 유권해석, 평가분류47221-769)

(3) 가산율 적용

① **적용요건** : 장기반복수입, 납세자편의 및 통관신속성, 납세의무자 요청

② **절차** : 가산율 적용 신청 → 심사(20일 이내) → 가산율 결정서 교부 및 통관예정지세관 통보

③ **효과** : 납세자가 가산율 결정서에 따라 과세가격 신고 시 이를 확정된 과세가격으로 본다.

④ **기타(주의점)**
- 가산율(공제율) 계산은 소수점 이하 셋째 자리에서 반올림하여 둘째 자리수까지 산정함
- 공제율은 1방법 하 공제요소에 대하여는 적용되지 않음(제4방법에 적용)
- 가산율 산정은 신고편의를 담보하기 위한 행정절차에 불과. 조정액 계산과 혼동하지 말 것

Topic 2. 수수료와 중개료 핵심요약

1. 관련규정

- 관세법 제30조(과세가격 결정의 원칙) 제1항 제1호
- 관세법 시행령 제17조의2(구매수수료의 범위 등)
- 관세법 시행규칙 제3조의3(구매자를 대리하여 행하는 용역의 범위 등)
- 관세평가 운영에 관한 고시 제17조(수수료 및 중개료)
- 예해 17.1(구매 수수료)
- 해설 2.1(협정 제8조의 맥락에서의 수수료 및 중개료)

2. 핵심문구

관세법 시행령 제17조의2(구매수수료의 범위 등)

① 법 제30조제1항제1호 단서에 따른 구매수수료(이하 "구매수수료"라 한다)는 해당 수입물품의 구매와 관련하여 외국에서 구매자를 대리하여 행하는 용역의 대가로서 구매자가 구매대리인에게 지급하는 비용으로 한다.

② 구매자가 구매대리인에게 지급한 비용에 구매수수료 외의 비용이 포함된 경우에는 그 지급한 비용 중 구매수수료에 해당하는 금액이 따로 구분하여 산정될 수 있는 경우에만 해당 금액을 구매수수료로 한다.

③ 세관장은 필요하다고 인정하는 경우 구매수수료에 관한 자료의 제출을 구매자에게 요청할 수 있다.

관세법 시행규칙 제3조의3(구매자를 대리하여 행하는 용역의 범위 등)

영 제17조의2제1항에 따른 구매자를 대리하여 행하는 용역은 구매자의 계산과 위험부담으로 공급자 물색, 구매 관련 사항 전달, 샘플수집, 물품검사, 보험·운송·보관 및 인도 등을 알선하는 용역으로 한다. 다만, 다음 각 호의 어느 하나에 해당하는 경우에는 그러하지 아니하다.

1. 구매대리인이 자기의 계산으로 용역을 수행하는 경우

2. 구매대리인이 해당 수입물품에 대하여 소유권 또는 그 밖의 이와 유사한 권리가 있는 경우
3. 구매대리인이 해당 거래나 가격을 통제하여 실질적인 결정권을 행사하는 경우

관세평가 운영에 관한 고시 제17조(수수료 및 중개료)

법 제30조제1항제1호에서 "수수료와 중개료"란 다음 각 호를 말한다.

1. 수수료는 해당 수입물품을 구매 또는 판매함에 있어서 구매자 또는 판매자를 대리하여 행하는 용역의 대가로 구매자 또는 판매자가 지급하는 비용을 말한다.

2. 중개료는 판매자와 구매자를 위하여 거래알선 및 중개역할의 대가로 판매자 및 구매자가 지급하는 비용을 말한다.

WTO관세평가협정 제8조에 대한 주해

"구매수수료"라는 용어는 평가대상 물품을 구매함에 있어서 수입자가 그의 대리인에게 해외에서 수입자를 대리하는 용역에 대하여 지급하는 보수를 말한다.

예해 17.1(구매 수수료)

2. 관세평가 목적상 수수료의 처리는 중개인이 제공하는 용역의 정확한 본질에 달려있다.

5. 해당 용역의 존재와 정확한 본질을 확인하는데 필요한 모든 관련 문서는 세관이 입수할 수 있어야 한다.

6. 그러한 문서 중에는, 대리인이 물품을 구매자의 임의 처분 하에 놓을 때까지 대리인의 의무 수행 중에 이행해야 하는 절차와 활동을 명시한 대리인과 구매자간의 대리점 계약서가 있을 수 있다.

8. 대리인 관계를 입증하는 충분한 증빙이 제공되지 않은 경우에는, 세관은 구매대리점 관계가 존재하지 않는다고 결론내릴 수 있다.

10. 조사 대상이 될 수 있는 쟁점 중 하나는 소위 구매대리인이 해설 2.1의 9번 단락에서 예시하고 있는 구매대리인이 통상적으로 수행하는 용역 이외의 어떠한 위험을 부담하거나 부가적인 용역을 수행하는지 여부이다. 이러한 부가적인 용역의 정도는 구매수수료의 처리에 영향을 미칠 수 있다.

예를 들어, 대리인이 수입물품에 대한 지급을 위하여 자신의 자금을 사용할 수 있

다. 이것은 소위 구매대리인이 구매대리인으로써 행동함으로써 합의된 보수를 받기 보다는 오히려 물품의 소유로 인한 손실을 부담하거나 또는 이윤을 취할 가능성이 있음을 보여준다. 이러한 경우에는, 구매 대리점 계약을 명백하게 규명할 수 있는 모든 상황이 검토될 수 있다.

12. 검토되어야 하는 또 하나의 요소로는 거래에 관련된 당사자들의 제15조 제4항에서 규정하고 있는 <u>특수관계에 대한 것</u>이다.

13. 어떤 거래에 있어서는, <u>대리인은 계약을 체결한 후 수입자에게 물품의 가격과 그의 보수를 구분하여 송장을 재발행한다</u>. 단지 송장을 재발행하는 행위가 대리인을 물품 판매자로 만드는 것은 아니다. 하지만 공급자에게 지급한 가격이 협정에 따른 거래가격의 기초이므로 세관은 신고인에게 공급자가 발행한 송장과 신고된 가격을 입증하는 기타 문서의 제출을 요구할 수 있다.

15. <u>제공된 용역과 관련하여 청구된 보수에 대한 적합성은 역시 정밀조사 대상</u>이 될 수 있다. 때로는 구매대리인은 구매대리인에 대한 일반적인 기능의 범위를 벗어난 다른 용역을 수행할 수도 있다. 이러한 부가적인 용역은 구매인에게 청구되는 보수에 영향을 미칠 것이다.

해설 2.1(협정 제8조의 맥락에서의 수수료 및 중개료)

2. 수수료 및 중개료는 판매 계약의 체결에 참여한 중개자에게 지급되는 금액이다.

4. 대리인은 판매자 또는 구매자 중 어느 한쪽을 대신하여 판매계약 체결에 참여한다.

7. 판매대리인은 판매자의 계산으로 행동하는 자로서, 고객을 물색하고 주문을 수집하며 어떤 경우에는 물품에 대한 보관 및 인도를 주선할 수도 있다. 계약 체결에서 제공된 용역에 대하여 판매대리인이 받는 보수는 일반적으로 "판매수수료"라고 불린다. 판매대리인을 통하여 판매되는 물품은 일반적으로 판매대리인의 수수료를 지급하지 않고는 구매할 수 없다.

9. 구매대리인은 구매자의 계산으로 행동하는 자로서, 공급자를 물색하고, 수입자의 요구사항을 판매자에게 알려주고, 샘플을 수집하고, 물품을 검사하며 어떤 경우에는 해당 물품의 보험, 운송, 보관 및 인도에 대한 주선과 관련한 용역을 구매자에게 제공한다.

13. "중개인"이란 용어가 사용되는 경우에, 이는 일반적으로 자기의 계산으로 행동하지 않는 중개자를 말한다. 중개인은 구매자와 판매자 모두를 위해 행동하며 일반적으로 양 당사자와 접촉하여 양 당사자가 거래를 체결하게 하는 것 이외의 다른 역할은 수행하지 않는다. 중개인의 보수는 일반적으로 그의 활동의 결과로 체결된 거래에 대한 비율인 중개료로 알려져 있다. 중개인이 받는 비율은 중개인의 다소 제한된 책임에 비례한다.

15. 요컨대, 수입물품의 거래가격을 결정하는 경우에 구매수수료를 제외하고는 구매자가 부담하는 수수료와 중개료를 해당 가격에 포함하는 것이 필요하다. 따라서 구매자가 중개자에게 지급하고 실제로 지급하였거나 지급하여야 할 가격에 포함되지 않은 지급액이 실제로 지급하였거나 지급하여야 할 가격에 가산되어야 하는지 여부에 대한 쟁점은 <u>결국 중개자가 수행하는 역할에 좌우되는 것이지 알려진 용어("대리인" 또는 "중개인")에 따라 좌우되는 것은 아니다.</u> 또한 제8조의 규정으로부터 판매자가 지급해야 하지만 구매자에게 청구되지 않는 수수료 및 중개료는 실제로 지급하였거나 지급하여야 할 가격에 가산될 수 없다는 것은 명백하다.

3. 수수료 및 중개료

(1) 개념

가. 비용적 개념

- **수수료** : 해당 수입물품을 구매 또는 판매함에 있어서 구매자 또는 판매자를 대리하여 행하는 용역의 대가로 구매자 또는 판매자가 지급하는 비용
- **중개료** : 판매자와 구매자를 위하여 거래알선 및 중개역할의 대가로 판매자 및 구매자가 지급하는 비용
- **구매수수료** : 해당 물품을 구매함에 있어서 해외에서 구매자만을 위하여 그를 대리하여 행하는 용역(공급자를 물색하고, 구매자의 요구사항을 판매자에게 알려주고, 샘플을 수집하고, 물품을 검사하며, 때로는 보험, 운송, 보관 및 인도 등을 주선)의 대가로 구매자가 그 대리인에게 지급하는 비용

나. 주체적 개념(WCO 해설 2.1)

(2) 논의의 실익

① **수수료(중개료)는 수입거래를 위하여 판매자 또는 판매자의 대리인에게 지급하는 금액이므로 법정 가산요소로서 실제지급가격에 가산조정 되어야함**

② 그러나, 구매수수료는 판매자의 이익을 위한 것이 아니고 구매자의 계산으로 구매자의 대리인이 수행하는 데 대한 대가를 지급하는 것이므로 수입가격의 구성요소가 아님

(3) 판단기준

가. 중간역할자의 법률상 지위 및 역할(판매대리인 or 중개인 or 수출자 본인 or 구매대리인)

나. 구매수수료 요건 충족 여부(예해 17.1)

① 해당 서비스에 대한 존재와 정확한 본질을 확인하는데 필요한 모든 관련 서류들(Agency Agreement 등) 은 세관당국이 입수할 수 있어야 한다.

② <u>추가적인 위험이나 서비스의 부담 여부</u>
대리인 본인의 계산으로 상품의 소유권에 따른 이익 또는 손실의 가능성을 부담한다면 구매대리인이 아닌 수출자 본인으로 기능하는 것임

③ <u>거래에 관련된 당사자간의 관계</u>
- 수출자 본인은 구매대리인이 될 수 없음
- 수출자와의 특수관계자는 구매대리인이 될 수 있으나, 엄격한 심사 필요

④ <u>청구된 보수에 대한 적합성</u>

4. 참고자료

> # 본사 구매담당 자회사 통해 물건 수입 구매대행해당 …
> # 수수료 세금합산은 부적법
> 서울고법, 원고승소 판결

박수연 기자 desk@lawtimes.co.kr
2008-06-17 오전 10:40:34

해외브랜드 국내 판매회사가 본사의 '해외구매담당' 자회사를 통해 물건을 수입한 것은 독자적인 매매계약이 아니라 '구매대행'으로 봐야 한다는 판결이 나왔다.

서울고법 행정8부(재판장 최병덕 부장판사)는 아디다스코리아(주)가 "구매대리인에게 지급한 수수료를 세금에 합산한 것은 잘못"이라며 서울세관장을 상대로 낸 관세등부과처분취소 청구소송 항소심(2007누15898)에서 1심과 달리 원고승소 판결을 내렸다.

관세법 제30조 제1항에서는 수입물품의 과세가격을 정할 때 구매대리인에게 지급하는 구매수수료의 경우 가산하지 않도록 하고 있다.

재판부는 먼저 "아디다스 본사의 '구매담당' 자회사(aSIS)가 원고의 구매대리인인지, 별도의 판매자인지 여부가 이 사건의 쟁점"이라고 밝힌 뒤 "aSIS는 원고의 주문번호와 고객번호로 제품을 주문하고 제조자도 aSIS를 원고의 대리인으로 표시한 송장을 발행했다"며 "aSIS를 별도의 판매자로 보고 원고가 aSIS에게 지급한 수수료를 세금에 포함한 것은 부적법하다"고 판시했다.

재판부는 "aSIS가 별도의 판매자가 되려면 먼저 제품의 소유권을 취득해야 하는데, 선하증권상 송하인은 제조자, 수하인은 원고로 기재되어 있는데다 아디다스 코리아(주)가 운송료를 지급하고 운송에 따른 위험에 대비해 보험에도 가입했다"며 "제품들의 소유권은 제조자로부터 원고에게 직접 이전된 것이다" 고 설명했다.

재판부는 이어 "제조자로부터 누가 제품을 구매하였는지 여부는 제품의 멸실, 훼손의 위험을 누가 부담하는가에 달려 있다"며 "하자처리에 있어 aSIS는 원고와 제조자 사이에서 처리과정을 협의하는 역할만 했지, 하자에 대한 책임은 제조자가 부담했다" 며 "매매계약의 당사자는 원고와 제조자"라고 덧붙였다.

아디다스 관세 '꼼수' 드러났다

임명규 기자 seven@bizwatch.co.kr
입력시간 | 2015-11-12 09:38

구매수수료 얹어주고 과세가격 축소
관세 등 63억원 추징…법원 판결도 '기각'

아디다스가 해외에서 들여오는 신발과 의류의 관세를 줄이기 위해 '꼼수'를 써온 것으로 밝혀졌다. 관세와 부가가치세의 기준이 되는 과세가격을 낮췄다가 관세청에 덜미를 잡혔다. 아디다스 측에서는 관세청의 세금 추징에 대해 억울하다는 입장이지만, 최근 법원은 과세에 문제가 없다는 결론을 내렸다. 이번 판결은 관세청이 다국적 기업들과 벌이고 있는 소송에도 적잖은 영향을 끼칠 것으로 관측되고 있다.

12일 서울행정법원에 따르면 아디다스는 지난 달 29일 서울세관장을 상대로 제기한 관세 등 부과처분 취소 소송에서 패소했다. 소송에는 법무법인 바른이 아디다스의 대리인으로 참여했다. 당초 아디다스에 부과된 세금은 관세와 부가가치세, 가산세를 합쳐 63억원 수준이다.

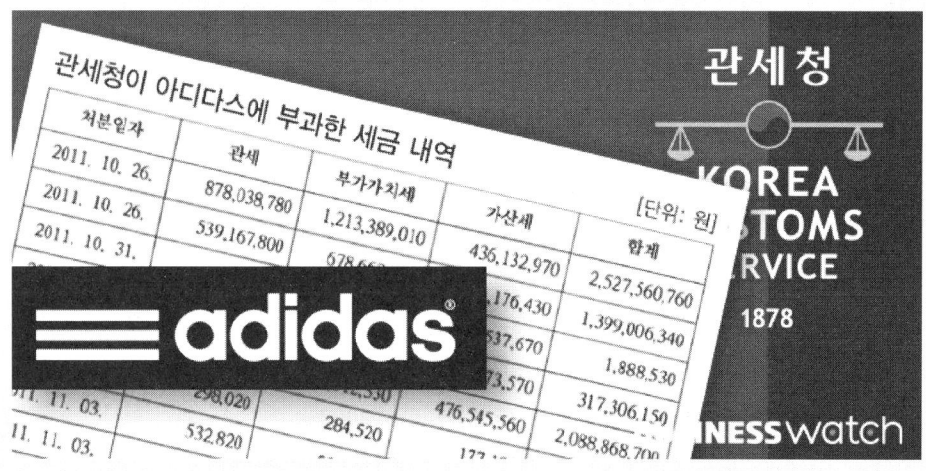

◇ 세금 63억, 어떻게 줄였나

독일 스포츠 의류회사인 아디다스(adidas AG)는 국내에 51%를 출자해 설립한 아디다스코리아를 두고 있다. 아디다스코리아는 대표 브랜드인 아디다스를 비롯해 리복(Reebok)과 락포트(ROCKPORT) 상품을 수입해 판매한다.

그런데 아디다스 본사와 아디다스코리아 사이에는 중간 회사가 하나 더 있다. 네덜란드 법인인 아디다스인터내셔널트레이딩(adidas International Trading B.V.)이라는 곳인데, 2008년 10월 아디다스코리아와 국내시장 판매를 위한 구매대리 계약을 맺었다.

아디다스코리아는 2011년 1월까지 아디다스인터내셔널에 물품 가격의 8.25%를 수수료로 지급했다. 10만원짜리 신발에 8250원 정도를 떼어준 것이다. 아디다스는 이 수수료를 과세가격에서 빼고 계산해 관세와 부가가치세를 적게 내오다가 관세청에 적발됐다.

◇ "그냥 대리인이라니까"

아디다스는 줄곧 관세청 과세가 잘못됐다고 주장하고 있다. 관세법에는 구매대리인에게 지급한 구매 수수료를 과세가격에 포함시키지 않고 있으니, 세금을 낼 필요가 없다는 것이다. 중간 회사인 아디다스인터내셔널 역시 단순 구매대리인이기 때문에 법적으로 문제가 없다는 입장이다.

반면 관세청은 아디다스인터내셔널이 그냥 구매대리인이 아니라, 본사의 실질적인 영향력을 행사하는 회사로 판단했다. 아디다스에 대한 신용위험이나 제품 하자 보상의 책임을 지고 있다는 설명이다. 관세청 주장이 맞다면 아디다스는 구매수수료를 모두 과세가격에 넣어서 관세를 더 내야한다.

아디다스코리아는 관세청의 논리를 수용하지 않았다. 2012년 1월 삼일회계법인 계열 관세법인인 GTMS를 대리인으로 선정해 조세심판원에 세금불복 청구를 냈는데, 지난해 4월 '재조사' 결정이 내려졌다. 그러나 관세청도 후속 처분을 내리지 않다가 이번에 법원의 판결이 먼저 나온 것이다.

■ 관세청이 아디다스에 부관한 세금 내역

[단위 : 원]

처분일자	관세	부가가치세	가산세	합계
2011.10.26.	878,038,780	1,213,389,010	436,132,970	2,527,560,760
2011.10.26.	539,167,800	678,662,110	181,176,430	1,399,006,340
2011.10.31.	92,600	1,258,260	537,670	1,888,530
2011.10.25.	101,403,850	138,628,730	77,273,570	317,306,150
2011.10.31.	689,010,810	923,312,330	476,545,560	2,088,868,700

2011.11.03.	298,020	284,520	177,130	759,670
2011.11.03.	532,820	508,680	315,800	1,357,300
2011.11.03.	946,220	903,360	566,740	2,416,320
2011.11.03.	1,175,350	1,122,110	699,100	2,996,560
2011.11.03.	248,850	237,570	147,990	634,410
2011.11.03.	1,107,070	1,056,920	663,080	2,827,070
2011.11.03.	254,230	240,030	147,010	641,270
2011.11.03.	4,785,620	4,568,840	2,772,7870	12,127,240
2011.11.03.	98,440	465,680	208,430	772,550
2011.11.09.	140,880	134,500	82,370	357,750
합계	2,217,301,340	2,964,772,650	1,177,446,630	6,359,520,620

◇ 법원 "판매자 맞잖아"

아디다스인터내셔널의 역할을 놓고 공방이 벌어졌지만, 서울행정법원은 관세청의 주장을 받아들였다. 단순한 구매대리인이 아니라 실질적인 물품의 수출자 혹은 판매자의 지위에 있다고 규정했다. 아디다스 본사로부터 권한을 부여받고 제조와 판매 전반에 대한 관리를 담당했다는 얘기다.

실제로 아디다스의 제품 가격은 아디다스인터내셔널이 계산한 원가에, 본사에서 정한 5%의 제조사 마진을 더해서 결정되고 있었다. 국내 판매회사인 아디다스코리아가 독립적으로 결정할 수 있는 부분은 거의 없었다. 결국 아디다스코리아가 지급한 건 구매수수료 성격이 아니라 본사가 가져간 마진이었다.

◇ 관세청에 밉보인 아디다스

다국적기업이 중간 회사를 통한 구매수수료로 관세를 적게 내는 수법은 계속 등장하고 있다. 지난 달에는 골프의류와 신발을 판매하는 한 업체가 아디다스와 똑같은 쟁점으로 조세심판원에 불복을 제기했다가 '재조사' 결정을 받기도 했다. 관세청 입장에서는 아디다스와의 소송 결과에 따라 다국적기업에 대한 과세 행정에 영향을 받을 수밖에 없다.

아디다스의 불복에 대해 관세청 내에서도 불편한 기색이 감지된다. 구매수수료 외에도 로열티 과세 문제 등 아디다스가 제기한 관세 소송이 많기 때문이다. 관세청 관계자는 "아디다스와의 세금 분쟁은 10년 전부터 12건이 물려 있다"며 "상급 법원의 판결이 남아있어 조심스럽지만, 과세 논리가 분명한 만큼 최선을 다해서 대응할 계획"이라고 말했다.

5. 사례연습

01 수입자 A에 대한 구매대리인의 다음 역할에 대하여 구매수수료의 인정 여부를 판단하고 그 이유를 설명하시오.

① 대리인은 독립대리인으로서 수입할 물품의 생산자를 결정하고 품질검사를 수행하며 자신의 자금을 사용하여 대금을 결제한 후 수입자에게 대금청구 송장을 발행하였다.

② 대리인은 공급자가 청구한 상업송장을 수입자에게 제시하고 실제의 수출판매가격과 함께 대리인 수수료를 청구하였다.

③ 대리인은 수입물품의 생산자를 물색하고 수입자를 대신하여 구매계약을 체결하였다.

④ 대리인은 수출물품의 수출국내 운송, 보관, 선적 등을 수행하였다.

> **모범답안**
>
> ① 독립대리인은 다국적기업 등이 통합 구매를 위하여 구매전담조직을 분사하여 일체의 구매활동을 수행하는 경우와 같이 사실상 수출판매자에 해당함
>
> ④ 주선에 한정하여야 함. 운송비로 가산

02

수입자 AK는 독일 본사AG가 51% 출자한 한국내 판매법인으로, 수입자인 AK는 본사AG에서 책정한 가격에 따라 제품번호 및 수량을 표기하여 AH에게 구매주문을 하였고, AH는 중국 및 베트남 등 동남아 국가에 산재하는 수입물품의 제조자와 신용장을 개설하여 물품대금을 선지급하였으며, AK는 사후송금방식(50일 내지 80일 후)으로 물품대금을 지급하면서 동 대금의 8.25%에 해당하는 금액을 수수료로 지급하였다.

모범답안

쟁점	관세청(~행정법원)	법원(고등법원 이후)
AH의 지위 및 역할	**판매자(수출자)** AH가 제조자의 선정, 가격결정 등 거래관계에 실질적으로 관여하므로 구매대리인의 범위를 넘어 실질적 판매자의 지위에 있음.	**구매대리인** AH가 수행하는 역할과 관여 정도가 구매대리인의 범위를 벗어나지 않고, AH가 물품을 소유한 바가 없고 운송, 보험부보 등의 책임을 수입자가 지고 있으며, 하자보증을 제조자가 부담하는 등 판매자의 지위에 있으므로 AH는 구매대리인임
AK가 AH를 지시통제할 수 있는지	통제 X (본사가 지시통제)	통제 O
제조업체 선택권	선택권 없음	선택권 있음

※ 부산고등판례(사건 97구3569, 1998.5.13.)

"한국 내 자회사인 (주)나이키스포츠가 외국 제조업체로부터 나이키상표 제품을 수입하기 위해서는 100% 투자회사인 미국 NIKE 본사를 통하지 아니하고는 해외로부터 NIKE상표 제품을 구매할 수 없을 뿐만 아니라 해외 제조업체에 대한 선택권이 없으며, 사실상 본사가 제조업체를 지시, 통제하고 있는 점으로 비추어 NIKE 본사는 단순히 (주)나이키스포츠의 구매대리인이 아니라, 실질적인 수출자 또는 판매자로서 역할을 수행한다 할 것이고, 구매수수료의 명목으로 지급하는 금액은 구매대가로서의 성격을 가지고 있다."고 판시

03 수입자 S사는 하이퍼마켓의 운영 등을 목적으로 국내에 설립되었고, 할인점에서 판매하기 위한 의류제품은 수입자와 특수관계에 있는 홍콩 소재 T사간 체결된 "구매대리계약"에 따라 해외 제3의 공급자로부터 수입하고 있음

[거래내용]

① S사는 제품사양·필요 구매수량 및 구매 희망 가격 등 구매내역 통보
② T사는 통보내용을 토대로 공급업체 후보 물색, 시제품(prototype) 및 샘플제작을 요청, 공급업체 후보들로부터 품목별 제안가격 취합 ⇨ 공급업체에 대한 모든 정보는 T사가 일괄 관리(신청인이 제출한 공급자 목록 상 공급자 수 : 340여개)
③ S사는 가격과 수량을 결정하여 공급업자 선정 후, T사에 구매주문
④ T사는 구매주문에 따라 공급업자에게 구매발주(Purchase Order, P/O)
⑤ 물품은 공급업자로부터 S사로 직접 선적(선하증권에는 S사를 수하인으로 지정)
⑥ 공급업자는 물품대금에 대하여 T사 앞으로 인보이스 발행하며, T사는 Open Account방식(L/C 또는 T/T방식)으로 공급업자에게 지급
⑦ T사는 공급자 인보이스를 근거로 수수료 5%를 가산하여 신청인에 인보이스를 재발행하며, S사는 T/T방식으로 T사에 지급.
⑧ S사는 선적지연 또는 수량부족 발생시 T사에 Claim 요청
⑨ T사는 공급업자에게 Claim 제기

S사는 구매대리계약에 따라 T사가 제공하는 구매대리용역에 대하여 생산자 공급가액(물품대금)의 5%를 "구매수수료" 명목으로 T사에게 지급하고 있는 바, 동 수수료가 「관세법」 제30조 제1항 제1호 단서 규정의 "구매수수료"에 해당하는지 여부

모범답안

관세평가분류원 '09. 10. 30일 결정, 관세평가과-2560

- ① **대금지급** : T사가 공급업자에게 주문을 하고 대금을 지급한 이후에야 S사에게 대금을 청구할 수 있으므로(제3.10조) 결제 시기가 상이한 별개의 거래가 이루어지고 있는 것을 알 수 있고, 결국 T사는 자신의 비용으로 활동하는 위험을 부담하고 있으므로 S사의 진정한 구매대리인(Bona fide agent)으로 활동한다고 볼 수 없음

- ② **클레임** : 신청인의 설명에 따르면, S사와 공급자 간에는 어떠한 매매계약(공급계약)도 체결되어 있지 않다고 하고 있는 반면, T사는 매매거래의 당사자 자격으로서 공급자에게 Claim을 제기하는 것이 아니고 단지 S사를 대신하여 Claim을 수행하는 것이라고 주장하고 있으나, 물품 하자에 대하여 S사와 공급자 간에 어떠한 Claim 관련 약정이 없음에도 불구하고 T사가 S사를 대신하여 Claim을 수행한다는 것은 납득하기 어려움

- ③ **수출자(명의)** : S사가 세관에 제출한 수입신고서류에 따르면, S사는 실제 공급자가 누구인지 알고 있으면서도 T사를 해외공급자로 신고하고 있는 점으로 보더라도 T사가 공급자에게는 독립적인 구매자로, 신청인에게는 독립적인 판매자로 활동하고 있다고 할 수 있음
- 또한, 신청인은 물품이 FOB 조건으로 공급자로부터 신청인으로 직접 선적되므로 당해물품에 대한 위험 및 비용부담은 선적 시점에 공급자로부터 S사에게 직접 이전된다고 주장하고 있으나,
    - Incoterms는 계약에서 발생할 수 있는 소유권과 재산권의 이전 등의 문제는 다루고 있지 않으며 개별계약(매매계약)에서 특별히 규정한 경우 Incoterms에 우선하여 적용되는 바,
    - "물품의 순간적인 소유권(flash-title)은 T사가 보유한다"는 2005년 계약내용을 "S사가 물품을 이용가능하게 되었을 때 물품 소유권이 S사에게 이전되며 T사가 이용가능하게 되었을 때 S사가 이용가능한 것이 된다"라고 개정하였다고 하나(계약 제9.2조), 누구로부터 S사로 소유권이 이전된다는 것인지 알 수 없는 모호한 규정일 뿐 아니라, 만일 동 조문이 공급자로부터 S사에게 물품의 소유권이 직접 이전된다는 취지의 내용이라면, <u>공급자와 S사 간의 소유권 이전에 대하여 "T사와 S사 간의 계약"으로 정한다는 것 자체가 모순</u>이라 할 것이며, 결국 동 조문 개정에도 불구하고 T사는 물품에 대한 소유권을 공급자로부터 일시적으로 건네받아 S사에게 이전하는 것으로 보아야 할 것임
    - 또한, 제3자간의 무역거래에 있어서 생산시설을 소유하고 있지 않는 판매자의 경우 물품 제조자로 하여금 구매자에게 직접 물품을 선적하게 하고 대금은 본인에게 청구토록 하는 형태가 보편화되어 있는 점으로 보아 단지 이러한 사실만으로 T사가 독립적인 판매자(구매자)로 활동한다는 사실을 부인할 수는 없음
- ③ **수출자(역할)** : T그룹 본사 홈페이지에 게시된 Annual Report의 내용에 의하더라도, T사는 사실상 물품을 구매(Buying 또는 Purchasing)한 후, S사를 포함하여 특수관계에 있는 각국의 판매회사(Retailer)에 대하여 제품을 공급하는 판매자 또는 수출자의 역할을 수행하고 있는 것으로 판단됨
- 따라서, S사가 T사에게 구매수수료 명목으로 지급하는 금액은 실질적으로 수입물품에 대한 대가로서 실제지급금액에 해당하고 관세법 제30조 제1항에 의거 과세가격에 포함시키는 것이 타당함

Topic 3. 용기 및 포장비용 핵심요약

1. 관련규정

   - 관세법 제30조(과세가격 결정의 원칙) 제1항 제2호
   - 관세평가 운영에 관한 고시 제18조(용기 및 포장비용)
   - WTO관세평가 협정 제8조 1항
   - 관세율표 해석에 관한 통칙5 가, 나

2. 핵심문구

   ▌ 관세평가 운영에 관한 고시 제18조(용기 및 포장비용)

   법 제30조제1항제2호에서 "해당 수입물품과 동일체로 취급되는 용기"란 관세율표의 해석에 관한 통칙 제5호에 따라 그 내용물과 함께 분류되는 케이스, 용기 및 포장용기 등을 말한다.

   ▌ WTO관세평가협정 제8조 1항

   1. 제1조 규정에 따른 과세가격을 결정함에 있어서, 수입물품에 대하여 실제로 지급하였거나 지급하여야 할 가격에 아래의 금액이 가산된다.
      (ⅱ) 관세목적상 해당 물품과 동일체로 취급되는 용기의 비용
      (ⅲ) 노무비 또는 재료비 여부에 관계없이 포장에 소요된 비용

3. 용기비용 주의점

   ① 해당 수입물품과 동일체로 취급되는 용기(HS 통칙 제5호)의 비용 : **용기비용으로 가산**
   ② 해당 수입물품과 동일체로 취급되지 않는 용기(상업용 컨테이너, 재사용기구비용 등) : **운송관련비용**으로 가산

4. 사례연습

01 수입자 A는 액체헬륨을 수입하면서 그 운반용기는 재수출면세 조건으로 수입하였다가 외국의 수출자에게 반환하기 위해 수출(반송)하였고, 이로 인해 선사에 지급한 해상운송료, 보험료의 과세 여부에 대하여 설명하시오.

모범답안

(1) 용기비용 : 수입자가 임대 또는 자기소유의 용기로 물품을 수입하는 경우 **내용물품과 함께 용기를 판매하는 것이 아니므로** 관세목적상 당해 물품과 **동일체로 취급되는 용기로 보기는 어렵다 할 것**

(2) 운송관련비용 : 용기의 사용료에 해당되는 비용(임차료 등)은 용기의 비용이 아니라 운송관련비용으로서 **수입항 도착까지의 해당분에 국한되어야 한다고** 보아야 할 것이다. 따라서 청구법인이 제3자에게 지급한 임차용기의 반환비용은 쟁점물품 **수입과 관련한 비용이 아니다.**

(3) 간접지급 여부 : 이 사건 반환비용은 **수입물품과 관련 없는 운송인에게 지급하는 운송비용**으로서 **수입물품의 대가가 아니므로** 관세법시행령 제20조 제6항 각 호의 간접지급금액에도 해당하지 않음

02 중국 땅콩 가공공장에 국내산 포장상자(땅콩 20kg 포장)를 무상으로 수출한 다음, 중국 땅콩 가공공장에서 포장작업 완료 후 국내로 들여오려고 한다. 이때 물품 단가 구성 내용 중 포장용기비용이 제외된 단가로 가격신고 1방법으로 수입신고하는 경우 관세법상 과세가격결정에 관하여 설명하시오.

모범답안

- 관세법 제30조 제1항 제3호의 규정에 의거 구매자가 당해 물품의 생산 및 수출거래를 위하여 무료 또는 인하된 가격으로 직접 또는 간접으로 대통령령이 정하는 물품 및 용역을 공급하는 때에는 그 가격 또는 인하차액을 과세가격에 가산한다.
- 상기 "대통령령이 정하는 물품 및 용역"과 관련하여 관세법시행령 제18조 제1호에서는 "수입물품에 결합되는 재료·구성요소·부분품 기타 이와 유사한 물품"을 규정하고 있다.
- 따라서 문의하신 무상 수출된 포장상자 비용의 경우, 수입물품의 과세가격에 가산되어야 할 것으로 판단된다.

03 B사는 미국 A사로부터 a라는 특수물질을 수입한다. a는 온도에 민감한 특징이 있어 특수용기에 특별한 방법으로 보관하여야 운송이 가능하다. B사가 수입하는 a와 관련하여 다음 질문에 답하시오.2)

B사가 용기를 제공하지는 않았으나 운송을 위한 포장에 필요한 특수기술 제공을 위해 B사의 직원 b를 A사에 파견하였고 이 직원이 a를 포장하였다. 포장과정에서 b는 B사 부담으로 100,000원 상당의 자재를 구매하여 포장에 사용하였다. b의 미국 출장에 소요된 여비, 체재비 등의 비용은 총 5,000,000원이고, 출장 기간 중 b의 임금은 2,000,000원이었다. 이 경우 b와 관련된 비용 및 b가 구매하여 사용한 자재에 대한 지급액은 관세평가에서 어떻게 처리되어야 하는지 설명하시오.

모범답안

B사가 운송을 위한 포장에 필요한 특수기술 제공을 위해 B사의 직원 b를 A사에 파견하여 이 직원이 a를 포장하였다면 b의 미국 출장에 소요된 여비, 체재비 등의 비용은 총 5,000,000원과 출장 기간 중 b의 임금은 2,000,000원, 그리고 포장과정에서 b가 구매하여 사용한 자재비 100,000원은 모두 과세가격에 포함되어야 한다는 결론에 도달한다.

---

2) 월간 관세와 무역 473호 정재완 교수님

생산지원비용 핵심요약

1. 관련규정

- 관세법 제30조(과세가격 결정의 원칙) 제1항 제3호
- 관세법 시행령 제18조(무료 또는 인하된 가격으로 공급하는 물품 및 용역의 범위)
- 관세법 시행령 제18조의2(무료 또는 인하된 가격으로 공급하는 물품 및 용역금액의 배분 등)
- 관세법 시행규칙 제4조(무료 또는 인하된 가격으로 공급하는 물품 및 용역)
- 관세평가 운영에 관한 고시 제19조(생산지원)
- 관세평가 운영에 관한 고시 제20조(생산지원금액의 가산방법)
- WTO관세평가협정 제8조에 대한 주해
- 결정 2.1(협정 제8조 1항 (b) (iv)에 사용된 "Undertaken"이라는 단어의 의미)
- 결정 5.1(협정 제8조 제1항 (b) (iv)의 용어 : 개발)
- 예해 18.1(제8조 제1항 (b)호 (ⅱ)와 제8조 1항 (b)호 (iv)와의 관계)
- 예해 24.1(협정 제8조 제1항 (b)호에 의한 생산지원의 가격 결정)

〈사례형태로 준비〉

- 사례연구 1.1
- 사례연구 5.1, 5.2
- 사례연구 8.1, 8.2

2. 핵심문구

▍**관세법 시행령 제18조(무료 또는 인하된 가격으로 공급하는 물품 및 용역의 범위)**

법 제30조제1항제3호에서 "대통령령으로 정하는 물품 및 용역"이란 구매자가 직접 또는 간접으로 공급하는 것으로서 다음 각 호의 어느 하나에 해당하는 것을 말한다.

1. 수입물품에 결합되는 재료·구성요소·부분품 및 그 밖에 이와 비슷한 물품

2. 수입물품의 생산에 사용되는 공구·금형·다이스 및 그 밖에 이와 비슷한 물품으로서 기획재정부령으로 정하는 것
3. 수입물품의 생산과정에 소비되는 물품
4. 수입물품의 생산에 필요한 기술·설계·고안·공예 및 디자인. 다만, 우리나라에서 개발된 것은 제외한다.

관세법 시행령 제18조의2(무료 또는 인하된 가격으로 공급하는 물품 및 용역금액의 배분 등)

① 법 제30조제1항제3호에 따라 무료 또는 인하된 가격으로 공급하는 물품 및 용역의 금액(실제 거래가격을 기준으로 산정한 금액을 말하며 국내에서 생산된 물품 및 용역을 공급하는 경우에는 부가가치세를 제외하고 산정한다)을 더하는 경우 다음 각 호의 요소를 고려하여 배분한다.
  1. 해당 수입물품의 총생산량 대비 실제 수입된 물품의 비율
  2. 공급하는 물품 및 용역이 해당 수입물품 외의 물품 생산과 함께 관련되어 있는 경우 각 생산 물품별 거래가격(해당 수입물품 외의 물품이 국내에서 생산되는 경우에는 거래가격에서 부가가치세를 제외한다) 합계액 대비 해당 수입물품 거래가격의 비율

② 제1항에도 불구하고 납세의무자는 법 제30조제1항제3호에 따라 무료 또는 인하된 가격으로 공급하는 물품 및 용역의 가격 또는 인하차액 전액을 최초로 수입되는 물품의 실제로 지급하였거나 지급하여야 할 가격에 배분할 수 있다. 이 경우 수입되는 전체 물품에 관세율이 다른 여러 개의 물품이 혼재된 경우에는 전단에 따른 전액을 관세율이 다른 물품별로 최초로 수입되는 물품의 가격에 안분하여 배분한다.

관세법 시행규칙 제4조(무료 또는 인하된 가격으로 공급하는 물품 및 용역)

① 영 제18조제2호에서 "기획재정부령으로 정하는 것"이란 해당 수입물품의 조립·가공·성형 등의 생산과정에 직접 사용되는 기계·기구 등을 말한다.
② 영 제18조제4호의 규정에 의한 수입물품의 생산에 필요한 기술은 특허기술·노하우 등 이미 개발되어 있는 기술과 새로이 수행하여 얻은 기술로 한다.
③ 영 제18조 각 호의 물품 및 용역의 가격은 다음 각 호의 구분에 따른 금액으로 결정한다.
  1. 해당 물품 및 용역을 영 제23조제1항에 따른 특수관계가 없는 자로부터 구입 또

는 임차하여 구매자가 공급하는 경우 : 그 구입 또는 임차하는 데에 소요되는 비용과 이를 생산장소까지 운송하는 데에 소요되는 비용을 합한 금액

2. 해당 물품 및 용역을 구매자가 직접 생산하여 공급하는 경우 : 그 생산비용과 이를 수입물품의 생산장소까지 운송하는 데에 소요되는 비용을 합한 금액

3. 해당 물품 및 용역을 구매자와 영 제23조제1항에 따른 특수관계에 있는 자로부터 구입 또는 임차하여 공급하는 경우 : 다음 각 목의 어느 하나에 따라 산출된 비용과 이를 수입물품의 생산장소까지 운송하는 데에 소요되는 비용을 합한 금액

   가. 해당 물품 및 용역의 생산비용

   나. 특수관계에 있는 자가 해당 물품 및 용역을 구입 또는 임차한 비용

4. 수입물품의 생산에 필요한 기술·설계·고안·공예 및 의장(이하 이 호에서 "기술 등"이라 한다)이 수입물품 및 국내생산물품에 함께 관련된 경우 : 당해 기술등이 제공되어 생산된 수입물품에 해당되는 기술등의 금액

관세평가 운영에 관한 고시 제19조(생산지원)

① 법 제30조제1항제3호에서 "해당 수입물품의 생산"이란 재배, 제조, 채광, 채취, 가공, 조립 등 해당 물품을 만들어 내거나 가치를 창출해내는 행위를 말한다.
② 구매자가 영 제18조의 생산지원 물품 및 용역의 생산에 필요한 요소를 제공한 경우에는 해당요소의 비용까지 과세가격에 포함한다.
③ 영 제18조제1호부터 제3호까지의 생산지원 물품에 영 제18조제4호의 생산지원 용역이 반영되어 있는 경우에는 해당 용역의 국내 수행 여부와 관계없이 생산지원 가격에 포함한다.
④ 영 제18조제2호의 "공구·금형·다이스"에는 수입물품의 생산에 직접 사용되는 종이로 만든 형태의 표본도 포함한다.

관세평가 운영에 관한 고시 제20조(생산지원금액의 가산방법)

영 제18조의2에 따라 생산지원 물품 및 용역의 가격(인하차액을 포함한다)을 배분할 때에는 다음 각 호의 방법에 따른다.
1. 납세의무자는 영 제18조의2제2항에 따라 생산지원의 가격 전액을 최초로 수입되는 물품의 가격에 가산하는 때에는 법 제27조에 따라 최초로 수입되는 물품의 가격신고

를 하는 때에 일시에 납부하고자 하는 생산지원의 가격 전액에 대한 산출기준 및 상세 계산내역을 세관장에게 제출하여야 한다.

2. 생산지원 용역이 생산지원 용역에 의해 생산된 수입물품과 국내생산물품에 함께 관련된 때에는 생산지원 용역의 가격에 생산지원 용역에 의해 생산된 전체물품의 가격 중에서 해당 수입물품의 가격이 차지하는 비율을 곱하여 산출한 금액(이하 "조정액"이라 한다)을 해당 수입물품의 가격에 가산한다.

3. 생산지원 용역이 생산지원 용역에 의해 생산된 수입물품과 국내생산물품에 함께 관련되고 또한 해당 수입물품이 여러 종류의 물품에 함께 관련되어 분할 수입되는 때에는 생산지원 용역의 가격을 해당 수입물품별로 가격에 따라 조정액을 안분하여 가산하며, 그 안분방법은 먼저 가산율을 산출하고 그 가산율을 해당 수입물품별 가격에 곱한다.

4. 제3호의 가산율 산정은 생산지원 용역에 의해 생산된 수입물품의 총가격에서 조정액이 차지하는 구성비로 계산한다.

5. 조정액 산출시에 적용하는 물품가격은 수입물품에 대하여는 실제지급가격으로 하고 국내생산물품에 대하여는 부가가치세가 포함되지 아니한 가격으로 한다.

WTO관세평가협정 제8조에 대한 주해

2. 해당 요소의 가격(value)과 관련하여, 수입자가 수입자와 특수관계가 없는 판매자로부터 주어진 비용(given cost)으로 해당 요소를 취득한다면 해당 요소의 가격은 그 비용(that cost)이 된다. 해당 요소를 수입자가 생산하였거나 수입자와 특수관계에 있는 자가 생산한 경우에는, 해당 요소의 가격은 해당 요소의 생산비용이 된다. 수입자가 해당 요소를 과거에 사용한 경우에는, 그 수입자가 취득 또는 생산하였는지 여부와 상관없이, 당초의 취득 또는 생산 비용은 해당 요소의 가격을 결정하기 위하여 해당 요소의 사용분을 반영하여 하향 조정되어야 한다.

2. 구매자가 구매하거나 임대하여 제공된 그러한 요소들에 대한 가산금액은 해당 구매비용 또는 임차료가 된다. 공공 영역에서 이용 가능한 요소에 대하여는 이들 복제물을 취득하는 비용을 제외하고는 가산되지 않는다.

결정 2.1(협정 제8조 1항 (b) (iv)에 사용된 "Undertaken"이라는 단어의 의미)

협정 제8조 1항 (b) (iv) 내용 중 "undertaken(취해진)"은 영어 단어의 "carried out (수행된)"의 의미로 이해한다는데 대해 합의하였다.

[결정 5.1(협정 제8조 제1항 (b) (iv)의 용어 : 개발)]

2. 협정 체약국은 협정 제8조 제1항(b)에서 영어판의 "development"라는 용어는 영어의 "research"제외되는 것으로 이해하였다.

예해 18.1(제8조 제1항 (b)호 (ⅱ)와 제8조 1항 (b)호 (ⅳ)와의 관계)

6. 생산지원 규정의 구조는 각 범주가 독립적으로 존재한다는 사실을 암시하며, 이는 제8조 제1항(b)(ⅳ)에 열거된 유형의 요소들과 연관된 비용에 대하여 제외가 없어야 한다는 결론을 뒷받침하는데 더 무게를 두고 있다.

7. 상기의 견해로, 제8조 제1항(b)(ⅱ)에서 언급하고 있는 요소의 가격은 취득 또는 생산 비용의 일부로서 체화된 디자인(비록 그 디자인이 수입국 내에서 수행되었다 할지라도)의 가격을 포함한다.

예해 24.1(협정 제8조 제1항 (b)호에 의한 생산지원의 가격 결정)

6. 전술한 주해에서 언급한 "주어진 비용(given cost)"이라는 용어는 수입물품의 생산지원에 대하여 판매자에게 지급한 가격뿐만 아니라 수입자 / 구매자가 해당 생산지원을 생산하는 판매자에게 공급한 기타 물품 또는 용역의 비용을 포함한다.

7. 상기의 관점으로, 제8조 제1항(b)(ⅱ)에서 "주어진 비용(given cost)"이란 용어는 생산지원의 획득과 관련하여 수입자가 부담하는 모든 비용을 포함한다.

3. 생산지원

(1) 개념

- 생산 "및" 수출거래를 위하여 : 생산에만 사용되고 우리나라에 수출판매되지 않는 경우(수출국 내 판매, 제3국 수출 등) - 과세 X
- 무료 또는 인하된 가격으로
  - 무료 또는 인하된 가격의 대상은 수출되는 지원물품(용역)임

- 무료 또는 인하된 가격이 아닌 경우(유상거래) - 과세 X. 별도 거래로 취급
• 물품 및 용역을 공급 : 물품 또는 용역을 공급하기 위한 금액을 지급하는 경우 – 생산지원비가 아닌 실제지급금액으로 보아 과세

(2) 과세이유

수입물품의 과세가격에 가산되는 물품 및 용역의 공급이 수입거래에 있어서 수출자가 하여야 할 일을 수입자가 그 자신의 비용으로 대신하여 수행한 다음 그 결과를 <u>무료 또는 인하된 가격으로 생산자에게 제공함으로써 수입물품의 가격을 인하시키는 경우</u>를 가리키는 것으로 해석하여야 한다(대법원 '93. 12. 14일 선고, 92누5263 판결).

(3) 과세요건

1. "구매자에 의한" 물품(용역)의 무료 또는 인하지원
2. 수입물품의 생산 및 수출판매와 관련
3. 지원비용 상당액은 실제지급금액에 포함되어 있지 않음

(4) 종류

• 수입물품에 결합되는 재료, 구성요소, 부분품 및 이와 비슷한 물품(**직접재료**)
• 수입물품의 생산에(직접) 사용되는 공구, 금형, 다이스 및 기계, 기구 등
   - 지제 형태의 표본도 포함됨
• 수입물품의 생산과정에 <u>소비되는 물품</u>(간접재료)
   - 잔여분을 ① 제3자에게 매각하거나 ② 국내로 재수입하거나 ③ 수출국에서 멸각된 사실을 증명하는 등 소비되지 않은 경우 : 비과세
   - 잔존폐기물 : 물리적 결합되지 않으나 소비되는 물품으로 과세
   - loss를 감안하여 추가수량 지원한 경우 : 포함하여 과세
• 수입물품의 생산에 필요한 기술, 설계, 고안, 공예 및 디자인(<u>우리나라에서 개발된 것은 제외</u>)
   - 우리나라에서 개발이 수행되었는지에 관한 장소적 문제로 판단(계약체결 장소, 개발자의 국적 등 불문)
   - 우리나라에서 개발된 것은 용역의 경우에만 제외(우리나라에서 개발된 물품을 지원하는 것은 과세)
   - 물품에 체화된 용역은 물품지원으로 봄

4. 사례연습

01 다음 거래 내용과 조건에서 그 거래가격으로 수입물품의 과세가격을 결정하는 때에 그 수입 물품에 대한 실제지급금액에 가산하여야 하는 생산지원 금액에 해당하는 비율(%)을 구하시오. (10점)

> **[거래내용]**
> 수입자는 국내에 새로운 공장을 건설하고자 공장 시설의 설치에 필요한 기술 정보 및 엔지니어링을 도입하는 계약을 독일의 D사와 체결하고 당해 공장 시설의 생산을 위한 기술 정보 등이 포함된 설계도 등을 제공받은 후 그 대가로서 30억원을 지급하였으며, 이후 그 설계도를 일본의 시설재 제조자(판매자)에게 무상으로 제공하고 그 설계도의 사양에 맞추어 제조된 시설재를 수입함

조건1 : 당해 설계도는 수입 물품과 국내 생산물품에 함께 관련되어 있음
조건2 : 당해 수입 시설재에 대한 실제지급금액은 50억원(수입항까지의 운임과 보험료 포함)임
조건3 : 국내 생산 물품 구매 금액은 25억원임

모범답안

출처 : 2005년 관세평가 경진대회 기출
형태 : 사례해결식
난이도 : 하

1. 개요
2. 생산지원비 과세요건 (2점)
3. 조정액 및 가산비율 산출 (각 3점)
    - 조정액 = 20억원
        ⇨ 30억원 × 50억원 / 75억원(66.67%)
    - 가산비율 = 40%
        ⇨ (20억원 / 50억원) × 100

Topic 5

권리사용료 핵심요약

1. 관련규정

- 관세법 제30조(과세가격 결정의 원칙) 제1항 제4호
- 관세법 시행령 제19조(권리사용료의 산출)
- 관세법 시행규칙 제4조의2(권리사용료의 산출)
- 관세평가 운영에 관한 고시 제21조(권리사용료)
- 관세평가 운영에 관한 고시 제22조(권리사용료 산출방법)
- 관세법 기본통칙 제30-19-7호
- WTO관세평가협정 제8조에 대한 주해
- 예해 19.1(협정 제8조 제1항 (c)호에 대한 주해에서 규정하고 있는 "수입물품을 재현하는 권리"의 의미)
- 예해 25.1(제3자 권리사용료 - 일반적인 해설)
- 권고의견 4.1~4.19(협정 제8조 제1항(c)의 로열티와 라이센스료)

2. 핵심문구

관세법 시행령 제19조(권리사용료의 산출)

① 법 제30조제1항제4호에서 "이와 유사한 권리"라 함은 다음 각호의 1에 해당하는 것을 말한다.

1. 저작권 등의 법적 권리

2. 법적 권리에는 속하지 아니하지만 경제적 가치를 가지는 것으로서 상당한 노력에 의하여 비밀로 유지된 생산방법·판매방법 기타 사업활동에 유용한 기술상 또는 경영상의 정보 등(이하 "영업비밀"이라 한다)

② 법 제30조제1항의 규정에 의하여 당해 물품에 대하여 구매자가 실제로 지급하였거나 지급하여야 할 가격에 가산하여야 하는 특허권·실용신안권·디자인권·상표권 및 이와 유사한 권리를 사용하는 대가(특정한 고안이나 창안이 구현되어 있는 수입물품을

이용하여 우리나라에서 그 고안이나 창안을 다른 물품에 재현하는 권리를 사용하는 대가를 제외하며, 이하 "권리사용료"라 한다)는 당해 물품에 관련되고 당해 물품의 거래조건으로 구매자가 직접 또는 간접으로 지급하는 금액으로 한다.

③ 제2항의 규정을 적용함에 있어서 다음 각호의 1에 해당하는 경우에는 권리사용료가 당해 물품과 관련되는 것으로 본다.

1. 권리사용료가 특허권에 대하여 지급되는 때에는 수입물품이 다음 각목의 1에 해당하는 물품인 경우
   가. 특허발명품
   나. 방법에 관한 특허에 의하여 생산된 물품
   다. 국내에서 당해 특허에 의하여 생산될 물품의 부분품·원재료 또는 구성요소로서 그 자체에 당해 특허의 내용의 전부 또는 일부가 구현되어 있는 물품
   라. 방법에 관한 특허를 실시하기에 적합하게 고안된 설비·기계 및 장치(그 주요 특성을 갖춘 부분품 등을 포함한다)
2. 권리사용료가 디자인권에 대하여 지급되는 때에는 수입물품이 당해 디자인을 표현하는 물품이거나 국내에서 당해 디자인권에 의하여 생산되는 물품의 부분품 또는 구성요소로서 그 자체에 당해 디자인의 전부 또는 일부가 표현되어 있는 경우
3. 권리사용료가 상표권에 대하여 지급되는 때에는 수입물품에 상표가 부착되거나 희석·혼합·분류·단순조립·재포장 등의 경미한 가공후에 상표가 부착되는 경우
4. 권리사용료가 저작권에 대하여 지급되는 때에는 수입물품에 가사·선율·영상·컴퓨터소프트웨어 등이 수록되어 있는 경우
5. 권리사용료가 실용신안권 또는 영업비밀에 대하여 지급되는 때에는 당해 실용신안권 또는 영업비밀이 수입물품과 제1호의 규정에 준하는 관련이 있는 경우
6. 권리사용료가 기타의 권리에 대하여 지급되는 때에는 당해 권리가 수입물품과 제1호 내지 제5호의 규정중 권리의 성격상 당해 권리와 가장 유사한 권리에 대한 규정에 준하는 관련이 있는 경우

④ 제2항을 적용할 때 컴퓨터소프트웨어에 대하여 지급되는 권리사용료는 컴퓨터소프트웨어가 수록된 마그네틱테이프·마그네틱디스크·시디롬 및 이와 유사한 물품[법 별표 관세율표 번호(이하 "관세율표 번호"라 한다) 제8523호에 속하는 것으로 한정한다]과 관련되지 아니하는 것으로 본다.

⑤ 제2항의 규정을 적용함에 있어서 다음 각호의 1에 해당하는 경우에는 권리사용료가 당해 물품의 거래조건으로 지급되는 것으로 본다.

1. 구매자가 수입물품을 구매하기 위하여 판매자에게 권리사용료를 지급하는 경우
2. 수입물품의 구매자와 판매자간의 약정에 따라 구매자가 수입물품을 구매하기 위하여 당해 판매자가 아닌 자에게 권리사용료를 지급하는 경우
3. 구매자가 수입물품을 구매하기 위하여 판매자가 아닌 자로부터 특허권 등의 사용에 대한 허락을 받아 판매자에게 그 특허권 등을 사용하게 하고 당해 판매자가 아닌 자에게 권리사용료를 지급하는 경우

⑥ 제2항을 적용할 때 구매자가 지급하는 권리사용료에 수입물품과 관련이 없는 물품이나 국내 생산 및 그 밖의 사업 등에 대한 활동 대가가 포함되어 있는 경우에는 전체 권리사용료 중 수입물품과 관련된 권리사용료만큼 가산한다. 이 경우 관세청장은 필요한 계산식을 정할 수 있다.

관세법 시행규칙 제4조의2(권리사용료의 산출)

구매자가 수입물품과 관련하여 판매자가 아닌 자에게 권리사용료를 지급하는 경우 그 권리사용료가 영 제19조제2항에 따른 해당 물품의 거래조건에 해당하는지를 판단할 때에는 다음 각 호를 고려해야 한다.

1. 물품판매계약 또는 물품판매계약 관련 자료에 권리사용료에 대해 기술한 내용이 있는지 여부
2. 권리사용계약 또는 권리사용계약 관련 자료에 물품 판매에 대해 기술한 내용이 있는지 여부
3. 물품판매계약·권리사용계약 또는 각각의 계약 관련 자료에 권리사용료를 지급하지 않는 경우 물품판매계약이 종료될 수 있다는 조건이 있는지 여부
4. 권리사용료가 지급되지 않는 경우 해당 권리가 결합된 물품을 제조·판매하는 것이 금지된다는 조건이 권리사용계약에 있는지 여부
5. 상표권 등 권리의 사용을 허락한 자가 품질관리 수준을 초과하여 우리나라에 수출하기 위해 판매되는 물품의 생산 또는 판매 등을 관리할 수 있는 조건이 권리사용계약에 포함되어 있는지 여부
6. 그 밖에 실질적으로 권리사용료에 해당하는 지급의무가 있고, 거래조건으로 지급된다고 인정할 만한 거래사실이 존재하는지 여부

관세평가 운영에 관한 고시 제21조(권리사용료)

① 영 제19조제2항에 따라 권리사용료의 가산여부를 판단하는 경우 권리사용료가 지급되는 장소 또는 권리허락자의 소재지는 고려하지 않는다.

② 규칙 제4조의2제6호의 그 밖에 실질적으로 권리사용료에 해당하는 지급의무가 있고, 거래조건으로 지급된다고 인정할 만한 거래사실은 다음 각 호의 어느 하나를 포함한다.

1. 수입물품의 판매자와 권리사용료를 지급받는 자 또는 권리권자가 영 제23조제1항의 특수관계에 해당하는 경우
2. 특허권 등의 권리권자가 수입물품의 판매자를 선정 또는 지정하는 등 구매자에게 수입물품의 구매에 대한 실질적인 선택권이 없다고 인정되는 경우
3. 구매자가 특허권 등(상표권은 제외한다)의 권리권자로부터 수입물품과 관련된 특허권 등에 대한 전용실시권을 허락받아 판매자에게 그 특허권 등에 대한 통상실시권을 허락하고 구매자가 해당 권리권자에게 해당 특허권 등에 대한 권리사용료를 지급하는 경우

③ 권리사용료를 실제지급금액에 가산하는 경우 다음 각 호의 요건을 모두 충족하는 경우에 한하여 제20조의 가산방법을 준용할 수 있다.

1. 수입신고 1건당 가산할 권리사용료에 해당하는 세액이 5만원 미만이거나 납세의무자가 AEO승인(수입분야)업체인 경우
2. 납세의무자가 권리사용료 산출을 사유로 제6조에 따라 잠정가격신고를 하고 제8조에 따라 확정가격신고를 하는 경우
3. 납세의무자가 권리사용료에 대한 관세를 일시에 납부하고자 별지 18호서식의 확정가격일괄가산신청서를 전자문서로 제출하는 경우

관세법 기본통칙 제30-19-7호

특정한 고안이나 창안이 구현되어 있는 수입물품이 우리나라에서 재현하는 데에만 사용되고 수입물품 자체가 판매되거나 분배되지 않는 경우, 재현하는 권리 이외의 판매권 등은 의미 없는 공허한 권리에 불과하므로 이러한 수입물품에 대한 권리사용료는 과세대상이 아니다.

WTO관세평가협정 제8조에 대한 주해

1. 제8조 제1항(c)에 규정된 로열티 및 라이센스료에는 특히 특허권, 상표권 및 저작권에 관한 지급이 포함될 수 있다. 그러나 수입국 내에서 수입물품을 재현 생산하는 권리의 비용은 수입물품에 대하여 실제로 지급하였거나 지급하여야 할 가격에 가산되지 않는다.

2. 수입물품을 공급하거나 전매하는 권리에 대한 구매자의 지급은, 그러한 지급이 수입물품을 수입국으로 수출하기 위한 판매의 조건이 아니면, 수입물품에 대하여 실제로 지급하였거나 지급하여야 할 가격에 가산되지 않는다.

예해 19.1(협정 제8조 제1항 (c)호에 대한 주해에서 규정하고 있는 "수입물품을 재현하는 권리"의 의미)

2. 제8조 제1항(c)에 대한 주해에서 규정하고 있는 것처럼 "재현생산하는 권리"는 수입물품의 물리적 재현생산(예: 샘플 물품을 수입하여 수입자가 원래 수입물품과 일치하는 복제품을 생산하는데 사용되는 주형을 만드는 경우) 뿐만 아니라 수입물품에 체화된 발명, 창작, 생각, 아이디어를 재현생산하는 권리를 규정한 것으로 보인다.

3. 그것은 과학적 성과물의 원본 및 복제품(예를 들면, 백신 생산을 위하여 필요한 형태로 재현생산될 신종 세균의 균주의 수입), 문학작품의 원본(예를 들면, 책자로 재현생산하기 위한 출판용 원고의 수입), 모형(다른 동일한 모델로 재현생산할 목적의 신형의 자동차 축소모형 수입), 시제품(신형 완구와 똑같은 복제품으로 재현생산될 신형 완구 시제품) 및 동물 또는 식물의 종자(원래 종자의 번식을 억제하기 위하여 재현생산될 유전적으로 변형된 곤충)에도 적용된다.

예해 25.1(제3자 권리사용료 - 일반적인 해설)

7. 구매자가 판매조건으로 로열티 또는 라이센스료를 지급해야 하는지 여부를 결정하기 위한 핵심적인 고려사항의 하나는 구매자가 로열티 또는 라이센스료를 지급하지 않고 수입 물품을 구매할 수 없는지 여부이다. 로열티 또는 라이센스료가 수입물품 판매자와 특수관계가 있는 제3자에게 지급되는 경우는 판매자와 특수관계가 없는 제3자에게 지급되는 경우보다 판매조건으로서 지급되었을 가능성이 더 있다. 제 3자에게 지급되는 경우에도 로열티 또는 라이센스료의 지급이 판매조건으로서 간주되는 다양

한 상황들이 있을 수 있다. 그러나 각각의 상황은 판매 계약과 로열티 또는 라이센스 계약과 같은 관련 문서에 포함된 계약 및 법적 의무사항을 포함한 물품의 판매와 수입을 둘러싼 모든 사실에 기초하여 분석되어야 한다.

8. 구매자가 로열티 또는 라이센스료를 지급하지 않고 수입물품을 구매할 수 없다는 가장 명확한 증거는 수입물품에 대한 판매 문서가 구매자가 판매조건으로서 로열티 또는 라이센스료를 지급해야 한다는 명시적 문구를 포함하는 경우이다. 그러한 언급은 로열티 또는 라이센스료가 판매조건으로서 지급되었는지 여부를 판단하는 결정적인 것이다.

9. 다음은 로열티 또는 라이센스료의 지급이 판매조건인지 여부를 결정하는 데 고려할 수 있는 요소이다.
   (a) 판매 계약 또는 관련된 문서에 로열티 또는 라이센스료에 대한 언급이 있다.
   (b) 로열티 또는 라이센스 계약에 물품의 판매에 대한 언급이 있다.
   (c) 판매 계약 또는 로열티 또는 라이센스 계약의 조건에 따라 구매자가 로열티 또는 라이센스료를 라이센서에게 지급하지 않기 때문에 로열티 또는 라이센스 계약의 위반의 결과로서 판매 계약이 종료될 수 있다. 이것은 로열티 또는 라이센스료의 지급과 평가대상 물품의 판매 간에 관련이 있음을 나타낸다.
   (d) 만일 로열티 또는 라이센스료가 지급되지 않는다면 제조자는 라이센서의 지적재산권이 결합된 물품을 제조하여 수입자에게 판매하는 것이 금지된다고 나타내는 조건이 로열티 또는 라이센스 계약에 있다.
   (e) 로열티 또는 라이센스 계약이 라이센서에게 품질 관리를 넘어서 제조자와 수입자 간의 생산 또는 판매(수입국으로 수출하기 위한 판매)를 관리할 수 있도록 허용하는 조건을 포함한다.

3. 논의배경

수입물품이 특허발명품이거나 저작권 등의 권리가 설정되어 있는 물품인 경우, 구매자는 당해 수입물품에 대하여 통상적인 물품가격 외에 그 위에 설정된 권리를 사용하는 대가, 즉, 권리사용료를 따로 지불하는 경우가 있으므로, 권리사용료와 관련된 평가상의 문제는 구매자가 당해 수입물품 가격 외에 별도로 지급하는 권리사용료가 수입물품의 과세가격에 포함되는지 여부의 문제이다.

특허 등 권리가 설정되어 있는 물품이 수입되는 경우

- 특허권자에게 권리사용료를 판매자가 지급하는 경우 : 권리사용료가 수출가격에 전가되어 있다면 권리사용료의 존재여부는 문제되지 않음
- 권리사용료를 구매자가 지급하는 경우 : 물품가격은 권리사용료만큼 낮은 가격이므로 실제지급금액에 가산조정 필요

4. 권리사용료

(1) 종류

- **권리사용료** : 특허권, 실용신안권, 디자인권, 상표권 및 이와 유사한 권리를 사용하는 대가로 지급하는 것
- 이와 유사한 권리
    1. 저작권 등의 법적 권리
    2. 법적 권리에는 속하지 아니하지만 경제적 가치를 가지는 것으로서 상당한 노력에 의하여 비밀로 유지된 생산방법·판매방법 기타 사업활동에 유용한 기술상 또는 경영상의 정보 등('영업비밀')

    → 법적권리 뿐만 아니라 경제적가치를 가지는 영업비밀도 포함되며, 심지어 물품대금과 별도의 무형재산권의 사용대가를 따로 지급한다는 사실만으로도 "경제적 가치"가 추단된다는 입장이므로 매우 폭넓게 해석하고 있음.

(2) 가산요건1(관련성)

권리	수입물품	관련성이 인정되는 경우
특허권, 실용신안권, 영업비밀	완성품	특허발명품이거나 방법에 관한 특허에 의하여 생산된 물품
	특허에 의하여 생산될 물품의 부분품, 원재료, 구성요소	당해 특허의 내용이 전부 또는 일부가 구현되어 있는 물품
	기계, 설비, 장치 (주요특성을 갖춘 부분품 포함)	방법에 관한 특허실시에 적합하게 고안된 것일 것
디자인권	완성품	당해 디자인을 표현하는 물품
	당해 디자인권에 의하여 생산되는 물품의 부분품 또는 구성요소	당해 디자인의 전부 또는 일부가 표현되어 있을 것
상표권	완성품	상표가 부착되어 있거나, 국내에서 수입상태 그대로 또는 경미한 가공 후에 부착될 것
저작권	완성품	가사, 선율, 영상, 컴퓨터소프트웨어 등이 수록되어 있을 것
기타의 권리		가장 유사한 권리에 관한 규정 준용

권리사용료는 왜 지급되는지, 무엇을 획득하기 위한 지급인지를 검토하여 관련성 여부를 결정

(3) 가산요건2(거래조건)

1. 구매자가 <u>수입물품을 구매하기 위하여</u> 판매자에게 권리사용료를 지급하는 경우

2. 수입물품의 구매자와 판매자간의 약정에 따라 구매자가 <u>수입물품을 구매하기 위하여</u> 당해 판매자가 아닌 자에게 권리사용료를 지급하는 경우

3. 구매자가 <u>수입물품을 구매하기 위하여</u> 판매자가 아닌 자로부터 특허권 등의 사용에 대한 허락을 받아 판매자에게 그 특허권 등을 사용하게 하고 당해 판매자가 아닌 자에게 권리사용료를 지급하는 경우

   → 구매선택권 : 1991.2.23에는 재무부에서 국세심판소의 의견조회에 대하여, 로얄티가 수입물품의 거래조건으로 지급된다는 것은 구매자(수입자)가 동 물품을 구입하기 위하여 로얄티 지급이 요구된다는 것이므로, 만약 구매자가 판매자 또는 그와 특수관계에 있는 자가 아닌 자로부터 물품을 자유로이 구입할 수 있다면 이는 로얄티 지급이 수입

물품의 거래조건이 아니라고 판단할 수 있는 근거가 될 수 있다는 유권해석을 회신(관협 22710-135호, '91.2.23)하였다.
→ 구매자가 권리사용료를 지급하지 않았다면 과연 당해 수입물품을 구입할 수 없었을 것인가의 판단은 단순히 계약서에 명기된 조건에 따라 판단하는 것으로는 충분하지 않고, 거래의 실체와 주변상황, 즉 관련 권리의 종류, 내용, 당해 물품의 생산 및 거래실태, 구매자와 판매자, 생산자 등 관련자들의 관계 등을 종합적으로 검토하여 판단하여야 함

(4) 로열티에 대한 WCO권고의견 비교정리

구분	비과세 결정	과세 결정
저작권 / 재현판매권	수입국의 법률에 따라 지불하는 저작권 로열티 : 비과세(권고의견 4.2)	음악이 재현된 음반의 판매권 허여조건으로 지불된 로열티 : 과세(권고의견 4.7)
특허공법	제조용 특허공법 사용권 취득에 따른 로열티 지불과 별도의 기계장치 구매 : 비과세 (권고의견 4.3)	공정특허와 관련된 기술이 체화된 압연기 수입 시 판매자에 대한 로열티 지불 : 과세 (권고의견 4.12)
상표디자인	국내 상표사용과 별도의 구매계약에 따른 수입 : 비과세(권고의견 4.8) ※ 생산지원 별도	별도 계약을 통한 수입물품에 대한 상표사용 권리를 위해 지불된 로열티 : 과세 (권고의견 4.11)
	수출판매와 관련이 없는 별개의 계약에서 비롯된 상표사용로열티 : 비과세 (권고의견 4.13) ※ 생산지원 별도	생산판매통제 및 계약관계 종료에 따른 수출판매 권한 철회 : 과세 (권고의견 4.15)

(5) 고려사항

- 권리사용료가 지급되는 경우에 실제지급금액에 포함되어 있다면 이를 다시 가산하지 않음
- 구매자가 판매자에게 권리사용료를 지급하도록 합의되어 있었으나, 구매자의 채산성의 악화 등의 사유로 일정 기간 동안 한시적으로 권리사용료 지급을 면제하기로 합의하고 실제로 지급하지 않은 경우 : 과세가격에 가산할 수 없음(조세심판원 '09. 3. 23일 결정, 국심2007관89)

5. 재현생산권

(1) 재현생산권의 의의

- WTO평가협약 제8조에 대한 주해 제1항 다호 : 수입물품을 수입국에서 재생산하기 위한 권리(the charges for the right to reproduce the imported goods in the country of importation)
- 관세법시행령 제19조 제2항 : 특정한 고안이나 창안이 구현되어 있는 수입물품을 이용하여 우리나라에서 그 고안이나 창안을 다른 물품에 재현하는 권리

(2) 재현생산권의 범위 및 예시(WTO평가협약 예해 19.1)

가. 재현생산권의 범위

① **물리적인 재현** : 특정 샘플을 수입하여 수입자가 이에 대한 모울드(주형)를 만들어 당초 수입하고자 했던 것과 동일한 사본(물품)을 제작한 경우
② **수입물품에 구현된 발명, 창작, 생각, 아이디어를 재현**
회로기판에 새겨질 신개발된 회로를 담고 있는 모형도(발명)의 수입, 박물관에서 축소모형을 제작하여 재판매할 목적으로 수입하는 조각작품(창작)의 수입, 연하카드 등에 재현될 만화주인공의 디자인이 새겨진 투명용지(생각 또는 아이디어)의 수입

나. 재현생산권의 예시

- 과학작품의 원본 및 사본 수입 : 백신형태로 재현될 목적으로 박테리아 수입
- 문학작품의 원본 수입 : 책자형태로 재현될 목적으로 원고를 수입
- 모형의 수입 : 동종의 다른 모델로 재현될 목적으로 신형자동차의 축소형모델을 수입
- 시작품, 동식물의 종자 수입 : 종자의 번식을 억제하기 위한 목적으로 재현생산될 유전적으로 변형된 곤충의 수입

(3) 재현생산권에 대한 권리사용료의 과세여부

가. WTO평가협약에 의하면 "수입물품을 수입국에서 재생산하기 위한 권리의 비용은 과세가격을 결정함에 있어 실제지급금액에 추가되지 아니한다"고 규정하고 있으며(WTO평가협약 제8조에 대한 주해 제1항 다호), 우리나라 관세법에서도 "특정한 고안이나 창안이 구현되어 있는 수입물품을 이용하여 우리나라에서 그 고안이나 창안을 다른 물품에 재현하는 권리를 사용하는 대가"는 권리사용료의 범위에서 제외하도록 규정하고(관세법시행령

제19조 제2항), "특정한 고안이나 창안이 구현되어 있는 수입물품이 우리나라에서 재현하는 데에만 사용되고 수입물품 자체가 판매되거나 분배되지 않는 경우, 재현하는 권리 이외의 판매권 등은 의미 없는 공허한 권리에 불과하므로 이러한 수입물품에 대한 권리사용료는 과세대상이 아니다"고 규정하고 있으므로(관세법기본통칙 제30-19-7조) 과세대상이 아니다.

나. 재현생산권은 수입국에서 수입물품을 복제하여 새로운 물품을 생산할 수 있는 권리이므로 수입통관 시점에는 존재하지 아니하는 국내복제물품에 관련되는 것일 뿐 수입물품에 대하여는 관련되지 아니하는 것일 뿐만 아니라, 특정한 고안이나 창안이 구현되어 있는 수입물품이 우리나라에서 재현하는 데에만 사용되고 수입물품 자체가 판매되거나 분배되지 아니하는 경우 재현하는 권리 이외의 판매권 등은 의미없는 공허한 권리에 불과한 것이므로 이러한 수입물품에 대한 권리사용료는 과세대상이 아닌 것이다.

(4) 재현생산권의 판단기준(WTO평가협약 예해 19.1)

① 특정의 아이디어 또는 본래의 작품내용이 수입물품에 구현되어 있는지의 여부
② 재현된 특정의 아이디어 또는 작품이 유보(등록)된 권리인지의 여부
③ 재현할 수 있는 권리가 구매계약서 또는 별도의 약정에 의거 구매자에게 허여 되었는지의 여부
④ 권리의 소유권자가 재현하는 권리를 허여하는 대신에 그 대가의 지급을 요구하고 있는지의 여부

(5) 사례

가. 소프트웨어 원판을 수입하여 국내고객의 컴퓨터에 설치해준 경우

관세법 제9조의3 제1항 제4호에서 그 가산대상에서 제외하고 있는 '당해 물품을 우리 나라에서 복제하는 권리의 대가'라 함은 특정한 고안이나 창안이 구현되어 있는 수입물품을 이용하여 그 고안이나 창안을 다른 물품에 재현하는 권리를 사용하는 대가를 말하는 것이므로, 국내 수입자인 원고가 외국에서 소프트웨어의 원판을 수입하여 이를 국내 고객의 컴퓨터에 설치해 주고 그 대가로 받은 돈의 일부를 로열티로 지급하였다면, 이 로열티는 이른바 재현생산권의 대가로서 수입물품의 과세가격에 포함될 수 없는 것이다.(대법원 1998.8.21.선고, 97누13115판결)

나. 수입 화훼류(장미, 딸기 등)종자의 수입

외국 육종회사의 국내독점대리점에서 라이센스 계약을 체결하여 종자를 삽수(장미 등 화훼류의 줄기에 눈이 달려 있는 상태의 것)의 형태로 수입하여 동 삽수에 달려있는 눈(bud)을 절단 후 토양에 바로 옮겨 심거나 접붙여 묘(苗)를 만드는 경우에 대하여, 수입 화훼종자에 대한 로열티는 신품종을 개발한 육종회사에 당해 종자의 사용대가로 지급하는 금액이며, 동 금액이 삽수 자체에 녹아 있으므로 관련성이 있고, 라이센스 계약서에 규정된 로열티 지불의무를 이행하여야만 화훼종자(삽수)를 수입할 수 있으므로 거래조건성이 있는 것으로 보여지나, 본 건의 경우 수입물품인 화훼종자 자체가 판매되는 것이 아니라, 그것을 재배하여 얻은 눈(묘)으로써 다시 재배한 묘목에 대하여 로열티를 지급하는 것이므로 "식물종자의 재현생산"에 대한 대가로 보아 관련성을 부정하고 과세대상이 아닌 것으로 결정(부산세관 심사관실, 수입화훼류에 대한 로열티 가산여부)

Topic 6 사후귀속이익 핵심요약

1. 관련규정

- 관세법 제30조(과세가격 결정의 원칙) 제3항 제3호
- 관세법 시행령 제19조의2(수입물품을 전매·처분 또는 사용하여 생긴 수익금액의 범위)
- 관세평가 운영에 관한 고시 제23조(사후귀속이익)
- 사례연구 2.1(협정 제8조 제1항 (d)호의 적용)
- 사례연구 2.2(제8조 제1항 (d)호에 따른 사후귀속이익의 처리)

2. 핵심문구

▌관세법 시행령 제19조의2(수입물품을 전매·처분 또는 사용하여 생긴 수익금액의 범위)

법 제30조제1항제5호에서 "해당 수입물품을 수입한 후 전매·처분 또는 사용하여 생긴 수익금액"이란 해당 수입물품의 전매·처분대금, 임대료 등을 말한다. 다만, 주식배당금 및 금융서비스의 대가 등 수입물품과 관련이 없는 금액은 제외한다.

▌관세평가 운영에 관한 고시 제23조(사후귀속이익)

법 제30조제1항제5호에 따른 해당 수입물품을 수입한 후 전매·처분 또는 사용하여 생긴 수익금액은 해당 수입물품과의 거래조건 해당 여부와 관계없이 과세가격에 가산한다.

▌사례연구 2.2(제8조 제1항 (d)호에 따른 사후귀속이익의 처리)

3. 제8조 제1항(d)는 일체의 이러한 지급금액의 가산에 대한 원칙을 규정하고 있고, 협정은 그 범위와 적용을 명확하게 하는 주해는 포함하고 있지 않다. 아울러 협정에는 이러한 지급금액이 판매조건이어야 한다고 명시한 언급은 없다는 점에 유념해야 한다. 따라서 단지 이러한 수익의 존재만으로 제8조에 따른 조정이 요구된다.

5. 제8조 제1항(d)를 적용함에 있어 해당 수입물품을 추후에 전매, 처분 또는 사용하여 생긴 수익(proceeds)은 수입물품과 관련되지 않는 배당금 또는 기타 지급의 구매자로부터 판매자에게로의 이전과 혼동되지 않아야 한다.

Topic 7. 운임 및 보험료 핵심요약

1. 관련규정

- 관세법 제30조(과세가격 결정의 원칙) 제1항 제6호
- 관세법 시행령 제20조(운임 등의 결정)
- 관세법 시행규칙 제4조의3(운임 등의 결정)
- 관세평가 운영에 관한 고시 제24조(운임 및 운송관련비용)
- 관세평가 운영에 관한 고시 제25조(통상운임)
- 관세평가 운영에 관한 고시 제26조(보험료)
- 권고의견 13.1(협정 제8조 제2항(c)에서 정하는 "보험"의 범위)
- 예해 7.1(제1조 규정에 따른 창고보관료와 관련비용의 처리)

2. 핵심문구

관세법 시행령 제20조(운임 등의 결정)

① 법 제30조제1항제6호의 규정에 의한 운임 및 보험료는 당해 사업자가 발급한 운임명세서·보험료명세서 또는 이에 갈음할 수 있는 서류에 의하여 산출한다.

② 제1항에 따라 운임 및 보험료를 산출할 수 없는 경우의 운임 및 보험료는 운송거리·운송방법 등을 고려하여 기획재정부령으로 정하는 바에 따라 산출한다.

③ 기획재정부령으로 정하는 물품이 항공기로 운송되는 경우에는 제1항에도 불구하고 해당 물품이 항공기 외의 일반적인 운송방법에 의하여 운송된 것으로 보아 기획재정부령으로 정하는 바에 따라 운임 및 보험료를 산출한다.

④ 다음 각 호의 어느 하나에 해당하는 물품의 운임이 통상의 운임과 현저하게 다른 때에는 제1항에도 불구하고 법 제225조 제1항에 따른 선박회사 또는 항공사(그 업무를 대행하는 자를 포함한다. 이하 이 항에서 "선박회사등"이라 한다)가 통상적으로 적용하는 운임을 해당 물품의 운임으로 할 수 있다.

1. 수입자 또는 수입자와 특수관계에 있는 선박회사등의 운송수단으로 운송되는 물품

2. 운임과 적재수량을 특약한 항해용선계약에 따라 운송되는 물품(실제 적재수량이 특약수량에 미치지 아니하는 경우를 포함한다)
3. 기타 특수조건에 의하여 운송되는 물품

⑤ 법 제30조제1항제6호의 본문의 규정에 의한 금액은 당해 수입물품이 수입항에 도착하여 본선하역준비가 완료될 때까지 수입자가 부담하는 비용을 말한다.
⑥ 제3항에 따라 산출된 운임 및 보험료를 적용받으려는 납세의무자는 해당 물품에 대하여 법 제27조에 따른 가격신고를 할 때 해당 물품이 제3항에 따른 기획재정부령으로 정하는 물품에 해당됨을 증명하는 자료를 세관장에게 제출해야 한다. 다만, 과세가격 금액이 소액인 경우 등으로서 세관장이 자료 제출이 필요하지 않다고 인정하는 경우는 제외한다.

관세법 시행규칙 제4조의3(운임 등의 결정)

① 영 제20조제2항에 따른 운임은 다음 각 호에 따른다.

1. 법 제241조제2항제3호의2가목에 따른 운송수단이 외국에서 우리나라로 운항하여 수입되는 경우: 해당 운송수단이 수출항으로부터 수입항에 도착할 때까지의 연료비, 승무원의 급식비, 급료, 수당, 선원 등의 송출비용 및 그 밖의 비용 등 운송에 실제로 소요되는 금액
2. 하나의 용선계약으로 여러가지 화물을 여러 차례에 걸쳐 왕복운송하거나 여러가지 화물을 하나의 운송계약에 따라 일괄운임으로 지급하는 경우: 수입되는 물품의 중량을 기준으로 계산하여 배분한 운임. 다만, 수입되는 물품의 중량을 알 수 없거나 중량을 기준으로 계산하는 것이 현저히 불합리한 경우에는 가격을 기준으로 계산하여 배분한 운임으로 한다.
3. 운송계약상 선적항 및 수입항의 구분 없이 총 허용정박 시간만 정하여 체선료(滯船料) 또는 조출료(早出料)의 발생장소를 명확히 구분할 수 없는 경우: 총 허용정박 시간을 선적항과 수입항에서의 허용 정박시간으로 반분(半分)하여 계산된 선적항에서의 체선료를 포함한 운임. 이 경우 실제 공제받은 조출료는 운임에 포함하지 않는다.
4. 법 제254조의2제6항에 따라 통관하는 탁송품으로서 그 운임을 알 수 없는 경우: 관세청장이 정하는 탁송품 과세운임표에 따른 운임

② 영 제20조제3항에서 "기획재정부령으로 정하는 물품"이란 다음 각 호의 어느 하나에 해당하는 물품을 말한다.

1. 무상으로 반입하는 상품의 견본, 광고용품 및 그 제조용 원료로서 운임 및 보험료를 제외한 총 과세가격이 20만원 이하인 물품
2. 수출물품의 제조·가공에 사용할 외화획득용 원재료로서 세관장이 수출계약의 이행에 필요하다고 인정하여 무상으로 반입하는 물품
3. 계약조건과 다르거나 하자보증기간 안에 고장이 생긴 수입물품을 대체·수리 또는 보수하기 위해 무상으로 반입하는 물품
4. 계약조건과 다르거나 하자보증 기간 안에 고장이 생긴 수입물품을 외국으로 반출한 후 이를 수리하여 무상으로 반입하는 물품으로서 운임 및 보험료를 제외한 총 과세가격이 20만원 이하인 물품
5. 계약조건과 다르거나 하자보증 기간 안에 고장이 생긴 수출물품을 수리 또는 대체하기 위해 무상으로 반입하는 물품
6. 신문사, 방송국 또는 통신사에서 반입하는 뉴스를 취재한 사진필름, 녹음테이프 및 이와 유사한 취재물품
7. 우리나라의 거주자가 받는 물품으로서 자가 사용할 것으로 인정되는 것 중 운임 및 보험료를 제외한 총 과세가격이 20만원 이하인 물품
8. 제48조제4항에 따른 우리나라 국민, 외국인 또는 재외영주권자가 입국할 때 반입하는 이사화물로서 운임 및 보험료를 제외한 총 과세가격이 50만원 이하인 물품
9. 여행자가 휴대하여 반입하는 물품
10. 항공사가 자기 소유인 운송수단으로 운송하여 반입하는 기용품과 외국의 본사 또는 지사로부터 무상으로 송부받은 해당 운송사업에 사용할 소모품 및 사무용품
11. 항공기 외의 일반적인 운송방법으로 운송하기로 계약된 물품으로서 해당 물품의 제작지연, 그 밖에 수입자의 귀책사유가 아닌 사유로 수출자가 그 운송방법의 변경에 따른 비용을 부담하고 항공기로 운송한 물품
12. 항공기 외의 일반적인 운송방법으로 운송하기로 계약된 물품으로서 천재지변이나 영 제2조제1항 각 호에 해당하는 사유로 운송수단을 변경하거나 해외 거래처를 변경하여 항공기로 긴급하게 운송하는 물품

③ 제2항 각 호의 물품은 다음 각 호의 구분에 따라 운임을 산출한다. 이 경우 다음 각 호의 적용 운임이 실제 발생한 항공운임을 초과하는 경우에는 해당 항공운임을 적용

한다.
1. 제2항제1호부터 제9호까지의 물품: 우리나라에서 적용하고 있는 선편소포우편물 요금표에 따른 요금. 이 경우 물품의 중량이 선편소포우편물요금표에 표시된 최대중량을 초과하는 경우에는 최대중량의 요금에 최대중량을 초과하는 중량에 해당하는 요금을 가산하여 계산한다.
2. 제2항제10호부터 제12호까지의 물품: 법 제225조제1항에 따른 선박회사(그 업무를 대행하는 자를 포함한다)가 해당 물품에 대해 통상적으로 적용하는 운임

④ 영 제20조제3항에 따른 제2항 각 호의 물품에 대한 보험료는 보험사업자가 통상적으로 적용하는 항공기 외의 일반적인 운송방법에 대한 보험료로 계산할 수 있다.

관세평가 운영에 관한 고시 제24조(운임 및 운송관련비용)

① 법 제30조제1항제6호, 법 제30조제2항제2호, 법 제33조제1항제3호 및 법 제34조제1항제3호에서 "수입항"이란 해당 수입물품이 외국에서 우리나라에 도착한 운송수단으로부터 양륙(일시 양륙은 제외한다)이 이루어지는 항구 또는 공항을 말한다.

② 영 제20조제5항에서 "수입항에 도착하여 본선하역준비가 완료될 때"란 수입물품의 양륙을 할 수 있는 상태가 된 때를 말한다. 이 경우 항해용선계약에서는 「상법」 제838조제1항에 따른 통지를 발송한 때를 말한다.

③ 법 제30조제1항제6호에 따른 금액은 해당 수입물품을 수입항까지 운송하기 위하여 발생하는 비용으로서, 다음 각 호의 금액을 말한다.
1. 수입물품을 운송계약에 따라 운송하는 때에는 해당 운송계약에 의하여 해당 운송의 대가로서 운송인 또는 운송주선인 등에게 실제로 지급되는 금액
2. 수입물품을 용선계약에 따라 운송하는 때에는 해당 용선계약에 의하여 실제로 지급되는 모든 금액(공선회조료를 포함한다)

④ 제3항에 따른 금액은 다음 각 호의 어느 하나에 따른 방법으로 결정한다.
1. 수입물품을 운송하기 위한 선적자재비(資材費) 및 선박개장비(改裝費)를 지급한 경우에는 동 비용을 포함한다.
2. 수입물품의 운임에 수입항에서의 하역비가 포함되어 있고 그 금액이 구분 표시되어 있는 경우에는 동 하역비는 과세가격에 포함하지 아니한다.
3. 구매자(수입자 포함)가 부담하는 선적항에서의 체선료는 과세가격에 포함하며, 선적항에서의 조출료를 공제받은 경우에는 이를 과세가격에 포함하지 아니한다. 다만, 조출료는 수입통관시에 그 금액을 확인할 수 있는 경우에 한하되, 잠정가격

신고의 경우 확정가격 신고일까지 그 금액을 확인할 수 있는 서류제출에 의하여 과세가격에 포함하지 아니한다.

4. 항해용선계약에서 수입물품의 운임과 구분되는 수입항에서의 체선료는 과세가격에 포함하지 아니하고 수입항에서의 조출료는 과세가격에서 공제하지 아니한다.
5. 컨테이너에 의한 문전배달형태(Door to Door)의 운송계약의 경우에 그 운송료가 구분되는 때에는 수입항 도착 이후의 운송료는 과세가격에 포함하지 아니한다.
6. 컨테이너 임차료가 운임과 별도로 지급되는 경우에는 컨테이너의 임차에 소요되는 비용은 과세가격에 포함한다.
7. 수입항에서의 도선료, 예선료, 강취료가 수입물품의 운임과 구분되는 경우에는 이를 과세가격에 포함하지 아니한다.
8. 규칙 제4조의3제1항제4호에 따른 탁송품 과세운임표에 따른 운임은 별표 제1호의 특급탁송화물 과세운임표에 따른다.

⑤ 제3항에 따른 운임 등은 실제지급가격에 포함되어 있지 않은 범위 내에서 해당 실제지급가격에 가산한다. 이 경우 해당 운임 등이 실제지급가격에 포함되어 있는지 여부에 대한 판단은 다음 각 호에 따른다.

1. 수출판매 계약에 따라 수입항까지의 운임 등을 판매자가 지급하기로 한 경우에는 실제지급가격에 포함되어 있는 것으로 취급하여, 실제로 지급되는 운임 등을 고려하지 않는다. 다만, 구매자가 실제지급가격과 별도로 지급하는 수입항까지의 운임 등은 실제지급가격에 가산한다.
2. 수출판매 계약에 따라 수입항까지의 운임 등을 구매자가 지급하기로 한 경우에는 실제지급가격에 포함되어 있지 않은 것으로 취급하여, 해당 수입항까지의 운임 등을 실제지급가격에 가산한다.
3. 수출판매 계약에 따라 선박으로 운송하기로 한 수입물품이 항공으로 운송된 경우(규칙 제4조의3제2항의 적용을 받는 경우는 제외한다)에는 다음 각 목에 따른다.
   가. 해당 계약에 따라 판매자가 수입항까지의 운임 등을 지급하기로 한 경우: 해당 운송방법의 변경에 따른 비용을 구매자가 지급하는 때에는 실제지급가격에 가산하며, 판매자가 지급하는 때에는 실제지급가격에 포함된 것으로 취급한다.
   나. 해당 계약에 따라 구매자가 수입항까지의 운임 등을 지급하기로 한 경우: 해당 운송방법의 변경에 따른 비용은 실제지급가격에 가산한다.
   다. 나목에도 불구하고 해당 운송방법의 변경에 따른 비용을 당초 계약의 약정에 따라 판매자가 지급한 사실이 객관적인 자료로 확인되는 경우에는 실제지급 가격에 포함되어 있는 것으로 취급한다.

▌관세평가 운영에 관한 고시 제25조(통상운임)

영 제20조제4항의 "선박회사등이 통상적으로 적용하는 운임"이란 해당 물품의 종류, 수량 및 운송조건(운송수단의 종류와 운송경로 등을 말한다)을 감안하여 통상 필요하다고 인정되는 수입항까지의 운송을 위한 운임 등을 말한다.

▌관세평가 운영에 관한 고시 제26조(보험료)

① 보험료는 수입물품에 대하여 실제로 보험에 가입된 경우에만 실제지급가격에 가산한다.
② 보험료는 영 제20조제1항에 따라 해당 사업자가 발급한 보험료명세서 또는 이에 갈음할 수 있는 서류에 근거하여 계산한다. 다만, 포괄예정보험에 따른 경우에는 다음 각 호의 어느 하나의 방법으로 계산한다.

1. 수입신고시에 보험사업자가 발행한 보험료명세서를 제출하는 경우에는 이를 보험료로 계산한다.
2. 보험료명세서로 보험료를 계산할 수 없는 경우에는 보험사업자가 발급한 보험예정서류에 근거해 잠정계산하고 보험료가 확정되면 즉시 실제지급한 보험료명세서에 따라 확정 신고한다.
3. 제1호 및 제2호에도 불구하고 수입자는 포괄예정보험이 적용되는 최초 수입물품의 수입신고시에 포괄예정보험료 전액을 가산하여 잠정신고할 수 있으며, 보험료가 확정된 경우에는 최초 수입물품에 가산하여 확정 신고할 수 있다.

▌권고의견 13.1(협정 제8조 제2항(c)에서 정하는 "보험"의 범위)

제8조 제2항의 문맥으로 보아 동 항은 <u>수입물품의 선적에 관련된 비용(운송비용 및 운송관련 비용)</u>에 관한 것이 분명하다. 그러므로 (c)에서 사용된 "보험(insurance)"이라는 단어는 협정 제8조 제2항(a) 및 (b)에 명시된 활동 중에 물품을 위해 발생된 보험료만 언급하는 것으로 해석되어야 한다.

예해 7.1(제1조 규정에 따른 창고보관료와 관련비용의 처리)

18. 운송과정에서 물품의 부수적인 보관으로부터 발생하는 이러한 종류의 비용은 물품의 운송과 관련되는 비용으로 간주되어야 한다. 그러므로 협정 제8조 제2항(b)의 규정에 따라 처리되거나, 만약 수입 후 비용이 발생된 경우라면 수입물품에 대하여 실제로 지급하였거나 지급하여야 할 가격과 구별되는 경우에 수입 후의 운송비용은 과세가격에 포함되지 않는다고 규정하는 제1조에 대한 주해에 따라 처리되어야 한다.

3. 운임·보험료 및 운송 관련비용 도식화

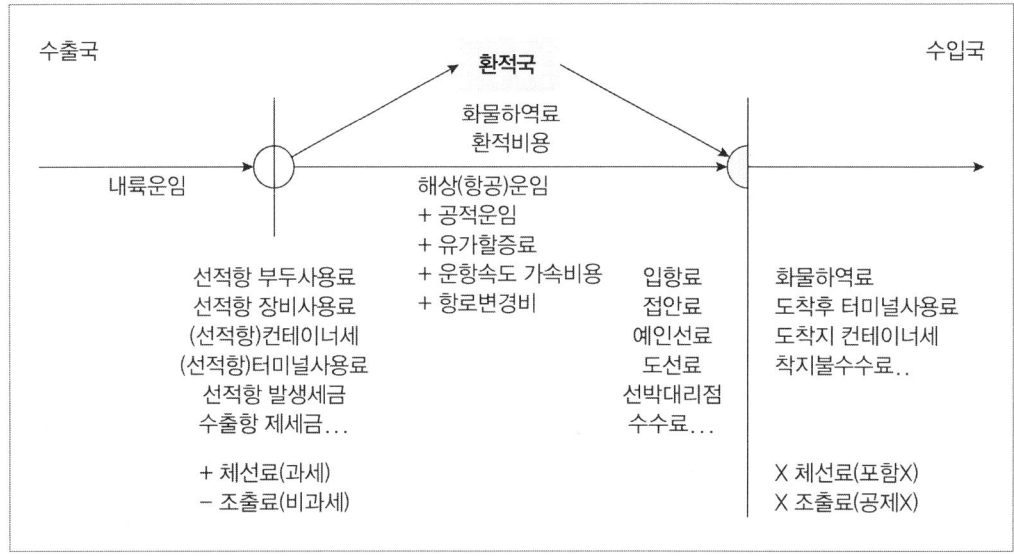

4. 사례연습

연습문제

01 다음 각 비용의 과세 여부를 판단하고 이유를 설명하시오.
 (1) 운송 중인 동물에게 공급한 사료 구입비
 (2) 수출항에서 선적 직전에 발령된 태풍경보가 해제될 때까지 일시 창고에 보관한 비용
 (3) 위험물인 당해 수입물품에 대하여 수출항 당국의 지시로 추가 소요된 방재(防災)비용
 (4) ex-factory 조건으로 구입한 물품을 현지에서 전매하는 방안을 타진하는 동안 수출항에서 일시 보관하는데 소요된 창고비용

모범답안

실제지급가격에 가산할 <u>운송관련비용의 발생원인은 당해 수입물품의 운송에 관련 또는 부수되는 행위</u>이다. 따라서 수입물품이 산 동물인 경우의 운송도중의 사료공급은 물론 운송도중의 안전을 기하기 위한 방재활동 등에 소요된 비용은 실제지급가격에 가산 대상이다. 그러나 (4)의창고보관은 당해 물품의 운송과 무관한, 구매자의 계산과 책임으로 수행한 행위(Activities undertaken by the buyer on the buyer's own account)에 속한다. 그에 따른 비용은 운송관련비용도 아니고 과세가격을 구성하지도 않는다.

02 수입자는 액화천연가스(LNG) 100톤을 FOB 1,000달러(단가 10달러)에 계약한다. 천연가스의 냉각상태(-130 ~ -160℃)를 유지하기 위해 특수 건조한 탱크선박으로 운반하는데, 기술력의 한계로 선적항(카타르)에서 수입항(인천)까지 운송 도중 1톤 정도의 LNG가 증발(Boil Off)했다. 운송선박은 이 증발가스를 이용해 선박의 난방연료로 사용하며 수입항 도착 후 선적항에서 운송선박의 탱크냉각(-130 ~ -160℃) 상태를 유지하기 위해 1톤의 잔존가스(HEEL가스)를 운송선박 에 남겨뒀다. 수입자는 증발가스(BOG 1톤)와 잔존가스(HEEL 1톤)를 제외한 수량 98톤을 FOB 1,000달러로 가격신고를 하고 수입통관을 하였다. 운항선사의 운임명세서 상에는 BOG와 HEEL GAS의 가격에 상당하는 운임이 포함되지 않은 금액으로 청구된 경우의 관세평가 방안에 대하여 설명하시오.

모범답안

조세심판원 '14. 2. 4일 결정, 조심 2013관0229

쟁점 : BOG와 HEEL GAS에 상당하는 가격(2톤 × 10달러 = 20달러)의 과세 여부

1. 실제지급금액 포함 여부

(1) 조건사정 여부 : LNG 장기도입계약(30년) 협상과정에서 LNG의 원거리(카타르-한국) 수송에 따른 BOG 발생을 고려해 양 당사자는 FOB 교역특성을 반영해 시장 LNG 가격을 조정하는 계약은 통상적인 거래경로를 통해 완전한 경쟁적 조건하에서 판매되거나 판매를 위해 제의되는 가격을 위한 계약에 해당하므로 관세법 제30조에서 규정하고 있는 조건 또는 사정에 해당하지 않음(관세평가협의회 08-03-02)

(2) 1,000불에 BOG와 HEEL GAS 20불이 포함되어 있는지 여부

- 과세가격 고시 제42조(산물통관시 수량의 과부족에 따른 과세가격) 산물통관시 수량이 과부족한 경우의 과세가격은 다음 각 호에 의하여 결정한다.
  1. 계약서 등의 내용으로 보아 수입물품이 단가로 거래된 것일 때에는 가격조정약관에 따라서 실제 반입되는 수량에 단가를 곱한 금액을 과세가격으로 한다.
  2. 수입물품의 가격이 전체수량에 대한 총액으로 거래된 것인 때에는 실제지급되는 총액을 과세가격으로 한다.
- FOB 거래조건의 경우에 수출자와는 오직 물품가격에 대해서만 결정하고, 운임은 운송선사와 별개의 계약에 의해서 지급하기 때문에 물품가격과 운임은 아무런 상관관계가 없다. 만약, 쟁점물품이 CIF조건으로 거래되었다면 수출자에게 지급하는 금액에 물품가격과 운임이 포함되어 있어 이중과세의 문제가 발생할 수 있으나, FOB조건에서는 물품가격에 운임이 포함될 수 없는 구조이기 때문에 이중과세 문제가 발생할 수 없다.

2. 운임으로서의 과세 여부

운송선사는 동 사용량만큼 운송비용에서 제외하고 청구법인에게 운송비용을 청구하여 청구법인은 운임의 일부를 현물로 부담한 것으로 볼 수 있으므로, 처분청이 이 건 BOG 및 HEEL GAS를 「관세법」 제30조 제1항 제6호의 규정에 따라 가산요소인 운임으로 보아 과세한 처분은 달리 잘못이 없다.

[단독] 관세청-가스공사, 930억원대 'Heel BOG' 소송서 법원 '조정 권고' 수용

관세청, 납부된 관세 등 전액 환급...법조계 "형식은 조정권고 지만 사실상 관세청 패소"

신경철기자 goshinko@tifnews.co.kr
등록 2017.09.07. 11:12:49

(조세금융신문=신경철 기자) 관세청과 한국가스공사가 930억원 상당의 'Heel BOG'(공선 항해시 발생되는 증발가스) 소송에서 법원의 조정권고를 수용했다. 법조계에서는 형식은 조정권고지만 사실상 관세청의 패소라는 분석이다.

6일 업계와 사정기관에 따르면 관세청과 가스공사는 각각 지난달 2일과 10일 서울행정법원의 조정권고를 수용해 관세청은 납부된 관세 등을 환급하고, 가스공사는 소(訴) 취하서를 제출했다. 조정권고 내용은 관세부과처분 취소 소 취하, 소송비용 각자 부담이다.

행정소송의 '조정권고'는 법원이 행정처분을 내린 부처에 처분을 낮출 것을 권고하고, 소송을 제기한 원고에서는 소송 취하를 권고하는 방식으로 이뤄진다. 하지만 관세청이 부과한 관세 등의 세금 전액이 환급됨에 따라 1심에서 패소한 것과 유사한 결과가 이뤄졌다.

관세청 부과금액은 관세 74억원, 가산세 253억원, 부가세 603억원이다.

03 산물을 운송물품으로 하여 선박회사와 선적계약을 체결하였다. 그러나 적재수량이 반드시 결정되는 것이 아니기 때문에 약 500 M/t를 선적할 수 있는 선복을 대상으로 하고 운임은 적재수량의 여하를 불문하고 5,000불로 계약하였다(Lump Sum 방식의 계약).

실제의 선적수량은 520 M/T였지만 이 때 지불된 운임은 물론 계약에 따라 5000불이었다. 이 같은 경우 과세가격에 가산될 운임은 실제로 지불된 5000불인지 그렇지 않으면 선박회사가 공표하고 있는 단위수량 당 운임율에 적재수량을 곱하여 나온 금액인가?(단, 5천불의 실제운임은 통상의 운임과 유사한 수준임)

모범답안

수입항에 도착하기까지의 운송에 요하는 운임이란, 수입물품을 수입항가지 운송하기 위하여 실제로 요한 운임을 말하는 것이므로 Lump Sum 방식에 용선계약에 의하여 지불된 운임도 그 실제지급금액이 해당하는 운임이 된다. 따라서 사례의 경우에는 실제로 지불된 운임 5,000불이 과세가격에 가산된다.

04 수입물품의 과세가격은 실제지급금액으로 하고 있는 바, 다음 과세가격을 산출하시오.

물품대금 : FOB $1,000,000

(가) 수출자가 수입자 L/C 개설은행의 신용을 믿지 못하여 수출자가 지정한 은행으로부터 별도의 Confirm을 받도록 하고 수입자로 하여금 별도의 금융수수료($50)를 지급하도록 함

(나) 수입자가 제3국에 소재한 Dealer에게 요청하여 수출국에 소재한 제조업체 물색 및 가격조정 등 중개업무 수행을 부탁하고 수출자가 부담한 비용과 별도로 수수료(물품대금 1%)를 지급함

(다) 수입물품에 사용할 금형을 수출국에 소재한 전문업체에 수출자를 통하여 별도로 제작 의뢰하고 소요비용($50,000)을 수출자에게 별도로 송금하였음

(라) 금번 사우디아라비아로부터 원유를 수입하면서, 용선계약으로 운송하고자 하였으나 현지 항만사정이 좋지 않아 일주일간 선적을 대기하였는 바, 수입물품 대금과 별도로 선박회사에 체선료 $100을 지급하였음

(마) 수출자와 합의하에 수입물품에 함유된 유황물질의 양을 측정하는 검사를 실시하고 품질검사 비용 $450을 지급하였음

> **모범답안**
>
> 가) 다) 마)는 실제지급금액의 일부인 간접지급금액이고, 나)의 경우는 중개수수료로서 가산요소에 해당함. $1,060,600

2007년 제4회 관세평가협의회결정사항

[결정 07-04-01]

1. 질의내용

질의배경

- 신청인 ○○○트레이딩(주)은 중국의 관계사 ○○차이나(주)와 '07. 3월 "구매대행 및 구매수수료 지급계약"을 체결하고, 양사의 중국내 수출판매자(생산자)의 생산과정(원부자재 구매 및 조달, 원부자재 Quality 및 BT 제공 등)에 대한 관리비용을 생산량 비율에 따라 안분하여 ○○차이나에게 구매대행수수료 명목으로 지불할 경우 관세법 제30조제1항제1호의 가산요소에 해당하는지 여부에 대하여 과세가격사전심사를 신청함

거래내용

- 신청인은 ○○그룹의 자회사로 01.12.19. 설립된 법인으로 아동복(브랜드 : 아○○)을 전량 중국의 생산자로부터 수입하여 국내 주요 백화점을 통하여 판매하는 회사임
- ○○차이나 역시 ○○그룹의 자회사로서 '02.12.18. 중국 상해에 설립되었으며 '05년도부터 신청인과 같은 상품(아○○ 브랜드)을 중국의 고급 백화점에서 판매하는 회사임
- 신청인은 '01년부터 중국내 생산자를 통해 아동복을 수입하여 판매하여 왔으며, '05년부터 ○○차이나가 신청인과 같은 상품을 중국에서 제조하여 중국내 판매를 시작함에 따라
  - 중국내 ○○차이나에 생산관리를 전담할 "통합생산관리팀"을 구성하고, 이에 따른 비용지불을 위해 "구매대리계약 구매수수료로서 매월 $8,000을 선급하며, 구매수수료의 계산은 총 운영경비 × 구매자의 구매액 ÷ 총구매액으로 계산되고 총 운영경비는 사무실임차료, 사무실관리비, 출장비, 핸드폰비등 통신비, 사무용품비, 샘플원단구입비, 집기비품, 원단검사비등을 포함한 금액으로 차액발생시 사후 정산"을 체결.
- 구매대행 및 구매수수료지급 계약서상 구매대행업무의 범위는 ① 제품생산을 위한 업체 선정 및 발주, ② 제품 원가결정에 대한 정보제공, ③ 생산업체와의 계약체결 및 신청인에게 송부, ④ 제품생산을 위한 원부자재 구매 및 조달 원부자재 대부분은 생산자가 직접

조달하나, 생산자가 조달하기 어려운 일부 원부자재를 OO차이나가 공급업체를 선정하여 조달하며(Sourcing 협조), 원부자재의 물대는 공급업체와 신청인간 직접 정산(신청인 주장), ⑤ 원부자재 Quality 및 BT 제공, ⑥ 제품생산과정 관리를 위한 생산업체 관리(QC, LINE투입 확인), ⑦ 제품 품질검사, ⑧ 제품하자에 대한 CLAIM 제기시 그에 따른 CLAIM 업무처리, ⑨ 구매대행수수료 산정 및 청구이나
  - 자료를 통해 OO차이나가 실제로 수행하고 있는 활동은 계약서상의 ④, ⑤, ⑥, ⑦의 활동임
- 신청인(구매자)은 중국의 수출자(생산자)와 아동복 구매계약을 체결하며, 수출판매자(중국)는 OO차이나의 생산관리, 품질검사 등의 관리 감독 하에 상품을 생산하여 신청인에게 선적함 [계약서에는 품명, 규격, 수량, 단가, 대금결제조건(FOB)만 기재되었으며(신청인이 제출한 계약서중 1개에 완제품 검사는 선적 3일 이전까지 신청인이 실시하며, 판매자는 신청인으로부터 검사리포트를 제시받은 이후 선적하여야 하고 검사지연으로 인한 손해는 신청인이 보상하도록 하고 있음), 대금결제방식은 신용장 또는 송금방식임]

2. 협의회 결정

- ○○차이나가 제공한 용역은 구매대리에 해당하며, 쟁점수수료는 구매수수료로 실제지급금액에 가산되지 않음. 다만, 원부자재 구매 및 조달에 따른 수수료부분은 생산지원비로 실제지급금액에 가산되어야 함

이유

- WCO 해설 2.1에 의하면 구매대리인은 구매자의 계산으로 활동하는 자로서 공급자를 물색하고 수입자의 요구사항을 판매자에게 알려주고 샘플을 수집하고 물품을 검사하며 때로는 보험·운송·보관 등을 주선하는 역무를 제공하는 자로 해설하고 있음

- WCO 예해 17.1에서 구매수수료로 인정되려면 구매대리인이 수행하는 업무가 WCO 해설 2.1에서 해설하고 있는 구매대리인의 활동이 입수가능한 문서에 의거 충분히 입증되어야 하며 구매대리인이 수행하는 서비스와 다른 어떤 위험이나 추가 서비스를 수행하는 지를 확인하여 구매수수료 여부를 확인하도록 규정하고 있음

- 본 건의 경우, 07년부터 OO차이나에서 구성·운영하고 있는 통합생산관리팀의 임무는 신청인을 대리하여 중국의 생산자 선정 및 구매계약체결, 원부자재 구매 및 조달, 생산과정

상의 품질관리(QC, Line 투입 및 확인), 완제품 품질검사 등의 용역임

- 따라서, OO차이나(구매대리인)는 신청인(구매자)의 계산으로 활동하는 자로서 구매자를 위하여 수입자의 요구사항을 판매자에게 알려주고(품질관리) 물품을 검사하는 등의 역무를 제공하는 자로서 WCO 해설 2.1에서 해설하고 있는 구매대리인의 역무를 수행하고 이에 대한 대가를 지급받는 것이므로 신청인이 구매대리인에게 지급하는 구매수수료는 과세가격에 가산되지 않음

- 다만, OO차이나가 수행하는 원부자재 구매 및 조달업무와 관련된 수수료는 구매자인 신청인이 OO차이나(구매대리인)에 무상제공 원부자재의 구입을 위하여 지불하는 것으로, 이와 관련된 수수료는 무상제공 원부자재의 구입에 소요된 취득원가의 일부로 실제지급금액에 생산지원비로 가산되어야 함

Topic 9 수수료 관련 주요 판례

[대법원, 2015두49320, 2017. 4. 7.]

판시사항

수입물품에 대한 관세의 과세가격을 결정하는 방법 및 이때 수입자가 국내 구매자에 대한 독립적인 판매자인지 수출자의 판매대리인인지 판단하는 방법 / 수입자가 수출자의 국내 자회사로서 물품 수입 및 공급거래의 과정에서 모회사의 지시에 따르거나 수입물품에 관한 경제적 위험을 모회사와 분담하는 등 일반적인 제3자 사이의 거래와 다른 특수한 점이 있으나 그것이 거래통념상 모회사와 자회사 사이에서 보통 이루어지는 거래방식에서 벗어나지 않은 경우, 관련 당사자들 사이의 계약 내용을 무시하고 자회사를 판매대리인에 불과하다고 단정할 수 있는지 여부(소극)

판결요지

수입물품에 대한 관세의 과세가격은 구매자가 실제로 지급하였거나 지급하여야 할 가격에 수수료, 운임 등을 조정한 거래가격으로 한다(관세법 제30조 제1항). 그러므로 그 과세가격은 원칙적으로 물품의 수입자가 해외 수출자에게 지급한 수입가격을 기초로 결정하여야 한다. 다만 수입자가 해외 수출자의 국내 판매대리인에 불과하여 실질적으로는 국내 구매자가 해외 수출자로부터 직접 수입한 것과 동일하게 볼 수 있는 특별한 사정이 있는 때에는 실질에 따라 국내 구매자가 수입자에게 지급한 가격이 과세가격 결정의 기준이 될 수 있다. 이때 수입자가 국내 구매자에 대한 독립적인 판매자의 지위에 있는지 아니면 수출자의 판매대리인으로서 단순 보조자에 불과한지는 물품 수입계약 및 국내 구매자에 대한 판매계약의 각 계약당사자, 수입가격 및 국내 판매가격의 결정 방식, 국내 구매자에 대한 물품공급 과정, 수입물품에 관한 위험부담의 법적 귀속주체, 관세회피 목적의 유무 등을 종합적으로 고려하여 거래관념과 사회통념에 따라 합리적으로 판단하여야 한다. 다만 납세의무자는 경제활동을 할 때 특정 경제적 목적을 달성하기 위하여 어떤 법적 형식을 취할 것인지 임의로 선택할 수 있고, 과세관청으로서도 그것이 가장행위라거나 조세회피 목적이 있다는 등의 특별한 사정이 없는 한 납세의무자가 선택한 법적 형식에 따른 법률관계를 존중하여야 한다. 그러므로 수입자가 수출자의 국내 자회사로서 물품 수입 및 공급거래의 과정에서 모회사의 지시에 따르거나 수입물품에 관한 경제적 위험을 모회사와 분담하는 등 일반적인 제3자 사이의 거래와 다른 특수한 점이 있다고 하더라도, 그것이 거래통념상 모회사와 자회사 사이에서 보통 이루어지는 거래방식에서 벗어난 것이 아니라면, 관련 당사자들 사이의 계약 내용을 무시하고 자회사를 수입물품의 구매자가 아닌 판매대리인에 불과하다고 쉽게 단정할 것은 아니다.

이유

상고이유를 판단한다.

1. 수입물품에 대한 관세의 과세가격은 구매자가 실제로 지급하였거나 지급하여야 할 가격에 수수료, 운임 등을 조정한 거래가격으로 한다(관세법 제30조 제1항). 그러므로 그 과세가격은 원칙적으로 물품의 수입자가 해외 수출자에게 지급한 수입가격을 기초로 결정하여야 한다. 다만 수입자가 해외 수출자의 국내 판매대리인에 불과하여 실질적으로는 국내 구매자가 해외 수출자로부터 직접 수입한 것과 동일하게 볼 수 있는 특별한 사정이 있는 때에는 그 실질에 따라 국내 구매자가 수입자에게 지급한 가격이 과세가격 결정의 기준이 될 수 있다. 이때 수입자가 국내 구매자에 대한 독립적인 판매자의 지위에 있는지 아니면 수출자의 판매대리인으로서 단순 보조자에 불과한지는 물품 수입계약 및 국내 구매자에 대한 판매계약의 각 계약당사자, 수입가격 및 국내 판매가격의 결정 방식, 국내 구매자에 대한 물품공급 과정, 수입물품에 관한 위험부담의 법적 귀속주체, 관세회피 목적의 유무 등을 종합적으로 고려하여 거래관념과 사회통념에 따라 합리적으로 판단하여야 한다.

다만 납세의무자는 경제활동을 할 때 특정 경제적 목적을 달성하기 위하여 어떤 법적 형식을 취할 것인지 임의로 선택할 수 있고, 과세관청으로서도 그것이 가장행위라거나 조세회피 목적이 있다는 등의 특별한 사정이 없는 한 납세의무자가 선택한 법적 형식에 따른 법률관계를 존중하여야 한다(대법원 1991. 5. 14. 선고 90누3027 판결, 대법원 2009. 4. 9. 선고 2007두26629 판결 등 참조). 그러므로 수입자가 수출자의 국내 자회사로서 물품 수입 및 공급거래의 과정에서 모회사의 지시에 따르거나 수입물품에 관한 경제적 위험을 모회사와 분담하는 등 일반적인 제3자 사이의 거래와 다른 특수한 점이 있다고 하더라도, 그것이 거래통념상 모회사와 자회사 사이에서 보통 이루어지는 거래방식에서 벗어난 것이 아니라면, 관련 당사자들 사이의 계약 내용을 무시하고 그 자회사를 수입물품의 구매자가 아닌 판매대리인에 불과하다고 쉽게 단정할 것은 아니다.

2. 원심판결 이유와 원심이 적법하게 채택한 증거에 의하면 다음과 같은 사실을 알 수 있다.
   1) 원고는 2005. 3. 29. 홍콩 소재 아시아 미네랄 리미티드(ASIA MINERAL LIMITED, 이하 'AML 홍콩'이라고 한다)가 설립하여 그 지분 100%를 보유하고 있는 내국법인이다. AML 홍콩은 철강 원부자재인 합금철을 전 세계로 수출하는 회사로, 세계 각국에 원고를 포함한 10개 지사를 두고 있다.
   2) 원고의 주요 수입물품은 전기로에 의한 제강과정에서 불순물을 제거하기 위하여 사용되는 발산제 또는 합금성분 첨가제인 페로 망간 또는 페로실리코 망간(이하 '이 사건 물품'이라고 한다)인데, 2009년 이후 현재까지 AML 홍콩을 통해서만 이를 전량 수입하였다.
   3) 국내 제강사들(이하 '국내 구매자들'이라고 한다)은 이 사건 물품을 구매하기 위하여 원고를 비롯한 국내외 공급자들에게 경쟁입찰방식으로 초청공문을 발송하였고, 원고는 입찰에 참가하여 최저 입찰가로 낙찰을 받게 되면 AML 홍콩으로부터 이 사건 물품을 수입하여 국내 구매자들에게 공급하여 왔다.
   4) 원고는 이러한 방식으로 AML 홍콩으로부터 이 사건 물품을 263회에 걸쳐 수입하면서 AML 홍콩과 체결한 매매계약에 정한 수입가격을 과세가격으로 하여 관세 등을 신고·납부하였다.
   5) 피고는 2013. 6. 22. 원고가 이 사건 물품의 실제 구매자가 아니라 특수관계자인 AML 홍콩의 판매대리인에 불과하고 이 사건 물품 수출입거래의 실질적인 당사자는 AML 홍콩과 국내 구매자들이라고 보아, 국내 구매자들이 이 사건 물품의 구매를 위하여 원고에게 지급한 가격을 실제 구매가격으로 하고 여기에서 국내 운송비 등을 차감하여 조정한 거래가격을 기초로 관세 등을 원고에게 경정·고지하는 이 사건 처분을 하였다.

3. 위와 같은 사실관계와 더불어 기록에 의하여 알 수 있는 다음과 같은 사정들을 앞에서 본 법리에 비추어 살펴보면, AML 홍콩으로부터 이 사건 물품을 구매한 수출입거래의 당사자는 원고로 봄이 타당하고, 그 과정에서 원고가 모회사인 AML 홍콩의 지시를 받았다는 등의 사정이 있다고 하여 달리 볼 것은 아니다.
   1) 원고는 국내 구매자들의 입찰공고에 응하여 입찰에 참가한 후 최저 입찰가로 낙찰받아 원고 명의로 국내 구매자들과 이 사건 물품 판매계약을 체결함으로써 국내 구매자들에게 직접 이 사건 물품을 공급할 의무를 부담하였고, 이를 토대로 AML 홍콩과 이 사건 물품의 수입계약을 체결하였으며, 실제 이행과정에서도 원고는 국내 구매자들에 대한

이 사건 물품의 공급자로서 계약상 책임을 이행하였다.

2) 또한 원고와 국내 구매자들 사이의 이 사건 물품 판매계약은 매도인이 물품을 수입·통관하고 지정된 목적지까지 운송하여야 하는 관세지급반입 인도조건(Delivered Duty Paid 조건, 이하 'DDP 조건'이라고 한다)으로 체결되었고, 원고와 AML 홍콩 사이의 이 사건 물품 수입계약은 매도인이 수입항까지의 해상운임과 보험료를 부담하는 운임보험료 포함조건(CIF 조건)으로 체결되었다. 이로써 이 사건 물품이 수입항에 도착한 이후 국내 구매자들이 지정한 목적지에 도착하기까지는 원고가 이 사건 물품에 대한 소유권을 보유하고 그 멸실의 위험 및 납품지연에 따른 손해배상책임도 원고가 부담하며, 국내 구매자들에 대한 물품대금채권도 원고가 보유한다고 할 것이다. 또한 국내 구매자들로서도 CIF가격이 아니라 수입통관절차까지 마쳐서 납품할 것을 전제로 하는 DDP 조건으로 구매가격을 정하여 거래한 것은 해외 수출자인 AML 홍콩이 아니라 원고를 거래상대방으로 하여 거래할 의사였던 것으로 봄이 상당하다.

3) 한편 원고가 국내 구매자들과 이 사건 물품 판매계약을 체결하면서 AML 홍콩으로부터 가격협상에 관한 구체적인 전략 등을 지시받았고, 이 사건 물품의 수입가격을 결정할 때에도 독자적인 가격협상을 거친 것은 아니며, 재고관리의 위험뿐만 아니라 AML 홍콩과의 수입계약 조항을 통하여 이 사건 물품의 납품지연에 따른 손해배상책임과 대금결제에 관한 위험도 사실상 부담하지 아니하였던 사정은 인정된다. 하지만 이는 모회사와 자회사 사이에 일반적으로 있을 수 있는 협력관계에 따른 것이거나 이 사건 물품 거래의 특수성에서 비롯된 것에 불과하고, 이러한 점이 반영되어 원고는 이 사건 물품의 수입거래 과정에서 불과 수입가격의 1% 내지 2% 정도의 판매이윤을 얻는 데 그친 것으로 볼 수 있으므로, 위와 같은 사정만으로 원고를 이 사건 물품의 판매자인 AML 홍콩의 판매대리인에 불과하다고 단정할 수는 없다.

4) 그리고 원고가 얻은 위와 같은 판매이윤이 통상적인 경우와 비교하여 과다하다거나 또는 원고와 AML 홍콩이 관세 부담을 줄이고자 하는 의도에서 비정상적인 판매이윤을 개재시킨 것이라고 볼 만한 사정도 없다.

4. 그럼에도 원심은 그 판시와 같은 이유만으로 원고가 국내 구매자들의 수입통관상 어려움을 줄여주기 위하여 이 사건 물품을 AML 홍콩으로부터 수입하여 국내 구매자들에게 전달하여 주는 판매대리인 지위에 있다고 보아, 국내 구매자들이 이 사건 물품의 구매를 위하여 원고에게 지급한 가격을 실제 구매가격으로 보고 이를 기초로 조정한 가격을 과세가격으로 한 이 사건 처분이 적법하다고 판단하였다. 이러한 원심의 판단에는

관세법상 과세가격 결정에 관한 법리를 오해하여 판결에 영향을 미친 잘못이 있다. 이를 지적하는 상고이유의 주장은 이유 있다.

그러므로 나머지 상고이유에 대한 판단을 생략한 채 원심판결을 파기하고, 사건을 다시 심리·판단하도록 원심법원에 환송하기로 하여, 관여 대법관의 일치된 의견으로 주문과 같이 판결한다.

대법관 권순일(재판장) 박병대(주심) 박보영 김재형

Topic 10 수수료와 중개료 관련 주요 유권해석

1. 쟁점물품의 수입거래에서 청구법인이 구매자인지 판매대리인인지 여부

   [조심 2015관0181]

   > [결정요지]
   >
   > 쟁점물품에 대한 구매주문서, 수입신고서, 선하증권, 송품장 등에 청구법인이 **구매자로 기재**되어 있는 점, 청구법인은 공장등록을 하고 조립 등 제조업을 영위하고 있는 점, 쟁점물품은 FOB 인도조건 으로서 선적 이후 발생하는 비용과 위험을 청구법인이 부담하고 있는 점, 판매계약서에 실수요자가 쟁점물품의 대금지급을 지연하거나 불이행하는 경우 청구법인이 그 위험을 부담하도록 약정하고 있는 점, 미조립 상태의 수입물품으로 조립 등 제조과정에서 발생한 불량품을 청구법인의 책임과 계산으로 폐기하고 있는 점, 수출자와 실수요자가 쟁점물품과 동일한 프로브카드를 직접 거래한 사실이 있는 점 등에 비추어 청구법인을 쟁점물품의 구매자로 보는 것이 타당함

2. 청구법인이 해외특수관계법인에게 지급한 수수료를 구매대리인에게 지급한 구매수수료로 보아 과세가격에 가산하지 않을 것인지 물품을 구매하여 수출하는 판매자에게 지급한 것으로 보아 과세가격에 가산할 것인지 여부

   [조심 2012관0044]

   > [사실관계 및 판단]
   >
   > (1) 쟁점물품의 수입거래를 보면, 청구법인은 종전 OO과 체결하였던 구매대리계약을 해지하고, 2008.10.1. OO 소재 OO의 판매법인인 OO와 구매대리계약을 체결하였는데, OO는 해외공급자 물색, 샘플수집 및 전달, 판매법인의 주문 및 요구사항을 제조자에게 전달하고, 판매법인과 제조사 사이의 하자처리과정을 돕는 등 용역을 수행하는 계약을 체결하였다. OO는 청구법인 에게 물품대금(FOB 가격)과 TAC비용, 물품가격의 8.25% 상당액의 수수료를 청구하는데 청구 법인은 이를 사후송금방식(T/T)으로 OO에게 지급하고, 이 중 물품대금은 OO가 각 제조자에게 지급하고, 제조자는 쟁점물품 B/L상에 청구법인을 수하인으로 하고 FOB 조건으로 청구법인에 게 물품을 선적한다. 청구법인은 선적항에서 도착항까지의 쟁점물품의 운송비와 운송위험에 대한 보험료를 부담한다.

(4) 위 사실관계 및 관련규정을 종합하여 살피건대, 청구법인이 쟁점물품을 주문하면 OO는 제조자에게 청구법인의 주문번호, 고객번호, FOB운송조건으로 제품을 선적하라고 전달한 점, 쟁점물품 선하증권상 송하인은 제조자이고 수하인은 청구법인으로 기재되어 있는 점, 이 건 쟁점물품의 운송 위험에 대하여 청구법인이 보험에 가입하고 보험료를 지급하고 운송선사에 운송비용을 지급한 점, 대금지급에 있어 OO는 송품장상의 금액 중 물품대금을 제조자에게 전달한 점, 청구법인은 OO와 지속적인 의견교환 및 OO에서 주최하는 글로벌마케팅회의에 참석하여 제품개발이나 거래가격에 대한 의견을 제시하고 제조자들과 협의를 통해 최종적으로 제품을 생산하여 수입될 제품과 수입거래가격이 결정되는 점, 청구법인은 수입한 쟁점물품의 하자처리에 있어 OO에게 하자처리를 요청하고 OO는 청구법인의 하자처리요청을 제조자에게 전달하고 청구법인과 제조사 사이에서 하자처리과정을 협의하는 역할만을 하고 하자에 대한 책임이나 클레임 비용을 제조자가 부담한 점 등에 비추어 보면, 이 건 쟁점물품에 대한 매매계약의 당사자는 청구법인과 제조자로 볼 수 있는 측면이 있으므로 청구법인이 OO에게 지급한 쟁점수수료는 과세가격에서 제외되는「관세법」제30조 제1항 제1호 단서에 규정된 구매수수료로 볼 수 있는 여지가 있다 할 것이다.

다만, 쟁점물품에 대한 구매서비스가 다양할 것임에도 물품대금의 일정율로 수수료를 지급하기로 약정한 점, 쟁점물품을 제조하기 위해서는 상표권자인 OO로부터 권한을 허여 받아야 하는데 OO가 그 제조권한을 OO에 위임한 바, OO는 OO를 위해 용역을 수행하면서 청구법인으로부터 쟁점수수료를 지급받고 있어 쟁점수수료에는 구매서비스 대가만 있다고 보기 어려운 점 등을 종합할 때, 쟁점수수료 중 구매수수료의 유무 및 액수 등에 대하여 재조사하여 이 중 구매수수료에 해당하는 금액만을 과세가격에서 제외하는 것으로 하여 쟁점물품의 과세가격을 결정함이 타당하다고 판단된다.

3. 청구법인을 특수관계자의 지시에 따라 쟁점물품을 국내 실수요자에게 인도하는 대리인으로 보고 청구법인이 수취한 마진을 판매수수료로 보아 이를 과세가격에 가산한 처분의 당부

[조심 2013관0197]

[사실관계 및 판단]
(1) 2013년 8월 현재 OO본사가 청구법인의 지분을 100% 소유하고 있으며, 청구법인과 OO본사는 「관세법 시행령」제23조 규정에 의한 특수관계자인 것으로 확인된다.
(2) 청구법인은 실수요자인 국내 제강업체에서 시행하는 입찰에 참여, 낙찰을 받은 경우 최종 구매자와는 공급계약을, OO본사와는 수입계약을 체결하고 쟁점물품을 OO본사로부터 수입하여 실수요자에게 공급하고 있다.

(3) 청구법인이 실수요자에게 쟁점물품을 공급함에 있어서 OO본사와의 수입거래시에 수입가격 및 실수요자에 대한 공급가격을 결정하는 과정은 아래와 같다.
　① 국내 실수요자(제강업체)는 쟁점물품의 공급과 관련한 청구법인을 비롯한 국내의 여러 공급자에게 경쟁입찰 참가를 위한 관련사항에 대하여 공문(입찰초청공문)을 발송한다.
　② 실수요자는 통상적으로 쟁점물품을 구매하기 위하여 청구법인을 비롯한 수개의 공급자로부터 경쟁입찰방식에 따라 입찰가격을 제안받은 후 최저 입찰가를 제시한 공급자와 계약을 체결한다.
　③ 경쟁입찰방식에서 낙찰을 받기 위해서는 입찰 참가자 중 가장 경쟁력있는 낮은 가격을 제시하여야 한다.
　④ 입찰결과 낙찰되면 OO본사로부터 쟁점물품을 수입하여 국내 최종구매자인 실수요자에게 공급하고 있다.
　⑤ 국내 실수요자와의 계약중 인도조건은 모두 국내 실수요자의 지정공장 도착도 조건(DDP)으로 구매자 지정창고까지의 운반비용, 창고비용 등을 청구법인이 부담하고 있다.
　⑥ 이와 관련하여 OO본사와 청구법인의 쟁점물품의 수입가격은 CIF 조건이며, 청구법인은 OO본사로부터 쟁점물품을 수입하여 실수요자에게 공급하는 과정에서 수입가격의 2%를 청구법인의 마진으로 보장받고 있다.

(4) 쟁점물품의 거래형태를 보면, 청구법인은 OO본사가 공급하는 쟁점물품을 우리나라에 수입하여 국내의 실수요자에게 판매하고, 국내의 실수요자에게 쟁점물품 공급 시 경쟁 입찰을 실시하는 바, 계약조건은 DDP 지정장소(실수요자 공장의 원료 하치장)인도조건으로, 거래가격은 국제 광물 거래시장 가격자료인 CRU가격을 기준으로 일정의 할인율을 적용한 후 관세 등 수입비용과 운반비 등 부대비용을 가산하여 결정하며, 청구법인은 수출판매자인 OO본사와 CRU가격 할인율을 협상 한 후 입찰에 참가하며, 이후 낙찰 받은 경우에 한하여 실수요자와 쟁점물품 공급계약을 체결한 후 OO본사와 쟁점물품 수입계약을 체결하고, 수출판매자인 OO본사와 청구법인의 쟁점물품 수입가격은 CIF 조건이며, 청구법인은 실수요자와 계약한 공급가격에서 수입항 도착 이후의 Handling charge와 내륙운반비 등의 제반 비용과 적정 마진(2%)을 차감하여 수입가격을 산출하고 있다.

(5) 처분청은 2013.5.27.부터 같은 해 5.31.까지 청구법인에 대한 기획심사를 실시한 결과, 청구법인이 특수관계자인 OO본사로부터 쟁점물품을 수입하면서 OO본사의 지시에 따라 쟁점물품을 국내 실수요자에게 인도하는 대리인이라는 이유로 청구법인이 수취한 마진(매출이익)은 판매수수료의 성격이므로 과세가격에 가산되어야 한다는 논리로 관세 등 합계 OO원을 부과하였다.

(6) 처분청이 제출한 청구법인과 OO본사간의2013.2.1.자 SALES CONTRACT 11), 12) 조항을살펴보면, '11) 품질검사 항목'에서 도착항에서의 품질검사는 청구법인이 아닌 최종구매자인 실수요자가 실시하도록 정하였고, 선적지에서의 수출시 실시한 검사결과가 실수요자의 검사결과와 다를 경우 실수요자가 실시한 검사결과를 수용하되, 수출자가 실수요자의 검사결과에 이의가 있는 경우 독립된 제3자에 의해 검사를 실시하고 비용은 수출자인 OO본사가 부담하도록 되어 있으며, '12) 중량검사 항목'에서 중량도 수입지의 독립된 Surveyor에 의하되, 관련 비용은 수출자인 OO본사가 부담하도록 명기하고 있다.

(7) 처분청이 제출한 자료에 의하면, OO본사와 청구법인 대표 모두 동일인인 "OO"임을 OO본사의 홈페이지 조직도, 청구법인의 사업자등록증, 수입신고서 등을 통해 확인할 수 있으며, 동 "OO"가 한국에 3명을 고용하고 있고, 청구법인과 OO본사간의 또 다른 계약 건을 살펴보면, 도착항에서의 품질검사는 청구법인이 아닌 최종구매자인 실수요자가 실시하도록 하고 있으며, 선적지에서의 수출시 실시한 검사결과가 실수요의 검사결과와 다르게 나올 경우에는 실수요자가 실시한 검사결과를 수용하되, 수출자가 실수요자의 검사결과에 이의가 있는 경우에는 제3자에 의해 검사를 실시하고 비용은 수출자(OO본사)가 부담하도록 되어 있으며, 중량에 대한 결정도 수입지에서의 독립된 Surveyor에 의하되, 관련 비용은 수출자(OO본사)가 부담하도록 명시하고 있다.

(8) 처분청이 제출한 청구법인의 T/P 스터디 자료에 의하면, 1-2조항 "OO"의 기능(구조) 분석에서 청구법인의 기능적인 역할을 망간 관련 제품의 분배자(Distributor)로 정의하고 있으며, 2-3조항 "OO"에서도 청구법인은 한국 시장에서의 OO 관련 제품의 분배에 주로 관여한다고 되어있고, OO본사에 판매지원서비스를 제공한다고 정의하고 있다.

(9) WTO 평가협정 Advisory Opinions(권고의견) 1.1(수출판매 불인정)에 의하면, 분배목적의 대리 수입인 경우에는 당해 수입거래를 인정하지 않고 공급자와 최종구매자간(때로는 명목상 대리인과 최종구매자간)에 체결된 판매계약에 따라 판매가 이루어진 때에는 거래가격으로 평가될 수 있는 거래를 구성하게 된다라고 권고하고 있다

(10) 위 사실관계 및 제시증빙과 관련법령 등을 종합하여 쟁점에 대하여 살펴본다.
청구법인과 OO본사간의 수입계약 및 청구법인과 최종 실수요자간의 구매계약서와 청구법인 및 처분청이 제출한 자료 등을 검토하여 보면, 청구법인을 OO본사의 Distributor로 표기하고 있고, 쟁점물품의 품질 및 중량 결정 등은 수출자인 OO본사와 최종구매자인 실수요자간에 이루어지게 되어 그 과정에서 청구법인의 실질적인 역할은 없는 것으로 보이므로 청구법인은 OO본사의 고용인으로서 판매, 판촉, 경영지원 등의 임무를 수행하는 것으로 볼 수 있는 점, 이에 따라 쟁점물품의 수입에 따른 위험부담은 OO본사가 부담한다고 볼 수 있고, 청구법인과 OO본사와의 거래는 청구법인이 특수관계자인 OO본사의 한국판매를 지원하는 대리인으로 볼 수 있어 이 사건은 WTO 평가협정 권고의견 1.1(수출판매 불인정)에 따라 OO본사와 실수요자간의 거래가격을 과세가격으로 볼 수 있는 점, 이 사건의 실질적 거래당사자는 OO본사와 실수요자인 최종 구매자이므로 청구법인과 실수요자 간에 체결된 판매계약에 따라 이루어진 가격을 기초로 하여 과세표준을 결정하되 수입항 도착후에 발생한 국내운송비용, 관세, 통관비용 등을 제외한 부분(1~2%)은 쟁점물품의 과세표준에 포함될 수 있는 점 등을 종합적으로 고려해 보면, 처분청이 청구법인을 거래의 당사자가 아닌 OO본사의 판매대리인 역할로 보고 청구법인이 주장하는 마진을 판매수수료로 보아 과세한 이 사건 처분은 달리 잘못이 없다고 판단된다.

4. 청구법인의 해외 특수관계법인을 구매대리인으로 보아 해외 특수관계법인에 지급한 수수료를 과세가격에서 차감할 것인지, 아니면 물품을 구매하여 수출하는 판매자로 보아 지급한 수수료를 과세가격에 포함할 것인지 여부

[조심 2013관0017]

> (1) 청구법인은 OO사가 출자하여 설립한 한국 내 판매자회사이고, OO은 OO사가 100% 출자하여 OO에 설립한 회사로서 청구법인과 OO사 및 OO은 「관세법 시행령」제23조에서 규정하고 있는 특수관계자에 해당한다.
>
> (2) 청구법인은 해외의 제조사에서 생산한 물품을 OO로부터 수입함에 있어 OO과 2005.3.1. "Sourcing Agreement"(이하 "구 계약"이라 한다)를 체결하였고, 2008.8.15. "Buying Agency Agreement For Non-food Products"(이하 "신 계약"이라 한다)로 명칭을 바꾼 수정계약을 체결하였다.
>
> (3) 신 계약과 구 계약의 내용을 비교하여 살펴보면, 구 계약 제3.9조에서 "OO사는 청구법인의 Sourcing 대리인으로서, OO사 명의로 주문하고 공급자로부터 구매하며, 물품의 원가에 대한 추가 마진 없이 청구법인에게 물품을 재판매하기 이전에 순간적인 소유권(flash title)을 보유한다", 제9.2조에서 "…제3.9조에서 언급한 바와 같이, 모든 경우에 있어서, 청구법인이 소유권을 보유하기 이전에 OO사가 물품에 대한 순간적인 소유권을 보유한다"라고 되어 있으며, 신 계약 제3.10조에서 "OO이 납품업자에 지불하는 제품가격 외에 어떠한 이윤도 부가하지 않은 해당 금액을 OO에 재청구하기 전에 OO은 모든 제품을 주문하고 납품업자에게 이에 대한 대금을 지불하여야 한다", 제3.11조에서 "OO은 사전에 청구법인에 의해 특별히 위임되지 않는 한, 청구법인에 구속력이 미칠 계약을 체결하거나 의무 혹은 채무를 부담할 여하한 권리, 권한 혹은 특권을 보유하지 아니한다", 제5.2조에서 "청구법인은 수수료만이 유일하게 수령한 보수임을 증명하는 납품업자의 송장 및 부속서류의 사본을 제출하도록 OO에 요청할 수 있다", 제9.2조에서 "청구법인이 제품을 사용할 수 있는 시점에 제품의 소유권이 청구법인에게 이전된다. 의문의 여지를 방지하기 위하여 납품업자가 제품을 OO에 사용할 수 있게 한 시점이 청구법인이 제품을 사용할 수 있는 시점이라고 본다"라고 되어 있다.
>
> (4) 청구법인이 OO로부터 쟁점물품을 구매하는 과정을 살펴보면, 청구법인은 신 계약을 근거로 하여 제품에 대하여 이미 책정된 가격에 따라 OO에 구매주문을 하였고, OO은 OO 등 해외에 있는 쟁점물품의 제조자와 신용장 또는 전신환송금(T/T)방식으로 물품대금을 선 지급하였으며, 청구법인은 사후송금방식(50일 내지 80일 후)으로 물품대금을 지급하면서 동 대금의 5%에 해당하는 금액을 쟁점수수료로 지급하였고, 쟁점물품의 인도방식을 보면, 제조자로부터 청구법인이 지정한 운송인에게 인도된 후 운송인(송하인)으로부터 청구법인(수하인)에게 직접 선적하는 방식을 택하고 있는 것으로 나타난다.
>
> (5) 처분청이 2010.12.9. 청구법인으로부터 제출받은 OO과 공급자(제조사들) 간에 체결된 쟁점물품의 구매와 관련한 표준계약서(정형 구매조건)를 보면, 구매자는 OO 또는 공급자로부터 직접 구매할 수 있는 권한을 OO이 부여한 계열사로 정의하고 있고, 물품에 대한 소유권 및 물품의 손상 위험은 주문서에 기술된 조건과 물품의 인도에 대하여 합의된 Incoterms 2000에 따라 구매자에게 이전된다고 기술하고 있으며, OO이 공급자에게 발주한 구매주문서에 공급자는 해외의 제조사로, 구매자는 OO로 기재되어 있음이 확인된다.

(6) OO이 청구법인을 통하여 처분청에 제출한 OO의 거래도에 의하면, OO의 역할이 공급자들로부터 물품을 구매(Purchase)하여 청구법인에게 판매(Sale)하는 역할을 수행하는 것으로 되어 있고, OO의 인터넷 홈페이지에서 회사의 역할을 "International Sourcing사로서 물품의 디자인, 공급자와 공장준비, Sourcing, 구매, 주문, 생산, 선적 등에 관한 총괄적인 업무를 수행하고 있다"라고 설명하고 있는 것으로 나타난다.

(7) 「관세법」제30조 제1항에서 수입물품의 과세가격은 우리나라에 수출하기 위하여 판매되는 물품에 대하여 구매자가 실제로 지급하였거나 지급하여야 할 가격에 가감요소를 조정한 거래가격으로 하되, 구매수수료를 제외하도록 규정하고 있고, WTO 신평가협약 1994 제8조에도 같은 취지로 규정하고 있다. 또한, WCO 평가기술위원회 해설 2.1에 의하면, "구매수수료는 구매자를 대신하는 역무의 대가로 구매자가 지불하는 사용료이고, 구매대리인은 구매자의 계산으로 활동하는 자로서 공급자를 물색하고 수입자의 요구사항을 판매자에게 알려주고 샘플을 수집하고 물품을 검사하며 때로는 보험, 운송, 보관 및 인도 등을 주선하는 역무를 제공하며, 구매대리인에 대한 보상은 코미션(수수료)의 형태를 취하고 일반적으로 물품가격의 특정 %로 표시된다"라고 설명하고 있다.

(8) 위 사실관계 및 관련규정을 종합하여 살피건대, OO이 제출한 쟁점물품의 거래관계도에서 OO의 역할을 공급자(제조자)들로부터 물품을 구매(Purchase)하여 청구법인에게 재판매(Sale)하는 역할을 수행하는 것으로 되어 있는 점, OO이 공급자에게 발주한 구매주문서에 공급자는 해외의 제조사로, 구매자는 OO로 기재되어 있는 점, OO이 물품대금을 제조자에게 선지급하고 청구법인이 사후에 송금하도록 한 점, OO과 공급자간에 체결된 쟁점물품의 구매와 관련한 표준계약서(정형구매조건)에 물품에 대한 소유권 및 물품의 손상 위험은 주문서에 기술된 조건과 물품의 인도에 대하여 합의된 Incoterms 2000에 따라 구매자에게 이전된다고 기술하고 있고, 여기에서 구매자는 OO을 의미하는 것으로 보이는 점, 청구법인과 OO간에 체결한 신·구 계약서에서 청구법인에게 물품을 재판매하기 이전에 OO이 순간적인 소유권을 보유한다고 되어 있는 점, 쟁점물품에 대한 구매서비스가 다양할 것임에도 물품대금의 일정율을 수수료로 지급하기로 약정한 점, OO의 인터넷 홈페이지에 나타나 있는 회사의 역할이 단순한 구매대리업무 뿐만이 아니라 International Sourcing사로서 물품의 디자인·공급자와 공장준비·Sourcing·구매·주문·생산·선적 등에 관한 총괄적인 업무를 수행하고 있는 것으로 보이는 점 등을 감안하여 볼 때, OO은 사실상 본사인 OO사의 지시를 받아 청구법인을 포함하여 특수관계자에 해당하는 각국의 판매자회사에 대하여 쟁점물품을 공급하는 판매자 또는 수출자의 역할도 함께 수행한 것으로 여겨지므로 청구법인의 단순한 구매대리인으로 볼 수는 없다고 판단된다.

(9) 따라서, 청구법인이 OO에 지급한 쟁점수수료는 「관세법」 제30조 제1항 및 WTO 신평가협약 1994 제8조에서 규정하고 있는 과세가격에서 제외되는 구매수수료에 해당되지 않으므로 청구법인의 경정청구를 거부한 처분청의 처분은 잘못이 없다고 판단된다.

[조심 2012관0123]

(9) 위 사실관계 및 관련규정을 종합하여 살피건대, OO이 제출한 쟁점물품의 거래관계도에서 OO의 역할을 공급자(제조자)들로부터 물품을 구매(Purchase)하여 청구법인에게 재판매(Sale)하는 역할을 수행하는 것으로 되어 있는 점, OO이 공급자에게 발주한 구매주문서에 공급자는 해외의 제조사로, 구매자는 OO로 기재되어 있는 점, OO이 물품대금을 제조자에게 선지급하고 청구법인이 사후에 송금하도록 한 점, OO의 2009년도 재무제표에 매입채무 부분 및 크레임충당금이 기술되어 있는 점, OO과 공급자간에 체결된 쟁점물품의 구매와 관련한 표준계약서(정형구매조건)에 물품에 대한 소유권 및 물품의 손상 위험은 주문서에 기술된 조건과 물품의 인도에 대하여 합의된 OO에 따라 구매자에게 이전된다고 기술하고 있고, 여기에서 구매자는 OO을 의미하는 것으로 보이는 점, 청구법인과 OO간에 체결한 신·구 계약서에서 청구법인에게 물품을 재판매하기 이전에 OO이 순간적인 소유권을 보유한다고 되어 있는 점, 쟁점물품에 대한 구매서비스가 다양할 것임에도 물품대금의 일정율을 수수료로 지급하기로 약정한 점, 청구법인의 회계자료에서도 OO로부터 쟁점물품을 매입한 것으로 기술하고 있는 점, OO의 인터넷 홈페이지에 나타나 있는 회사의 역할이 단순한 구매대리업무 뿐만이 아니라 OO로서 물품의 디자인·공급자와 공장준비·OO·구매·주문·생산·선적 등에 관한 총괄적인 업무를 수행하고 있는 것으로 보이는 점 등을 감안하여 볼 때, OO은 사실상 본사인 OO의 지시를 받아 청구법인을 포함하여 특수관계자에 해당하는 각국의 판매자회사에 대하여 쟁점물품을 공급하는 판매자 또는 수출자의 역할도 함께 수행한 것으로 여겨지므로 청구법인의 단순한 구매대리인으로 볼 수는 없다고 판단된다.

[조심 2010관0109]

(9) 위 사실관계 및 관련규정을 종합하여 살피건대 OO이 제출한 쟁점물품의 거래관계도에서 OO의 역할을 공급자(제조자)들로부터 물품을 구매(Purchase)하여 청구법인에게 재판매(Sale)하는 역할을 수행하는 것으로 되어 있는 점, OO이 공급자에게 발주한 구매주문서에 공급자는 해외의 제조사로, 구매자(Buyer)는 OO로 기재되어 있는 점, OO이 물품대금을 제조자에게 선지급하고 청구법인이 사후에 송금하도록 한 점, OO의 2009년도 재무제표에 매입채무 부분 및 크레임충당금이 기술되어 있는 점, OO과 공급자간에 체결된 쟁점물품의 구매와 관련한 표준계약서(정형 구매조건)에 물품에 대한 소유권 및 물품의 손상 위험은 주문서에 기술된 조건과 물품의 인도에 대하여 합의된 Incoterms 2000에 따라 구매자(Buyer)에게 이전된다고 기술하고 있고, 여기에서 구매자는 OO을 의미하는 것으로 보이는 점, 청구법인과OO체결한 신·구 계약서에서 청구법인에게 물품을 재판매하기 이전에OO이 순간적인 소유권(flash title)을 보유한다고 되어 있는 점, 쟁점물품에 대한 구매서비스가 다양할 것임에도 물품대금의 일정율을 수수료로 지급하기로 약정한 점, 청구법인의 회계자료에서도 OO로부터 쟁점물품을 매입한 것으로 기술하고 있는 점, OO의 인터넷 홈페이지에 나타나 있는 회사의 역할이 단순한 구매대리업무 뿐만이

> 아니라 International Sourcing사로서 물품의 디자인·공급자와 공장준비·Sourcing·구매·주문·생산·선적 등에 관한 총괄적인 업무를 수행하고 있는 것으로 보이는 점 등을 감안하여 볼 때, OO은 사실상 본사인 OO사의 지시를 받아 청구법인을 포함하여 특수관계자에 해당하는 각국의 판매자회사에 대하여 쟁점물품을 공급하는 판매자 또는 수출자의 역할도 함께 수행한 것으로 여겨지므로 청구법인의 단순한 구매대리인으로 볼 수는 없다고 판단된다.

5. 구매대리인으로 보아 과세가격에서 제외할 수 있는지 여부

[조심 2010관0042]

> (6) 살피건대, 위와 같이 OO가 물품대금을 제조자에게 선지급하고 청구법인이 사후에 송금하도록 한 점, 쟁점물품에 대한 구매서비스가 다양할 것임에도 물품대금의 일정율을 수수료로 지급하기로 약정한 점, 또한 모그룹의 홈페이지에도 모그룹이 각국의 자회사를 통제한다고 한 점, 청구법인의 회계자료에서도 청구법인이 특수관계자인 OO로부터 쟁점물품을 매입한 것으로 기술한 점 등을 종합적으로 고려할 때, 청구법인은 OO를 지시·통제할 입장에 있지 않을 뿐만 아니라 OO를 통하지 않고는 쟁점물품을 구매할 수 없어 제조업체에 대한 선택권이 없다 할 것이고, OO는 사실상 모그룹의 지시를 받아 청구법인을 포함하여 특수관계에 있는 각국의 판매자회사에 대하여 OO 브랜드 제품을 공급하는 판매자 또는 수출자의 역할을 수행한 것으로 보이므로 OO는 청구법인의 구매대리인에 해당되지 않고, 따라서 청구법인이 OO에 지급한 쟁점수수료는 구매수수료에 해당되지 않으므로 처분청에서 청구법인의 경정청구를 거부한 처분은 정당하다고 판단된다(OO, OO 외 다수, 같은 뜻)

용기 및 포장비 관련 주요 유권해석

1. 용기를 수출하여 내용물을 수입할 경우 용기 수출운임의 과세가격 포함여부

    [관세평가과-446]

    ■ 질 의

    [거래내용]
    - 압축가스 수입자는 자신이 소유하는 압축가스 용기를 압축가스 수출자에게 송부(용기의 수출을 위한 해상운임 등의 비용은 수입자가 부담)
    - 압축가스 수출자는 동 용기에 압축가스를 적입하여 우리나라에 수출(수입을 위한 해상운임 등의 비용도 수입자가 부담)
      ※ 15개의 용기 중 14개에 적입, 1개는 빈 용기임
    - 압축가스 수입자는 압축가스의 가격과 압축가스 수입 해상운임 등의 비용만을 과세가격에 포함하여 수입통관(용기는 재수입면세로 통관)
    - 세관은 용기의 수출을 위한 해상운임 등의 비용도 포함하여 과세가격 결정

    [질의내용]
    - 압축가스 용기를 송부하는데 발생하는 운임 기타 운송관련비용이 과세가격에 포함되는지 여부

    ■ 답 변
    - 결정
    - 용기를 수출자에게 제공하는데 소요된 운임은 1) 압축가스의 수입과 관련된 것이 아니고 압축가스 용기의 수출운송에만 관련된 비용으로 2) 수입하는 압축가스의 계약에 의한 인도의 전단계에서 발생하는 비용에 해당하고 3) 압축가스에 대한 간접지급에도 해당하지 않으며 4) 압축가스의 용기 또는 포장 비용에도 해당하지 않는 등 간접지급금액이나 가산요소비용에 해당하지 않으므로, 이를 압축가스의 과세가격에 포함할 수 없다.
    - 이유
    - 관세법 제30조 제1항 제6호의 "수입항까지의 운임·보험료 기타 운송에 관련되는 비용"은 원칙적으로 수출판매에 의하여 수입하는 물품의 계약에 의한 인도 시점 이후에 발생하는 비용 중 당해

> 물품의 운송과 관련하여 수입자가 부담하는 비용(관세법 시행령 제20조(운임 등의 결정) 제5항)으로서 당해 수입 물품에 대한 실제지급금액에 포함되어 있지 않은 비용을 말한다고 할 것이므로,
>
> - 본건 압축가스의 수입자가 자신이 소유하는 철제 실린더 용기를 수출자에게 무상 제공하여 압축가스를 담아 수입하는 과정에서 부담하는 용기의 수출운임은 수출자가 수입자에게 압축가스를 인도(FOB 조건 거래의 경우 본선선적)하기 전단계에서 발생하는 비용으로서 관세법 제30조 제1항 제6호의 "수입항까지의 운임·보험료 기타 운송에 관련되는 비용"에 해당하지 아니함 - 또한 용기의 수출운임을 압축가스 수입자가 부담한다는 사실로 인하여 압축가스의 가격이 인하되었다는 증거를 제시하거나(증거를 제시할 수 없다면) 원래부터 압축가스 수입자가 부담할 압축가스 용기의 수출운임과 압축가스의 과세가격 사이의 인과관계(예를 들어 압축가스의 수출자의 당연한 의무이지만 이를 압축가스 수입자가 대신하여 부담한다는 등의 상당한 인과관계)에 관하여 설명하여야 함에도, 이에 관한 아무런 증거나 설명도 없이 단지 이를 수입자가 부담하기 때문에 압축가스에 대한 간접지급금액이라고 판단한 것은 부당하며, 압축가스 수출 "용기"와 관련된 비용이며, 수입 "압축가스"와 관련된 비용이 아닌 사유가 있으므로 압축가스의 과세가격에 포함되는 간접지급금액에 해당하지 않음
>
> - 그리고, 본건 압축가스 용기는 반복적으로 사용하는 용기이므로 압축가스와 동일체로 취급되는 용기가 아니고, 과세가격에 포함되는 용기비용은 당해 용기의 구입 또는 임차 등에 따른 비용을 말하므로, 압축가스 용기의 수출운임은 과세가격에 포함되는 용기비용에 해당하지 아니하며, 과세가격에 포함되는 포장비용은 당해 물품의 포장에 소요되는 노무비와 자재비를 말하므로, 설사 본건 압축가스 용기가 포장용기에 해당한다고 하더라도 압축가스 용기의 수출운임이 과세가격에 포함되는 포장비용에 해당하지 아니함

2. 내용물과 별개로 분류되는 용기의 운임 과세방법

[관세평가과-336]

> ■ 질의
>
> [거래내용]
>
> - 수입자는 수출자가 제공하는 용기에 담아서 압축가스를 수입하고 가스 사용이 완료되면 빈 용기는 일정기간 내에 수출자에게 반환
> - 수입통관시 용기는 반복적으로 사용되고 가스와는 별개로 취급하므로, 압축가스는 수입신고서 1란에 기재하고, 용기는 재수출면세로 수입신고서 2란에 기재하여 수입신고하고 있음
> - 압축가스 수입자는 수입항까지의 해상운임(FOB 조건 거래)을 압축가스와 운송용기의 가격을 기준으로 안분하여 과세가격을 신고하고 통관

[질의내용]

- 수입항까지의 운임을 가스에 전액 가산하여 과세해야 하는지 아니면 중량 등에 의해 가스와 용기에 안분하여 가산해야 하는지 여부

■ 답변

- 결정

– 압축가스의 거래가격으로 과세가격을 결정하는 경우에 운임명세서상 운임을 압축가스와 용기에 각각 안분하지 아니하고 압축가스에 전액 가산한다.

- 이유

– 압축가스만이 거래대상이므로 당해 운임명세서상 운임은 용기가 아닌 압축가스를 수입하기 위해 지급하는 비용이므로 그 운임은 압축가스의 "운임"으로서 전액 압축가스의 과세가격에 포함되어야 함

– 즉, 당해 거래가 가스와 가스용기 두 물품의 거래라면 운임을 각 거래물품에 안분하는 것이 당연하지만, 본건은 품목분류 및 빈 용기를 수출자에게 되돌려줌에 따른 재수출조건부 면세를 위해 수입신고서의 1란에 압축가스를, 2란에 용기를 각각 신고한 것에 불과함

– 또한 선사가 제공하는 컨테이너는 그 속에 수입물품을 담아 수입자가 지정한 장소까지 운송하는 데에 사용되는 용기에 해당하나 그 컨테이너 사용료는 이를 수입물품의 가격에 전액을 가산하여 과세가격을 결정하고 있는 점을 보아도 압축가스 용기의 운임은 전액 압축가스의 과세가격에 포함됨이 타당함

– 그리고 압축가스 수입자가 가스 수입과 관련하여 지급하는 해상운임은 수입자의 회계처리상 압축가스의 원가를 구성할 것이므로 전액 압축가스의 과세가격에 포함되어야 함

Topic 12 수수료 및 중개료, 용기포장비 관련 일본 평가사례

1. 판매자의 국내 총대리점에 지급하는 수수료

일본정률법 사례

- 구매자 B는 판매자 S로부터 식료품을 수입하고 있다. 판매자로의 주문은 모두 국내에 소재하고 있는 판매자의 국내 총대리점을 통하도록 되어있으므로, 구매자는 판매자에 대한 물품대금(송품장가격) 지급 외에 국내 총대리점에 수수료(송품장가격의 10% 상당액)를 지급한다.
- 이 경우 구매자가 판매자의 국내대리점에 지급하는 수수료는 수입물품의 과세가격에 산입되는가?

구매자가 수입물품의 수입거래와 관련하여 판매자로부터 독점수입권을 부여받은 제3자(국내총대리점)에 대하여 지급하는 수수료는 판매수수료(수입물품의 판매와 관련하여 해당 판매자를 대신하여 업무를 수행하는 자에 대한 수수료)로서 과세가격에 산입된다.

2. 국내에 소재하는 구매대리인에게 지급하는 수수료

일본정률법 사례

- 구매자 B는 판매자 S와 화학품의 수입과 관련하여 구매업무 위탁계약을 국내의 구매대리인 C와 체결하였다. 구매자는 판매자에의 물품대금(송품장 가격)의 지급 이외에 구매대리인에게 구매업무의 대가로서 수수료(송품장가격의 2% 상당액)를 지급한다. 국내의 구매대리인은 판매자와의 구매업무를 FAX송신 등에 의해 처리하고 있다.
- 이 경우 구매자가 국내의 구매대리인에게 지급하는 수수료는 수입물품의 과세가격 계산상 어떻게 취급되는가?

본 사례와 같이 구매자 B가 국내에 소재하는 C에게 "구매자를 대신하여 구매업무를 하는 것"을 위탁한 경우에 해당 위탁을 받은 자가 해외의 판매자 등에게 FAX를 송신하는 등에 의해 실질적으로 구매자를 대신하여 구매업무를 한 것에 대하여 구매자가 지급하는 수수료는 구매수수료에 해당하는 것으로 인정 될 수 있다.

3. 구매대리인이 판매자와의 교섭에 소요된 교통비 등

> 일본정률법 사례

- 구매자 B는 판매자 S로부터 농산물을 수입하고 있다.
- 이 거래에서 구매자는 구매대리인 A에게 구매업무를 위탁하고 구매수수료(송품장가격의 2%)를 지급하고 있지만, 그것과는 별도로 판매자와의 교섭시 필요한 교통비 등의 비용도 구매대리인에게 지급하고 있다.
- 이 경우 구매대리인에게 지급하는 교통비 등의 비용은 수입물품의 과세가격에 산입되는가?

본 사례의 경우 A사는 구매자 B의 구매대리인으로서 판매자 S와의 교섭에 필요한 교통비 등의 비용은 구매업무에 필요한 비용에 해당하므로 구입물품의 과세가격에 산입되지 않는다.

4. 수입물품과 함께 수입되는 용기 및 라벨

> 일본정률법 사례

- 구매자 B는 판매자 S로부터 금속제 드럼에 담긴 과즙음료를 드럼대금을 포함하여 1리터당 300엔에 수입하였다. 또한 구매자는 판매자로부터 병 및 병에 부착하는 라벨을 구입하였다. 수입 후 구매자는 과즙음료를 병에 담아 판매자의 상표를 부착하여 국내판매하기로 하고 있다.
- 이번 금속제 드럼에 담긴 과즙음료, 병, 라벨은 동일선박에 선적되어 판매자로부터 수입되고 송품장에는 다음과 같이 기재되어 있다.

과즙음료	1리터당	300엔
1리터용 빈병	100병당	1,000엔
라벨	100매당	10엔

- 이 경우 금속제 드럼에 담긴 과즙음료 1,000리터당 과세가격은 어떻게 계산하는가?

본 사례의 경우 금속제 드럼은 수입물품인 과채음료와 일체를 이루는 용기로써 해당 드럼대금을 포함한 1리터당 300엔의 가격에 따라 1,000리터에 300,000엔이 과즙음료의 실제지급가격이 된다.

병 및 라벨은 수입 시 드럼에 담긴 과즙음료를 수용하고 있는 용기 등이 아니므로 과즙음료에 관한 용기 등의 비용(가산요소)으로서 과즙음료의 과세가격에 산입할 필요는 없고, 병 및 라벨 자체의 과세가격을 각각 결정하게 된다.

5. 구매자가 무상제공한 수입물품의 용기비용

일본정률법 사례

- 구매자 B는 판매자 S로부터 가공식료품을 수입하면서 해당 가공식료품을 포장하기 위한 비닐가방은 국내법령에서 정하는 규격에 맞추기 위하여 국내 C사가 제조한 것을 구입하여 무상으로 판매자에게 제공하고 있다.
- 이 때문에 해당 가공식료품과 관련하여 판매자로부터 보내온 송품장 가격에는 해당 비닐가방의 가격 상당분이 포함되어 있지 않다.
- 또한 구매자는 해당 비닐가방을 판매자의 공장까지 보내기 위하여 해상운임 및 수출국내의 운임을 별도로 부담하고 있다.
- 이 경우 구매자가 부담하는 비닐가방의 제공에 따른 비용은 수입물품의 과세가격에 산입되는가?

본 사례의 경우 폴리에틸렌 포장은 수납된 물품에 포함되는 용기에 해당하고, 구매자 B가 판매자 S에게 무상으로 제공하였기 때문에 해당 폴리에틸렌 포장에 필요한 비용을 수입물품의 과세가격에 산입된다.

한편, 폴리에틸렌 포장 무상제공에 필요한 비용은 용기대금 뿐만 아니라 구매자가 부담하고 있는 해당 폴리에틸렌 포장의 해상운임 및 수출국내 운임 등도 포함되어 있다.

6. 식품보존용 드라이아이스 비용

> **일본정률법 사례**

- 구매자 B는 판매자 S로부터 냉동식품을 수입한다.
- 구매자는 냉동식품의 수입시에 사용하는 식품보존용 드라이아이스를 판매자에게 무상으로 제공하였다.
- 이 경우 드라이아이스의 비용은 수입물품의 과세가격에 산입되는가?

구매자 B가 판매자 S에게 무상으로 제공한 드라이아이스는 수입물품의 포장에 있어서 필요한 것으로 인정되어 구매자에 의하여 무상으로 제공되었기 때문에 해당 드라이아이스에 필요한 비용은 가산된다.

Topic 13. 2018년 제2회 관세평가협의회결정사항

[결정 18-02-01]

해외 브랜드 컨셉 컨설팅 업체(CD)에 지급한 의류디자인 MAP판과 프로토타입 샘플(쟁점용역) 등의 대가가 생산지원비에 해당하여 가산되는지 여부

1. 사실 관계

거래 개요

- 거래 당사자 및 쟁점용역
  - B사 : 주식회사 B(이하 "B사")
  - 컨설턴트(CD*) : A사 (○○○/이탈리아, 이하 "A사")
    * Creative Director : 고객에게 컨텐츠의 생산 및 전달을 포함한 디자인 컨설팅 서비스 제공
  - 쟁점용역 : MAP판 및 프로토타입 샘플 제작 (이하 "쟁점용역")

거래도

① - 1 A사 : 최신 유행의 디자인, 소재, 색상 등이 담긴 디자인 컨셉(MAP판) 제공 및 B사의 디자인팀 방문설명

① - 2 B사 : A사가 제공한 디자인 컨셉(MAP판) 및 B사 자체 리서치 자료를 참고하여, 자체적으로 MAP판, 도식화, 프로토타입 디자인 등의 모든 디자인 작업 수행

② - 1 B사 : A사가 제공한 디자인 컨셉(MAP판) 중 일부 남성 컨셉에 대해 의류 프로토타입(Prototype, 시제품) 디자인 제안 요청

② - 2 A사 : 의류 프로토타입 디자인 제안 및 상호 협의

    가. A사 : B사 요청에 따라 프로토타입 디자인 스케치 제안
    나. B사 디자인팀 : A사가 제시한 디자인 스케치를 한국시장에 적합하도록 수정 또는 변경하고, 수정된 디자인 중 일부를 채택하여 프로토타입 샘플 제공 요청
    다. A사 : 프로토타입 샘플 제공 (B사 요청시 디자인 수정)

③-1 B사 : A사의 남성 의류 프로토타입 디자인을 채택하거나, 자체적으로 디자인을 개발하여 생산 작업지시서 작성

③-2 B사 : 국내외 제조자에게 생산 작업지시서 제공(필요한 경우 B사가 제작한 디자인 샘플 제공)

③-3 국내외 제조자 : 생산 작업지시서에 따라 양산제품 생산

④ B사 : 해외 제조자로부터 생산된 제품을 수입 또는 국내 제조자로부터 납품받아 소비자에게 판매

A사(CD, Creative Director) 계약체결 방식

- ○○○브랜드의 경우, 남성 및 여성 의류를 모두 취급하므로 남성/여성 BPU가 별도로 존재, 컨설팅비용도 50:50으로 부담*

  * 약 10억원 지급(2014.4월~2018.4월)

  ⇨ 남성/여성 BPU에서 개별적으로 계약서를 검토하여 상호협의한 후 신청인(B사)의 명의로 A사와 계약 체결

B사의 의류 제작과정

- B사가 의류 디자인을 제작하는 방법은 ① A사가 제공한 디자인 컨셉(MAP판)과 SMS를 기초로 제작하는 경우, ② A사가 제공한 디자인 컨셉(MAP판)을 참고하여 B사 디자인팀이 자체 도식화 및 SMS를 개발하는 경우로 구분

① A사가 제공한 디자인 컨셉(MAP판)과 SMS를 기초로 제작하는 경우
  - B사 디자인팀(일부 ○○○ 남성 BPU만 해당)은 A사가 제시한 MAP판 중 일부 테마에 대해서만 도식화를 제공받음
  - 이후 B사는 도식화 중 일부만 선정하여 프로토타입 샘플을 받아 이를 수정·변경하고, 그 수정·변경된 프로토타입 샘플 중 일부만 채택하여 최종 산출물(SMS)을 받음
  - 이후 디자인팀은 SMS를 참고하여 양산할 의류를 내부적으로 의사결정하고, 실제 사용될 원단이나 제조방법 및 사이즈별 구체적인 수치를 결정
  - 이를 토대로 생산 작업지시서를 작성하여 제조자에게 제공

    ※ A사의 SMS를 채택하여 양산한 제품의 경우, 국내 판매시 A사 special line 등을 표기하여 홍보하고 있음

② A사가 제공한 디자인 컨셉(MAP판)을 참고하여 B사 디자인팀이 자체 도식화 및 SMS를 개발하는 경우
  - B사 디자인팀(○○○ 남성 / 여성 BPU)은 A사가 제공한 MAP판과 국내 트렌드, 판매실적, 패션리서치 & 컨설팅 부서의 연구자료 등을 참고하여, 자체적으로 MAP판부터 디자인의 모든 작업 수행
  - B사 디자인팀은 자체 MAP판 등 작업을 통해 테마를 선정한 후 이에 따른 디자인을 개발하고 양산할 디자인을 최종 결정하여 생산 작업지시서를 작성하고 제조자에게 제공

• 생산 작업지시서 작성
  - B사는 A사가 제공한 디자인 컨셉(MAP판)과 SMS를 기초로 제작하는 경우와 디자인 컨셉(MAP판)을 참고하여 자체적으로 MAP판, 도식화 및 SMS를 개발하는 경우 모두 생산 작업지시서를 작성
  - 생산 작업지시서에는 옷 끝자락을 마감하는 방법 등 B사의 노하우와 각 재단 부분의 구체적인 수치와 천 소재, 컬러, 제조 시 유의사항 등 상세 지시내용이 포함
  - 그리고 B사가 해외 제조자에게 제공하는 생산 작업지시서(테크니컬 패키지)는 도식화, 디테일한 작업지시 방법, BOM, 치수체계 등으로 구성되는데, 이것들은 모두 생산지원과 관련한 '디자인'의 범주에 포함되는 것으로, 수입물품의 생산과정에서 제조자가 직접 적용할 수 있는 것임
  - 따라서, B사가 해외 제조자에게 제공한 생산 작업지시서는 관세법시행령 제18조제4호에서 규정한 '수입물품의 생산에 필요한 디자인'에 해당되는 생산지원용역에 해당함 (다툼이 없는 사항)

2. 질의내용

B사와 컨설턴트(Creative Director)인 A사간의 계약에 따라 지급한 쟁점용역(MAP판 및 프로토타입 샘플)의 대가를 B사가 해외 제조자에게 제공하는 생산지원용역인 생산 작업지시서(테크니컬 패키지)를 작성하기 위한 생산지원비로 보아 가산하여야 하는지 여부

3. 쟁점

본 사안에서 B사가 의류 제작을 위해 해외 제조자에게 제공한 생산 작업지시서가 관세법시행령 제18조제4호에서 규정한 '수입물품의 생산에 필요한 디자인'으로 생산지원용역에 해당된

다는 것은 다툼이 없는 사항이나,

- A사가 이탈리아에서 수행한 쟁점용역(MAP판 및 프로토타입 샘플)이 어느 범위까지 생산지원으로 간주되는지 여부에 따라,

    ⅰ) MAP판과 프로토타입 샘플은 각 과정이 생산 작업지시서에 영향을 미치는 중요하고 필수적인 구성요소이기 때문에 전부 과세 할 것인지,

    ⅱ) MAP판과 프로토타입 샘플은 일련의 과정이므로 MAP판이 프로토타입 샘플과 함께 제공되면 과세하고, MAP판만 제공되면 비과세 할 것인지,

    ⅲ) MAP판에 대한 부분은 제외하고, 생산 작업지시서에 영향을 미치는 프로토타입 샘플에 대해서만 일부 과세할 것인지,

    ⅳ) MAP판과 프로토타입 샘플은 서로 관련성이 없고, 생산 작업지시서에 영향을 미치지 않기 때문에 전부 비과세할 것인지가 결정됨

4. 결정

> **요지**
>
> A사가 이탈리아에서 수행한 쟁점용역(MAP판 및 프로토타입 샘플)은 B사가 해외 제조자에게 제공하는 생산 작업지시서에 반영될 것을 알고 그러한 의도로 수행되었으며, 실제 생산지원 용역에서도 중요하고 필수적인 구성요소이므로 생산지원비로서 과세대상이다.

> **이유**

- 구매자가 해당 수입물품의 생산 및 수출거래를 위하여 무료 또는 인하된 가격으로 직접 또는 간접으로 수입물품의 생산에 필요한 기술·설계·고안·공예 및 디자인을 공급한 경우에는 그 가격 또는 인하차액을 생산지원비용(assist)이라 하여 실제지급가격에 가산하게 되나, 우리나라에서 개발된 것은 제외함(관세법 제30조제1항제3호 및 같은 법 시행령 제18조제4호)

    - 본 사안에서는 B사가 해외 제조자에게 제공한 생산 작업지시서가 '수입물품의 생산에 필요한 디자인'에 해당하는 생산지원용역이며, 동 용역이 전부 우리나라에서 개발(수행)되었다면 생산지원비로 가산할 수 없음
    - 그러나, 수입의류의 생산에 필요한 생산지원용역, 즉 생산 작업지시서가 최종적으로 국

내에서 작성되었다고 하더라도, 생산 작업지시서의 중요하고 필수적인 요소가 일부 해외에서 수행되었다면, 전체 디자인 개발 용역 중에서 해외에서 수행된 용역에 해당하는 금액은 생산지원비로서 가산되어야 함

- 이하에서, A사가 이탈리아에서 수행한 쟁점용역(MAP판 및 프로토타입 샘플)이 의류 제작을 위한 생산 작업지시서에서 중요하고 필수적인 요소인지 여부를 살펴보면,

- 쟁점용역 중 MAP판은 해당 시즌에 유행할 것으로 예상되는 의류 컨셉 스케치, 원단 재질, 색감 등을 담고 있는 판넬로서,
  - A사는 MAP판 제작에 계약기간 중 50% 이상(약 3개월)을 집중적으로 투입하는 등 MAP판 그 자체로 완결성 있는 용역산출물로 상당한 경제적 가치가 있고,
  - 또한, 단순히 시즌 테마나 아이디어를 제공하기 위한 '연구(research)' 활동의 기능을 넘어서 의류 제작 전단계(pre-production)에서 디자인 제안 및 강화(upgrade) 기능과 함께 도식화 작업·프로토타입 샘플 및 SMS에 활용되는 등 디자인 개발과정에서 각 단계별로 체화되어 최종 생산 작업지시서에 반영됨

- 그리고, 프로토타입 샘플은 개략적으로 그린 스케치를 최초 샘플(Initial Sample) 형태로 구체적으로 표현한 기초자료로서,
  - 이는 '의류를 어떻게 만들어야 하는지에 대한 지침'을 제공하는 것으로, 제조자에게 제공하는 생산 작업지시서에도 결합되는 등 제품 개발 과정에 필수적으로 요구되는 작업임

- B사는 쟁점용역(MAP판 및 프로토타입 샘플)에 대한 대가를 MAP판과 프로토타입 샘플의 제공 비율에 따라 구분하여 지급하지 않고 전체로서 일괄하여 계약 및 지급하는 등 MAP판이 프로토타입 샘플 단계로 진행되지 않더라도 MAP판 제작은 전체 디자인 작업에 필요한 과정으로 이해함

- 또한, B사는 생산 작업지시서의 구성요소에 MAP판을 구체적으로 표현한 도식화를 결합하여 제조자에게 제공하고, A사는 도식화를 기초로 프로토타입 샘플 및 최종 샘플(SMS)을 완성하기 전까지 B사와 제조자에게 수정·변경된 정보를 제공함으로써 제품 개발 과정에 계속 참여하고 있음
  - B사가 MAP판과 프로토타입 샘플에 대해 필요에 따라 수정·변경할 수 있는 권한을 가지고 있고, 의류 제작에 필요한 생산 작업지시서를 자체적으로 작성하여 제조자에게 직접 제공하는 등 A사가 가지는 재량이 절대적이지 않더라도,

- A사는 자신이 수행한 쟁점용역(MAP판 및 프로토타입 샘플)이 제조자에게 제공되는 생산지원용역에 반영되어 실제 의류 제작에 영향을 미치고 있다는 것을 충분히 인식하고 있었음
- 따라서, A사가 이탈리아에서 수행한 쟁점용역은 B사가 해외 제조자에게 제공하는 생산지원용역에 반영될 것을 알고 그러한 의도로 수행된 일련의 과정으로 보아야 하고, 실제 생산지원용역에서도 중요하고 필수적인 구성요소이므로 생산지원비로서 가산되어야 함

Topic 14

2014년 제1회 관세평가협의회결정사항

[결정 14-01-01]

1. 사실 관계

거래 개요

- 한국내 법인이 해외에 직접 투자한 생산공장 설립

    - 원부자재 및 소모품은 국내(한국)에서 구매하여 생산공장에 무상으로 제공하고 있으며, 생산공장에서 완제품을 생산한 후 이를 한국에 반입하거나 직접 현지 수출
    - 한국본사 임직원이 임가공공장에 일정기한 순환파견 근무 중이며, 파견직원 급여는 국내법인이 지급

2. 쟁점

한국본사 파견직원 관련하여, 수입물품 과세가격에 포함되는 파견직원의 업무범위(쟁점1) 및 소요비용(쟁점2) 산정 범위

- (쟁점1) 과세가격에 포함되는 파견직원의 업무 범위
- (쟁점2) 과세가격 산출시 파견직원 소요비용 산정 범위

3. 결정내용

결정 1 : 과세가격에 포함되는 파견직원의 업무 범위

수입물품 생산과 직간접적으로 관련이 있는, 원가회계상 제조원가 해당 업무 수행직원의 급여는 모두 과세가격에 포함됨. 다만, 수입물품의 생산에 필요한 우리나라에서 개발된 기술·설계·고안·공예 및 디자인을 전수하기 위한 파견직원 급여는 제외

> 이유

- 협정 제1조 제1항에서는 수입물품의 관세 과세가격은 거래가격이 되어야 하며 거래가격은 수입국으로 수출하기 위하여 판매된 물품에 대하여 제8조의 규정에 따라 해당 물품에 대해 조정된 실제로 지급하였거나 지급하여야 할 가격이라고 규정하고 있으며,
  - 이와 관련하여, 협정 제1조에 대한 주해 제1호에서는 구매자가 판매자가 부담하고 있는 채무의 전부 또는 일부를 지급하는 경우를 실제지급가격에 포함되는 간접 지급액의 사례로 명시하고 있고,
  - 협정 부속서 Ⅲ 제7호에서도 실제로 지급하였거나 지급하여야 할 가격은 구매자가 판매자의 의무를 충족하기 위하여 제3자에게 실제로 지급하였거나 지급할 모든 금액을 포함한다고 언급하고 있음

- 한국본사 소속 파견직원은 현지법인을 위한 업무를 수행 중이므로,
  - 현지법인은 한국본사 소속 파견직원에게 업무수행의 대가를 지급하여야할 채무(의무)가 있지만, 동 직원의 급여를 구매자가 대신 지급하고 있으므로 파견직원의 급여는 간접지급에 해당함

- 한편, 협정 제1조에 대한 주해 제4호에서 실제지급가격은 수입물품에 대한 가격을 말한다고 명시하고 있고, WCO 권고의견 16.1에서도 조건에 영향을 받은 가격이 알려진 가격이고 해당 수입물품과 관련되어 있다면 그 가격은 실제지급가격의 일부라고 설명하고 있으므로,
  - 수입물품과 관련있는 업무를 수행하는 파견직원의 급여만이 과세가격에 포함될 수 있으나, 수입물품 관련성 판단을 위해 별도로 규정된 바는 없음

- 수입물품과의 관련성의 판단 기준에 대하여 살펴보면,
  - WCO 예해 16.1(물품구입후 수입하기 전에 구매자가 자기의 계산으로 수행한 활동) 제3호에서는 제조공정의 일부로 간주되지 않는 검사만 구매자가 자신의 계산으로 수행한 활동에 해당한다고 언급하고 있으며,
  - 일본 사례*에서도 직원 파견에 소요되는 비용과 관련하여 제조원가의 일부에 해당하는 경우, 구매자가 자기의 계산으로 수행하더라도 간접지급금액에 해당하므로 과세가격에 포함해야 한다고 설명하고 있음

    * 일본 관세평가해설 사례 83, 84(관세평가분류원, '11.1)

  - 또한 생산비용에 기초하여 과세가격을 산출하는 제5방법* 적용과 관련하여 WTO 관세평가 교육모듈에서 수입물품 생산비용 산정 항목으로 기술하고 있는 원자재·구성요소

비용, 원자재 운송비, 모든 인건비, 조립비용, 기계비용, 공장 감독 및 유지비용 등은 원가회계상 제조원가에 해당함

* 산정가격(협정 제6조) = 수입물품 생산비용 + 수출국내 통상의 이윤 및 일반경비 + 수입항까지 운송관련 비용

- 따라서 제품의 제조를 위해 직접·간접으로 소비한 일체의 경제가치의 합계액*을 의미하는, 원가회계상 제조원가에 해당하는 업무 수행직원의 급여를 수입물품과 관련이 있는 것으로 보아 과세가격에 포함하는 것이 타당함
  - 수입물품의 총원가에는 해당하지만 수입물품 생산과는 관련이 없는 판매 및 일반관리비(비제조원가)에 해당하는, 판매관리활동을 수행하는 직원에 대한 급여는 과세가격에 포함하지 아니하고,
  - 수입물품의 제조원가(재료원가, 노무원가, 제조경비)에 해당하는, 즉 수입물품의 제조활동에 직간접적으로 관련되는 업무를 수행하는 직원에 대한 급여는 과세가격에 포함되는 것임
- 다만, 수입물품의 생산에 필요한 한국에서 개발된 기술·설계·고안·공예 및 디자인을 전수하기 위한 업무는 과거 결정(관세평가협의회 결정 07-01-03, '07.7.27)에 따라 과세가격에 포함되지 않음
- 아울러, 동건과 관련하여 관세법 제30조 제3항에 따른 거래가격 배제여부에 대해서는 별도 검토하지 않았음

결정 2 : 과세가격 산출시 파견직원 소요비용 산정 범위

파견기간 중 해당직원과 관련하여 산정 가능한 구매자의 모든 비용을 합산

이유

- 파견직원 소요비용 산정과 관련하여 별도로 규정된 바는 없으나, 협정 제8조 제1항 b호의 생산지원과 그 성격이 매우 유사하므로,
  - 판매자에 대한 생산지원시 가격결정 방법을 준용하여 파견직원 소요비용을 산정하는 것이 합리적임
- 생산지원 물품의 가격과 관련해서는 해당 물품을 생산공장에 지원하기 위해 발생한 모든 비용을 합산하여 산정토록 결정(관세평가협의회 결정 13-02-01, '13.11.21)한 바 있으므로,

- 과세가격 산출시 파견직원 소요비용은 실제 지급여부와 관련 없이, 파견기간 중 해당직원과 관련하여 산정 가능한 구매자의 모든 비용을 합산하여 산정

Topic 15

2013년 제2회 관세평가협의회결정사항

[결정 13-02-01]

1. 사실관계

거래개요

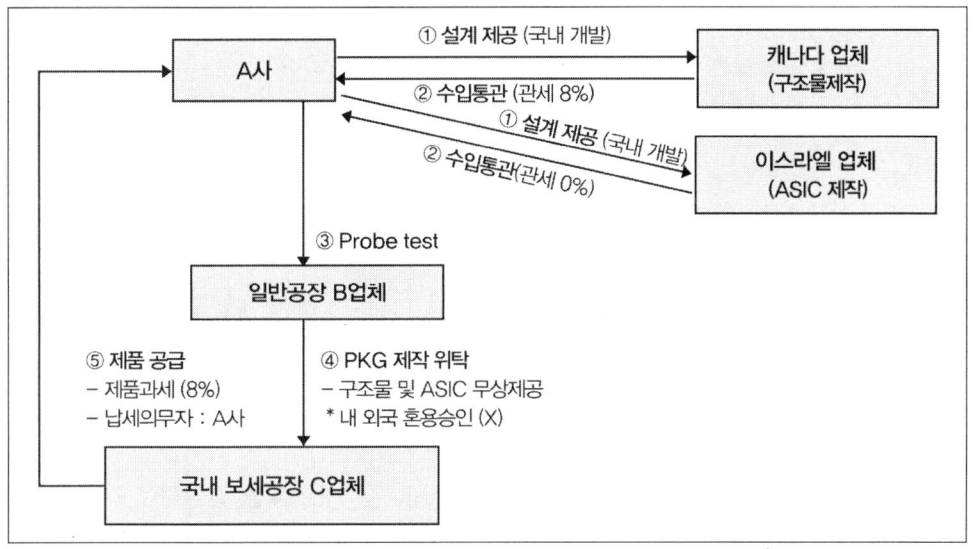

① A사는 국내에서 가속도 센서 제작을 위한 구조물과 ASIC 설계 진행
② A사의 설계도를 바탕으로 구조물은 캐나다 업체, ASIC는 이스라엘 업체에서 생산 후 수입*
  * 구조물은 8%, ASIC는 무관세로 통관, 과세가격에는 국내설계비용 불포함
③ 일반공장(B)으로 운송, 성능 검사를 위한 Probe Test 수행
④ 성능테스트 완료 후 국내 보세공장에 PKG(가속도 센서) 제작 위탁
  * PKG(가속도센서)는 구조물과 ASIC를 와이어 본딩하면서 하나의 칩으로 가공(ASIC 위에 구조물 적층하는 형태)하며, ASIC 및 구조물은 무상으로 제공, 나머지 원재료 및 가공은 보세공장 계산으로 진행
  ※ PKG 제작시 외국산 자재 사용에도 불구, 내외국혼용승인 받지 않음
⑤ 보세공장(C)에서 제작된 PKG는 제품과세하여 수입통관하면서 8% 과세 (수입통관시 납세의무자는 A사)

단계별 발생 비용 및 용어 정의

① 웨이퍼 : 반도체 등을 만들기 위한 실리콘 단결정의 얇은 판을 말하며, 회로가 그려지거나 구조물이 식각의 형태로 포함
② 개발비 : A사는 설계도를 만드는 곳으로 양산을 위해서는 외주업체를 활용해야 함. 외주업체는 업체별 설계도마다 공정이 달라지기 때문에 특정금액의 양산관련 개발비를 청구
③ 마스크(MASK) : 사진기의 필름과 같은 기능을 하는 것으로 설계도를 약 30장이 되는 마스크에 층별로 입힌 후 빛을 쏴 웨이퍼에 설계도를 입힘
④ Hot Charge : 양산일정 단축을 위해 타 업체 제품보다 빨리 투입시, 발생 비용
⑤ 해외 운송료 : 웨이퍼 수입 시 발생하는 운송료
⑥ Revision 비용 : 설계 후 마스크를 만들고 설계의 적정성을 판단하기 위하여 샘플 웨이퍼를 제작하고 샘플웨이퍼 테스트 후 문제가 발생하면 설계를 수정하여 마스크의 일부를 수정하는데, 이 때 발생되는 비용
⑦ 통관관련 부대비용 : 화물이 수입항에 도착 후 발생하는 비용으로 보세창고 사용료, 포워더 수수료, 통관 수수료 등
⑧ 내국운송료 : 화물이 수입항에서 Probe test 업체, Probe test 업체업체에서 보세공장까지 운송하는 데 소요되는 트럭운송료
⑨ Probe Test 비용 : 웨이퍼의 성능 검사하는데 소요되는 비용으로 국내에 일반공장에 외주로 진행됨
⑩ PKG위탁관련 비용 : PKG는 무상으로 공급된 ASIC 및 구조물을 절삭하여 DIE를 제작, DIE위에 메모리나 구조물을 적층하여 DIE끼리 연결한 후 몰딩하는데 발생되는 비용으로 주로 국내 보세공장에 외주로 진행

2. 쟁점

A사가 해외위탁생산 후 수입한 원자재를 국내 테스트를 거쳐 보세공장에 무상지원할 경우, 보세공장 생산 제품의 제품 과세시 다음 비용의 가산 여부 (혼용승인 미신청)

① 원자재 해외 생산시 지원한 국내 설계 도면에 대한 설계 비용
② 원자재 수입시 부과된 환급 불가능한 제세, 통관관련 부대비용, 내국운송료, 검사비 등 수입항 도착 후 보세공장 인도 전 국내 발생비용

3. 결정내용

보세공장 제품과세(혼용승인 미신청)시 A사가 무상지원하는 원자재의 가격에는 ① 원자재 수입시 과세가격에 불포함된 원자재 해외 생산시 지원한 국내 설계 비용 및 ② 수입시 부과된 환급 불가능한 제세, 통관관련 부대비용, 내국운송료, 검사비 등 수입항 도착 후 보세공장 인도 전 국내 발생비용을 가산해야 함

이유

- 관세법 제188조에 따른 제품과세시 시행령 제204조에 따른 혼용승인을 받지 않는 경우, 제품 전체를 외국으로부터 우리나라에 도착한 물품으로 간주하며,
  - 동건의 경우 이미 수입통관하여 내국물품화된 원자재를 무상지원하였으나, 혼용승인을 받지 않았으므로 동 원자재가격을 제품과세시 과세가격에 포함시켜야 함

  〈참고〉 혼용승인시, 제조에 사용된 생산지원한 내국물품의 가격산정

  당해물품과 동일하거나 유사한 물품의 국내판매가격(당해 보세공장이 속하는 거래단계의 국내판매가격)으로 정함(수입물품 과세가격 결정에 관한 고시 제5-6조 ②항 2호)

- 이 때 무상지원된 원자재의 가격에는 원자재 수입시 과세가격에 동 쟁점비용들을 모두 포함하여야 함
  - WCO 예해 24.1 및 시행규칙 제4조 제3항에서는 "해당 생산지원요소의 획득과 관련하여 수입자가 부담하는 모든 비용을 포함"한다고 규정하고 있으며,
  - 아울러 WCO 관세평가 교육모듈(초급) 및 관세법 시행규칙 제4조 제3항에서 "제조공장까지 운반하기 위한 운송비 및 상환 불가능한 관세 및 조세가 포함"한다고 명시한 것으로 볼 때, 생산지원하는 업체 도착 시까지 국내 발생 비용도 포함하는 것으로 볼 수 있음
  - 또한 국내설계비용 역시 WCO 예해 18.1에서는 동 요소가 다른 생산지원 요소에 체화되어 지원된 경우, 포함하여 가격을 산정하도록 규정하고 있으므로,
  - 무상지원된 원자재의 가격은 원자재 수입시 과세가격에 쟁점비용 모두를 합산하여 산출하는 것이 합리적임

Topic 16

2007년 제4회 관세평가협의회결정사항

[결정 07-04-02]

1. 거래 및 질의내용

- 신청인은 금을 Frame 상태로 1차 가공후 베트남의 현지공장으로 수출하여 신변장신구를 임가공 생산

- 해외임가공 생산과정의 연마공정중에 금가루가 발생하는데, 생산과정중에 발생하는 Loss분 연마공정에 투입한 금 frame 중량과 완성된 신변장신구와 잔류금(remaining gold) 중량 합과의 차이[Loss분 = 생산지원된 금 frame 중량 - (완성된 신변장신구 중량 + 잔류금 중량)]과 Remaining gold(잔류금) 구분하여 Loss분에 대하여는 수입신고시 생산지원비용으로 가산하여 신고하고 있음

- 신청인은 연마공정중에 발생하는 금가루를 별도로 모은 Remaining gold(잔류금)에 대하여
  - 생산지원비용으로 보아 과세가격에 포함하여 신고하여야 하는지
  - 그 잔류 금가루를 금괴로 만들어 현지에서 제3국으로 바로 수출하는 경우 어떻게 처리하여야 하는지, 그리고
  - 다른 회차 생산공정에 사용할 경우, 그 잔류 금가루에 대한 금액만큼 과세가격에 가산하여 신고하여야 하는지에 대하여 질의함

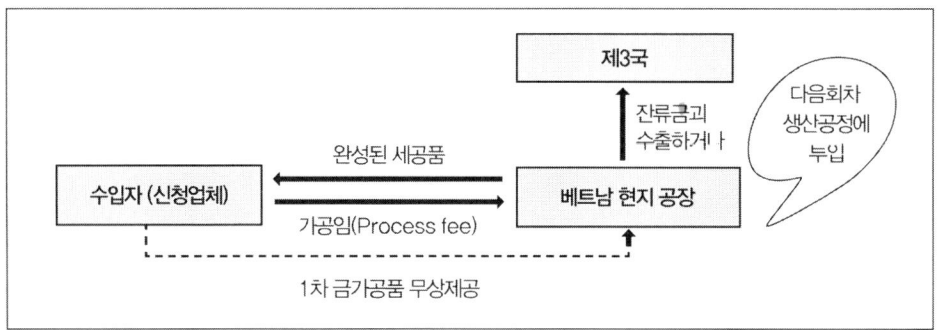

2. 쟁점

1. 해외임가공생산시 연마공정중에 발생하는 잔류금(Remaining gold)을 해당 수입물품의 실제지급금액에 가산여부
2. 잔류금(Remaining gold)을 해외현지에서 제3국으로 수출하는 경우와 다른 회차 생산공정에 사용할 경우 실제지급금액에 가산여부

3. 협의회 결정

잔류금(Remaining gold)은 일반적인 생산 Loss와는 달리 수입물품의 생산과정에서 소비된 것으로 볼 수 없어(잔여분의 성격) 제3국 수출등 처리상황에 따라 실제지급금액에 가산여부를 결정하여야 함

- 해외에서 수입하는 물품의 생산을 위하여 관세법시행령 제18조 각호의 1에 해당하는 물품을 무료 또는 인하된 가격으로 직접 또는 간접으로 공급하여 수입물품에 결합 또는 생산과정에서 소비되는 경우에 그 가격 또는 인하차액은 수입물품의 과세가격의 일부를 구성함
- 따라서, 금가루가 당해수입물품의 연마공정에 투입되어 발생한 것인 한 생산 Loss에 상응한 것으로 보아야 하나, 금의 특성상 다시 모아 수집된 금가루도 연마공정에 투입된 원재료인 금과 다를 바 없다는 점에서
  - 신뢰할 수 있는 증빙서류 등에 의거 제3국으로 수출하였음이 증명될 수 있는 경우에는 잔류금에 소요된 비용을 당해 수입물품의 과세가격에 가산하지 아니하고
  - 해당 수입물품 이외의 다른 회차 생산공정에 사용한 경우에는 잔류금에 해당하는 비용을 다른 회차 수입물품의 과세가격에 가산함

Topic 17 생산지원 관련 일본평가사례

1. 구매자가 무상 제공한 재료의 구입에 소요되는 구매수수료

> 일본정률법 사례

- 구매자 B는 E국의 판매자 S로부터 의류를 수입하고 있다. 또한 구매자는 T국의 원단 제조자로부터 원단을 구입하여 T국으로부터 직접 E국의 판매자에게 무상으로 제공하고 있다.
- 이 무상 제공과 관련하여, 구매자는 국내의 A사에 원단의 구입업무를 위탁하고 원단대금의 1%를 구매수수료로 지급하고 있다.
- 이 경우 구매자가 A사에 지급하는 구매수수료는 무상 제공비용으로써 수입물품의 과세가격에 산입되는가?

구매수수료란 외국에서 구매자를 대신하여 수입물품의 구입과 관련한 업무를 제공하는 자에 대한 지급을 말한다. 본 사례의 경우 구매자 B는 A사에 무상제공 재료의 구입을 위하여 수수료를 지급하고 있는 것이지 수입물품의 구입을 위하여 수수료를 지급하고 있는 것은 아니므로 "구매수수료"에 해당하지 않고, 무상 제공재료의 구입에 소요된 비용으로써 무상 제공 재료의 취득가격을 구성한다.

따라서 구매자가 지급하는 구매수수료는 수입물품의 과세가격에 산입된다.

2. 구매자가 무상 제공한 재료의 잔여분에 관련된 비용

> **일본정률법 사례**

- 구매자 B는 판매자 S로부터 의류를 수입하고 있다. 또한 구매자는 수입물품의 재료인 원단을 판매자에게 무상으로 제공하고 있다.
- 이번 수입물품의 생산을 중도에서 중지한 관계로 상당량의 원단 잔량이 남아 있다.
- 이 경우 남아 있는 원단에 소요된 비용도 수입물품의 과세가격에 산입할 필요가 있는가?

구매자가 무상 제공한 재료에 소요되는 비용은 무상 제공물품 중에 생산 손실을 예상한 여분 부품 등이 포함되어 있는 경우에는 해당 여분 부품 등을 포함한 비용 총액이 된다.

한편, 남아 있는 원단이 일반적인 생산 손실에 상응한 것이라면 해당 원단에 소요되는 비용도 과세가격에 산입할 필요가 있다.

본 사례의 경우 수입물품의 생산이 중도에서 중지됨으로 인하여 상당량의 원단이 남아 있는 것이므로 그 처분에 대하여는

1. 판매자 또는 제3자에 매각
2. 국내로 재수입
3. 판매자의 국가에서 멸각처분

하였음이 계약서 또는 공적기관이 작성한 문서에 따라 증명할 수 있는 경우에는 잔여분의 원단에 소요된 비용을 해당 수입물품의 과세가격에 산입하지 아니한다. 또한 잔여분의 원단을 해당 수입물품 이외의 수입물품에 사용한 점을 증명 할 수 있는 경우에는 다른 물품에 사용한 잔여분의 원단비용을 타 수입물품의 과세가격에 산입한다.

3. 금형을 유상 수출한 때에 수출운임 등을 판매자가 부담한 경우

일본정률법 사례

- 구매자 B는 판매자 S와 매매계약을 맺고, 전기제품을 수입한다.
- 매매계약에는 가공을 위해 사용할 금형을 구매자가 자국의 금형제작자로부터 조달하여 판매자에게 유상으로 판매하고 금형의 수출과 관련된 운임 등은 판매자가 부담할 것으로 되어 있다. 이번 구매자는 판매자에게 금형을 100으로 판매하고 수출과 관련된 해상운임 등(10)을 판매자가 부담했다.
- 이 경우 판매자가 부담한 금형이 수출과 관련된 운임 등(10)을 송품장가격에 가산해서 과세가격을 계산하는가?

수입물품의 생산에 사용된 금형은 구매자로부터 판매자에게 유상(100)으로 판매되고, 그 수출에 관련된 해상운임 등(10)을 판매자가 부담했으므로 "구매자에 의한 무상 또는 할인하여 제공한" 것에는 해당되지 않고, 가산요소에는 해당되지 않는다.

따라서 판매자가 부담한 금형의 수출에 관련된 운임 등(10)은 송품장가격에 가산해서 과세가격을 계산할 필요는 없다.

Topic 18

2020년 제1회 관세평가협의회결정사항

[결정 20-01-01]

수입된 균주를 국내에서 배양하는 것이 관세법 시행령 제19조제2항의 "재현(reproduce)"에 해당하는지 여부

1. 사실 관계

거래 당사자 및 각 역할

- (A社 대표, 보증인) 균주와 기술문서들의 발송 및 컨설팅 등 수행
- (A社, 라이선서) B社에 물품(균주)와 기술(각종문서)를 전달
- (B社, 라이선시) A社로부터 균주 및 기술이전을 받고, 권리허여 및 기술이전의 대가로 Milestone* 및 로열티 지급

  * 통상 Milestone 금액은 제약과 관련하여 전임상 → 임상 → 허가신청 → 허가완료 등 개발단계별로 성공 시 받게 되는 금액으로서 개발 종료시점까지 수년에 걸쳐 나누어 받게 되며 도중에 여건이 나빠지거나 임상에 실패하여 더 이상 개발하지 않을 경우 일정금액을 받지 못할 수 있음

계약 내용

- (개요) B社(Licensee)는 A社(Licensor) 및 보증인(Guarantor)과 2019. 6월 균주(PRODUCTION STRAIN)생산과 독점적, 비독점적인 라이선서의 기술, 균주연구에 대한 권리를 허여하는 라이선스 계약을 체결함
- (수입물품) 균주(PRODUCTION STRAIN) 20ml 및 관련 기술 문서

2. 쟁점사항

- 수입자(라이선시)가 국내에서 균주를 배양한 후 의약품을 제조·판매하고, 그 매출액에 따라 라이선서에게 권리사용료를 지급하는 경우
- "국내에서 균주를 배양"하는 것이 관세법 시행령 제19조 제2항에서 규정하는 "다른 물품에 재현"하는 것에 해당하여 수입자가 라이선서에게 지급하는 권리사용료가 재현생산권의 대가인지 여부

3. 결정사항

요지

수입된 균주를 국내에서 배양하여 생산되는 균주는 계대수(繼代數)를 거쳐 실제 의약품의 생산에 투입되는 것으로 수입된 균주와 그 세대를 달리하기 때문에 이를 수입 당시의 균주와 같은 균주라 보기 어려우므로 국내에서 배양하는 것은 재현생산으로 판단됨

이유

- 관세법 시행령 제19조 제2항에는 권리를 사용하는 대가 중 "특정한 고안(考案)이나 창안(創案)이 구현되어 있는 수입물품을 이용하여 우리나라에서 그 고안이나 창안을 다른 물품에 재현하는 권리를 사용하는 대가를 제외하며"라고 규정되어 있으며,
  - 또한, WTO 관세평가협정 부속서 Ⅰ 주해 (제8조 제1항(c))에는 수입국 내에서 수입물품을 재현하는 권리의 비용은 가산되지 않음을 설명하고 있고,
  - WCO 예해 19.1에서는 "수입물품을 재현생산하는 권리"의 사례로서 "과학적 성과물의 원본 및 복제품(예를 들면, 백신 생산을 위하여 필요한 형태로 재현생산 될 신종 세균의 균주의 수입),...(중략)..., 동물 또는 식물의 종자(원래 종자의 번식을 억제하기 위하여 재현생산될 유전적으로 변형된 곤충)에도 적용된다"라고 설명하고 있음

- 수입자는 수입균주를 국내에서 배양하여 증식시키는바, 이상 징후를 보이는 소로부터 동정한 수입균주는 라이선서의 독점적 노하우로서 이를 배양하는 것은 위의 특정한 고안이나 창안이 구현되어 있는 수입물품을 이용하는 것으로 판단됨

- 우리나라에서 그 고안이나 창안을 '다른 물품'에 재현하는 권리와 관련하여 살펴보면, 국내에서 배양을 통해 균주를 증식시키는 것은 일견 같은 물품이 늘어나는 것으로 보일 수 있으나, **원 균주로부터 분리되어 새로 생성되는 것은 이른바 복제와 유사하며,**
  - 최초 수입된 균주를 배양하여 Master Cell Bank(MCB)를 만들며, 이후 MCB에 보관된 균주를 배양하여 Working Cell Bank(WCB)를 만든 다음, WCB에 보관된 균주를 이용하여 최종 의약품의 원료를 생산하는 바,
  - **이는 최초 수입된 균주와 의약품을 생산하는 원료로 사용되는 균주는 그 계대수(繼代數)가 다른, 즉 다른 세대(Generation)의 균주로서 비록 그 유전자가 같다고 하더라도 최초 수입균주와 최종 의약품의 원료로 사용되는 균주가 같은 균주라 보기 어려움**

- 또한, 앞서 설명한 WCO 예해 19.1에서 재현생산의 예로 설명하고 있는 '백신 생산을 위하여 필요한 형태로 재현생산 될 신종 세균의 균주의 수입'과 금번 쟁점인 수입된 균주를 국내에서 배양하는 것이 다른 경우라고 볼 만한 근거가 없음
- 한편, 일본 관세정률법 기본통달(제4-13조 제(5)항)에서는 재현(Reproduce)의 예로 "나. 특허발명이 적용된 유전자 조작으로 만들어진 곤충 종이 수입된 경우에 해당 곤충 종을 일본에서 번식시키는 권리, 다. 특허발명이 적용된 세균주로서 백신제조에 사용하는 것이 수입된 경우에 해당 세균주를 일본에서 순수 배양하는 권리"를 규정하고 있음

- 따라서, 수입균주를 국내에서 배양하는 것은 관세법 시행령 제19조 제2항 단서에서 규정하고 있는 '다른 물품'에 재현하는 것으로 판단되므로 수입자가 수입된 균주를 국내에서 배양하고 이를 이용하여 의약품을 생산 후 판매하는 권리에 대한 대가로 라이선서에게 지급하는 Royalty Payments는 재현생산의 대가로서 과세가격에 가산되지 않음

Topic 19

2018년 제3회 관세평가협의회결정사항

[결정 18-03-01]

상표권 사용료의 과세가격 포함 여부

1. 사실관계

거래 당사자

- A사 : 상표권자와 B상표에 대한 사용계약을 체결하고, 베트남 공장으로부터 B상표를 부착한 골프웨어를 수입하는 자(이하 "ㅇㅇㅇ" 또는 "구매자")
- B사 : B상표의 상표권자로서 구매자에게 상표 사용을 허락한 자(이하 "△△△" 또는 "상표권자")
- 베트남 공장 : 구매자로부터 원부자재를 공급받아 골프웨어를 제조하여 구매자에게 판매하는 자(이하 "제조자" 또는 "판매자")

  ※ 질의자는 구매자, 상표권자 및 판매자가 관세법상 특수관계가 아니라고 설명함

거래도

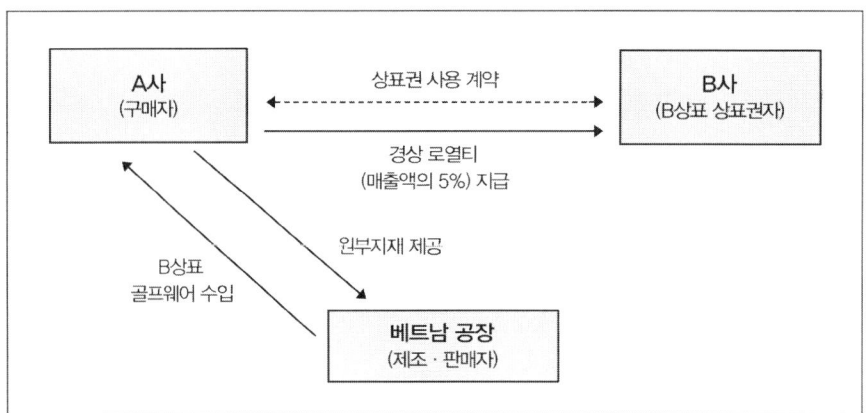

거래 내용

- 구매자는 상표권자와 B상표를 사용*하는 조건으로 매출액의 5%를 경상로열티로 지불하는 라이선스 계약을 체결함

  * 해당 지역의 유통채널에서만 라이선스 제품의 제조·판매·판촉 및 배포 등에만 사용할 수 있는 배타적인 라이선스

  - 해당 라이선스 계약서에는 라이선스 물품의 수출판매와 관련된 내용은 없음

- 구매자는 상표권자와 관련이 없는* 판매자들을 직접 물색하여 B상표가 부착된 골프웨어에 대한 위탁가공계약(판매계약)을 체결함

  * 판매자는 상표권자와 관세법상 특수관계가 아닐 뿐만 아니라, 상표권자에게 B상표 사용 허락을 받지 않았으며 상표권자의 다른 상품을 제조하는 공장이 아님

  - 해당 판매계약서에는 권리사용료에 대한 언급이 없음

- 구매자는 골프웨어 제조에 필요한 원부자재 등을 판매자들에 공급하고, 제조가 완료되면 우리나라로 수입함

상표권계약 주요 내용(발췌)

- Licensor(상표권자) : △△△
  Licensee(구매자) : ○○○

- 제조, 준수, 공급업체 윤리강령 및 분쟁광물 정책(제10조)

  - 10.1 (c) 모니터링 프로그램. 라이센시는 라이선스 제품을 제조하기 위한 제조업체 또는 공급업체를 사용하거나 라벨, 행택, 포장 등에 제한되지 않고 라이선스 **상표가 있는 라이선스 제품의 구성요소를 공급하기 전**, 라이센시는 라이센서에게 제조업체 및/또는 공급업체의 이름 및 연락처 정보 및 라이센서가 요청한 기타 정보들을 제공해야하고, **라이센시는 이러한 제조업체 및/또는 공급업체를 사용하기 위하여 라이센서의 사전에 서면승인을 받아야 한다는 것을 동의한다.**

  - 10.1 (d) 제3자 제조계약. 라이센시는 라이선스 제품 또는 그 구성요소를 제조하는데 **사용하기 위한 모든 제조업체 및 공급업체에 대하여 반드시 라이센서의 사전 서면승인을 취득해야 한다.** 라이센시와 라이센시의 제조업체, 제3자 제조업체 및/또는 공급업체는 라이센서에 의하여 수시로 수정될 수 있는 "Exhibit K"로 첨부된 공급업체 계약서 양식을 작성하고 서명해야하며 본 계약의 일부를 승인해야한다.

- 디자인, 샘플, 라이선스 제품, 라벨 및 포장의 승인 및 홍보자료(제11조)
    - 11.1 **라이선스 제품의 모든 측면의 개발은 라이센서의 사전 승인을 받아야 하며, 라이센서의 사전 승인을 받아야 한다는 것이 본 계약의 핵심이다.** 라이센서는 개발 및 생산의 모든 단계에서 라이선스 제품의 재료, 디자인(색상 포함) 및 제작 기술을 승인할 수 있는 절대적 권리를 가진다. **라이센서의 내부 설계 스튜디오는 라이센시에게 라이선스 제품의 설계 방향을 제공할 책임이 있다.** (i) 매 시즌이 시작되기 전에 라이센서는 해당 시즌의 색상방향, 직물에 대한 컨셉, 실루엣 트렌드 및 새로운 로고 아이디어 또는 시프트를 포함하여 라이센시에게 제시한다. 목표는 다음 단계에서 브랜드 이미지 전체를 유지하는 것이다. (ii) 라이선스 제품의 제조, 판매 및 유통 및/또는 라벨, 로고 또는 홍보 및 포장재 사용 전에 **라이센시는 직물, 실루엣, 패턴, 색상 방향 및 제품 디자인에 대한 라이센서의 서면승인을 받아야 한다.** (iii) **라이센서는 최종 제품 설계를 검토하고 승인해야 한다.** (iv) **라이센서는 품질, 전체 실루엣 및 정확한 색상에 대한 제품 샘플을 검토하고 승인해야 한다.** 승인을 받으면 라이센시는 판매 및 배포할 라이선스 제품 샘플과 모든 라벨, 로고 및 모든 포장, 행택, 광고 및 판촉자료를 사용하기 위한 라이선스 샘플을 하나씩 제출해야 한다. 라이센서는 모든 로고의 디자인, 스타일, 크기 및 배치를 최종 결정한다. **라이센시는 라이센서에게 서면 승인을 받을 때까지 이러한 디자인, 샘플, 라벨, 로고, 행택 또는 홍보 및 포장재료를 사용하거나 그러한 라이선스 제품을 판매 또는 배포할 수 없다.**

- 마스터 공급계약서, 공급업체 윤리강령 및 분쟁광물 정책(Exhibit K)
    이는 ____("공급업체")와 ○○○ 및 관련 자회사 및 계열사(총칭하여 "고객")간의 201_, ____(이하 "계약")일자의 마스터 공급계약이다.
    - 5.1 조달. 공급업체는 직물, 잡화, 실, 조각제품 및 화학제품을 포함한 **의류 제작에 사용하는 모든 원재료를 고객이 승인한 공급처 또는 특정하게 제한된 경우 고객으로부터 취득해야한다.**

2. 질의 내용

- 구매자와 특수관계가 없는 상표권자의 상표가 부착된 의류를 해외 판매자로부터 수입하는 경우, 상표권자에게 지급하는 상표권 사용료(이하 "권리사용료")의 과세가격 포함 여부
    ※ 질의내용이 권리사용료 가산여부이므로 생산지원비용 해당여부는 검토대상이 아님

3. 쟁점사항

- 구매자가 상표권자에게 지급한 권리사용료가 관세법 제30조제1항 및 같은 법 시행령 제19조제2항에 따라 당해 수입물품과의 관련성 및 판매조건을 모두 충족하는 경우에만 실제지급가격에 가산함

- 관세법 시행령 제19조제3항에 의하여 권리사용료가 상표권에 대하여 지급되는 때에는 수입물품에 상표가 부착되거나 경미한 가공 후에 상표가 부착되는 경우, 권리사용료가 당해 물품과 관련된 것으로 봄
  - 본건에서 구매자는 권리사용료를 지급한 상표를 부착한 골프웨어를 판매자로부터 수입하고 있으므로 수입물품과의 관련성이 인정된다는 것에 대해서는 이견이 없음

- 권리사용료가 당해 수입물품의 판매조건으로 지급되었는지 여부는 동 시행령 제19조제5항 및 「수입물품 과세가격 결정에 관한 고시」 제8조제2항에 따라 판단하여야 함
  - 본건 거래형태는 구매자가 판매자와 매매계약을 체결하고 구매자가 판매자가 아닌 제3자의 상표권자와 라이선스 계약을 체결하여 상표권자에게 권리사용료를 지급하는 거래로서 라이선스 계약상에는 물품의 수출판매에 대해 기술한 내용이 없으며,
  - 라이선스 계약에 첨부된 공급계약서와 별개로 작성된 판매계약서상에도 상품의 제조, 대금 지급조건 등을 규정하고 있을 뿐, 권리사용료 지급과 관련된 내용은 포함되어 있지 않음
  - 따라서 본건 권리사용료가 당해 수입물품의 판매조건으로 지급되었는지 여부는 동 고시 제8조제2항제5호에 따라 판단하여야 하며, 이에 따라 해당 라이선스 계약에 상표권자가 품질관리 수준을 초과하여 수출판매 물품의 생산 또는 판매자와 구매자간의 판매를 관리하는 조건이 포함되어 있는지 여부 즉, 상표권자가 수출판매 물품의 생산 또는 판매에 대하여 실질적인 통제를 행사하는지 여부가 쟁점임

4. 결정

> 요지
>
> 신청이 제시한 계약서만으로 판단했을 때 상표권자의 품질관리를 초과하는 수준으로 구매자를 관리하고 있는 것으로 볼 수 없으므로 당해 권리사용료는 수입물품의 판매조건으로 지급된 것으로 볼 수 없음

> 이유

- 판매자 또는 판매자와 특수관계에 있는자 이외의 제3자에게 권리사용료를 지급하는 경우, 구매자가 판매조건으로 권리사용료를 지급해야하는지 여부를 결정하기 위한 핵심적인 고려사항은 '**구매자가 권리사용료를 지급하지 않고 수입 물품을 구매할 수 없는지 여부**'임
  - 구매자가 권리사용료를 지급하지 않고 수입물품을 구매할 수 없다는 가장 명확한 증거는 수입물품에 대한 판매 문서상에 '**구매자가 판매 조건으로 권리사용료를 지급해야 한다**'는 명시적 문구를 포함하는 것이나,
  - 이러한 명시적 문구가 없는 경우에는 **판매 및 수입과 관련된 모든 사실에 기초하여 판단**하되 '판매의 조건'일 경우에만 권리사용료를 가산하도록 하는 **평가협정의 취지와 해당 지식재산권의 본질을 고려하여 엄격하게 판단하여야 함**

- 상표권은 창작 활동이 개입된 것이 아니고 역사가 더욱 오래될수록 그 권리의 힘이 강해지게 되는 유일한 지식재산권으로서, **사회적인 출처혼동 및 품질의 오인방지를 법적으로 매우 중시하는 권리임**
  따라서 품질관리에 관한 계약조건으로 **거래상대방의 제한 또는 거래지역의 제한 등**이 라이선스 계약상에 규정될 수 밖에 없는 **기본적인 법적 상황을 고려**할 필요가 있음
  - 또한 엄격한 품질관리를 위해서 상표권자는 **일정수준의 품질을 유지할 것을 요구**할 수 있을 것이며, 요구하는 품질수준을 명확하게 하기 위해 **계약상 제품사양을 세부적으로 규정하거나 최종 제품 생산 전에 구매자로 하여금 샘플을 제출**하게 하여 제품사양에 맞게 생산되었는지 여부도 확인할 수 있을 것임

  - 본 라이선스 계약에 따라 상표권자가 구매자에게 제품의 설계방향(색상, 직물 컨셉, 실루엣 트렌드, 로고 아이디어 등)을 제공하고 제품 제조 전에 구매자의 디자인 등을 승인하며 상표권자가 최종 제품 설계 및 제품 샘플을 검토·승인하는 조건은 **라이선스 제품의 품질유지를 위한 일반적인 관리로 볼 수 있음**
  - 또한, 구매자와 판매자간 물품 공급 계약시 라이선스 계약에 첨부된 마스터 공급계약서(Exhibit K)를 작성·서명하여 그 사본을 상표권자에게 제출토록 하고 그 계약상 판매자가 모든 원재료를 승인된 공급자 등으로부터 구매하게 하는 조건은 **구매자가 제3자에게 위탁제조하는 경우 그 위탁제조자(판매자)도 라이선스 제품의 품질관리 사항을 준수할 것을 보장하게 하는 조치로써 상표권자가 라이선스 제품의 품질관리 수준을 초과하는 것으로 단정할 수 없음**
  - 질의내용과 같이 **구매자가 판매자를 직접 물색하여 매매계약을 체결하고 판매자는 상

표권자와 특수관계가 아닐 뿐만 아니라 판매자가 오직 구매자와의 매매(가공) 계약에 따라 라이선스 물품을 제조하고 있다면, 상표권자가 라이선스 물품의 생산 또는 판매를 실질적으로 통제하고 있는 것으로 보기 어려움
  - 한편, 상표권자가 물품의 '판매'와 관련하여 구매자를 관리하는 경우에는 '수출하기 위한 판매'와 관련하여 관리하는 경우에만 고려가 되는 것이며, '수입국내의 판매'에 대한 관리는 '권리사용료의 판매조건' 여부를 검토할 때 고려 대상이 아님
- 결론적으로 신청인이 제시한 라이선스 계약상 여러 조건들은 상표권자가 품질관리 수준을 초과하여 생산 또는 판매를 관리하는 것으로 단정할 수 없고, 상표권자가 판매자를 사전 승인하는 것 이외에 상표권자와 판매자가 관련이 없다면 구매자가 상표권자에게 지급한 권리사용료가 수입물품의 판매조건으로 지급되는 것으로 보기 어려우므로 해당 권리사용료는 실제지급가격에 가산할 수 없음
- 다만, 권리사용료의 '판매조건' 해당여부는 수출판매와 관련된 모든 계약, 약정 및 사실관계에 기초하여 판단하여야 하는 것이나 본 결정문은 신청인이 제시한 계약서만으로 판단한 것으로, 계약내용과 실제 거래내용이 다르거나 계약내용 이외에 상표권자가 수출판매 물품의 생산 또는 판매를 실질적으로 관리하는 것이 확인되는 경우에는 권리사용료를 실제지급가격에 가산할 수 있음

2009년 제4회 관세평가협의회결정사항

[결정 09-04-01]

1. 거래내용(사실관계)

거래유형

- G사 - 원천징수세액 선공제 후 송금(원천세 납부영수증 송부)
  국내 S사는 권리권자인 G사(미국)와 체결한 계약에 따라 로열티 발생금액에서 원천징수액을 공제한 금액을 송금하고 있으며, 이때 S사가 세무서로부터 원천징수세액 납부영수증을 발급받아 판매자인 G사에 송부하면, G사는 국가간 이중과세 방지협약에 따라 소득금액 과세시 이를 공제받고 있음

- A사 - 로열티발생 전체액 송금(원천세 납부영수증 미송부)
  국내 S사는 권리권자인 A사(이탈리아)와 체결한 계약에 따라 로열티 발생금액 전체를 송금하고 있으며, 동 로열티 발생금액에 대한 원천소득징수세액은 S사가 부담하는 것으로 거래가 종료되어, A사에 송금하는 로열티 발생금액에 과세되는 세액은 S사와 A사가 각자 부담하고 있음(S사는 국내 원천소득세, A사는 이탈리아 법인소득세)

주요 계약내용

- 국내 S사는 G사(미국)와 A사(이탈리아)와 상표권 사용계약을 체결하고 계약 내용에 따라 상표권자 등으로부터 관련제품을 수입하면서 수입송장 금액의 5%에 해당하는 로열티를 송금하기로 약정

- 상표권자에게 지급할 로열티 금액(실송금액)에 대하여는,
  - G사(미국)의 경우, 국내 소득세법 및 한·미조세조약에 따라 약정 로열티 금액에서 동 소득에 과세되는 원천징수세액을 공제한 금액을 송금하기로 정하였으며,
  - A사(이탈리아)는 국내 소득세법 및 한·이태리 조세조약에 따라 로열티 발생액에서 동 소득에 과세되는 원천징수세액을 공제하지 않은 금액을 실송금액으로 함(원천징수세액은 상표권 사용자가 추가부담)

- 따라서, 국내 S사는 소득세법상 로열티 지급에 따른 원천징수규정에 따라 미국 G사에 대하여는 약정 로열티 금액에서 원천징수세액을 공제한 금액을 송금하였으며, 이태리 소재 A사는 로열티 발생액 전액을 송부하고 동 로열티 소득금액에 부과될 원천징수세액 상당은 추가로 부담

판매자(G사, A사)의 로열티 소득금액 회계처리

- G사(원천징수세액을 판매자의 로열티 소득으로 계상)
  - G사는 로열티 발생금액 전액(₩500,000)을 소득으로 계상
  - 거주지국(미국)에서 최종 소득세 확정시 S사로부터 송부받은 원천징수세액 납부영수증을 근거로 해당 원천징수세액을 공제받음(국가간 이중과세 방지협약)
- A사(원천징수세액을 판매자의 로열티 소득으로 미계상)
  - A사는 로열티 실송금액(₩500,000)을 소득으로 계상
  - A사는 S사가 납부한 원천징수세액과는 관계없이 로열티 실송금액을 근거로 거주지국(이탈리아)에서 해당 소득금액을 계상

과세가격 가산신고

- 국내 S사에서는 로열티를 과세가격에 가산신고 하면서
  - G사의 경우, 원천징수세액이 포함된 금액(₩500,000)으로 신고
    (₩450,000 + ₩50,000)
  - A사의 경우, 원천징수세액이 포함되지 않은 실송금액(₩500,000) 기준으로 신고 ⇒ 질의관련

2. 쟁점사항

소득세법 및 조세협약에 따라 납부하는 원천징수세액을 당사자간 합의에 의하여 공제하지 않고 약정 로열티 전액을 송금하도록 상표권 사용계약을 맺은 경우, 구매자가 별도 부담하게 되는 원천징수세액을 권리사용의 대가로 보아 과세가격에 가산할 수 있는지 여부

3. 결정

구매자가 별도 부담한 원천징수세액은 권리사용 대가의 일부로 관세법 제30조제1항 및 관세법시행령 제19조제2항의 가산대상인 권리사용료에 해당된다.

> 이유

- 수입물품의 과세가격은 우리나라에 수출하기 위하여 판매되는 물품에 대하여 구매자가 실제로 지급하였거나 지급하여야 할 가격에 관세법 제30조제1항 각호의 금액을 가산하여 조정한 거래가격으로 하고 있으며,

- 가산대상인 권리사용의 대가는 당해 수입물품에 관련되고, 당해 수입물품의 거래조건으로 구매자가 직접 또는 간접으로 지급하는 금액임(관세법시행령 제19조 제2항)

- 따라서 본건 **거래형태에서 발생된 로열티와 관련하여 S사가 A사(상표권자)에게 지급한 실제 송금액과 국내 과세당국에 납부한 원천징수세액은 당해물품에 관련되고, 당해물품의 거래조건으로 S사가 권리사용의 대가로서 직접 또는 간접으로 실제로 지급하는 금액**이므로 관세법 제30조제1항 규정에 의하여 과세가격에 가산하여야 하는 것임

- 또한 한·이태리 조세협약 제23조에서는 사용료 소득에 대하여 한국에 납부한 세액을 공제할 수 있게 함으로써 "이중과세의 회피"를 허용하고 있는 반면, 제12조의 "사용료" 부분에서는 일방체약국에서 발생한 사용료에 대하여 타방체약국에서 과세할 수 있는 동시에 사용료가 발생한 일방체약국에서도 과세할 수 있도록 규정하고 있으므로 **이중과세를 회피하는 것은 단지 납세의무자의 선택사항에 불과**한 것임을 알 수 있음

- 따라서 업체의 편의상 스스로 선택한 회계처리 방법을 근거로 관세법상 당연히 가산해야 할 권리사용료의 일부(S사가 지급한 원천징수세액)를 부정하는 것은 타당하지 않을 뿐만 아니라

- 내국세 부과를 목적으로 하는 조세협약은 관세부과를 목적으로 하는 관세법과 그 목적과 산출방법이 상이함에도 불구하고 본건과 관련한 관세평가규정에 해외공급자 국가의 소득신고 방식까지 언급하는 것은 관세법 해석의 범위를 지나치게 확장한 것이므로 적절치 않음

- 따라서 **S사가 직접 또는 간접으로 실제로 지급·납부하는 송금액과 원천징수세액 모두는 관세법상 권리사용료에 해당**하므로 관세법 제30조제1항 및 동법시행령 제19조제2항에서 정한 가산대상인 권리사용의 대가에 해당함

Topic 21
2009년 제3회 관세평가협의회결정사항

[결정 09-03-04]

1. 질의내용

- J사는 라이센스 계약을 체결한 해외상표권자(C사)의 상표를 내건 매장을 운영하면서 매출액의 일정액을 C사에 라이센스료로 지급하는데

- C사의 상표가 아닌 제3자 상표물품을 수입한 후 C사의 상표 라벨을 추가부착하여 판매하는 경우, J사가 C사에게 지급하는 라이센스료가 관세법상의 권리사용료에 해당되는지 여부. 단, 계약서상 해외상표권자의 역할은 다음과 같음
  ① 상품디자인 및 품목선정 등 구매결정시 상표권자가 조언
  ② 수입제품에 대한 매장 디스플레이 조언
  ③ 해당 상표를 매장 상호에 사용하되 상품구매는 민원인이 독자적으로 진행

2. 쟁점사항

수입물품의 선택과 관련된 조언 등의 컨설팅이 관세법시행령 제19조 제5항 제2호의 수입물품 거래조건에 해당되는 지 여부

3. 결정내용

C사가 제3자 회사에게 특정한 디자인 제시 또는 원료를 제공하는 사실이 없고, C사와 제3자 회사간에 맺은 특별한 약정이 없어 사실상 아무런 관계가 없으며 C사의 컨설팅은 C사 매장의 이미지와 이념을 훼손하지 않기 위한 최소한의 컨설팅에 불과할 뿐이므로 관세법시행령 제19조 제5항 제2호의 수입물품 거래조건에 해당되지 않아 관세법상 과세대상에 해당되지 않음

> 이유

- 수입물품의 과세가격은 우리나라에 수출하기 위하여 판매되는 물품에 대하여 구매자가 실제로 지급하였거나 지급하여야 할 가격에 관세법 제30조 제1항 각호의 금액을 가산하여 조정한 거래가격으로 하는 바

- 구매자가 C사의 상표를 제3자로부터 수입한 물품에 추가적으로 라벨링 작업을 거쳐 국내에 판매하는 경우는 관세법시행령 제19조 제3항 3호의 '**수입물품에 상표가 부착되거나 희석·혼합·분류·단순조립·재포장 등의 경미한 가공후에 상표가 부착되는 경우**'에 해당되므로 수입물품과의 관련성이 있음

- 그러나 C사가 제3자 회사에게 특정한 디자인 제시 또는 원료를 제공하는 사실이 없고, C사와 제3자 회사간에 맺은 특별한 약정이 없어 사실상 아무런 관계가 없는 것으로 판단되며

- 라이센스 계약에서 C사가 Private Brand 제품의 판매에 관여하고 컨설팅 계약에서 A사가 '직접 구매할 제품 및 상품의 조사연구, 발견 및 선정'에 관여하는 것은 **C사의 이미지와 이념을 훼손하지 않기 위한 최소한의 컨설팅에 불과할 뿐이고 이는 제3자로부터의 실질적인 구매결정은 J사가 결정하고 있는 것을 보면 알 수 있음**

- 따라서 본 건과 같은 제3자로부터 수입한 물품에 대한 권리사용료 지급은 관세법시행령 제19조 제3항 3호의 수입물품과의 관련성은 있으나, 관세법시행령 제19조 제5항 제2호의 수입물품 거래조건에 해당되지 않으므로 관세법상 과세대상에 해당되지 않음

Topic 22. 권리사용료 관련 주요판례

[대법원, 91누7958, 1993. 4. 27]

판시사항

가. 세관장의 수입신고서에 대한 심사가 실질적 심사인지 여부(적극) 및 신고납부서의 교부가 행정상 쟁송의 대상이 되는 과세처분에 해당하는지 여부(적극)

나. 라이선스계약의 내용이나 거래의 실질에 비추어 수입물품의 거래조건으로 로열티를 지급하는 것으로 보이므로 이를 가산하여 과세가격을 결정하여야 한다고 한 사례

판결요지

나. 라이선스계약의 내용이나 거래의 실질에 비추어 수입물품의 거래조건으로 로열티를 지급하는 것으로 보이므로 이를 가산하여 과세가격을 결정하여야 한다고 한 사례.

이유

원심판결 이유에 의하면 원심은, 거시증거들에 의하여 수입물품인 조제오이류의 실수요자인 맥안산업주식회사가 그 모회사인 미국 맥도날드사로부터 이를 구입한 적이 한번도 없었고, 그 수출회사인 홍콩의 퍼세코사는 그 물품의 제조회사나 위 맥도날드사와 아무런 출자관계 등이 없는 일개 무역회사에 지나지 않는 사실, 위 맥안산업주식회사가 햄버거 등을 제조판매하는 데 소요되는 원부자재는 수십여 종이며 그 공급선은 **국내외 각종 업체로 다양화**되어 있고, 위 맥도날드사가 맥안산업주식회사와의 실시권계약시 **원부자재 공급선을 구체적으로 지정하거나 제한한 바 없으며**, 위 공급선은 그 동안 위 맥안산업주식회사의 필요와 편의에 따라 수시로 변경되어 온 사실, 과세대상품인 조제오이류도 이 사건 수입 당시는 위 퍼세코사로부터 공급받아 오다가 그 후에는 국내의 소외 오뚜기식품주식회사로 그 구입처를 바꾸어 공급받고 있으나 위 맥안산업주식회사는 이와는 무관하게 매년 총매출액에 대한 일정비율의 사용료를 위 맥도날드사에 지급하고 있는 사실을 인정한 후, 위 인정사실에 비추어 위 사용료의 지급은 이 사건 조제오이류의 **구매거래의 조건이 되지 아니한다**고 할 것이고, 따라서 위

사용료를 이 사건 조제오이류의 수입가격에 가산하여 과세가격을 정한 피고의 조처가 위법하다고 판단하고 있다.

그러나 원심이 배척하지 아니한 갑 제6호증의 1, 2, 3, 갑 제9호증의 각 기재와 원심증인 유수근의 증언 등에 의하면, 수입물품인 조제오이류의 실수요자인 위 맥안산업주식회사는 1986.9.11. 미국 맥도날드사와 사이에 라이센스계약을 체결함에 있어 총매출액의 일정 비율에 해당하는 금액을 로얄티로 지급하되, 식품의 취급과 판매에 있어 맥도날드사가 수시로 지정하는 맥도날드시스템의 사양과 질적인 기준을 충족하는 식음료 재료만을 사용하며, 맥도날드사가 수시로 지정하는 식품취급 및 조리방법만을 사용하도록 하고, 맥도날드사가 지정하지 않았거나 맥도날드시스템의 사양에 맞지 아니하거나, 그 정한 방법에 따라 조리되지 아니한 식품을 판매한 경우 등에는 맥도날드사가 계약을 해지할 수 있기로 약정하였고, 위 맥안산업주식회사는 위 맥도날드사의 합작회사로 설립되어 햄버거 등의 제조 및 판매를 목적으로 하고 있으며, 위 맥안산업주식회사가 홍콩의 퍼세코사로부터 구입하는 햄버거용 원부자재는 종이포장지 등 연간 약 3억 5천만 원 상당이며 총소요 원부자재 중 약 20%에 해당하고, 위 맥안산업주식회사는 그 설립시부터 이 사건 수입 당시까지 조제오이류를 위 퍼세코사로부터만 구입하여 왔으며 조제오이류는 햄버거의 생산에 전용되는 재료인 사실이 인정된다.

위 맥안산업주식회사가 이 사건 라이선스계약을 함에 있어 위 맥도날드사로부터 원재료를 구입한다거나 기타 공급선을 특정하여 기재한다는 것은 이 사건 수입 당시 시행되던 독점규제및공정거래에관한법률에서 정한 불공정거래유형에 해당하여 당초부터 제한되어 있기 때문에 그와 같은 기재를 할 수 없었던 것으로 이해된다.

이 사건 수입물품이 아닌 다른 햄버거 제조용 원부자재에 관하여 그 공급선이 다양화되어 있다거나 그 공급선을 위 맥안산업주식회사가 변경하여 왔다는 점은 위 사용료가 이 사건 수입물품과 관련이 있고 거래조건이 되느냐와는 직접 관련이 없는 것이다.

한편 위에서 본 바와 같이 라이선스계약상 식품의 취급과 판매에 있어 맥도날드사가 수시로 지정하는 맥도날드시스템의 사양과 질적인 기준을 충족하는 식음료 재료만을 사용하여야 하며, 이를 위반할 경우에는 계약을 해지할 수 있기로 약정하였고, 더우기 위 조제오이류는 공산품의 경우와 같이 국제공인규격이 정하여져 있는 것도 아닐 뿐만 아니라, 위 맥안산업주식회사에서 이 사건 수입당시까지는 조제오이류를 위 퍼세코사로부터만 구입하여 왔으며, 그것이 햄버거의 생산에 전용되는 재료인 점에 비추어 보면, 위 조제오이류는 위 맥안산업주식회사가 맥도날드사에 지급하는 위 사용료와 관련이 있고, 거래의 조건이 되어 실수요자인 위 맥안산업주식회사로서는 사실상 그 구매선택권이 없었다고 봄이 상당하다고 할 것이다.

원심이 인정한 위 퍼세코사가 조제오이류의 제조회사나 맥도날드사와 아무런 출자관계 등이 없는 무역회사에 지나지 않는다거나 이 사건 이후에 위 맥안산업주식회사가 조제오이류를 국내의 다른 회사로부터 공급받은바 있다는 사정만으로는 달리 보기 어렵다고 할 것이다.

원심이 이 사건 수입물품의 실수요자인 위 맥안산업주식회사의 위와 같은 라이선스계약의 내용이나 거래의 실질을 도외시한 채 그 사용료의 지급이 조제오이류의 구매거래의 조건이 되지 아니한다고 판단하였음은 관세법 제9조의3 제1항에 관한 해석을 잘못하거나 그 전제사실 인정에 있어 채증법칙을 어긴 위법이 있다 할 것이고, 이 점을 지적하는 논지는 이유 있다.

3. 그러므로 원심판결을 파기하고 사건을 서울고등법원에 환송하기로 하여 관여 법관의 일치된 의견으로 주문과 같이 판결한다.

Topic 23 권리사용료 관련 주요판례

[대법원, 2014두13362, 2016. 10. 27]

판시사항

구매자가 판매자 아닌 자에게 권리사용료를 지급하지 않으면 판매자로부터 수입물품을 구매할 수 없는 경우, 관세법 시행령 제19조 제2항, 제5항 제2호에서 정한 권리사용료가 수입물품의 거래조건으로 지급되는 경우에 해당하는지 여부(원칙적 적극)

판결요지

관세법 시행령 제19조 제2항은 실제지급가격에 가산하여야 하는 권리사용료는 해당 물품에 관련되고 그 거래조건으로 구매자가 직접 또는 간접으로 지급하는 금액으로 한다고 규정하고 있고, 제5항은 권리사용료가 해당 물품의 거래조건으로 지급되는 것으로 보는 경우의 하나로 제2호에서 수입물품의 구매자와 판매자 간의 약정에 따라 구매자가 수입물품을 구매하기 위하여 판매자가 아닌 자에게 권리사용료를 지급하는 경우를 들고 있다. **구매자와 판매자 사이의 직접적인 약정에 따라 구매자가 판매자 아닌 자에게 권리사용료를 지급하는 경우가 아니더라도, 구매자, 판매자 및 권리보유자 사이의 관계와 그들 사이의 관련 약정의 내용 등에 비추어 볼 때 구매자가 판매자 아닌 자에게 권리사용료를 지급하지 않으면 판매자로부터 수입물품을 구매할 수 없는 경우에는 특별한 사정이 없는 한 권리사용료가 수입물품의 거래조건으로 지급되는 경우에 해당한다.**

이유

가. 관세법 시행령 제19조 제2항은 실제지급가격에 가산하여야 하는 권리사용료는 해당 물품에 관련되고 그 거래조건으로 구매자가 직접 또는 간접으로 지급하는 금액으로 한다고 규정하고 있고, 제5항은 권리사용료가 해당 물품의 거래조건으로 지급되는 것으로 보는 경우의 하나로 제2호에서 수입물품의 구매자와 판매자 간의 약정에 따라 구매자가 수입물품을 구매하기 위하여 판매자가 아닌 자에게 권리사용료를 지급하는 경우를 들고 있다.

구매자와 판매자 사이의 직접적인 약정에 따라 구매자가 판매자 아닌 자에게 권리사용료를 지급하는 경우가 아니라 하더라도, 구매자, 판매자 및 권리보유자 사이의 관계와 그들 사이의 관련 약정의 내용 등에 비추어 볼 때 구매자가 판매자 아닌 자에게 권리사용료를 지급하지 않으면 판매자로부터 수입물품을 구매할 수 없다고 볼 수 있는 경우에는 특별한 사정이 없는 한 권리사용료가 수입물품의 거래조건으로 지급되는 경우에 해당한다고 보아야 한다.

나. 원심은 제1심판결 이유를 인용하여 그 판시와 같은 사실을 인정한 다음, 이 사건 각 물품의 구매자인 원고와 그 판매자인 ABB 관계사들뿐만 아니라 원고와 이 사건 상표권 사용계약을 체결한 ABB 모두 상호 간에 특수관계가 있는 점, 이 사건 **상표권 사용계약에 의하면 원고가 제조·판매하는 모든 제품에 ABB의 상표를 부착하도록 하고 있으므로 원고로서는 ABB 관계사들로부터 이 사건 각 물품을 구매하여 국내 또는 해외에서 판매하기 위하여 ABB의 상표를 부착하여야만 하였던 점**, 또한 이 사건 상표권 사용계약에 의하면 원고는 ABB가 제시하는 품질기준과 사양을 엄격히 준수하여야 하며 이를 어기는 경우 ABB의 상표가 부착된 제품의 유통·판매를 중지하도록 정하고 있는데, 원고는 이와 같은 품질기준 및 사양 등을 준수하기 위하여 ABB의 특수관계자인 ABB 관계사들로부터 이 사건 각 물품을 구매할 수밖에 없었던 점 등을 종합하여 보면, 이 사건 상표권료는 이 사건 각 물품의 거래조건으로 지급되었다고 봄이 상당하다고 판단하였다.

다. 앞서 본 규정과 법리에 비추어 기록을 살펴보면, 원심의 위와 같은 판단은 정당하고, 거기에 상고이유 주장과 같이 권리사용료의 거래조건성 요건에 대한 법리를 오해한 잘못이 없다.

Topic 24

권리사용료 관련 협의회결정사항 주요내용 요약

2008년 제4회 관세평가협의회결정사항 [결정 08-04-01]

- 구매자가 판매자로부터 구매하여 수입하는 물품은 일반 범용성 물품이 아니라 제품 설계와 연계되어 개발·제작된 주문형 IC 등으로서, **국내에서 당해 기술에 의해 생산될 물품의 부분품에 해당하며 그 자체에 Know-how 내용의 전부 또는 일부가 구현되어 있는 물품이므로 로열티의 지급과 수입물품 간에 관련성이 있음**

- 다음으로 거래조건에 해당하는지의 여부를 판단하건데

  - 32Bit ECM의 경우 특별 부품 15개 품목 중 8개 품목은 라이센서로부터 수입하고 7개 품목은 제3자로부터 수입하였으며,

  - DBC-7의 경우 특별 부품 3개 품목 중 1개 품목(T-Clad)은 2003. 9 국산화를 완료하여 국내에서 공급 받은 사실,

  - 라이센스 제품의 품질 유지에 대한 요구 충족을 위해 라이센시는 라이센서 또는 라이센서가 지정한 공급자로부터 특별 부품(Special Component)을 구매하여야 한다고 기술지원계약에서 정하고는 있으나, **이는 라이센스 제품의 품질관리 차원으로 기재된 것에 불과하여 라이센시는 공급자를 변경할 수 있으며,**

  - **공급자 선택에 대한 책임은 라이센시에게 있고 물품에 대한 품질보증 역시 라이센서가 아닌 지정 공급자가 하여야 한다는 사실,**

  - 로열티의 산정방법 상 판매가격에서 라이센서로부터 구입한 부품가격(재료비)이 공제비용으로 인정되는 순판매가격(Net Selling Price)을 기초로 계산됨으로써, 부품 수입과 관계없이 로열티를 지급하여야 하며, 오히려 구입비용이 많을수록 지불할 로열티는 감소하고 구입비용이 적을수록 지불할 로열티가 증가한다는 사실 등을 고려할 때,(유사취지 : 대구고등법원 90구1497, 평일 47221-352(1994.8.23), 관세평가분류원 관세평가협의회 결정 04-02-03)

  - 본 건 로열티는 "수입물품을 구매하기 위하여 지급이 요구되는 경우"에 해당하지 않는 것으로 판단됨

- 따라서 본 건 로열티는 관세법 시행령 제19조 제5항 규정에 의거 수입물품을 구매하기 위하여 거래조건으로 지급되었다고 볼 수 없으므로 수입물품의 과세가격에 포함되지 않는 것이 타당함

2005년 제5회 관세평가협의회결정사항 [결정 05-05-01]

- 본 건의 경우에도 수입물품인 Character Style Guide CD는 저작권리의 내용을 수록한 매체에 불과하고 이를 국내에서 판매 또는 배포할 목적으로 로열티를 지급한 것이 아니고 수입국 내에서 다른 물품에 재현하는 권리의 대가로 지급한 것이므로 과세대상이 아님
- 또한, 수입국 외의 장소에서 다른 물품에 재현된 경우가 있다고 하더라도 구매자가 수입국 내에서 "다른 물품의 생산자"와 관련이 없는 권리보유자로부터 캐릭터사용권을 허락받고 캐릭터를 제공하여 생산한 상품을 수입한 경우 캐릭터의 권리보유자와 판매자가 상호 관련이 없고, 구매자가 판매자(생산자)를 임의로 선택할 수 있다면 동 로열티는 과세가격에 가산되지 않는 것임(국심2003관-161, 2005.2.18. 참조)
- 이 건의 당해 수입물품인 Character Style Guide CD는 복제권 또는 재현생산권을 실현하기 위한 수단에 불과하고, 로열티는 구매자가 수입국 내의 제3자에게 전달매체(CD)에 수록된 캐릭터를 다른 상품의 디자인에 구현하여 상품을 생산·판매할 수 있는 재현생산권의 대가임

2005년 제3회 관세평가협의회 결정사항 [결정 05-03-03]

- 수입물품은 HDMI 방식으로 영상과 음성신호를 전달하는 HDMI핵심기술을 구현할 수 있는 핵심칩(HDMI-Core)으로서 제조자인 S(사)의 **특허기술이 체화되어 있으므로 권리사용료는 수입물품과 관련이 있음**
- HDMI Core는 특허의 공동개발자(Founders)인 S(사)가 개발 및 생산한 S(사)의 특허물품으로서, S(사)가 공개한 수입물품(HDMI Core)의 공급에 관한 조항을 보면,
  - S(사)는 HDMI 기술을 개발하고 발전시켜온 회사로서 수입물품인 HDMI Core에 대한 개발자로서 모든 권리를 보유하고 있으며,
  - 구매자가 HDMI Core를 구매하기 위해서는 S(사)의 **특허권을 관리하고 있는 H(사)와 특허권계약을 체결해야만 동 물품을 구매할 수 있는 것으로 확인됨**
- 또한 구매자가 S(사)의 에이전트로서 명목상의 **특허권자인 H(사)와 특허사용계약을 체결하고 로열티를 지급하여야만 수입물품을 구매할 수 있고**, 구매자는 특허권계약에 의해서 자신이 생산한 완제품(디지털 TV 등)을 S(사)에게 제공하여 HDMI의 기술표준에 적합하게 제조되었는지 여부를 확인하기 위한 성능테스트를 받아야 하며, 동 테스트를 통과한 제품만이 HDMI 트레이드 마크를 부착할 수 있게 되어 있음
- 따라서 이건 권리사용료는 수입물품을 구매하기 위해서 판매자 또는 판매자와 관련이 있는 자에게 로열티 지급이 요구되는 경우에 해당하므로 수입물품의 과세가격에 가산되어야 함

2005년 제1회 관세평가협의회 결정사항 [결정 05-01-06]

- 당해 수입물품은 SLS특허공법을 실시하기에 적합하게 제작된 기계로서 수입자가 제3자에게 지급하는 권리사용료와 관련성은 인정된다. 그러나 본건 특허권계약에 의하면 권리사용료는 특허권보유자가 수입자에게 SLS특허공법을 사용하여 LCD를 생산할 수 있는 권리와 LCD의 생산에 필요한 노하우를 제공하는 대가임이 확인되고, 당해 수입물품은 **권리사용료 지급과 관계없이 누구나 자유롭게 구매할 수 있다는** 수입자의 주장이 사실이라면 동 권리사용료는 당해 수입물품을 구매하기 위하여 거래조건으로 지급하는 것이 아닌 것으로 판단된다.

2004년 제3회 관세평가협의회 결정사항 [결정 04-03-01]

- 이건 라이센스 계약에서 허여한 주된 권리는 기술정보를 이용하여 라이센스 대상 제품을 제조·판매할 수 있도록 한 것으로서 **수입물품은 라이센스 대상제품 생산에 투입되는 핵심 원재료이므로 권리사용료와** 관련이 있다고 할 것임
- 또한 동 라이센스 계약에서는 "라이센시는 라이센스 대상 제품의 제조에 라이센서가 승인한 재료를 사용해야 한다."라고 명시하고 있고, 라이센스 대상 제품의 대부분의 원료(톨루엔 제외)를 라이센서 또는 라이센서의 자회사가 생산한 원료를 직접 구입하고 있는 것으로 확인되고 있음
  - 즉, 라이센서 또는 그 자회사가 공급하는 원재료의 사용은 라이센시의 의무 사항으로서 수입자에게 구매선택권이 없는 것으로 해석되므로 권리사용료는 당해물품의 거래조건에 해당됨
- 따라서 이건 권리사용료는 당해 수입물품과 관련되고 거래의 조건으로 지급되므로 과세가격에 가산되어야 함

2004년 제2회 관세평가협의회 결정사항 [결정 04-02-03]

- 기술제공자는 **에어백과 시트벨트에 관한 많은 특허와 노하우를 보유하고 있으므로** 제조용 부분품들은 수입물품과 국내공급물품을 막론하고 기술제공자의 특허 또는 노하우가 구현되었다 할 수 있음
- 따라서 수입부품은 관세법시행령 제19조 제3항 제1호 다목에 정한 "국내에서 당해 특허에 의하여 생산될 물품의 부분품·원재료 또는 구성요소로서 그 자체에 당해 특허의 내용의 전부 또는 일부가 구현되어 있는 물품"에 해당하므로 로열티와 수입물품은 관련성이 있음
- 그러나 특허보유자가 공급한 수입물품의 거래조건으로 로열티를 지급하였는지를 살펴보면
  ① 에어백의 경우 부분품 10개 품목 중 3개 품목은 기술제공자로부터 수입하고, **5개 품목은 기술제공자와 무관한 제3자로부터, 나머지 2개 품목은 국내에서** 공급받은 점,
  ② 시트벨트의 경우 24개 품목 중 3개 품목은 기술제공자로부터, 19개 품목은 제3자로부터 수입하였고 나머지 2개 품목은 **국내에서 공급**받은 점,

③ 수입자는 Inflater에 대하여 기술제공자 이외 ARC, BREED, 한화(주) 등으로부터 수입 또는 국내 구매한 점,

④ 로열티는 계약제품 총매출액에서 계열사로부터 구매한 완제품의 가격과 수입부품의 가격을 공제한 금액을 순매출액으로 하여 동 금액의 3%를 지급하는 점,

⑤ **부품 수입과 관계없이 로열티를 지급해야 하는 점과 계열사로부터 수입물품을 구매하지 않으면 오히려 로열티가 늘어나는 점** 등을 고려할 때,

- 본 건의 경우 "구매자가 수입물품을 구매하기 위하여 판매자가 아닌 자로부터 특허권 등의 사용에 대한 허락을 받아 판매자에게 그 특허권 등을 사용하게 하고 당해 판매자가 아닌 자에게 권리사용료를 지급하는 경우"에 해당하지 아니하며,
- **수입물품을 구매하기 위하여 로열티를 지급한 것이 아니고, 기술도입계약 부록Ⅲ의 "기술정보"와 같이 완성품 및 부품의 조립도면, 생산계획 등 공정관리, 부품공급자 명단, 품질검사 등에 관한 노하우를 제공하는 대가임**

Topic 25 권리사용료 관련 일본평가사례

1. 구매자가 모회사인 상표권자에게 지급하지만 상표가 부착된 물품의 매매계약과 관련이 없는 로열티

일본정률법 사례

- 국내의 스포츠용품 도매업자 B(구매자)는 같은 국내의 상표권자 C의 자회사이며, 상표권자 C와의 사이의 라이선스계약에 따라 구매자 B는 상표권자 C에게 상표사용권의 대가로 로열티를 지급하고, 상표권자 C는 구매자 B에게 해당 사용권을 허락하고 있다. 또한 해당 상표는 상표권자 C가 국내에서 고안하여 보유하고 있는 것이다.
- 한편 구매자 B는 E국의 독립된 제3자인 복수 판매자와 매매계약을 체결하고 스포츠백을 구입하고 있으며, 해당 매매계약에 따라 구매자 B는 스스로 작성한 상표라벨을 해당 판매자에게 무상으로 공급하고, 수입 전에 해당 스포츠백에 해당 상표 라벨을 부착시키고 있다. 또한 상표권자 C는 상기 스포츠백의 제조 및 수입거래에 관여하고 있지 않다.
- 상기 수입물품의 과세가격을 계산할 때 구매자 B가 상표권자 C에게 지급하는 로열티는 과세가격에 포함되는가?

상기 로열티는 상표사용권의 대가이며 상기 수입 스포츠백에 상표가 부착되어 있다는 점에게 해당 로열티 지급은 수입 스포츠백과 연관이 있다.

구매자 B와 상표권자 C는 본지사 관계에 있지만, 상기 로열티는 스포츠백의 매매계약과는 별개의 라이선스 계약에 의해 지급되며, 상표권자 C는 해당 스포츠백의 제조 및 수입거래에 관여하고 있지 않다는 점에서 구매자 B가 판매자로부터 물품을 구입하기 위해 지급할 것을 요하는 것은 아니다.

따라서 상기 로열티는 수입거래조건으로써 지급되는 것은 아니라는 점에서 과세가격에 포함되지 아니한다.

2. 판매자와의 합의에 따라 특허권자에게 지급하는 라이선스료

> **일본정률법 사례**

- 구매자 B는 판매자 S가 특허제법으로 제조한 건강음료의 원액을 수입하여 국내에서 단순히 물로 희석하여 소매포장(포장용기는 국내에서 조달) 후 독점적으로 국내판매하고 있지만, 판매자가 특허제법과 관련된 건강음료의 수출국 및 국내에서의 제조·판매를 특허권자 C사로부터 허락받고 있어서 구매자는 판매자와 합의하여 해당 원액대금을 판매자에게 지급하는 외에 해당 소매포장한 건강음료의 국내매출액의 5% 상당액의 라이선스료를 C사에게 지급하고 있다.
- 이 경우 라이선스료는 수입물품의 과세가격에 산입되는가?

본 사례의 경우 해당 건강음료의 원액은 특허제법에 의해 제조된 것으로 구매자 B가 특허권자인 C에게 지급한 라이선스료는 수입물품과 관련된 것이다.

또한 판매자 S는 특허권자로부터 수입물품의 수출국 및 국내에서의 제조·판매를 허락하고 있고, 해당 라이선스료는 수입거래와 관련하여 판매자와의 합의에 의해 구매자가 지급하는 것이므로 구매자가 수입물품의 거래조건으로 지급하는 것에 해당한다.

따라서 구매자가 지급하는 라이선스료는 수입물품의 과세가격에 산입한다.

2018년 제3회 관세평가협의회결정사항

[결정 18-03-02]

LNG 수송 중 운송사가 사용한 FBOG의 과세방법

1. 사실관계

거래 당사자

- OOO : 천연가스를 수입하여 국내 판매하는 자(이하 '수입자' 또는 '구매자')
- △△△ : 천연가스 액화시설을 운영하는 판매자(이하 '수출자' 또는 '판매자')
- 운송사 : 수입자와 'LNG 전용선 수송계약'을 체결하고, 선적항에서 LNG를 인도받아 국내로 운송하는 선사(이하 '운송사' 또는 '선사')

쟁점물품

- 액화 천연가스(LNG, Liquefied Natural Gas / HS 2711.11-0000)
    * 천연가스를 영하 162도 초저온으로 액화시킨 뒤 부피를 1/600로 압축시킨 것

거래 내용

- 수입자는 수출자와의 계약에 따라 2017. 6월부터 미국산 LNG를 수입하고 있음
    - LNG는 미국 **선적항에서 FOB 조건으로 인도되며, 선적항에서 인도되는 물량에 계약 단가를 적용하는 방식으로 거래가격이 산정**됨

    [LNG 거래가격] = 선적물량(MMBTU1)) * 계약단가(P)

- 수입자는 선적항에서 인도받는 LNG를 운송하기 위하여 국내 선사와 경쟁입찰 방식으로 'LNG 전용선 수송계약'을 체결함

    [운임] = 1일당 운임 * 운항일수
    - 1일당 운임 : 자본비 등 연간 운임요소를 연간 운항일수로 나눈 값
        * 운임요소 : ① 자본비 ② 운영선사비 ③ 연료비 ④ 기타 수송비

- 기존 LNG수송선은 벙커C유를 주 연료로 사용하고 운송 중 자연발생하는 BOG를 부수 연료로 사용하는 방식이나, 본건의 경우 미국내 환경관련 연료규제로 인하여 미국 해역 입출항시 주 연료를 벙커C유 대신에 저유황유 또는 수송중인 연료를 강제 기화(FBOG) 하여 사용
- 운송사는 수입자와 합의된 한도내에서 BOG 및 FBOG를 연료로 사용할 수 있으며, 해당 사용에 대한 별도의 현금결제 절차는 없음. 다만, FBOG에 대해서 부가가치세 신고를 위하여 상호 세금계산서를 발행함
- 운송 선박은 BOG Mode 또는 FBOG Mode로 운항할 수 있으며, Mode 전환시점을 기준으로 BOG와 FBOG 사용량의 구분계측이가능함(메인엔진 및 발전기 유량계로 측정됨)

2. 질의 내용

- FBOG 물량을 물품가격으로도 책정하고 운임으로도 가산하여야 하는지 아니면 물품가격에 포함되어 있으므로 운임에서 제외할 수 있는지 여부
- 현재 수입 LNG 과세가격 산정시, LNG 도입계약은 총액계약에 해당하므로 운송 중 사용된 BOG는 LNG의 실제지급가격 결정시 고려하지 않으며, BOG는 운송과정에서의 자연 발생한 것으로 선박 안전을 위해 반드시 제거되어야 할 필요에 따라 해당 선박의 부수 연료로 사용한 것이므로 운임으로 가산하고 있지 않음
  - 본건의 FBOG도 수입물품인 LNG의 일부를 연료로 사용한다는 점에서는 BOG와 같다고 볼 수 있으므로 ① BOG와 동일한 기준을 적용하여 FBOG의 가치를 포함한 수입자가 판매자에게 지급한 총액을 실제지급가격으로 과세할 수 있는지 여부 및 ② BOG와 달리 현물로 제공한 운임으로 보아 FBOG를 실제지급가격에 가산 할 수 있는지 여부 대한 쟁점이 있음

3. 결정

> [요지]
> 실제지급가격은 FBOG로 사용된 물량에 해당하는 가치를 차감하여 산정하되, FBOG는 수입자가 운송사에 현물로 지급한 운임으로 가산한다.

> 이유

LNG의 실제지급가격

- 관세법 제16조에 "관세는 수입신고를 하는 때의 물품의 성질과 그 수량에 따라 부과한다"고 규정하고 있음
  - 따라서 당초 선적(계약)한 수량과 수입자가 나중에 수입신고할 때 수량이 다를 경우에는 수입신고시의 수량을 기준으로 관세를 부과할 수 있음. 즉, 수입자가 물품의 특성에 따른 자연적 감소가 아닌 사유로 계약 물량 중 일부만 수입하는 것이 명확할 경우에는 그 확정된 과세수량을 기준으로 부과하는 것임

- 본건의 경우 실제지급금액은 선적항에서 인도되는 물량에 계약단가를 적용하는 방식으로 계약되었으므로 판매자에게 실제로 지급하였거나 지급하여야 할 가격으로 산정되어야 하나,
  - 수입자(구매자)는 운송계약상 운송물품 중 일부를 운송사가 강제적으로 운송연료(FBOG)로 사용할 수 있도록 제공하고 세금계산서를 발행하고 있어 이를 별도의 공급계약으로 볼 수 있으므로, FBOG로 사용한 물품의 금액만큼 제외하여 실제지급가격으로 계산하여야 할 것임

- 예를 들어, 수입자가 100T의 LNG를 구매하여 이 중에서 70T만 국내로 반입하고 나머지 30T을 제3국에 판매하였거나, 자연재해 등 불가피한 사고로 운송 중에 30T이 멸실된 경우에는 판매되거나 멸실된 30T의 LNG에 대하여 납세 의무가 있는 것으로 볼 수 없음
  - 통칙 15_0..1(휘발유 등의 과세표준) 및 고시 제42조(산물통관시 수량의 과부족에 따른 과세가격)는 산물로 계약된 물품이 해당 물품의 특성상 운송 중에 수량이 자연 감소되어 선적된 수량과 도착된 수량이 다른 경우의 과세표준 및 과세가격에 대한 것을 규정한 것으로, 본건과 같이 운송 중에 수입자의 필요에 따라 사용 또는 소비한 물품에까지 적용되는 규정으로 볼 수 없음

- 본건 FBOG는 BOG와 달리 운송과정에서 불가피하게 자연적으로 발생하는 수량 감소가 아니라 수입자의 선택에 의하여 해당 수입물품을 운송하는 선박의 연료로 사용하는 것으로, FBOG 사용으로 인한 수량 감소는 필연적으로 예정된 것이 아니며 계약물품 인도 이후에 계약물품의 사용 또는 소비는 수입자의 재량사항이므로, LNG 도입계약시 FBOG 사용을 고려한 가격조정약관을 기대하기 어려움

- 또한 BOG 사용량 및 FBOG 사용량은 구분 측정이 가능하며, LNG 거래가격이 선적물량에 계약단가를 곱하여 결정되므로 FBOG에 해당하는 가치를 별도로 산정할 수 있음
- 따라서 본건의 경우에는 실제지급가격을 안분하여 산정할 수있으며, 전체 계약물량 중에서 FBOG로 사용한 물량에 해당하는 가치를 제외한 가격을 실제지급가격으로 산정할 수 있음

FBOG의 운임의 가산 여부

- 관세법 제30조는 물품가격에 수입항까지의 운임·보험료와 그 밖에 운송과 관련된 비용 등을 더하여 조정한 금액을 과세가격으로 한다고 규정하고 있음
  - 관세법시행령 제20조 제5항은 '운임은 수입물품이 수입항에 도착하여 본선 하역준비가 완료될 때까지 수입자가 부담하는 비용'을 말함
  - 한편, WTO 관세평가협정 일반서설 제1항에서는 '제8조는 화폐 형태가 아닌 특정의 물품 또는 용역의 형태로 구매자로부터 판매자에게 이전되는 어떤 대가를 거래가격에 포함하도록 규정하고 있다'고 기술하고 있음
  - 결국, 관련 법령의 해석상 가산되는 운임에는 현금으로 지급되는 운임 외에 수입 물품이 수입항에 도착하여 본선하역준비가 완료될 때까지 수입자가 부담하였거나 통상적으로 부담하여야 할 모든 비용이 포함되며, 여기에는 운송인에게 현물로 지급된 운임도 포함되는 것으로 해석할 수 있음

- 본건 FBOG는 운송과정에서 자연발생하고 선박 안전을 위해 반드시 사용(제거)되어야 하는 BOG와 달리 수입자 또는 운송사의 필요에 따라 강제적으로 기화하여 운송중인 선박의 연료로 사용한 것이므로 운임 해당 여부 판단시 BOG와 다르게 판단하여야 함
  - 즉, BOG는 초저온에서 액화된 LNG의 특성상 운송과정에서의 온도와 압력차이 등에 따라 자연 기화된 것으로 BOG 압력 상승시 폭발할 위험이 있어 선박 안전을 위해 반드시 제거되어야 할 필요에 따라 수입자가 운송인에게 부수 연료로 사용하게 한 것이며, 운송인은 해당 LNG의 운송이라는 본래의 목적을 수행하는 과정에서 부수적으로 이익을 누린 것으로 볼 수 있음
  - 이에 비해, FBOG는 수입자 또는 운송사가 친환경 연료를 사용해야 하는 필요에 따라 운송 중인 수입물품의 일부를 강제적으로 기화하여 주연료로 사용하는 것이며, 수입자가 FBOG를 사용하는 것을 원하지 않으면 운송인은 저유황유 등 다른 대체 연료를 사용하고 수입자에게 운임으로 청구할 수도 있음

- 본건의 경우 수입자는 운송사와 'LNG 전용선 수송계약'을 체결하여 LNG를 운송하고 있으며, 계약상의 운임의 구성 요소에는 자본비, 운영선사비, 연료비 및 기타 수송비가 있음
  - FBOG는 이 중에서 연료비의 구성요소로 Fuel Oil(HFO, ULSFO, MGO 및 LSMGO) 및 BOG와 함께 규정되어 있으며, 'FBOG는 공사 소유의 화물을 연료로 사용한 것이므로 선사에 지급할 운임산정시에는 고려하지 아니하는 것'으로 명시되어 있음(부속서 2.4 운임 구성요소별 산정〈다. 연료비의 산정〉)
  - 따라서, FBOG는 수송계약에 따라 수입자가 운송인에게 선박 추진연료로 제공하여 해당 FBOG 대금은 연료비에서 제외되고 수입자에게 청구된 것으로, 결국 수입자는 운임 중 일부를 현물로 제공한 것으로 볼 수 있으므로 FBOG는 운임으로 실제지급가격에 가산하여야 함

참고자료 BOG판례 [대법원 2016두47321 판결 2016. 12. 15. 선고]

> 라. 원고의 수입물품인 액화천연가스를 선박으로 운송하는 과정에서 BOG를 수송선의 연료로 사용하여 결과적으로 운송원가가 낮아지는 효과가 발생하였지만, **이러한 점만으로는 원고가 운임의 일부를 금전을 대신하여 현물로 지급한 것으로 볼 수 없다. 따라서 BOG 가액은 이 사건 운송계약에 따른 운임에 해당하지 않는다.** 그 이유는 다음과 같다.
>
> 첫째, 이 사건 운송계약에서 당사자들은 자본비, 선박경비, 운항비, 이윤 등을 감안하여 운임을 지급하기로 약정하였고, **BOG는 운임의 요소로 삼지 않았다.** 그런데도 이를 운임으로 보아야 할 특별한 사정에 대한 증명 없이 과세가격에 가산하는 것은 관세법상 운임산정의 기준에 반한다.
>
> 둘째, 원고는 이 사건 운송계약에서 정한 방식에 따라 대금을 모두 지급하였고, 운임명세서 역시 그에 따라 작성·교부되었다. 그리고 **약정운임은 실제 연료소비량에 연동하므로 국내 운항선사가 BOG를 사용했다고 해서 금전적 이익을 얻은 것도 아니다.**
>
> 셋째, 이 사건 운송계약에 따라 액화천연가스를 운송하는 과정에서 반드시 발생하는 BOG를 안전하게 처리할 필요가 있고, 국내 운항선사의 수송선 구조에 의하면 액화천연가스의 물량 감소와 BOG의 연료 사용이 운송의 당연한 전제로서 불가피하게 예정되어 있었으므로, 원고로서도 **다른 선택의 여지 없이 고가의 액화천연가스가 소실되는 손실을 감내해야 했다.**
>
> 마. 그럼에도 원심은 액화천연가스 해상운송과정에서 BOG의 처리방법이나 국내 운항선사의 수송선 구조상 연료 사용의 불가피성 등에 관하여 구체적으로 심리·판단하지 않은 채, 원고가 운임명세서에 따라 지급한 비용 외에 BOG의 가액을 운임으로 가산한 피고의 이 사건 각 처분이 적법하다고 판단하였다. 이러한 원심의 판단에는 과세가격의 가산조정요소인 운임과 그 산정에 관한 법리를 오해하여 필요한 심리를 다하지 않아 판결에 영향을 미친 잘못이 있다. 이를 지적하는 상고이유 주장은 이유 있다.

Topic 27 운송관련 협의회결정사항 주요내용 요약

제2회 2010년 관세평가협의회 결정사항 [결정 10-02-01]

> 결정 : 본건 용기의 반환비용은 수입 이후에 발생되고 수입물품의대가가 아닌 운송인에게 지급하는 반복사용 용기의 운송비용이므로 과세가격에 포함되지 않는다.
>
> - 본건 용기의 반환비용은 본건 수입물품인 생맥주를 수입하여 국내에서 판매한 후 회수된 반복사용 용기를 구매자가 다시 미국 판매자(제조자)의 창고까지 반환하는데 소요되는 일체의 비용으로서
> - 동 반환비용에는 과세가격에서 공제해야 할 서울-부산간 국내운송비용이 포함되어 있고
> - 동 반환비용은 수입이후에 발생된 운송에 관련된 비용이므로 실제지급가격에 포함되지 않는 것임
> - 또한 본건 용기의 반환비용은 수입물품과 관련없는 반복 사용 가능한 용기의 반환비용이고, 동 비용은 판매자가 아닌 운송인에게 지급하는운송비용으로서 수입물품의 대가가 아니므로 간접지급금액에도 해당하지 아니함
> - 따라서, 본건 용기의 반환비용은 수입이후 발생하는 비용이고 간접지급금액에도 해당하지 아니하므로 과세가격에 포함할 수 없음

2005년 제2회 관세평가협의회 결정사항 [결정 05-02-02]

> 본건 압축가스 수입자가 자신이 소유하는 철제 실린더 용기를 자신의 비용 부담 하에 수출자에게 무상으로 제공하여 그 용기에 압축가스를 담아 수입하는 경우에 그 용기를 수출자에게 제공하는데 소요된 운임은 1) 압축가스의 수입과 관련된 것이 아니고 압축가스 용기의 수출운송에만 관련된 비용으로 2) 수입하는 압축가스의 계약에 의한 인도의 전단계에서 발생하는 비용에 해당하고 3) 압축가스에 대한 간접지급에도 해당하지 않으며 4) 압축가스의 용기 또는 포장 비용에도 해당하지 않는 등 간접지급금액이나 가산요소비용에 해당하지 않으므로, 이를 압축가스의 과세가격에 포함할 수 없다.

Topic 28 운송 관련 주요판례 내용 요약

대법원 93도1064 1993. 12. 7. 선고

> 선박용선에 있어서의 운임이란 당해 용선계약에 의하여 실제로 지급한 일체의 비용을 말하는 것이나, 운임용선계약에 있어서의 공적운임은 용선자가 당해 선박에 선적하여야 할 책임이 있는 적하량의 최저한을 채우지 못한 경우 운송자에게 부담하는 금원으로서 그 실질은 운임이 아니라 손해배상이라 할 것이므로, 공적운임은 다른 특별한 사정이 없는 한 수입물품의 거래가격을 신고할 때 가산하여야 할 관세법 제9조의3 제1항 제6호 소정의 "운임, 보험료 기타 운송에 관련되는 비용"에는 포함되지 아니한다.

대법원 1 93도3274 994. 11. 25. 선고

> 가. 양륙기간을 약정한 용선계약에 있어서 용선자가 약정한 기간내에 양륙작업을 완료하지 못하고 기간을 초과하여 양륙한 경우에 있어 선박회사가 그 초과한 기간에 대하여 용선자에게 청구할 수 있는 이른바 체선료는 그 체선기간 중 선박소유자가 입는 선원료, 식비, 체선비용, 선박이용을 방해받음으로 인하여 상실한 이익 등의 손실을 전보하기 위한 법정의 특별보수라고 할 것이므로, 선적항에서의 체선료는 다른 특별한 사정이 없는 한 수입물품의 거래가격을 신고할 때 가산하여야 할 관세법 제9조의3 제1항 제6호 소정의 "운송에 관련되는 비용"에 포함된다고 보아야 한다.
>
> 나. 운임용선계약에 있어서 이른바 공적운임은 용선자가 당해 선박에 선적하여야 할 책임이 있는 적하량의 최저한을 채우지 못한 경우에 운송자에게 부담하는 금원으로서 그 실질은 운임이 아니라 손해배상이라 할 것이므로, 공적운임은 다른 특별한 사정이 없는 한 수입물품의 거래가격을 신고할 때 가산하여야 할 같은 호 소정의 "운임·보험료 기타 운송에 관련되는 비용"에는 포함되지 아니하는 것으로 보아야 한다.

Topic 29 운송관련 일본평가사례

1. 최저운임(Minimum Freight)

일본정률법 사례

- 구매자 B는 판매자 S에게서 전자기기를 FOB조건으로 수입하기로 하였다. 해당 물품은 소량이기 때문에 최저운임을 선박회사에 지급하였다. 이 경우 수입물품의 과세가격의 계산상 최저운임은 어떻게 처리하는가?
- "최저운임"이란 하나의 선하증권과 관련된 물품에 대해 소정의 운임율로 계산된 운임액이 일정액을 넘지 않는 경우 그 일정의 금액까지 절상한 최저운임을 말한다.

본 사례의 경우 구매자 B와 판매자 S의 수입거래는 FOB조건으로 수입물품은 최저운임이 적용되는 소량물품이기 때문에 최저운임의 적용을 받아 실제로 지급해야하는 해당 수입물품의 수입항까지의 운임액을 가산하면 된다.

2. 귀로의 적하가 없는 경우에 지급하는 공선회조료

일본정률법 사례

- 구매자 B는 FOB조건으로 구입한 곡류의 수입을 위해 선박회사와 수출항과 국내의 수입항의 2개 항로에 대하여 항해용선계약을 체결하였다. 해당 항해용선계약에는 수입항부터 수출항까지의 귀로의 적하가 없는 경우에는 구매자는 해당 곡물의 운임과는 별도로 공선회조료를 선사에 지급하기로 되어있다.
- 이 경우 해당 공선회조료는 수입물품의 과세가격의 계산상 어떻게 취급되어져야 할까?

본 사례의 경우 수입거래는 FOB조건이므로 해당 수입거래에 관계되는 수입물품의 국내수입항까지의 운임은 가산요소에 해당하고, 구매자 B가 해당 곡류를 국내의 수입항까지 운송하기 위하여 선사와 체결한 항해용선계약에 근거하여 선사에 지급하는총액(공선회조료를 포함)이 해당 곡류의 국내수입항까지의 운임으로써 수입물품의과세가격에 산입한다.

3. 판매자가 부담한 선적지 체선료

일본정률법 사례

- 구매자 B는 판매자 S로부터 석유화학제품을 FOB가격으로 수입하고 수입계약을 체결하였지만, 해당 계약에서는 판매자 측의 이유로 인해 구매자가 용선한 선박의 하역 적입시 체선료가 발생한때는 판매자가 부담하는 것으로 되어 있다.
- 이때 구매자는 선사와의 항해용선계약을 체결하고 수입물품을 국내로 운송하였지만, 이때 판매자에 기인한 선적항에의 국내수송의 관계로부터 체선이 발생하고, 선사로부터 청구에 따라 구매자는 체선료를 선사에 지급하였다. 구매자는 판매자와의 선매계약에 따라 구매자가 선사에 지급한 체선료를 판매자로부터 회수하였다.
- 이 경우 선적항에 있어서의 체선료는 수입물품의 과세가격의 계산상 어떻게 취급되어야 하는가?

본 사례의 경우 선적항에서 발생한 체선료는 구매자 B와 판매자 S와의 수입물품의 수입계약에 근거를 두고 판매자가 부담하는 것으로 되어 있고, 해당 계약에 근거를 둔 FOB가격(실제지급가격)은 이것을 조건으로서 정하여진 것. 즉 해당 FOB가격에는 선적항에 있어서의 체선료가 포함된 것으로 하고 있다.

따라서 실제기급가격에는 실제로 구매자가 지급한 체선료가 포함되어진 것이므로 해당 체선료를 수입물품의 과세가격에 다시 산입할 필요는 없다.

4. 보험회사로부터 보너스로 제공된 보험료

> 일본정률법 사례

- 구매자 B는 판매자 S로부터 문구류를 수입하기로 하였다. 구매자는 판매자와의 계약이 C&F조건이므로 보험회사와 운송보험계약을 체결하였다. 보험회사로부터 청구된 보험료는 보너스로 10%가 할인된 금액이다.
- 이 경우 수입물품의 과세가격에 산입되는 보험료는 구매자가 실제로 지급한 보너스를 공제한 후의 금액으로 계산하여도 되는가?

본 사례의 경우 보험회사로부터 제공된 보너스는 구매자 B와 보험회사간의 채권채무 등과는 아무런 관련이 없이 제공된 보험료 할인이며, 구매자는 할인 후의 금액을 보험회사에 지급한다.

따라서 수입물품의 과세가격을 계산할 경우에는 구매자가 실제로 지급한 보너스를 공제한 후의 금액을 보험료로서 산입한다.

Topic 30

과세운임 사례연습

운임명세서 참조

H B/L No	: *****	M B/L No	: *****	Package	: 781 PACKAGES		
Vessel	: HARMONY LIANYUNGANG	Voyage	: 20039E	Weight	: 6,824.60 KGS		
P.O.L	: LIANYUNGANG, CHINA	E.T.D	: 2020-05-21	Measure	: 63.07 CBM		
P.O.D	: INCHON, KOREA	E.T.A	: 2020-05-22	Incoterms	:		
Delivery	: INCHEON, KOREA	Container	:				
Shipper	: *****	Consignee	: *****	Notify	: ******		

Freight	Curr	Ex-Rate	Unit	QTY	Unit Price	Amount	Amount(KRW)	VAT
OCEAN FREIGHT	USD	1,248.30	OTH	1.000	750.00	750.00	936,225	0
COST RECOVERY SURCHA	USD	1,248.30	OTH	1.000	40.00	40.00	49,932	0
BUNKER ADJUSTMENT FA	USD	1,248.30	OTH	1.000	380.00	380.00	474,354	0
CURRENCY ADJUSTMENT	USD	1,248.30	OTH	1.000	80.00	80.00	99,864	0
INSURANCE FEE	USD	1,248.30	OTH	1.000	20.00	20.00	24,966	0
LOW SULPHUR SURCHARG	USD	1,248.30	OTH	1.000	120.00	120.00	149,796	0
T.H.C	KRW		OTH	1.000	180,000.00	0.00	180,000	0
CLEANING CHARGE	KRW		OTH	1.000	40,000.00	0.00	40,000	0
HANDLING CHARGE	KRW		OTH	1.000	50,000.00	0.00	50,000	0
DOCUMENT FEE	KRW		OTH	1.000	40,000.00	0.00	40,000	0
WHARFAGE	KRW		OTH	1.000	8,400.00	0.00	8,400	0
Sub Total						1,390.00	2,053,537	0
Total						1,390.00	2,053,537	0

Total Amount　　KRW　　2,053,537

운임명세서 참조

Freight	CUR	환율	P'kgs	단가	AMOUNT	원화(₩)	부가세
OCEAN FREIGHT	USD	1,215.90	4.030	15.00	60.45	73,501	
BAF	USD	1,215.90	4.030	13.00	52.39	63,701	
DELIVERY ORDER FEE	USD	1,215.90	1.000	80.00	80.00	97,272	
T.H.C	KRW		4.030	8,000.00		32,240	
C.F.S	KRW		4.030	6,000.00		24,180	
W.F.G	KRW		5.000	341.00		1,705	
DOC FEE	KRW		1.000	50,000.00		50,000	
CNTR CLEANING CHG	KRW		4.030	2,000.00		8,060	
셔틀운송료	KRW		4.030	10,500.00		42,315	4,232
원화 소계	KRW					158,500	4,232
외화 소계1	USD	1,215.90			192.84	234,474	
Total Amount					192.84	392,974	4,232

청구 금액 : 397,206(₩)

MEMO

CUSTOMS VALUATION

부록 주제별 WTO관세평가협정

WTO관세평가협정 제8조

1. In determining the customs value under the provisions of Article 1, there shall be added to the price actually paid or payable for the imported goods :

    (a) the following, to the extent that they are incurred by the buyer but are not included in the price actually paid or payable for the goods :

    (i) commissions and brokerage, except buying commissions;
    (ii) the cost of containers which are treated as being one for customs purposes with the goods in question;
    (iii) the cost of packing whether for labour or materials;

    (b) the value, apportioned as appropriate, of the following goods and services where supplied directly or indirectly by the buyer free of charge or at reduced cost for use in connection with the production and sale for export of the imported goods, to the extent that such value has not been included in the price actually paid or payable :

    (i) materials, components, parts and similar items incorporated in the imported goods;
    (ii) tools, dies, moulds and similar items used in the production of the imported goods;
    (iii) materials consumed in the production of the imported goods:
    (iv) engineering, development, artwork, design

1. 제1조 규정에 따른 과세가격을 결정함에 있어서, 수입물품에 대하여 실제로 지급하였거나 지급하여야 할 가격에 아래의 금액이 가산된다.

    (a) 구매자가 부담하지만, 물품에 대하여 실제로 지급하였거나 지급하여야 할 가격에 포함되지 아니한 아래 금액,

    (ⅰ) 수수료 및 중개료, 다만, 구매수수료를 제외한다.
    (ⅱ) 관세목적상 해당 물품과 동일체로 취급되는 용기의 비용
    (ⅲ) 노무비 또는 재료비 여부에 관계없이 포장에 소요된 비용

    (b) 해당 수입물품의 생산 및 수출하기 위한 판매와 관련하여 사용하기 위하여 무료 또는 인하된 가격으로 구매자에 의하여 직접 또는 간접으로 공급된 아래의 물품 및 용역의 가격(Value) 중 실제로 지급하였거나 지급하여야 할 가격에 포함되지 않은 범위에서 적절하게 배분한 금액

    (ⅰ) 수입물품에 결합되는 재료, 구성요소, 부분품 및 이와 유사한 물품
    (ⅱ) 수입물품의 생산에 사용되는 공구, 금형, 주형 및 이와 유사한 물품
    (ⅲ) 수입물품의 생산과정에 소비되는 재료
    (ⅳ) 수입국 외의 곳에서 수행되고 수입물품

work, plans and sketches, undertaken else where than in the country of importation and necessary for the production of the imported goods;

(c) royalties and licence fees related to the goods being valued that the buyer must pay, either directly or indirectly, as a condition of sale of the goods being valued, to the extent that such royalties and fees are not included in the price actually paid or payable;

(d) the value of any part of the proceeds of any subsequent resale, disposal or use of the imported goods that accrues directly or indirectly to the seller.

2. In framing its legislation, each Member shall provide for the inclusion in or the exclusion from the customs value, in whole or in part, of the following :

   (a) the cost of transport of the imported goods to the port or place of importation;
   (b) loading, unloading and handling charges associated with the transport of the imported goods to the port or place of importation; and
   (c) the cost of insurance.

3. Additions to the price actually paid or payable shall be made under this Article only on the basis of objective and quantifiable data

4. No additions shall be made to the price actually paid or payable in determining the customs value except as provided in this Article.

(c) 평가대상물품과 관련되고 평가대상 물품의 판매조건으로 구매자가 직접 또는 간접으로 지급하여야 하나 실제로 지급하였거나 지급하여야 할 가격에는 포함되지 않은 로열티 및 라이센스료

(d) 해당 수입물품을 추후에 전매, 처분 또는 사용하여 생긴 수익금(proceeds) 중 판매자에게 직접 또는 간접으로 귀속되는 부분의 가치

2. 각 회원국은 법규를 제정함에 있어, 다음의 전부 또는 일부를 과세가격에 포함할 지 또는 제외할 지를 자국 법률에 규정하여야 한다.

   (a) 수입항 또는 수입 장소까지의 수입물품 운송비용
   (b) 수입항 또는 수입 장소까지의 수입물품 운송과 관련되는 적하비, 양하비 및 취급수수료, 그리고
   (c) 보험료

3. 실제로 지급하였거나 지급하여야 할 가격에 대한 이 조에 따른 가산은 오직 객관적이고 수량화할 수 있는 자료만을 기초로 하여야 한다.

4. 과세가격을 결정함에 있어 실제로 지급하였거나 지급하여야 할 가격에는 이 조에서 규정한 것 외에 어떠한 것도 가산되어서는 아니된다.

WTO관세평가협정 제8조에 대한 주해

Paragraph 1(a)(i)	제1항(a)호(i)
The term "buying commissions" means fees paid by an importer to the importer's agent for the service of representing the importer abroad in the purchase of the goods being valued.	"구매수수료"라는 용어는 평가대상 물품을 구매함에 있어서 수입자가 그의 대리인에게 해외에서 수입자를 대리하는 용역에 대하여 지급하는 보수를 말한다.

Paragraph 1(b)(ii)

제1항(b)호(ii)

1. There are two factors involved in the apportionment of the elements specified in paragraph 1(b)(ii) of Article 8 to the imported goods-the value of the element itself and the way in which that value is to be apportioned to the imported goods. The apportionment of these elements should be made in a reasonable manner appropriate to the circumstances and in accordance with generally accepted accounting principles.

1. 제8조 제1항 (b)(ii)에서 규정하고 있는 (생산지원)요소를 수입물품에 배분하는 데에는 두 가지 요인이 관계된다. 해당 요소 자체의 가격과 수입물품에 해당 요소 가격을 배분하는 방법이다. 이들 요소의 배분은 상황에 적절한 합리적인 방법과 일반적으로 인정된 회계원칙에 따라 이루어져야 한다.

2. Concerning the value of the element, if the importer acquires the element from a seller not related to the importer at a given cost, the value of the element is that cost. If the element was produced by the importer or by a person related to the importer, its value would be the cost of producing it. If the element had been previously used by the importer, regardless of whether it had been acquired or produced by such importer, the original cost of acquisition or production would have to be adjusted downward to reflect its use in order to arrive at the value of the element.

2. 해당 요소의 가격(value)과 관련하여, 수입자가 수입자와 특수관계가 없는 판매자로부터 주어진 비용(given cost)으로 해당 요소를 취득한다면 해당 요소의 가격은 그 비용(that cost)이 된다. 해당 요소를 수입자가 생산하였거나 수입자와 특수관계에 있는 자가 생산한 경우에는, 해당 요소의 가격은 해당 요소의 생산비용이 된다. 수입자가 해당 요소를 과거에 사용한 경우에는, 그 수입자가 취득 또는 생산하였는지 여부와 상관없이, 당초의 취득 또는 생산 비용은 해당 요소의 가격을 결정하기 위하여 해당 요소의 사용분을 반영하여 하향 조정되어야 한다.

3. Once a value has been determined for the element, it is necessary to apportion that value to the imported goods. Various possibilities exist. For example, the value might be apportioned to the first shipment if the importer wishes to pay

3. 일단 해당 요소에 대한 가격이 결정되면, 수입물품에 해당 가격을 배분하는 것이 필요하다. 여기에는 많은 가능성이 존재한다. 예를 들면, 수입자가 한 번에 전체가격에 대하여 관세를 납부하고자 한다면 첫 번째 선적분에 해당 가격이

duty on the entire value at one time. As another example, the importer may request that the value be apportioned over the number of units produced up to the time of the first shipment. As a further example, the importer may request that the value be apportioned over the entire anticipated production where contracts or firm commitments exist for that production. The method of apportionment used will depend upon the documentation provided by the importer.

4. As an illustration of the above, an importer provides the producer with a mould to be used in the production of the imported goods and contracts with the producer to buy 10,000 units. By the time of arrival of the first shipment of 1,000 units, the producer has already produced 4,000 units. The importer may request the customs administration to apportion the value of the mould over 1,000 units, 4,000 units or 10,000 units.

Paragraph 1(b)(iv)

1. Additions for the elements specified in paragraph 1(b)(iv) of Article8 should be based on objective and qualifiable data. In order to minimize the burden for both the importer and customs administration in determining the values to be added, data readily available in the buyer's commercial record system should be used in so far as possible.

2. For those elements supplied by the buyer which purchased or leased by the buyer, the addition would be the cost of the purchase or the lease. No addition shall be made for those elements available in the public domain, other than the cost of obtaining copies of them.

배분될 수 있다. 또 하나의 사례로는 첫 번째 선적 때까지 생산된 단위수량의 개수에 대하여 가격을 배분하도록 요청할 수 있다. 또 다른 사례로, 해당 수입자는 생산에 대한 계약 또는 확약이 되어 있는 전체 예정된 생산량에 대하여 가격을 배분하도록 요구할 수도 있다. 사용되는 배분방법은 수입자가 제출한 자료에 따라 결정된다.

4. 위의 실례로, 수입자는 생산자에게 수입물품 생산에 사용될 주형을 제공하고 생산자와 10,000개를 구매하는 계약을 체결한다. 첫 번째 선적분 1,000개가 도착될 때까지 생산자는 이미 4,000개를 생산하였다. 수입자는 세관당국에 주형 가격을 수입물품 1,000개, 4,000개 또는 10,000개 단위로 배분하여 줄 것을 요청할 수 있다.

제1항(b)(iv)

1. 제8조 제1항(b)(iv)에서 명시하고 있는 해당 요소에 대한 가산은 객관적이고 수량화할 수 있는 자료에 근거해야 한다. 가산되어야 하는 가격을 결정함에 있어 수입자와 세관당국 모두 부담을 최소화하기 위해서는, 가능한 한 구매자의 상업적 기록체계 내에서 쉽게 이용 가능한 자료가 사용되어야 한다.

2. 구매자가 구매하거나 임대하여 제공된 그러한 요소들에 대한 가산금액은 해당 구매비용 또는 임차료가 된다. 공공 영역에서 이용 가능한 요소에 대하여는 이들 복제물을 취득하는 비용을 제외하고는 가산되지 않는다.

3. The ease with which it may be possible to calculate the values to be added will depend on a particular firm`s structure and management practice, as well as its accounting methods.

4. For example, it is possible that a firm which imports a variety of products from several countries maintains the records of its design centre outside the country of importation in such a way as to show accurately the costs attributable to a given product. In such cases, a direct adjustment may appropriately be made under the provisions of Article 8.

5. In another case, a firm may carry the cost of the design centre outside the country of importation as a general overhead expense without allocation to specific products. In this instance, an appropriate adjustment could be made under the provisions of Article 8 with respect to the imported goods by apportioning total design centre costs over total production benefiting from the design centre and adding such apportioned cost on a unit basis to imports.

6. Variations in the above circumstances will, of course, require different factors to be considered in determining the proper method of allocation.

7. In cases where the production of the element in question involves a number of countries and over a period of time, the adjustment should be limited to the value actually added to that element outside the country of importation.

Paragraph 1(c)
1. The royalties and licence fees referred to in paragraph 1(c) of Article 8 may include, among other things, payments in respect to patents, trademarks and copyrights. However, the

3. 가산되어야 할 가격을 쉽게 계산이 가능한지는 특정 기업의 회계방법뿐만 아니라 기업의 구조, 경영 관행에 달려 있다.

4. 예를 들면, 여러 나라로부터 다양한 상품을 수입하는 회사가 특정 상품에 귀속하는 비용을 정확히 표시하는 방식으로 수입국 밖의 자체 디자인 센터에 기록을 유지할 수 있다. 그러한 경우, 제8조의 규정에 따른 직접적인 조정이 적절히 이루어질 수 있다.

5. 다른 사례로, 회사는 수입국 밖의 디자인 센터 비용을 특정 상품에 배분하지 않고 일반경비로 처리하는 경우이다. 이 경우 디자인 센터 총 비용을 디자인 센터로부터 이익을 얻는 총 생산량에 배분한 후 이 같이 배분된 비용을 수입물품에 단위 기준으로 가산함으로써 제8조 규정에 따른 적절한 조정이 가능하다.

6. 물론 상기 상황에서의 편차에 대하여는 적절한 배분방법을 결정하는데 있어 다른 요소들이 고려될 필요가 있다.

7. 해당 요소의 생산이 다수의 국가에 걸쳐 일정 시간 이상 관련되는 경우, 조정은 수입국 밖에서 해당 요소에 대하여 실제로 가산된 가격에 한정되어야 한다.

제1항(c)호
1. 제8조 제1항(c)에 규정된 로열티 및 라이센스료에는 특히 특허권, 상표권 및 저작권에 관한 지급이 포함될 수 있다. 그러나 수입국 내에서 수입물품을 재현 생산하는 권리의 비용은 수입

charges for the right to reproduce the imported goods in the country of importation shall not be added to the price actually paid or payable for the imported goods in determining the customs value.

2. Payments made by the buyer for the right to distribute or resell the imported goods shall not be added to the price actually paid or payable for the imported goods if such payments are not a condition of the sale for export to the country of importation of the imported goods.

Paragraph 3

Where objective and qualifiable data do not exist with regard to the additions required to be made under the provisions of Article 8, the transaction value cannot be determined under the provisions of Article 1. As an illustration of this, a royalty is paid on the basis of the price in a sale in the importing country of a litre of a particular product that was imported by the kilogram and made up into a solution after importation. If the royalty is based partially on the imported goods and partially on other factors which have nothing to do with the imported goods(such as when the imported goods are mixed with domestic ingredients and are no longer separately identifiable, or when the royalty cannot be distinguished from special financial arrangements between the buyer and the seller), it would be inappropriate to attempt to make an addition for the royalty. However, if the amount of this royalty is based only on the imported goods and can be readily quantified, an addition to the price actually paid or payable can be made.

물품에 대하여 실제로 지급하였거나 지급하여야 할 가격에 가산되지 않는다.

2. 수입물품을 공급하거나 전매하는 권리에 대한 구매자의 지급은, 그러한 지급이 수입물품을 수입국으로 수출하기 위한 판매의 조건이 아니면, 수입물품에 대하여 실제로 지급하였거나 지급하여야 할 가격에 가산되지 않는다.

제3항

제8조 규정에 따라 요구되는 가산과 관련하여 객관적이고 수량화할 수 있는 자료가 없는 경우, 거래가격은 제1조의 규정에 따라 결정될 수 없다. 일례로 킬로그램 단위로 수입되고 수입 후 용액으로 제조된 특정 상품이 수입국 내에서 리터 단위로 판매되는 가격을 기초로 로열티가 지급된다. 만약 로열티가 일부는 수입물품에 기초하고, 일부는 (수입물품이 국내 원료와 혼합되어 더 이상 구분 식별할 수 없거나, 로열티를 구매자와 판매자 간의 특별한 금융약정과 구별할 수 없는 경우와 같이) 수입물품과 관계없는 다른 요소에 기초하고 있다면, 로열티를 가산하고자 하는 시도는 부적절할 것이다. 그러나 만약 이 로열티의 금액이 수입물품에만 기초하고 있어 쉽게 수량화될 수 있다면 실제로 지급하였거나 지급하여야 할 가격에 가산할 수 있다.

수수료와 중개료 PART

예해 17.1 구매 수수료

1. 구매수수료에 대한 평가 처리와 정의는 협정 제8조 제1항(a)(i) 및 이와 관련된 주해에서 설명하고 있다.

2. 협정의 규정이 명백하여 원칙에 대한 특별한 쟁점이 없는 반면에 관세평가 목적상 수수료의 처리는 중개인이 제공하는 용역의 정확한 본질에 달려있다.

3. 관세평가기술위원회 해설 2.1은 제8조의 맥락에서 수수료와 중개료를 검토하고, 중개인에 대한 공통된 특징을 확인하면서, 중개인이 제공하는 용역에 대한 본질은 종종 상업 문서에서는 나타나지 않기 때문에, 정부 당국은 협정 제8조 규정의 적절한 적용을 보장하기 위해 필요한 합리적인 수단을 취할 필요가 있다고 결론지었다.

4. 이 예해는 구매자가 중개인에게 지급한 보수가 어떤 상황에서 구매수수료로 간주될 수 있는지를 입증하는 데 필요한 증거에 대한 쟁점에 대하여 지침을 제공한다.

5. 이러한 맥락에서, 해당 용역의 존재와 정확한 본질을 확인하는데 필요한 모든 관련 문서는 세관이 입수할 수 있어야 한다.

6. 그러한 문서 중에는, 대리인이 물품을 구매자의 임의 처분 하에 놓을 때까지 대리인의 의무 수행 중에 이행해야 하는 절차와 활동을 명시한 대리인과 구매자간의 대리점 계약서가 있을 수 있다. 대리점 계약서는 구매자와 대리인 간의 계약 조건을 정확히 반영하여야 하고, 대리점 계약의 진실성을 명확히 입증해 주는 구매 주문서, 텔렉스, 신용장, 무역서한 등과 같은 기타 증빙 서류 등은 세관이 요청하면 제공되어야 한다.

7. 서면으로 작성된 대리점 계약서가 없는 경우에는, 대리인 관계의 존재를 명확히 입증하는 상기 6번 단락에서 언급한 바와 같은 대체 증빙 서류가 세관이 요청하면 제공되어야 한다.

8. 대리인 관계를 입증하는 충분한 증빙이 제공되지 않은 경우에는, 세관은 구매대리점 관계가 존재하지 않는다고 결론내릴 수 있다.

9. 때때로, 해당 계약서나 서류들은 소위 대리인의 활동에 대한 본질을 명백히 표현하거나 반영하고 있지 않다. 이러한 상황에서는 사안의 실제적인 사실들을 결정하고 아래에서 설명하는 다양한 요인들을 검토하는 것이 필수적이다.

10. 조사 대상이 될 수 있는 쟁점 중 하나는 소위 구매대리인이 해설 2.1의 9번 단락에서 예시하고 있는 구매대리인이 통상적으로 수행하는 용역 이외의 어떠한 위험을 부담하거나 부가적인 용역을 수행하는지 여부이다. 이러한 부가적인 용역의 정도는 구매수수료의 처리에 영향을 미칠 수 있다. 예를 들어, 대리인이 수입물품에 대한 지급을 위하여 자신의 자금을 사용할 수 있다. 이것은 소위 구매대리인이 구매대리인으로써 행동함으로써 합의된 보수를 받기 보다는 오히려 물품의 소유로 인한 손실을 부담하거나 또는

이윤을 취할 가능성이 있음을 보여준다. 이러한 경우에는, 구매 대리점 계약을 명백하게 규명할 수 있는 모든 상황이 검토될 수 있다.

11. 이 조사의 결과는 대리인이 자신의 계산으로 행동하고/하거나 물품에 재산적 이익을 갖고 있다는 것을 보여 줄 수 있다. 이러한 점에서 구매대리인과 유사한 활동을 수행하지만, 구매대리인과 달리 재산적 이익을 가지고 거래 또는 수입자가 지급한 가격을 통제하는 익스포트 하우스(export house) 또는 소위 독립적인 대리인에 주의하여야 한다. 이런 경우에 속하는 소위 중개인은 구매대리인으로 간주될 수 없다.

12. 검토되어야 하는 또 하나의 요소로는 거래에 관련된 당사자들의 제15조 제4항에서 규정하고 있는 특수관계에 대한 것이다. 예를 들면, 대리인과 판매자 또는 판매자와 특수관계에 있는 자와의 특수관계는 구매자의 이익을 대변하는 대리인으로 불리는 자의 능력과 관계가 있다. 대리점 계약의 존재에도 불구하고 세관은 소위 대리인이 실제로 구매자를 대리하여 행동하고 판매자의 계산으로는 행동하지 않는 것인지 또는 완전히 자신의 계산으로 행동하는 지 여부를 결정하기 위하여 전체 상황을 검토할 권한이 있다.

13. 어떤 거래에 있어서는, 대리인은 계약을 체결한 후 수입자에게 물품의 가격과 그의 보수를 구분하여 송장을 재발행한다. 단지 송장을 재발행하는 행위가 대리인을 물품 판매자로 만드는 것은 아니다. 하지만 공급자에게 지급한 가격이 협정에 따른 거래가격의 기초이므로 세관은 신고인에게 공급자가 발행한 송장과 신고된 가격을 입증하는 기타 문서의 제출을 요구할 수 있다.

14. 수입자가 세관에 판매자가 대리인에게 송부한 상업 송장이나 기타 판매에 대한 충분한 증거를 제출하지 못하는 경우에는 세관은 수입국으로 수출하기 위한 것이라고 주장하는 판매에 있어 실제로 지급하였거나 지급하여야 할 가격을 검증하지 못하므로 세관은 그 판매를 진정한(bona fide) 수출하기 위한 판매로 간주할 수 없다.

15. 제공된 용역과 관련하여 청구된 보수에 대한 적합성은 역시 정밀조사 대상이 될 수 있다. 때로는 구매대리인은 구매대리인에 대한 일반적인 기능의 범위를 벗어난 다른 용역을 수행할 수도 있다. 이러한 부가적인 용역은 구매인에게 청구되는 보수에 영향을 미칠 것이다. 예를 들면, 구매대리인이 공장에서 수출항 또는 수출지까지 물품의 운송을 주선하는 대신 스스로 물품을 운송하고 운송 비용을 그의 보수에 포함시키는 경우이다*. 상기의 사례에서 청구된 총 보수는 구매수수료로 간주될 수 없다. 하지만, 구매대리 용역과 관련되는 것으로 확인되는 보수의 일부는 구매 수수료로 간주될 수 있다.

  * 15번 단락에 제시된 비용들의 최종 과세 여부는 서명국들이 제8조제2항에 따라 운송비용 옵션을 어떻게 선택하였는지에 의해 영향을 받을 수 있다는 점에 주의하여야 한다.

16. 상기의 고려사항을 근거로, 세관이 쟁점 용역의 본질을 검증하는 데 있어 여러 가지 방법이 사용될 수 있다고 결론 내릴 수 있다. 이 과정에서 당국은 협정 제17조 및 부속서 III 제6항에서 규정된 바와 같이 일체의 진술, 문서 또는 신고의 진실성과 정확성을 확인하는데 있어 수입자의 충분한 협조를 기대한다. 이 점에 있어서 세관이 요청한 정보 중 일부는 관련 당사자에 의해 상업적 비밀로 간주될 수 있다. 이러한 경우에, 세관은 협정 제10조의 규정과 수입국의 법률에 따른다.

해설 2.1   협정 제8조의 맥락에서의 수수료 및 중개료

서론

1. 협정 제8조 제1항(a)(i)에서는 제1조 규정에 따른 과세가격을 결정할 때, 구매수수료를 제외한 수수료 및 중개료가 구매자가 부담하지만 실제로 지급하였거나 지급하여야 할 가격에 포함되지 않은 경우에는 실제로 지급하였거나 지급하여야 할 가격에 가산하여야 한다고 규정하고 있다. 제8조에 대한 주해에 따라, "구매수수료"라는 용어는 평가대상 물품을 구매함에 있어서 수입자가 그의 대리인에게 해외에서 수입자를 대리하는 용역에 대하여 지급하는 보수를 의미한다.

2. 수수료 및 중개료는 판매 계약의 체결에 참여한 중개자에게 지급되는 금액이다.

3. 이들 중개자의 명칭과 기능에 대한 정확한 정의와 관련하여 국가별로 법적 지위는 다르지만 다음과 같은 공통적인 특징은 확인될 수 있다.

구매대리인과 판매대리인

4. 대리인(종종 "중개자"로 일컫고 있음)은 가능한 한 자기의 명의로 물품을 구매하거나 판매하는 자이지만 항상 본인(principal)의 계산으로 구매하거나 판매하는 자이다. 대리인은 판매자 또는 구매자 중 어느 한쪽을 대신하여 판매계약 체결에 참여한다.

5. 대리인의 보수는 수수료의 형태를 취하고, 일반적으로 해당 물품의 가격에 대한 비율로 표시된다.

6. 판매대리인과 구매대리인의 구분은 가능하다.

7. 판매대리인은 판매자의 계산으로 행동하는 자로서, 고객을 물색하고 주문을 수집하며 어떤 경우에는 물품에 대한 보관 및 인도를 주선할 수도 있다. 계약 체결에서 제공된 용역에 대하여 판매대리인이 받는 보수는 일반적으로 "판매수수료"라고 불린다. 판매대리인을 통하여 판매되는 물품은 일반적으로 판매대리인의 수수료를 지급하지 않고는 구매할 수 없다. 이들 지급은 아래와 같은 방식으로 이루어질 수 있다.

8. 판매대리인을 통한 주문에 따라 물품을 인도한 외국의 공급자는 일반적으로 판매대리인의 용역 자체에 대하여 지급하고 이를 포함한 가격을 그들의 고객에게 제시한다. 이러한 경우에는, 이러한 용역을 고려하여 송장 가격을 조정할 필요는 없다. 만약, 판매조건에서 해당 물품에 대하여 송장에 기재된 가격에 가산한 수수료를 구매자로 하여금 통상 중개자에게 직접 지급하도록 요구하는 경우, 이러한 수수료는 협정 제1조에 따라 거래가격을 결정할 때 가격에 가산되어야 한다.

9. 구매대리인은 구매자의 계산으로 행동하는 자로서, 공급자를 물색하고, 수입자의 요구사항을 판매자에게 알려주고, 샘플을 수집하고, 물품을 검사하며 어떤 경우에는 해당 물품의 보험, 운송, 보관 및 인도에 대한 주선과 관련한 용역을 구매자에게 제공한다.

10. 일반적으로 "구매수수료"라고 일컫는 구매대리인의 보수는 물품에 대한 지급과는 별개로 수입자가 지급한다.

11. 이러한 경우에는, 제8조 제1항(a)(i)의 조건에 따라, 수입물품의 구매자가 지급하는 수수료는 실제로 지급하였거나 지급하여야 할 가격에 가산되지 않아야 한다.

중개인(그리고 중개료)

12. "중개인" 및 "중개료"의 용어와 "구매대리인/판매대리인" 및 "수수료"의 용어 간에는 어느 정도 이론상 차이는 있지만 실제에 있어서는 이 두 범주 사이에 명확한 구분은 없다. 더구나 일부 국가에서 "중개인"과 "중개료"라는 용어가 사용되긴 하지만, 설사 사용된다고 하더라도 아주 드물다.

13. "중개인"이란 용어가 사용되는 경우에, 이는 일반적으로 자기의 계산으로 행동하지 않는 중개자를 말한다. 중개인은 구매자와 판매자 모두를 위해 행동하며 일반적으로 양 당사자와 접촉하여 양 당사자가 거래를 체결하게 하는 것 이외의 다른 역할은 수행하지 않는다. 중개인의 보수는 일반적으로 그의 활동의 결과로 체결된 거래에 대한 비율인 중개료로 알려져 있다. 중개인이 받는 비율은 중개인의 다소 제한된 책임에 비례한다.

14. 중개인이 물품 공급자로부터 대가를 지급받은 경우, 일반적으로 중개료 총액은 송장 가격에 포함되어 있다. 그러한 경우에는, 평가와 관련한 쟁점은 발생하지 않는다. 송장 가격에 포함되지 않으나 구매자가 부담하는 경우에는 지급하였거나 지급하여야 할 가격에 가산되어야 한다. 반면에 중개인이 구매자로부터 대가를 지급받거나 각각의 거래 당사자가 중개료의 일부를 지급할 수 있다. 이러한 경우에는, 해당 가격에 이미 포함되어 있지 않고 구매수수료에 해당하지 않으면서 구매자가 부담하는 한, 실제로 지급하였거나 지급하여야 할 가격에 가산되어야 한다.

결론

15. 요컨대, 수입물품의 거래가격을 결정하는 경우에 구매수수료를 제외하고는 구매자가 부담하는 수수료와 중개료를 해당 가격에 포함하는 것이 필요하다. 따라서 구매자가 중개자에게 지급하고 실제로 지급하였거나 지급하여야 할 가격에 포함되지 않은 지급액이 실제로 지급하였거나 지급하여야 할 가격에 가산되어야 하는지 여부에 대한 쟁점은 결국 중개자가 수행하는 역할에 좌우되는 것이지 알려진 용어("대리인" 또는 "중개인")에 따라 좌우되는 것은 아니다. 또한 제8조의 규정으로부터 판매자가 지급해야 하지만 구매자에게 청구되지 않는 수수료 및 중개료는 실제로 지급하였거나 지급하여야 할 가격에 가산될 수 없다는 것은 명백하다.

16. 아울러 판매와 관련하여 중개자가 제공한 용역의 존재와 특성이 세관 신고서와 제출된 상업서류에서는 종종 분명히 나타나지 않음을 주목할 필요가 있다. 이해관계의 중요성을 감안하여, 정부 당국은 해당 용역의 존재와 정확한 특성을 확인하기 위하여 필요하다고 간주되는 모든 합리적인 수단을 취할 필요가 있을 것이다.

생산지원 PART

결정 2.1 협정 제8조 1항 (b) (iv)에 사용된 "Undertaken"이라는 단어의 의미

1983년 3월 3일 개최된 제6차 회의에서 관세평가위원회는 협정 제8조 1항 (b) (iv) 내용 중 "undertaken (취해진)"은 영어 단어의 "carried out(수행된)"의 의미로 이해한다는데 대해 합의하였다. 이 협정의 불어판이나 스페인어판에는 영향을 미치지 않는다는 점에 주의를 요한다.

결정 5.1 협정 제8조 제1항 (b) (iv)의 용어 : 개발

1. 관세평가위원회는 1985년 5월 9일 ~ 10일 개최된 제12차 회의에서, 이것으로 인하여 협정상의 권리와 의무가 침해되지 않아야 하고, 필요한 경우 위원회 회원국이 해당 문제를 다시 논의할 수 있다는 양해를 전제로, 다음 문장을 의사록에 삽입함으로써 협정 제8조 제1항 (b) (iv)의 "개발"이라는 용어의 영어, 불어 및 스페인어 판 간의 언어적 일관성 문제를 해결하였다.
2. (위원회 문서) VAL / W / 24 / REV.1의 제6항에 언급된 바와 같이, 협정 체약국은 협정 제8조 제1항(b)에서 영어판의 "development", 불어판의 "travaux d`tudes" 및 스페인어판의 "creaci n y perfeccionamiento"라는 용어는 영어의 "research", 불어의 "recherche" 및 스페인어의 "investigaci ñ"가 제외되는 것으로 이해하였다. 하지만, 서명국 중 하나인 아르헨티나는 제8조 제1항 (b)에 사용된 대로 스페인어 표현 "creaci n y perfeccionamiento"은 가격의 일부를 "creaci ñ perfeccionamiento"에서 제외할 수 있는 것으로 해석될 수 없다고 이해하였다.

예해 18.1   제8조 제1항 (b)호 (ⅱ)와 제8조 1항 (b)호 (ⅳ)와의 관계

1. 협정 제8조 제1항(b)에서는 제1조에 따른 과세가격을 결정함에 있어, 수입물품의 생산 및 수출하기 위한 판매와 관련하여 사용하기 위하여 무료 또는 인하된 가격으로 구매자의 의하여 직접 또는 간접으로 공급된 특정 물품 및 용역의 가격은 실제로 지급하였거나 지급하여야 할 가격에 포함되지 않은 범위(내)에서 실제로 지급하였거나 지급하여야 할 가격에 가산되어야 한다고 규정하고 있다.

2. 제8조 제1항(b)(ⅱ)에 따라, 수입물품의 생산에 사용되는 공구, 금형, 주형 및 이와 유사한 물품의 가격은 과세가격을 결정함에 있어 수입물품에 대하여 실제로 지급하였거나 지급하여야 할 가격에 가산되어야 한다. 제8조 제1항(b)(ⅳ)에 따라, 수입국 외의 곳에서 수행되고 수입물품 생산에 필요한 기술, 개발, 공예, 디자인 등의 가격은 수입물품에 대하여 실제로 지급하였거나 지급하여야 할 가격에 가산되어야 한다. 하지만 때때로, 기술, 개발 및 디자인 등은 공구, 금형 또는 주형의 가격에 포함되어 있다.

3. 이때 제기되는 쟁점은 수입국에서 수행된 그러한 디자인을, 이들 생산지원요소가 수입물품 생산에 사용된 경우에 제8조 제1항(b)(ⅱ)에서 규정하고 있는 생산지원의 가격에서 제외되어야 하는지 여부이다.

4. 협정이나 해당 주해 어느 것도 제기된 쟁점에 대해 특별히 다루고 있지 않다. 하지만 제8조 제1항(b)(ⅱ)에 대한 주해 제2항에서는 다음과 같이 제1항(b)(ⅱ)에 명시된 요소의 가격을 어떻게 결정해야 하는지에 대하여 명백한 지침을 제공하고 있다.

    "수입자가 수입자와 특수관계가 없는 판매자로부터 주어진 비용(given cost)으로 해당 요소를 취득한다면 해당 요소의 가격은 그 비용(that cost)이 된다. 해당 요소를 수입자가 생산하였거나 수입자와 특수관계에 있는 자가 생산한 경우에는, 해당 요소의 가격은 해당 요소의 생산비용이 된다."

5. 다시 말해, 제8조 제1항(b)(ⅱ)에서 언급하고 있는 생산지원의 가격은 이들을 취득하기 위한 총 비용이거나 일반적으로 인정된 회계원칙에 부합하게 생산지원 생산자의 기록에 반영된 생산지원의 생산비용이다. 이러한 점에서 "일반적으로 인정된 회계원칙의 사용"에 대한 일반 주해에서는 수입국에서 수행된 제8조 제1항(b)(ⅱ)에 규정된 생산지원요소의 가격 결정은 수입국의 일반적으로 인정된 회계원칙에 부합하는 방식으로 작성된 정보를 활용하여 결정될 것이라고 명시하고 있다.

6. 생산지원 규정의 구조는 각 범주가 독립적으로 존재한다는 사실을 암시하며, 이는 제8조 제1항(b)(ⅳ)에 열거된 유형의 요소들과 연관된 비용에 대하여 제외가 없어야 한다는 결론을 뒷받침하는데 더 무게를 두고 있다.

7. 상기의 견해로, 제8조 제1항(b)(ⅱ)에서 언급하고 있는 요소의 가격은 취득 또는 생산 비용의 일부로서 체화된 디자인(비록 그 디자인이 수입국 내에서 수행되었다 할지라도)의 가격을 포함한다.

8. 이러한 맥락에서 당연히 관세평가 규정을 적용하는 행정당국은 국내 법률에 따라 자유롭게 관세납부 의무를 면제할 수 있다.

예해 24.1   협정 제8조 제1항 (b)호에 의한 생산지원의 가격 결정

협정 제8조 제1항(b)(ⅱ)에 대한 주해에서 "주어진 비용(given cost)"의 의미

1. 협정 제8조 제1항(b)는, 제1조의 규정에 따라 과세가격을 결정함에 있어, 해당 수입물품의 생산 및 수출하기 위한 판매와 관련하여 사용하기 위하여 무료 또는 인하된 가격으로 수입자 / 구매자에 의하여 직접 또는 간접으로 공급되는 특정 물품 및 용역의 가격 중 실제로 지급하였거나 지급하여야 할 가격에 포함되지 않은 범위(내)에서 실제로 지급하였거나 지급하여야 할 가격에 가산되어야 한다고 규정하고 있다.

2. 제8조 제1항(b)(ⅱ)에 따라, 수입물품의 생산에 사용되는 공구, 금형, 주형 및 이와 유사한 물품과 같은 생산지원의 가격은 과세가격을 결정함에 있어 수입물품에 대하여 실제로 지급하였거나 지급하여야 할 가격에 가산되어야 한다.

3. 때때로, 수입자 / 구매자가 수출자/판매자에게 무료 또는 인하된 가격으로 공급하는 생산지원은, 수입자/구매자가 이들 생산지원의 판매자에게 역시 무료 또는 인하된 가격으로 공급하는 다른 물품 또는 용역을 사용하여 생산될 수도 있다.

4. 쟁점은 수입물품의 생산을 위하여 공급되는 생산지원의 가격이 "주어진 비용(given cost)"의 일부로서 다른 물품 또는 용역의 비용을 포함하는지 여부이다.

5. 생산지원의 가격의 결정을 위하여, 제8조 제1항(b)(ⅱ)에 대한 주해 제2항에서는 다음과 같이 규정하고 있다.

    - 수입자 / 구매자가 수입자 / 구매자와 특수관계가 없는 판매자로부터 주어진 비용(given cost)으로 해당 요소를 취득한다면 해당 요소의 가격은 그 비용이 된다. 또는
    - 해당 요소를 수입자 / 구매자가 생산하였거나 수입자 / 구매자와 특수관계에 있는 자가 생산한 경우에는, 해당 요소의 가격은 해당 요소의 생산비용이 된다.

6. 결론적으로, 수입자 또는 수입자와 특수관계에 있는 자가 생산한 생산지원인 경우, 그 가격은 생산지원을 생산하는데 사용된 모든 요소를 포함하여 계산된다. 마찬가지로, 전술한 주해에서 언급한 "주어진 비용(given cost)"이라는 용어는 수입물품의 생산지원에 대하여 판매자에게 지급한 가격뿐만 아니라 수입자/구매자가 해당 생산지원을 생산하는 판매자에게 공급한 기타 물품 또는 용역의 비용을 포함한다.

7. 상기의 관점으로, 제8조 제1항(b)(ⅱ)에서 "주어진 비용(given cost)"이란 용어는 생산지원의 획득과 관련하여 수입자가 부담하는 모든 비용을 포함한다.

사례연구 1.1 협정 제8조 제1항 (b)호에서 규정하고 있는 기술, 개발, 공예 등에 관련된 사례연구 보고서

거래사실*

1. 수입국 I에 소재한 NAVAL사는 수출국 E에 소재한 BORG사와 액화메탄가스 생산용 처리설비의 건설 및 판매 계약을 체결한다. NAVAL사가 BORG사에 지급해야 할 설비의 판매 가격은 20억 화폐단위(c.u.)이다. 하지만 계약 조항에는 설비의 건설에 필요한 기술 및 개발과 관련하여 NAVAL사가 BORG사에 5억 c.u.를 추가로 지급할 것을 규정한다.

2. 더욱이, 액화가스 생산은 BORG사가 갖고 있지 않는 특별한 기술이 필요하기 때문에, 계약서에는 또한 BORG가 사용할 수 있도록 알루미늄 액화가스 탱크의 디자인, 건설 및 설치에 필요한 재료 및 기술 용역을 NAVAL사가 부담하도록 규정하고 있다. 또한 NAVAL사는 해당 설비의 수송관 시스템 및 특정 보조 장비에 대해 필요한 기술적 검토와 디자인 작업을 제공하기로 계약서에 동의한다. 수송관 시스템은 NAVAL사가 무료로 제공할 것이다.

*이 사례연구에서 사용된 이름들은 허구이다.

3. 이러한 목적을 위하여, BORG사(입찰명세서를 준비하고, 입수한 입찰내용을 검토한)의 권고에 따라 NAVAL사는 :

   (a) 외국에 소재한 AMERICA사가 그 나라로부터 다음과 같은 물품을 공급하도록 계약한다.

   (i) 알루미늄 액화가스 탱크의 건설을 위해 BORG사가 요구한 특수재료 : 판매가격 4억 c.u.

   (ii) BORG사가 건설하는 설비에 쓰이는 것뿐만 아니라 수입국에서 VIKING사가 NAVAL사를 위해 건설하는 세 개의 다른 설비에도 쓰이는 (알루미늄 액화가스) 탱크의 건설을 위한 설계, 고안 및 도면 : 총 가격 2억 c.u.

   (iii) 각각의 설비에 쓰이는 탱크 건설과 관련한 기술지원 : 총 가격 1억 c.u.

   (iv) BORG사의 공장에서 알루미늄 탱크를 용접하는데 쓰이는 특수기계 10대 : 대당 임대료 1백만 c.u.

   (v) BORG사 공장에서 탱크를 용접하는 기계에 사용되는 가스 용기 500개 : 단위가격 1만 c.u.

   (b) 외국에 소재한 VESPUCIO사가 그 나라로부터 다음과 같은 물품을 공급하도록 계약한다.

   (i) NAVAL사가 주문한 4개의 설비에 쓰이는 증기시스템 : 총 가격 12억 c.u.

   (ii) 증기시스템 건설을 위한 설계, 도면 및 기술 문서의 제공을 통한 기술 협력 :

총 가격 1억 8천만 c.u.

(c) 외국의 자회사인 CARTAGO사에게 총 가격 6억 c.u.로 4개의 설비에 공통으로 사용되는 보조 장비에 대한 디자인 작업 수행과 설계 및 고안을 공급하도록 주문하고, 그 중 한 세트를 BORG사에 송부할 것을 지시한다.

(d) 외국에 근거를 둔 CRIMEA 디자인 센터에 4개의 설비에 쓰이는 노(爐)시스템에 대한 도면을 준비하고 그 중 한 세트를 BORG사에 송부하도록 주문한다. 디자인 센터의 기록에는 이 작업에 8,000 노동시간(man-hours)이 소요되고, 회계자료에는 시간당 노무비는 2,000 c.u.라고 표시된다.

(e) 자사 기술부서에는 설비건설에 필요한 모든 재료의 목록을 준비하고 다양한 생산조건에 대한 압력 및 온도 연구를 수행할 것을 주문한다. 이들 연구 결과를 반영하는 그래프와 도면은 수입국에 본사가 있는 SERVO사가 준비하고 NAVAL사로부터 1,200만 c.u.를 지급받는다.

NAVAL사는 설비 건설에 사용하기 위해 이들 기술 검토서, 그래프, 도면 한 세트를 BORG사에 송부한다.

4. 수입 이후의 건설 등 모든 작업은 NAVAL사가 자신의 계산으로 수행한다.

과세가격 결정

5. 수입사인 NAVAL사는 BORG사의 설비 건설과 판매, 그리고 재료와 용역에 대한 다른 회사와의 계약과 관련된 모든 상업 서류 및 회계자료를 첨부하여 거래가격에 기초한 가격신고서를 수입국 세관에 제출한다.

6. 해당 쟁점을 검토한 후, 세관은 해당 물품은 제1조에 따라 평가되어야 한다는 결론에 도달한다.

7. 거래가격은 20억 c.u.로 BORG사와의 계약서에 정해진 설비의 판매 가격에 다음 금액을 가산하여 계산된다.

(a) 설비건설에 필요한 기술 및 개발과 관련하여 BORG사에게 지급해야 할 5억 c.u.(상기 1번 단락 참조).

이 가산은 제8조에 따른 조정이 아니라 사실상 계약에 따라 실제로 지급하였거나 지급하여야 할 총 가격의 일부이다. 때때로 물품의 판매자가 제공하는 기술은 별도로 청구된다. 몇몇 국가에서 이러한 구분은 해외 지급액에 대한 다른 종류의 허가 때문이다.(물품에 대하여는 무역부, 기술지원에 대하여는 산업부). 실제로 지급하였거나 지급하여야 할 가격은 수입물품에 대하여 구매자가 판매자에게 지급하였거나 지급하여야 할 총 금액이다.

(b) 알루미늄 탱크 건설에 필요한 특수 재료를 BORG사에 공급하기 위해 AMERICA사에게 지급해야 할 4억 c.u. (상기 3 (a) (ⅰ) 단락 참조)

이 조정은 제8조 제1항(b)의 (iv)항목에 따른 가산이 아니라 (ⅰ)항목에 따른 가산이다. 왜냐하면 동 항목은 평가시점에 수입되는 설비에 결합되는 재료와 구성요소를 포함하기 때문이다. 설비 구매자는 이들을 설비의 생산 및 수출하기 위한 판매와 관련하여 사용하기 위하여 판매자에게 무료로 제공하였으며, 이들의 가격(value)은 설비의 판매가격으로 정해진 20억 c.u.의 금액에는 포함되어 있지 않다.

(c) 4개의 설비에 쓰이는 탱크의 건설을 위한 설계, 고안 및 도면에 대하여 AMERICA사에 지급해야 할 2억 c.u.의 1/4에 해당하는 5천만 c.u.(상기 3 (a) (ⅱ) 단락 참조)

이것은 제8조 제1항(b)(iv)에 따른 조정이다. 동 항목은 구매자에 의해 무료로 제공되었으며, 수입국 밖에서 수행되고 해당 설비의 생산에 필요한 디자인, 설계 및 고안을 포함하고 있다. 제8조 제1항(b)호에 따라 2억 c.u.로 정해진 이러한 생산지원의 가격은 동일한 알루미늄 탱크를 결합하는 4개의 설비에 배분되어야 한다.

(d) 탱크건설과 관련한 기술지원에 대하여 AMERICA사에 지급해야 할 1억 c.u.의 1/4에 해당하는 2천 5백만 c.u. (상기 3 (a) (iii) 단락 참조)

수입자에 의해 무료로 제공되었으며 AMERICA사의 직원에 의해 BORG사 공장에 제공되는 기술 지원의 가격(value)은 이러한 기술용역을 포함하고 있는 제8조 제1항(b)(iv)에 따라 해당 설비에 대하여 지급하여야 할 가격에 가산되어야 한다. 물론 그 가격은 4개 설비 간에 배분되어야 한다.

(e) 10대의 특수 용접기계를 BORG사에 공급한 대가로 AMERICA사에 지급해야 할 1천만 c.u.(상기 3 (a) (iv) 단락 참조)

이 조정은 제8조 제1항(b)의 (iv)항목에 따른 가산이 아니라 (ⅱ)항목에 따른 가산이다. 왜냐하면 동 항목은 수입되는 설비의 건설에 사용되는 공구를 포함하기 때문이다. 구매자는 오로지 설비의 생산 및 수출하기 위한 판매와 관련하여 사용하기 위하여 판매자에게 무료로 그것들을 공급하였다. 해당 공구의 가격(value)은 취득비용으로 이 사례에서는 임대료로 표시되고 있다.

(f) 가스 용기 500개를 BORG사에 공급하는 대가로 AMERICA사에 지급해야 할 5백만 c.u. (상기 3 (a) (ⅴ) 단락 참조)

이 조정 역시 제8조 제1항(b)의 (iv)항목에 따른 가산이 아니라 (iii)항목에 따른 가산이다. 왜냐하면 동 항목은 설비 구매자에 의하여 무료로 공급되고 설비의 생산과정에 소비되는 재료를 포함하며, 재료의 가격은 설비의 판매가격에 포함되어 있지 않기 때문이다.

(g) 4개의 설비에 쓰이는 증기시스템을 공급하는 대가로 VESPUCIO사에 지급해야 할 12억 c.u.의 1/4에 해당하는 3억 c.u. (상기 3 (b) (ⅰ) 단락 참조)

이 경우의 가산은 제8조 제1항(b)(ⅰ)의 규정에 따른 것이다. 왜냐하면 동 항목은 수입되는 설비에 결합되는 재료, 구성요소 및 부분품을 포함하기 때문이다. 설비 구매자는 설비의 생산 및 수출하기 위한 판매와 관련하여 사용하기 위하여 판매자에게 무료로 그것들을 공급하며, 그것들의 가격은 설비의 판매가격으로 정해진 20억 c.u.에 포함되어 있지 않다.

(h) 4개의 설비에 쓰이는 증기시스템을 위한 설계, 도면 및 기술 문서의 제공에 대한 대가로 VESPUCIO사에 지급해야 할 1억 8천만 c.u.의 1/4에 해당하는 4천 5백만 c.u. (상기 3 (b) (ⅱ) 단락 참조)

이것은 제8조 제1항(b)(ⅳ)에 따른 또 하나의 조정이다. 이는 설비의 건설과 관련하여 사용하기 위한 디자인, 설계 및 도면과 해당 수입 설비의 수입 이전에 수행된 기술지원에 대한 부담금과 비용에 적용된다. 이러한 용역은 구매자에 의해 무료로 판매자에게 간접적으로 공급된 것이며, 이들의 가격은 판매가격에 포함되어 있지 않다.

(i) 4개의 설비에 공통으로 사용되는 보조 장비에 대한 디자인, 설계 및 고안에 대하여 CARTAGO 자회사에 지급해야 할 금액의 1/4에 해당하는 1억 5천만 c.u. (상기 3 (c) 단락 참조).

이러한 생산지원 또한 제8조 제1항(b)(ⅳ)에 포함된다. 구매자는 이들 설계와 고안을 공급하고 수입국 밖에서 수행된 디자인에 대하여 대가를 지급한다. 해당 조정은 수입자가 해외 자회사에 지급한 금액의 1/4에 해당한다.

(j) 4개 설비의 노(爐) 시스템에 대한 설계를 준비하는 비용, 즉 8,000 노동시간에 시간당 노무비 2,000 c.u.를 곱하여 계산된 비용의 1/4에 해당하는 4백만 c.u.(상기 3 (d) 단락 참조)

제8조 제1항(b)(ⅳ)에 따른 이 조정은 수입 설비의 노(爐) 시스템에 대한 디자인 작업의 가격을 포함한다.

8. 그래프 및 도면에 대하여 NAVAL사가 SERVO사에 지급한 1,200만 c.u.는 해당 용역이 수입국 내에서 공급되었기 때문에 판매가격에 가산되지 않는다. 같은 근거로 NAVAL사 자체의 전문 부서가 제공한 기술 용역의 비용도 과세가격을 결정할 때 고려되지 않아야 한다. 이들

두 가지 모두 제8조 제1항(b)(ⅳ)에 대한 주해 제7항의 규정에 따라 배제된다.
9. 요약하면(이 사례연구 목적상 운송비용의 문제는 무시한다) 수입된 설비의 거래가격은 다음과 같이 구성된다.

	단위: 백만 c.u.
설비 판매가격	2,000
기술 및 개발에 대한 BORG사 지급 가격	500
탱크 재료에 대한 AMERICA사 지급 가격	400
탱크 설계에 대한 AMERICA사 지급 가격	50
기술지원에 대한 AMERICA사 지급 가격	25
용접기계에 대한 AMERICA사 지급 가격	10
가스실린더에 대한 AMERICA사 지급 가격	5
증기시스템에 대한 VESPUCIO사 지급 가격	300
설계에 대한 VESPUCIO사 지급 가격	45
보조 장비 설계에 대한 CARTAGO사 지급 가격	150
노(爐)시스템 설계에 대한 CRIMEA사 지급 가격	4
수입 설비의 과세가격	3,489

사례연구 5.1 제8조 제1항 (b)호의 적용

(장갑차에 대한 생산지원 : 기본차량)

거래사실

1. 수입국 Y의 수입자 I는 세관통관을 위해 장갑차 10대를 제시한다. 동 차량의 장갑 작업은 수출국 X의 A사가 수행하였다. 기본 차량은 수입자 I가 수출국 X의 제조자 M으로부터 총 가격 17,400,000 c.u.에 구매하여, 구입 후 사용되지 않은 상태로 A에게 무상으로 제공되었다.

2. 수입시점에, I는 장갑 작업에 대한 43,142,000 c.u.의 A의 송장과 기본 차량에 대해 I에게 17,400,000 c.u.를 청구하는 제조자 M의 송장을 보여 준다.

과세가격 결정

3. 이 사례에서 장갑차는 함께 해석되는 제1조 및 제8조의 규정에 따라 평가되어야 한다. 기본 차량의 비용은 제8조 제1항(b)(i)에 따른 조정으로서 장갑 작업에 대하여 실제로 지급하였거나 지급하여야 가격에 가산되어야 한다. A는 장갑차를 판매한 것이 아니라 장갑 용역을 제공한 것이기 때문에 I와 A간의 거래에 적용되는 바와 같이 "판매"라는 용어는 권고의견 1.1의 (b) 단락에 따라 가장 넓은 의미에서 물품의 판매로 간주될 것이다. 그러므로 이 사례의 목적상 운송비용 및 관련 비용을 고려하지 않은 장갑차의 거래가격은 60,542,000 c.u.이다.

사례연구 5.2 제8조 제1항 (b)호의 적용

(경주용 자동차의 제조에 대한 생산 지원 : 카뷰레터, 전자측정장비, 경주트랙시험을 위한 연료 및 설계와 고안)

거래사실

1. 수입국 Y에 위치한 I사는 수출국 X의 자동차 제조자 M에게 동종·동질의 경주용 자동차 3대를 주문한다. 이들 자동차는 I가 요구한 특정 기술사양에 맞게 제조되어야 한다. 사양서 내용은 다음과 같다.
   (a) 자동차 카뷰레터는 Q국의 A사가 제조하고 I는 M에게 이를 무료로 제공한다. 비용은 개당 10,000 c.u.이다.
   (b) 자동차 엔진 시험은 P국의 B사가 제조한 전자측정 장비로 M공장에서 수행한다. 동 측정장비는 I가 B에게 임차하여 M의 생산라인에 무료로 공급한다. 시험과정을 통과한 엔진은 자동차 차체에 결합되지만 불합격한 엔진은 폐기된다. M의 공장에 인도되어 설치된 장비의 임차료는 60,000 c.u.이다.
   (c) 자동차의 성능이 제작 사양을 충족하는지 확인하기 위한 경주트랙시험은 Q국의 C사가 생산한 특수한 연료 5,000 l 를 사용하여 M이 수행한다. I는 이 연료를 C가 자기에게 청구한 가격의 40%에 해당하는 특별가격으로 M에게 공급하는데, C가 I에게 청구한 가격은 리터당 10 c.u.이다.
   (d) 자동차의 차체는 R국의 D사가 작성한 설계 및 고안에 따라 M이 조립한다. 설계 및 고안은 M에게 무료로 제공되며 I가 부담하는 비용은 12,000 c.u.이다.
   (e) 자동차 기어박스는 수입국 Y에 위치한 I의 기술지원부서가 수행하고 M에게 무상으로 제공된 설계 및 고안에 따라 M이 제조한다. 이러한 설계 및 고안의 제작비용은 8,000 c.u.이다.
2. 3대의 자동차 수입시점에 I는 수입국 Y의 세관당국에 거래가격에 기초한 가격 신고서와 함께 M의 자동차 생산 및 제공된 재료, 기타 물품과 용역에 대한 계약에 관련된 모든 상업서류 및 회계자료를 첨부하여 제출한다.

과세가격 결정

3. 신고가격은 경주용 자동차 3대에 대한 M의 송장 가격 900,000 c.u.에 기초하고, 송장가격에 다음 금액이 조정으로서 가산된다 (이 사례연구의 목적상 제공된 물품 및 용역과 관련한

운송비용 및 관련비용의 문제는 고려하지 않는다)

(a) 수입 자동차에 결합되는 구성요소로서 카뷰레터와 관련하여 I가 A에게 지급한 30,000 c.u.; 제8조 제1항(b)(i)에 따른 조정

(b) 수입물품 생산에 사용되는 공구, 금형, 주형 및 이와 유사한 물품으로서 전자측정 장비를 M에게 공급하기 위해 I가 B에게 지급한 60,000 c.u.; 제8조 제1항(b)(ii)에 따른 조정

(c) 수입자동차의 생산과정에 소비되는 재료로서 경주트랙시험을 위해 M에게 제공된 연료에 대하여 C가 I에게 청구한 가격의 60%에 상당하는 30,000 c.u., 이 가격의 40%는 송장가격에 이미 포함된 것으로 이해된다 ; 제8조 제1항(b)(iii)에 따른 조정

(d) R국에서 수행된 수입 자동차의 생산에 필요한 자동차 차체의 설계 및 고안을 위해 I가 D에게 지급한 12,000 c.u.; 제8조 제1항(b)(iv)에 따라 가산되는 조정

4. 세관당국은 자동차 기어박스에 대한 설계 및 고안의 생산비용인 8,000 c.u.를 거래가격에서 제외하는 것을 수용한다. 이는 이러한 지원은 I의 기술지원(부서)에 의해 수입국내에서 제공되기 때문이다 ; 제8조 제1항(b)(iv)의 규정에 따른 공제

5. 관세목적상 자동차 3대에 대한 M의 공장인도 가격(value)은 1,032,000 c.u.로, 수입국의 국내 법률에 규정되어 있다면 이 가격에 수입국까지 운송비용 및 관련비용이 가산된다.

사례연구 8.1 제8조 제1항의 적용

거래사실

1. ICO는 수입국의 소매상에게 최신유행의 남성복을 판매한다. 모든 의류는 해외 공급자인 XCO로 부터 수입된다. XCO는 ICO를 대리하는 LCO가 무료로 제공하는 패턴지를 사용하여 의류를 만든다. 제3국의 LCO는 최신 유행의 남성복을 전문적으로 디자인하고 있다. ICO, XCO 및 LCO간의 관계는 제15조 제4항에서 규정하고 있는 특수관계가 아니다.
2. ICO는 LCO와 권리사용계약을 체결하고 이에 따라 ICO는 다음과 같은 권리를 부여받는다.
   (1) 수입국에서 LCO의 디자인이 구현되어 있는 의류를 공급할 수 있는 독점적인 사용권한
   (2) LCO가 개발한 종이패턴과 구체화된 디자인을 사용할 수 있는 권리
3. 아울러 권리사용계약에서 LCO는 ICO가 지명하는 자는 누구든지 디자인과 패턴지를 공급한다. ICO는 다양한 규격의 의류를 만드는데 필요한 패턴지(디자인이 재현되어 있는) 여러 장의 복제물을 XCO에게 제공하도록 LCO에게 지시한다.
4. ICO는 XCO에게 한벌당 200 화폐단위를 지급한다. 권리사용계약에 따라 ICO는 의류 총 매출액의 10%에 해당하는 권리사용료를 LCO에게 지급한다. 수입시 모든 의류는 한벌당 400 화폐단위로 소매업자에게 판매된다. 그러므로 수입시 한벌당 LCO에게 지급되는 권리사용료는 40 화폐단위라는 것을 알 수 있다.

관세의 과세가격 결정

5. 수입자는 LCO와 체결한 권리사용계약서와 이 권리사용계약서에서 부여된 권리사용에 대해 지급되는 지급액 모두와 관련된 일체의 서류와 첨부하여 거래가격에 기초한 가격신고서를 수입국의 관세당국에 제출한다.
6. 제1조 제1항 (a)호 내지 (d)호에서 규정하고 있는 모든 규정을 충족하고 있기 때문에 관세의 과세가격은 거래가격방법으로 결정되어야 한다.

실제로 지급하였거나 지급하여야 할 가격

7. 제1조에 따라 한벌당 실제로 지급하였거나 지급하여야 할 가격은 200화폐단위이다. 이것은 구매자가 한벌에 대하여 판매자에게 또는 판매자의 이익을 위하여 지급한 총 금액이기 때문이다.

■ 조정요소

8. 관세당국은 의류 한벌당 40화폐 단위로 추가 지급한 금액이 수입된 의류의 관세가격의 일부를 형성하는지 여부를 결정하기 위하여 추가 지급한 금액에 대한 정확한 본질을 규명하여야 한다. 만약 해당 사실이 제8조 제1항 (b)호("생산지원비용")의 요소와 관련된 권리사용료로 규정하고 있는 지급액으로 보이는 경우에는 관세당국은 제8조 제1항 (b)호를 적용할 것이고 그렇지 않다면 관세당국은 지급금액이 제8조 제1항 (c)호에서 규정하고 있는 조건을 충족하는지 여부를 검토해야 한다.

9. 패턴지는 주형 또는 금형과 유사한 기능을 수행한다. 구매자는 권리사용 허가권자인 LCO를 통하여 무료로 패턴지를 공급하고 패턴지는 수입물품의 수출을 위하여 생산과 판매에 사용한다. 이들 패턴지는 제8조 제1항 (b)호 (ⅱ)항에서 규정하는 생산지원에 해당하고 아울러 디자인 비용을 포함한 패턴지 가격은 수입물품에 대하여 실제로 지급하였거나 지급하여야 할 가격에 가산되어야 한다.

10. 제8조 제1항 (b)호 (ⅱ)항 대한 주해는 요소가격을 결정하는데 있어 2가지 방법을 규정하고 있다. 첫째, 수입자가 취득 비용으로 수입자와 특수관계에 있지 않는 판매자로부터 요소를 취득하는 경우에는 해당 요소가격은 취득 비용이다. 둘째, 해당요소를 수입자가 생산하거나 수입자와 특수관계에 있는 자가 생산한 경우에는 요소가격은 요소의 제조원가가 된다. 이 사례에 있어, ICO는 LCO와 특수관계에 있지 않다. 그러므로 패턴지 가격은 LCO로부터 패턴지를 취득하기 위하여 ICO 가 지급한 비용이 될 것이다. ICO는 LCD의 권리사용계약에 따라 패턴지를 취득한다. 권리사용에 대한 대가로 ICO는 LCO에게 해당 의류에 대한 ICO의 총 판매가격의 10%에 해당하는 금액을 지급해야 한다. 그러므로 패턴지를 취득하기 위하여 ICO가 지급한 비용은 총 판매가격(400 화폐단위)의 10% 또는 한벌당 40 화폐단위이다.

11. 추가로 지급하는 40 화폐단위가 제8조 제1항 (b)호에 따라 수입의류의 관세의 과세가격에 포함되어야 한다면, 제8조 제1항 (c)호의 규정에 라 동 금액이 실제로 지급하였거나 지급하여야 할 가격에 가산할 수 있는지 여부는 고려할 필요가 없다.

■ 결론

12. 의류 한벌에 대한 거래가격은 240 화폐단위이다. 즉, 요약하면 실제로 지급하였거나 지급하여야 할 가격은 200 화폐단위이고 40 화폐단위는 이 사례에서 권리사용료가 평가목적상 생산지원에 대한 지급금액으로 처리되는 한 제8조 제1항 (ⅱ)항목에서 규정하고 있는 조정금액이다.

사례연구 8.2 협정 제8조 제1항의 적용

거래사실

1. ICO는 다수의 비디오 레이저 디스크 복제물을 XCO로부터 구매한다. 이 디스크는 수출국의 XCO가 제작한 저작권 대상이 되는 뮤직비디오 클립이 체화되어 있다. ICO는 제3국의 LCO와 별도의 권리사용계약에 따라 디스크에 체화되어 있는 뮤직비디오클립을 사용할 권리를 획득했다. ICO와 체결한 권리사용계약에 따라 LCO는 디스크에 체화되어야 하는 뮤직비디오클립의 선정을 위해 마스터 테이프를 편집하였다. ICO는 마스터테이프를 XCO에게 무료로 제공했다. ICO, XCO 및 LCO는 제15조 제4항의 특수관계에 있지 않다.
2. 마스터테이프는 XCO의 생산과정의 기초역할을 한다. 이미지가 전사된 마스터테이프는 레이저디스크스템퍼로 동종·동질의 형태로 복제된다. 다수의 디스크 복제품은 스템퍼로 만들어진다. 그러므로 각각의 디스크는 마스터테이프의 동종·동질의 복제품이며 XCO는 마스터테이프 없이 디스크를 제조할 수 없다.
3. ICO는 스템퍼 생산을 위하여 XCO에게 1,000 화폐단위, 4,000개 디스크 복제물에 대하여는 28,000 화폐단위를 지급했다. 뮤직비디오클립 및 마스터테이프를 사용하는 권리에 대한 대가로 ICO는 수입국 국내 디스크 총 판매가격의 5%를 권리사용료로 LCO에게 지급한다.

관세의 과세가격 결정

4. 수입자는 LCO와 체결한 권리사용계약서와 권리사용계약서에서 부여된 권리에 대한 대가로 지급한 금액에 관련된 모든 서류를 첨부하여 거래 가격을 기초로 한 가격신고서를 수입국의 관세당국에 제출하였다.
5. 제1조 제1항 (a)호 내지 (d)호의 모든 규정이 충족된다면 관세의 과세 가격은 거래가격방법에 따라 결정되어야 한다.

실제로 지급하였거나 지급하여야 할 가격

6. 제1조에 대한 주해에 따라 실제로 지급하였거나 지급하여야 할 가격은 29,000 화폐단위로, 이 금액은 레이저디스크에 대하여 판매자에게 또는 판매자의 이익을 위하여 지급하였거나 지급하여야 할 총 지급금액이다. 레이저 디스크 스템퍼에 대하여 지급한 1,000 화폐단위는 구매자가 동 수입물품을 획득하기 위하여 판매자에게 이 금액을 지급하였기 때문에 실제로 지급하였거나 지급하여야 할 가격의 일부를 형성한다.

■ 조정요소

7. 관세당국은 추가 지급되는 디스크의 수입국 국내 총판매가격의 5%가 수입된 디스크의 관세가격의 일부를 형성하는지 여부를 결정하기 위하여 추가 지급한 금액에 대한 정확한 본질을 규명하여야 한다. 만약 해당 지급금액이 제8조 제1항 (b)호의 요소("생산지원비용")에 관련된 권리사용료라는 것이 사실로 보여진다면 관세당국은 제8조 제1항 (b)호를 적용할 것이고 그렇지 않다면 관세당국은 지급금액이 제8조 제1항 (c)호에서 규정하고 있는 조건을 충족하는지 여부를 검토해야 한다.

8. 마스터테이프가 디스크 생산과 관련되어 사용되고, 구매자가 판매자에게 무료로 제공하였기 때문에, 마스터테이프가 제8조 제1항 (b)호 (i)목 내지 (iv)목에서 열거하고 있는 물품 및 용역의 종류에 해당된다면, 마스터테이프의 가격은 실제로 지급하였거나 지급하여야 할 가격에 가산된다.

9. 이 사례 연구 제1항에서 이미 언급한 바와 같이, LCO는 뮤직 비디오 클립을 마스터 테이프에 편집하여 XCO에게 제공한다. 이 편집은 디자인과 수입된 비디오 레이저 디스크에 대한 개발단계의 일부이다. 디자인과 개발은 수입국 이외의 장소에서 수행되었다. 그러므로 해당 금액은 제8조 제1항 (b)호 (iv)목에 따라 해당 물품에 대하여 실제로 지급하였거나 지급하여야 할 가격에 가산되어야 한다.

10. 생산지원비는 뮤직비디오클립과 마스터테이프를 ICO가 취득하는 비용이기 때문에 5%의 권리사용료이다.

11. 수입국에서 추가로 지급하는 디스크의 수입국 국내 총 판매가격의 5%가 제8조 제1항 (b)호 규정에 따라 수입 디스크에 대한 과세가격에 포함된다면, 제8조 제1항 (c)호의 조건에 따라 실제로 지급하였거나 지급하여야 할 가격에 가산할 수 있는지 여부는 고려할 필요가 없다.

■ 결론

12. 수입디스크 4,000개의 거래가격은 실제로 지급하였거나 지급하여야 할 가격(29,000 화폐단위)에 생산지원비용(디스크 수입국 국내 총 판매액의 5%)을 더한 금액이다.

권리사용료 PART

결정 4.1 데이타 처리장치용 소프트웨어를 수록하고 있는 전달매체의 평가

1984년 9월 24일 개최된 제10차 회의에서 관세평가위원회(제네바)는 다음과 같은 결정을 채택하였다.

1. 「GATT 제7조의 이행에 관한 협정('협정')」에 따라 거래가격이 평가의 가장 우선적인 기초라는 것과 전달매체에 기록된 데이터 처리장치용 데이타나 명령(소프트웨어)에 대한 거래가격의 적용은 협정에 전적으로 부합한다는 것을 재확인 한다.

2. 전달매체에 기록된 데이타 처리장치용 데이타 또는 명령(소프트웨어)에 관한 독특한 상황과, 일부 체약국들이 다른 접근 방법을 추구해오고 있는 점을 고려하면, 그 체약국들이 희망하는 바대로 다음의 관행을 채택하는 것 또한 협정에 부합될 수 있다.

   데이타 또는 명령을 수록하고 있는 수입물품인 전달매체의 과세가격을 결정함에 있어서, 해당 전달매체 자체의 비용이나 가격만이 고려되어야 한다. 그러므로 데이타 또는 명령의 비용이나 가격이 해당 전달 매체의 비용이나 가격과 구분된다면 데이타 또는 명령의 비용이나 가격은 과세가격에 포함되지 않는다.

   이 결정의 목적상, "전달매체"라는 표현은 집적회로, 반도체 및 그러한 회로 또는 장치를 결합한 유사한 장치들을 포함하지 않는다. ; "데이타 또는 명령"이라는 표현은 음향, 영화 또는 영상의 기록물을 포함하지 않는다.

3. 본 결정 제2항에서 규정하고 있는 관행을 채택하는 체약국은 관세평가위원회에 그 적용 일자를 통보해야 한다.

4. 이 결정 제2항의 관행을 채택하는 체약국들은 일부 체약국이 거래가격 관행을 계속 사용하는데 대한 차별대우 없이, 최혜국 대우의 원칙하에서 그 관행을 시행하여야 한다.

   데이타 처리장치용 소프트웨어를 수록하고 있는 전달매체의 평가에 대한 결정을 채택하기 전 1984년 9월 24일자 관세평가위원회 회의에서의 의장 성명

   "데이타 처리장치(소프트웨어)에 사용하기 위한 데이타나 명령을 수록하고 있는 수입물품인 전달매체의 경우에 있어, 본질적으로 전달매체 자체, 예를 들면 테이프나 자기 디스크는 관세율표에 따라 관세를 납부할 의무가 있다. 하지만 수입자는 실제로 명령 또는 데이타 사용에 관심이 있는 것이며 전달매체는 부수적인 것이다. 사실, 거래 당사자들이 전문적인 설비를 이용할 수 있다면, 소프트웨어는 유선 또는 위성으로 전송될 수 있으며, 이런 경우 관세 문제는 제기되지 않을 것이다. 아울러 전달매체는 일반적으로 명령이나 데이타를 저장하기 위한 일시적인 수단이므로, 명령이나 데이터를 사용하기 위하여 구매자는 자신의 시스템의 메모리 또는 데이터베이스에 데이터 또는 명령을 전송하거나 복제해야 한다.

   「GATT 제7조의 이행에 관한 협정('협정')」으로 대체된 국제적인 관세평가 관행에 따라, 전달매체를 평가할 때 소프트웨어의 가격은 일반적으로 포함되지 않았다. 이 협정을 채택한 후, 종전의 국제 관행을 따랐던 체약국들은 컴퓨터 소프트웨어를 수록하고 있는 전달매체를 평가하는 규정을

바꾸거나 종전의 관행을 그대로 유지하기도 하였다.

데이터 처리장치용의 소프트웨어를 수록하고 있는 전달매체의 평가에 대한 관세평가위원회의 제안된 결정은 거래가격이 협정에 따른 평가의 가장 우선적인 기초라는 것과 전달매체에 기록된 데이터 처리장치용 소프트웨어에 대한 거래가격의 적용은 협정에 전적으로 부합한다는 것을 나타낸다. 또한 이 결정은 지금까지 설명한 소프트웨어와 관련한 "독특한 상황"과 일부 체약국들이 다른 접근 방법을 추구하였다는 사실을 고려하여, 데이터 또는 명령을 수록하고 있는 수입물품인 전달매체의 과세가격을 결정함에 있어 그러길 원하는 체약국들이 전달매체 자체의 비용 또는 가격만을 고려하는 것도 협정에 부합된다는 것을 규정하는 것이다.

데이터 처리장치용 소프트웨어를 수록한 전달매체의 평가에 대한 이 결정을 채택함에 있어, 이 결정의 시행과 적용에 있어서 어려움이 발생된다면 이러한 어려움에 대하여는 협정 체약국에 의해서 논의되는 것이 유용할 것이라고 양해한다.

> **예해 13.1** 데이타 처리장치에 사용되는 소프트웨어를 수록하고 있는
> 전달매체의 평가에 관한 결정사항의 적용

1. 이 예해는 관세평가위원회에서 채택된 결정 제2항의 적용에 대한 구체적인 맥락에서 데이타 처리장치용 소프트웨어를 수록하고 있는 전달매체에 대한 평가 쟁점을 검토한다.

2. 이러한 점에서 고려해야 할 원칙은 데이타 또는 명령을 수록하고 있는 수입된 전달매체의 과세가격을 결정함에 있어서, 전달매체 그 자체의 가격이나 비용만 고려되어야 한다는 것이다. 그러므로 데이타 또는 명령의 비용이나 가격이 해당 전달매체의 비용 또는 가격과 구별된다면 데이터 또는 명령의 비용이나 가격은 과세가격에 포함되지 않는다.

3. 이 결정을 적용함에 있어 직면하는 쟁점은 전달매체의 비용이나 가격으로부터 데이타 또는 명령의 비용이나 가격을 구별하는 규정과 관련 있다. 때때로 소프트웨어 및 전달매체의 전체 가격만 입수할 수 있고, 어떤 때는 전달매체의 가격만 송장에 기재되거나 데이타 또는 명령의 가격 또는 비용만 아는 경우도 있다.

4. 회원국은 이 결정의 제2항을 적용할 것인지 적용하지 않을 것인지에 대한 선택권이 있으므로 이 결정을 적용하기로 한 국가들은 이 결정의 취지에 반하지 않도록 최대한 넓은 의미로 이 항을 해석하여야 한다. 그러므로 "구별한다(distinguish)"는 표현은 전달매체의 비용이나 가격만이 알려져 있다면 데이타 또는 명령의 비용이나 가격은 구별되는 것으로서 간주하는 방식에 따라 해석되어야 한다.

5. 어떠한 이유로 당국이 두 가지의 비용이나 가격을 별도로 신고하는 것이 필요하고, 단지 두 가지 중 하나만 입수될 수 있다고 여기고 있다면, 두 번째 비용은 협정 및 일반협정 제7조의 원칙과 일반규정에 부합하는 합리적인 수단을 사용하여 추산될 수 있다. 마찬가지로 두 가지 요소에 대한 총 가격만이 입수될 수 있는 경우에도 유사한 추산이 개별 가격을 결정하기 위하여 이루어질 수 있다. 추산하는 방식을 따르기로 선택한 세관당국은 합리적인 해법에 도달하기 위하여 수입자와의 협의가 필요하다는 것을 알게 될 것이다.

6. 수입시점에 수입자가 이러한 목적을 위한 충분한 정보를 제공할 위치에 있지 않은 경우에는 제13조의 규정이 적용될 수 있다.

7. 이 예해에서 권고하는 방식(practice)은 소프트웨어를 수록하고 있는 전달매체에 대한 관세목적상 평가에 대하여 적용될 수 있는 것이며 통계수집과 같은 다른 요건들을 고려한 것은 아니다.

예해 19.1 협정 제8조 제1항 (c)호에 대한 주해에서 규정하고 있는 "수입물품을 재현하는 권리"의 의미

1. 이 예해는 "재현생산하는 권리"라는 문구에 의해 포함되는 것으로 의도된 활동에 대한 지침을 제공하고자 하는 것이다. 제8조 제1항(c)에 대한 주해에서는 제8조 제1항(c)의 "로열티" 및 "라이센스료"에는, 특히 특허권, 상표권 및 저작권에 관한 지급이 포함된다"고 규정하고 있다. 주해에서는 연이어서 "수입물품을 수입국 내에서 재현생산하는 권리의 비용은 과세가격을 결정함에 있어서 수입물품에 대하여 실제로 지급하였거나 지급하여야 할 가격에 가산되지 않는다"라고 말하고 있다.

2. 제8조 제1항(c)에 대한 주해에서 규정하고 있는 것처럼 "재현생산하는 권리"는 수입물품의 물리적 재현생산(예: 샘플 물품을 수입하여 수입자가 원래 수입물품과 일치하는 복제품을 생산하는데 사용되는 주형을 만드는 경우) 뿐만 아니라 수입물품에 체화된 발명, 창작, 생각, 아이디어를 재현생산하는 권리를 규정한 것으로 보인다.

   후자의 사례로는 회로 기판 위에 새겨질 새롭게 개발된 회로를 담고 있는 계통도의 수입(발명), 전매(轉賣)할 목적으로 박물관에서 축소 모형으로 재현생산될 조각 작품의 수입(창작)과 연하 카드에 재현생산될 만화 주인공의 그림을 담고있는 슬라이드(생각 또는 아이디어)의 수입을 포함할 것이다.

3. 그것은 과학적 성과물의 원본 및 복제품(예를 들면, 백신 생산을 위하여 필요한 형태로 재현생산될 신종 세균의 균주의 수입), 문학작품의 원본(예를 들면, 책자로 재현생산하기 위한 출판용 원고의 수입), 모형(다른 동일한 모델로 재현생산할 목적의 신형의 자동차 축소모형 수입), 시제품(신형 완구와 똑같은 복제품으로 재현생산될 신형 완구 시제품) 및 동물 또는 식물의 종자(원래 종자의 번식을 억제하기 위하여 재현생산될 유전적으로 변형된 곤충)에도 적용된다.

4. 다음과 같은 요소에 대한 분석은 재현생산하는 권리와 관련하여 몇 가지 지침을 제공할 수 있다.

   (a) 수입물품에 아이디어 또는 원작이 체화되어 있는지 여부

   (b) 아이디어 또는 작품의 재현생산이 보호받는 권리의 대상인지 여부

   (c) 재현생산하는 권리가 판매계약 또는 별도의 계약을 통하여 구매자에게 양도되었는지 여부

   (d) 보호받는 권리의 보유자가 재현생산하는 권리의 양도에 대해 대가를 요구하고 있는지 여부

5. 보호받는 권리에 포함된 물품을 취득하였다는 그 자체만으로 그들 물품을 재현생산하는 권리가 항상 부여되는 것은 아니다. 대부분의 경우에 그러한 권리는 특별한 계약을 통하여 취득된다.

6. 결론적으로 "재현생산하는 권리"를 수반하는 각각의 상황은 사안별로 검토되어야 한다.

예해 25.1   제3자 권리사용료 – 일반적인 해설

1. 이 문서의 목적은 로열티 또는 라이센스료가 판매자와 특수관계가 없는 제3자인 라이센서에게 지급되는 경우 협정 제8조 제1항(c)의 해석과 적용에 대한 지침을 제공하기 위한 것이다.

2. 제8조 제1항(c)에 따라, 평가대상 물품과 관련되고 평가대상 물품의 판매조건으로 구매자가 직접 또는 간접으로 지급하여야 하나 실제로 지급하였거나 지급하여야 할 가격에는 포함되지 않은 범위 내의 로열티 및 라이센스료는 수입물품에 대하여 실제로 지급하였거나 지급하여야 할 가격에 가산되어야 한다.

3. 국제 무역에서 발생하는 일반적인 쟁점은 로열티 또는 라이센스료가 제3자, 즉 수입물품 판매자가 아닌 자에게 지급되는 경우이다. 일반적으로 이러한 시나리오에서는, 구매자 / 수입자는 판매자 / 제조자와 판매계약을 체결하며 또한 제3자 라이센서와 로열티 또는 라이센스 계약을 체결한다. 어떤 경우에는, 라이센서와 판매자 / 제조자 간에도 로열티 또는 라이센스 계약이 존재한다.

4. 협정 제8조 제1항(c)에 따라 결정하기 위해서는, 로열티 또는 라이센스 계약과 판매 계약을 포함한 모든 관련 문서들을 검토하는 것이 중요하다. 지적재산권 소유자("라이센서")는 로열티 또는 라이센스 계약에 의하여 사용자("라이센시")에게 라이센스 제품을 사용하기 위한 수수료 또는 로열티를 청구함으로써 발명 또는 창조적인 작업에 대한 수익을 얻는다. 로열티 또는 라이센스 계약은 일반적으로 계약 기간, 금지된 사용, 권리의 양도 및 재라이센스, 보증, 라이센스 계약의 종결, 지원 및 유지 서비스, 품질관리 조항 등과 같은 라이센서와 라이센시 간에 합의된 조건 즉, 라이센시에게 부여되는 권리가 무엇인지와 로열티 및 라이센스료의 지급과 관계된 세부사항을 구체화 한다. 지적재산권을 라이센스함으로써, 라이센서는 상표권과 같은 지적재산권을 사용할 수 있는 제한된 권리를 양도하지만 궁극적인 소유권은 여전히 보유한다. 판매 계약은 수입되는 상품을 수출하기 위한 판매와 관련된 조건을 구체화 한다. 이러한 계약들에 포함된 정보와 기타 관련 문서들은 로열티 또는 라이센스료의 지급이 제8조 제1항(c)에 따른 과세가격에 포함되어야 하는지를 보여줄 수 있다.

5. 로열티 또는 라이센스료가 제3자에게 지급되는 경우, 로열티 또는 라이센스료는 제1조에 따른 실제로 지급하였거나 지급하여야 할 가격에 포함되어 있을 것으로는 간주되지 않는다. 이 예해의 목적상, 로열티 또는 라이센스료는 실제로 지급하였거나 지급하여야 할 가격에 포함되어 있지 않는 것으로 가정한다. 따라서 분석은 제8조 제1항(c)에서 유래하는 두 가지 주요 질문에 초점을 맞추고 있다.

    1. 로열티 또는 라이센스료가 평가대상 물품과 관련이 있는가?
    2. 로열티 또는 라이센스료가 평가대상 물품의 판매조건으로서 지급되었는가?
        로열티 또는 라이센스료가 평가대상 물품과 관련이 있는지 여부의 결정

6. 로열티 또는 라이센스료가 평가대상 물품과 관련이 있다고 간주될 수 있는 가장 일반적인 상황은 수입물품이 지적재산권과 결합되어 있고/또는 라이센스에 의하여 포함된 지적재산권을 사용하여 제조되는 때이다. 예를 들면, 수입물품에 로열티 또는 라이센스료가 지급되는 상표가 결합되어 있다면, 로열티 또는 라이센스료는 수입물품과 관련이 있다는 것을 나타낸다.

로열티 또는 라이센스료가 평가대상 물품의 판매조건으로서 지급되는지 여부의 결정

7. 구매자가 판매조건으로 로열티 또는 라이센스료를 지급해야 하는지 여부를 결정하기 위한 핵심적인 고려사항의 하나는 구매자가 로열티 또는 라이센스료를 지급하지 않고 수입 물품을 구매할 수 없는지 여부이다. 로열티 또는 라이센스료가 수입물품 판매자와 특수관계가 있는 제3자에게 지급되는 경우는 판매자와 특수관계가 없는 제3자에게 지급되는 경우보다 판매조건으로서 지급되었을 가능성이 더 있다. 제 3자에게 지급되는 경우에도 로열티 또는 라이센스료의 지급이 판매조건으로서 간주되는 다양한 상황들이 있을 수 있다. 그러나 각각의 상황은 판매 계약과 로열티 또는 라이센스 계약과 같은 관련 문서에 포함된 계약 및 법적 의무사항을 포함한 물품의 판매와 수입을 둘러싼 모든 사실에 기초하여 분석되어야 한다.

8. 구매자가 로열티 또는 라이센스료를 지급하지 않고 수입물품을 구매할 수 없다는 가장 명확한 증거는 수입물품에 대한 판매 문서가 구매자가 판매조건으로서 로열티 또는 라이센스료를 지급해야 한다는 명시적 문구를 포함하는 경우이다. 그러한 언급은 로열티 또는 라이센스료가 판매조건으로서 지급되었는지 여부를 판단하는 결정적인 것이다.

   그러나 기술위원회는 판매문서가 그러한 명시적 규정을 포함하지 않을 수 있고, 특히 로열티 또는 라이센스료가 판매자와 특수관계가 없는 당사자에게 지급되는 경우가 있다는 것을 인지한다. 이러한 경우에, 로열티 또는 라이센스료가 판매조건으로서 지급되었는지 여부를 결정하기 위하여 다른 요소를 고려할 필요가 있을 것이다.

9. 구매자가 로열티 또는 라이센스료를 지급하지 않고 수입물품을 구매할 수 없는지 여부는 판매 및 라이센스 계약 사이의 관계와 다른 적절한 정보를 포함하여 물품의 판매 및 수입을 둘러싼 모든 사실의 검토에 좌우된다는 것이 기술위원회의 견해이다. 다음은 로열티 또는 라이센스료의 지급이 판매조건인지 여부를 결정하는 데 고려할 수 있는 요소이다.

   (a) 판매 계약 또는 관련된 문서에 로열티 또는 라이센스료에 대한 언급이 있다.
   (b) 로열티 또는 라이센스 계약에 물품의 판매에 대한 언급이 있다.
   (c) 판매 계약 또는 로열티 또는 라이센스 계약의 조건에 따라 구매자가 로열티 또는 라이센스료를 라이센서에게 지급하지 않기 때문에 로열티 또는 라이센스 계약의 위반의 결과로서 판매 계약이 종료될 수 있다. 이것은 로열티 또는 라이센스료의 지급과 평가대상 물품의 판매 간에 관련이 있음을 나타낸다.
   (d) 만일 로열티 또는 라이센스료가 지급되지 않는다면 제조자는 라이센서의 지적재산권이 결합된 물품을 제조하여 수입자에게 판매하는 것이 금지된다고 나타내는 조건이 로열티 또는 라이센스 계약에 있다.
   (e) 로열티 또는 라이센스 계약이 라이센서에게 품질 관리를 넘어서 제조자와 수입자 간의 생산 또는 판매(수입국으로 수출하기 위한 판매)를 관리할 수 있도록 허용하는 조건을 포함한다.

10. 각 사례는 관련 상황을 유념하여 개별적으로 고려되어야 한다.

권고의견 4.1 협정 제8조 제1항(c)의 로열티와 라이센스료

(판매자의 요구에 따라 수입자가 제3자(특허권자)에게 지급하여야 하는 로열티)

1. 특허에 의해 제작된 기계가 특허권료를 공제한 가격으로 수입국으로 수출하기 위하여 판매되고, 판매자가 수입자에게 해당 특허권료를 특허권 보유자인 제3자에게 지급하도록 한 경우, 해당 로열티는 협정 제8조 제1항 (c)의 규정에 따라 지급하였거나 지급하여야 할 가격에 가산되어야 하는가?

2. 관세평가기술위원회는 다음과 같은 견해를 표명하였다.
   구매자가 지급하는 로열티는 평가대상 물품과 관련 있고 이들 물품의 판매조건이기 때문에 해당 로열티는 제8조 제1항(c)의 규정에 따라 실제로 지급하였거나 지급하여야 할 가격에 가산되어야 한다.

권고의견 4.2 협정 제8조 제1항(c)의 로열티와 라이센스료

(수입국의 법령에 따라 수입자가 수입된 음반을 전매(轉賣)할 때 제3자(저작권 보유자)에게 지급하여야 하는 로열티)

1. 수입자는 제조자로부터 음악연주 레코드판(phonograph records)을 구매하였다. 수입국의 법률에 따라 수입자는 레코드판을 전매(轉賣, resell)할 때 저작권을 보유하고 있는 작곡가인 제3자에게 판매가격의 3%에 해당하는 로열티를 지급하여야 한다. 로열티는 어느 일부도 제조자에게 직접 또는 간접으로 귀속되지 않으며, 판매계약에 따른 의무로 지급되지 않는다. 해당 로열티는 실제로 지급하였거나 지급하여야 할 가격에 가산되어야 하는가?

2. 관세평가기술위원회는 다음과 같은 견해를 표명하였다.
   해당 로열티는 과세가격을 결정함에 있어서 실제로 지급하였거나 지급하여야 할 가격에 가산되지 않아야 한다. 로열티의 지급은 수입물품을 수출하기 위한 판매조건이 아니라 레코드판이 수입국에서 판매될 때 저작권자에게 지급하도록 하는 해당 수입자의 법률상의 의무(legal obligation)로 발생한 것이다.

권고의견4.3　협정 제8조 제1항(c)의 로열티와 라이센스료

(특정 물품 제조에 특허공정을 사용하는 권리에 대한 대가로 별도 계약에 따라 수입자가 제3자(특허권 보유자)에게 지급하여야 하는 로열티)

1. 수입자 I는 특정 상품 제조를 위하여 특허공법(patented process)을 사용할 권리를 획득하면서 해당 공법을 사용하여 생산된 물품의 수량에 기초하여 특허권자 H에게 로열티를 지급할 것에 동의한다. 별도 계약에서 I는 특허공법을 수행하기 위해 특별히 고안된 기계를 설계하고 외국 제조자 E로부터 구매한다. 이 경우 특허공법에 대한 로열티는 수입 기계에 대하여 지급하였거나 지급하여야 할 가격의 일부에 해당되는가?

2. 관세평가기술위원회는 다음과 같은 견해를 표명하였다.
비록 해당 로열티 지급이 기계에 체화된 공법에 대한 것이고 해당 기계장치만 사용하도록 할지라도, 해당 지급이 해당 기계를 수입국으로 수출하기 위한 판매조건이 아니기 때문에 이 로열티는 과세가격의 일부가 아니다.

권고의견4.4　협정 제8조 제1항(c)의 로열티와 라이센스료

(전매(轉賣)가 목적인 물품에 특허 농축물을 결합하거나 사용하는 권리에 대한 대가로 수입자가 판매 조건에 따라 판매자(특허권 보유자)에게 지급하여야 하는 로열티)

1. 수입자 I는 특허권자인 제조자 M으로부터 특허 농축물(patented concentrate)을 구매한다. 수입 농축물은 수입국에서 판매되기 전에 보통의 물로 단순 희석하여 소매 포장된다. 물품 가격에 더하여, 구매자는 전매(轉賣, resale)할 상품에 특허 농축물을 결합 또는 사용하는 권리에 대해 판매조건으로서 로열티를 제조자 M에게 지급해야 한다. 로열티 금액은 최종 상품(finished product)의 판매가격에 따라 계산된다.

2. 관세평가기술위원회는 다음과 같은 견해를 표명하였다.
로열티는 구매자가 이들 물품의 판매조건으로 지급해야 하는 수입물품과 관련된 지급이며 따라서 제8조 제1항(c)에 따라 실제로 지급하였거나 지급하여야 할 가격에 가산되어야 한다. 이 의견은 수입물품에 결합되어 있는 특허에 대하여 지급된 로열티와 관련된 것이며 다른 상황에는 영향을 미치지 않는다.

권고의견4.5 협정 제8조 제1항(c)의 로열티와 라이센스료

(상표권 보유자 또는 아닌 자로부터 수입된 원료를 사용하는지 여부에 관계없이 해당 상표로 6가지 종류의 화장품을 제조·판매하는 대가로 수입자가 상표권 보유자에게 지급하여야 하는 로열티)

1. 외국 제조자 M은 수입국에서 보호받는 상표(trademark)를 소유하고 있다. 수입자 I는 M의 상표로 6가지 종류의 화장품을 제조하여 판매한다. I는 M의 상표로 판매된 모든 종류의 화장품의 연간 총 매출액의 5%로 계산된 로열티를 M에게 지급해야 한다. 모든 화장품은 M의 제조법에 따라 수입국 내에서 얻어진 원료로 제조되고 있지만, 예외적으로 한 종류 화장품(one)에 대한 핵심 원료들은 대개 M으로부터 구매하고 있다. 수입 원료들과 관련하여 로열티는 어떻게 처리되어야 하는가?

2. 관세평가기술위원회는 다음과 같은 견해를 표명하였다.
   해당 로열티는 I가 M의 원료를 사용하든 국내 공급자의 원료를 사용하든지 관계없이 M에게 지급되어야 한다. 즉, 해당물품의 판매조건이 아니므로 평가목적상 제8조 제1항(c)에 의하여 실제로 지급하였거나 지급하여야 할 가격에 가산될 수 없다.

권고의견4.6 협정 제8조 제1항(c)의 로열티와 라이센스료

(수입물품(농축물)을 상표 부착하여 전매(轉賣)할 때, 판매 조건으로 수입자가 판매자(상표권 보유자)에게 지급하여야 하는 로열티)

1. 수입자는 외국 제조자 M으로부터 농축물(concentrate)을 두 번에 걸쳐 별도로 구매한다. M은 수입을 위한 특정 판매의 조건에 따라 희석 후 판매할 때 물품에 부착될 수도 있고, 안될 수도 있는 상표(trademark)를 가지고 있다. 상표 사용에 대한 사용료는 단위 수량별로 지급한다. 수입 농축물은 보통 물에 단순 희석되고 판매 전에 소매 포장된다.

   첫 번째 구매에서 농축물은 희석되어 사용료가 지불되는 요건없이 상표를 부착하지 않은 상태로 전매된다. 두 번째 경우에서 농축물은 희석되어 상표를 부착하여 전매되고 수입을 위한 판매조건으로서 사용료 지불에 대한 요건이 있다.

2. 관세평가기술위원회는 다음과 같은 견해를 표명하였다.

  첫 번째 구매에서 물품은 상표를 부착하지 않은 상태로 전매되고 사용료가 지급되지 않으므로, 가산은 적절하지 않다. 두 번째 구매에서 M이 요구하는 사용료는 수입물품에 대하여 실제로 지급하였거나 지급하여야 할 가격에 가산되어야 한다.

권고의견4.7 협정 제8조 제1항(c)의 로열티와 라이센스료

(권리 보유자로부터 전 세계 재현생산·마케팅·공급(유통)권을 양도받은 판매자에게 수입자가 수입국내 마케팅과 공급(유통)권의 대가로 지급하여야 하는 로열티)

1. 음반회사 R과 음악가 A간에 계약이 체결된다. 둘은 수출국 X에 위치한다. 계약에 따르면, A는 전 세계적인 재현생산(reproduction), 마케팅 및 공급(유통)권(marketing and distribution rights)을 양도하는 대가(consideration)로 소매 판매되는 각 음반에 대하여 로열티를 지급받기로 되어 있다. 이어서 R은 수입국에서 전매(轉賣)하기 위하여 음악가 A의 연주내용을 재현 생산한 음반들을 I에게 공급하기 위하여 수입자 I와 공급(유통)및 판매계약을 체결한다. 이 계약의 일부로서 R은 I에게 마케팅과 공급(유통)권을 재양도하고, 이에 대한 대가로 수입국으로 구매되고 수입된 각 음반의 소매판매가격의 10%를 로열티로 I에게 요구한다. I는 R에게 10%의 로열티를 지급한다.

2. 관세평가기술위원회는 다음과 같은 견해를 표명하였다.

  로열티 지급은 I와 R과의 공급(유통)및 판매계약에 대한 결과로서 I가 해당 금액을 지급해야 하는 것이기 때문에 판매조건이다. R은 자신의 상업적 이익(commercial interest)을 보호하기 위해 I가 이러한 조건에 동의하지 않았다면 I에게 음반을 판매하지 않았을 것이다.

  지급은 특정 수입물품을 판매하고 공급(유통)하는 권리에 대하여 이루어지기 때문에 평가대상 물품과 관련이 있으며, 로열티 금액은 특정 음반의 실제적인 판매가격에 따라 달라질 것이다.

  결과적으로, A의 연주의 전 세계적인 판매와 관련하여 R이 A에게 "로열티" 금액을 지급할 의무가 있다는 사실은 R과 I간의 계약과는 관련이 없다. I는 판매자에게 직접 금액을 지급하며, R이 실현한 총수익을 어떻게 할당하는가는 I의 관심사항이 아니다. 그러므로 10%의 로열티 지급은 실제로 지급하였거나 지급하여야 할 가격에 가산되어야 한다.

권고의견4.8   협정 제8조 제1항(c)의 로열티와 라이센스료

(상표 사용권의 대가로 수입자가 제3자(라이센스 보유자)에게 지급하여야 하는 로열티)

1. 수입자 I는 X국에 위치한 라이센스 보유자 L과 I가 L에게 수입국으로 수입되는 L의 상표가 부착된 신발 각 한 켤레당 로열티 정액을 지급하는데 동의하는 라이센스 / 로열티 계약을 체결한다. 라이센스 보유자 L은 상표와 관련한 공예 및 디자인(art and design works)을 제공한다. 수입자 I는 X국의 제조자 M과 M이 L의 상표를 부착하여 만든 신발을 구매하기 위하여 또 하나의 계약을 체결하며, M에게 L이 제공한 공예 및 디자인을 제공한다. 제조자 M은 L로부터 라이센스를 허가 받지 않았다. 이 판매 계약은 로열티 지급에 대한 어떠한 내용도 포함하고 있지 않다. 제조자, 수입자 및 라이센서는 모두 특수관계에 있지 않다.

2. 관세평가기술위원회는 다음과 같은 견해를 표명하였다.
   수입자는 해당 상표를 사용할 권리를 취득하기 위하여 로열티를 지급해야 한다. 이러한 의무는 수입국으로 물품을 수출하기 위한 판매와 관련 없는 별도의 계약에 기인한다. 물품은 별도의 계약에 따라 공급자로부터 구매된 것이며 로열티 지급은 이들 물품의 판매조건이 아니다. 그러므로 이 사례의 로열티의 지급은 실제로 지급하였거나 지급하여야 할 가격에 가산되지 않는다.

   상표와 관련한 공예 및 디자인의 제공이 제8조 제1항(b)에 따라 과세 대상이 되는지에 대한 여부는 별도로 고려해야 할 사항이다.

권고의견4.9   협정 제8조 제1항(c)의 로열티와 라이센스료

(수입국에서 "특허 조제물질"을 제조·사용·판매하는 권리와 특허 조제물질의 제조·판매와 관련한 해당 상표사용 권리 및 라이센스에 대한 대가로 수입자가 판매자(상표권 보유자)에게 지불하여야 하는 로열티)

1. 어떤 수의용 조제물질(veterinary preparations)의 제조자 겸 상표 보유자와 수입회사 사이에 계약이 체결되었다. 계약에 따라 제조자는 수입자에게 "특허 조제물질(licensed preparation)"에 관한 수입국 내에서의 제조, 사용 및 판매에 대한 독점권을 부여하고 있다. 수의용에 적합한 형태로 된 수입 코르티손(cortisone)성분을 포함하고 있는 이 특허 조제물질은 제조자 또는 제조자를 대행하는 제3자가 수입자에게 제공한 벌크상의 코르

티손으로 제조된다. 코르티손은 다른 제조자로부터도 구입이 가능한 표준형의 비특허 항염제로 특허 조제물질의 주요 구성성분 중 하나이다.

또한 제조자는 수입자에게 수입국 내 특허 조제물질의 제조 및 판매와 관련하여 상표를 사용할 수 있는 독점권과 라이센스를 부여한다.

계약서의 대금 지급 규정은 수입자가 제조자에게 특허 조제물질의 연간 첫 번째 순매출액 2백만 c.u.에 대하여는 8%의 로열티를 지급하고, 동일한 해에 발생한 특허 조제물질의 두 번째 순매출액 2백만 c.u.에 대하여는 9%의 로열티를 지급하도록 규정하고 있다. 아울러, 매년 100,000 c.u.의 최저 로열티를 지급하도록 규정하고 있다. 계약에서 규정하고 있는 여러 가지 상황에 따라, 양 당사자는 수입자의 독점적인 권리를 비독점적인 권리로 전환할 수도 있다. 그러한 경우, 최저 로열티가 25%까지 감액되거나, 어떤 경우에는 50%까지 감액될 수 있다. 매출에 따른 로열티 역시 특정 상황에서 감액될 수 있다.

마지막으로 특허 조제물질의 매출에 따른 로열티는 매년 매분기의 마지막 날로부터 60일 이내에 지급되어야 한다.

2. 관세평가기술위원회는 다음과 같은 견해를 표명하였다.

로열티 지급은 수입 상품이 함유되어 있는 특허 조제물질을 제조하는 권리에 대하여 지급되는 것으로 결국 특허 제조물질에 대한 상표 사용에 대하여 지급되는 것이다. 해당 수입 상품은 표준형의 비특허 항염제이다. 그러므로 해당 상표를 사용하는 것은 평가대상 물품과 관련이 없다. 로열티의 지급은 수입물품을 수출하기 위한 판매 조건이 아니라 수입국 내 특허 조제물질의 제조 및 판매에 대한 조건이다. 따라서 이 지급 금액을 실제로 지급하였거나 지급하여야 할 가격에 가산하는 것은 적절하지 않다.

권고의견4.10   협정 제8조 제1항(c)의 로열티와 라이센스료

(상표가 붙은 재료를 포함한 수입 의류를 전매(轉賣)하는 권리에 대한 대가로 수입자가 판매자(상표권 보유자)에게 지급하여야 하는 라이센스료)

1. P국의 수입자 I는 X국에 위치한 제조자 M에게서 외투(outer garments)를 구매한다. 또한, M은 특정한 연작만화(comic strip) 캐릭터에 관련된 상표 보유자이다. I와 M의 라이센스 계약의 조항에 따르면, M은 I를 위해서만 의류를 생산하고 수입 전에 연작만화 캐릭터와 상표를 부착하며, I는 P국 내에서 이들 의류를 전매(轉賣)한다. 이 권리에 대한 대가

(consideration)로 I는 M에게 의류에 대한 가격에 더하여 연작 만화 캐릭터 및 상표가 부착된 의류의 순판매가격의 일정 비율로 계산된 라이센스료를 지급하는 것에 동의한다.

2. 관세평가기술위원회는 다음과 같은 견해를 표명하였다.

    상표가 붙은 재료를 포함한 수입의류를 전매(轉賣)하는 권리에 대한 라이센스료의 지급은 판매조건이며, 수입물품과 관련이 있다. 수입물품은 연작만화 캐릭터와 상표가 없이는 구매되고 전매(轉賣)될 수 없다. 그러므로 이러한 지급은 실제로 지급하였거나 지급하여야 할 가격에 가산되어야 한다.

권고의견4.11 협정 제8조 제1항(c)의 로열티와 라이센스료

(수입물품에 부착된 상표 사용권의 대가로 수입자가 특수관계자(상표권 보유자, 판매자(제조자)와도 특수관계)에게 지급하여야 하는 로열티)

1. 스포츠 의류제조자 M과 수입자 I는 모두 스포츠 의류에 부착되는 상표권을 소유하고 있는 모기업 C와 특수관계에 있다. M과 I의 판매계약에는 로열티 지급에 대한 요건이 없다. 하지만 I는 C와의 별도 계약에 따라 I가 M으로부터 구매하는 스포츠 의류에 부착되는 상표 사용권을 취득하기 위해서는 C에게 로열티를 지급해야 한다. 로열티 지급은 수입 스포츠 의류의 판매조건이며 관련이 있는가?

2. 관세평가기술위원회는 다음과 같은 견해를 표명하였다.

    M과 I간의 상표 부착 물품에 대한 판매계약에는 로열티 지급에 대한 구체적인(certain specific)조건은 없다. 하지만 해당 지급은 I가 물품을 구매하는 결과로서 모기업에 로열티를 지급해야 하기 때문에 판매조건이다. I는 로열티 지급 없이 상표 사용권을 가질 수 없다. 모기업과의 서면계약이 없다는 사실이 모기업이 요구하는 I의 지급의무를 면제(not detract)하는 것은 아니다. 상기의 이유로 상표 사용권에 대한 지급은 평가대상 물품과 관련이 있으며, 지급금액은 실제로 지급하였거나 지급하여야 할 가격에 가산되어야 한다.

권고의견4.12 협정 제8조 제1항(c)의 로열티와 라이센스료

(수입물품에 결합된 기술을 통해 수행되는 특허 공정을 사용하는 대가로 수입자가 판매자에게 지급하여야 하는 라이센스료)

1. 수입자 I와 판매자 S는 압연기(rolling mill equipment)공급을 위한 판매계약을 체결한다. 이 장비는 이미 수입국에 있는 연속구리봉(continuous cooper rod) 설비에 결합될 것이다. 압연기에는 압연기가 수행할 특허공법(patented process)과 관련 있는 기술이 결합되어 있다. 수입자는 장비의 가격에 더하여 특허공법 사용권에 대한 라이센스료로 15백만 c.u.를 지급해야 한다. 판매자 S는 수입자로부터 장비에 대한 지급과 라이센스료를 수령한 후, 라이센서에게 라이센스료의 총 금액을 송금한다.

2. 관세평가기술위원회는 다음과 같은 견해를 표명하였다.
라이센스료는 특허공법을 수행할 수 있게 하는 압연기에 결합된 기술에 대한 것이다. 압연기는 특허 생산 공법을 수행하기 위해 특별히 구매된 것이다. 그러므로 15백만 c.u.의 라이센스료가 지급된 특허 생산 공법은 평가대상 물품과 관련이 있고 판매조건이므로, 라이센스료는 수입 압연기에 대하여 실제로 지급하였거나 지급하여야 할 가격에 가산되어야 한다.

권고의견4.13 협정 제8조 제1항(c)의 로열티와 라이센스료

(상표 사용권에 대한 대가로 수입자가 특수관계자(상표권 보유자)에게 지급하여야 하는 로열티)

1. 수입자 I는 다른 공급자뿐만 아니라 외국 제조자 M으로부터 스포츠 가방을 구매한다. 수입자 I, 제조자 M 및 다른 공급자는 모두 특수관계가 없다.
다른 한편으로 수입자 I는 상표권을 보유한 C기업과 특수관계에 있다. I와 C간의 계약조건에 따라, C는 로열티 지급을 조건으로 I에게 상표 사용권을 양도한다.
수입자 I는 제조자 M과 다른 공급자에게 스포츠 가방에 부착되는 상표가 붙은 라벨을 수입 전에 제공한다.
로열티는 평가대상 물품과 관련이 있는가? I가 C에게 지급한 금액은 M과 I 및 I와 다른 공급자간 판매 조건의 일부인가?

2. 관세평가기술위원회는 다음과 같은 견해를 표명하였다.

   비록 수입자가 상표 사용권을 취득하기 위하여 로열티를 지급해야 한다 할지라도, 이것은 물품을 수입국으로 수출하기 위한 판매와 관련 없는 별도의 계약에 기인한 것이다. 수입물품은 서로 다른 계약에 따라 여러 공급자로부터 구매된 것이며 로열티 지급은 이들 물품의 판매조건이 아니다. 구매자는 물품을 구매하기 위하여 로열티를 지급할 필요가 없다. 그러므로 제8조 제1항(c)에 따른 조정으로서 실제로 지급하였거나 지급하여야 할 가격에 가산되지 않아야 한다. 상표권을 입증하는 라벨 공급이 제8조 제1항(b)의 규정에 따른 과세대상인지 여부는 별도로 고려해야 할 사항이다.

권고의견4.14 협정 제8조 제1항(c)의 로열티와 라이센스료

(수입국에서 라이센서에게 지급되는 로열티 또는 라이센스료)

1. 로열티 또는 라이센스료가 수입국에 있는 라이센서에게 지급된다는 사실이 이러한 로열티 또는 라이센스료를 제8조 제1항(c)의 적용에서 배제하는가?

2. 관세평가기술위원회는 다음과 같은 견해를 표명하였다.

   제8조 제1항(c)는 "평가대상 물품과 관련되고 평가대상 물품의 판매조건으로 구매자가 직접 또는 간접으로 지급하여야 하나 실제로 지급하였거나 지급하여야 할 가격에는 포함되지 않은 로열티 및 라이센스료"를 수입물품에 대하여 실제로 지급하였거나 지급하여야 할 가격에 가산하도록 요구하고 있다.

   제8조 제1항(c)는 수입국 이외의 국가에서 지급된 로열티와 수입국에서 지급된 로열티를 구별하고 있지 않다. 제8조 제1항(c)는 라이센서의 소재지 또는 로열티 또는 라이센스료가 지급되는 장소에 관한 어떠한 조건도 강요하고 있지 않으며, 이러한 지급의 국가간 이전을 요구하지 않는다.

   라이센서의 소재지나 로열티가 지급되는 장소는 제8조 제1항(c)에 따른 결정에 아무런 관련이나 영향이 없다. 그러므로 로열티 또는 라이센스료가 수입국에 거주하는 라이센서에게 지급된다는 단순한 사실은 이러한 로열티 또는 라이센스료를 제8조 제1항(c)의 적용에서 배제하지 않는다.

권고의견 4.15 협정 제8조 제1항(c)의 로열티와 라이센스료

(제3자 라이센서에게 지급된 로열티)

1. S국의 수입자 I는 R국에 위치한 라이센서 L과 라이센스 계약을 맺고, 동 계약에 따라 I는 L에게 물품의 제조 및 수입과 관련한 상표 사용권에 대하여 로열티를 지급해야 하며, 해당 로열티는 동 상표가 부착된 상품의 S국 내 판매로부터 I가 얻는 순이익에 기초하여 계산된 고정률로 구성된다. I가 L에게 로열티를 지급하지 못하는 경우에는 L이 라이센스 계약을 종료할 수 있는 권리를 가질 것이다. L과 I는 평가협정의 조건에 따른 특수관계에 있다. 추가적으로 L은 X국의 M사와 M이 L의 상표를 부착한 물품을 제조한 후 I에게 판매하도록 하기 위하여 공급계약을 체결하였다. 이 계약에 따라 M은 L이 제공하는 품질, 디자인, 기술과 관련된 제조사양서를 따라야 한다. 이 계약에는 M이 I 또는 L이 지정한 다른 회사에 독점적으로 이 상표를 사용하는 물품을 제조하여 판매할 책임이 있다고 상세히 기술되어 있다. M사는 L 또는 I와 특수관계에 있지 않다.

   I는 M과 판매계약을 체결하고, 이에 따라 M은 L의 상표를 부착한 물품을 I에게 판매한다. 그 계약서에 해당 로열티를 지급하라는 의무조항은 없다. I가 M에게 수입물품에 대하여 실제로 지급한 가격에는 I가 L에게 지급하여야 하는 로열티가 포함되어 있지 않다.

   수입자 I가 라이센서 L에게 지급하는 로열티는 공급자 M으로부터 구입하는 물품의 판매조건인가, 그리고 이 로열티는 평가대상 물품과 관련이 있는가?

2. 관세평가 기술위원회는 다음과 같은 견해를 표명하였다.

   I가 수입하는 물품은 L의 상표를 부착하고 있기 때문에 해당 로열티는 평가대상 물품과 관련된다고 말할 수 있다.

   또한 이 사례에서 공급계약에 따라 L은 라이센스 물품의 제조를 허여하고 M이 판매할 회사들을 결정하며 제조자 M에게 디자인과 기술을 직접적으로 제공함으로써 상표를 부착한 물품과 관련한 생산을 통제한다. L이 I에게 라이센스 계약의 규정에 따라 물품의 제조 및 수입과 관련하여 상표를 사용할 수 있도록 허여하기 때문에 L은 어떠한 당사자가 상표를 사용하고 수입물품을 구매할지 선택함으로써 M과 I 간의 거래에 더욱 영향을 미치고 통제한다.

   M과 I간의 판매계약은 로열티의 지급을 요구하는 어떠한 조항도 포함하고 있지 않다. 그러나 I가 L에게 로열티를 지급하지 못하는 경우 I는 해당 물품을 구매할 수 없기 때문에

로열티는 물품의 판매조건으로 지급된다. I가 L에게 로열티를 지급하지 않는다면 라이센스 계약의 종료뿐만 아니라 이 상표를 부착한 물품을 제조하고 I에게 판매하도록 하는 M에게 부여된 권리의 철회까지 야기할 수 있다.

따라서 해당 로열티는 협정 제8조 제1항(c)에 따라 해당 물품에 대하여 실제로 지급하였거나 지급하여야 할 가격에 가산되어야 한다.

권고의견4.16 협정 제8조 제1항(c)의 로열티와 라이센스료

1. 수입국 I의 수입자 B는 수출국 X의 공급자 S와 상표 사용에 대한 라이센스 계약을 체결한다. 계약의 일부로 당사자들은 또한, 계약상 허여된 상표의 상업적 이용에 대하여 B가 S에게 지불하여야 할 로열티는 수입국에서의 상표부착 물품의 순 매출액의 5% 비율을 적용하여 계산하는 것에 동의한다.

2. 이어서 S와 B는 1,000 c.u.의 가격으로 P 상품의 국제 판매에 대한 계약을 체결한다. 이 계약에 따라, P 상품은 앞서 언급한 상표를 부착하여 유통되어야 하므로 해당 로열티는 이 물품과 관련된다고 간주된다. 또한 가격은 물품의 판매조건으로 지급되는 로열티를 포함하지 않는다. 따라서 협정 제8조 제1항(c)에 규정된 모든 요건이 충족된다.

3. I국에서 P상품의 순매출액이 2,000c.u.라면 B가 상표 사용에 대해 S에게 부담하는 라이센스료는 100 c.u.이다.

4. 수입국 I에서 시행 중인 국내 세법에 따라 상표 사용에 대한 로열티 형태로 지불되는 100 c.u.는 이러한 유형의 소득에 대한 특별세 대상이 되며, 총 세액은 지급하여야 할 총 합계액에 대해 25%의 명목세율을 적용하여 산출한다. 수입자 B는 원천징수 요건에 따라 판매자 S를 대신하여 25 c.u.의 이 소득세를 지불한다.

5. 그러나 라이센스 계약의 어떠한 조항에도 상표 사용에 대한 로열티로 얻은 소득에 대해 I국의 국내 법령에 규정된 조세를 B가 지불한다고 언급되어 있지 않다.

6. 따라서 B는 총 1,100c.u.를 지불한다. : 1,000c.u.는 P상품의 가격에 상응하는 것이고, 100화폐단위는 상표 사용에 대한 로열티 형식이다. 그러나 S는 단지 1,075c.u.만 수령하게 되는데, B가 로열티 75 c.u.를 판매자에게 송금하고, 이와 동시에 수입국 I의 소득세 25 c.u.의 지급을 확인하는 영수증을 함께 보낸다.

7. 기술위원회에 제기된 쟁점은 수입자 B가 지급하는 25 c.u.가 제8조 제1항(c)에 따른 과세가격의 일부인지 여부이다.

관세평가기술위원회는 다음과 같은 견해를 표명하였다.

8. 현재 사례에서는, 관련 계약 규정에 따라 구매자가 지불하여야 하는 로열티는 100 c.u.이며, 이는 수입국에서 물품의 순 매출액의 5% 비율을 적용하여 산출된 금액이다.

9. 라이센서는 100 c.u. 대신에 더 적은 금액인 75 c.u.를 받는다. 25 c.u.의 차이는 로열티의 차감을 구성하는 것이 아니라, 이전에 기술된 바와 같이, 라이센서가 부담하는 수입국 소득세를 적용하면서 발생되는 비용을 나타낸다. 게다가, 로열티 소득은 발생될 수 있는 소득세를 차감하지 않고 수령되어야 한다고 라이센스 계약에서 합의된 바 없다.

10. 협정 제8조 제1항(c)는 과세가격을 결정함에 있어 실제로 지급하였거나 지급하여야 할 가격에 "구매자가 직접 또는 간접으로 지급하여야 하는" 로열티와 라이센스료가 가산되어야 한다고 규정하고 있다.

11. 협정의 어떠한 조항도 라이센서가 수령하는 로열티 조정에 대한 언급은 없다. 실제로 제8조 제1항(c)는 동 조항의 요구사항을 충족하는 범위에서, 구매자가 지불하여야 할 로열티는 과세가격의 일부가 되며, 이 로열티는 라이센서가 최종적으로 수령하는 로열티라고 규정하지 않는다. 이 사례에서는 구매자가 지불하는 로열티와 라이센서가 수령하는 로열티 간의 차이가 있다. 기 언급된 사유로 인해, 제8조 제1항(c)에 부합하기 위해서는 명시된 바를 준수할 필요가 있으며, 결과적으로 이 사례에서는 라이센서가 최종적으로 수령하는 금액이 아니라 수입자가 지불하는 금액의 총액이 물품의 과세가격에 가산되어야 한다.

12. 제1조에 대한 주해 ("실제로 지불하였거나 지불하여야 할 가격") 제3항(c)에서는 "수입국의 관세 및 제세"를 과세가격에 포함하지 않는다. 이는 로열티 소득에 대해 적용되는 조세보다는 물품의 수입에 대해 부과되는 국내 조세와 관련이 있다. 제시된 해결책은 해당 물품의 과세가격에 수입국에서 적용 가능한 제1조에 대한 주해 제3항 (c)에 규정된 형태의 조세 금액이 아닌, 라이센서와 라이센시 간에 합의된 로열티 금액을 포함하자는 것이다.

13. 결론적으로 수입자 B에 의해 지급된 25 c.u.는 제8조 제1항(c)에 따라 수입물품 과세가격의 일부이다. 따라서 해당 로열티는 협정 제8조 제1항(c)에 따라 해당 물품에 대하여 실제로 지급하였거나 지급하여야 할 가격에 가산되어야 한다.

권고의견 4.17 협정 제8조 제1항(c)의 로열티와 라이센스료

1. I국의 A사(수입자, 구매자, 프랜차이지)는 E국의 B사(수출자, 판매자, 프랜차이저)와 I국에서 프랜차이저의 브랜드(brand)를 사용하여 매장을 운영하기 위한 프랜차이즈 계약을 체결하였다. 프랜차이즈 계약에 따라 A사는 A사가 그 매장에서 판매하는 제품을 I국에서 제조하기 위하여 사용하여야 하는 재료(inputs)를 B사 또는 B사에 의해 승인된 자로부터만 구매할 수 있다. 재료는 특허 받은 것이 아니며, 어떠한 지식재산권에 의해 보호되지 않는다. 추가적으로 A사는 품질요건을 충족하기 위해 B사로부터 정식 승인받은 더 낮은 가격으로 판매하는 제3의 공급자로부터 재료를 구매할 수도 있다. 프랜차이즈 계약조건으로 A사는 B사에게 브랜드(brand)와 시스템(system)을 사용하는 대가로 A사가 수입한 재료들을 사용하여 제조한 A사의 최종 제품(final products)의 총 매출액에 대하여 백분율로 계산한 로열티를 지불한다.

   이 사례에서 수입재료가 위에서 언급한 것처럼 특허권 또는 다른 지식재산권에 의해 보호되지 않는 경우, '브랜드(brand)'는 매장 운영과 관련하여 등록된 브랜드나 서비스표(service marks) 및 다른 상업적 표식을 의미하고 '시스템(system)'은 매장 운영과 관련한 업무 시스템과 절차를 나타낸다.

   쟁점은 프랜차이즈 계약에 따라 지급된 로열티가 협정 제8조제1항(C)에 따라 수입물품에 대하여 실제로 지급하였거나 지급하여야 할 가격에 가산되어야 하는지 여부이다.

2. 관세평가기술위원회는 아래와 같은 의견을 표명하였다.

   협정 제1조의 규정에 따라 과세가격 결정시에는 협정 제8조제1항(c)에 규정된 바와 같이 구매자가 평가대상물품의 판매조건으로 직접 또는 간접적으로 지급하여야 하는 평가대상물품과 관련된 로열티와 라이센스료는 해당 로열티 및 라이센스료가 실제로 지급하였거나 지급하여야 할 가격에 포함되지 않는 한도 내에서 수입물품에 대하여 실제로 지급하였거나 지급하여야 할 가격에 가산하여야 한다.

   이 사례에서 평가대상 수입물품(재료)은 제품을 제조하기 위해 필요하고 필수적인 것이며, 프랜차이저로부터 구매하거나 품질요건을 충족시키기 위해 프랜차이저가 승인한 자로부터 구매하여야 하지만, 그에 대한 대가가 지급되는 브랜드가 있는 물품, 특허 물품 또는 특허 공정에 따라 제조된 물품은 아니다.

   로열티의 지급은 수입물품과 관련된 것이 아니라 프랜차이저의 지식재산권(브랜드)이 반영된 제품의 제조와 판매 과정에서 프랜차이저의 브랜드 및 시스템의 사용과 관련된 것이다. 프랜차이지가 지급하는 로열티는 제8조제1항(c)의 규정에 따라 수입물품에 대하여 실제로 지급하였거나 지급하여야할 가격에 가산되지 않는다.

권고의견4.18 협정 제8조 제1항(c)의 로열티와 라이센스료

1. 수입국 I의 수입자/구매자/라이선시인 B는 수출국 X의 공급자/판매자/라이선서인 S와 특허 사용에 대한 라이선스 계약을 체결한다. 이 협의의 일부로서, 당사자들은 다음과 같이 합의한다.

   - 이 계약에서 허여된 특허의 상업적 사용에 대하여 B가 S에게 지급하여야 할 로열티는 수입국 내에서 특허 물품의 순 판매 가격의 5%의 비율을 적용하여 계산된다.
   - 로열티 지급에 더하여, B는 S를 대신하여 수입국의 국내 조세 규정에 따라 세무 당국에 로열티 소득세를 납부해야 한다.

   따라서 라이선시 B와 라이선서 S 간에 합의된 5%의 로열티 지급액은 세금을 제외한 로열티이며, 다른 말로 순 로열티라고 알려져 있다. 다시 말해, 라이선시 B는 라이선서 S에게 5%의 로열티를 지급하고, 세무 당국에게 S의 의무인 로열티 소득세 또한 납부해야 한다.

2. 그 후, S와 B는 1,000 화폐단위(c.u.)의 가격으로 P 제품에 대한 국제 간 판매를 위한 계약을 체결한다. 해당 계약에 따라, 특허는 P 제품에 구현되어 있고, 이에 해당하는 로열티는 해당 물품과 관련된 것으로 간주될 수 있다. 게다가, 해당 가격은 로열티를 포함하지 않으며, 해당 로열티는 물품의 판매 조건으로 지급된다. 따라서 협정 제8조 제1항(c)에 규정된 모든 요건이 충족된다.

3. I국에서 P 제품의 순 판매가격이 2,000 c.u.인 것을 고려하면, B가 S에게 특허 사용에 대하여 지급할 순 로열티는 100 c.u.이다.

4. 수입국 I에서 시행 중인 국내 조세 규정에 따라, 로열티 지급으로 인한 소득은 소득세 대상이며, 이는 "비거주자 소득세"라 불린다. 소득세 금액은 전체 로열티 소득에 대한 10%의 명목세율을 적용하여 계산된다. 납세자는 라이선서 S이고, 라이선시 B는 원천징수 요건에 따라 라이선서 S를 대신하여 소득세를 납부하는 원천징수의무자이다. 로열티 소득세 계산을 위한 과세표준은 수입국에서 라이선서 S가 창출한 총 로얄티 소득이며, 이는 소득세를 포함한 총 로열티로 알려져 있다.

5. 그러므로 소득세의 대상이 되는 로열티 소득은 라이선서 S가 받은 순 로열티와 라이선시 B가 세무 당국에 납부한 로열티 소득세의 합계로, 라이선서의 총 로얄티 소득의 일부인 로열티 소득세를 포함한다. 국내 조세 규정에서 정한 계산 방법에 따르면, 원천징수 로열티 소득세 = 순 로열티 / (1-소득세율 %) × 소득세율 %이다. 상기 정보에 기초할 때, 로열티 소득세 = 100 / (1-10%) × 10% ≈ 11.11 c.u. 이다.

6. 따라서 B는 P 제품의 가격에 해당하는 1,000 c.u., S에게 송금한 순 로열티 100 c.u. 그리고 세무 당국에 납부한 소득세 지급액 11.11 c.u.의 총합인 1,111.11 c.u.를 지불한다. 그러나 S는 오직 P 제품에 대한 1,000 c.u.와 순 로열티 100 c.u.를 포함하여 1,100 c.u.만을 받는다.

7. 기술위원회에 제기된 쟁점은 구매자/라이선시 B가 납부한 소득세인 11.11 c.u.가 협정 제8조 제1항(c)에 따른 수입물품의 과세가격의 일부인지 여부이다.

관세평가기술위원회는 다음과 같이 견해를 표명하였다.

8. 사실관계에 기초할 때, (라이선스 계약에 따라 구매자/라이선시 B가 지급한)로열티 요금은 수입물품과 관련이 있고, 수입물품의 판매 조건으로 지급되었으며, 실제로 지급하였거나 지급하여야 할 가격에는 포함되어 있지 않다. 그러므로 로열티 지급액은 협정 제8조 제1항(c)에 따라 실제로 지급하였거나 지급하여야 할 가격에 가산되어야 한다.

9. 수입국 I에서 시행 중인 국내 세무 규정에 따라, 로열티 지급으로 발생한 소득은 소득세의 대상이 되며, 납세자는 라이선서이고 원천징수의무자는 라이선시가 된다. 추가로, 라이선스 계약에 따라 B는 S를 대신하여 세무 당국에 소득세를 납부해야 하고, 순 로열티는 어떠한 공제 없이 지급되어야 한다. 결과적으로 구매자/라이선시 B는 S에게 100 c.u.와 함께 세무 당국에 11.11 c.u.를 지급하는데, 이 금액의 합이 라이선시의 총 로열티 지급액이다.

10. 그러므로 소득세를 포함하여 총 로열티 의무를 충족함에 있어, 구매자/라이선시 B는 특허의 상업적 사용에 대하여 두 가지를 지급한다. 첫 번째는 라이선스 계약에서 정한 대로 특허 물품의 순 판매 가격에 고정된 비율을 적용하여 계산되는 순 로열티 100 c.u.의 금액이다. 두 번째는 원천징수 로열티 소득세 11.11 c.u.의 금액이다. 두 지급액 모두는 라이선스 계약에 따라 특허를 사용할 권리에 대하여 지급된다. 11.11 c.u.는 라이선서를 대신하여 라이선시에 의해 세무 당국에 지급되며, 이 로열티 소득세는 세무 목적 상 라이선서의 로열티 소득의 일부로 간주된다. 결과적으로, 11.11 c.u.는 라이선서의 총 로열티 소득 중 일부이기 때문에, 마찬가지로 이 금액은 관세평가 목적 상 라이선시의 총 로열티 지급액

중 일부로 본다.

11. 협정 제8조의 제1항(c)은 과세가격을 결정함에 있어 실제로 지급하였거나 지급하여야 할 가격에 "구매자가 직접 또는 간접으로 지급하여야 하는" 로열티 및 라이선스료가 가산되어야 한다고 규정하고 있다. 이번 사례가 협정 제8조 제1항(c)에 규정된 모든 요건이 충족된다는 것을 고려하면, 소득세를 포함한 총 로열티 지급액인 111.11 c.u.가 수입물품의 과세가격에 가산되어야 한다.

12. 소득세를 포함한 총 로열티 지급을 다루고 있는 권고의견 4.16의 12단락의 결론과 유사하게, 이번 사례에서 제시된 해결책은 제1조에 대한 주해 제3단락 (c)에 규정된 유형의 조세금액 즉, 수입국의 관세 및 제세를 과세가격에 포함하는 것과 관련된 것이 아니라, 라이선서와 라이선시 간에 합의된 소득세를 포함한 로열티 지급액의 총 금액을 해당 물품의 과세가격에 포함하는 것과 관련이 있다.

13. 협정 제8조의 제1항(c)에 따라, 구매자/라이선시가 라이선서를 대신하여 세무 당국에 납부한 11.11 c.u.는 로열티 지급액의 일부로 간주되어야 하며, 따라서 소득세를 포함한 전체 총 로열티 지급액 – 111.11 c.u.의 금액 – 이 과세가격에 가산되어야 한다. 따라서 이번 사례에서 수입물품의 과세가격은 1,111.11 c.u.이다.

권고의견 4.19 협정 제8조 제1항(c)의 로열티와 라이센스료

1. 수입자 ICO는 특허권을 보유한 제조사 XCO로부터 특허 농축액을 구입한다. 수입 농축액은 특허공정을 사용하지 않고 일반 물과 단순 희석된 후 수입국에서 청량음료로 판매하기 위해 XCO가 소유한 상표를 붙여 소매 포장 된다.

2. 물품의 가격에 더하여, ICO는 재판매할 제품에 특허 농축액을 결합하거나 사용할 권리 및 상표를 사용할 권리에 대한 단일 로열티(single royalty)를 판매 조건으로 제조사인 XCO에게 지급하여야 한다. 로열티 금액은 완제품인 청량음료의 판매 가격의 15%이다.

3. XCO는 ICO에게 농축액 0.10리터를 30 c.u.의 가격으로 판매하는데, 농축액 0.10리터는 1리터의 청량음료를 생산하는데 사용된다. 수입국에서 일반적으로 인정되는 회계원칙에 따라 완제품 청량음료의 리터당 생산비용은 다음과 같다.

    (a) 수입농축액 비용(0.10리터당 XCO에게 실제 지급하였거나 지급하여야 할 가격) : 30 c.u.

(b) 수입농축액 수입비용(0.10리터당 항만료, 관세, 내륙운송비 및 기타 비용) : 6 c.u
(c) 기타 재료비용 : 4 c.u.
(d) 노무비용 : 3 c.u.
(e) 기타 제조비용 : 7 c.u.
완제품 청량음료 리터당 생산비용 합계 : 50 c.u.

4. ICO는 이후 수입국 소매상에게 리터당 100 c.u.의 가격으로 청량음료를 판매하며, (a)청량음료 생산에 필요한 수입 농축액의 결합 또는 사용 및 (b)청량음료의 상표 사용에 대한 대가로 15 c.u.의 단일 로열티를 XCO에게 지급한다.

5. 협정 제8조 제1항(c)호에 따른 조건들은 2번 단락에서 명시한대로 충족되었으므로, 쟁점은 해당 로열티가 수입물품과 관련이 있는지 여부와 만약 관련이 있다면, 수입 농축액에 대해 실제로 지급하였거나 지급하여야 할 가격에 얼마의 로열티 지급액을 가산해야 하는지를 결정하는 것이다.

관세평가기술위원회는 다음과 같은 견해를 표명하였다.

6. 권고의견 4.4와 4.6은 각각 특허 농축액 결합 또는 사용에 대한 권리와 상표를 사용하는 권리에 대해 지급된 로열티에 관한 것이다. 두 사례에서 로열티는 과세대상으로 여겨진다.

7. 로열티 지급은 사실관계에 제시된 바와 같이 판매조건이다. 그리고 수입 농축액은 특허 공정을 사용하지 않고 일반 물과 단순 희석된 후 수입국에서 청량음료로 판매하기 위해 XCO의 상표를 붙여 소매 포장되기 때문에 로열티 전부가 수입물품과 관련이 있다.

8. 실제로 지급하였거나 지급하여야 할 가격에 가산되어야 할 로열티 금액은 수입 농축액의 단위 수량 당, 청량음료의 판매에서 발생되는 최종 로열티에 해당하는 금액이 될 것이다. 이러한 목적 상, 생산된 청량음료에 대해 지급하여야 할 로열티와 사용된 수입농축액에 대하여 실제 지급하였거나 지급하여야 할 가격을 연관시키기 위해서는 객관적이고 수량화할 수 있는 자료가 사용되어야 한다.

9. 이번 사례에 제시된 사실관계와 협정 제8조 제3항에 대한 주해에서 의도한 바와 같이 로열티 지급이 수입물품과 전혀 관련 없는 다른 요소에 기초하지 않는다는 점을 고려하면, 이 로열티를 과세가격에 포함하는 것이 적절하다.

10. 본 사례에서는, 1리터의 청량음료를 생산하는데 0.10리터의 농축액이 최종적으로 사용된다. 따라서 수입 농축액 0.10리터 당 과세가격은 수입 농축액에 대하여 실제로 지급하였

거나 지급하여야 할 가격에 청량음료 1리터 판매로 발생한 로열티에 대해 요구된 조정액을 가산한 것이다.

11. 다시 말해서, 과세가격은 농축액 0.10리터 당 총 45 c.u.로 : 이는 실제로 지급하였거나 지급하여야 할 가격인 30 c.u.에, 해당 로열티의 후속 지급액에 대한 협정 제8조 제1항(c)호에 따른 해당 가격에 대한 조정으로 발생하는 15 c.u.를 더한 것이다.

사후귀속이익 PART

사례연구 2.1   협정 제8조 제1항 (d)호의 적용

거래사실

1. 수입자 M은 특수관계가 없는 수출자 X로부터 양고기의 선적분을 구매하고 수입한다. 선적분은 f.o.b. 수출항 가격으로 청구된다. 계약조건에 따라 M은 송장 가격에 더하여 수입항까지의 운송과 보험에 대한 모든 비용과 부담금 그리고 관세와 제세를 지급하고, 아울러 수입국에서 해당 고기의 전매(轉賣)에 따라 실현된 순이익의 40%를 X에게 송금한다. 계약서에는 전매(轉賣)가격이 명시되지 않았으나 순이익은 전매가격에서 간접 관리비를 제외한 모든 직접 비용을 공제해서 결정된다고 규정한다.

2. 수입시점에 M은 도매상 R1에게 하나의 가격으로 일정량의 양고기를 판매하기로 하였다. 아울러 M은 남은 양고기를 더 작은 관절 단위로 잘라서 포장한 후 냉동식품 체인점인 R2에게 좀 더 비싼 가격으로 판매하기로 하였다.

3. 수입국은 c.i.f.를 기초로 평가협정을 적용한다.

과세가격 결정

4. 위에서 설명한 상황에는 수출하기 위한 판매가 있다. 그리고 제1조의 다른 요건들이 충족된다면 제1조는 수입물품의 과세가격 결정을 위하여 적용될 수 있다. 가산은 제8조 제1항 (d)에 따라 송장가격에 수출자에게 귀속되는 순이익의 해당 부분을 고려하여 이루어져야 한다. 거래가격의 실제적인 결정은 다음 예시로 설명된다.(주의 : 수입시점에 필요한 문서가 입수될 수 없는 경우에는, 협정 제13조에 따라 과세가격의 최종 결정을 합리적인 기간 동안 지연할 필요가 있다.)

■ 예시

1. 거래가격의 계산에 다음과 같은 부호와 숫자를 차용한다.

    P = 송품장 가격 :
    2,000,000

    T = 수출국으로부터 항구까지 또는 수입장소까지의 운임 및 보험료 :
    200,000

    D = 관세 및 수입 부담금(과세가격의 총 20%에 해당)

    Ti = 국내운송비 :
    100,000

    C = 마케팅 비용 :
    150,000

    G = R2에게 재판매하는 수량의 절단 및 포장비 :
    300,000

    Pr1 = R1에게 재판매하는 가격 :
    2,700,000

    Pr2 = R2에게 재판매하는 가격 :
    1,250,000

    B = 재판매에 대한 순이익 :

    V = 거래가격

2. 명백하게, 순이익 B는 관세 및 수입 부담금인 D를 기초로 결정되어야 하며, 물품의 과세가격에 좌우되는 이 금액은 순이익을 고려하여 결정되어야 한다. 그러므로 B와 V 요소 간에는 상호의존성이 있다.

3. 거래가격의 계산은 다음과 같이 결정된다.

    V = P + T + 40B / 100

    V = 2,000,000 + 200,000 + 40B/100 ; 즉

    (1) V = 2,200,000 + 0.4B

    전매(轉賣)에 따른 순이익의 금액은

    B = (Pr1 + Pr2) - (P + T + Ti + C + G + D) : 즉

    B = (2,700,000 + 1,250,000) - (2,000,000 + 200,000 + 100,000 + 150,000 + 300,000 + 20V/100)

(2) B = 1,200,000 - 0.2V

(1)에 B의 가격을 대입하면,

V = 2,200,000 + 0.4 (1,200,000 - 0.2V) = 2,200,000 + 480,000 - 0.08V ;

즉 1.08 V = 2,680,000 이므로 V = 2,680,000/1.08

V = 2,481,481 c.u.

B = 703,704 c.u.

그러므로 c.i.f.를 기초로 한 거래가격은 2,481,481 화폐단위이다.

사례연구 2.2 제8조 제1항 (d)호에 따른 사후귀속이익의 처리

1. 제8조 제1항(d)는 제1조의 규정에 따라 과세가격을 결정함에 있어 해당 수입물품을 추후에 전매, 처분 또는 사용하여 생긴 수익금 중 판매자에게 직접 또는 간접으로 귀속되는 부분의 가치(value)는 수입물품에 대하여 실제로 지급하였거나 지급하여야 할 가격에 가산되어야 한다고 규정하고 있다.
2. 이 호는 제8조 규정에 따라 적절히 조정될 수 있는 경우를 제외하고는, 구매자가 추후에 물품을 전매, 처분 또는 사용하여 생긴 수익의 일부가 직접 또는 간접으로 판매자에게 귀속되지 않는다면 수입물품의 평가에 있어 거래가격의 사용을 허용하는 제1조 제1항(c) 규정과 직접 관련되어 있다. 따라서 제1조제1항(c)의 조건은 제8조에 따라 이루어진 조정을 통해서는 적용될 수 없을 것이다.
3. 제8조 제1항(d)는 일체의 이러한 지급금액의 가산에 대한 원칙을 규정하고 있고, 협정은 그 범위와 적용을 명확하게 하는 주해는 포함하고 있지 않다. 아울러 협정에는 이러한 지급금액이 판매조건이어야 한다고 명시한 언급은 없다는 점에 유념해야 한다. 따라서 단지 이러한 수익의 존재만으로 제8조에 따른 조정이 요구된다.
4. 고려되어야 할 또 하나의 중요한 요소는 지급하였거나 지급하여야 할 가격에 대한 가산은 오직 객관적이고 수량화 할 수 있는 자료에 근거하여 이루어져야 한다고 명시하고 있는 제8조제3항이다. 그렇지 않을 경우에는 거래가격은 결정될 수 없다.
5. 제8조 제1항(d)를 적용함에 있어 해당 수입물품을 추후에 전매, 처분 또는 사용하여 생긴 수익(proceeds)은 수입물품과 관련되지 않는 배당금 또는 기타 지급의 구매자로부터 판매자에게로의 이전과 혼동되지 않아야 한다(제1조 및 제8조, 그리고 그와 관련된 주해 참조)

6. 사후귀속이익(proceeds)에 대한 조정이 요구되고 관련 정보가 수입 시점에 입수될 수 없는 경우에는 협정 제13조에 따라 과세가격의 최종 결정을 합리적인 기간 동안 지연할 필요가 있다.
7. 상기 원칙들을 고려하여 다음은 제1조의 다른 조건이 충족된다는 가정 하에 제8조 제1항(d)의 적용을 설명한다.

■ 거래에 대한 일반사실

8. X국의 C사는 다른 나라들에 여러 자회사를 소유하고 있다. 모든 자회사들은 C사에서 결정한 회사정책에 따라 운영된다. 이들 자회사 중 일부는 제조회사이며, 일부는 도매상이고 일부는 용역 위주의 회사이다.
9. C사의 자회사인 수입국 Y의 수입자 I 는 남성복, 여성복 및 아동복 도매상이다. I 는 X국에 소재한 C사의 또 다른 자회사인 제조자 M으로 부터 남성복을 구매하고, 국내 제조업체들뿐만 아니라 제3국의 특수관계가 없는 제조업체들로부터 여성복 및 아동복을 구매한다.

■ 상황 1

10. 자회사들 간의 판매와 관련한 C사의 회사정책에 따라 물품은 자회사들 간에 협상된 가격으로 판매되고 있다. 하지만 연말에 수입자 I 는 물품에 대한 추가 지급으로써 그 해 동안 제조자 M에게 구매한 남성복의 연간 전매(轉賣) 총액의 5%를 제조자 M에게 지급한다.
11. 이러한 경우, 해당 지급금액은 판매자에게 직접 귀속되는 수입물품의 추후 전매에 대한 수익이며, 그 금액은 제8조 제1항(d)의 규정에 따른 조정으로서 지급하였거나 지급하여야 할 가격에 가산되어야 한다.

■ 상황 2

12. 수입자 I는 모든 공급처로부터 구매한 남성복, 여성복 및 아동복의 연간 총 매출액에 대하여 실현된 총이익의 1%를 C사의 다른 자회사인 용역회사 A에게 지급한다는 사실이 확인되었다. 수입자 I 는 이 지급금액은 해당 수입물품의 전매, 사용 또는 처분과 관련된 금액이 아니라 A사가 C사의 모든 자회사에 제공하는 저금리 대출과 기타 금융서비스에 대하여 A사에게 상환하는 회사 정책에 따라 지급하는 것이라는 증거를 제출하였다.
13. 용역회사 A는 해당 수입물품의 판매자와 특수관계에 있으므로 해당 지급 금액은 판매자에 대한 간접지급으로 간주될 수 있다. 하지만 그것은 수입물품과 관련 없는 금융서비스에 대한 지급금액이다. 그러므로 해당 지급금액은 제8조 제1항(d)에서 의미하는 사후귀속이익(proceeds)으로 간주되지 않는다.

■ 상황 3

14. 수입자 I는 회계 연도 말에 그 해에 걸쳐 실현된 순이익의 75%를 C사에 송금한다는 사실이 확인되었다.
15. 이러한 경우, I가 C사에 송금한 금액은 수입물품과 관련되지 않는 배당금 또는 기타 지급의 구매자로부터 판매자에게의 이전을 나타내기 때문에 사후귀속이익(proceeds)으로서 간주될 수 없다. 그러므로 제1조(지급하였거나 지급하여야 할 가격)에 대한 주해에 따라, 송금액은 과세가격의 일부가 아니다.

운임 및 보험료 PART

예해 21.1 운송비 : FOB 평가제도

1. 협정 제8조 제2항은 "각 회원국은 다음의 전부 또는 일부를 과세가격에 포함할 지 또는 제외할 지를 규정하여야 한다....."고 규정하고 있다.

   (a) 수입항 또는 수입장소까지의 수입물품 운송비용

   (b) ….

2. 일부 회원국들은 앞 단락에서 언급하고 있는 운송비용 제외를 선택하면서 일반적으로 FOB 관세평가 제도로 통용되는 제도를 채택하였다. 그럼에도 불구하고 이렇게 선택한 회원국들은 C&F 및 CIF 조건으로 판매되는 수입물품에 직면한다. 물품에 대하여 실제로 지급하였거나 지급하여야 할 가격이 수출 지점(point of export)을 벗어난 운송 부담금을 포함하는 경우에, FOB 조건에서의 평가를 도출하기 위하여 이러한 운송에 대하여 공제되어야 할 금액에 대한 쟁점이 발생할 수 있다.

3. 「WTO 평가협정」은 관념적이거나 추정되는 가격에 반대되는 실제 가격에 기초한 평가제도를 확립하였다. 제8조제3항은 제8조에 따른 조정은 "오직 객관적이고 수량화 할 수 있는 자료만을 기초로 하여야 한다"고 규정하고 있다. 이것은 c & f 및 c.i.f 가격에 포함된 운송비를 고려함에 있어 공제는 실제 비용에 기초하여 이루어져야 한다는 것이다. 실제 비용은 예를 들면, 거래에 따른 물품의 이동을 위하여 국제 운송인 또는 운송 주선인에게 최종적으로 지급한 금액이다.

4. 다음의 예시는 3번 단락에서 표현하고 있는 원리를 설명한 것이다.

송장 A

C&F 가격 합계	100
해상 견적 운임	10
FOB 견적 가격	90

과세가격 결정*

실제로 지급하였거나 지급하여야 할 가격(C&F)	100
운송인에게 지급한 실제 해상 운임	5
FOB 가격	95

권고의견13.1 협정 제8조 제2항(c)에서 정하는 "보험"의 범위

1. 협정 제8조제2항(c)의 "보험(insurance)"이라는 단어는 어떻게 해석되는가?

2. 관세평가기술위원회는 다음과 같은 의견을 표명하였다.
제8조 제2항의 문맥으로 보아 동 항은 수입물품의 선적에 관련된 비용(운송비용 및 운송 관련 비용)에 관한 것이 분명하다. 그러므로 (c)에서 사용된 "보험(insurance)"이라는 단어는 협정 제8조 제2항(a) 및 (b)에 명시된 활동 중에 물품을 위해 발생된 보험료만 언급하는 것으로 해석되어야 한다.

예해 7.1 제1조 규정에 따른 창고보관료와 관련비용의 처리

I. 일반

1. 관세평가 목적상 보관비용의 처리는 어디서 누구에 의해 발생되느냐 하는 문제뿐만 아니라 비용의 정확한 성격을 결정하도록 요구한다.

2. 이 예해는 쟁점 거래가 협정 제1조의 요건을 충족한다는 가정에 기초한다. 이러한 경우가 아니라면 제1조는 적용할 수 없고 협정에서 순차적으로 규정하고 있는 기타 방법 중 하나를 사용하여야 한다.

3. 이 예해는 창고에 물품을 적출입하는 이동과 관련된 보관과 그 관련 비용에 대한 측면만 다루고 있다. 창고 내에서 발생할 수 있는 세척, 선별 또는 재포장과 같은 기타 활동은 포함하고 있지 않다.

4. 일반적인 보관창고와 수입관세 및 제세의 납부 없이 지정된 장소 내에서 세관의 통제 하에 물품이 보관되는 보세창고를 구별할 필요는 없다. 보관비용의 평가처리는 각각의 경우에 동일하다.

5. 평가문제가 제기될 수 있는 보관과 관련된 상황은 다음을 포함한다.
   - 수입국으로 수출하기 위하여 판매하는 시점에 해외에 물품이 보관되어 있는 경우
   - 물품을 구매한 후 수입국으로 수출하기 이전에 해외에 물품을 보관하는 경우
   - 내수용으로 통관하기 전에 수입국에서 물품을 보관하는 경우
   - 물품 운송과정에 부수적으로 물품이 일시적으로 보관되는 경우

6. 이러한 상황에서 발생되는 비용의 처리는 아래의 II부터 V까지의 부분에서 검토되고 있다.

7. 상황에 관한 목록은 다음에 한정되지 않으며, 예시는 보관과 그 관련비용의 처리와 관련된 일반 원칙을 설명하기 위한 것들이다. 명백하게 각 사안은 관련 상황에 따라 개별적으로 고려되어야 한다.

II. 수입국으로 수출하기 위하여 판매하는 시점에 해외에 물품이 보관되어 있는 경우

8. 예시

   (a) 수입국 I의 구매자 A는 수출국 X의 판매자 B가 X국 내 창고에 보관 중인 물품을 구매한다. A가 B에게 지급한 창고인도가격에는 창고보관 비용이 포함되어 있다.
   (b) 수입국 I의 구매자 A는 수출국 X의 판매자 B로부터 거래 시점에 X국 내 B의 창고에 보관된 물품을 공장도가격으로 구매한다. 물품가격에 더하여 구매자 A는 판매자 B에게 별개의 송장을 기초로 창고보관 비용을 지급한다.
   (c) 수입국 I의 구매자 A는 수출국 X의 판매자 B로부터 공장도가격으로 거래시점에 B가 X국내 창고에 보관하고 있는 물품을 구매한다. 물품가격에 더하여 구매자 A는 창고업자에게 판매자 B에게 발생된 보관비용을 지급하여야 한다.

9. 제1조에 대한 주해에서는 실제로 지급하였거나 지급하여야 할 가격이란 수입물품에 대하여 구매자가 판매자에게 또는 판매자의 이익을 위하여 지급하였거나 지급하여야 할 총 금액이라고 명시한다.

10. 창고보관 비용은 구매자가 실제로 지급하였거나 지급하여야 할 가격의 일부로서 판매자가 회수할 것으로 추정할 수 있다. 그렇지 않다면, 이들 비용이 판매자에게 또는 판매자의 이익을 위하여 직접 또는 간접으로 지급한 금액을 구성한다면 해당 가격에 포함되어야 한다.

11. 그러므로 상기 사례의 경우에는, 창고보관 비용은 물품에 대하여 실제로 지급하였거나 지급하여야 할 가격의 일부이다.

III. 물품을 구매한 후 수입국으로 수출하기 이전에 해외에 물품을 보관하는 경우

12. 예시
    수입국 I의 구매자 A는 수출국 X의 판매자 B로부터 물품을 구매한 후, 물품을 I국으로 수입하기 이전에 자신의 계산으로 X국의 창고에 보관한다.

13. 구매 이후 구매자에게 발생하는 비용은 판매자에게 또는 판매자의 이익을 위하여 직접 또는 간접으로

지급한 금액으로 간주될 수 없다. 그러므로 실제로 지급하였거나 지급하여야 할 가격의 일부가 아니다. 다른 한편으로 이러한 비용은 구매자 자신의 계산으로 구매자가 수행한 활동에 해당한다. 이러한 활동의 비용은 제8조가 이에 대한 조정을 규정하는 경우에만 수입물품에 대하여 실제로 지급하였거나 지급하여야 할 가격에 가산되어야 한다. 이 예시에서는 그러한 규정이 없으므로 해당 창고보관료는 과세가격의 일부가 되지 않는다.

IV. 내수용으로 통관하기 전에 수입국에서 물품을 보관하는 경우

14. 예시

수입국 I의 구매자 A는 판매자 B로부터 물품을 구매한다. 수입항에 물품이 도착하면 구매자 A는 수입물품을 다른 상품으로 제조하는 생산 일정의 시작을 기다리는 동안 구매자는 자신의 계산으로 물품을 보세창고에 보관한다. 3개월 후 구매자 A는 내수용 신고서를 제출하고 보관료를 지급한다.

15. 제1조에 대한 주해에서는 실제로 지급하였거나 지급하여야 할 가격이란 수입물품에 대하여 구매자가 판매자에게 또는 판매자의 이익을 위하여 지급하였거나 지급하여야 할 총 금액이라고 명시한다. 또한 이러한 맥락으로 구매자가 구매자의 자신의 계산으로 수행한 활동의 비용은 제8조에서 규정하는 조정을 제외하고는 실제로 지급하였거나 지급하여야 할 가격에 가산되지 않아야 한다고 명시하고 있다.

16. 구매 이후 구매자에게 발생하는 비용은 판매자에게 또는 판매자의 이익을 위하여 직접 또는 간접으로 지급한 금액으로 간주될 수 없다. 그러므로 실제로 지급하였거나 지급하여야 할 가격의 일부가 아니다. 다른 한편으로 이들 비용은 구매자가 구매자의 자신의 계산으로 수행한 활동에 해당한다. 이들 활동의 비용은 제8조가 이에 대한 조정을 규정하는 경우에만 수입물품에 대하여 실제로 지급하였거나 지급하여야 할 가격에 가산되어야 한다. 이 예시에서는 그러한 규정이 없으므로 해당 보관비용은 과세가격의 일부가 되지 않는다.

V. 물품 운송과정에 부수적으로 물품이 일시적으로 보관되는 경우

17. 예시

(a) 수입자 I는 수출국에서 공장인도가격으로 물품을 구매한다. 수출 선박의 도착을 기다리는 동안 수출항에서 보관비용이 발생한다.

(b) 수입시점에, 물품 양하와 세관 신고시점 사이에 시간차가 있다. 이 기간 동안 물품은 세관의 통제 하에 보관되므로 보관비용이 발생한다.

18. 운송과정에서 물품의 부수적인 보관으로부터 발생하는 이러한 종류의 비용은 물품의 운송과 관련되는 비용으로 간주되어야 한다. 그러므로 협정 제8조 제2항(b)의 규정에 따라 처리되거나, 만약 수입 후 비용이 발생된 경우라면 수입물품에 대하여 실제로 지급하였거나 지급하여야 할 가격과 구별되는 경우에 수입 후의 운송비용은 과세가격에 포함되지 않는다고 규정하는 제1조에 대한 주해에 따라 처리되어야 한다.

제**6**장

기타방법(제2방법~제6방법)

제2,3방법 핵심요약

1. 관련규정

- 관세법 제31조(동종·동질물품의 거래가격을 기초로 한 과세가격의 결정)
- 관세법 제32조(유사물품의 거래가격을 기초로 한 과세가격의 결정)
- 관세법 시행령 제25조(동종·동질물품의 범위)
- 관세법 시행령 제26조(유사물품의 범위)
- 관세평가 운영에 관한 고시 제30조(제2방법 및 제3방법 적용요건 등)
- 예해 1.1(협정목적상 동종·동질물품 또는 유사물품)
- 예해 10.1(협정 제1조 제2항 (b)호와 제2조 및 제3조에 따른 상업적 단계 및 수량 차이에 대한 조정)

2. 핵심문구

관세법 제31조(동종·동질물품의 거래가격을 기초로 한 과세가격의 결정)

① 제30조에 따른 방법으로 과세가격을 결정할 수 없는 경우에는 **과세가격으로 인정된 사실이 있는 동종·동질물품의 거래가격**으로서 다음 각 호의 요건을 갖춘 가격을 기초로 하여 과세가격을 결정한다.

1. 과세가격을 결정하려는 해당 물품의 **생산국**에서 생산된 것으로서 해당 물품의 **선적일(船積日)**에 선적되거나 해당 물품의 선적일을 전후하여 가격에 영향을 미치는 시장조건이나 상관행(商慣行)에 변동이 없는 기간 중에 선적되어 우리나라에 수입된 것일 것
2. **거래 단계, 거래 수량, 운송 거리, 운송 형태** 등이 해당 물품과 같아야 하며, 두 물품 간에 차이가 있는 경우에는 그에 따른 **가격차이를 조정**한 가격일 것

② 제1항에 따라 과세가격으로 인정된 사실이 있는 동종·동질물품의 거래가격이라 하더라도 그 가격의 정확성과 진실성을 의심할만한 합리적인 사유가 있는 경우 그 가격은 과세가격 결정의 기초자료에서 제외한다.

③ 제1항을 적용할 때 동종·동질물품의 거래가격이 둘 이상 있는 경우에는 생산자, 거래 시기, 거래 단계, 거래 수량 등(이하 "거래내용등"이라 한다)이 해당 물품과 가장 유사한 것에 해당하는 물품의 가격을 기초로 하고, 거래내용등이 같은 물품이 둘 이상이 있고 그 가격도 둘 이상이 있는 경우에는 **가장 낮은 가격**을 기초로 하여 과세가격을 결정한다.

관세법 제32조(유사물품의 거래가격을 기초로 한 과세가격의 결정)

① 30조와 제31조에 따른 방법으로 과세가격을 결정할 수 없을 때에는 과세가격으로 인정된 사실이 있는 유사물품의 거래가격으로서 제31조제1항 각 호의 요건을 갖춘 가격을 기초로 하여 과세가격을 결정한다.

② 제1항에 따라 과세가격으로 인정된 사실이 있는 유사물품의 거래가격이라 하더라도 그 가격의 정확성과 진실성을 의심할만한 합리적인 사유가 있는 경우 그 가격은 과세가격 결정의 기초자료에서 제외한다.

③ 제1항을 적용할 때 유사물품의 거래가격이 둘 이상이 있는 경우에는 거래내용등이 해당 물품과 가장 유사한 것에 해당하는 물품의 가격을 기초로 하고, 거래내용등이 같은 물품이 둘 이상이 있고 그 가격도 둘 이상이 있는 경우에는 가장 낮은 가격을 기초로 하여 과세가격을 결정한다.

관세법 시행령 제25조(동종·동질물품의 범위)

① 법 제31조제1항 각 호 외의 부분에서 "동종·동질물품"이란 해당 수입물품의 생산국에서 생산된 것으로서 **물리적 특성, 품질 및 소비자 등의 평판을 포함한 모든 면에서 동일한 물품**(외양에 경미한 차이가 있을 뿐 그 밖의 모든 면에서 동일한 물품을 포함한다)을 말한다.

② 법 제31조제1항제1호에서 "선적일"은 **수입물품을 수출국에서 우리나라로 운송하기 위하여 선적하는 날**로 하며, 선하증권, 송품장 등으로 확인한다. 다만, 선적일의 확인이 곤란한 경우로서 해당 물품의 선적국 및 운송수단이 동종·동질물품의 선적국 및 운송수단과 동일한 경우에는 같은 호에 따른 "선적일"을 "입항일"로, "선적"을 "입항"으로 본다.

③ 법 제31조제1항제1호에서 "해당 물품의 선적일을 전후하여 가격에 영향을 미치는 시장조건이나 상관행에 변동이 없는 기간"은 해당 물품의 **선적일 전 60일과 선적일 후**

60일을 합한 기간으로 한다. 다만, **농림축산물 등 계절에 따라 가격의 차이가 심한 물품의 경우에는 선적일 전 30일과 선적일 후 30일을 합한 기간으로 한다.**

④ 법 제31조제1항제2호에 따른 가격차이의 조정은 다음 각 호의 구분에 따른 방법으로 한다.

1. 거래 단계가 서로 다른 경우 : 수출국에서 통상적으로 인정하는 각 단계별 가격차이를 반영하여 조정
2. 거래 수량이 서로 다른 경우 : 수량할인 등의 근거자료를 고려하여 가격차이를 조정
3. 운송 거리가 서로 다른 경우 : 운송 거리에 비례하여 가격차이를 조정
4. 운송 형태가 서로 다른 경우 : 운송 형태별 통상적으로 적용되는 가격차이를 반영하여 조정

⑤ 법 제31조제3항을 적용할 때 해당 물품의 생산자가 생산한 동종·동질물품은 다른 생산자가 생산한 동종·동질물품보다 우선하여 적용한다.

관세법 시행령 제26조(유사물품의 범위)

① 법 제32조제1항에서 "유사물품"이라 함은 당해 수입물품의 생산국에서 생산된 것으로서 모든 면에서 동일하지는 아니하지만 **동일한 기능을 수행하고 대체사용이 가능할 수 있을 만큼 비슷한 특성과 비슷한 구성요소를 가지고 있는 물품**을 말한다.

② 법 제32조에 따라 과세가격을 결정할 때에는 제25조제2항부터 제5항까지의 규정을 준용한다. 이 경우 "동종·동질물품"은 "유사물품"으로 본다.

관세평가 운영에 관한 고시 제30조(제2방법 및 제3방법 적용요건 등)

영 제25조제4항에 따른 가격차이의 조정은 가격이 증가 또는 감소되는지 여부와 상관없이 조정의 합리성과 정확성을 보장할 수 있는 입증 자료에 근거하여야 한다.

3. 동종·동질물품 및 유사물품 구분

구분	동종동질물품	유사물품
결정기준	물리적 특성 (physical characteristics)	**동일한** 기능(same function) 상업적 대체사용 가능성 (commercially interchangeable) - 비슷한 특성(like characteristics) - 비슷한 구성요소(like component materials)
허용범위	외양의 경미한 차이	
동일(유사)성 기준	품질(quality) 소비자 평판(reputation)	품질(quality) 소비자 평판(reputation) 상표(trademark)

- **비슷한 특성** : 물리적 특성이 비슷하다는 것으로, ① 크기 및 형태, ② 성능수준, ③ 제조방법이 비슷하거나 대체로 동일한 것.

  > * 고급 화장품과 중저가 화장품 → 형태의 차이 → 유사물품 X
  > 500cc 경차용 엔진과 3,500cc 그랜져 엔진 → 성능수준의 차이 → 유사물품 X
  > 핸드메이드 신발과 기계로 제조된 신발 → 제조방법의 차이 → 유사물품 X

- **비슷한 구성요소** : 동일성 요구 X (대체사용이 가능할 만큼 구성요소가 동일한지)
- 1년 숙성 와인과 20년 숙성 꼬냑 → 품질의 차이 → 유사물품 X

4. 동종·동질물품 및 유사물품 적용 요건

(1) 장소적 요건의 동일성

가. 우리나라에 수입된 것(수입국의 동일성)

나. 동일 국가에서 생산된 물품(원산지의 동일성)

- 해당 생산자 우선 → (없는 경우) 다른 생산자
- 수출국이 동일한지 여부는 문제되지 않음

※ 동일 생산자의 유사물품 < 다른 생산자의 동종동질물품
※ 6-2방법 또는 6-3방법을 적용하는 경우 생산국은 확대적용할 수 있으나, 수입국은 확대적용할 수 없음

- 동일생산국에서 생산된 동종동질 또는 유사물품이 없는 경우 : 다른 생산국에서 생산된 동종동질 또는 유사물품 적용 가능

- 동일 생산국이더라도 우리나라가 아닌 다른 제3의 국가로 수출판매하는 물품 : 적용 불가(우리나라 외의 국가에 수출하는 물품의 가격)

(2) 시간적 요소의 동일성

평가대상물품과 <u>동시 또는 거의 동시에</u> 수출된 동종동질물품 또는 유사물품의 거래가격을 고려하여야 함

> * 동시 또는 거의 동시에 : 선적일(입항일로 대체 가능) 전후 가격에 영향을 미치는 시장조건이나 상관행에 변동이 없는 기간

- (계절에 따른 가격차이) 농림축산물 : 선적일 전 30일, 후 30일
- 2방법 및 3방법 : 선적일 전 60일, 후 60일
- 6-2방법 및 6-3방법 : 선적일 전후 90일

※ 선적일에 보다 근접한 유사물품 < 선적일에 보다 멀리 있는 동종동질물품

(3) 과세가격으로 인정된 사실이 있는 거래가격

- 심사 중이거나 잠정신고된 가격을 적용할 수 없음
- 동종동질, 유사물품의 1방법 과세가격

(4) 비과세 서비스 지원이 반영된 물품 배제

수입국에서 수행된 엔지니어링, 개발, 디자인, 도안 및 스케치 등이 반영되어 있거나 결합된 물품으로서 가산조정이 이뤄지지 않은 경우에는 동종동질물품 또는 유사물품의 범주로 볼 수 없음(WTO평가협정 제15조 제2항(c)호)

※ 우리나라에서 개발된 생산지원용역

구분	평가처리
제1방법	비과세
제2방법 / 제3방법	과소평가된 거래가격을 사용할 수 없으므로 아예 동종동질물품 또는 유사물품의 범주에서 제외시킴
제4방법	국내판매가격으로 사용 불가
제5방법	생산자의 부담이 되는 범위 이내에서만 포함(부담없는 경우 비과세)

(5) 수입자와의 협의 및 시장조사

상업적 비밀보장을 조건으로 세관당국과 납세자간 정보교환 가능(WCO예해 1.1)

5. 거래단계 등의 차이에 따른 가격 조정

- 조정요인과 판단기준

조정요인	판단기준	예시
거래단계	구매자의 역할과 기능	독점총판매상(도매업자) vs 소매업자
거래수량	대량구매에 따른 가격할인	국내 현지법인 vs 유통점
운송거리	지리적위치	중국 선적 vs 일본 선적
운송형태 등	운송수단의 종류	해상 vs 항공

- 조정을 위한 요건
(1) 거래단계, 거래수량에 차이가 있다는 사실만으로 조정하는 것이 아님(가격이 달라지는 경우에 조정)
(2) **합리성과 정확성을 명백히 입증하는 증거자료**를 기초로 조정(판매자의 유효한 가격표 등) → 객관적 증거자료가 없는 경우 제2(3)방법 적용 불가 → 제4방법 이하 적용
  * 자의적이고 가공적인 가격을 사용할 수 없음을 유의

6. 사례연습

01 A는 중국으로부터 콩(大豆)을 수입해 판매하고 있는 업체로 수입신고와 함께 콩에 대한 관세의 과세가격을 톤당 300달러로 신고했다. 정부투자기관인 B 또한 같은 시기에 중국으로부터 유사한 콩을 수입했는데, B는 과세가격을 톤당 1,000달러로 신고했다. A가 수입하는 콩은 양허관세 적용으로 487%의 관세율이 적용되고, B는 관세할당 추천을 받아 5%의 관세율이 적용된다. 콩은 관세법의 규정에 따라 사전세액심사 대상이다. 신고가격에 대한 심사과정에서 세관은 A가 수입신고한 과세가격이 높은 관세율 적용을 회피하려고 일부러 저가 신고한 것으로 판단하고 관세평가 차원에서 이 문제를 해결하고자 한다. 이 경우 세관이 동종·동질 물품 또는 유사물품의 거래가격을 기초로 과세가격을 결정한다고 한다면, 이때 적용하게 될 관세평가 과정과 법적 근거, 그리고 고려해야 할 주요사항이 무엇인지 설명하시오. (50점)[3]

> **모범답안**

출처 : 월간관세와무역
형태 : 사례해결식 + 단순서술식 (50점)
난이도 : 중하

Ⅰ. 개요
Ⅱ. 신고가격에 대한 세관장의 '합리적 의심'과 그에 따른 조치
   1. '합리적 의심'의 사유와 자료 요구
   2. 자료의 제출과 이에 대한 판단
   3. 신고가격을 부인한 경우의 과세가격 결정

Ⅲ. 문제의 A사 신고가격에 대한 관세평가

1. 동종·동질 물품의 거래가격에 의한 관세평가

문제의 A가 수입한 콩의 신고가격을 부인하고 다른 대체가격으로 과세가격을 결정하고자 할 때 가장 먼저 검토해 할 것은 A가 수입한 콩과 동종·동질 물품인 콩의 거래가격으로서 과세가격으로 인정한 사실이 있는 가격이 있는가 하는 점이다. 동종·동질 물품이란 '당해 수입물품의 생산국에서 생산된 것으로서 물리적 특성, 품질 및 소비자의 평판을 포함한 모든 면에서 동일한 물품을 말하는데, 이때 외양에 경미한 차이가 있을 뿐 그 밖의 모든 면에서 동일한 물품을 포함한다(관세법시행령 제25조 참조). 그런데 농산물은 여기에서 규정하고 있는 것과 같이 '모든 면에서 동일한 물품'이란 존재하기 어렵다. 이천 쌀과 호남 쌀을 다르게 평가하듯 농산물은 동일한 국가 내에서 생산하더라도 산지에 따라, 또 생산자의 평가가 달라질 수 있고, 또 동일한 지역에서 같은 생산자가 생산하더라도 유기농과 유기농이 아닌 것의 평가가 다르며, 당연히 품종이나 생산연도, 생산된 농산물 낱알의 굵기와 고르기에 따라서도 평가는 달라질 수 있다. 따라서 농산물의 이러한 특수성 때문에 관세평가에서 '동종·동질 물품'을 이유로 다른 물품의 거래가격을 과세가격으로 인정하기는 어렵다고 봐야 할 것이다.

2. 유사물품의 거래가격에 따른 관세평가

동종·동질 물품의 거래가격에 따라 과세가격을 결정할 수 없다면 다음 순위로 유사물품으로 인정된 거래가격을 적용할 수 있는지 살펴봐야 한다. 유사물품이란 '당해 수입물품의 생산국에서 생산된 것으로서 모든 면에서 동일하지는 아니하지만 동일한 기능을 수행하고 대체사용이 가능할 수 있을 만큼 비슷한 특성과 비슷한 구성요소를 가지고 있는 물품'을 말한다(관세법 시행령 제26조 참조). 유사물품의 판단에서 핵심적 요소는 '동일한 기능을 수행'하는가와 '대체 사용이 가능할 수 있을 만큼 비슷한 특성과 비슷한 구성요소'를 갖추고 있는가이다. 농산물인 콩은 식용이거나 공업용, 또는 사료용을 막론하고 동일한 기능을 수행할

수 있는 물품은 얼마든지 존재한다. 또한 생산연도, 품종, 굵기, 고르기 등 일정한 요건이 같으면 대체사용에도 무리가 없는 물품도 많다. 농산물 시장에서도 같은 농산물이 일정한 구분에 따라 각기 다른 가격으로 거래가 이뤄지는 것을 볼 수 있는데, 이때 아무런 구분 없이 판매되는 범주 내의 것이 대체로 여기에 해당할 것이다.

그렇다면 문제의 콩도 유사물품의 거래가격에 기초한 관세평가가 가능하다고 봐야 한다. 관세법 제32조에 따라 유사물품으로서 과세가격으로 인정된 사실이 있는 콩의 거래가격이 있다면 동 가격으로 A사가 수입한 콩의 과세가격을 결정할 수 있다는 것이다. 참고로 이와 관련해 관세청은 2005년부터 콩을 포함한 주요 농산물에 대해 '표준품명 규격신고제'를 시행해 유사물품으로 인정할 수 있는 주요 고려 요소를 수입신고 시 '규격'으로 신고하도록 지침을 운영하고 있다. 한편, 문제에서 제시한 바와 같이 농산물이 사전세액심사 대상으로 지정돼 있다면 이미 인정된 가격자료가 존재할 가능성이 높다. 세액심사 없이 수입자가 수입신고와 함께 과세가격을 신고하고 그 수입신고가 수리된 것만으로는 세관장의 수리가 사실행위에 불과하므로 '인정된 가격'이 존재하지 않는다고 볼 여지도 있다. 그러나 사전세액심사가 있었고, 세관장이 그 신고가격을 받아들였다면 '인정된 가격'이 존재하지 않는 것으로 보기는 어려울 것이다. 심사결과 신고한 가격이 과세가격으로 타당한지에 대해 판단이 곤란하다면 세관장은 과세가격에 대한 최종 결정을 유보할 수 있을 것이고, 그러한 유보사실은 공문 또는 수입신고필증의 세관기재란에 부관(附款)으로 명기하는 것으로써 납세의무자에게 통보할 수 있을 것이다. 만일 사전세액심사에서 세관장이 '이의 없이' 그 신고가격을 수용하고, 이후에 다시 명확한 이유 없이 이를 부인한다면 관세법 제6조의 신의성실의 원칙에도 위배되는 문제가 발생한다. 당연하지만 이 경우에도 수리된 신고가격이 잘못됐음을 입증하는 명백한 증거가 있다면 사전세액심사 여부를 불문하고 증거에 따라 과세가격과 납부세액을 경정해야 하며, 당연히 관세포탈죄를 물어 처벌할 수 있다. 유사물품의 인정된 거래가격을 과세가격으로 채택함에 있어 갖춰야 할 요건은 다음과 같다(관세법 제32조 제1항 및 제31조 제1항 참조).

① 과세가격을 결정하고자 하는 당해 물품의 생산국에서 생산된 것으로서 당해 물품의 선적일에 선적되거나 당해 물품의 선적을 전후하여 가격에 영향을 미치는 시장조건이나 상관행 등에 변동이 없는 기간 중에 선적되어 우리나라에 수입된 것
② 거래단계·거래수량·운송거리·운송형태 등이 당해 물품과 유사하여야 하며, 양자간에 차이가 있는 때에는 그에 따른 가격 차이를 조정한 가격일 것
만일 유사물품의 인정된 거래가격이 둘 이상 있으면 법령의 규정에 따라 그 가운데 가장 낮은 가격을 기초로 과세가격을 결정해야 한다.

---
3) 월간관세와 무역 2012. 8월호 67page~

02

A코리아가 일반수입자에게는 6.5%의 OFFER COMMISSION이 포함된 가격으로 염료를 중계하고 있으나 A코리아가 직접 수입할 때에는 OFFER COMMISSION이 포함되지 않는 가격으로 수입하고 있다. 따라서 국내 일반수입업자가 수입하는 물품과 A코리아가 직접 수입하는 물품과의 가격차이에는 OFFER COMMISSION도 포함되어 있을 때 A코리아의 수입가격이 특수관계의 영향을 받은 경우의 관세평가방안에 대하여 설명하시오. (10점)

모범답안

출처 : 관세청 유권해석(평가일 22740-785, '87.4.10)
형태 : 사례해결식 + 단순서술식 (50점)
난이도 : 중하

- 특수관계가 거래가격에 영향을 미쳤는지 여부를 심사함에 있어 거래단계의 차이(OFFER SALE과 STOCK SALE시 OFFER COMMISSION)를 조정하고 대비한 결과 거래가격에 영향을 미친 것으로 입증되어 제2방법에 의거 과세가격을 결정함
- 제2방법에 의거 과세가격 결정시에도 동종/동질물품의 거래가격에서 거래단계의 차이에 따른 가격을 조정(COMMISSION 공제)하여 과세가격을 결정함

Topic 2. 제4방법 핵심요약

1. 관련규정

- 관세법 제33조(국내판매가격을 기초로 한 과세가격의 결정)
- 관세법 시행령 제27조(수입물품의 국내판매가격 등)
- 관세평가 운영에 관한 고시 제31조(제4방법 적용요건)
- 관세평가 운영에 관한 고시 제32조(납세의무자의 이윤 및 일반경비율 산출), 제33조(동종·동류비율 산출), 제34조(동종·동류비율에 대한 이의제기)
- 권고의견 9.1(공제가격 방법을 적용할 경우 덤핑방지관세 및 상계관세의 처리)
- 예해 15.1(공제가격방법의 적용)

2. 핵심문구

관세법 제33조(국내판매가격을 기초로 한 과세가격의 결정)

① 제30조부터 제32조까지에 규정된 방법으로 과세가격을 결정할 수 없을 때에는 제1호의 금액에서 제2호부터 제4호까지의 금액을 뺀 가격을 과세가격으로 한다. 다만, 납세의무자가 요청하면 제34조에 따라 과세가격을 결정하되 제34조에 따라 결정할 수 없는 경우에는 이 조, 제35조의 순서에 따라 과세가격을 결정한다.

1. 해당 물품, 동종·동질물품 또는 유사물품이 수입된 것과 **동일한 상태**로 해당 물품의 **수입신고일 또는 수입신고일과 거의 동시에 특수관계가 없는 자에게 가장 많은 수량**으로 국내에서 판매되는 **단위가격**을 기초로 하여 산출한 금액
2. 국내판매와 관련하여 통상적으로 지급하였거나 지급하여야 할 것으로 합의된 **수수료 또는 동종·동류**의 수입물품이 국내에서 판매되는 때에 **통상적으로 부가되는 이윤 및 일반경비에 해당하는 금액**
3. 수입항에 도착한 후 **국내에서 발생한 통상의 운임·보험료**와 그 밖의 관련 비용
4. 해당 물품의 수입 및 국내판매와 관련하여 납부하였거나 납부하여야 하는 **조세와 그 밖의 공과금**

② 제1항제1호에 따른 국내에서 판매되는 단위가격이라 하더라도 그 가격의 정확성과 진실성을 의심할만한 합리적인 사유가 있는 경우에는 제1항을 적용하지 아니할 수 있다.

③ 해당 물품, 동종·동질물품 또는 유사물품이 수입된 것과 동일한 상태로 국내에서 판매되는 사례가 없는 경우 납세의무자가 요청할 때에는 해당 물품이 국내에서 가공된 후 특수관계가 없는 자에게 가장 많은 수량으로 판매되는 단위가격을 기초로 하여 산출된 금액에서 다음 각 호의 금액을 뺀 가격을 과세가격으로 한다.

1. 제1항제2호부터 제4호까지의 금액
2. 국내 가공에 따른 부가가치

관세법 시행령 제27조(수입물품의 국내판매가격 등)

① 법 제33조제1항제1호에서 "국내에서 판매되는 단위가격"이란 수입 후 최초의 거래에서 판매되는 단위가격을 말한다. 다만, 다음 각 호의 어느 하나에 해당하는 경우의 가격은 이를 국내에서 판매되는 단위가격으로 보지 아니한다.

1. 최초거래의 구매자가 판매자 또는 수출자와 제23조제1항에 따른 **특수관계에 있는 경우**
2. 최초거래의 구매자가 판매자 또는 수출자에게 제18조 각호의 물품 및 용역을 수입물품의 생산 또는 거래에 관련하여 사용하도록 **무료 또는 인하된 가격으로 공급하는 경우**

② 법 제33조제1항제1호에 따른 금액을 산출할 때에는 해당 물품, 동종·동질물품, 유사물품의 순서로 적용한다. 이 경우 해당 수입자가 동종·동질물품 또는 유사물품을 판매하고 있는 경우에는 해당 수입자의 판매가격을 다른 수입자의 판매가격에 우선하여 적용한다.

③ 법 제33조제1항제1호의 규정을 적용함에 있어서의 수입신고일과 거의 동시에 판매되는 단위가격은 당해 물품의 종류와 특성에 따라 수입신고일의 가격과 가격변동이 거의 없다고 인정되는 기간중의 판매가격으로 한다. 다만, 수입신고일부터 90일이 경과된 후에 판매되는 가격을 제외한다.

④ 법 제33조제1항제2호에서 "동종·동류의 수입물품"이라 함은 당해 수입물품이 제조되는 특정산업 또는 산업부문에서 생산되고 당해 수입물품과 일반적으로 동일한 범주에 속하는 물품(동종·동질물품 또는 유사물품을 포함한다)을 말한다.

⑤ 법 제33조제1항제2호에 따른 이윤 및 일반경비는 일체로서 취급하며, 일반적으로 인정된 회계원칙에 따라 작성된 회계보고서를 근거로 하여 다음 각 호의 구분에 따라 계산한다.

1. 납세의무자가 제출한 회계보고서를 근거로 계산한 이윤 및 일반경비의 비율이 제6항 또는 제8항에 따라 산출한 이윤 및 일반경비의 비율(이하 이 조에서 "동종·동류비율"이라 한다)의 100분의 120 이하인 경우: 납세의무자가 제출한 이윤 및 일반경비
2. 제1호 외의 경우: 동종·동류비율을 적용하여 산출한 이윤 및 일반경비

⑥ 세관장은 관세청장이 정하는 바에 따라 해당 수입물품의 특성, 거래 규모 등을 고려하여 동종·동류의 수입물품을 선정하고 이 물품이 국내에서 판매되는 때에 부가되는 이윤 및 일반경비의 평균값을 기준으로 동종·동류비율을 산출하여야 한다.

⑦ 세관장은 동종·동류비율 및 그 산출근거를 납세의무자에게 서면으로 통보하여야 한다.

⑧ 납세의무자는 세관장이 산출한 동종·동류비율이 불합리하다고 판단될 때에는 제7항에 따른 통보를 받은 날부터 30일 이내에 관세청장이 정하는 바에 따라 해당 납세의무자의 수입물품을 통관했거나 통관할 세관장을 거쳐 관세청장에게 이의를 제기할 수 있다. 이 경우 관세청장은 해당 납세의무자가 제출하는 자료와 관련 업계 또는 단체의 자료를 검토하여 동종·동류비율을 다시 산출할 수 있다.

⑨ 법 제33조제1항제3호에서 "그 밖의 관련 비용"이란 해당 물품, 동종·동질물품 또는 유사물품의 하역, 검수, 검역, 검사, 통관 비용 등 수입과 관련하여 발생하는 비용을 말한다.

⑩ 법 제33조제2항에서 "그 가격의 정확성과 진실성을 의심할만한 합리적인 사유가 있는 경우"란 해당 물품의 국내판매가격이 동종·동질물품 또는 유사물품의 국내판매가격보다 현저하게 낮은 경우 등을 말한다.

관세평가 운영에 관한 고시 제31조(제4방법 적용요건)

① 관세법 제33조제1항제1호의 금액을 산정하는 경우에는 일반적으로 인정된 회계원칙에 따라 매출액에서 차감되는 금액(매출에누리, 매출할인 등)을 공제하고, 매출환입된 판매수량은 단위가격을 산정할 때 판매되지 않은 것으로 본다. 다만, 차감되는 금액 중 판매비와 관리비 성격의 금액이 포함되어 있는 경우에는 그 금액을 제외하고 공제한다.

② 법 제33조제1항제4호의 "조세와 그 밖의 공과금"이 수입물품의 과세가격을 기초로 계산되는 경우에는 세관장이 제4방법을 적용하여 산출한 조세 등을 적용한다.

③ 제4방법으로 과세가격을 결정하는 물품이 장기간 반복 수입되는 경우에 납세의무자가 매 신고건수별로 법 제33조제1항제2호부터 제4호까지 및 법 제33조제2항 각 호의 공제요소비용을 계산하는 대신에 일정기간 동안의 국내판매가격에 대한 공제요소비용의 비율을 산출하여 적용하도록 신청하는 경우에는 세관장은 영 제30조에 따라 공제율을 산정하여 적용할 수 있다.

④ 제3항에 따른 공제율 산정의 신청 및 산정방법은 규칙 제7조의9에서 정하는 바에 따른다.

권고의견 9.1(공제가격 방법을 적용할 경우 덤핑방지관세 및 상계관세의 처리)

공제가격 방법에 따라 과세가격을 결정함에 있어서 덤핑방지와 상계 관세는 관세 및 기타 국세로서 협정 제5조 제1항(a)(iv)에 따라 공제되어야 한다.

예해 15.1(공제가격방법의 적용)

4. 제5조 제1항(a)와 이에 대한 주해는 다른 수입자가 수입한 동종·동질 또는 유사 물품의 판매에 대해 고려하는 것을 금지하는 것으로 보이지는 않지만, 실무적인 조치로서, 수입자가 해당 수입물품 또는 동종·동질 또는 유사 물품의 판매를 행한다면, 다른 수입자가 행하는 동종·동질 및/또는 유사 물품의 판매를 고려할 필요는 없을 것이다.

5. 해당 수입물품의 판매를 사용할 수 없는 경우에는 동종·동질 또는 유사 물품의 판매가 순차적인 순서에 따라 사용될 수 있다.

11. 수수료 또는 이윤 및 일반경비의 통상적인 금액은 평가대상 물품의 종류(class or kind)에 따라 달라질 수 있는 금액의 범위의 금액이 될 수 있다. 범위가 수용되기 위해서는, 모집단이 너무 광범위하거나 너무 부족해서는 안 된다. 그 범위가 "통상적인" 금액이 되기 위해서는 명백하고 쉽게 인식되어야 한다. 다른 접근방법, 예를 들면 압도적인 금액(그러한 금액이 존재하는 경우)이나 산술 또는 가중 평균된 금액 역시 사용할 수 있다.

12. 수수료에 대한 공제는 평가대상 물품의 수입국 내에서 판매가 대리/위탁을 기초로 행해졌거나 행해질 경우에 일반적으로 발생한다. 이윤 및 일반경비에 대한 공제는 일반적으로 수수료를 포함하지 않는 거래에서 발생하고 있다.

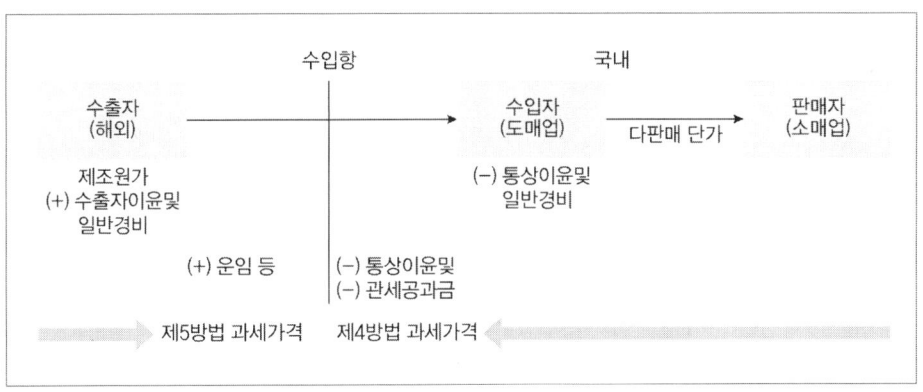

3. 국내판매가격

(1) 의의

해당 물품, 동종·동질물품 또는 유사물품이 수입된 것과 동일한 상태로 해당 물품의 수입신고일 또는 수입신고일과 거의 동시에 특수관계가 없는 자에게 가장 많은 수량으로 국내에서 판매되는 단위가격을 기초로 하여 산출한 금액

(2) 요건

가. 적용대상
  해당 물품, 동종동질물품, 유사물품 순차적용(해당 수입자의 해당 수입물품의 판매가격을 우선 사용)

나. 수입된 것과 동일한 상태의 판매
  - 수입물품과 판매물품의 동일성 전제(제4방법은 상품도매기능의 수행을 전제)
  - 포장, 재포장, 상표부착 등 경미한 가공 시 : 국내판매가격을 적용하되 재작업 수행에 따른 비용을 수입 제 경비나 이윤 및 일반경비로 공제하는 방안을 고려할 수 있음

다. 수입 후 최초 거래단계에서의 판매

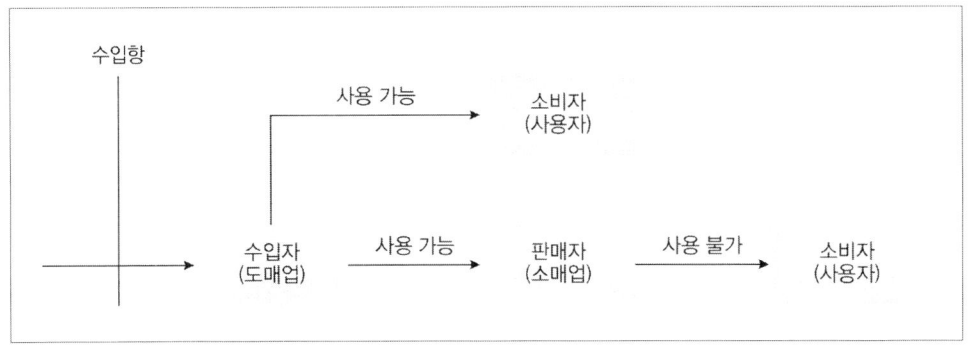

라. 가장 많은 수량의 판매

대표성을 갖는 가격이자, 일반적으로 가장 낮은 가격

마. 수입 시 또는 수입과 거의 동시에 판매된 가격(시간적 요건)
- 가격변동이 거의 없다고 인정되는 기간을 수입신고일 전후로 적용하여 해당 기간 내에 가장 많은 수량으로 판매된 단위가격을 적용
- (해당물품, 동종동질물품, 유사물품의 판매실적이 없는 경우) 수입 후 90일 이내 가장 많은 수량으로 판매된 단위가격을 적용

바. 특수관계 및 생산지원이 없을 것

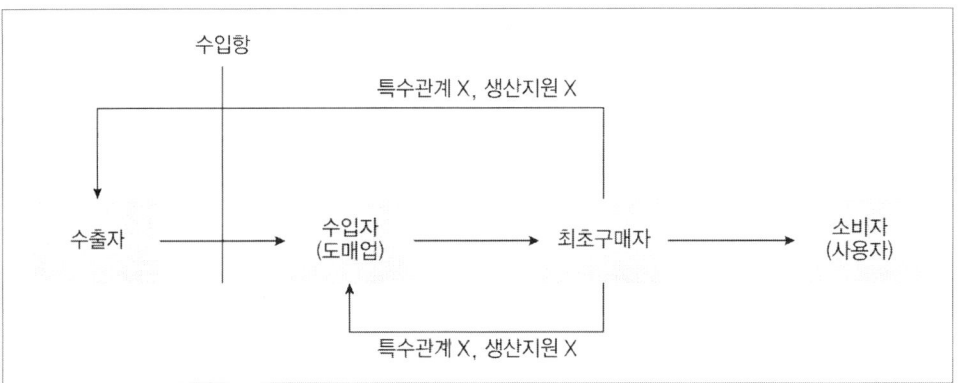

사. GAAP 준용

제4방법 적용을 위한 국내판매가격 산정 시 일반적으로 인정된 회계원칙에 따라 매출액에서 차감되는 금액(매출에누리, 매출할인, 매출환입 등)을 공제한다. 다만, 차감되는 금액 중 판매비와 관리비 성격의 금액이 포함되어 있는 경우에는 그 금액을 제외하고 공제한다.

(3) 적용 배제사유

가. 정확성과 진실성을 의심할만한 합리적인 사유가 있는 경우

나. 해당 물품의 국내판매가격이 동종·동질, 유사물품의 국내판매가격보다 현저하게 낮은 경우 등 해당 물품을 적용하지 아니할 합리적인 사유가 있는 경우에는 해당물품의 국내판매 가격 사용을 배제할 수 있다.

4. 수수료 또는 이윤 및 일반경비

(1) 공제대상

국내판매와 관련하여 **"통상적으로"** 지급하였거나 지급하여야 할 것으로 합의된 수수료 또는 **동종·동류의 수입물품**이 국내에서 판매되는 때에 **"통상적으로"** 부가되는 이윤 및 일반경비

- 동종·동류의 수입물품 : 당해 수입물품이 제조되는 특정산업 또는 산업부문에서 생산되고 당해 수입물품과 일반적으로 동일한 범주에 속하는 물품(동종·동질물품 또는 유사물품을 포함한다)을 의미

(2) 수수료 또는 이윤 및 일반경비의 택일적 공제

- 국내판매가 대리/위탁의 기초(on an agency/commission basis) 하에 이뤄진 경우 : 수수료 공제
- 그 외의 경우 : 이윤 및 일반경비 공제

(3) 이윤 및 일반경비

가. 적용원칙 : ① **수수료와 이중공제 불가**
　　　　　　② 일체로서 취급(별개로 취급X)
　　　　　　③ GAAP에 따라 작성된 회계보고서를 기초로 작성

나. 적용기준

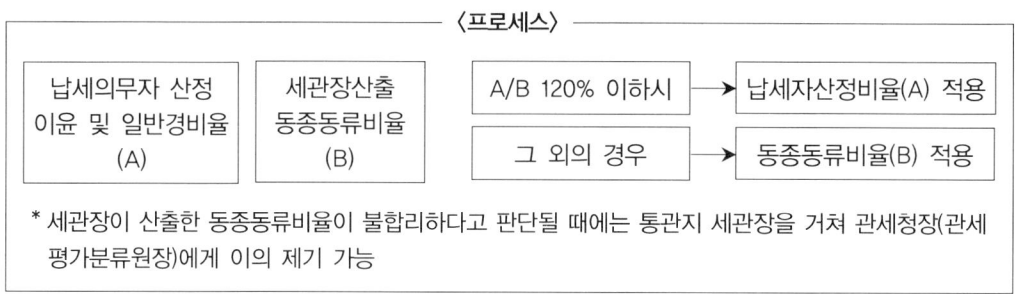

* 세관장이 산출한 동종동류비율이 불합리하다고 판단될 때에는 통관지 세관장을 거쳐 관세청장(관세평가분류원장)에게 이의 제기 가능

다. 동종·동류비율

해당 수입물품의 특성, 거래 규모 등을 고려하여 동종·동류의 수입물품을 선정하고 이 물품이 국내에서 판매되는 때에 부가되는 이윤 및 일반경비의 평균값을 기준으로 동종·동류비율을 산출함

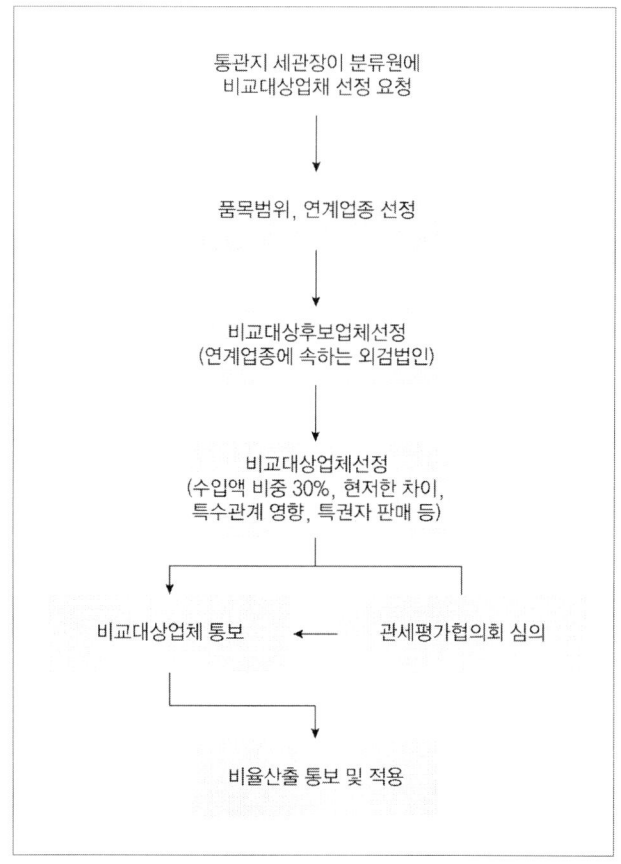

5. 수입 제 경비

(1) 공제대상

수입항에 도착한 후 국내에서 발생한 "**통상의**" 운임·보험료와 <u>그 밖의 관련 비용</u>
"그 밖의 관련 비용"이란 해당 물품, 동종·동질물품 또는 유사물품의 하역, 검수, 검역, 검사, 통관 비용 등 <u>수입과 관련하여</u> 발생한 제비용을 말한다.

(2) 유의점

가. 국내운송과 관련되지 않은 비용이라 할지라도 국내에서 발생된 비용이 수입과 관련된다면 "그 밖의 관련비용"으로 공제 가능

나. 그러나 이윤 및 일반경비 및 "그 밖의 관련 비용"으로 이중 공제되지 않도록 유의 필요

6. 조세 및 공과금

(1) 유의점

가. 세관장이 제4방법을 적용하여 산출한 조세 등을 공제하는 것임

> ※ 계산방법
> • 원칙 : (국내판매가격 − 이윤 및 일반경비 − 수입 제 경비) / (1 + 관세율 %)
> • 예외 : 문제에서 직접 공제대상 관세금액을 언급하고 있는 경우에는 해당 금액을 공제해야 하는 경우도 있음을 유의

나. 수입 및 국내판매와 관련된 조세 기타 공과금을 공제하므로, 가산세, 가산금, 과태료, 벌금 등은 공제하지 않음

7. 초공제법

(1) 대상물품

해당 물품, 동종·동질물품 또는 유사물품이 수입된 것과 동일한 상태로 국내에서 판매되는 사례가 없고 해당 물품이 수입 후 추가가공을 거치는 경우

(2) 적용요건

가. 해당물품, 동종·동질물품, 유사물품의 <u>동일상태 판매가 없어야 함</u>

나. 해당 물품이 수입된 후 국내에서 추가가공을 거친 물품의 국내판매가격 적용
다. 특수관계자가 아닌 자에게 가장 많은 수량으로 판매
라. 납세의무자의 요청

(3) 유의점

가. 초공제 대상은 "**해당 물품**"으로 한정(동종동질물품 또는 유사물품의 초공제는 인정하지 않음)
나. 최초의 거래단계 요건×, 수입과 거의 동시에 요건×
다. 수입물품과 판매물품의 국내 추가가공에 따른 부가가치의 계산이 가능하여야 함
   나사를 수입하여 자동차 제조 후 판매하는 경우 : 나사는 자동차의 사소한 구성요소이므로 초공제법을 적용하여 자동차의 국내판매로부터 수입나사의 과세가격을 산출할 수 없음

(4) 계산방법 – 국내가공에 따른 부가가치 추가 공제

8. 사례연습

01 A사는 시계 700개를 독일 B사로부터 수입하였는데, 해당 물품의 거래가격으로 관세의 과세가격을 결정할 수 있는 요건을 갖추지 못하였다. 이에 서울세관장은 신고가격을 부인하고 동종·동질물품 또는 유사물품의 거래가격으로 과세하고자 하였으나 역시 과세요건이 충족되지 않아 국내 판매가격을 기초로 과세가격을 결정(제4방법 적용)하기로 하였다. 이 시계의 수입, 판매 등의 내용은 다음과 같다고 할 때 제4방법에 따른 과세가격을 산출하시오(다만, 제시된 내용 외에 관세평가 목적상 다른 고려사항은 없다고 가정한다). (10점)

> ① 해당 물품의 선적일 : 2012.12.10., 수입신고일 : 2013.2.4.
> ② 2013.2.15일 : 개당 100,000원에 200개 판매
> ③ 2013.3.10일 : 개당 90,000원에 150개 판매
> ④ 2013.4.20일 : 개당 100,000원에 100개 판매
> ⑤ 2013.5.10일 : 개당 80,000원에 250개 판매
> ⑥ A사가 B사에 지급한 물품대금 : 30,000,000원
> ⑦ A사가 수입과 관련해 외국 중개업자에게 지불한 중개수수료 : 500,000원

⑧ A사가 선적지에서 우리나라까지 운송과 관련하여 지불한 운임 및 보험료 : 5,000,000원
⑨ 국내에서 판매와 관련해 발생한 운임, 창고료 등 : 1,000,000원
⑩ 해당 시계의 수입 관련된 조세 : 관세 2,000,000원, 부가가치세 3,000,000원, 개별소비세 6,000,000원, 교육세 1,500,000원
⑪ 서울세관장이 A사에 통보한 이 물품이 국내에서 판매되는 때에 부가되는 이윤 및 일반경비 비율 : 20%
⑫ A사가 제출한 회계보고서를 근거로 계산한 이윤 및 일반경비의 비율 : 25%

모범답안

출처 : 월간관세와무역 (2013.2월호)
형태 : 사례해결식
난이도 : 상

1. 개요 : 제4방법
2. 제4방법 과세가격 산출(각 1.5점 / 답이 맞으면 2점)
    - 국내 판매가격 : 70,000,000원 ·················· ①
    - 이윤 및 일반경비 : 14,000,000원 ············· ②
    - 해당 물품의 수입 관련된 조세 : 12,500,000원 ···················· ③
    ① − { ② + ③ } = 43,500,000원
  ∴ A사 수입시계 700개의 과세가격 = 43,500,000원

02 다음 각 호의 경우에 해당하는 적절한 과세가격을 산출하시오. (10점)

(1) 다음은 수출판매자의 대리인에게 위탁판매하기 위하여 수입한 물품으로서 국내판매가격을 기초로 과세가격을 결정하기 위하여 조사한 자료이다. 적정한 과세가격을 산출하시오.

단위가격	동종동류비율	위탁판매수수료	제세공과금	운송비용
1,000	15%	100원	150원	50원

(2) 수출판매자인 E국의 X는 수입국에 있는 자신의 대리인인 I에게 위탁판매하기 위하여 물품을 무상으로 송부하였다. 동 물품의 과세가격은 제1방법 내지 제3방법을 적용할 수 없어 I가 동 물품을 수입국내에서 판매한 가격을 기초로 제4방법을 통하여 과세가격을 결정하기로 하고 가격 및 비용을 조사한 결과는 다음과 같다. 적정한 과세가격을 산출하시오.

- 국내 최대수량 판매 단위가격 : 10,000원
- 위탁판매수수료 : 1,500원
- 통상적인 이윤 및 일반경비 : 16%
- 관세 등 제세공과금 : 1,200원
- 해상운임 및 보험료 : 500원

(3) 다음 조건하에서 제4방법을 적용하는 경우의 단가를 산출하시오.

가. 수입후 위탁판매하는 동종동질물품의 판매정보는 다음과 같다.

판매순서	수량	단가	판매대상자
1	3,000	110원	특수관계가 없는 회사
2	1,000	120원	특수관계가 없는 회사
3	1,000	120원	특수관계가 없는 회사
4	1,200	140원	특수관계가 없는 회사
5	4,500	100원	특수관계가 있는 회사
6	1,500	120원	특수관계가 없는 회사

나. 위탁판매 수수료는 10%이다.
다. 통상적인 이윤 및 일반경비는 15%이다.
라. 동종동질물품의 수입자는 국내판매 이전에 물품을 검사하였는데 개당 10원이 소요되었다.
마. 국내판매시 소요된 운임은 개당 5원이 소요되었다.
바. 총 조세는 10원으로 간주한다.

> 모범답안

출처 : 관세평가경진대회 기출(10점)
형태 : 사례해결식
난이도 : 하

1. 제4방법 과세가격 : 700원 (2006년) – (3점)
   위탁판매조건으로 수입된 물품은 기준비율 등 이윤경비를 공제하지 않고 위탁판매수수료만 공제함(1,000원 – 100원 – 150원 – 50원 = 700원)
2. 제4방법 과세가격 : 7,000원 (2009년) – (3점)
   위탁판매조건으로 수입된 물품이므로 이윤 및 일반경비가 아닌 위탁판매수수료를 공제하며, 제세공과금은 공제대상이나 해상운임 및 보험료는 과세가격에 포함되는 요소임. 따라서 과세가격은 10,000 – 1,500 – 1,200 = 7,300원
3. 제4방법 과세가격 : 93원 (2010년) – (4점)
   - 특수관계 있는 회사에 판매한 실적(4,500개 @100원)은 제외
   - '총 판매수량'이 가장 많은 단가는 3,500개가 팔린 120원
   - 당해 거래는 위탁판매이므로 위탁판매수수료 10%를 적용
   - 물품검사비는 일반경비에 해당하므로 공제대상에서 제외
   ⇨ 120원 – 12원(수수료) – 10원(조세) = 98원

03 다음과 같은 상황 하 수입자 "갑"에게 적용 될 수 있는 관세평가 방법에 대하여 설명하고, 과세가격을 산출하시오. (50점)

- 기초 거래 사실
  - 갑은 부품 수입 및 이를 통한 도매업 및 제조업을 병행하고 있음
  - 갑은 관세 심사를 통하여 제 1방법 적용을 배제하고 제 2방법 이하에 의하여 과세가격을 결정해야 하는 상황임
  - 갑의 수입 부품 A는 국내 독점공급에 의하여 수입하는 물품으로 동일물품 또는 유사물품의 수입 이력이 전혀 없음
  - 수출자는 갑과 특수관계가 아닌 제 3자 관계로, 갑의 자료 요청에 대하여 어떠한 협조도 하지 않는 상황임
- 갑의 A 부품 수입 이력
  - 2011년 2월 1일 100개 수입
  - 관세율 10%
  - 수입 후 갑의 창고까지 발생한 운임, 보험료 기타 관련 비용은 총 500,000 KRW
- 갑의 A 부품 관련 판매 이력

판매일자	공급받는 자	판매물품	판매수량(PC)	판매단가(KRW, VAT제외)
2011.02.12	을(갑과 특수관계자)	A	10	45,000
2011.05.05	을(갑과 특수관계자)	A	20	40,000
2011.04.19	병(갑과 제3자)	B(A부품의 가공제품)	25	70,000
2011.05.18	병(갑과 제3자)	B(A부품의 가공제품)	5	75,000
2011.06.06	병(갑과 제3자)	B(A부품의 가공제품)	40	80,000

- 기타 정보
  - 갑은 병에게 A 부품을 가공하여 판매하며 총 700,000원의 추가 가공에 따른 부가가치가 발생함
  - 갑은 세관장이 결정한 동종동류 비율에 대한 이의를 제기하여 B 제품에 대한 40%의 동종동류비율을 통보 받음
  - 위의 주어진 사실관계 이외는 고려하지 아니함

> **모범답안**

형태 : 사례해결식
난이도 : 상

1. 갑에게 적용될 수 있는 관세평가방법
   (1) 제1방법 적용 배제
   (2) 제2방법 적용 배제
   (3) 제3방법 적용 배제
   (4) 제4방법인 초공제방법의 적용

2. 초공제방법에 의한 과세가격 결정
   (1) 국내판매가격의 결정 : 80,000원 × 100개 = 8,000,000원
   (2) 공제요소의 결정
   • 추가가공에 따른 부가가치 : 700,000원
   • 동종동류비율 40% 적용 : 3,200,000원
   • 수입 제경비 : 500,000원
   • 관세금액 : 327,273원
   (3) 과세가격 : 3,272,727원

Topic 3 제5방법 핵심요약

1. 관련규정

- 관세법 제34조(산정가격을 기초로 한 과세가격의 결정)
- 관세법 시행령 제28조(산정가격을 기초로 한 과세가격의 결정)
- 관세평가 운영에 관한 고시 제35조(제5방법 적용요건)

2. 핵심문구

관세법 제34조(산정가격을 기초로 한 과세가격의 결정)

① 제30조부터 제33조까지에 규정된 방법으로 과세가격을 결정할 수 없을 때에는 다음 각 호의 금액을 합한 가격을 기초로 하여 과세가격을 결정한다.

1. 해당 물품의 생산에 사용된 **원자재 비용 및 조립이나 그 밖의 가공에 드는 비용 또는 그 가격**
2. 수출국 내에서 해당 물품과 **동종·동류**의 물품의 생산자가 우리나라에 수출하기 위하여 판매할 때 **통상적으로 반영하는 이윤 및 일반 경비**에 해당하는 금액
3. 해당 물품의 수입항까지의 **운임·보험료와 그 밖에 운송과 관련된 비용**으로서 제30조제1항제6호에 따라 결정된 금액

② 납세의무자가 제1항 각 호의 금액을 확인하는데 필요한 자료를 제출하지 않은 경우에는 제1항을 적용하지 않을 수 있다.

관세법 시행령 제28조(산정가격을 기초로 한 과세가격의 결정)]

① 법 제34조제1항제1호에 해당하는 금액은 해당 물품의 **생산자가 생산국에서** 일반적으로 인정된 회계원칙에 따라 작성하여 제공하는 회계장부 등 생산에 관한 자료를 근거로 하여 산정한다.

② 법 제34조제1항제1호에 따른 조립이나 그 밖의 가공에 드는 비용 또는 그 가격에는 법 제30조제1항제2호에 따른 금액이 포함되는 것으로 하며, 우리나라에서 개발된 기

술·설계·고안·디자인 또는 공예에 드는 비용을 **생산자가 부담하는 경우**에는 해당 비용이 포함되는 것으로 한다.

관세평가 운영에 관한 고시 제35조(제5방법 적용요건)

수입자가 영 제28조제1항에 따라 제출하는 자료만으로 법 제34조제1항제1호에 해당하는 금액을 확인할 수 없는 경우에는 제5방법을 적용하여 과세가격을 결정하지 않는다.

3. 제5방법 과세가격 결정

(1) 해당 물품의 생산비용

<u>해당 물품</u>의 생산에 사용된 원자재 비용 및 조립이나 그 밖의 가공에 드는 비용 또는 그 가격(실제비용 또는 가격)

- 해당 물품과 동일체로 취급되는 용기의 비용 및 해당 물품의 포장에 드는 노무비 및 자재비
- 생산지원비(국내에서 수행된 기술, 설계, 고안, 디자인 및 공예의 경우 **생산자의 부담이 되는 범위 내에서** 포함)
- 제조자가 지불하는 권리사용료 : 생산비용에 포함(수입자가 지불하는 권리사용료는 생산비용이 아닌 이윤 및 일반경비에 포함)

(2) 수출국의 통상적인 이윤 및 일반경비

수출국 내에서 해당 물품과 동종·동류의 물품의 생산자가 우리나라에 수출하기 위하여 판매할 때 **통상적으로 반영**하는 이윤 및 일반 경비에 해당하는 금액

- "수출국"에서 "우리나라에 수출하는 때"에 통상적으로 반영하는 이윤 및 일반경비
- 동종 또는 동류의 물품의 범위 : 평가대상 물품과 동일한 국가로부터의 수입물품(수출국의 동일성이 요구됨)

* "제조국"의 이윤 및 일반경비(X)
　수출국 내수판매 또는 제3국 수출에 대한 이윤 및 일반경비(X)

(3) 적용기준[4]

[원칙] 생산자의 실제 이윤 수치 우선 고려(통상적인 수치와 합치되는 경우)하되,
[예외] 생산자의 이윤 및 일반경비가 통상의 이윤 및 일반경비에 부합하지 않는 경우 : 생산자의 것이 아닌 다른 관련 정보에 따라 이윤 및 일반경비를 산정

* (1) 통상의 이윤 및 일반경비가 없는 경우 : 생산자의 수치가 통상의 수치에 부합하지 않는 것으로 간주되지 아니하므로 생산자의 이윤 및 일반경비를 적용
  (2) 수입국 세관에서 통상의 이윤 및 일반경비에 대한 자료수집이 불가능하거나 자료제시를 못하는 경우 : 제5방법 적용 배제(X) but 생산자의 수치를 사용 (O)
  (3) 생산자가 특별한 상업적 상황 때문에 아주 낮은 이윤을 실현하고 있음을 증명하는 경우 : 실제 이윤 수치를 정당화할 수 있는 근거 있는 상업적 합리성을 가지고 있으면 해당 생산자의 실제 이윤수치를 고려함

[예시] 수입자와 수출자는 특수관계이다. 수출자는 물품을 직접 제조하여 외국에 소재한 특수관계자에게만 물품을 공급한다. 미국 본사의 지시에 따라 특수관계자간 이전가격은 제조원가에 mark up(이윤 및 일반경비율) 7%를 합산한 가격으로 결정하고 있다. 당해 수입물품에서 대표적인 수십개의 모델·규격의 실현된 이윤율은 -5%에서 25%까지 다양하다. 전체 당해 수입물품의 1년간 이윤 및 일반경비율은 13%임이 확인되었다. 따라서, 당해 수입물품의 이전가격상의 7%와 통상의 이윤 및 일반경비율 13%와의 차이인 6%를 당해 수입물품의 신고가격에 가산하여 제5방법으로 과세가격을 결정할 수 있을 것이다.

(4) 해당 물품의 운송 관련 비용

평가대상이 되는 해당 물품의 운송 관련 비용(통상적인 운송관련비용 X)

4. 제5방법 적용요건

(1) 원가정보에 대한 편의를 세관당국에 제공할 준비가 되어 있을 경우에 한정됨
   * 각종 구성요소의 비용 또는 가격을 확인하는데 필요한 자료를 미제출 시 : 제5방법 적용 불가
(2) 세관당국의 권한 : 수입자로부터의 충분한 협조를 기대할 권리를 가짐

---

4) 제5방법의 통상의 이윤 및 일반경비(관세평가포럼, 2015. 6. 최국진 위원님)

* 회계장부 또는 다른 기록을 검사하기 위한 강제권한은 부여되어 있지 않음(사전통보 및 수출국의 세관당국, 생산자의 동의가 필요)

■ **무상수탁가공 수입물품에 대한 과세가격 결정 유권해석**
(관세평가분류원 관세평가과-2907, '13.12.16)
- 수출자가 수입자에게 무상공급하였으므로 수출판매가 이뤄지지 않아 제1방법 배제
- 수출자가 동 물품을 구매 후 원상태로 공급하여 **생산에 소요된 가격자료**를 제공받기 어려운 상태이므로 제5방법 적용 곤란
- 다만, 원자재 납품업체와 수출자가 특수관계가 아니고 신청인이 제시한 **수출자의 원자재 취득가격의 진정성**이 확인된다면, 제6-5방법에 따라 '수출자가 원재료 취득에 소요된 비용에 수출자의 이윤 및 일반경비, 수입항까지의 운송 관련비용을 합산한 가격'으로 결정할 수 있을 것임

5. 사례연습

01 수입자는 수입물품에 대한 과세가격 결정에 있어 제1방법 내지 제3방법의 적용이 불가하여, 제 5방법에 의하여 과세가격을 결정하고자 한다. 이러한 상황 하에서, 아래의 제시 정보를 기초로 하여 제 5방법 과세가격을 구하시오. (10점)

- 거래사실
  - 수출자는 수입자의 특수기능의 부품을 무상으로 지원 받아 제품을 생산함. 동 부품 1개의 생산비 및 생산장소까지의 물류비는 100 EUR임

    수입물품 생산에 필수적인 설계도면은 수출자가 국내에 파견한 디자이너에 의하여 제작되었으며 디자이너의 임금은 수입자에 의하여 100,000 EUR가 지급되었음
- 수입관련 정보
  - 인보이스 기재 내용 : Unit Price 1,500 EUR(Incoterms : CIF), Qty 1,000 PC
  - 선적국 내륙 운송비 : 3,000 (EUR)
  - 수입항 도착시 까지 운임 및 보험료 : 5,000(EUR)
- 수출자(제조사)의 요약 손익계산서
  - 총 매출액 : 5,000,000 (EUR)
  - 매출 원가 : 3,000,000 (EUR)
  - 판매 및 일반 관리비 : 1,000,000 (EUR)
  - 영업 이익 : 1,000,000 (EUR)
- 제조 원가 자료 (1개 제조)
  - 원자재 비용 : 400 (EUR)
  - 조립 비용 : 50 (EUR)
  - 기타 가공에 소요되는 비용 : 150 (EUR)
- 기타 정보
  - 수입신고일 EUR의 과세 환율 : 1,500 KRW
  - 우리나라에 수출하기 위하여 독일 내 생산자가 제조한 자동차 부품과 동종 동류의 물품 판매 시 통상적으로 반영되는 이윤 및 일반경비는 생산 관련 비용의 150%임
  - 기타 관세평가 상 고려 요소는 없다고 가정함

> **모범답안**

형태 : 사례해결식
난이도 : 중

1. 개요 (2점)
과세가격 결정방법 적용순위, 제5방법 적용 개요 등

2. 제5방법 과세가격 산출 (5점)
(1) 생산관련비용 : 생산에 사용된 원자재 비용 및 조립 기타 가공에 소요되는 비용
   400EUR + 50EUR + 150EUR = 600EUR
(2) 구매자가 무상지원한 생산지원비용 : 산정가격을 산출하는 경우 생산지원에 해당하는 비용이 존재한다면 포함되어야 하나, 우리나라에서 개발된 기술, 설계 등의 생산지원용역은 생산자의 부담이 되는 범위 내에서만 포함시켜야 함
   따라서, 생산지원된 무상부품의 생산비 및 물류비 100EUR은 산정가격에 포함
   그러나, 설계용역은 우리나라에서 수행된 것이며 생산자의 부담이 없으므로 산정가격에 포함되지 않음. 따라서 생산관련비용은 최종 700 EUR
(3) 통상의 이윤 및 일반경비 : 수출자가 실현한 매출총이익율은 40%이고 생산관련비용 대비 이윤 및 일반경비율은 66.67%이나, 이는 우리나라에 수출하는 생산자의 수출국 내 통상적인 이윤 및 일반경비율과 현저한 차이가 있으므로 통상적인 이윤 및 일반경비를 적용
   따라서, 동종동류물품을 우리나라에 수출하는 수출국(독일) 내 통상적인 이윤 및 일반경비는 생산관련비용의 150%이므로 700EUR × 150% = 1,050EUR
(4) 운송 관련 비용 : 수출국 내륙운송비 3,000EUR + 수입항까지 운임보험료 5,000 EUR

3. 제5방법에 의한 과세가격 (3점) (실제 답안 작성은 아래 산식과 같이 쓰지 말고 풀어쓰세요)

$$\begin{array}{r}\text{생산관련비용 } 700\text{EUR} \\ + \text{ 이윤 및 일반경비 } 1{,}050\text{EUR} \\ \hline = 1{,}750\text{EUR} \times 1{,}000\text{PC} = 1{,}750{,}000\text{EUR} \\ + \text{ 운송 관련 비용 } 8{,}000\text{EUR} \\ \hline = 1{,}758{,}000\text{EUR} \\ \times 1{,}500원(과세환율) = 2{,}637{,}000{,}000원 \end{array}$$

02 판매자 S가 수입국의 I(S의 자회사임)에게 위탁판매형태로 피아노를 $235에 판매하였다. 또한 I 는 S에게 정상가격으로 이 피아노를 만들기 위한 tool을 제공하였음이 확인되었으나 S의 가격설명서에는 언급되지 아니하였다. 이 tool의 시장가격은 $1,000,000이며 100,000대의 피아노를 만들 수 있는 것으로 평가되었다.

어떠한 동종, 동질 또는 유사한 피아노도 동시 또는 거의 동시에 X국으로부터 수출된 바도 없으며 또한 이 피아노가 수입국에서 판매된 바도 없다.
S가 제시하는 가격설명서에 의하면,
- 자재비 : $100
- 조립비용 : $50
- 피아노 포장비용 : $50
- 이윤 및 일반경비 : $38

X국의 3인의 악기생산자(동일부류 또는 등급의 물품생산자)의 이윤 및 일반경비는 다음과 같다고 알려지고 있다.
- T 자재비의 38%
- U 자료비의 38%
- V 자재비의 20%

이 경우 과세가격은 얼마인가? (10점)

모범답안

특수관계자간의 거래에 있어 특수관계가 거래가격에 영향을 미쳐 거래가격을 인정할 수 없는 경우 산정가격을 기초로 과세가격을 결정하여야 하며 생산지원이 있는 경우 그 금액을 과세가격에 포함하여야 하는 바 본 사례의 경우 관련자료에 의거 과세가격을 산정하면 대당 $248이 된다.

- 자재비 : $100
- 조립비 : $50
- 이윤 및 경비 : $38
- 포장비 : $50
- 생산지원 : $10
- 과세가격 : $248

03 다음 중 5방법에 의한 과세가격을 산정하시오. (10점)

> 세관 당국은 금번 프랑스에서 수입하는 포도주에 대하여 수출자(본사)와 특수관계에 있는 수입자(국내지사)의 송품장 금액에 대하여 수입자로 하여금 정당성을 입증하도록 하였던 바, 수출자(본사)의 Global Pricing 정책에 의거 "Cost Plus" 방식으로 결정되었음이 확인되었고 제시된 입증자료를 검토한 바, 원가산정 및 Mark-up(176%) 적용에 있어서 관세평가 규정을 잘못 적용하여 문제점이 있음을 확인하고 5방법에 따라 재산정하는 경우, 금번 수입한 물품에 대한 가장 알맞은 과세가격과 1단위당 수입단가는?
>
> ■ 수출자(제조사)의 요약 손익계산서
> ○ 총매출액 : 5,000,000,000
> ○ 매출원가 : 2,000,000,000
> ○ 판매관리비 : 2,500,000,000
> ○ 영업이익 : 500,000,000
>
> ■ 제조원가 명세서
> ○ 재료비 : 800,000,000
> ○ 노무비 : 600,000,000
> ○ 경 비 : 300,000,000
>
> ※ 원액 숙성기간 동안 투입된 금융비용은 자기자본으로 사용되었으므로 제조원가에는 계상되지 않았으며, 매출총이익에 포함된 금액은 총 300,000,000임
> - 총 생산량은 1,000,000 단위이며, 금번 수입량은 50,000 단위임
> - 프랑스에서 국내로 수출하는 동종업체의 평균 Mark-up은 200%임
> - 프랑스에서 국내로 수출시 내륙운송비, 해상운임, 적하보험료 등 물류비는 1단위당 0.5가 별도 소요됨

모범답안

5방법에 의한 과세가격 산정방식(관세법 제34조)
과세가격 = 수출자 제조원가 + 통상의 이윤 및 일반경비(Mark-up) + 운임·보험료 등

* 전체 수입물품 과세가격 = 원가(재료비 + 노무비 + 경비 1,700,000,000) + Mark-up(원가 × 200%) + 운임·보험료 등(전체수량 × 0.5) = 5,100,500,000
* 금번 수입물품 과세가격 = 5,100,500,000 / 1,000,000 × 50,000 = 255,025,000
* 수입단가 = 255,025,000 / 50,000 = 5,100.5

※ 금융비용은 매출총이익에 포함되어 있으므로 별도 가산 불필요

제6방법 핵심요약

1. 관련규정

- 관세법 제35조(합리적 기준에 따른 과세가격의 결정)
- 관세법 시행령 제29조(합리적 기준에 의한 과세가격의 결정)
- 관세법 시행규칙 제7조~제7조의8
- 관세평가 운영에 관한 고시 제36조(제6방법 적용요건)
- 권고의견 12.1~12.3

2. 핵심문구

▌관세법 제35조(합리적 기준에 따른 과세가격의 결정)

① 제30조부터 제34조까지에 규정된 방법으로 과세가격을 결정할 수 없을 때에는 대통령령으로 정하는 바에 따라 제30조부터 제34조까지에 규정된 원칙과 부합되는 합리적인 기준에 따라 과세가격을 결정한다.

② 제1항에 따른 방법으로 과세가격을 결정할 수 없을 때에는 국제거래시세·산지조사가격을 조정한 가격을 적용하는 방법 등 거래의 실질 및 관행에 비추어 합리적으로 인정되는 방법에 따라 과세가격을 결정한다.

▌관세법 시행령 제29조(합리적 기준에 따른 과세가격의 결정)

① 법 제35조에 따라 과세가격을 결정할 때에는 국내에서 이용 가능한 자료를 기초로 다음 각 호의 방법을 적용한다. 이 경우 적용순서는 법 제30조부터 제34조까지의 규정을 따른다.

1. 법 제31조 또는 법 제32조의 규정을 적용함에 있어서 법 제31조제1항제1호의 요건을 신축적으로 해석·적용하는 방법
2. 법 제33조의 규정을 적용함에 있어서 수입된 것과 동일한 상태로 판매되어야 한다는 요건을 신축적으로 해석·적용하는 방법

3. 법 제33조 또는 법 제34조의 규정에 의하여 과세가격으로 인정된 바 있는 동종·동질물품 또는 유사물품의 과세가격을 기초로 과세가격을 결정하는 방법

4. 제27조제3항 단서를 적용하지 않는 방법

5. 그 밖에 거래의 실질 및 관행에 비추어 합리적이라고 인정되는 방법

② 법 제35조의 규정에 의하여 과세가격을 결정함에 있어서는 다음 각호의 1에 해당하는 가격을 기준으로 하여서는 아니된다.

1. 우리나라에서 생산된 물품의 국내판매가격
2. 선택가능한 가격중 반드시 높은 가격을 과세가격으로 하여야 한다는 기준에 따라 결정하는 가격
3. 수출국의 국내판매가격
4. 동종·동질물품 또는 유사물품에 대하여 법 제34조의 규정에 의한 방법외의 방법으로 생산비용을 기초로 하여 결정된 가격
5. 우리나라외의 국가에 수출하는 물품의 가격
6. 특정수입물품에 대하여 미리 설정하여 둔 최저과세기준가격
7. 자의적 또는 가공적인 가격

③ 제1항제1호부터 제4호까지의 규정에 따른 방법을 적용하기 곤란하거나 적용할 수 없는 경우로서 다음 각 호의 어느 하나에 해당하는 물품에 대한 과세가격 결정에 필요한 기초자료, 금액의 계산방법 등 세부사항은 기획재정부령으로 정할 수 있다.

1. 수입신고전에 변질·손상된 물품
2. 여행자 또는 승무원의 휴대품·우편물·탁송품 및 별송품
3. 임차수입물품
4. 중고물품
5. 법 제188조 단서의 규정에 의하여 외국물품으로 보는 물품
6. 범칙물품
7. 「석유 및 석유대체연료 사업법」 제2조제1호의 석유로서 국제거래시세를 조정한 가격으로 보세구역에서 거래되는 물품
8. 그 밖에 과세가격결정에 혼란이 발생할 우려가 있는 물품으로서 기획재정부령으로 정하는 물품

관세법 시행규칙 제7조(합리적인 기준에 의한 과세가격의 결정)

① 영 제29조제1항제1호에서 "법 제31조제1항제1호의 요건을 신축적으로 해석·적용하는 방법"이라 함은 다음 각호의 방법을 말한다.

1. 당해 물품의 생산국에서 생산된 것이라는 장소적 요건을 다른 생산국에서 생산된 것으로 확대하여 해석·적용하는 방법
2. 당해 물품의 선적일 또는 선적일 전후라는 시간적 요건을 선적일 전후 90일로 확대하여 해석·적용하는 방법. 다만, 가격에 영향을 미치는 시장조건이나 상관행(商慣行)이 유사한 경우에는 90일을 초과하는 기간으로 확대하여 해석·적용할 수 있다.

② 영 제29조제1항제2호에서 "수입된 것과 동일한 상태로 판매하여야 한다는 요건을 신축적으로 해석·적용하는 방법"이라 함은 납세의무자의 요청이 없는 경우에도 법 제33조제3항에 따라 과세가격을 결정하는 방법을 말한다.

③ 영 제29조제1항제4호에서 "제27조제2항 단서의 규정을 적용하지 아니하는 방법"이라 함은 수입신고일부터 180일까지 판매되는 가격을 적용하는 방법을 말한다.

관세평가 운영에 관한 고시 제36조(제6방법 적용요건)

① 제1방법부터 제5방법까지에 따라 과세가격을 결정할 수 없을 때에는 영 제29조제2항에서 사용을 금지하고 있는 가격에 해당하지 않는 범위내에서「1994년도 관세 및 무역에 관한 일반협정 제7조의 이행에 관한 협정」에 부합하는 합리적인 방법과 국내에서 이용 가능한 자료를 근거로 하여 과세가격을 결정한다.

② 영 제29조제1항에 따라 과세가격을 결정할 때에는 제1방법부터 제5방법까지를 순차적으로 신축 적용하여야 하며, 이미 결정된 과세가격이 있는 경우 이를 최대한 활용하여야 한다.

권고의견 12.2(제7조 적용 순서)

제7조에 따라 과세가격 결정에 사용될 수 있는 여러 가지 방법이 수용될 수 있는 경우에 적용 순서(hierarchy)는 유지되어야 한다.

권고의견 12.3(제7조를 적용함에 있어서 해외에 출처를 두고 있는 자료의 사용)

수입국 밖에서 발생한 거래를 취급함에 있어서 어느 정도의 자료는 해외 출처(foreign

sources)에서 나온다는 점은 예상된 것이다. 하지만 제7조에서는 제7조의 적용에 사용되는 정보의 원 출처(original source)에 대해 언급하지 않고, 단지 그러한 자료를 수입국에서 입수할 수 있을 것을 요구하고 있다. <u>그러므로 정보의 출처는 그 자체로 정보가 수입국에서 입수될 수 있고 세관이 자료의 진실성이나 정확성에 대하여 납득하는 것을 조건으로 제7조 목적상 사용에 장벽이 되지 않는다.</u>

변질·손상물품 등 과세가격 결정

제7조의2(수입신고 전 변질 또는 손상물품의 과세가격의 결정)

영 제29조제3항제1호에 해당하는 물품의 과세가격은 다음 각 호의 가격을 기초로 하여 결정할 수 있다.

1. 변질 또는 손상으로 인해 구매자와 판매자간에 **다시 결정된 가격**
2. 변질 또는 손상되지 않은 물품의 가격에서 다음 각 목 중 어느 하나의 금액을 **공제한 가격**
   가. 관련 법령에 따른 감정기관의 **손해평가액**
   나. **수리 또는 개체(改替)비용**
   다. 보험회사의 **손해보상액**

제7조의3(여행자 휴대품·우편물등의 과세가격의 결정)

① 영 제29조제3항제2호에 따른 여행자 또는 승무원의 휴대품·우편물·탁송품 및 별송품(이하 "여행자 휴대품·우편물등"이라 한다)의 과세가격을 결정하는 때에는 다음 각 호의 가격을 기초로 하여 결정할 수 있다.

1. 신고인의 제출 서류에 명시된 **신고인의 결제금액**(명칭 및 형식에 관계없이 모든 성격의 지급수단으로 결제한 금액을 말한다)
2. 외국에서 통상적으로 거래되는 가격으로서 **객관적으로 조사된 가격**
3. 해당 물품과 동종·동질물품 또는 유사물품의 국내도매가격에 관세청장이 정하는 **시가역산율을 적용하여 산출한 가격**
4. 관련 법령에 따른 **감정기관의 감정가격**
5. 중고 승용차(화물자동차를 포함한다) 및 이륜자동차에 대해 제1호 또는 제2호를 적용하는 경우 최초 등록일 또는 사용일부터 수입신고일까지의 사용으로 인한 **가치감소에 대해 관세청장이 정하는 기준을 적용하여 산출한 가격**
6. 그 밖에 신고인이 제시하는 가격으로서 **세관장이 타당하다고 인정하는 가격**

② 제1항제3호의 국내도매가격을 산출하려는 경우에는 다음 각 호의 방법에 따른다.
1. 해당 물품과 동종·동질물품 또는 유사물품을 취급하는 2곳 이상의 수입물품 거래처(인터넷을 통한 전자상거래처를 포함한다)의 국내도매가격을 조사해야 한다. 다만, 다음 각 목의 경우에는 1곳의 수입물품 거래처만 조사하는 등 국내도매가격 조사방법을 신축적으로 적용할 수 있다.

    가. 국내도매가격이 200만원 이하인 물품으로 신속한 통관이 필요한 경우
    나. 물품 특성상 2곳 이상의 거래처를 조사할 수 없는 경우
    다. 과세가격 결정에 지장이 없다고 세관장이 인정하는 경우
2. 제1호에 따라 조사된 가격이 둘 이상인 경우에는 다음 각 목에 따라 국내도매가격을 결정한다.

    가. 조사된 가격 중 가장 낮은 가격을 기준으로 최고가격과 최저가격의 차이가 10%를 초과하는 경우에는 조사된 가격의 평균가격
    나. 조사된 가격 중 가장 낮은 가격을 기준으로 최고가격과 최저가격의 차이가 10% 이하인 경우에는 조사된 가격 중 최저가격

③ 제1항제3호의 시가역산율은 국내도매가격에서 법 제33조제1항제2호부터 제4호까지의 금액을 공제하여 과세가격을 산정하기 위한 비율을 말하며, 산출방법은 관세청장이 정하는 바에 따른다.

제7조의4(임차수입물품의 과세가격의 결정)

① 영 제29조제3항제3호에 따른 임차수입물품의 과세가격은 다음 각 호를 순차적으로 적용한 가격을 기초로 하여 결정할 수 있다.

1. 임차료의 산출 기초가 되는 해당 **임차수입물품의 가격**
2. 해당 임차수입물품, 동종·동질물품 또는 유사물품을 우리나라에 수출할 때 **공개된 가격자료에 기재된 가격**(중고물품의 경우에는 제7조의5에 따라 결정된 가격을 말한다)
3. 해당 임차수입물품의 경제적 **내구연한 동안 지급될 총 예상임차료를 기초로 하여 계산한 가격**. 다만, 세관장이 일률적인 내구연한의 적용이 불합리하다고 판단하는 경우는 제외한다.
4. 임차하여 수입하는 물품에 대해 수입자가 구매선택권을 가지는 경우에는 임차계약상 구매선택권을 행사할 수 있을 때까지 지급할 총 **예상임차료와 구매선택권을**

행사하는 때에 지급해야 할 금액의 **현재가격**(제2항제2호 및 제3호를 적용하여 산정한 가격을 말한다)의 합계액을 기초로 하여 결정한 가격

5. 그 밖에 **세관장이 타당하다고 인정하는 합리적인 가격**

② 제1항제3호에 따라 과세가격을 결정할 때에는 다음 각 호에 따른다.

1. 해당 수입물품의 경제적 **내구연한 동안에 지급될 총 예상임차료**(해당 물품을 수입한 후 이를 정상으로 유지 사용하기 위해 소요되는 비용이 임차료에 포함되어 있을 때에는 그에 상당하는 실비를 공제한 총 예상임차료)를 **현재가격으로 환산한 가격을 기초로** 한다.
2. 수입자가 임차료 외의 명목으로 **정기적 또는 비정기적으로 지급하는 특허권 등의 사용료 또는 해당 물품의 거래조건으로 별도로 지급하는 비용이 있는 경우에는 이를 임차료에 포함**한다.
3. 현재가격을 계산하는 때에 적용할 **이자율은 임차계약서에 따르되**, 해당 계약서에 이자율이 정해져 있지 않거나 규정된 이자율이 제9조의3에서 정한 이자율 이상인 때에는 제9조의3에서 정한 이자율을 적용한다.[본조신설 2020. 10. 7.]

제7조의5(중고물품의 과세가격의 결정)

① 영 제29조제3항제4호에 따른 중고물품의 과세가격은 다음 각 호의 가격을 기초로 하여 결정할 수 있다.

1. 관련 법령에 따른 **감정기관의 감정가격**
2. 국내도매가격에 제7조의3제1항제3호의 **시가역산율을 적용하여 산출한 가격**
3. 해외로부터 수입되어 국내에서 거래되는 **신품 또는 중고물품의 수입당시의 과세가격을 기초로 하여 가치감소분을 공제한 가격**. 다만, 내용연수가 경과된 물품의 경우는 제외한다.
4. 그 밖에 **세관장이 타당하다고 인정하는 합리적인 가격**

② 제1항제3호의 가치감소 산정기준은 관세청장이 정할 수 있다.

제7조의6(보세공장에서 내국물품과 외국물품을 혼용하여 제조한 물품의 과세가격의 결정)

① 영 제29조제3항제5호에 따라 내국물품과 외국물품의 혼용에 관한 승인을 받아 제조된 물품의 과세가격은 다음의 산식에 따른다.

> 제품가격 x [외국물품가격 / (외국물품가격 + 내국물품가격)]

② 제1항을 적용할 때 제품가격, 외국물품가격 및 내국물품 가격은 다음 각 호의 방법으로 결정한다.

1. 제품가격은 보세공장에서 외국물품과 내국물품을 **혼용하여 제조된 물품의 가격**으로 하며, **법 제30조부터 제35조까지에서 정하는 방법**에 따른다.
2. 제조에 사용된 **외국물품의 가격은 법 제30조부터 제35조까지에서 정하는 방법**에 따른다.
3. 제조에 사용된 **내국물품의 가격**은 해당 보세공장에서 **구매한 가격**으로 한다.
4. 제3호에도 불구하고 다음 각 목의 어느 하나에 해당하는 경우에는 해당 물품과 **동일하거나 유사한 물품의 국내판매가격을 구매가격**으로 한다. 이 경우 거래 단계 등이 같아야 하며, 두 물품 간 거래 단계 등에 차이가 있는 경우에는 그에 따른 가격 차이를 조정해야 한다.
   가. 구매자와 판매자가 영 제23조제1항 각 호에서 정하는 **특수관계가 있는 경우**
   나. 영 제18조 각 호에서 정하는 **물품 및 용역을 무료 또는 인하된 가격으로 직접 또는 간접으로 공급한 사실이 있는 경우**
5. 제2호부터 제4호까지의 가격은 법 제186조제1항에 따라 사용신고를 하는 때에 이를 확인해야 하며, 각각 사용신고 하는 때의 원화가격으로 결정한다.

제7조의7(범칙물품의 과세가격의 결정)

영 제29조제3항제6호에 따른 범칙물품의 과세가격은 제7조의2부터 제7조의6까지 및 제7조의8에 따라 결정한다.

제7조의8(보세구역에서 거래되는 석유의 과세가격의 결정)

① 영 제29조제3항제7호에 따른 국제거래시세를 조정한 가격으로 보세구역에서 거래되는 석유의 과세가격은 보세구역에서 거래되어 판매된 가격을 알 수 있는 송품장, 계약서 등의 자료를 기초로 하여 결정할 수 있다.
② 국내에서 발생한 하역비, 보관료 등의 비용이 제1항의 보세구역에서 거래되어 판매된 가격에 포함되어 있고, 이를 입증자료를 통해 구분할 수 있는 경우 그 비용을 해당 가격에서 공제할 수 있다.

기타 협의회결정사항 주요내용 요약

2016년 제1회 관세평가협의회 결정사항 [결정 16-01-01]

[쟁점 사항]

약사법 제34조 제4항 및 약사법시행령 제29조에 따른 "임상시험용의 응급상황 사용승인" 의약품(무상 수입)을 유상으로 수입되는 일반 판매용 의약품과 관세법 제31조에 따른 동종·동질물품 또는 관세법 제32조에 따른 유사물품으로 보아 과세가격 결정이 가능한 지 여부

[결정]

〈요지〉

약사법 제34조 제4항 및 약사법시행령 제29조에 따라 무상으로 수입되는 "임상시험용의 응급상황 사용승인 의약품"은 아래와 같은 이유로 유상으로 수입되는 일반 판매용 의약품과 관세법 제31조 및 제32조에 따른 동종·동질 또는 유사물품으로 볼 수 없기 때문에 관세법 제33조 이하의 규정을 적용하여 과세가격을 산정하여야 한다.

〈이유〉

관세법 제31조 "동종·동질 물품의 거래가격에 기초한 과세가격 결정방법"과 관세법 제32조 "유사물품의 거래가격에 기초한 과세가격 결정방법"이 될 수 있는지를 검토해 보면,

- 첫째, 응급상황 사용 목적으로 수입하는 쟁점물품은 식품의약품안전처로부터 승인된 환자에게만 공급 되어야 하고, **일반 판매용 의약품이 시판된 후에는 환자를 추가할 수 없다는 점**
- 둘째, 동 물품 투약(사용) 후에는 "의약품등의 안전에 관한 규칙 제29조 제4항"에 따라 **임상시험용의 약품 사용 결과를 식품의약품안전처장에게 제출하여야 하므로, 판매용으로 전용할 수 없는 점**
- 셋째, **판매용과는 달리 포장되어 수입되는 점**(흰색 박스에 임상시험용 의약품이라고 명기되어 있으며, "임상목적이외는 사용할 수 없음"이라는 문구가 표시되었을 뿐만 아니라, 품명은 "가나다"가 아닌 임상시험 study 번호 AAA-0000이 기재되어 있음, 외포장내 소포장도 구분되어 있음)
- 넷째, 수입 통관 전 한국의약품수출입협회에 행하는 **표준통관예정보고시 일반 판매용 물품과는 달리 응급상황 사용 승인서를 바탕으로 임상시험용으로 표기하여 표준통관예정보고를 이행하여야 하는 점**
- 다섯째, 각 병원에 배송시에 식품의약품안전처로부터 승인 받은 환자의 코드명과 이니셜도

제품포장에 기재되어 **해당 환자 이외에는 투약이 불가능한 물품인 점**
- 여섯째, 일반 판매용 물품과 물리적 특성 또는 품질은 동일하다 할 수 있으나, 환자의 제한 없이 의사의 처방에 따라 자유롭게 판매 가능한 정상 판매용 물품과는 달리 쟁점물품은 그 **상업적 특성 및 법적으로 지정된 사용 용도 등에 있어 응급사용 목적으로 수입하는 등 상이하며, 해당 물품을 취급하는 의사 또는 환자들도 두 물품을 동일한 물품으로 인식하지 않는다는 점**
- 위와 같은 검토 결과 관세법시행령 제25조에서는 동종·동질물품을 물리적 특성, 품질, 평판 등 모든 면에서 동일한 물품으로 정의하고 있는 바, 사용자의 평판 등 일반 판매용 물품과 달리 볼 이유가 많아 동종·동질물품으로 볼 수 없고, 일반 판매용 물품과 쟁점물품은 상업적으로 상호 교환이 불가능하므로(응급사용 승인 물품을 판매용으로 전용하는 것은 약사법 위반) 유사물품에도 해당하지 않음

2005년 제4회 관세평가협의회 결정사항 [결정 05-04-02]

[쟁점]

특수관계가 거래가격에 영향을 미친 결과 제6방법을 적용하여 과세가격을 결정하는 경우, 제4방법의 원칙을 신축적으로 해석하여 수입자가 국내 특수관계자에게 판매한 가격을 기초로 과세가격을 결정할 수 있는 지 여부

[결정]

관세법 제35조에 따라 합리적 기준에 의하여 과세가격을 결정하는 경우, 같은 법 제33조의 규정을 적용함에 있어, 수입 후 첫 번째 거래단계에서 특수관계가 없는 자에게 판매되지 아니 한 경우에는 다음 단계라도 **특수관계가 없는 자에게 판매한 가격을 기초로 과세가격을 결정**해야한다

〈이유〉

○ 제4방법을 적용하여 과세가격을 결정하는 경우, 수입 후 첫 번째 거래가 특수관계자간 거래시에는 동 국내판매가격을 사용할 수 없으므로(관세법 제33조 제1항 및 제2항) 이 경우에는 보틀링사가 국내 도소매업자에게 판매한 가격을 사용할 수밖에 없음(같은 뜻 : 관세청 평가일 22740-619, '90.2.28)

○ 따라서, 본 건의 경우 **제6방법을 적용하여 과세가격을 결정하는 경우**에는 위 유권해석에 따라 보틀링사가 국내 판매한 가격을 기초로 과세가격을 결정함이 타당함

○ 미국의 사례를 보면, 제4방법 적용시 수입 후 첫 번째 거래단계에서 특수관계가 없는 자에게 판매되지 아니 한 경우에는, 다음 단계라도 특수관계가 없는 자에게 판매한 가격을 기초로 과세가격을 결정해야하는 바, 요지는 역산가격은 수입 후 첫 번째 판매에 국한되는 것이 아니라, 특수관계가 없는 자에게 판매된 가격을 사용해야 된다는 것임 (545481, '94.9.14)

Topic 7
주요판례 내용 요약

[대법원 2013. 2. 28., 선고, 2010두16998, 판결]

> [판결요지]
>
> 관세법 제5조 제1항은 이 법을 해석하고 적용할 때에는 과세의 형평과 해당 조항의 합목적성에 비추어 납세자의 재산권을 부당하게 침해하지 아니하도록 하여야 한다고 규정하고 있는 점, 관세법 시행령 제27조 제4항이 관세법 제33조에 의한 국내판매가격을 기초로 한 과세가격 산정의 한 요소인 '통상적으로 부가되는 이윤 및 일반경비'를 일반적으로 인정된 회계원칙에 따라 작성된 회계보고서를 근거로 하여 산정하도록 하고 있는 이상, 과세가격 산정의 다른 요소들 또한 특별히 다른 규정이 있거나 다른 기준이 없는 한 일반적으로 인정된 회계원칙에 따른 금액을 근거로 산정하여야 과세가격 산정 근거가 되는 여러 가지 요소들의 금액 사이에 모순이나 충돌이 발생하지 않는 점, 우리나라가 가입한 세계무역기구(WTO) 관세평가협정의 부속서 I 주해 총설은 "일반적으로 인정되는 회계원칙(generally accepted accounting principles : GAAP)은 자세한 관행 및 절차가 될 수 있을 뿐만 아니라 일반적으로 적용되는 광범위한 지침(broad guidelines of general application)이 될 수 있고, 이 협약의 목적상 세계무역기구(WTO) 회원국의 세관 당국은 당해 조항에 적절한 것으로서 국내에서 일반적으로 인정되는 회계원칙과 일치되게 작성된 정보를 활용하여야 한다"고 규정하여, 관세법상 과세가격 산정에 있어서 별다른 기준이 없는 한 일반적으로 인정되는 회계원칙을 기준으로 삼아야 한다는 취지로 규정하고 있는 점, 국내에서 일반적으로 인정되는 회계원칙으로 볼 수 있는 기업회계기준 제38조(매출액)는 "상품 또는 제품의 매출액은 총매출액에서 매출에누리와 환입 및 매출할인을 차감한 금액으로 한다. 이 경우에 일정 기간의 거래수량이나 거래금액에 따라 매출액을 감액하는 것은 매출에누리에 포함된다"고 규정하고 있는 데다, 금융감독원(소관: 회계감리국)은 2006. 11. 24. '재무보고에 관한 실무의견서(제목 : 판매인센티브에 관한 회계처리)'에서 대량 구매에 따라 지급되는 현금보조와 현금할인은 기업회계기준상 매출에누리와 경제적 실질이 동일하므로 매출에서 차감하는 것이 타당하다고 발표한 점 등에 비추어 보면, 관세법 제33조 제1항 제1호가 정하고 있는 '**특수관계가 없는 자에게 가장 많은 수량으로 국내에서 판매되는 단위가격을 기초로 하여 산출한 금액**'은 일반적으로 인정된 회계원칙인 기업회계기준이 정한 바에 따라 '**특수관계가 없는 자에게 가장 많은 수량으로 국내에서 판매한 매출액에서 판매장려금을 공제한 금액**'이라고 봄이 상당하다.

Topic 8 주요 기출문제

[2020년도 문제]

01 아래 2가지 사례에서 세관은 수입자 X, Z가 각각 수입신고한 거래가격에대하여 관세법 제30조 제3항에 따른 거래가격 배제사유가 발생하여 관세법제31조 및 제32조에 따라 거래단계 및 거래 수량 차이에 대한 조정을 검토하고 있다. 아래의 거래사실을 바탕으로 다음 물음에 답하시오. (10점)

> (사례 1) 세관은 B가 도매상에게는 20 %, 소매상에게는 15 %의 할인율을 적용하고 있는 공표된 가격표를 고수하고 있는 것을 확인하였다. 아래의거래에서 Y에 대한 판매는 이 가격표에 따른다.
>
> 〈평가대상물품〉
>
> | 판매자 | 수량 | 단위가격 | 수입자 | 거래단계 |
> |---|---|---|---|---|
> | A | 2,800개 | 150원(CIF) | X | 도매 |
>
> 〈동종·동질물품〉
>
> | 판매자 | 수량 | 단위가격 | 수입자 | 거래단계 |
> |---|---|---|---|---|
> | B | 2,800개 | 250원(CIF) 할인율 15% | Y | 소매 |

(사례 2) 세관은 D가 판매하는 가격표는 진실된 것이며 판매자는 모든 구매자에게 구매수량에 따라 달라지는 가격으로 물품을 판매한다는 것을 밝혀냈다. 즉 2,000개 미만의 수량으로 구매하는 구매자의 가격은 CIF조건의500원인 반면에 2,000개 이상의 수량으로 구매하는 구매자의 가격은CIF조건의 475원이다.

〈평가대상물품〉

판매자	수량	단위가격	수입자	거래단계
C	1,700개	400원	Z	도매

〈동종·동질물품〉

판매자	수량	단위가격	수입자	거래단계
D	2,300개	475원	W	도매

물음1) 관세평가 목적상 동종·동질물품 및 유사물품의 개념에 대하여 각각 기술하시오. (4점)

물음2) (사례1)의 거래단계 및 수량차이에 대한 조정여부를 기술하고 과세가격을 산출하시오. (3점)

물음3) (사례2)의 거래단계 및 수량차이에 대한 조정 여부를 기술하고 과세가격을 산출하시오. (3점)

> 모범답안

1. 관세평가 목적상 동종·동질물품 및 유사물품의 개념
   (1) 동종·동질물품
   "동종·동질물품"이란 해당 수입물품의 생산국에서 생산된 것으로서 물리적 특성, 품질 및 소비자 등의 평판을 포함한 모든 면에서 동일한 물품(외양에 경미한 차이가 있을 뿐 그 밖의 모든 면에서 동일한 물품을 포함한다)을 말한다. (시행령 25조)

   (2) 유사물품
   "유사물품"이라 함은 당해 수입물품의 생산국에서 생산된 것으로서 모든 면에서 동일하지는 아니하지만 동일한 기능을 수행하고 대체사용이 가능할 수 있을 만큼 비슷한 특성과 비슷한 구성요소를 가지고 있는 물품을 말한다. (시행령 26조)

2. (사례1)의 거래단계 및 수량차이에 대한 조정 여부 및 과세가격 산출
   (1) 조정여부
   사례1의 경우 수량은 2,800개로 동일하므로 차이조정이 불필요하다. 다만, 도매상에게는 20 %, 소매상에게는 15 %의 할인율을 적용하고 있는 공표된 가격표가 존재하고 거래단계가 도매와 소매로 상이하므로 거래단계의 조정이 필요하다.

   (2) 과세가격 산출
   동종동질물품의 단가 250원(CIF)에 도매상에게 부여하는 20%의 할인율을 고려하면 200원이 된다.
   2방법에 따른 평가대상물품의 단가는 200원이며, 총 수량 2,800개를 고려하면 과세가격은 560,000원이 된다.

3. (사례2)의 거래단계 및 수량차이에 대한 조정 여부 및 과세가격 산출
   (1) 조정여부
   사례2의 경우 거래단계는 도매로 동일하므로 조정이 불필요하다. 다만, 수량의 경우 1,700개와 2,000개로 상이하며 2,000개를 기준으로 유효한 가격표에 의해 가격이 달라지므로 수량에 대한 차이조정은 필요하다.

   (2) 과세가격 산출
   2,000개 미만의 수량으로 구매하는 구매자의 가격은 CIF조건의 500원인 반면에 2,000개 이상의 수량으로 구매하는 구매자의 가격은 CIF조건의 475원이므로 평가대상물품의 경우 1,700개 이므로 수량에 따른 차이조정을 진행하면 CIF조건 500원이 3방법에 따른 개별단가가 된다. 이 때 총 수량 1,700개를 고려하면 과세가격은 850,000원이 된다.

[2020년도 문제]

02 아래의 거래내용을 바탕으로 수입신고한 해당물품에 대하여 관세법제33조에 따른 과세가격 결정과정을 기술하고, 과세가격을 산출하시오. (10점)

> 우리나라의 수입자 S사가 네덜란드 수출자 M사로부터 수입한 전기면도기 1,350개에 대하여 관세법 제33조에 따른 과세가격 결정방법으로 산출하고자 한다.
> 수입자 S사의 국내 판매내역은 아래 표와 같다. (단, 제시된 내용 외에 관세평가 목적상 다른 고려사항은 없다고 가정한다.)
>
> • 해당 물품의 선적일 : 2019. 12. 20. / 수입신고일 : 2020. 02. 02.
>
> | 판매순서 | 판매일자 | 판매수량 | 단위가격 | 비고 |
> |---|---|---|---|---|
> | 1 | 2020.02.15 | 300개 | 90,000원 | |
> | 2 | 2020.03.20 | 300개 | 100,000원 | |
> | 3 | 2020.04.10 | 100개 | 90,000원 | |
> | 4 | 2020.05.10 | 450개 | 80,000원 | |
> | 5 | 2020.06.08. | 200개 | 90,000원 | |
>
> • S사가 M사에게 지급한 수입물품 대금 : 45,000,000원
> • S사가 수입 시 해외 중개업자에게 지불한 중개수수료 : 1,200,000원
> • S사가 선적지로부터 우리나라까지 운송 관련하여 지불한 운임 및 보험료 : 8,500,000원
> • 수출국 선적 전 검사비용 : 600,000원
> • 선적항 체선료 : 500,000원
> • 국내 판매와 관련하여 발생한 운임, 창고료 등 : 1,600,000원
> • 해당 물품의 수입 및 국내 판매와 관련된 조세 : 11,150,000원
> • 관할세관장이 S사에 통보한 해당 물품이 국내에서 판매되는 때에 부가되는 이윤 및 일반경비 비율 : 20%
> • S사가 제출한 회계보고서를 근거로 계산한 이윤 및 일반경비의 비율 : 25%

모범답안

1. 관세법 제33조에 따른 과세가격 결정과정

(1) 4방법 적용

관세법 33조에 따르면, 1방법~3방법으로 과세가격을 결정할 수 없을 때에는 ①금액에서 ②부터 ④까지의 금액을 뺀 가격을 과세가격으로 한다. 다만, 납세의무자가 요청하면 4방법 적용에 앞서 5방법을 적용 할 수 있다.

① 해당 물품, 동종·동질물품 또는 유사물품이 수입된 것과 동일한 상태로 해당 물품의 수입신고일 또는 수입신고일과 거의 동시에 특수관계가 없는 자에게 가장 많은 수량으로 국내에서 판매되는 단위가격을 기초로 하여 산출한 금액
② 국내판매와 관련하여 통상적으로 지급하였거나 지급하여야 할 것으로 합의된 수수료 또는 동종·동류의 수입물품이 국내에서 판매되는 때에 통상적으로 부가되는 이윤 및 일반경비에 해당하는 금액
③ 수입항에 도착한 후 국내에서 발생한 통상의 운임·보험료와 그 밖의 관련 비용
④ 해당 물품의 수입 및 국내판매와 관련하여 납부하였거나 납부하여야 하는 조세와 그 밖의 공과금

다만, 국내에서 판매되는 단위가격이라 하더라도 그 가격의 정확성과 진실성을 의심할만한 합리적인 사유가 있는 경우에는 4방법 적용하지 아니할 수 있다.

(2) 초공제법 적용

해당 물품, 동종·동질물품 또는 유사물품이 수입된 것과 동일한 상태로 국내에서 판매되는 사례가 없는 경우 납세의무자가 요청할 때에는 해당 물품이 국내에서 가공된 후 특수관계가 없는 자에게 가장 많은 수량으로 판매되는 단위가격을 기초로 하여 산출된 금액에서 4방법에 따른 ②부터 ④까지의 금액과 국내 가공에 따른 부가가치의 금액을 뺀 가격을 과세가격으로 한다.

2. 과세가격 산출

(1) 국내판매단위가격

시행령 27조에 따르면, 국내에서 판매되는 단위가격이란 수입 후 최초의 거래에서 판매되는 단위가격을 말하며 최초거래의 구매자가 판매자 또는 수출자와 관세법상 특수관계에 있거나 생산지원을 하는 경우에는 제외하도록 규정하고 있다. 또한, 수입신고일과 거의 동시에 판매되는 단위가격은 당해 물품의 종류와 특성에 따라 수입신고일의 가격과 가격변동이 거의 없다고 인정되는 기간중의 판매가격으로 하며, 수입신고일부터 90일이 경과된 후에 판매되는 가격을 제외한다.

본 사례에서는 해당물품의 수입신고일 2020년 2월 2일로부터 90일이 경과된 4번,5번 판매를 제외하여야 한다. 나머지 1~3의 판매 중 가장 많은 수량으로 판매된 단위가격은 90,000원이 된다.

- 90,000원 : 400개
- 100,000원 : 300개

따라서 총 판매가격은 단위가격 90,000원을 총 수량 1,350개를 고려하면 121,500,000원이 된다.

(2) 이윤 및 일반경비

시행령 27조에 따르면, 이윤 및 일반경비는 일체로서 취급하며, 일반적으로 인정된 회계원칙에 따라 작성된 회계보고서를 근거로 하여 다음의 구분에 따라 계산한다.

① 납세의무자가 제출한 회계보고서를 근거로 계산한 이윤 및 일반경비의 비율이 동종·동류 비율의 100분의 110 이하인 경우: 납세의무자가 제출한 이윤 및 일반경비
② 그 외의 경우 : 동종·동류비율을 적용하여 산출한 이윤 및 일반경비

본 사례의 경우 S사 제출한 이윤 및 일반경비율 25%는 동종동류 비율 20%의 100분의 110을 초과하므로(25% 〉 22%) 동종동류 비율을 적용하여 산출한 이윤 및 일반경비가 공제된다.

따라서 동종동류비율인 20%를 적용하면 24,300,000원이 된다.

(3) 수입항 도착 후 운임

시행령 27조에 따르면, "그 밖의 관련 비용"이란 해당 물품, 동종·동질물품 또는 유사물품의 하역, 검수, 검역, 검사, 통관 비용 등 수입과 관련하여 발생하는 비용을 말한다.

본 사례의 경우 수입항 도착 후 수입과 관련하여 발생한 운임 등은 없으며, 국내판매와 관련하여 발생한 운임 등은 이윤 및 일반경비의 항목으로 이미 공제되는 비용이기 때문에 추가로 공제하지는 않는다.

(4) 조세 및 공과금

고시 31조에 따르면, "조세와 그 밖의 공과금"이 수입물품의 과세가격을 기초로 계산되는 경우에는 세관장이 제4방법을 적용하여 산출한 조세 등을 적용한다.

본 사례의 경우 해당 물품의 수입 및 국내 판매와 관련된 조세가 11,150,000원으로 제시되었으므로 해당 비용을 공제한다.

(5) 과세가격

국내판매단위가격(121,500,000원)에서 이윤 및 일반경비(24,300,000원), 조세 및 공과금(11,150,000원)을 공제하면 총 86,050,000원이 된다.

따라서 4방법에 따른 과세가격은 86,050,000원 이다.

[2020년도 문제]

03 아래 거래내용을 바탕으로 다음 물음에 답하시오(10점)

> - 우리나라에 소재한 수입자 A사는 수출국에 소재한 생산·수출자 B사로부터 수입한 제품의 과세가격 적정성에 대해 세관의 관세조사를 받고 있다.
> - 관세조사 진행 중 거래가격 배제사유가 확인되는 등 관세법 제30조 내지 제33조에 따라 과세가격을 결정할 수 없어, 관세법 제34조에 따라 과세가격을 결정하고자 한다.
> - 이에 A사 및 B사의 자료 제공 협조에 의해 세관이 확보한 B사가 부담한 제품생산 관련 회계정보 및 기타 제출자료는 다음과 같다.
>   - 해당 제품 생산에 사용된 원자재 비용 : 1,000,000 $
>   - 해당 제품 생산을 위한 직접적인 인건비 : 700,000 $
>   - 해당 제품 조립비용 : 300,000 $
>   - 생산 공장 감독, 플랜트 유지, 시간외근무 등과 같은 간접비용 : 200,000 $
>   - 해당 제품 설계도 구입비용 : 50,000 $ (우리나라에서 개발된 설계도를 A사로부터 구매)
>   - A사가 B사에게 지급하는 권리사용료 : 20,000 $
>   - 해당 제품의 수입항까지의 운임 및 보험료 : 30,000 $
>   - 수출국내 동종 또는 동류물품의 생산자가 우리나라에 수출 판매할 때의 통상의 이윤 및 일반경비 : 100,000 $ (당해 산업부문에서 통상적으로 반영되는 수치와 일치됨이 확인됨)

물음1) 관세평가협정상 동종 또는 동류물품(Goods of same class or kind)에 대해 기술하시오. (3점)

물음2) 관세법 제34조에 따른 과세가격 결정방법을 기술하고, 해당 수입물품의 과세가격을 산출하시오. (7점)

모범답안

1. 동종 또는 동류물품(Goods of same class or kind)

시행령 27조에 따르면, "동종·동류의 수입물품"이라 함은 당해 수입물품이 제조되는 특정산업 또는 산업부문에서 생산되고 당해 수입물품과 일반적으로 동일한 범주에 속하는 물품(동종·동질물품 또는 유사물품을 포함한다)을 말한다.

동종 또는 동류물품은 4방법과 5방법에서 공통적인 개념이나, 4방법에서의 동종동류물품은 다른 국가로부터의 수입물품도 모두 포함하는 개념이나 5방법에서의 동종동류물품은 동일한 국가로부터 수입한 물품에 한정된다는 차이점이 있다.

2. 5방법에 따른 과세가격 결정방법 및 과세가격 산출

(1) 5방법에 따른 과세가격 결정방법

관세법 34조에 따르면, 1방법~4방법으로 과세가격을 결정할 수 없을 때에는 다음의 금액을 합한 가격을 기초로 하여 과세가격을 결정한다.

① 해당 물품의 생산에 사용된 원자재 비용 및 조립이나 그 밖의 가공에 드는 비용 또는 그 가격

② 수출국 내에서 해당 물품과 동종·동류의 물품의 생산자가 우리나라에 수출하기 위하여 판매할 때 통상적으로 반영하는 이윤 및 일반 경비에 해당하는 금액

③ 해당 물품의 수입항까지의 운임·보험료와 그 밖에 운송과 관련된 비용으로서 제30조제1항제6호에 따라 결정된 금액

다만, ② 납세의무자가 해당 금액을 확인하는데 필요한 자료를 제출하지 않은 경우에는 5방법을 적용하지 않을 수 있다.

(2) 과세가격 산출

① 원자재비용 및 조립비 등

본 사례의 비용중 다음의 것은 수입물품의 생산에 사용된 원자재 비용 및 조립, 기타 가공비로 볼 수 있다.

- 해당 제품 생산에 사용된 원자재 비용: 1,000,000 $
- 해당 제품 생산을 위한 직접적인 인건비: 700,000 $
- 해당 제품 조립비용: 300,000 $
- 생산 공장 감독, 플랜트 유지, 시간외근무 등과 같은 간접비용: 200,000 $
- 해당 제품 설계도 구입비용: 50,000 $ (우리나라에서 개발된 설계도를 A사 로부터 구매)

② 이윤 및 일반경비

본 사례에서 당해 산업부문에서 통상적으로 반영되는 수치와 일치됨이 확인된 비용으로 수출국내 동종 또는 동류물품의 생산자가 우리나라에 수출 판매할 때의 통상의 이윤 및 일반경비 100,000 $이 제시되었으므로 산정가격에 포함된다.

③ 수입항까지의 운임 및 보험료 등
본 사례의 비용 중 해당 제품의 수입항까지의 운임 및 보험료: 30,000 $은 산정가격에 포함된다.

④ A사가 B사에게 지급하는 권리사용료: 20,000 $
구매자가 판매자에게 지급하는 권리사용료는 5방법에 따른 과세가격 산정시에 추가되는 고려사항이 아니므로 별도로 산정가격에 포함하지 않는다.

⑤ 과세가격
원자재비용 등(2,250,000$) + 이윤 및 일반경비(100,000$) + 수입항까지의 운임(30,000$) = 2,380,000$이 된다.
즉 5방법에 따른 과세가격은 2,380,000$이다.

부록 주제별 WTO관세평가협정

제2,3방법 PART

WTO 관세평가협정 제1부 관세평가 규칙 제2조(Article 2)

1. (a) If the customs value of the imported goods cannot be determined under the provisions of Article 1, the customs value shall be the transaction value of identical goods sold for export to the same country of importation and exported at or about the same time as the goods being valued.

    (b) In applying this Article, the transaction value of identical goods in a sale at the same commercial level and in substantially the same quantity as the goods being valued shall be used to determine the customs value. Where no such sale is found, the transaction value of identical goods sold at a different commercial level and/or in different quantities, adjusted to take account of differences attributable to commercial level and/or to quantity, shall be used, provided that such adjustments can be made on the basis of demonstrated evidence which clearly establishes the reasonableness and accuracy of the adjustment, whether the adjustment leads to an increase or a decrease in the value.

2. Where the costs and charges referred to in paragraph 2 of Article 8 are included in the transaction value, an adjustment shall be made to take account of significant differences in such costs and charges between the imported

1. (a) 만약 수입물품의 과세가격이 제1조의 규정에 따라 결정될 수 없는 경우, 과세가격은 동일한 수입국으로 수출하기 위하여 판매되고 평가대상 물품과 동시 또는 거의 동시에 수출된 동종·동질 물품의 거래가격이어야 한다.

    (b) 이 조를 적용함에 있어서, 평가대상 물품과 동일한 거래단계와 실질적으로 동일한 수량으로 판매되는 동종·동질 물품의 거래가격이 과세가격 결정에 사용되어야 한다. 이러한 판매가 발견되지 아니하는 경우에, 다른 거래단계 및 / 또는 다른 수량으로 판매되는 동종·동질물품의 거래가격이 거래단계 및 / 또는 수량에 기인하는 차이를 감안할 수 있도록 조정하여 사용하여야 한다. 다만, 이 경우의 조정은 가격이 증가 또는 감소되는지 여부와 상관없이 조정의 합리성과 정확성을 명확하게 확립할 수 있는 입증된 증거를 기초로 이루어져야 한다.

2. 제8조 제2항에서 규정하고 있는 비용 및 부담금이 거래가격에 포함되는 경우, 운송거리 및 운송형태의 차이로 인하여 발생하는 수입물품과 해당 동종·동질 물품 간의 그러한 비용 및

goods and the identical goods in question arising from differences in distances and modes of transport.

3. If, in applying this Article, more than one transaction value of identical goods is found, the lowest such value shall be used to determine the customs value of the imported goods.

부담금의 중요한 차이를 감안할 수 있도록 조정이 이루어져야 한다.

3. 이 조를 적용함에 있어서, 발견되는 동종·동질 물품의 거래가격이 둘 이상 있는 경우, 가장 낮은 가격이 수입물품의 과세가격의 결정에 사용되어야 한다.

WTO 관세평가협정 제1부 관세평가 규칙 제3조(Article 3)

1. (a) If the customs value of the imported goods cannot be determined under the provisions of Articles 1 and 2, the customs value shall be the transaction value of similar goods sold for export to the same country of importation and exported at or about the same time as the goods being valued.

   (b) In applying this Article, the transaction value of similar goods in a sale at the same commercial level and in substantially the same quantity as the goods being valued shall be used to determine the customs value. Where no such sale is found, the transaction value of similar goods sold at a different commercial level and/or in different quantities, adjusted to take account of differences attributable to commercial level and/or to quantity, shall be used, provided that such adjustments can be made on the basis of demonstrated evidence which clearly establishes the reasonableness and accuracy of the adjustment, whether the adjustment leads to an increase or a decrease in the value.

2. Where the costs and charges referred to in paragraph 2 of Article 8 are included in the transaction value, an adjustment shall be made

1. (a) 만약 수입물품의 과세가격이 제1조 및 제2조의 규정에 따라 결정될 수 없는 경우, 과세가격은 동일한 수입국으로 수출하기 위하여 판매되고 평가대상 물품과 동시 또는 거의 동시에 수출된 유사 물품의 거래가격이어야 한다.

   (b) 이 조를 적용함에 있어서, 평가대상 물품과 동일한 거래단계와 실질적으로 동일한 수량으로 판매되는 유사 물품의 거래가격이 과세가격 결정에 사용되어야 한다. 이러한 판매가 발견되지 아니하는 경우에, 다른 거래단계 및 / 또는 다른 수량으로 판매되는 유사물품의 거래가격이 거래단계 및 / 또는 수량에 기인하는 차이를 감안할 수 있도록 조정하여 사용하여야 한다. 다만, 이 경우의 조정은 가격이 증가 또는 감소되는지 여부와 상관없이 조정의 합리성과 정확성을 명확하게 확립할 수 있는 입증된 증거를 기초로 이루어져야 한다.

2. 제8조 제2항에서 규정하고 있는 비용 및 부담금이 거래가격에 포함되는 경우, 운송거리 및 운송형태의 차이로 인하여 발생하는 수입물품

to take account of significant differences in such costs and charges between the imported goods and the similar goods in question arising from differences in distances and modes of transport.	과 해당 유사물품 간의 그러한 비용 및 부담금의 중요한 차이를 감안할 수 있도록 조정이 이루어져야 한다.
3. If, in applying this Article, more than one transaction value of similar goods is found, the lowest such value shall be used to determine the customs value of the imported goods.	3. 이 조를 적용함에 있어서, 발견되는 유사물품의 거래가격이 둘 이상 있는 경우, 가장 낮은 가격이 수입물품의 과세가격 결정에 사용되어야 한다.

WTO 관세평가협정 제1부 관세평가 규칙 제15조(Article 15)

1. In this Agreement : (a) "customs value of imported goods" means the value of goods for the purposes of levying ad valorem duties of customs on imported goods; (b) "country of importation" means country or customs territory of importation; and (c) "produced" includes grown, manufactured and mined.	1. 이 협정에서, (a) "수입물품의 과세가격"은 수입물품에 종가관세를 부과하기 위한 물품가격을 말한다. (b) "수입국"은 수입국 또는 수입 관세영역을 말한다. 그리고 (c) "생산된"은 '재배된', '제조된' 및 '채광된'을 포함한다.
2. In this Agreement (a) "identical goods" means goods which are the same in all respects, including physical characteristics, quality and reputation. Minor differences in appearance would not preclude goods otherwise conforming to the definition from being regarded as identical; (b) "similar goods" means goods which, although not alike in all respects, have like characteristics and like component materials which enable them to perform the same functions and to be commercially interchangeable. The quality of the goods, their reputation and the existence of a trademark are among the factors to be considered in determining whether goods are similar;	2. 이 협정에서, (a) "동종·동질 물품"은 물리적 특성, 품질 및 평판을 포함한 모든 면에서 동일한 물품을 말한다. 그 밖의 점에서 정의에 부합하는 물품이라면 외양상의 경미한 차이 때문에 동종·동질 물품에서 제외되지 않는다. (b) "유사물품"은 모든 면에서 동일하지는 아니하지만 동일한 기능을 수행할 수 있게 하고 상업적으로 상호 대체사용이 가능할 수 있을 만큼 비슷한 특성과 비슷한 구성요소를 가지고 있는 물품을 말한다. 물품의 품질, 평판 및 상표의 존재는 물품이 유사한지 여부를 결정하는데 있어 고려되는 요소들이다.

(c) The terms "identical goods" and "similar goods" do not include, as the case may be, goods which incorporate or reflect engineering, development, artwork, design work, plans and sketches for which no adjustment has been made under paragraph 1(b)(ⅳ) of Article 8 because such elements were undertaken in the country of importation;

(d) Goods shall not be regarded as "identical goods" or "similar goods" unless they were produced in the same country as the goods being valued;

(e) Goods produced by a different person shall be taken into account only when there are no identical goods or similar goods, as the case may be, produced by the same person as the goods being valued.

3. In this Agreement "goods of the same class or kind" means goods which fall within a group or range of goods produced by a particular industry or industry sector, and includes identical or similar goods.

4. For the purposes of this Agreement, persons shall be deemed to be related only if :
   (a) they are officers or directors of one another`s businesses;
   (b) they are legally recognized partners in business;
   (c) they are employer and employee;
   (d) any person directly or indirectly owns, controls or holds 5 per cent or more of the outstanding voting stock or shares of both of them;
   (e) one of them directly or indirectly controls the other;
   (f) both of them are directly or indirectly

(c) 용어 "동종·동질 물품" 및 "유사 물품"에는 수입국내에서 수행되었기 때문에 제8조 제1항 (b)(ⅳ)에 따라 조정되지 아니한 기술, 개발, 공예, 디자인, 설계, 고안을 결합하거나 반영한 물품은 경우에 따라 포함되지 않을 수도 있다.

(d) 평가대상 물품과 동일한 국가에서 생산되지 않는 물품들은 "동종·동질 물품" 또는 "유사 물품"으로 간주되지 않는다.

(e) 경우에 따라, 평가대상 물품을 생산한 사람이 생산한 동종·동질 물품 또는 유사 물품이 없는 경우에만 다른 사람이 생산한 물품이 고려된다.

3. 이 협정에서 "동종 또는 동류의 물품"은 어느 특정 산업 또는 산업 부문에서 생산된 품목군 또는 범주에 해당하는 물품을 말하며 동종·동질 또는 유사 물품을 포함한다.

4. 이 협정의 목적상, 다음 각 호에 해당되는 사람만을 특수관계가 있는 것으로 간주한다.
   (a) 양 당사자가 상호 사업상의 임원 또는 관리자인 경우
   (b) 양 당사자가 법률상 인정되는 사업상의 동업자인 경우
   (c) 양 당사자가 고용주와 피고용인인 경우
   (d) 특정인이 양 당사자의 의결권이 있는 발행주식 또는 지분을 직접 또는 간접으로 5% 이상을 소유, 통제, 보유하는 자인 경우
   (e) 양 당사자중 한쪽 당사자가 다른 쪽 당사자를 직접 또는 간접으로 지배하는 경우
   (f) 양당사자가 제3자에 의하여 직접 또는 간접

controlled by a third person; (g) together they directly or indirectly control a third person; or (h) they are members of the same family. 5. Persons who are associated in business with one another in that one is the sole agent, sole distributor or sole concessionaire, however described, of the other shall be deemed to be related for the purposes of this Agreement if they fall within the criteria of paragraph 4.	으로 지배를 받는 경우 (g) 양당사자가 제3자를 직접 또는 간접으로 공동 지배하는 경우, 또는 (h) 양당사자가 동일 친족의 구성원인 경우 5. 표현여부에 관계없이 한쪽이 다른 쪽의 독점 대리인, 독점공급권자(독점유통업자) 또는 독점영업권자로 서로 사업상 제휴관계에 있는 자들은 제4항의 기준에 해당되면, 이 협정의 목적상 특수관계가 있는 것으로 간주된다.1. (a) 만약 수입물품의 과세가격이 제1조의 규정에 따라 결정될 수 없는 경우, 과세가격은 동일한 수입국으로 수출하기 위하여 판매되고 평가대상 물품과 동시 또는 거의 동시에 수출된 동종·동질 물품의 거래가격이어야 한다. (b) 이 조를 적용함에 있어서, 평가대상 물품과 동일한 거래단계와 실질적으로 동일한 수량으로 판매되는 동종·동질 물품의 거래가격이 과세가격 결정에 사용되어야 한다. 이러한 판매가 발견되지 아니하는 경우에, 다른 거래단계 및 / 또는 다른 수량으로 판매되는 동종·동질물품의 거래가격이 거래단계 및 / 또는 수량에 기인하는 차이를 감안할 수 있도록 조정하여 사용하여야 한다. 다만, 이 경우의 조정은 가격이 증가 또는 감소되는지 여부와 상관없이 조정의 합리성과 정확성을 명확하게 확립할 수 있는 입증된 증거를 기초로 이루어져야 한다.

부속서 I 주해 제2조에 대한 주해

1. 제2조를 적용함에 있어서 세관당국은 가능한 경우에는 언제나, 평가대상 물품과 동일한 거래 단계와 실질적으로 동일한 수량의 동종·동질 물품의 판매를 사용해야 한다. 그러한 판매가 발견되지 아니할 경우에는 다음 세 가지 조건 중 어느 하나에 부합하는 동종·동질 물품의 판매가 사용될 수 있다. (a) 거래 단계는 같으나 수량이 다른 판매 (b) 거래 단계는 다르나 수량은 실질적으로 같은 판매, 또는 (c) 거래 단계가 다르고 수량도 다른 판매

2. 이들 세 가지 조건 중 어느 하나에 부합되는 판매를 발견하면, 각 사안별로 다음에 대하여 조정한다. (a) 수량 요소들만 (b) 거래 단계 요소들만, 또는 (c) 거래 단계 및 수량 요소들 모두

3. "및 / 또는"이라는 표현은 판매를 사용함에 있어서 그리고 위에 기술된 세 가지 조건 중 어느 하나에 대하여 필요한 조정을 행함에 있어서 융통성을 허용한다.

4. 제2조의 목적상, 동종·동질 수입물품의 거래가격이란, 제조에 따라 이미 수용된 바 있는 과세가격으로서 제1항 (b) 및 제2항에서 규정한 바와 같이 조정된 것을 말한다.

5. 다른 거래단계 또는 다른 수량으로 인한 조정의 조건은 해당 가격이 증가 또는 감소되는지 여부와 상관없이 조정에 대한 합리성과 정확성을 명확하게 확립할 수 있는 입증된 증거, 예를 들면, 다른 단계 또는 다른 수량에 대한 가격을 포함하고 있는 유효한 가격표 등을 기초로 이루어져야 한다. 이러한 예로서, 만약 평가대상 수입물품의 수량이 10 단위인데 비해 거래가격이 존재하는 유일한 동종·동질 수입물품은 500 단위로 판매되었고 판매자가 수량할인을 제공하고 있음이 인정되는 경우, 판매자의 가격표에서 10단위의 판매에 적용되는 가격을 이용하여 필요한 조정을 할 수 있다. 이것은 해당 가격표가 다른 수량의 판매에서 진실된 것임이 입증되는 한, 10단위 수량의 판매가 반드시 있어야 함을 요구하는 것은 아니다. 그러나 그러한 객관적인 척도가 없는 경우에는 제2조의 규정에 따라 과세가격을 결정하는 것은 적절하지 않다.

부속서 I 주해 제3조에 대한 주해

1. 제3조를 적용함에 있어, 세관당국은 가능한 경우에는 언제나, 평가대상 물품과 동일한 거래 단계와 실질적으로 동일한 수량의 유사 물품의 판매를 사용해야 한다. 그러한 판매가 발견되지 아니할 경우에는 다음 세 가지 조건 중 어느 하나에 부합하는 유사 물품의 판매가 사용될 수 있다. (a) 거래 단계는 같으나 수량이 다른 판매 (b) 거래 단계는 다르나 수량은 실질적으로 같은 판매, 또는 (c) 거래 단계가 다르고 수량도 다른 판매

2. 이들 세 가지 조건 중 어느 하나에 부합되는 판매를 발견하면, 각 사안별로 다음에 대하여 조정한다. (a) 수량 요소들만 (b) 거래 단계 요소들만, 또는 (c) 거래 단계 및 수량 요소들 모두

3. "및 / 또는"이라는 표현은 판매를 사용함에 있어서 그리고 위에 기술된 세 가지 조건 중 어느 하나에 대하여 필요한 조정을 행함에 있어서 융통성을 허용한다.

4. 제3조의 목적상, 유사 물품의 거래가격이란 제1조에 따라 이미 수용된 바 있는 과세가격으로서 제1항 (b) 및 제2항에서 규정한 바와 같이 조정된 것을 말한다.

5. 다른 거래단계 또는 다른 수량으로 인한 조정의 조건은 해당 가격이 증가 또는 감소되는지 여부와 상관없이 조정에 대한 합리성과 정확성을 명확하게 확립할 수 있는 입증된 증거, 예를 들면, 다른 단계 또는 다른 수량에 대한 가격을 포함하고 있는 유효한 가격표 등을 기초로 이루어져야 한다. 이러한 예로서, 만약 평가대상 수입물품의 수량이 10 단위인데 비해 거래가격이 존재하는 유일한 유사 수입물품은 500 단위로 판매되었고 판매자가 수량할인을 제공하고 있음이 인정되는 경우, 판매자의 가격표에서 10단위의 판매에 적용되는 가격을 이용하여 필요한 조정을 할 수 있다. 이것은 해당 가격표가 다른 수량의 판매에서 진실된 것임이 입증되는 한, 10단위 수량의 판매가 반드시 있어야 함을 요구하는 것은 아니다. 그러나 그러한 객관적인 척도가 없는 경우에는 제3조의 규정에 따라 과세가격을 결정하는 것은 적절하지 않다.

예해 1.1 협정목적상 동종·동질물품 또는 유사물품

1. 이 예해는 제2조 및 제3조 적용에 대한 일반적인 문맥에서 동종·동질 및 유사물품에 대한 문제를 검토한다.

2. 해당 원칙은 제15조에 규정되어 있다. 원칙은 "동종·동질 물품"은 다음을 포함한 모든 면에서 동일한 물품이라고 규정한다.

    (a) 물리적 특성
    (b) 품질 및
    (c) 평판

    그 밖의 점에서 정의에 부합하는 물품이라면 외양상의 경미한 차이 때문에 동종·동질 물품에서 제외되지 않는다.

3. "유사 물품"은 모든 면에서 동일하지는 아니하지만

    (a) 비슷한 특성과
    (b) 비슷한 구성요소를 가지고 있어
    (c) 동일한 기능을 수행할 수 있게 하고
    (d) 상업적으로 상호 대체사용을 할 수 있게 하는 물품을 말한다.

    물품이 유사한지 여부를 결정하는데 여러 요소가 있지만 물품의 품질, 평판 및 상표의 존재여부가 고려된다.

4. 또한 제15조는 평가대상 물품과 동일한 국가에서 생산된 물품만이 해당 물품에 대한 동종·동질 또는 유사 물품으로 간주될 수 있고, 평가대상 물품의 생산자에 의하여 생산된 동종·동질 또는 유사 물품이 없는 경우에만 평가대상 물품의 생산자를 제외한 자가 생산한 물품이 고려된다고 명시하고 있다. 더욱이, 수입국내에서 수행된 기술, 개발, 공예, 디자인, 설계 및 고안을 결합하거나 반영한 물품은 "동종·동질 물품" 또는 "유사 물품"의 용어에 포함되지 않는다고 규정하고 있다.

5. 이 원칙들의 적용을 고려하기 전에, 제2조 및 제3조 적용의 일반적인 맥락에서 동종·동질 또는 유사 물품의 결정을 검토하는 것이 유용할 것이다. 제1조가 대부분의 수입물품에 적용되므로 이 두 조항이 빈번하게 쟁점이 될 것으로 예상되지 않는다. 제2조 또는 제3조가 적용되는 이러한 경우에는 세관과 수입자간에 이들 조항 중 하나에 따라 과세가격을 결정하기 위한 목적의 협의가 있어야 할 것이다. 이러한 협의는 다른 출처로부터 얻은 정보와 함께 세관이 협정의 목적상 만약 있다면 어떤 물품이 동종·동질 또는 유사 물품으로 간주될 수 있는지를 결정할 수 있게 해줄 것이다. 명백하게 답이 분명하여 시장조사나 수입자와 협의가 필요하지 않은 경우도 많을 것이다.

6. 제15조의 원칙은 비교대상 물품에 관련된 해당 시장의 특정한 사실을 기초로 적용되어야 한다. 이러한 결정을 하는데 있어서 제기될 수 있는 쟁점들은 비교대상 물품의 특성과 시장 상황의 차이로 인하여 달라질 것이다. 올바른 결정에 도달하기 위해 제15조에서 정하고 있는 원칙에 입각하여 각 사안별 사실들에 대한 신중한 분석이 필요할 것이다.

7. 다음의 예시들은 제15조에 따라 물품이 동종·동일한지 또는 유사한지를 결정하는데 있어 원칙의 적용을 설명하기 위한 것으로 특정 사안에 대한 일련의 결정들을 구성하기 위한 것은 아니다. 예시는 그의 범위로 한정되므로, 물품이 동종·동질 또는 유사 물품으로 간주될 수 있기 전에 각 예시에 나타낸 조건에 더하여 제15조의 나머지 요건도 당연히 충족되어야 한다.

■ 예시 1

다른 용도로 수입된 화학적 구성, 끝마무리 및 크기가 동일한 철판의 경우

수입자가 차체용으로 철판의 일부를 사용하고 나머지는 용광로의 내장재로 사용한다고 할지라도 이 물품들은 동종·동질 물품이다.

■ 예시 2

실내 장식가와 도매 유통(공급)업자가 수입한 벽지의 경우

한편으로는 실내 장식가가, 다른 한편으로는 도매 공급(유통)업자가 다른 가격으로 수입한다 할지라도 모든 면에서 동일한 벽지는 협정 제2조 목적상 동종·동질 물품에 해당된다.

비록 가격 차이가 동종·동질 또는 유사 물품인지의 여부를 검토함에 있어서 고려하여야 할 요소인 품질이나 평판 상의 차이를 나타낼 수 있다 할지라도, 가격 그 자체는 그러한 요소가 아니다. 거래 단계 및/또는 수량에 대한 조정은 제2조를 적용함에 있어 당연히 필요할 수 있다.

■ 예시 3

미조립 상태의 정원용 살충제 분무기와 조립된 동일 디자인 분무기의 경우

분무기는 분리할 수 있는 두 가지 부품으로 구성되어 있다. (1) 뚜껑에 부착된 펌프와 노즐 (2) 살충제 용기. 분무기를 사용하기 위해서는 해체하여, 용기에 살충제를 채우고 뚜껑을 잠그면 사용할 준비가 된다. 비교대상 분무기는 한쪽은 조립된 상태이고 다른 쪽은 미조립된 상태인 것을 제외하고 물리적 특성, 품질 및 평판을 포함한 모든 면에서 동일하다.

조립 행위는 일반적으로 조립된 물품과 미조립 물품을 동종·동질 또는 유사 물품으로 처리하는 것을 배제할 것이다. 그러나 이 사례와 같이 물품이 통상의 사용과정에서 조립 및 해체되도록 디자인된 경우에는 그 조립 행위의 특성은 조립된 물품과 미조립된 물품을 동종·동질물품으로 간주하는 것을 배제하지 않는다.

■ 예시 4
거의 동일한 형태, 크기 및 색깔의 꽃을 피우는 품종이 다른 동일한 크기의 튤립 뿌리의 경우
뿌리가 동일한 품종이 아니므로, 동종·동질 물품이 아니다. 하지만 거의 동일한 형태, 크기 및 색깔의 꽃을 피우고 상업적으로 대체사용이 가능하므로 유사물품이다.

■ 예시 5
두 명의 다른 제조자로부터 수입하는 내부 튜브(inner tube)의 경우
동일한 규격의 범위에 해당하는 고무재질의 내부 튜브가 동일한 국가에 위치한 두 명의 다른 생산자로부터 수입된다. 각 생산자는 다른 상표를 사용하고 있지만, 두 생산자가 제조한 내부 튜브는 동일한 규격, 동일한 품질, 대등한 평판을 가지고, 수입국내 자동차 제조자들에 의해 사용된다. 내부 튜브는 다른 상표를 보유하므로 모든 면에서 동일하지 않으며 제15조 제2항(a)에 의한 동종·동질 물품으로 간주되어서는 안 된다. 비록 모든 면에서 동일하지는 아니하지만 내부 튜브는 동일한 기능을 수행할 수 있게 하는 비슷한 특성과 구성요소를 가지고 있다. 물품들이 동일한 규격, 동일한 품질로 만들어졌고, 대등한 평판을 받고 있으며 상표를 갖고 있기 때문에, 상표가 다르더라도 두 물품은 유사 물품으로 간주되어야 한다.

■ 예시 6
분석용의 특별등급의 과산화나트륨과 비교되는 표백용의 일반등급의 과산화나트륨의 경우
특별등급의 과산화나트륨은 순도가 매우 높은 원료를 사용하는 공정에서 분말형태로 제조되기 때문에 일반등급보다 가격이 훨씬 비싸다. 일반등급의 과산화나트륨은 분석용의 사양을 충족할 정도의 충분한 순도를 갖고 있지 않고 확실히 용해도 되지 않고 분말상태의 물품도 아니기 때문에 특별등급을 대체하여 사용될 수 없다. 그 물품들은 모든 면에서 동일한 물품이 아니기 때문에 동종·동질 물품이 아니다. 유사성과 관련하여, 특별등급의 과산화나트륨은 표백용으로 사용되거나 화학제품의 대량 생산용으로 사용되지 않는다. 그런 용도로는 가격이 워낙 비싸기 때문이다. 두 종류의 과산화나트륨은 분명히 비슷한 특성과 비슷한 구성요소를 가지지만, 일반등급의 과산화나트륨은 분석용으로 사용될 수 없기 때문에 상업적으로 상호 대체사용이 가능하지 않다.

■ 예시 7
종이용 잉크와 종이 및 직물 겸용 잉크의 경우
협정 제3조와 제15조 제2항(b)의 목적상 유사물품이 되기 위해서는 무엇보다도 물품이 서로 상업적으로 상호 대체사용이 가능할 수 있어야 한다. 종이 인쇄용에만 적합한 품질의 잉크는 비록 종이 및 직물 인쇄 겸용 품질의 잉크가 종이 인쇄업에서 상업적으로 수용된다 할지라도 종이 및 직물 인쇄 겸용 품질의 잉크와 유사한 물품이 아니다.

예해 10.1 협정 제1조 제2항 (b)호와 제2조 및 제3조에 따른 상업적 단계 및 수량 차이에 대한 조정

일반

1. 협정을 적용할 때, 제1조 제2항(b)(비교가격), 제2조 제1항(b)(동종·동질 물품) 및 제3조 제1항(b)(유사 물품)에 대하여 거래 단계 및 수량의 입증된 차이를 고려하여 조정하는 것이 필요할 것이다. 비록 제1조 제2항(b)의 용어가 제2조 제1항(b) 및 제3조 제1항(b)와 다소 다르지만, 관련된 원칙은 동일하다는 것은 명백하다. 즉, 거래 단계 또는 수량에 기인하는 차이는 고려되어야 하고, 조정의 합리성과 정확성을 명확하게 확립할 수 있는 입증된 증거에 기초하여 필요한 조정을 하는 것이 가능하여야 한다.

2. 세관이 제1조 제2항(b)에 따른 비교가격 또는 제2조 및 제3조에 따른 동종·동질 물품 또는 유사 물품의 거래가격을 결정하는데 사용될 수 있는 거래를 인지하게 된 경우에는, 그 거래가 평가대상 물품과 동일한 거래 단계 및 실질적으로 동일한 수량으로 이루어졌는지 입증하여야 한다. 만일 거래 단계와 수량이 해당 거래에 관하여 비교할 만하다면 이들 요소에 대한 별도의 조정은 필요하지 않다.

3. 그러나 거래 단계 및 수량에 차이가 있다면 가격 또는 가치가 그러한 차이에 의하여 영향을 받았는지 여부를 결정할 필요가 있을 것이다. 거래 단계 또는 수량에 차이의 단순한 존재는 그 자체로 조정을 하도록 요구하지 않는다는 것에 유념해야 한다. 가격 또는 가치의 차이가 거래 단계 또는 수량에 기인하는 경우에만 조정이 필요할 것이며 조정은 합리성과 정확성을 명확하게 확립할 수 있는 입증된 증거를 기초로 이루어져야 한다. 이러한 조건이 충족될 수 없다면 조정은 이루어질 수 없다.

4. 다음 예시는 단지 다른 거래 단계와 수량에 대한 조정의 문제를 수반하는 상황을 설명하며, 운송거리 및 운송수단의 차이와 같은 기타 조정요소는 포함하지 않는다. 제2조 및 제3조에 대한 예시의 목적상, 수입물품의 과세가격은 제1조의 규정에 따라 결정될 수 없고 동종·동질 또는 유사 물품의 과거에 수용된 거래가격을 기초로 결정되어야 함을 전제한다.

5. 동종·동질 물품에 대한 다음의 예시는 유사 물품에 동일하게 적용된다.

1) 제2조 및 제3조의 적용

○ 동일한 거래 단계 및 수량 – 조정 없음

■ 예시 1

(수입물품의 거래가격)

판매자	수량	단가	수입자	거래단계
E	1,700	5 c.u.(C.I.F.)	I	도 매

(동종·동질 물품의 판매와 관련한 거래가격)

판매자	수량	단가	수입자	거래단계
R	1,700	6 c.u.(C.I.F.)	I	도 매

이 사례에서는 조정이 필요하지 않으며 c.i.f. 조건의 6 c.u.의 거래가격은 제2조에 따른 과세가격이다.

○ 동일한 거래 단계, 다른 수량 – 조정 없음
　단계 또는 수량에 차이가 있으나 판매자가 물품을 판매할 때 단계 또는 수량을 고려하지 않으므로 그러한 차이가 상업적 관련성을 가지지 않는 상황이 발생할 수 있다. 이러한 경우에는 조정이 요구되지 않는다.

■ 예시 2

(수입물품의 거래가격)

판매자	수량	단가	수입자	거래단계
E	2,000	5 c.u.(C.I.F.)	I	도 매

(동종·동질 물품의 판매와 관련한 거래가격)

판매자	수량	단가	수입자	거래단계
R	1,700	6 c.u.(C.I.F.)	P	도 매

세관은 R이 최소한 물품 1,000 단위를 구매하는 모든 구매자에게 6 c.u.의 가격으로 물품을 판매하지만 그 외에는 구매수량에 따라 가격을 변경하지 않는다고 확정하였다. 이러한 경우에는, 수량에 차이가 있더라도 동종·동질 물품의 판매자가 두 거래 모두가 이루어진 수량 범위 이내에서는 가격을 변경하지 않기 때문에 그 차이는 가격에 영향을 미치지 않았다. 그러므로 수량에 대한 조정은 필요하지 않다. c.i.f. 조건의 6 c.u.의 거래가격은 제2조에 따른 과세가격이 된다.

○ 다른 거래 단계, 다른 수량 – 조정 없음

■ 예시 3

(수입물품의 거래가격)

판매자	수량	단가	수입자	거래단계
E	1,500	5 c.u.(C.I.F.)	I	도 매

(동종·동질 물품의 판매와 관련한 거래가격)

판매자	수량	단가	수입자	거래단계
R	1,200	6 c.u.(C.I.F.)	P	소 매

R은 구매 단계에 따라 가격을 변경하지 않고 최소한 1,000 단위를 구매하는 누구에게나 단위당 6 c.u.에 판매한다. 이 예시에서는 비록 거래 단계에 차이는 있지만, 동종·동질 물품의 판매자는 거래 단계와 상관없이 모든 구매자에게 판매하기 때문에 단계에서 기인하는 가격 차이는 없다. 또한, 두 거래가 모두 1,000 단위를 초과하는 점에서 수량에 대해 비교할 만하므로 수량에 대한 조정은 필요하지 않다. 이 경우에는 c.i.f. 조건의 6 c.u.의 거래가격이 제2조에 따른 과세가격이 된다.

○ 다른 거래 단계, 다른 수량 – 조정

가격 차이가 거래 단계 또는 수량에 기인하는 경우에는, 평가대상 물품과 동일한 거래단계 및 실질적으로 동일한 수량의 가격을 결정하기 위해 조정이 이루어져야 한다. 이러한 조정이 이루어지는 경우, 동종·동질 또는 유사 물품 판매자의 판매관행이 결정 요소가 된다.

수량의 차이 때문에 조정이 필요한 경우에는 해당 조정 금액이 쉽게 결정될 수 있어야 한다. 그러나 거래 단계와 관련하여 사용되는 기준이 그렇게 명확하지 않을 수 있다. 세관은 동종·동질 또는 유사 물품 판매자의 판매관행을 검토해야 할 것이다. 판매자의 관행이 명확하다면, 평가대상 물품 수입자의 활동에 대한 검토는 동종·동질 또는 유사물품의 판매자가 어떤 거래 단계를 수입자에게 부여하는지를 결정하는 기초를 제공할 것이다. 이러한 정보의 진전은 일반서설에서 언급한 바와 같이, 관련 당사자 간의 협의를 요구할 것이다.

■ 예시 4

(수입물품의 거래가격)

판매자	수량	단가	수입자	거래단계
E	1,700	4 c.u.(C.I.F.)	I	도 매

(동종·동질 물품의 판매와 관련한 거래가격)

판매자	수량	단가	수입자	거래단계
F	2,300	4.75 c.u.(C.I.F.)	R	도 매

세관은 F가 판매하는 가격표는 진실된 것이며 판매자는 모든 구매자에게 구매수량에 따라 달라지는 가격으로 물품을 판매한다는 것을 밝혀냈다. 즉, 2,000개 미만의 수량으로 구매하는 구매자에 대한 가격은 c.i.f. 조건의 5 c.u.인 반면에, 2,000개 이상의 수량으로 구매하는 구매자에 대한 가격은 c.i.f. 조건의 4.75 c.u.이다.

구매수량의 차이는 물품이 판매되는 가격에 영향을 미치는 상업적인 관련 요소이며 수량에 기인한 차이에 대한 조정이 이루어져야 한다. 이 사례에서 수량에 대한 조정 금액은 0.25 c.u.이다. 즉, c.i.f. 조건의 5 c.u.는 제2조에 따른 과세가격이 된다.

앞에서 언급한 것처럼, 제2조 및 제3조는 조정의 합리성과 정확성을 명확하게 확립할 수 있는 입증된 증거를 기초로 조정이 이루어져야 한다는 것을 요구한다.

제2조 및 제3조에 대한 주해에서는 다른 단계 또는 다른 수량에 따른 가격을 포함하고 있는 가격표를 이러한 증거의 예시로 규정하고 있다. 가격표가 진실된 것인지에 대한 결정은 사안별로 이루어져야 할 것이다. 이러한 객관적인 수단이 없는 경우에는, 제2조 및 제3조의 규정에 따른 과세가격 결정은 경우에 따라 적절하지 않을 수 있다.

■ 예시 5

(수입물품의 거래가격)

판매자	수량	단가	수입자	거래단계
D	2,800	1.5 c.u.(C.I.F.)	K	도 매

(동종·동질 물품의 판매와 관련한 거래가격)

판매자	수량	단가	수입자	거래단계
E	2,800	2.5 c.u.(C.I.F.)-할인율 15%	R	소 매

세관은 E가 도매상에게는 20%, 소매상에게는 15%의 할인율을 적용하고 있는 공표된 가격표를 고수하고 있는 것을 확인하였다. 상기 거래에서 R에 대한 판매는 이 가격표에 따른다. 따라서 이 증거는 가격표의 c.i.f. 조건의 2.50 c.u.의 단위가격과 도매 단계에 대한 20%의 할인율을 사용하여 동종·동질 물품의 거래가격을 조정하는 것을 허용한다. 그러므로 2.50 c.u.에 20%의 할인율을 적용한 가격이 제2조에 따른 과세가격이 된다.

2) 제1조 제2항(b)의 적용

○ 다른 거래 단계, 동일한 수량 – 비교할 만한 비교가격

특수관계자간의 판매에 있어, 제1조 제2항(b)는 수입자에게 가격이 해당 규정의 목(subparagraph)에서 규정된 비교가격 중에 하나와 거의 근접함을 입증할 기회를 제공한다. 결과적으로 비교가격은 적절한 경우 단계 및 수량을 포함한 모든 면에서 입증되어야 한다. 이러한 요소의 조정을 위한 제1조 제2항(b)의 원칙은 제1조 제2항(b)에 따른 조정이 비교 목적으로만 비교가격에 대하여 이루어지는 반면에 동종·동질 또는 유사 물품의 거래가격에 대한 조정은 수입물품의 과세가격을 결정하기 위한 목적이라는 것을 제외하고는 제2조 및 제3조의 원칙과 동일하다.

■ 예시 6

(수입물품의 거래가격)

판매자	수량	단가	수입자	거래단계
E	1,700	5 c.u.(C.I.F.)	I	도 매

(특수관계가 없는 구매자의 동종·동질 물품의 판매와 관련한 거래가격)

판매자	수량	단가	수입자	거래단계
F	1,700	6 c.u.(C.I.F.)-	M	소 매

세관은 F가 도매상에게 c.i.f. 조건의 5 c.u.에 물품을 판매하는 것과 I가 도매상인 것을 확인한다.

이 사례의 조정 금액은 1 c.u.이다. 단계에서 기인한 차이를 감안한 비교가격은 5 c.u.이다. 특수관계자간 가격이 위에서 결정된 비교가격과 같으므로, 해당 가격은 제1조에 따른 거래가격으로 수용될 수 있다.

입증된 증거가 결여된 경우 – 비교가격 배제

■ 예시 7

(수입물품의 거래가격)

판매자	수량	단가	수입자	거래단계
E	20,050	1.5 c.u.(C.I.F.)	I	도 매

(특수관계가 없는 구매자의 동종·동질 물품의 판매와 관련한 거래가격)

판매자	수량	단가	수입자	거래단계
E	1,020	2.1 c.u.(C.I.F.)-	F	소 매

E는 가끔 독립적인 소매상에게만 판매한다고 진술한다. E는 독립적인 도매상에 대한 판매는 없었지만 판매한다면 가격은 c.i.f. 조건의 1.50 c.u.일 것이라고 추가로 진술한다. E는 특수관계가 없는 도매상에게 판매하지 않았고 진술한 가격으로 판매할 의사만 표시하고 있어, 조정의 합리성을 결정할 입증된 증거가 부족하다. 단계의 차이에 대한 조정이 이루어질 수 없기 때문에 I가 제출한 비교가격은 비교 목적으로 수용될 수 없다. 특수관계에 대한 문제가 있을 때 제1조에 따라, 또는 제2조 또는 제3조에 따라 물품을 평가하기 위해서는 일반적으로 수입자와 세관간의 협의(consultations)가 있어야 한다. 이러한 협의와 다른 출처로부터의 정보는 세관으로 하여금 조정이 이루어질 필요가 있는 지 여부와 입증된 증거를 기초로 조정이 이루어질 수 있는지 여부를 결정할 수 있도록 할 것이다.

해설 1.1 협정 제1조, 제2조 및 제3조와 관련한 시간적 요소

제1조
1. 관세평가 협정 제1조는 수입물품의 과세가격은 거래가격, 즉 필요한 모든 조정이 이루어지고 특정 조건이 충족된다면 수입국으로 수출하기 위하여 판매된 때에(when sold) 물품에 대하여 실제로 지급하였거나 지급하여야 할 가격이어야 한다고 명시하고 있다.

2. 제1조나 해당 주해에는 실제로 지급하였거나 지급하여야 할 가격이 과세가격을 산출하기 위한 타당한 기초가 되는지 여부를 결정할 때 고려하여야 할 실제 거래에 대한 외부적 시간 기준(a time standard external)에 대한 어떠한 언급도 없다.

3. 협정 제1조의 평가 방법에 따라, 과세가격을 결정하는 기초는 수입을 야기하는 판매에서 결정된 실제 가격이며, 거래가 발생한 시간은 중요하지 않다.

   이와 관련하여, 제1조제1항의 "판매된 때(when sold)"라는 표현은 가격이 제1조 목적상 타당한지 여부를 결정할 때 고려되어야 하는 시간에 대한 어떠한 암시를 제공하는 것으로 간주되어서는 안 된다. 이것은 단지 관련된 거래의 유형, 즉, 수입국으로 수출하기 위하여 판매된 해당 물품과 관련된 거래의 유형을 나타내는 것이다.

4. 결론적으로, 제1조에서 규정하고 있는 조건이 충족된다면, 수입물품의 거래가격은 판매 계약이 체결된 시점과 계약 체결일 이후의 어떠한 시가 변동과도 상관없이 수용되어야 한다.

5. 제1조는 제2항(b)에서는 시간 기준에 대한 보충적인 언급을 하고 있으나 이것은 단지 "비교" 가격과 관련된 것이므로 제1조에 따라 거래가격을 결정하는데 있어 관련된 시간 요소가 없다는 상황에 영향을 주지 않는다.

6. 제2항(b)는 특수관계자간 판매에 있어, 거래가격이 동시 또는 거의 동시에 발생하는 세 가지의 선택 가능한 가격 중 어느 하나에 거의 근접함을 수입자가 입증하는 경우에는 언제든지 거래가격은 수용되어야 하고 물품은 제1항의 규정에 따라 평가되어야 한다고 규정하고 있다. 그러나 "동시 또는 거의 동시에 발생하는"이라는 조건이 고려할 유일한 참고사항이라고 한다면, 어떤 경우에는 평가대상 물품에 영향을 미치는 조건과 비교가격을 제공하는 물품에 영향을 미치는 조건 사이에 실질적인 차이가 있을 수 있고 부적절한 비교를 야기할 수 있다.

7. 제2항(b)의 적용은 이 협정의 원칙에 일치하는 방식으로 적용되어야 한다. 제2조 및 제3조의 목적상 비교의 기준이 되는 수출시점은 하나의 접근 방식이 될 것이다.

8. 협정의 기본 틀 내에서 다른 방안들, 해당 비교가격의 기저를 이루고 있는 원칙에 적용된 특정한 시간 기준들이 또한 가능할 것이다. 즉, 제조 제2항(b)호 (i)에 있어서는 평가대상 물품을 수입국으로 수출하는 시점, 제1조 제2항(b)호 (ii)에 있어서는 평가대상 물품을 수입국에서 판매하는 시점, 제1조 제2항(b)호 (iii)에 있어서는 평가대상 물품을 수입하는 시점이 가능하다.

제2조 및 제3조

9. 협정 제2조 및 제3조에서는 시간 요소를 다르게 취급하고 있다. 수입물품의 평가에 있어서 독자적인 요소 즉, 물품에 대하여 실제로 지급하였거나 지급하여야 할 가격에 기초하고 있는 제1조와는 달리, 제2조 및 제3조는 제1조에 따라 이전에 결정된 바 있는 가격 즉, 동종·동질 또는 유사 수입물품의 거래가격을 규정하고 있다.

10. 적용의 일관성을 위해 제2조 및 제3조는 이들 조항의 규정에 따라 결정되는 과세가격은 평가대상 물품과 동시 또는 거의 동시에 수출된 동종·동질 또는 유사 물품의 거래가격이라고 규정하고 있다. 그러므로 이들 조항은 그 적용에 대하여 고려되어야 할 외부적 시간 기준(external time standard)을 설정하고 있다.

11. 제2조 및 제3조에 따라 적용 가능한 외부적 시간 기준은 평가대상 물품이 수출된 때의 시간이지 판매된 때의 시간이 아니라는 점에 유념해야 한다.

12. 이러한 외부적 시간 기준은 해당 조항의 실무적인 적용을 감안하여야 한다. 그러므로 "또는 거의"라는 단어는 단순히 "동시에"라는 용어를 다소 융통성 있게 만들려는 의도로 간주되어야 한다. 아울러, 일반서설에 따라 협정은 과세가격을 상업적 관행에 일치하는 단순하고 공평한 기준에 기초하는 것을 추구한다는 것에 유념하여야 한다. 이러한 원리로부터 출발하여 "동시 또는 거의 동시에"는 가능한 수출일에 근접하면서 가격에 영향을 미치는 상업적 관행 및 시장조건이 동일하게 유지되는 범위 내에 있는 기간을 포함하는 것으로 보아야 한다. 결국, 쟁점은 제2조 및 제3조의 적용에 대한 전체적인 맥락 안에서 사안별로 결정되어야 한다.

13. 물론 시간에 대한 요건은 제3조가 적용되기 전에 제2조가 철저히 검토될 것을 요구하는 협정의 엄격한 적용순서를 변경할 수 없다. 그러므로 유사 물품(동종·동질 물품이 아니라)의 수출시점이 평가대상 물품의 시점과 더 근접하다고 하여 제2조와 제3조의 적용순서를 결코 바꿀 수는 없다.

관세평가에 있어 중요한 시간

14. 협정 제1조, 제2조 및 제3조 적용에 있어 시간 요소의 역할에 대한 상기 논의는 당연히 관세평가상 중요한 시간과 아무런 관련이 없다. 제9조는 통화 환산에 대해서만 시간이 고려되어야 한다고 규정하고 있다.

제4방법 PART

WTO관세평가협정 제5조

1. (a) If the imported goods or identical or similar imported goods are sold in the country of importation in the condition as imported, the customs value of the imported goods under the provisions of this Article shall be based on the unit price at which the imported goods or identical or similar imported goods are so sold in the greatest aggregate quantity, at or about the time of the importation of the goods being valued, to persons who are not related to the persons from whom they buy such goods, subject to deductions for the following :

    (ⅰ) either the commissions usually paid or agreed to be paid or the additions usually made for profit and general expenses in connection with sales in such country of imported goods of the same class or kind;

    (ⅱ) the usual costs of transport and insurance and associated costs incurred within the country of importation;

    (ⅲ) where appropriate, the costs and charges referred to in paragraph 2 of Article 8; and

    (ⅳ) the customs duties and other national taxes payable in the country of importation by reason of the importation or sale of the goods.

   (b) If neither the imported goods nor identical nor similar imported goods are sold at or about the time of importation of the goods

1. (a) 해당 수입물품 또는 동종·동질 또는 유사 수입물품이 수입국내에서 수입된 것과 동일한 상태로 판매된다면, 이 조의 규정에 따른 수입물품의 과세가격은 평가대상 물품의 수입시기와 동시 또는 거의 동시에 해당 수입물품 또는 동종·동질 또는 유사 수입물품이 그러한 물품의 수입자와 특수관계가 없는 자에게 가장 많은 수량으로 판매되는 단위가격에서 다음을 공제한 가격을 기초로 하여야 한다.

    (ⅰ) 동종 또는 동류의 수입물품의 수입국내에서 판매와 관련하여 통상적으로 지급하였거나 지급할 것으로 합의한 수수료 또는 통상적으로 이윤 및 일반경비로써 부가되는 금액

    (ⅱ) 수입국내에서 발생되는 통상적인 운임, 보험료 및 관련 비용,

    (ⅲ) 필요한 경우, 제8조제2항에 규정된 비용 및 부담금; 및

    (ⅳ) 물품의 수입 또는 판매로 인하여 수입국내에서 지급하여야 할 관세 및 기타 국세

   (b) 만약 평가대상 물품의 수입시기와 동시 또는 거의 동시에 해당 수입물품, 동종·동질 또는 유사 수입물품 중 어느 것도 판매된 것이 없

being valued, the customs value shall, subject otherwise to the provisions of paragraph 1(a), be based on the unit price at which the imported goods or identical or similar imported goods are sold in the country of importation in the condition as imported at the earliest date after the importation of the goods being valued but before the expiration of 90 days after such importation.

2. If neither the imported goods nor identical nor similar imported goods are sold in the country of importation in the condition as imported, then, if the importer so requests, the customs value shall be based on the unit price at which the imported goods, after further processing, are sold in the greatest aggregate quantity to persons in the country of importation who are not related to the persons from whom they buy such goods, due allowance being made for the value added by such processing and the deductions provided for in paragraph 1(a).

다만, 과세가격은 그 외의 요건에 대해서는 제1항 (a)의 규정을 따르는 조건으로, 평가대상 물품의 수입 후 가장 빠른 날에, 그러나 최대한 90일 이내에 수입된 것과 동일한 상태로 수입국에서 판매된 해당 수입물품 또는 동종·동질 또는 유사 수입물품의 단위가격을 기초로 하여야 한다.

2. 해당 수입물품 또는 동종·동질 또는 유사 수입물품 중 어느 것도 수입된 것과 동일한 상태로 수입국에서 판매된 경우가 없고, 수입자의 요청이 있는 때에는, 과세가격은 해당 수입물품이 추가 가공된 후 수입국내에서 그러한 물품의 수입자와 특수관계가 없는 자에게 가장 많은 수량으로 판매된 단위가격을 기초로 하되, 그러한 가공으로 부가된 가치 및 제1항 (a)에 규정된 공제 대상을 적절히 감안하여야 한다.

부속서 I 주해 제5조에 대한 주해

1. "가장 많은 수량으로 판매되는 …. 물품의 단위가격"은 수입 후 최초 거래 단계의 판매에서 그러한 물품의 수입자와 특수관계가 없는 자에게 가장 많은 단위가 판매된 가격을 말한다.

2. 이러한 예로서, 물품은 대량 구매에 대하여 유리한 단위가격을 허용하는 가격표에 따라 판매된다. 판매수량 단위가격 판매회수 가격별 총판매수량 1-10개 100 5개 10회 65 3개 5회 11-25개 95 11개 5회 55 25개 이상 90 30개 1회 80 50개 1회 특정한 가격으로 판매된 가장 많은 단위수량은 80이다. 그러므로 가장 많은 수량의 단위가격은 90이다

3. 다른 예로, 두 번의 판매가 있다. 첫 번째 판매에서는 500개가 단위당 95 화폐단위의 가격으로 판매된다. 두 번째 판매에서는 400개가 단위당 90 화폐단위의 가격으로 판매된다. 이 예의 경우, 특정한 가격으로 판매된 가장 많은 단위수량은 500이다. 그러므로 가장 많은 수량의 단위가격은 95이다.

4. 세 번째 사례는 다양한 수량이 다양한 가격으로 판매되는 다음과 같은 상황이 있을 것이다. (a) 판매내역 판매수량 단위가격 40 개 100 30 개 90 15 개 100 50 개 95 25 개 105 35 개 90 5 개 100 (b) 합 계 총판매수량 단위가격 65 90 50 95 60 100 25 105 이 예의 경우, 특정한 가격으로 판매된 가장 많은 단위수량은 65이다. 그러므로 가장 많은 수량의 단위가격은 90이다.

5. 수입물품의 생산 및 수출하기 위한 판매와 관련하여 사용하도록 제8조 제1항 (b)에 명시된 어느 요소를 무료 또는 인하된 가격으로 직접 또는 간접으로 공급하는 자에 대한 위 제1항에서 설명한 수입국내 판매는 제5조 목적의 단위가격을 결정함에 있어 고려되지 않아야 한다.

6. 제5조 제1항에서 규정하고 있는 "이윤 및 일반경비"는 전체로서 취급되어야 함을 유의해야 한다. 이 공제를 위한 수치는 수입자가 제출한 수치가 동종 또는 동류의 수입물품을 수입국내에서 판매할 때 얻어진 수치와 불일치하지 않는 한 수입자가 제공하거나 수입자를 대신하여 제공된 정보를 기초로 결정되어야 한다. 수입자가 제출한 수치가 이러한 수치와 불일치하는 경우, 이윤 및 일반경비는 수입자 또는 수입자를 대신하여 제출된 정보 이외의 관련 정보가 근거가 될 수 있다.

7. "일반경비"는 해당 물품의 마케팅에 대한 직접비 및 간접비를 포함한다.

8. 물품의 판매를 이유로 납부하여야 하는 지방세가 제5조 제1항(a)(ⅳ)의 규정에 따라 공제되지 아니한 경우에는 제5조 제1항(a)(ⅰ)의 규정에 따라 공제되어야 한다.

9. 제5조 제1항의 규정에 따른 수수료 또는 통상의 이윤 및 일반경비 중 어느 하나를 결정함에 있어서, 특정 물품이 다른 물품과 "동종 또는 동류"인지 여부는 관련된 상황에 따라 사안별로 결정되어야 한다. 평가대상 물품을 포함하고 필요한 정보를 제공받을 수 있는 동종 또는 동류의 수입물품에 대한 가장 한정된 그룹 또는 범위의 수입국 내에서의 판매가 검토되어야 한다. 제5조의 목적상 "동종 또는 동류의 물품"은 평가대상 물품과 같은 국가에서 수입된 물품뿐만 아니라 다른 나라에서 수입된 물품도 포함한다.

10. 제5조 제1항 (b)의 목적상, "가장 빠른 날"은 해당 수입물품 또는 동종·동질 또는 유사 수입물품에 대한 단위가격을 결정하는데 충분한 수량으로 판매가 이루어진 날짜가 되어야 한다.

11. 제5조 제2항의 방법이 사용되는 경우, 추가 가공에 따라 부가된 가치에 대한 공제는 그러한 작업 비용에 관련되는 객관적이고 수량화할 수 있는 자료를 근거로 이루어져야 한다. 인정된 산업 방식, 비법, 공사방법 및 기타 산업관행은 계산의 근거를 구성한다.

12. 제5조 제2항에 규정된 평가방법은 추가 가공의 결과로 수입물품이 그 동질성을 상실한 때에는 일반적으로 적용되지 않는 것으로 인정되고 있다. 하지만 그럼에도 불구하고, 수입물품의 동질성이 상실된다 할지라도 추가 가공에 따라 부가된 가치를 무리한 어려움이 없이 정확하게 결정할 수 있는 경우가 있을 수 있다. 다른 한편으로, 수입물품이 동질성을 유지하고는 있지만 수입국 내에서 판매된 물품에 부차적인 요소를 구성함에 지나지 않기 때문에 이러한 평가방법에 대한 사용이 정당화되지 않는 경우도 있을 수 있다. 위의 관점에서 이러한 유형에 대한 각 상황은 사안별로 검토되어야 한다.

예해 15.1 공제가격방법의 적용

1. 이 예해는 제5조 제1항의 규정을 운영하면서 발생할 수 있는 일반적인 특성의 문제를 기술한다. 이러한 점에서 제5조에 대한 주해에서 이미 중요한 지침을 제공한다.

2. 일반적으로, 협정 제5조에 따른 공제가격 방법의 적용은 상황에 따라 달라질 수 있다. 그러므로 제5조의 실무적인 적용은 각 사안별 상황을 고려하여 신축적인 접근을 요구한다.

3. 가장 많은 수량의 판매를 결정함에 있어 제기될 수 있는 첫 번째 쟁점은 제5조제1항의 적용이 해당 수입물품 또는 해당 수입물품의 수입자가 수입한 동종·동질 또는 유사 수입물품의 판매로 제한되는 것인지 또는 다른 수입자가 수입한 동종·동질 또는 유사 물품의 판매도 고려하도록 허용하는 것인지 여부이다.

4. 제5조 제1항(a)와 이에 대한 주해는 다른 수입자가 수입한 동종·동질 또는 유사 물품의 판매에 대해 고려하는 것을 금지하는 것으로 보이지는 않지만, 실무적인 조치로서, 수입자가 해당 수입물품 또는 동종·동질 또는 유사 물품의 판매를 행한다면, 다른 수입자가 행하는 동종·동질 및 / 또는 유사 물품의 판매를 고려할 필요는 없을 것이다.

5. 세관은 평가대상 수입물품의 수입자의 해당 수입물품, 동종·동질 또는 유사 수입물품의 판매가 있는 경우에 다른 수입자가 행한 판매를 고려할 필요가 있는지 여부를 각 개별 사안의 상황을 고려하여 결정해야 한다.

6. 첫 번째 쟁점과 밀접하게 관련된 또 다른 쟁점은 제5조 제1항을 적용함에 있어 단위가격 결정에 해당 수입물품, 동종·동질 또는 유사 수입물품의 판매를 사용하는데 적용순서(hierarchy)가 있는지 여부이다.

7. 제5조 제1항(a)의 실무적인 적용에서 해당 수입물품의 판매를 사용할 수 있다면, 가장 많은 수량으로 판매되는 단위가격을 결정할 목적으로 동종·동질 또는 유사 수입물품의 판매를 고려할 필요가 없을 것이다. 해당 수입물품의 판매를 사용할 수 없는 경우에는 동종·동질 또는 유사 물품의 판매가 순차적인

순서에 따라 사용될 수 있다.

8. 제5조 제1항에 따라 단위가격을 결정한 후, 동 조에서 규정된 요소를 공제할 필요가 있다.

9. 이 규정의 실무적인 운영에 있어, 몇 가지 요소가 고려되어야 할 필요가 있다. 하나는 "통상적으로 지급하였거나 지급하여야 할 것으로 합의한" 것으로 간주될 수 있는 수수료 또는 이윤 및 일반경비의 금액을 결정하는데 필요한 기준과 관련 있다.

10. 제5조와 이에 대한 주해의 표현은 공제는 동종 또는 동류의 수입물품이 수입국내에서 판매될 때 통상적으로 얻는 수수료 또는 이윤 및 일반경비의 금액에 대하여 행해진다는 것을 명백하게 한다. 이러한 공제는 그 수치가 통상적인 것과 불일치하지 않는 한 수입자가 제공하거나 또는 수입자를 대신하여 제공한 수치에 근거하여야 한다.

11. 수수료 또는 이윤 및 일반경비의 통상적인 금액은 평가대상 물품의 종류(class or kind)에 따라 달라질 수 있는 금액의 범위의 금액이 될 수 있다. 범위가 수용되기 위해서는, 모집단이 너무 광범위하거나 너무 부족해서는 안 된다. 그 범위가 "통상적인" 금액이 되기 위해서는 명백하고 쉽게 인식되어야 한다. 다른 접근방법, 예를 들면 압도적인 금액(그러한 금액이 존재하는 경우)이나 산술 또는 가중 평균된 금액 역시 사용할 수 있다.

12. 또 다른 고려사항은 제5조는 수수료 또는 이윤 및 일반경비 중 하나가 공제된다고 단순히 규정하고 있지만 이들 중 어느 것이 공제될 지 결정하기 위한 기준을 규정하지 않는다는 것이다. 이러한 쟁점을 취급함에 있어 과세가격은 상업적 관행과 일치하는 단순하고 공평한 기준을 기초로 해야 한다는 것을 인정하는 협정의 일반서설을 고려할 때, 수수료에 대한 공제는 평가대상 물품의 수입국 내에서 판매가 대리/위탁을 기초로 행해졌거나 행해질 경우에 일반적으로 발생한다. 이윤 및 일반경비에 대한 공제는 일반적으로 수수료를 포함하지 않는 거래에서 발생하고 있다.

13. 또 다른 쟁점은 수수료와 이윤 및 일반경비의 통상적인 금액에 대한 최신 자료의 수집 및 유지와 관계가 있다.

14. 실무적인 사항으로서, 수수료 또는 이윤 및 일반경비의 통상적인 금액을 확인하기 위해 필요한 자료를 지속적으로 수집하고 유지하는 것은 유용해 보이지 않는다. 필요한 경우, 그러한 자료는 특정 요건을 충족하기 위해서만 생성될 수 있다. 대부분의 경우, 실무적인 적용은 세관이 다품목 취급회사, 수입자 수가 한정되어 있는 소규모산업, 특수관계 거래가 많은 산업 등을 수반하는 상황을 사안별로 고려할 것을 요구한다. 이와 관련하여, 세관은 자신의 기록을 사용할 수 있다. 또한 자료는 무역기구, 다른 수입자, 회계법인, 무역 및 재정업무를 관장하는 정부기관 또는 일체의 다른 신뢰할 만한 출처로부터 얻어질 수도 있다.

15. 자료를 얻기 위한 방법은 국가별 사정에 따라 다양할 수 있으나, 그 중에서 요청에 따라 호의에 기초하여 그 자료를 제공할 수 있는 동종 또는 동류 물품의 알려진 수입자들에 대한 조사와 알려진 수입자들과 관련된 평가 재검토가 포함될 수 있다. 법인이 특정 상품별로 이윤 및 일반경비 정보를 보유하지 않을 수도 있다는 점을 고려하면, 행정당국은 충분한 정보가 취득될 수 있는 최소 물품군 또는 물품 범위로부터 이윤 및 일반경비를 검토하는 원칙을 따라야 할 수 있다.

권고의견9.1　공제가격 방법을 적용할 경우 덤핑방지관세 및 상계관세의 처리

1. 덤핑방지(anti-dumping) 또는 상계(countervailing) 관세 부과대상인 수입물품이 협정 제5조에 따른 공제가격 방법(deductive method)으로 평가되는 경우에 이들 관세를 수입국의 국내판매 가격에서 공제해야 하는가?

2. 관세평가기술위원회는 다음과 같은 견해를 표명하였다.
   공제가격 방법에 따라 과세가격을 결정함에 있어서 덤핑방지와 상계 관세는 관세 및 기타 국세로서 협정 제5조 제1항(a)(iv)에 따라 공제되어야 한다.

제5방법 PART

WTO관세평가협정 제6조

1. The customs value of imported goods under the provisions of this Article shall be based on a computed value. Computed value shall consist of the sum of :
   (a) the cost or value of materials and fabrication or other processing employed in producing the imported goods;
   (b) an amount for profit and general expenses equal to that usually reflected in sales of goods of the same class or kind as the goods being valued which are made by producers in the country of exportation for export to the country of importation;
   (c) the cost or value of all other expenses necessary to reflect the valuation option chosen by the Member under paragraph 2 of Article 8.

2. No Member may require or compel any person not resident in its own territory to produce for examination, or to allow access to, any account or other record for the purposes of determining a computed value. However, information supplied by the producer of the goods for the purposes of determining the customs value under the provisions of this Article may be verified in another country by the authorities of the country of importation with the agreement of the producer and provided they give sufficient advance notice to the government of the country in question and the latter does not object to the investigation.

1. 이 조의 규정에 따른 수입물품의 과세가격은 산정가격(computed value)을 기초로 한다. 산정가격은 다음 금액의 합으로 구성된다.

   (a) 수입물품의 생산에 사용된 재료 및 조립 또는 기타 가공에 소요되는 비용 또는 가치,

   (b) 수출국의 생산자가 평가대상 물품과 동종 또는 동류인 물품을 수입국으로 수출하기 위하여 판매할 때 통상적으로 반영되는 이윤 및 일반경비에 해당하는 금액

   (c) 제8조 제2항에 따라 회원국이 선택한 평가방법을 반영하는데 필요한 제반 기타 경비의 비용 또는 가치

2. 어떠한 회원국도 산정가격을 결정할 목적으로 자국 영토 내에 거주하지 아니하는 자에게 회계장부 또는 기타 기록을 심사에 사용하기 위해 제출하게 하거나, 이에 대한 접근을 허용하도록 요구하거나 강제할 수 없다. 다만, 생산자가 동의하고, 수입국 당국이 당사국 정부에 충분한 시간을 두고 미리 통지하고 당사국 정부도 해당 조사를 반대하지 않는 경우에는 이 조의 규정에 따라 과세가격을 결정할 목적으로 해당 물품의 생산자가 제공한 정보를 수입국 당국이 당사국 내에서 검증할 수는 있다.

부속서 I 주해   제6조에 대한 주해

1. 일반적으로, 과세가격은 수입국 내에서 쉽게 입수할 수 있는 정보를 근거로 이 협정에 따라 결정된다. 그럼에도 불구하고 산정가격을 결정하기 위해서는 평가대상 물품의 생산 비용과 수입국 외부에서 얻어져야 하는 다른 정보를 검토하는 것이 필요할 수 있다. 더구나 대부분의 경우 물품의 생산자는 수입국 당국의 관할권을 벗어나 있다. 산정가격 방법의 사용은 일반적으로 구매자와 판매자가 특수관계에 있고, 생산자가 필요한 원가계산서를 수입국 당국에 제출할 준비가 되어 있으며, 필요한 경우 일체의 사후 검증에 대하여 편의를 제공할 준비가 되어 있을 경우에 한정된다.

2. 제6조 제1항 (a)에 규정된 "비용 또는 가격"은 생산자에 의하여 또는 생산자를 대신하여 제출되는 평가대상 물품의 생산에 관한 정보를 기초로 결정된다. 생산자의 회계장부가 해당 물품이 생산된 국가에서 적용되는 일반적으로 인정된 회계원칙에 부합되는 경우라면 비용 또는 가격은 그 회계장부를 근거로 한다.

3. 해당 "비용 또는 가격"에는 제8조 제1항 (a)(ii)과 (iii)에서 명시하고 있는 요소들의 비용들 포함하여야 한다. 여기에는 또한 수입물품의 생산과 관련하여 사용하기 위해 구매자가 직접 또는 간접으로 제공한 제8조 제1항 (b)에 명시된 요소에 대하여 제8조에 대한 주해의 관련 규정에 따라 적절히 배분된 가격을 포함한다. 수입국 내에서 수행되는 제8조 제1항 (b)(iv)에 명시된 해당 요소 가격은 그러한 요소를 생산자가 부담하는 경우에만 포함된다. 이 항에서 규정하고 있는 요소의 비용 또는 가격은 산정가격 결정에 있어 결코 중복 계산되지 않아야 한다는 것으로 이해되어야 한다.

4. 제6조 제1항 (b)에 규정된 "이윤 및 일반경비의 금액"은, 생산자의 수치가 수출국 내의 생산자가 수입국에 수출하기 위하여 평가대상 물품과 동종 또는 동류인 물품을 판매할 때 통상적으로 반영되는 수치와 불일치하지 않는 한, 생산자에 의하여 또는 생산자를 대신하여 제출된 정보를 기초로 결정하여야 한다.

5. 이와 관련하여 "이윤 및 일반 경비에 대한 금액"은 전체로서 취급되어야 한다는 점에 유의해야 한다. 어떤 특별한 경우에, 생산자의 이윤 수치는 낮고 생산자의 일반경비는 높은 경우임에도 불구하고 함께 취급된 생산자의 이윤 및 일반경비는 동종 또는 동류의 물품의 판매에서 통상적으로 반영된 것과 일치할 수 있다. 예를 들면, 어떤 상품이 수입국 내에서 출시되고 생산자는 출시와 관련된 높은 일반경비를 상쇄하기 위하여 무 이윤 또는 낮은 이윤을 감수하는 상황이 발생할 수 있다. 생산자가 특별한 상업적인 상황 때문에 수입물품의 판매에서 낮은 이윤을 입증할 수 있는 경우, 생산자가 낮은 이윤을 정당화할 수 있는 타당한 상업적인 이유를 갖고 있고 생산자의 가격정책이 관련 산업분야의 일반적인 가격정책을 반영한다면 생산자의 실제 이윤수치는 고려되어야 한다. 예를 들면, 이러한 상황은 생산자가 예견할 수 없는 수요하락 때문에 일시적으로 어쩔 수 없이 가격을 인하해야 하는 경우 또는 생산자가 수입국에서 생산되는 범주의 물품을 보충하기 위하여 물품을 판매하고 경쟁력을 유지하기 위하여 낮은 이윤을 감수하는 경우에 발생할 수 있다. 이윤 및 일반경비에 대한 생산자 자신의 수치가 수입국으로 수출하기 위하여 수출국 내의 생산자가 평가대상 물품과 동종 또는 동류인 물품을 판매하는 때에 통상적으로 반영되는 수치와 일치하지 않는 경우, 이윤 및 일반경비에 대한 금액은 해당 물품의 생산자에 의해서 또는 생산자를 대신하여 제출된 정보 이외의 관련 정보를

기초로 할 수 있다.

6. 생산자가 제출하였거나 생산자를 대신하여 제출된 정보 이외의 정보가 산정가격의 결정을 위하여 사용된 경우, 수입국 당국은 수입자가 요청하는 경우, 그러한 정보의 원천, 사용된 자료와 그러한 자료에 근거한 계산내역을 제10조의 규정을 조건으로 수입자에게 통보해야 한다.

7. 제6조 제1항(b)에서 규정하고 있는 "일반경비"는 제6조 제1항(a)에 포함되지 않는 물품을 생산하고 수출하기 위하여 판매하는데 소요되는 직접 및 간접비를 포함한다.

8. 특정 물품이 다른 물품과 "동종 또는 동류"인지 여부는 관련된 상황에 따라 사안별로 결정되어야 한다. 제6조 규정에 따라 통상적인 이윤 및 일반경비를 결정함에 있어, 평가대상 물품을 포함하여 필요한 정보를 제공받을 수 있는 가장 한정된 그룹 또는 범위에 속하는 물품의 수입국에 수출하기 위한 판매가 검토되어야 한다. 제6조의 목적상 "동종 또는 동류의 물품"은 평가대상 물품과 같은 국가로부터 수입된 것이어야 한다.

제6방법 PART

WTO관세평가협정 제7조	
1. If the customs value of the imported goods cannot be determined under the provisions of Articles 1 through 6, inclusive, the customs value shall be determined using reasonable means consistent with the principles and general provisions of this Agreement and of Article Ⅶ of GATT 1994 and on the basis of data available in the country of importation	1. 만약 수입물품의 과세가격이 제1조부터 제6조까지에 따라 결정될 수 없을 경우, 과세가격은 이 협정 및 1994년도 GATT 제7조의 원칙 및 일반규정에 부합하는 합리적인 방법과 수입국에서 입수할 수 있는 자료를 근거로 결정된다.
2. No customs value shall be determined under the provisions of this Article on the basis of : (a) the selling price in the country of importation of goods produced in such country; (b) a system which provides for the acceptance for customs purposes of the higher of two alternative values; (c) the price of goods on the domestic market of the country of exportation; (d) the cost of production other than computed values which have been determined for identical or similar goods in accordance with the provisions of Article 6; (e) the price of the goods for export to a country other than the country of importation; (f) minimum customs values; or (g) arbitrary or fictitious values.	2. 이 조의 규정에 따라 결정되는 과세가격은 다음을 근거로 결정하지 않아야 한다. (a) 수입국내에서 생산된 물품의 국내 판매가격 (b) 두 개의 선택 가능한 가격 중 보다 높은 가격을 관세목적상 채택하도록 규정하는 제도 (c) 수출국의 국내 판매가격 (d) 제6조의 규정에 따라 동종·동질 또는 유사 물품에 대하여 결정된 산정가격 이외의 생산비용 (e) 수입국외의 국가에 수출하는 물품의 가격 (f) 최저과세가격, 또는 (g) 자의적 또는 가공적인 가격
3. If the importer so requests, the importer shall be informed in writing of the customs value determined under the provisions of this Article and the method used to determine such value.	3. 수입자가 요청하는 경우, 이 조의 규정에 따라 결정된 과세가격과 이러한 가격을 결정하기 위해 사용된 방법을 수입자에게 서면으로 통지하여야 한다.

> **부속서 I 주해** 제7조에 대한 주해

1. 제7조의 규정에 따라 결정되는 과세가격은 최대한 과거에 결정된 과세가격을 기초로 하여야 한다.

2. 제7조에 따라 사용되는 평가 방법은 제1조부터 제6조까지에서 정하고 있는 방법이어야 한다. 그러나 그러한 방법을 적용함에 있어서 합리적인 신축성은 제7조의 목적 및 규정에 부합한다.

3. 합리적인 신축성에 해당하는 몇 가지 사례들은 다음과 같다.

    (a) 동종·동질 물 - 동종·동질 물품이 평가대상 물품과 동시에 또는 거의 동시에 수출되어야 한다는 요건은 신축적으로 해석될 수 있다. 평가대상 물품의 수출국 이외의 국가에서 생산된 동종·동질 수입물품이 관세평가의 기초가 될 수 있다. 제5조 및 제6조의 규정에 따라 이미 결정된 동종·동질 수입물품의 과세가격이 사용될 수도 있다.

    (b) 유사 물품 - 유사 물품이 평가대상 물품과 동시에 또는 거의 동시에 수출되어야 한다는 요건은 신축적으로 해석될 수 있다. 평가대상 물품의 수출국 이외의 국가에서 생산된 유사수입물품이 관세평가의 기초가 될 수 있다. 제5조 및 제6조의 규정에 따라 이미 결정된 유사 수입물품의 과세가격이 사용될 수도 있다.

    (c) 공제가격 방법 - 해당 물품이 제5조 제1항(a)의 "수입된 것과 같은 상태"로 판매되어야 한다는 요건은 신축적으로 해석될 수 있다. "90일" 요건은 신축적으로 운용할 수 있다.

권고의견12.1 협정 제7조의 신축적인 적용

1. 제7조를 적용함에 있어 제7조 제2항 (a)부터 (f)까지에서 금지하지 않고 협정 및 1994년 GATT 제7조의 원칙과 일반규정에 부합하는 경우에 제1조부터 제6조까지에서 규정하는 방법 이외의 방법을 사용할 수 있는가?

2. 관세평가기술위원회는 다음과 같은 견해를 표명하였다.
제7조에 대한 주해 제2항에서는 제7조에 따라 사용되는 방법은 제1조부터 제6조까지에 정해진 것이어야 하지만 합리적인 신축성(reasonable flexibility)을 가지고 적용해야 한다고 규정하고 있다.

    하지만 과세가격이 이들 방법의 신축적인 방법으로도 결정될 수 없을 경우에는 과세가격에 대한 마지막 방편으로써 제7조 제2항에서 배제되지 않는 방법을 조건으로 기타 합리적인 방법을 사용하여 결정할 수 있다.

    제7조에 따른 과세가격을 결정함에 있어서 사용되는 방법은 협정 및 1994년 GATT 제7조의 원칙과 일반규정에 부합되어야 한다..

권고의견12.2　제7조 적용 순서

1. 제7조를 적용하는 경우 제1조부터 제6조까지의 평가방법에 대한 적용 순서(hierarchical order)를 따를 필요가 있는가?

2. 관세평가기술위원회는 다음과 같은 견해를 표명하였다.
   제7조를 적용할 때 제1조부터 제6조까지의 적용 순서를 따라야 한다고 구체적으로 규정하는 협정상의 규정은 없다. 하지만 제7조는 협정의 원칙과 일반규정에 부합하는 합리적인 방법을 사용하도록 요구하고 있고, 이것은 합리적으로 가능하다면 적용 순서(hierarchical order)를 따라야 한다는 것을 나타낸다. 그러므로 제7조에 따라 과세가격 결정에 사용될 수 있는 여러 가지 방법이 수용될 수 있는 경우에 적용 순서(hierarchy)는 유지되어야 한다.

권고의견12.3　제7조를 적용함에 있어서 해외에 출처를 두고 있는 자료의 사용

1. 제7조를 적용하는 경우에 세관은 수입자가 제공했지만 해외 출처(foreign sources)에서 취득한 정보를 사용할 수 있는가?

2. 관세평가기술위원회는 다음과 같은 견해를 표명하였다.
   수입국 밖에서 발생한 거래를 취급함에 있어서 어느 정도의 자료는 해외 출처(foreign sources)에서 나온다는 점은 예상된 것이다. 하지만 제7조에서는 제7조의 적용에 사용되는 정보의 원 출처(original source)에 대해 언급하지 않고, 단지 그러한 자료를 수입국에서 입수할 수 있을 것을 요구하고 있다. 그러므로 정보의 출처는 그 자체로 정보가 수입국에서 입수될 수 있고 세관이 자료의 진실성이나 정확성에 대하여 납득하는 것을 조건으로 제7조 목적상 사용에 장벽이 되지 않는다.

해설 3.1 계약과 일치하지 않는 물품

일반

1. 계약과 일치하지 않는 물품에 대한 처리는 선결(先決) 문제 즉, 해당 상황의 일부 또는 전부를 관세평가에 대한 문제로 처리하여야 하는지 그렇지 않으면, 관세기술상의 문제로 처리하여야 하는지 여부(「교토협약 부속서 F.6」참조)를 제기하고 있다.

2. 비록 어떤 상황은 대부분의 국가에서 관세평가와 관련 없는 국내 법률에 따라 좌우되는 문제를 포함하는 것으로 보일 지라도, 다른 상황에서는 평가기준의 적용을 요구할 수 있다. 그러므로 이 해설은 평가방법에 의해 이러한 상황들을 처리하고자 하는 당국의 지침을 위하여 모든 예견 가능한 일반적인 상황에 대한 평가규칙의 수립을 목표로 하고 있다.

사례의 유형

3. "계약과 일치하지 않는 물품"에 대한 용어는 다양한 국내 법률에 따라 다른 의미를 가질 수 있다. 예를 들면, 일부 당국에서는 손상된 물품을 이 용어에 해당하는 것으로 간주하는 반면, 다른 당국에서는 이 용어를 계약 사양을 충족하지 않는 물품으로 한정하고 있고, 손상된 물품에 대한 쟁점은 별도의 절차나 다른 법률 규정에 따라 처리하고 있다. 그러므로 동 문서는 협정에 따른 통일된 접근법에 도달하는 것을 용이하게 하는 상황들을 식별하기 위하여 아래와 같이 세분화되었다.

Ⅰ. 손상된 물품의 경우

　　(A) 수입 시, 선적 물품이 완전히 손상되어, 가치가 전혀 없다고 판명된 경우

　　(B) 수입 시, 선적 물품이 부분적으로 손상되거나 잔존 가치만 갖고 있다고 판명된 경우

Ⅱ. 계약 사양과 일치하지 않는 물품, 즉, 손상되지는 않았지만 당초의 계약이나 주문과 일치하지 않는 물품의 경우

Ⅲ. 상기 Ⅰ. 또는 Ⅱ에 따른 물품을 대체하는 물품의 수입의 경우

　　(A) 이후에 선적되는 물품

　　(B) 동일한 선적물품에 포함된 경우

4. 손상의 특성과 물품의 유형은 무수히 많은 개별적인 상황을 만들 수 있으므로 이 해설에서는 평가 목적상 "완전히 손상된"과 "부분적으로 손상된" 간의 차이에 대하여 상세하게 설명하지 않기로 한다.

평가 처리

I. 손상된 물품의 경우

　　(A) 해당 물품은 완전히 손상되었다

5. 해당 물품의 재수출, 멸실 또는 폐기에 대한 국내 절차규정이 있는 경우에는 관세납부 의무는 없다.(「교토협약 부속서 F.6」의 규범 6 참조)

　　(B) 해당 물품은 부분적으로 손상되거나 잔존 가치만 있다

6. 상기 (A)호의 경우처럼, 물품이 재수출, 멸실 또는 폐기된 경우에는 관세 납부의무가 없다.

7. 그럼에도 불구하고 수입자가 해당 물품을 인수한다면, 협정은 다음과 같은 방식으로 적용될 것이다.

　　제1조 : 실제로 지급하였거나 지급하여야 할 가격은 실제로 수입된 손상된 물품에 대한 것이 아니므로 제1조가 적용될 수 없다. 하지만 만약 선적물품의 일부가 손상된 것으로 판명된다면, 전체 가격 중 총 구매수량에 대한 손상되지 않은 수량에 해당하는 비율로 표시된 가격을 거래가격으로 수용할 수 있다. 선적 물품의 손상된 부분은 아래와 같이 규정된 순서에 따라 협정의 후속 규정중 하나에 의하여 평가된다.

　　제2조 : 대부분의 경우에 손상된 선적물품은 동종·동질 물품 즉, 수입국으로 수출하기 위하여 판매되는 손상된 물품의 거래가격에 기초하여 평가되는 일은 거의 없을 것이다. 하지만 어떤 상품은 이러한 접근법이 적합할 수도 있기 때문에 이 기준이 완전히 무시될 수 있다는 것은 아니다.

　　제3조 : 제2조에 따른 내용은 제3조에도 적용된다.

　　제5조 : 손상된 물품 또는 동종·동질 또는 유사 물품이 수입된 상태로 수입국에서 판매되고 동 규정의 기타 모든 조건이 충족되는 경우에는, 손상된 물품의 과세가격은 공제가격 방법에 따라 적절하게 결정될 수 있다. 만약 물품이 판매 전에 수리된다면, 그리고 수입자가 그렇게 요청한다면, 가격은 수리비용을 감안하여 제5조 제2항의 규정에 따라 결정될 수 있다.

　　제6조 : 손상된 물품은 손상된 상태로 제조 또는 생산되지 않았기 때문에 적용할 수 없다.

　　제7조 : 위에서 언급한 것처럼, 선순위 평가 기준 중 하나에 따라 손상된 물품에 대한 과세가격을 결정할 가능성은 분명히 있지만, 대부분의 경우는 제7조의 규정에 따라 처리될 것으로 보인다. 이 경우, 과세가격은 협정 및 일반협정 제7조의 원칙 및 일반규정에 부합하는 합리적인 방법과 수입국에서 입수할 수 있는 자료를 근거로 결정되어야 한다.

8. 제7조에 따라 사용되어야 하는 평가방법은 다음과 같이 인용되는 예시와 같이 제1조의 신축적 적용이 될 수 있다.

　　(a) 재협상된 가격(이 가격은 판매자가 보상하는 부분 혹은 판매자가 물품을 반환시키는데 소요되는 비용을 회피하고 싶다는 사실 또는 두 가지 모두를 반영하는 가격이라는 점에 유의)

　　(b) 당초 지급하였거나 지급하여야 할 총 가격에서 다음 중 어떤 하나에 상당하는 금액으로 감액된 금액

　　　(ⅰ) 구매자 및 판매자와 독립적인 감정인의 감정가격

(ii) 수리 또는 보수비용

(iii) 보험 정산 금액

보험 정산 금액은 초과보험, 일부보험 또는 협상과 같은 외부적인 상황에 의해 영향을 받을 수 있기 때문에 손상에 기인한 가치감소분을 정확하게 측정할 수 없다는 사실에 유의해야 한다. 그럼에도 불구하고, 구매자에게 지급되는 보험 정산 금액은 세관이 수입시 손상되었음을 이유로 감액된 가격을 수용하는데 있어 영향을 미치지 않는다. 다시 말해, 보험업자와 수입자간에 개별 사안으로 취급되는 손상에 대한 보상 때문에, 비록 판매자에게 실제로 지급하였거나 지급하여야 할 가격이 변동이 없다고 할지라도 물품의 가격은 수입된 상태를 기초로 결정되어야 한다.

Ⅱ. 계약사양과 일치하지 않는 물품

(A) 재수출, 멸실 또는 폐기의 경우

9. 물품의 재수출, 멸실 또는 폐기에 대한 국내 절차규정이 있는 경우에는 관세납부 의무는 없다.(「교토협약 부속서 F.6」의 규범 6 참조)

(B) 인수된 경우

10. 인도시점에 계약사양에 대한 불일치가 발견되었음에도 불구하고, 만약 수입자가 해당 물품을 인수한 경우에, 과세가격의 결정은 불일치의 특성에 의하여 영향을 받는다. 이 유형의 물품에는 두 가지 범주가 있다. 첫째는 선적물품이 계약과 상이한 물품(예를 들어, 주문한 스웨터 대신 모직 장갑이 선적된 경우)이고 두 번째는 실제로 그 물품을 주문하였으나 구매자가 판매자로부터 어떤 형태의 배상을 청구할 정도로 당초 주문 사양과 일치하지 않는 경우가 있다.

11. (i) 계약과 상이한 물품

제1조 : 수출 판매가 없다면 거래가격은 적용할 수 없다.

제2조 : 적용가능하다면, 동종·동질물품의 거래가격을 기초로 적용할 수 있다.

제3조 : 동종·동질 물품에 대한 거래가격이 없는 경우, 유사 물품의 거래가격이 적용될 수 있다.

제5조 : 제2조 또는 제3조에 따라 과세가격을 결정할 수 없는 경우, 과세가격은 해당 물품이 수입된 상태로 판매되거나, 제5조 제2항의 규정에 따라 수입자가 요청하는 경우에는 공제가격 방법에 따라 적절하게 결정될 수 있다.

제6조 : 산정가격은 적용순서에 따라 적용 가능하다. 하지만, 관련 상황의 발생 원인을 고려하여, 특히 제6조 제2항의 첫 번째 문장의 규정을 유의하면서 본 조항이 적용될 수 있는지에 대하여 판단을 하여야 한다.

제7조 : 선행 기준에 따라 과세가격을 결정할 수 없는 경우, 제7조가 적용된다. 인용 사례에서 실제로 수입이 이루어진 이후라 할지라도 장갑에 대해 수입자가 지급하기로 합의하고 지급한 가격은 제1조의 신축적인 적용에 따라 수용될 수 있다.(그러나 8번 단락의 (a) 주의 사항 참조)

(ii) 계약사양에 부합하지 않는 물품

구매자와 판매자간 합의 또는 불합의의 수준에 따라 수많은 상황이 발생될 수 있다. 예를 들면, 판매자는 해당 물품에 대해 직접 또는 다른 당사자를 통해 계약에 일치시키는 조치를 취할 수도 있고 물품 자체와는 무관하게 구매자에게 어떤 형태의 보상을 제공할 수도 있다. 다른 한편으로, 판매자는 사실상 계약사양과 불일치하다는 것에 동의하지 않을 수도 있고 그렇지 않다면 구매자가 불일치(non-specification) 자체를 측정하기보다 불일치로부터 야기되는 손해에 대하여 예상되는 배상 금액을 판매자에게 요구할 수도 있다. 하지만 관세평가 측면에서는 실제로 지급하였거나 지급하여야 할 가격은 여전히 실재하고 있고 협정은 이 상황에 대한 구체적인 규정이 없기 때문에 다른 모든 조건이 충족된다면 과세가격은 제조에 따른 거래가격을 기초로 결정될 것이다. 이 단락에서는 "계약사양에 부합하지 않는 물품"을 "계약과 상이한 물품"으로 간주하고 상기(ⅰ)에 따라 처리되는 것을 배제하지 않는다.

Ⅲ. 대체물품

12. (A) 이후에 선적되는 경우

    대체물품이 송부될 수 있는 두 가지 가능성은 다음과 같다.

    (a) 원래 물품에 대한 신용채권(credit)과 관련하여 별개의 계약이 체결되고 최초의 가격으로 송장이 발행된 경우
    (b) 무상으로 송장이 발행된 경우
    (a) 사례에서는 다른 조건이 충족되는 경우, 해당 가격은 제1조에 따른 과세가격의 결정에 대한 기초가 된다.
    (b) 사례에서와 같이 대체품이 무상으로 송부된 경우에는 대체품은 당초의 거래를 이행하기 위한 수입물품으로 간주되어야 한다. 이러한 상황에서는 제1조에 따른 과세가격을 결정하기 위하여 당초의 거래에서의 가격을 수용하는 것은 적절하므로, 최초 선적물품의 처리는 별개로 고려할 문제이다.

    (B) 함께 선적되는 경우

    어떤 유형의 물품에서는 판매자가 경험상 운송과정에서 결함 또는 손상되리라 보여지는 물품에 대해 대체품으로 일정량의 물품을 "무상"으로 선적물품에 포함하는 것은 무역 관행이다. 예를 들면, 가장자리는 운송과정에서 손상되기 쉬운 것으로 알려졌기 때문에 주문량을 다소 상회하는 수량을 보낼 수도 있다. 이러한 경우 판매가격은 선적된 총 수량을 포함하는 것으로 간주되어야 하며, 평가목적상 추가 수량을 고려하거나 "무상 대체품"을 별도로 평가해서는 안 된다.

사례연구 4.1 임대차물품(rented or leased goods)의 평가처리방법

거래사실

1. 기내식 공급업에 종사하는 X국의 I사는 국영 항공사와 승객들에게 제공하기 위한 특별한 낱개 포장의 조리된 식품을 제공하는 중기(mid-term) 기내식 공급 계약을 체결한다.
2. 이러한 목적을 위한 이전(以前)의 포장기계들은 다른 회사에 의하여 수입되어 왔으나, 계약기간을 고려하고 사전 비용 효과 분석에 근거하여 I사는 필요한 포장기계를 임차하기로 결정한다. 그래서 Y국의 임대회사 A사와 계약을 체결한다. I사가 제공한 사양서에 기초하여 임대회사 A는 자신의 계산으로 Y국의 국내 제조업체 B로부터 기계장치를 구매하고 I사는 공장인도 조건으로 인수한다. A가 제조업체 B에게 지급한 가격은 Y국의 국내시장에서의 물품가격이다.
3. 통관시 I사는 임차계약서 사본을 세관에 제출한다.
4. 임차계약 조건은 다음과 같다.
    (a) 기계장치의 인도, 현장에서의 조립 뿐 아니라 그것의 분해 그리고 임대인이 지정한 주소로의 반환에 대한 모든 비용은 임차인이 부담하여야 한다.
    (b) 기계장치를 조립하고 가동하기 위한 기술 인력은 B사가 제공하여야 한다. 이러한 활동에 대한 비용은 임차인이 부담하여야 한다.
    (c) 임차인은 총 임차기간(공장인도부터 임대인에게 반환될 때까지) 동안 해당 기계장치에 보험을 들어야 한다.
    (d) 임차 및 수입과 관련하여 지급하여야 할 일체의 수수료, 관세 및 제세는 임차인이 지급하여야 한다.
    (e) 임차기간은 36개월이며, 갱신할 수 있다.
    (f) 매월 임차료는 5,300 c.u.이다. 연장하는 경우 임차료는 월 15% 인하한다.
5. 임차계약서 외에 임차인은 세관에 다음과 같은 정보와 문서를 제공한다.
    - 임대인은 은행의 자회사이다.
    - 임대인은 이러한 유형의 계약에 대한 임차료에 9%의 이자(Y국에서 중기 대출에 적용하는 이자율)를 포함한다는 것을 나타내는 증거서류
    - 매월 임차료에는 또한 기본 계약기간 동안 지급하여야 할 총 금액에 대해 1.5%로 계산된 임대인의 수수료가 포함되어 있음을 보여주는 서류
    - 임대인이 제조자 B에게 지급한 기계장치의 가격을 표시하는 송장 사본

과세가격 결정

6. 수입국 X에 이러한 기계장치가 수입된 것은 처음이므로 제2조 및 제3조의 적용은 배제되고, 거래의 특성 때문에 제5조는 적용될 수 없다. 산정가격 결정에 필요한 자료는 입수할 수 없다. 세관은 제7조에 따라 가격을 결정해야 한다.

7. 제7조에 따른 과세가격 결정을 위하여 협정 및 「1994년 GATT 제7조」의 원칙과 일반 규정에 부합하는 합리적인 방법을 사용하는 다양한 접근방법이 있지만, 이 경우에 해당 기계장치의 총 경제적 내구 연한 동안 지급하여야 할 임차료에 기초하여 과세가격을 결정하기로 정했다. 세관과 임차인 간의 협의를 통하여 경제적 내구 연한은 60개월로 추정되었다.

8. 36개월 동안은 매월 임차료는 5,300 c.u.이고 나머지 24개월 동안은(15% 인하하여) 4,505 c.u.이다. 이들 금액에 포함된 9%의 이자요소는 이자에 대한 제네바 결정(Geneva Decision)에서 규정하고 있는 조건을 충족하는 한 공제되어야 한다.

9. 기본 계약기간에 대해 지급하여야 할 총 금액에 대한 1.5%의 수수료는 제8조 제1항(a)(i)의 조건에 따른 구매수수료로 간주될 수 없다는 사실이 확인되었다. 이 수수료는 실제로 임대인의 이윤이므로 공제되지 않아야 한다.

10. 각 당사자의 국내 법률에 따라, 제8조제2항에 열거된 요소들은 과세가격에 포함되거나 제외된다. 임차 및 수입과 관련하여 지급하여야 할 기계장치 조립을 위한 기술 인력에 대한 비용, 수수료, 관세 및 제세는 과세가격의 일부가 아니다.

11. 과세가격을 결정하기 위하여 이자를 제외한 임차료는 특정한 부호를 채택한 다음의 공식에 기초하여 결정될 수 있다.

R1 = 기본 계약기간동안 지급할 월 임차료 (36개월)
R2 = 기계에 대한 잔존 경제적 내구 연한 동안 지급할 월 임차료 (24개월)
Q = 1 + i, i는 매월 이자율을 나타낸다(0.0075)
N = 지급회수

기본계약 기간 동안 이자를 제외한 임차료 계산

(a) 임차료가 후불로 지급되는 경우 :

$$\frac{R1\ (Q^N - 1)}{Q^N\ (Q - 1)}$$

다음 계산식은 상기 공식을 대입한 실례이다.

$$\frac{5,300\ (1.007536 - 1)}{1.007536\ (1.0075 - 1)} = \frac{5,300\ (1.3086 - 1)}{1.3086\ (1.0075 - 1)} =$$

$$\frac{5{,}300 \times 0.3086}{1.3086 \times 0.0075} = \frac{1{,}635.58}{0.0098} = 166{,}896$$

(b) 임차료가 선불로 지급되는 경우 :

$$\frac{R1\ (QN - 1)}{QN\ (Q - 1)}$$

다음 계산식은 상기 공식을 대입한 실례이다.

$$\frac{5{,}300\ (1.007536 - 1)}{(1.007536-1)(1.0075 - 1)} = \frac{5{,}300\ (1.3086 - 1)}{1.2989 \times 0.0075} =$$

$$\frac{5{,}300 \times 0.3086}{1.2989 \times 0.0075} = \frac{1{,}635.58}{0.00974} = 167{,}924$$

(기계장치의 나머지 경제적 내구 연한 동안 이자를 제외한 임차료의 계산

(a) 임차료가 후불로 지급되는 경우

$$\frac{R2\ (QN - 1)}{QN\ (Q - 1)}$$

다음 계산식은 상기 공식을 대입한 실례이다.

$$\frac{4{,}505(1.007524 - 1)}{1.007524\ (1.0075 - 1)} = \frac{4{,}505(1.1964 - 1)}{1.1964(1.0075 - 1)} =$$

$$\frac{4{,}505 \times 0.1964}{1.1964 \times 0.0075} = \frac{884.782}{0.00897} = 98{,}638$$

(b) 임차료가 선불로 지급되는 경우

$$\frac{R2\ (QN - 1)}{QN\ (Q - 1)}$$

다음 계산식은 상기 공식을 대입한 실례이다.

$$\frac{4{,}505(1.007524 - 1)}{(1.007524-1)(1.0075 - 1)} = \frac{4{,}505(1.1964 - 1)}{1.1875 \times 0.0075} =$$

$$\frac{4{,}505 \times 0.1964}{1.1875 \times 0.0075} = \frac{884.782}{0.0089} = 99{,}414$$

12. 이 경우, 제8조 제2항에 열거된 요소와 관련한 국내 법률 규정을 조건으로, 위에서 표시된 대로 계산된 기계장치의 총 경제적 내구 연한 동안 지급하여야 할 총 임차료는 과세가격을 구성한다.

연구 2.1 임대차수입물품의 취급

1. 이 협정에 따른 우선적인 평가방법인 거래가격은 물품이 수입국으로 수출하기 위하여 판매된 때 실제로 지급하였거나 지급하여야 할 가격에 기초한다.

2. "협정에서의 판매의 개념"에 대한 권고의견 1.1에서는 임대차거래는 계약이 구매하는 선택권을 포함한다 할지라도 그 본질상 판매가 아니라고 명시하고 있다. 그러므로 이러한 경우, 거래가격 방법은 배제되므로 협정에서 규정하는 순서대로 기타 방법에 따라 과세가격을 결정하는 것이 필요하다.

3. 임대차 물품과 동종·동질 또는 유사 물품이 수입국으로 수출하기 위하여 판매된 경우에, 제2조 및 제3조에 기초하여 과세가격을 결정할 수 있다.

4. 하지만, 이들 두 개 조항이 사용될 수 없는 경우에는, 제5조가 다음의 순서로 고려되어야 한다. 임대차 물품의 특성 상 임대차 물품은 그 자체로 수입국으로 판매된 것이 아니기 때문에 동종·동질 또는 유사 수입물품이 수입국내에서 판매된 경우에만 제5조가 적용될 수 있다. 그렇지 않다면 제6조에 따라 과세가격을 결정하도록 시도할 필요가 있다.

5. 일단 제2조부터 제6조까지에 따른 과세가격을 결정할 수 있는 가능성이 철저히 검토된다면, 여러 가지 접근이 가능한 방법으로 제7조가 적용되어야 한다.

6. 제7조에 따라 평가되는 물품의 경우, 합리적인 신축성을 적용하여 제1조부터 제6조까지 포함한 규정된 방법이 먼저 사용되어야 한다. 이러한 점에서 제7조 적용에 관한 기술위원회 문서(권고의견 12.1, 12.2 및 12.3)와 제7조의 실무적 적용에 관하여 발행된 문서에 주목할 필요가 있다.

7. 만약 제7조에 따라 제1조부터 제6조까지의 신축적인 적용으로 과세가격을 결정할 수 없는 경우에는, 제7조제2항에서 배제되지 않고, 협정 및 1994년 GATT 제7조의 원칙과 일반규정에 부합하는 기타 합리적인 방법을 사용하여 과세가격을 결정할 수 있다.

8. 예를 들면, 평가는 수입국으로 수출하기 위한 유효한 표시 가격 (신품 또는 중고품)의 사용에 기초할 수 있다. 중고 물품의 경우, 평가는 중고품의 유효한 표시 가격이 없는 경우 신품에 대한 유효한 표시 가격에 기초할 수도 있다. 하지만, 물품은 수입 시점의 상태를 참고하여 평가되어야 하므로, 이러한 신품에 대한 표시 가격은 평가 대상물품의 감가상각 및 노후성을 고려하여 조정되어야 한다.

9. 또 다른 가능성으로는 세관과 수입자 모두가 수용할 수 있는 전문가 조언에 따르는 것이다. 그렇게 결정된 가격은 협정 제7조의 규정에 부합되어야 한다.

10. 어떤 경우에는 임차 계약은 구매선택권을 포함하고 있다. 이 구매선택권은 기본계약기간의 초기, 계약기간 중 또는 계약기간 말에 제공될 수 있다. 첫 번째 경우 평가는 구매선택권 행사 가격에 기초하여야 한다. 마지막 두 가지 경우에는 임차 계약서에서 정하고 있는 임차료와 지급해야 할 잔여금액의 합계액이 과세가격의 결정을 위한 기초로 제공될 수 있다.

11. 구매하는 선택권이 없는 경우에는 제7조에 따른 평가는 또한 수입물품에 대해 지급하였거나 지급하여야 할 임차료를 기초로 진행될 수 있다. 평가를 위하여, 해당 물품의 경제적 내구 연한 동안의 총 예상 임차료가 기초로 사용될 것이다. 어떤 경우에는 해당 물품의 경제적 내구 연한보다 짧은 기간

내에 물품의 감가상각을 보전하기 위하여 임차료가 더 높게 책정되는 경우도 있다는 점에 주의가 필요하다.

12. 물품의 경제적 내구 연한 결정은 예를 들어 기술변화율이 급속하게 이루어지는 산업의 경우와 같이 때때로 실무적인 문제를 발생할 수도 있다. 동종・동질 및 유사 물품의 내구 연한에 대한 과거의 경험이 유용할 수도 있는 반면, 대부분의 경우에는 수입자의 협력 하에 전문회사에 자문을 구함으로써 해결될 수 있을 것이다. 신품에 대하여는 "총 경제적 내구 연한"을 사용하고 중고품에 대하여는 "잔존 경제적 내구 연한"을 사용하는 것과 같이 신품과 중고품의 경제적 내구 연한에 대하여 차이가 있어야 하는 점에 유념해야 한다.

13. 일단 총 임차료가 결정되면, 계약조건과 협정에 부합하는 원칙에 따라 가산 또는 공제의 형태로 과세가격을 결정하기 위한 어떤 조정이 필요하다. 부과 가능한 가산이 관련되는 경우, 임차료에 이미 포함되지 아니한 부과되어야 할 요소는 고려되어야 한다. 이러한 관점에서 제8조에 열거된 요소들은 몇 가지 지침을 제공할 수 있다. 공제에 대한 관점에서 과세가격의 일부가 아닌 일체의 요소들은 공제되어야 한다.

14. 아래의 사례는 지급하여야 할 임차료에 기초한 과세가격의 결정을 설명한다. (사례의 목적상, 제8조에서 규정하고 있는 요소들은 무시한다). 이러한 접근법은 계약기간에 상관없이 적용 가능한 것들이다. 예상 경제적 내구 연한의 만료 이전에 물품이 재수출되는 경우, 관세 및 제세의 환급은 국내 법률에서 허용한다면 가능할 것이다.

거래사실

15. 사업 확장의 결과로, X국의 A회사는 최소 36개월 동안, 기간갱신 가능한 조건으로 Y국의 B 임대회사로부터 신품 기계를 임차하기로 하였다. 계약조건에 따라 수입자가 부담하는 수입국에서의 설치 및 유지비용은 가동한 처음 2년간에는 매년 20,000 c.u. 그 다음 해에는 매년 30,000 c.u.이며, 임대회사에 지급해야 한다. 이 기계는 이러한 비용들과 10%의 이자를 포함하여 매달 50,000 c.u.로 임차된다.

16. 이 기계의 고유한 특성으로 인하여, 비록 합리적인 신축성을 가지고 적용된다고 하더라도 평가방법 중 어떤 것도(제1조부터 제6조까지) 적절하지 못하다. 세관당국과 수입자와의 협의 결과로 과세가격은 해당 기계의 총 경제적 내구 연한 동안 지급하여야 하는 임차료 총액에 기초하기로 결정된다. 그러한 목적으로 기계는 5년 동안 사용할 수 있는 것으로 결정되었다.

17. 그러므로 5년에 걸쳐 지급하여야 하는 임차료의 총액은 평가에 대한 기초로 채택될 것이다. 일단 그렇게 결정되는 경우, 이 금액으로부터 설치 및 유지비용과 이자를 공제할 필요가 있다.

18. 다음 부호들은 다음 계산을 공식화하기 위해 채택되었다.
    R = 해당 물품의 총 경제적 내구 연한 동안 지급하여야 하는 총 임차료
    M = 설치 및 유지비용
    I = 이자*
    과세가격 = R − (M + I)
    * 공제되는 이자는 복리 계산을 위하여 사용되는 공식을 기초로 결정되어야 한다.

연구 1.1 중고 자동차의 처리

1. 협정에 따른 중고 자동차의 평가처리는 그 자체로 특별한 원칙상의 쟁점을 제기하지 않지만, 실무적인 문제들을 발생하게 한다. 그러므로 이 문제들이 여러 가지 가능한 해결방안이 제시될 이 연구의 주제가 되어야 한다는 것은 세관당국에 도움이 될 것으로 여겨진다.

2. 이 연구는 신형 또는 중고 구매에 관계없이 수입시점에 중고로 간주되는 자동차의 광범위한 영역을 포함하도록 의도하고 있으며, 특수용도 자동차와 클래식 또는 빈티지 자동차의 한정된 분야에 대하여는 다루지 않는다.

3. 자동차가 "중고"로 간주되어야 하는지의 여부를 결정하는 기준은 별개의 문제이다. 이 분야에서 발생할 수 있는 광범위한 다른 상황들은 채택된 실무와 일치하게 하는데 적합하지 않기 때문에, 이 문제는 각 당국의 재량에 맡겨야 한다. 이 문제는 다음의 잠정적으로 서로 다른 상황으로 설명될 수 있다.
   (a) 무역업자가 수입하는 수입 자동차의 주행거리계가 수출국 공장에서 수출국 항구까지의 주행거리인 250km를 가리키는 경우
   (b) 개인이 몇 주 전에 외국에서 신품으로 구매하여 등록한 후 수입하는 수입차가 외국의 구매장소로부터 수입국의 반입장소까지 1,560km를 주행한 경우

4. 수입 중고 자동차가 최종 판매된 이래 더 사용된 것으로 간주되어야 하는지 여부에 대한 쟁점은 마찬가지로 상기 3번 단락에서 언급한 바와 같이 처리되어야 한다. 이러한 맥락에 기반한 접근방법에 의할 경우 쟁점 자동차는 다음과 같이 정의된 바와 같이 Ⅰ유형이나 Ⅱ유형에 해당할 것이다.

5. 기본적으로 수입 중고 자동차의 평가에서 다루어져야 할 두 가지 유형의 상황이 있다. 두 가지 유형은 다음과 같고, 같은 순서로 추후 검토될 것이다.
   Ⅰ. 자동차가 중간에 사용되지 않고 구매한 대로 수입되는 경우
   Ⅱ. 자동차가 구매한 이래 추가적으로 사용된 후 수입되는 경우

Ⅰ. 자동차가 중간에 사용되지 않고 구매한 대로 수입되는 경우

6. 판매에 따른 수입의 경우, 그 거래와 관련한 실제로 지급했거나 지급하여야 할 가격은 협정 제1조의 요건 및 조건이 충족되는 경우에는 언제나 거래가격을 결정하는 기초로 취급되어야 한다.

7. 제1조의 규정이 적용될 수 없다면, 과세가격은 규정된 적용순서에 따라 협정이 규정하는 다른 방법 중 하나로 결정되어야 한다. 이 방법에 관해서는 아래 10번부터 23번까지의 단락을 참고한다.

Ⅱ. 자동차가 구매한 이래 추가적으로 사용된 후 수입되는 경우

제1조
8. 제1조 규정의 적용 가능성과 관련하여 모든 다른 사항에 우선하여 고려할 것은 당국이 구매한 이래 사용된 것으로 고려하는 평가대상 자동차가 평가목적상 최종 판매된 때와 동일한 자동차로 여전히 간주될 수 있는지 여부이다.

9. 그렇게 간주될 수 없다면, 평가시점에 그 상태의 자동차에 대하여 실제로 지급하였거나 지급하여야 할 가격은 없다. 그러므로 제1조의 규정은 적용될 수 없고, 과세가격은 협정에서 규정된 적용순서에 따라 적용될 수 있는 첫 번째 조항에 따라 결정되어야 한다.

제2조 및 제3조
10. 제2조 및 제3조에서 예정한 평가방법의 적용은 해당물품과 동시 또는 거의 동시에 수출된 동종·동질 또는 유사 물품의 존재를 전제로 하고 있다. 더욱이 이들 동종·동질 또는 유사 물품의 가격은 협정 제1조에 따라 결정되어야 한다.

11. 개인이 수입한 중고 자동차와 같은 특정한 경우에 이러한 조건들이 충족될 수 있을 지는 의문스럽다. 하지만 특히 무역업자가 수입하는 경우에는 제2조 또는 제3조를 적용할 여지가 가끔 있을 수 있다.

제5조
12. 제2조 또는 제3조를 적용할 수 없고, 해당 수입 중고 자동차 또는 동종·동질 또는 유사 수입 중고 자동차가 수입된 상태로 수입국에서 판매된다면, 제5조제1항의 규정은 그 규정의 요건이 충족될 수 있는 한 적용되어야 한다.

13. 제5조제1항이 적용될 수 없지만 중고 자동차가 추가 가공된 후(예를 들면, 수리, 재생, 부속품의 장착) 수입국내에서 판매되는 경우에는, 수입자가 요청하면 제5조제2항에 기초한 평가를 염두에 두어야 한다. 이러한 가공 또는 재생으로 부가된 가치를 고려할 필요가 있는 공제는 그 후에 이루어져야 한다.

14. 하지만 12번과 13번 단락에서 설명하는 것과 같은 상황은 일반적으로 무역업자가 수입하는 경우에만 발생할 것이다.

제6조
15. 중고 자동차는 명백히 중고 형태로 생산되지 않기 때문에 수입물품의 생산비용에 기초하고 있는 제6조의 규정은 적용될 수 없다.

제7조
16. 상기로부터 많은 경우에 중고 자동차의 과세가격은 협정 제7조의 규정에 따라 결정되어야 한다는 것을 알 수 있다.

17. 이러한 "합리적인" 방법을 사용하여 물품을 평가할 때에는 협정에서 정하는 일반원칙과 특히 다음의 사항을 염두에 두는 것이 중요하다.

- 제7조의 목적상 과세가격은 협정 및 1994년도 GATT 제7조의 원칙 및 일반규정에 부합하는 합리적인 방법과 수입국에서 입수할 수 있는 자료를 근거로 결정된다.
- 특정 평가방법은 제7조 제2항에 의해 명백하게 배제된다.
- 사용되는 평가방법은 제1조부터 제6조까지에서 정하는 방법을 합리적인 신축성과 함께 적용하고, 최대한 이전에 결정된 과세가격에 기초하여야 한다.
- 협정은 평가의 기초를 결정하기 위하여 세관당국과 수입자 사이에 협의를 권고하고 있다.

18. 중고 자동차에 대한 표준적인 평가방법을 예정하는 것은 불가능할 수도 있다. 그럼에도 불구하고 논쟁이 된다면, 상기 규정된 원칙에 기초하여 제7조에 따라 결정된 과세가격은 법으로 인정되어야 함을 유념하면, 몇 가지 접근방법이 적용될 수 있다. 이러한 접근방법 중 일부는 다음의 단락들에서 제시된다. 최종 분석에서, 각 국가의 특수한 상황이 고려될 수 있도록, 협정 및 GATT 제7조의 원칙과 일반규정에 부합하는 방법을 선택하는 것은 각 당국에 위임되어야 한다.

19. 예를 들면, 과세가격은 자동차에 대하여 실제로 지급하였거나 지급하여야 할 가격에 기초할 수 있다. 이러한 경우에는, 물품은 평가시점의 상태에 따라서 평가되어야 한다. 따라서 가격은 구매한 이후 발생한 감가상각(연한 또는 사용과 관련하여)을 고려하여 조정된다. 아래 표는 감가상각의 경우에 조정을 행하는데 적용될 수 있는 절차를 예시하고 있다. 자의성을 피하기 위하여 이들 조정의 적용상 각각의 사안에 적합한 상황을 고려하기 위하여 몇 가지 판단이 당연히 수행되어야 한다. 특히 사용에 기초한 조정의 경우에는 주행거리계의 표시 값에 항상 의존할 수 없다는 것을 염두에 두어야 한다.

구매이후의 시간		지급한 가격으로부터 공제되어야 할 금액
6개월 미만		a 퍼센트
6개월에서 12개월	또는	b 퍼센트
12개월에서 24개월		c 퍼센트
등		등

구입일 이후 사용		지급한 가격으로부터 공제되어야 할 금액
5,000km 미만		x 퍼센트
5,001km에서 15,000km	또는	y 퍼센트
15,001km에서 30,000km		z 퍼센트
등		등

구매 이후에 행해진 일체의 개량이나 추가된 부속품은 자동차의 가격을 증가시키는 것에 유의해야 한다.

20. 실제로 지급하였거나 지급하여야 할 가격이 없는 경우에는, 과세가격은 동일한 제품 및 모델의 수입 신품 자동차에 대하여 이전에 인정된 거래가격을 기초로 수입자와 협의하여 결정될 수 있다. 다음으로 이 과세가격은 한편으로는 연한이나 마모 및 노후화에 기인한 감가상각과 다른 한편으로는 관련 자동차의 장비의 일부를 형성하지 않는 추가 부속품을 고려하여 평가시점의 자동차의 상태를 반영하기 위하여 조정되어야 한다. 또한 조정은 비교대상 거래간의 수준과 수량의 차이를 고려할 필요성을 입증할 수 있다.

21. 동일한 제품 및 모델의 신형 자동차의 수입이 없는 경우에는 유사 신형 자동차에 대하여 이미 인정된 거래가격을 사용하여 이전 단락에서 기술한 방법을 적용할 수 있다.

22. 19번 단락에서 예정된 방법은 동일한 제품 및 모델의 신형 수입차동차에 대한 수입국내 시장의

카탈로그 가격에 기초하여서도 적용될 수 있다. 제5조의 규정이 합리적인 신축성을 가지고 적용되는 경우, 추가적인 조정이 제5조 제1항(a)호 (ⅰ)부터 (ⅳ)까지에 따라 이루어져야 할 것이다.

23. 수입국내 중고 자동차 시장의 현재 가격을 표시하고 있는 카탈로그나 전문 정기간행물을 입수할 수 있는 경우에는, 이러한 가격은 평가의 기초로 사용될 수 있다. 이 경우에는 당연히 관련 자동차와 비교하여 해당 자동차의 상태와 가격에 영향을 주는 모든 요소(예를 들면, 비정상적인 마모, 수리, 재생, 부속품)에 대한 고려가 이루어져야 한다. 더욱이, 이러한 카탈로그에 기재된 지침 가격이 수입관세 및 제세를 포함하고 있을 수 있다는 것을 간과하지 않는 것이 중요하다. 하지만 제7조 제2항(a)는 수입국내에서 생산된 자동차에 대한 이러한 방법의 적용을 금지하고 있다(수입국내에서 생산된 자동차가 재수입되는 경우에는 관세가 부과될 수 있다). 이러한 경우, 아마도 "동종·동질" 및 "유사한"이라는 용어의 신축적인 해석을 통하여 다른 국가에서 생산된 동종·동질 또는 유사 자동차를 참고할 수 있다.

24. 이 연구에서 검토하는 경우 발생할 수 있는 주요 난제 중 하나는 개인에 의한 구매가 종종 상업송장이 아닌 단순히 영수증이나 수기 명세서 또는 구두계약을 수반하는 것과 관련하여, 거래가격을 결정하기 위하여 필요한 사실을 확인하는 실무적인 것임에 유의해야한다. 이러한 상황에서는 세관당국은 신고된 구매가격의 진실성 대해 만족해야 할 것이다. 이러한 쟁점은 특히 허위로 작성된 송장을 사용함으로써 더 많은 사기의 기회가 제공되는 중고물품 거래의 광범위한 문제의 일부분이다. 이는 주로 관련 국내 법규에 의하여 처리될 관세집행상의 문제이다.

25. 각 체약국의 국내 법률에 따라, 협정 제8조제2항에 열거된 요소는 중고 자동차의 과세가격에 포함되거나 제외될 것이다. 운송이 비영리적이거나, 운송서류로부터 공제되거나 가산되어야 할 요소가 결정될 수 없는 경우에는 필요한 조정은 수입물품의 운송에 대하여 발생된 실제 비용에 기초하여야 한다. 이들 조정은 객관적이고 수량화 할 수 있는 자료에 기초해야 한다(제8조제3항 참조).

연구 1.1 부록

■ 질문 1

1. 수입국에 거주하는 중고자동차의 구매자(개인적인 상거래)가 수출국 국내시장에서 수입국으로 수입하기 위하여 자동차를 구매할 때 수출국 국내시장의 물품가격에 따라 협정 제7조에 따른 과세가격을 결정하는 것이 가능한가?

답변

2. 기술위원회 연구 1.1에 따라, 기본적으로 수입 중고자동차의 평가와 관련하여 다뤄져야 할 다음과 같은 두 가지 유형의 상황이 있다.

    (a) 자동차가 중간에 사용되지 않고 구매한 대로 수입되는 경우
    (b) 자동차가 구매한 이래 추가적으로 사용된 후 수입되는 경우
        질문에 제시된 사실로부터, 상황 (a)가 적용될 것으로 가정된다*

3. 관세평가기술위원회 권고의견 14.1에서 기술위원회가 이전에 표명한 견해에 따르면, 수입자가 검토

중인 당면 판매가 수입국으로 물품을 수출할 목적으로 발생하였다는 것을 입증할 수 있다면, 이러한 경우에는 제1조가 적용될 수 있기 때문에 제7조를 고려할 필요가 없다.

4. 이러한 상황에서는, 수입이 판매 직후에 이루어진다는 전제 하에, 1조에 규정된 모든 다른 요건과 조건이 충족된다면 그 판매와 관련한 실제로 지급하였거나 지급하여야 할 가격이 제1조에 따른 거래가격을 결정하기 위한 기초로서 이용되어야 한다.

■ 질문 2

5. 만약 실제로 지급하였거나 지급하여야 할 가격이 수출국 국내시장에서 적용된 가격이라면 제7조 제2항(c)와 제1조의 관계를 어떻게 설명할 수 있는가? 이 상황에서는 중고 자동차는 수입한 구매자에 의해 직접 그리고 개인적으로 이 시장에서 실지로 구매되었고 가격은 과세가격을 결정하기 위한 기초로서 사용될 수 있는 유일한 지표이다.

답변

6. 제7조 제2항(c)는 구매자가 실제로 지급하였거나 지급하여야 할 가격을 기초로 과세가격을 결정하는 것을 금지하는 것은 아니다. 하지만 제7조에 따른 과세가격을 결정하기 위한 기초로 수출국 국내시장에서의 판매에서 도출된 다른 가격의 사용은 금지한다. 제7조 제2항(c)에서 금지되고 있는 활동 유형의 예시는 수출국의 전반적인 시장가격 또는 판매자가 수출국의 국내시장에서 다른 구매자에게 물품을 제공하는 가격을 과세가격의 근거로 하는 것을 포함한다. 협정 제7조 제2항에서 포함하고 있는 금지규정은 제7조에 따라 결정되는 과세가격에 대해서만 적용되고 제1조 및 제8조에 따른 거래가격의 결정에서는 적용되지 않는다.

■ 질문 3

7. 기술위원회 연구 1.1 19번 단락의 절차를 적용함으로써 수출국 국내시장의 신차 및 중고 자동차의 세전/세후 가격을 표시하고 있는 독립된 권위있는 기관에 의해 출판된 외국 카탈로그에 기재된 가격을 중고 자동차의 과세가격을 결정하는 기초(시가(始價), initial price)로 사용할 수 있는가? 수출국 국내시장에서 실제로 지급한 가격과 차이를 유발하는 그러한 가격에서의 내국세 및 관세의 제외는 이들 가격이 수입 중고 자동차의 과세가격 결정하기 위한 기초로 사용될 수 있는 이유가 되는가?

답변

8. 제7조 제2항(c)는 평가를 위한 기초로서 수출국 국내시장의 물품가격을 사용할 수 없도록 한다. 기술위원회 연구 1.1은 관세, 조세 및 기타 부담금이 조정되는(예를 들면, 공제가격 방법의 신축적인 적용) 수입국의 카탈로그 가격을 사용하는 절차를 약술하고 있다. 다른 자료가 없는 경우에는 협정의 원칙에 부합하는 일체의 합리적인 방법이 과세가격을 결정하는데 사용될 수 있다.

   * 상황 (b)에 관해서는, 사례연구 5.1 "제8조 제1항(b)의 적용"에서 설명하는 제1조 및 제8조의 적용과 연구 1.1 "중고 자동차의 처리" 19번 단락에서 설명하는 제7조의 적용에 따라 이러한 상황을 처리하는 방법에 대한 지침이 주어진다.

|저|자|소|개|

박창환

약력
- 34회 관세사 자격시험 합격
- 현) · 관세그룹바로 대표관세사
  - 관세청 원산지검증 대응 컨설턴트
  - 이패스관세사 관세평가 강사
  - 이패스코리아 물류관리사 강사

주요저서
- 2026~2021 관세사 관세평가
- 2026~2022 관세평가 주제별 협정과 사례연습
- 2025~2024 한권으로 마무리하는 관세사 2차 기출예상문제 풀이집(공저)
- 2025~2024 합격예감 물류관리사 기본서(공저)

2026대비 관세사 관세평가 주제별 협정과 사례연습

개정2판 1쇄 인쇄 | 2025년 7월 22일
개정2판 1쇄 발행 | 2025년 8월 5일

지 은 이   박창환
발 행 인   이재남
발 행 처   (주)이패스코리아
　　　　　서울시 영등포구 경인로 775 에이스하이테크시티 2동 10층
전　　화   02-523-0225 팩스 02-739-6766
홈 페 이 지   www.dngosi.com
이 메 일   edu@epasskorea.com
등 록 번 호   제318-2003-000119호(2003년 10월 15일)

※ 잘못된 책은 교환해 드립니다.
※ 이 책은 저작권법에 의해 보호를 받는 저작물이므로 무단전재와 복제를 금합니다.
본교재의 저작권은 이패스코리아에 있습니다.